KB041849

재단
법인 **한국이민재단**
KOREA IMMIGRATION SERVICE FOUNDATION

제3판

IMMIGRATION LAW

이민법

이철우 · 이희정 · 최계영 · 강성식 · 곽민희 · 김환학
노호창 · 이현수 · 차규근 · 최윤철 · 최홍엽

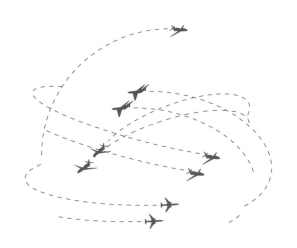

박영사

제3판 서문

2019년 『이민법』 제2판을 발간한 지 5년 만에 제3판을 발간하게 되었다. 제2판과 제3판 사이의 시기는 공교롭게도 코로나19 팬데믹과 맞물린다. 감염병 유행을 막기 위한 국경통제 조치로 인해 한국에 체류하는 외국인의 숫자는 2019년 250여 만 명에서 2020년 200여 만 명까지 감소했으나, 팬데믹이 끝나자 곧 다시 이전의 숫자를 회복하였다. 대외적으로는 국제사회에서 한국의 위상이 높아지면서, 대내적으로는 저출생 고령화가 급속히 진전되면서, 체류외국인과 이민 배경 국민의 증가는 거스를 수 없는 흐름이 되었다.

이민법 분야의 학술연구와 토론의 장도 시대의 흐름에 발맞추어 꾸준히 늘어나고 있다. 연구의 활성화와 비교할 때 교육 영역에서는 변호사시험 중심의 법학전문대학원 과정의 한계로 인해 법학교육의 한 분과로 자리매김하는 데 다소 어려움을 겪고 있는 것은 사실이다. 그러나 이민법 분야에 전문적 지식과 안목을 갖춘 인력을 길러내는 것은 다양한 배경의 국민과 외국인이 함께 살아갈 수밖에 없는 머지않은 미래의 한국 사회에 대비하기 위해 꼭 필요한 일이고, 사회의 수요에 맞춰 이민법학의 교육도 제자리를 찾아가리라 예상하고 기대한다.

본서의 필진은 초판이 발간된 2016년 또는 그 이전부터 이민법 분야의 전문가로서 이민법학의 교육, 연구, 실무의 한 부분을 담당해 왔다. 이민법학의 발전과 확산이 긴절하다는 문제의식과 책임감을 공유하고 있기에 여러 현실적인 어려움에도 불구하고 다시 개정판을 내는 데 뜻을 모으게 되었다. 제3판에서는 5년 사이의 법령과 판례의 변화를 빠짐없이 담아내려 애썼고 그간의 연구를 통해 쌓은 통찰을 녹여내기 위해 노력하였다.

제3판의 발간은 필진의 노력만으로는 할 수 없는 일이었다. 시간과 노력을 아끼지 않고 도와주신 한국이민재단 김찬기 국장님, 박영사 조성호 이사님, 이승현 차장님께 감사의 마음을 전한다.

2024년 3월 4일

필진 일동

제2판 서문

　『이민법』 초판을 상재(上梓)한 지 3년이 흘렀다. 10명의 연구자가 땀 흘려 준비했지만 그렇게 많은 부수가 판매될 것이라고는 기대하지 않았다. 이민법학이 그 실질적 중요성에도 불구하고 법학교육 체제 속에 충분히 자리 잡지 못했기 때문이었다. 그러나 예상 외로 많은 판매를 기록했고 곧 모든 부수가 소진될 상황에 이르렀다. 그 사이에 본서는 2017년 세종도서 학술부문에 선정되는 성과를 얻었다. 출입국관리법, 난민법, 국적법은 물론 노동법, 사회보장법, 가족법 등 여러 법 분야를 가로지르는 이민법학의 성격상 잦은 업데이트가 불가피한 만큼, 초판 집필로부터 1년 이상 흐른 시점에서 개정의 필요성을 제기하는 의견이 필진 내부에서 대두한 것은 자연스런 일이었다. 그러나 일단은 단순 오류를 교정하는 수준에 머무를 수밖에 없었다. 무엇보다도 세종도서는 동일성을 유지한 채 납품해야 한다는 규정이 있기 때문이었다. 그렇게 발행한 중판이 소진된 것이 작년 여름이었다. 새 학기를 전망하면서 본서의 출간에 대한 관심이 비등하는 가운데 내부에서도 이제는 개정판을 내야 한다는 의견이 압도적이었다. 초판을 집필하면서, 10명이나 되는 필진이 합심하여 개정판을 출간하는 것이 쉽지 않겠다고 우려하면서도 얼마나 팔릴지 알 수 없는 상태에서 미리 걱정할 일이 아니라고 자위한 것이 엊그제 같은데, 개정판에 대한 높은 수요에 직면하여 맡은 부분을 끝까지 책임지겠다는 필진 전원의 적극적 의사를 모았으니 스스로 생각해도 경이롭고 고무적인 일이었다. 그러한 책임의식은 개정 작업을 끝냈을 때 이미 일정이 늦어져 작년 가을 학기에 맞춰 출간하지 못하게 되자 기왕이면 하반기의 변화까지 반영하도록 다시금 원고를 손질하자는 데 의견을 모은 것으로 나타났다. 그렇게 겨울방학을 이용해 재수정 작업을 한 결과물이 이 책이다. 제2판으로 되어 있지만 중판을 발간할 때의 작은 수정을 포함하면 세 번의 수정을 거친 셈이다.

　초판을 발간한 후부터 본서가 다루는 현행 법제의 기준시점인 2018년 말에 이르기까지 이민 환경에는 상당한 변화가 있었다. 체류외국인은 30만이 더해져 237만 명에 이르렀고, 등록외국인도 116만에서 125만 명으로 늘어났다. 이주 인구의 이와 같은 누적적 증가를 넘어서는 특기할 만한 변화는 비정규이주자(irregular migrants)의

폭증이었다. 법무부가 공개하는 공식적 집계에 의하더라도 3년간 '불법체류자'는 21만에서 36만으로, 무려 1.7배 늘어났다. 낮은 경제성장률과 고용위기라는 배경 속에 벌어지는 이러한 변화는 자연스럽게 이민에 대한 반감을 가져왔다. 건설 현장에서는 여러 국적의 비정규이주자에게 일자리를 빼앗긴다는 내국인 노동자들의 불만이 터져나왔다. 2018년 여름에는 예멘 출신의 난민신청자들이 집단적으로 제주도에 입항하자 혐오 여론이 극단적 형태를 띠고 표출되었다. 몇 년 전만 하더라도 이민 현상에 대한 국민의 관심은 낮은 수준이었고, 대통령선거에서도 이민정책은 주목을 받지 못하거나 거의 존재하지 않는 수준이었다. 이제 이민은 중대한 사회적 쟁점, 갈등의 소재가 되었다. 북미와 유럽의 이민유입국에서처럼 민주주의가 이민에 대한 국민의 반감을 매개하는 모습을 보이게 되었다. 이민에 부정적인 국민의 반응은 일자리를 놓고 경쟁해야 하는 노동 주체들의 목적합리적 반발에서부터 제노포비어의 여과 없는 분출에 이르기까지 다양한 성격을 띤다. 특히 후자의 동향 속에는 보편적 인권의 문법을 무시하는 면모도 나타난다. 권위주의의 정치적 유산을 극복하는 과정에서, 민주주의가 인권의 지평을 넓히는 구실을 한다는 믿음에 익숙한 한국사회에서 민주주의와 인권의 충돌은 낯선 것이었지만 이제는 부정할 수 없는 현실이 되었다. 이민은 다수결민주주의와 보편적 인권이 충돌하는 지점이 되어가고 있다.

그러한 현실에서 법은 딜레마에 직면한다. 법, 특히 입법은 주권자의 결단을 표출한다. 주권의 정치에서 객체적 위치에 놓여있는 이주자들은 노동시장의 동력이 정치과정을 통해 입법으로 전환하는 것을 수동적으로 지켜볼 수밖에 없다. 노동시장의 요구가 약하거나 그것을 정치과정에 투입해줄 만한 주체가 결여된 지점에서는 그대로 배제에 노출된다. 한편 법은 국가의 경계에 반드시 순응하지 않으며, 그 자체 고유의 원리에 따라, 배제를 근거 짓는 주권의 결정을 판정한다. 그러한 법의 모습은 사법적(司法的) 결정을 통해 구현된다.

초판과 달라진 본서의 내용, 즉 근래의 변화를 반영하여 추가된 내용은 그와 같은 법의 딜레마를 잘 보여줄 것이다. 촛불로 탄생한 문재인 정부는 인권 신장의 기대와 민주적으로 표출된 국민의 의사를 충실히 따라야 한다는 기대를 동시에 충족해야 하는 위치에 있으며, 이는 이주인권 상황의 적극적 개선보다는 법치의 증진과 제도의 합리화에 중점을 두는 이민정책을 추진하는 배경을 이룬다. 체류관리의 합리화, 출입국, 난민 및 국적 관련 처분에서 법치를 심화하려는 노력을 목격할 수 있는 반면 그것이 역으로 이주에 대한 규제의 강화를 수반하는 모습도 볼 수 있다. 한편으로는 법치를 강화하려는 노력에도 불구하고 여전히 많은 행정행위에 대해 넓은 재량의 여지를 남겨두고 있음을 본다. 이는 효율적인 대안적 정책 수단을 충분히 마련하지 못한 상태에서 철저한 출입국 및 체류관리를 주문하는 여론이 강화되는 데 압박을 느끼는 이민행정의 곤경을 보여준다. 다수결민주주의를 통해 목적을 실현할 수 없는 이주자들은 배제적 규제에 대처하기 위하여 사법(司法)에 의존하게 된다. 그렇지만 이민행정은 주권의 작용이 가장 강고하게 남아 있는 영역이므로 사법부는 행정부의 결정에 상당한 자율성을 부여하는 경향이 있다. 그간 축적된 판례들은 국가의 경계를 본질적 요소로 삼지 않는 자율적 법체계가 이민행정을 어떻게 제어하는지를 보여주는 한편 스스로의 경계를 허물지 않기 위해 행정에의 적극적 개입을 자제하는 모습을 확인시켜 줄 것이다.

이 책의 초판은 10인의 연구자에 의해 집필되었으나 제2판의 공저자는 11인으로 늘어났다. 제9장 난민의 인정과 처우를 담당했던 차규근 변호사가 법무부 출입국·외국인정책본부장이 됨으로써 더 이상 본서의 집필과 출간에 관여할 수 없게 되었기 때문에 제9장의 개정은 강성식 변호사가 담당하였다. 그럼에도 불구하고 누가 지금까지 무엇을 집필하였는지를 독자들에게 충실히 밝히고 평가받기 위하여 제9장의 저자를 강성식·차규근으로 기재함은 당연하다.

초판에서 밝힌 바와 같이 이 책은 한국이민재단총서의 하나로서 동 재단의 지원을 받아 집필되었다. 이 책을 재단총서 사업의 중요한 성과로 평가하고 제2판의 발간을 축하해주신 한국이민재단 김도균 이사장님과 실무를 협의해주신 김찬기 국장님께 감사드린다. 초판 발간 때와 다름없는 관심을 주신 박영사 안종만 회장님, 한국이민재단 및 필진과 소통하면서 출판 작업을 훌륭히 조율해주신 조성호 이사님, 꼼꼼하고 치밀하게 실무를 추진해주신 이승현 과장님, 세련된 디자인으로 책을 빛내주신 박현정 북디자이너님께 감사의 마음을 전한다.

이 책의 애독자께는 우여곡절과 제약 속에서도 느리지만 꾸준히 증진되어가는 인권과 합리화되는 법제의 모습을 이 책을 통하여 느끼게 되기를 바라며 질정(叱正)을 부탁드린다.

2019년 4월 8일
필진 일동

서 문

 이민은 이제 한국 사회를 말할 때 빠뜨릴 수 없는 키워드가 되었다. 세계의 이주 현실을 크게 바꾼 탈냉전의 개막기인 1990년대 초, 매년 한국에 입국하는 외국인은 300만 명 정도였다. 지금은 한 해 입국하는 외국인이 1,400만 명에 이른다. 국내에 체류하고 있는 외국인은 200만 명, 등록외국인도 115만 명에 달한다. 취업자격을 가진 외국인도 60만 명에 이르며 20만을 넘는 것으로 추산되는 불법체류 외국인의 다수도 노동시장에 참여하고 있다. 이주민이 아직 전체 인구의 4%를 넘지 않아 북미는 물론 서유럽의 여러 나라에 비해 비율이 낮긴 하지만 저출산·고령화에 대처하는 인구 정책 등 여러 요인이 작용하여 이주민의 지속적 증가가 예상된다. 바야흐로 삶의 현장 곳곳에서 이주민과 호흡을 같이 하며 살아가야 하는 시대가 도래하였다.

 사회현상으로서 이민이 가지는 현저함, 국정에서 이민정책이 가지는 중요성은 학문과 공론장에서 이민 담론의 폭발적 증가를 가져왔다. 학술지와 미디어 곳곳에서 이민에 대한 논의가 넘치는 요즘이다. 그럼에도 불구하고 이민 연구는 하나의 학문 분야로서의 정체성을 충분히 확립하지 못했다. 체계적인 논의를 위한 공통의 담론적 토대, 그리고 이민 연구자와 실무자를 양성하는 교육 프로그램은 미흡한 실정이다. 이민 문제가 가지는 정책적 중요성에도 불구하고 정책을 현실에 투입하는 통로로 역할하는 법에 대한 연구는 상대적으로 소홀히 되었다. 이러한 현실을 타개하기 위해 한국이민학회와 한국이민법학회의 연구자들은 이민정책과 이민법에 관해 믿음직한 길잡이가 될 만한 개설서 그리고 체계적 교육을 위한 교재의 필요성을 절감하였다. 이 분야의 저술 사업을 지원하겠다는 한국이민재단의 제안은 이 책의 준비를 재촉하는 결정적 계기가 되었다.

 한국이민법학회의 모임을 통해 호흡을 같이해온 터라 각 분야의 연구 경험을 가진 학자를 모으는 것은 어렵지 않았다. 개관과 총론에 해당하는 제1장 「서론」과 제2장 「이민법의 구조와 법원(法源)」은 이미 이민정책추진체계 비교 연구의 경험을 가졌고 행정법학에 행정학의 안목을 접목해온 김환학이 맡았고, 제3장 「외국인의 법적 지위」는 헌법 분야에서 이민 연구를 선도해온 최윤철이 담당했다. 제4장에서 제7장은 가장 전통적인 이민행정의 영역인 출입국관리를 다루는 부분으로서 연구활동이 왕성한 행정법학자들의 몫이 되었다. 제4장 「외국인의 입국」은 치밀하고 심도 있는 비교법적 연구로 정평있는 이현수, 제5장 「외국인의 체류」는 행정법학계에서 이민 연구에 앞장서온 이희정, 제6장 「외국인의 출국」은 판례에 정통하기로 소문난 최계 영이 집필을 맡았다. 제7장 「권익 보호 절차」는 이현수, 최계영, 이희정, 최윤철이 유기적인 논의를 거쳐 집필하였다. 제8장 「국적의 취득과 상실」은 2009년 국적법개 정특별분과위원회에 참여한 이철우, 제9장 「난민의 인정과 처우」는 출입국·외국 인정책본부 국적난민과장을 역임한 변호사 차규근이 맡았다. 제10장 「외국인근로자 와 전문외국인력」은 한국 법학계에서 가장 먼저 이 주제를 천착한 노동법학자 최홍 엽에 위탁되었다. 제11장 「결혼이민자와 다문화가족의 법률관계」는 가족법과 국제사 법의 이주연관성을 치밀하게 파고들어온 곽민희에게, 제12장 「외국인의 사회보장」은 노동법과 사회보장법에서 외국인의 지위가 가지는 복잡한 결들을 세밀하게 탐구해 온 노호창에게 의뢰했다.

강의, 연구, 보직, 변호사 실무 등으로 한시도 쉴 틈이 없는 10명의 연구자가 단 행본을 집필하는 것은 쉬운 일이 아니었다. 그 중에는 법과대학의 학장으로서 불철 주야 학교 행정에 매진해야 하는 사람도 있었고, 새롭게 교수로 채용되어 직장 생활 에 적응해야 하는 사람도 있었다. 그럼에도 불구하고 모든 집필자는 정해진 일정에 따라 성실히 작업을 수행했다. 각 장의 서술은 여러 차례의 회의를 통한 심도 있는 논의의 결과물이다. 본서의 성격에 따른 지면의 제한으로 이때 교환한 많은 아이디 어를 모두 담지 못한 것은 큰 아쉬움이다. 집필진이 벌인 열띤 토론은 법규정과 법 리의 세심한 검토 외에도 주권과 인권, 영토와 인민, 소속과 정체성의 넥서스가 어떻 게 변화하고 있는지에 관한 거시적이고 이론적인 조망을 담고 있었다. 그러한 논의 를 책에 담지 못하였지만, 각 장의 서술을 차근차근 해독하다 보면 근본적 쟁점에 대한 필진의 안목을 느낄 수 있을 것임을 확신한다.

이민행정과 이민법제는 기능적 분화(functional differentiation)를 거듭해가는 현대 사회에서도 지속되는 분절화(segmentation)의 가장 대표적인 모습인 국민─외국인의 준별에 기대어 있고 국민국가의 주권적 결단이 최고성을 가지는 영역으로 남아 있지 만, 세계사회의 하위체계로서 법이 가지는 복합적 성격으로 말미암아 배제를 근거짓 는 주권의 결정을 자기준거적인 법에 내재하는 다른 원리가 제한함으로써 이민행정 을 포용적으로 만들어간다. 이 다이내믹한 변화의 모습을 법의 해석과 적용에 관한 구체적 사례들을 통해 확인할 수 있었던 것은 필진이 누린 커다란 기쁨이었다. 독자도 이 책을 읽으면서 그러한 즐거움을 공유할 것으로 기대한다.

　이 책의 출간에 이르기까지 도와주신 분들의 도움은 아무리 감사해도 충분하지 않다. 한국이민재단총서의 출판 사업을 결정, 집행하여 이민 연구를 고무하고 이 책의 집필 사업을 지원해주신 한국이민재단 김종호 이사장님과 김찬기 부장님께 감사드린다. 박영사의 안종만 대표님의 배려와 조성호 이사님, 이승현 대리님, 북디자이너 권효진님의 노고에 감사의 뜻을 전해드린다. 10인이나 되는 필진의 구구한 집필 형식을 통일하고 오류를 교정하는 어렵고 번거로운 작업을 묵묵히 수행한 고려대학교 법학박사과정 김문경, 법학박사 박정연 두 분의 노고가 없었다면 이 책의 출간은 가능하지 않았다. 두 분께 감사드린다. 이 책의 자매 도서인 『이민정책론』의 필진은 집필과 편집 과정에서 늘 함께 의논해왔다. 앞선 『이민정책론』의 출간을 진심으로 축하한다.

2016년 4월 25일
필진을 대표하여 이철우 · 이희정

차 례

제3장 외국인의 법적 지위   최윤철

제 4 장   외국인의 입국
이현수

제 5 장 외국인의 체류   이희정

제6장 외국인의 출국   최계영

제 7 장 권익 보호 절차   이현수 · 이희정 · 최계영 · 최윤철

제8장 국적의 취득과 상실 이철우

제 9 장 난민의 인정과 처우   차규근 · 강성식

제10장　외국인근로자와 전문외국인력

최홍엽

제11장   결혼이민자와 다문화가족의 법률관계   곽민희

제12장　외국인의 사회보장　　노호창

제 1 장

서 론

김 환 학

제1장 서론

사회발전과 국제관계의 변화에 따라 자본만이 아니라 인구도 국경을 넘어 이동한다. 이민현상과 맞물려 이민정책이 수립되고, 이민에 대한 규율을 위해 이민법이 형성·발전한다. 그리고 이민정책의 실현과 이민법의 집행을 위한 이민행정조직이 정비된다. 제1장에서는 이러한 변화에 대해 설명하고 말미에 본서의 서술방향과 서술내용을 밝힌다.

 제1절 이민의 전개와 현황

현대국가에서는 국민의 해외이주보다 외국인의 국내유입이 더욱 국가 법질서와 밀접하게 관련된다. 본절에서는 이러한 이민사를 19세기 후반부터 현대에 이르기까지 살펴보고 이민현황을 정리한다.

1. 이민과 국법질서

이민은 널리 국경을 넘는 인구이동을 말하며 국민의 해외이주(emigration)와 외국인의 국내유입(immigration)을 포함한다. 영토에 기반을 둔 근대국가가 자리를 잡으면서 이민현상에 대한 법적 규율이 본격화되었다. 개인은 자연스럽게 국가의 인위적인 경계를 넘어 자신의 욕망과 사회경제적 이익을 추구하는 한편, 국가의 입장에서는 조세와 병역의 원천인 국민이 외국으로 이전함으로써 국부가 유출되는 상황을 방치할 수 없기 때문이다. 그러나 현대에 이르러 국민의 출국은 거주이전의 자유로서 기본권 차원에서 보호되며, 국가는 주거와 산업의 입지로서 경쟁을 통해 그 구성원을 확보해야 한다는 결론에 이른다. 따라서 현대국가에서 국민의 유출에 대해 국법에서 다룰 문제는 많지 않다.

문제는 외국인의 유입이다.[1] 국민이 해외로 이주하면 국법의 관심에서 멀어지는 것과 마찬가지로, 외국인이 입국을 하게 되면 국법질서의 관심이 집중된다. 어느 시대에나 이방인의 유입은 국가의 존립과 사회구성원의 안전에 대한 위협요소이지만, 다른 한편 그에 동반되는 인력과 자본 나아가 문화적 역량으로 말미암아 그를 수용하는 사회가 풍성해지기 때문이다. 오늘날 세계화로 인해 우리나라를 포함한 다수의 국가에서 외국인의 유입은 양적으로 확대되고, 유입된 외국인에 대한 사회통합이 강화되는 추세이다.[2] 따라서 외국인의 입국과 체류, 출국, 영주와 국적취득, 그리고 사회통합에 이르는 사전·사후적 이민정책의 필요성이 높아지고, 이민정책에 대한 규율이자 정책실현의 수단인 이민법은 그 영역을 확대하고, 다양한 기능을 갖게 된다.

2. 우리나라 이민의 전개

사회적으로 국민의 유출과 외국인의 유입을 결정하는 요소는 경제적 동기와 국제관계에 따른 국가의 위상, 그리고 그 사회에서의 삶의 질이다. 우리나라는 원래 오랫동안 인구유출국이었으나 경제성장을 배경으로 올림픽을 치른 1980년대 말을 기점으로 하여 외국인의 유입이 두드러진다. 우리나라의 이민사를 간략하게 살펴보면

---

1 외국인의 유입을 뜻하는 용어로 이주(移住)와 이민(移民)이 주로 쓰인다. 양자를 구분하자면, 이민은 자신을 수용하는 공동체의 구성원(民)이 될 의사를 갖고 이주하는 것이고, 이주는 좀 더 넓게 그러한 의사의 유무와 관계없이 외국에 가서 사는 것(住)을 말한다고 할 것이다. 독일에서는 전자를 Einwanderung, 후자를 Zuwanderung이라 하여 구분하는 경향이 보이지만, 한국에서는 이 용어들이 아직 학문적으로 정착되지도 않았고, 법률용어로도 사용된 바가 없기 때문에 여기서는 문맥에 따라 적절히 혼용하여 쓰기로 한다. 물론 체류기간을 기준으로 90일 초과와 90일 이하의 체류로 구분하여 전자의 경우에는 별도의 등록제도를 두고 있으며, 이민법의 관심도 이에 집중된다. 하지만 단기 체류라도 이민의 역동성으로 인해, 결혼·취업 등으로 장기체류로 변화할 가능성은 잠재되어 있다.
2 이혜경, 「한국 이민정책의 수렴현상―확대와 포섭의 방향으로」, 『한국사회학』 제42집 2호 (2008), 104면 이하.

다음과 같다.[3]

(가) 국민의 해외이주

일찍이 19세기 후반 농민들이 연해주와 만주로 향하면서 한국인의 대규모 해외이주가 시작되었다. 그리고 20세기 들어 국운이 기울면서 하와이와 중남미의 농장으로, 제1차 세계대전의 종전과 함께 호황을 맞은 일본의 공장으로 노동이주가 계속되었다. 해방 후 전란을 거쳐 1960년대에 들어서자 다시 해외이주가 계속되었다. 미국이나 아르헨티나 등 미주대륙으로 국제결혼이나 초청 등 영주이민이 붐을 이루었는데, 특히 미국으로의 이민은 존 F. 케네디가 인종이나 국적에 관계없이 이민의 문호를 열 것을 제안하여 1965년 개정된 이민법이 계기가 되었다. 또한 제3공화국의 경제개발과 관련하여 독일로 광부와 간호원이 송출되었으며 이는 1970년대까지 이어졌다. 당시 해외이주와 관련하여 1962년 해외이주법이 제정되었으며, 1965년 해외개발공사가 설립되었다. 이렇게 형성된 재외국민을 포함한 재외동포는 이민정책의 중요한 축을 이룬다.

(나) 외국인의 국내유입

1980년대 후반에 이르러 한국사회는 민주화와 경제성장으로 구조적인 변화를 겪었고, 대외적으로 개방과 세계화 등 국제관계가 크게 확장되었다.[4] 경제성장을 발판으로 하여 86아시안게임과 88올림픽을 치르면서 본격적으로 대외적인 개방정책을 표방하였다. 대외개방정책은 북방정책으로 연결되어 중국이나 소련 등 공산국가와의 교류확대를 추진하였다. 연이은 소련의 해체와 베를린장벽의 붕괴, 그리고 동구권의 자유화를 배경으로 개방의 분위기가 더욱 고조되었다. 1989년 헝가리를 시작으로 1990년에 소련과, 그리고 1992년에 중국과 수교를 맺게 되었다.

---

3 이혜경, 「한국 이민정책사」, 정기선 엮음, 『한국 이민정책의 이해』 (백산서당, 2011); 인천공항출입국관리사무소, 『대한민국출입국심사60년사』 (2014), 12-43면에 연대기적으로 자세히 정리되어 있다.
4 그 사이에 흥미로운 사건으로 베트남 난민의 수용이 있었다. 베트남전쟁 이후 발생한 난민 2,800명을 1975년부터 18년간 부산의 베트남난민보호소에 수용하였다. 이들은 1975년에 한국에 연고를 갖고 부산에 들어온 1차 난민과 1977년부터 1992년에 걸쳐 이른바 보트 피플로 해상을 떠돌다 부산에 들어온 2차 난민으로 이루어졌다. 그들 중에 1차 난민은 주로 국내에 정착하고 2차 난민은 다시 제3국으로 떠났다[노영순, 「부산의 오션 하트: 부산의 베트남난민 생활과 영향」(http://www.ima.ac.kr/board_n/files/Chapter_3.pdf)]. 1983년에 발생한 납치된 중공민항기의 불시착 사건은 향후 중국과 교류의 물꼬를 트는 계기가 되었다.

경제성장과 더불어 산업구조가 바뀌면 업종마다의 노동수요가 변하는데, 첨단산업에서는 필요한 전문인력이 아직 공급되지 못하는 상황에서, 그리고 3D 업종에서는 취업을 기피하여 인력난이 두드러진다. 특히 후자의 경우 거점을 해외로 이전하거나, 국내에서 인력부족과 임금상승을 극복해야 한다. 하지만 해외이전을 할 만큼 자본력이 없는 영세하청업체나 업종의 성질상 해외이전이 곤란한 농어업과 접객업 등의 서비스업, 그리고 건설업에서 외국인력의 활용에 대한 압박이 발생한다. 그 압력은 인력송출국과 유입국의 임금격차가 클수록 커진다.

본격적인 국내 인력유입은 1980년대 말 주로 친척방문을 이유로 입국한 중국동포들이 일산이나 분당 등의 신도시 개발에 맞추어 건설업계에 단순노무직으로 취업하면서 시작되었다. 이러한 현상은 1992년 중국과 공식적인 수교를 하면서 더욱 확대되었고, 연이어 필리핀 등 동남아시아에서도 취업을 목적으로 입국하기 시작하였다. 점차 중국동포여성들이 한국남성과 결혼하는 사례도 증가하면서, 짝을 찾기 힘든 농촌총각 장가보내기 사업이 지방자치단체 차원에서 추진되었다.

그러나 방문을 명목으로 하는 취업이민은 불법체류로 귀결되었고, 입국규제가 심해지자 밀입국자가 증가하는 사태까지 벌어졌다.[5] 그리고 중국이나 동남아시아 여성을 상대로 한 국제결혼 역시 주로 중개업자에 의해 속성으로 이루어졌기 때문에 여성배우자에 대한 인권침해는 물론, 그를 둘러싼 가족과 사회의 수용과 적응 등 여러 문제가 드러났다. 1990년대는 이렇게 체류질서에 대한 문제의식이 발생하고, 그에 대한 법제화의 필요성을 인식하게 된 시기였다.

2000년대 들어 외국인의 체류는 양적으로 확대되고 장기화되었다. 결혼이민은 본래 정주를 전제로 한 것이지만 노동이주 역시 장기적인 체류로 이어졌다. 당시 노동이주의 합법화장치였던 산업기술연수생제도가 2004년에 고용허가제로 변경되면서, 이주노동자의 체류가 장기화되었다. 재한 외국인의 사회통합을 위한 제도가 점차 그 중요성을 더하게 되었다.

유럽의 이민현상에 대해 "노동력을 불렀더니 사람이 왔다"는 막스 프리쉬의 풍자는 한국도 벗어날 수 없었다. 이민은 인간의 문제이기 때문에 계속 변화하면서 새로운 쟁점을 만든다. 한편으로는 전문인력의 이주 촉진이나 노동시장의 왜곡 최소화와 같은 수용국 중심의 정책목표가 있지만, 다른 한편으로는 이민배경을 가진 2세들의

---

5 법무부에 따르면 1996년에만 서해와 남해 전역에 걸쳐 802명이 밀입국하였다고 한다[인천공항 출입국관리사무소, 『대한민국출입국심사60년사』 (2014), 38면].

교육과 취업, 이민 1세들의 노후복지 등 이주자의 법적 지위에 관한 다양한 문제가 등장하고 있다. 이제 개별 쟁점에 대한 미시적 차원의 법적 대응을 넘어 법체계와 패러다임의 근본적인 변화가 필요하게 된 것이다.

3. 이민현황

출입국통계연보에 의하면 2022년 말 현재 우리나라에 체류하고 있는 외국인은 224만5천여 명이며 등록외국인[6]은 118만9천여 명이다.[7] 그중 많은 비중을 차지하는 체류유형을 보면, 비전문취업(E-9)으로 25만1천여 명, 방문취업(H-2)으로 10만2천여 명, 그리고 결혼이민(F-6)으로 13만4천여 명이다. 영주권자는 17만5천여 명에 이른다.

재한 외국인의 체류상황의 변화를 보면 다음과 같다.[8]

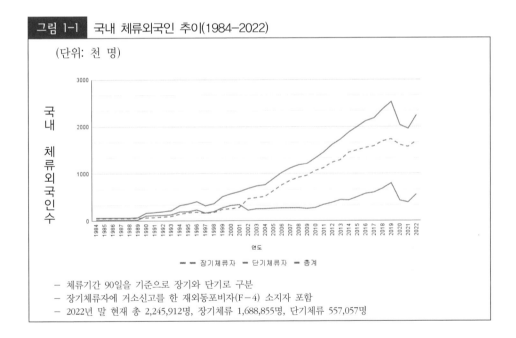

그림 1-1 국내 체류외국인 추이(1984-2022)

(단위: 천 명)

- 체류기간 90일을 기준으로 장기와 단기로 구분
- 장기체류자에 거소신고를 한 재외동포비자(F-4) 소지자 포함
- 2022년 말 현재 총 2,245,912명, 장기체류 1,688,855명, 단기체류 557,057명

---

6 한국은 90일을 초과하여 체류하는 외국인에 대해 별도의 등록제도를 두고 있다.
7 법무부 출입국·외국인정책본부, 『출입국·외국인정책통계월보』(2022. 12.).
8 법무부 출입국·외국인정책본부 통계연보를 기초로 작성하였다.

제2절   이민법제의 발전

경제상황과 국제관계의 변화에 따라 이민의 양상도 변화하면서, 사회적 문제의식과 정책수요가 새로이 나타난다. 이를 반영하여 이루어진 이민법제를 바탕으로 이민법관계가 전개되고 이민행정조직도 형성·변화한다. 특히 우리나라는 급속한 경제성장과 이로 인한 국제적 위상변화로 국내 유입되는 외국인의 수가 급격히 증가하고 국내 체류도 점차 장기화되고 있다. 이민의 양적 확대와 질적 심화가 나타나고 있는 것이다. 이는 무엇보다 산업구조가 변화하면서 외국인에 대한 경제적 수요가 증가하고 소득의 화폐가치가 상승하면서 외국인이 국내에 유입할 동기가 활성화되기 때문이다. 이민상황이 이렇게 역동적으로 변화하기 때문에 장기적인 기본정책방향에 바탕을 두고 시의적절하면서도 체계적인 이민법제를 마련할 필요가 있다.

이러한 이민현상에 대응하는 이민법은 외국인의 입국과 체류, 출국은 물론 국적과 귀화, 그리고 사회통합을 규율한다. 우리나라에서는 국민과 외국인을 구분하는 국적법이 1948년에, 외국인에 대한 국가권력의 기본입장을 정한 출입국관리법이 1963년에 제정되어 이민법제의 근간을 이루고 있다. 이 두 법률은 일정한 정도 보편성을 갖기 때문에 체계와 내용에서 다른 나라들과 어느 정도 공통되는 면이 있다. 이에 더하여 우리나라의 특수한 역사적 배경과 사회경제적 필요에서 발전한 법률로, 「재외동포의 출입국과 법적 지위에 관한 법률」(1999년)과 「외국인근로자의 고용 등에 관한 법률」(2003년), 「재한외국인 처우 기본법」(2007년), 그리고 「다문화가족지원법」(2008년)이 제정되었다. 특히 「재한외국인 처우 기본법」은 이민법제에 대한 종합적인 관점에서 외국인에 대한 처우와 이민정책추진체계를 규정하여 부분적으로 이민정책의 기본법적 성격을 갖는다. 그리고 최근 2013년 우리나라의 위상에 걸맞도록 국제인권법적 책임을 분담하기 위한 노력으로 「난민법」을 제정하였다. 이하에서는 이러한 법률들이 어떠한 국제관계의 맥락과 사회경제적 배경에서 제정되었는지 구체적으로 살펴보겠다.

1. 이민법의 형성과 전개

(가) 이민법의 형성

1) 국적법

국가는 그 성립과 동시에 국민의 요건을 정하여 그 범위를 확정하여야 한다. 우리나라 제헌헌법은 1948년 5·10선거를 치르고 불과 2달 만인 7월 17일 제정되었다. 헌법제정과정에서 재외동포 등과 관련한 국민의 요건을 검토할 시간이 없었기 때문에 헌법에서 직접 규정하지 않고 이를 법률에 위임하였다(국적법률주의). 이에 따라 국적법에서 국민의 범위를 내용으로 하는 헌법사항을 규율하고 있으며, 이민현상의 전개와 이에 따른 사회상을 반영하여 개정되어 왔다.[9] 국적법의 규율내용 중에 이민법적 관점에서 특히 중요한 것은, 출생에서 비롯되지 않은 국적취득의 대표적인 유형인 귀화이다. 우리나라의 경우 외국 국적 배우자가 일정한 요건을 충족하여 국적을 취득하는, 혼인을 원인으로 하는 귀화 사례가 가장 많다. 귀화는 외국인을 국가공동체의 구성원으로 허용하는 행위이므로, 이로써 외국인법적 규율이 공식적으로 종결된다.[10] 물론 이후에도 이민배경을 가진 국민으로서의 사회통합과정은 계속되며 이민법은 이에 대해서도 관심을 갖는다.

2) 출입국관리법

일본강점기에서 갓 벗어난 제1공화국과 뒤이은 제2공화국에서는 먼저 국가의 기틀을 세워야 했고 경제활동도 생존을 위한 1차산업 중심이어서, 외국과의 인적 교류는 미미하였다. 출입국관리 역시 많지 않은 여권발급업무에 부수하여 제한적으로 이루어졌다.[11] 당시에 출입국관리법의 전신으로 1949년에 제정된 외국인의입국출국과등록에관한법률이 있었지만, 이 법은 단지 원칙적이고 추상적인 14개 조문으로 이루어졌을 뿐이다. 이후 제3공화국에 이르러 1963년 출입국관리법이 제정되면서 출입국심사와 체류관리가 독자적인 행정영역으로 정착하였다.

---

9 예컨대 부계혈통주의에 따른 국적법 제2조를 개정하고(같은 취지의 헌재 2000. 8. 31. 97헌가 12), 복수국적을 부분적으로 허용하도록 2010년 국적법 제11조의2 이하를 개정하였다.

10 최윤철, 「이주법제 정립을 위한 입법 이론적 고찰」, 『일감법학』 제26호 (2013), 274면.

11 김원숙, 『우리나라 이민정책의 역사적 전개에 관한 고찰』(IOM이민정책연구원, 2012), 2면 이하.

(나) 이민법의 발전

1) 노동이주와 「외국인근로자의 고용 등에 관한 법률」

① 외국인산업연수제도

88올림픽 이후 경제규모가 비약적으로 확대됨에 따라 외국인의 국내유입도 두드러지기 시작했다. 산업구조가 변화하면 분야에 따라 인력수급에 차질을 빚게 되는데, 고도성장을 이루고 난 후에는 일반적으로 3D업종에 이러한 현상이 나타난다. 1991년 해외인력으로써 노동력의 부족을 타개하기 위해 외국인산업기술연수제도가 시행되었다. 이는 사실상 근로자임에도 연수생이라는 법적 지위를 부여하여 저임금 노동을 강요한 것이었다. 그에 대한 사증발급에 마땅한 법적 근거도 없었다. IMF로 인해 1998년 외국인 산업인력의 신규도입을 일시적으로 중지하기도 하였지만, 전반적으로 업체들의 요구에 따라 점차 연수업체와 연수인원을 확대하고 연수기간을 연장하였다. 김대중정부에 들어서 2년의 연수와 1년의 취업을 결합한 외국인의 연수취업제를 채택하였다.

② 고용허가제와 「외국인근로자의 고용 등에 관한 법률」

노동인력의 도입으로, 외국자본 유치와 기술이전의 편의를 위해 투자자와 기술공여자의 체류에 중점을 두었던 이전과 달리, 경제분야의 외국인정책방향이 좀 더 복합적인 성격을 갖게 되었다.[12] 그러나 사실상 근로관계에 있는 외국인력을 편법적으로 연수생 신분으로 하여 활용한 예에서 보듯이,[13] 장기적인 안목에서 고려하여 외국인력의 도입을 계획적으로 추진하였다기보다 업계의 요청에 맞추어 임시방편으로 운영을 하였다. 그 결과 여러 사회경제적 문제가 발생되었고, 그중에서도 주로 외국인근로자의 인권침해 측면이 표면화되었음을 숨길 수 없다. 이러한 문제를 겪으면서 2003년 「외국인근로자의 고용 등에 관한 법률」이 제정되었고, 이를 바탕으로 2004

---

[12] 김원숙, 같은 책, 8-9면.

[13] 대법원은 외국인 산업연수생에 관해 "그 계약의 내용이 단순히 산업기술의 연수만에 그치는 것이 아니고 … 당해 외국인이 대상 업체의 사업장에서 실질적으로 대상 업체의 지시·감독을 받으면서 근로를 제공하고 수당 명목의 금품을 수령하여 왔다면" 근로자로 인정하고(대법원 1995. 12. 22. 선고 95누2050 판결), "외국인이 취업자격이 아닌 산업연수 체류자격으로 입국하여 … 사업장인 회사와 고용계약을 체결하고 근로를 제공하다가 작업 도중 부상을 입었을 경우 … 그 외국인은 사용 종속관계에서 근로를 제공하고 임금을 받아 온 자로서 근로기준법 소정의 근로자였다 할 것이므로 구 산업재해보상보험법상의 요양급여를 받을 수 있다"고 하였다(대법원 1995. 9. 15. 선고 94누12067 판결).

년 외국인 비전문인력의 고용제도인 외국인고용허가제를 시행하게 되었고, 이 제도
는 지금까지도 외국인력도입정책의 중심에 자리를 잡고 있다. 이어서 2007년에는 산
업기술연수제도를 고용허가제에 통합하여 일원화하였다.

2) 재외동포정책과 「재외동포의 출입국과 법적 지위에 관한 법률」

해외로 이주한 국민은 재외동포가 된다. 이러한 재외동포에 대한 정책은 국제관
계와 맞물려 전개되어 왔다.[14] 1980년대까지 동서냉전의 틀에서 중국 및 구 소련지
역에 거주하는 동포와는 단절되었고, 재일동포는 많은 경우 북한과 연관되어 있었기
때문에 대북정책에 종속되었다. 북방정책을 계기로 문호개방을 표방하고서야 비로소
재외동포를 독립된 정책대상으로 보게 된다. 문민정부의 '세계화추진위원회'가 1995
년 이래 세계화의 틀에서 재외동포정책을 입안하고, 1997년 외교부 산하에 재외동포
재단을 설립하였다. IMF를 거치고 1999년 「재외동포의 출입국과 법적 지위에 관한
법률」(약칭: 재외동포법)이 제정되었다. 구소련에 이어 중국과 수교하면서 이미 공산권
지역에 거주하는 동포에 대한 처우에 관해 사회적 논란은 있었으나, 법률제정 당시
에는 시행령을 통해 '대한민국정부수립 이후'에 이주한 동포만을 재외동포로 인정하
여 중국동포와 구소련으로 이주한 동포가 배제되었다. 2001년 헌법재판소가 평등원
칙을 근거로 관련규정에 대해 헌법불합치결정을 하고 나서[15] 2004년 재외동포법 개
정으로 동포 인정의 시기적 제한을 없앰으로써 동포의 범위가 확대되었다. 이를 기
반으로 2007년 재외동포에게 일종의 복수비자를 허용하는 방문취업제가 도입되었다.

3) 이민정책의 체계화와 「재한외국인 처우 기본법」

1980년대 말에 사회구조적으로 촉발된 외국인의 국내유입이 누적된 결과, 2000
년대에 들어와서는 외국인의 지위와 처우에 대해 본격적인 관심을 갖게 되었다. 장
기체류가 증가하면서 체류관리 외에 외국인의 사회통합으로 정책범위가 확대되었다.
이러한 이민정책을 체계적으로 추진할 법제와 행정조직의 정비가 필요하게 됨에 따
라 2007년 이민정책의 기본법으로서 「재한외국인 처우 기본법」이 제정되었다. 이 법
률을 통해 외국인에 대한 처우의 원칙이 확립됨과 동시에 국무총리를 위원장으로 하
는 '외국인정책위원회'가 이민정책의 추진을 총괄하는 체계가 마련되었다. 이를 계기
로 법무부의 출입국관리국은 출입국·외국인정책본부로 확대되었다. '외국인정책위원

---

14 이진영, 「재외동포정책」, 정기선 엮음, 『한국 이민정책의 이해』 (백산서당, 2011), 277-321면.
15 헌재 2001. 11. 29. 99헌마494.

회'는 2008년 제1차 외국인정책기본계획에 이어 2013년과 2018년에 각각 제2차, 제3차 계획을 확정하였으며, 이러한 바탕에서 매년 외국인정책시행계획이 수립된다.

4) 외국인의 사회통합과 다문화가족지원법

지속적인 도시화로 인해 농어촌 남성들의 혼인기회가 부족하여 농어촌의 공동화 현상이 나타나기 시작했다. 이에 정부가 1990년대에 들어 외국인여성과의 결혼을 적극적으로 지원하면서 국제결혼의 한 유형으로서 결혼이민이 증가하였다. 결혼이민자는 중국동포를 시작으로 중앙아시아와 동남아시아로 그 출신국의 범위가 넓어졌으며, 한 해 국제결혼 건수가 우리나라 전체 결혼의 10%에 이르기도 하였다. 그런데 이러한 결혼이민은 결혼중개업자에 의해 상대방에 대한 정보가 왜곡된 상태로 시작되거나, 경제적 어려움과 가족 및 사회적 관계의 어려움, 자녀 양육과 교육의 어려움 등으로 여러 문제가 드러나게 되었다. 이러한 결혼이민으로 인한 문제 해결을 위한 방안 중 하나로 결혼이민자(다문화가족)의 정착과 사회통합에 대한 지원을 주된 목표로 하는 다문화가족지원법이 2008년 제정되었다.

5) 난민협약과 난민법

1992년 「난민의 지위에 관한 협약」(약칭: 난민협약)에 가입하면서 이를 반영하여 출입국관리법에 난민인정제도를 규정하였다. 그러나 규정과 제도의 미비로 인해 난민인정절차는 물론 난민신청자와 난민으로 인정된 자의 처우에 대해 많은 문제점이 지적되어, 이를 구체화하고 보완하는 난민법이 2013년 제정되었다.

(다) 소 결

이상으로 사회변화와 이에 맞물린 이민현상 및 이민정책의 전개, 그리고 이를 규율하기 위한 입법을 개괄하였다. 이러한 한국의 이민정책과 법제의 발전을 살펴보면, 그 의사결정과정이 유럽이나 주요 선진국과 비교해서, 외국인의 국내유입에 대해 조직적으로 반대하는 세력이 약하다는 점에 특성이 있다. 경제적 관점에서 보면 이민에 대한 대표적인 이해 관련 집단은 노동조합인데, 다른 나라의 경우 외국인의 국내유입에 대해 노동조합이 민감하게 반응하고 정책에 영향을 미치려한다. 외국인력으로 인해 취업기회와 노동조건이 악화될 수 있기 때문이다. 그러나 한국의 노동조합은 외국인유입정책에 접근하지 못하고 외국인근로자의 인권과 노조설립 지원에 중점을 두고 있다. 노동자의 노조가입률이 10% 남짓에 불과한데다 노동조합이

대기업의 사업장을 중심으로 조직되어 있는 반면, 외국인력에 대한 수요는 주로 하청업체와 농어업, 서비스업에서 주로 발생하기 때문이다. 인종차별이나 외국인에 대한 혐오를 동기로 하는 세력이 사회에 영향을 미칠 만큼 조직적으로 활동하지도 않는다.

이렇게 국가에 비견될 수 있는 다른 행위자는 없기 때문에 이민정책이 심각한 사회적 압력 없이 국가에 의해 수립되고 추진된다.[16] 따라서 여러 사회적 이익집단이 벌이는 갈등과 타협의 역동적 과정을 둘러싼 절차적 측면보다는, 규제의 주체인 국가와 규제의 대상인 외국인 및 이해관계인 간의 법률관계를 중심으로 살펴보는 것이 적절하다.

2. 이민행정조직의 정비

일본강점기와 미군정체제를 거치고 출입국주권을 회복하자, 정부에 출입국을 담당하는 조직이 필요하게 되었다.[17] 1948년 정부수립과 함께 외무부에서 출입국과 외국인등록업무를 담당하였으나 당시 국제교류가 매우 드물었으므로 행정조직과 활동 역시 미미하였다. 제3공화국의 등장에 즈음하여 출입국관리의 현대적인 직제를 갖추게 되었다. 1961년 출입국관리업무가 법무부로 이관되고, 1963년 출입국관리법이 제정되었으며, 1970년에는 출입국관리과가 출입국관리국으로 승격되었다.

2006년 제1회 외국인정책회의를 계기로 2007년 출입국관리국에서 다시 출입국·외국인정책본부로 확대·개편되었다. 이 외국인정책회의에서 '외국인정책 기본방향 및 추진체계'를 확정하고, 이를 바탕으로 외국인 관련 정책을 종합적·거시적으로 수립하기 위해 2007년 「재한외국인 처우 기본법」이 제정되었다. 동법에 재한 외국인에 대한 정책을 총괄 조정하는 외국인정책위원회가, 연이어 2008년 제정된 다문화가족

---

16 거버넌스의 틀로 한국 이민현상을 이해하려는 시도에 대해 이러한 관점의 회의론으로 김환학, 「이민행정법의 구축을 위한 시론」, 『행정법연구』 제32호 (2012), 198면 이하. 사회학적 관점에서 접근한 글로는 이혜경, 「한국 이민정책의 수렴현상―확대와 포섭의 방향으로」, 『한국사회학』 제42집 2호 (2008), 104-137면, 특히 114면 이하 참조.

17 조선시대 출입국관리는 사대교린을 담당하는 예조의 업무였다. 외국인의 출입국이 대부분 외교와 병행하여 단기간 이루어졌기 때문에 이에 대해 관리하는 업무영역이 분명한 것은 아니었다. 오늘날의 사증과 유사한 기능을 하는 제도로, 삼포와 부산의 왜관 주변에 장기 거주하는 왜인들을 통제하기 위해 입국험증(入國驗證)이 발행되었다 한다[법무부, 『출입국관리40년사』 (2003), 6-10면].

지원법의 2011년 개정으로 다문화가족에 특화된 다문화가족정책위원회가 규정되었다. 「외국인근로자의 고용 등에 관한 법률」에 근거하여 단순노무 외국인력의 수급과 관리를 위해 이전부터 활동했던 외국인력정책위원회까지 포함하면, 총 3개의 위원회가 이민정책을 전체적으로 그리고 부분적으로 조정하는 체계를 이루고 있다.

집행부처를 보면, 출입국 및 체류의 관리는 법무부가 담당한다. 그리고 사회통합의 분야에서 법무부가 외국인 전반을 대상으로 하는 사회통합 프로그램을, 여성가족부가 결혼이민자에 대한 지원을, 그리고 고용노동부에서 외국인 고용관계에 대한 규제를 맡고, 행정자치부가 외국인의 지역사회정착과 관련하여 지방자치단체와의 협력체계를 이룬다. 기타 보건복지 및 문화, 교육 분야 관련부처에는 외국인행정에 특화된 부서가 없으나, 사안에 따라 정책적으로 연계되어 있다.

 ## 제3절   서술내용

본서의 제2장에서 제8장까지는 외국인의 이민과정에서 일반적으로 적용되는 총칙에 해당한다. 각칙에 해당하는 제9장에서 제11장까지는 외국인의 주요 이주목적에 따라 나누어 상설하고, 그 각각의 사회보장에 대해 제12장에서 다룬다. 구체적으로 보면,

제2장은 통론으로서 이민법의 구조와 법원을 조망한다. 이민현상의 진전에 따라 이민법의 내용과 범위가 어떻게 변화하는가를 정리하고, 이민행정의 특성으로 인해 이에 대한 법치국가적 통제에서 나타나는 독특한 문제를 드러낸다. 이민법제의 발전에 따라 정립된 이민법규범을 법원론의 차원에서 일별하고 우리나라 현행 실정법 체계의 문제에 대해 논한다.

제3장에서는 이민법의 인적 범위를 정하기 위해 외국인에 대해 다룬다. 외국인은 이민법의 일차적 적용대상이므로 그 개념을 정의하고 국민과 구분할 필요가 있다. 국민과 외국인을 구분하는 실익은 헌법과 법률에서 각각 서로 다른 법적 지위를 부여한다는 점에 있다. 이와 더불어 결혼과 노동, 동포, 유학 그리고 난민 등 이주유형에 따라 구별되는 외국인의 지위를 살펴본다.

제4장에서 제6장까지는 외국인의 입국과 체류, 그리고 출국, 특히 강제출국을 다룬다. 이러한 일련의 과정에서 외국인과 행정청 간에 분쟁이 발생할 경우의 권리구제에 대해 제7장에서 종합한다.

먼저 제4장에서는 외국인의 입국을 규제하기 위하여 출입국관리법이 어떠한 기준과 수단을 정하고 있는지를 살펴보는데, 그에 앞서 여러 나라들의 입국규제 모델들을 간략히 개관한다. 그리고 우리나라의 출입국관리법상 법무부장관 등 여러 공적 역할수행자들을 통해 안전한 국경질서의 확립을 도모하도록 하는 제도인 사증, 여권, 입국허가, 입국금지 등에 대해 살펴본다.

제5장에서는 외국인이 국내에 체류하는 형식을 결정하는 체류자격의 유형 및 이민정책과 관련된 의의를 살펴본다. 다음으로 절차적 관점에서 체류자격의 부여 및 변경, 체류기간의 변경 등 제도를 살펴본다. 그리고 적법하게 체류하는 외국인의 등록제도에 관해 살펴본 후, 「재한외국인 처우 기본법」상 외국인의 처우에 관한 사항 및 지방자치법 등 개별법상 외국인의 정치적·사회적 법적 지위를 살펴본다.

제6장에서는 외국인의 출국에 관한 법률관계, 특히 강제출국에 관한 법률관계를 살펴본다. 현행 출입국관리법에서는 출입국관리 위반, 체류관리 위반 등의 사유로 외국인을 강제로 출국시킬 수 있도록 규정하고 있다. 강제출국의 방식에는 강제퇴거, 출국명령, 출국권고가 있다. 더불어 강제출국 과정에서 외국인에 대한 인신구속('보호')이 수반되는 경우가 종종 있다. 영장주의, 구속적부심 등 헌법상 신체의 자유를 보장하기 위한 장치가 외국인에 대한 보호에 있어서도 보장되어야 하는지 함께 검토한다.

제7장에서는 외국인의 출입국과 체류의 관리를 위한 일련의 행정작용의 과정에서 위법하거나 부당한 행정작용이 있게 될 경우 외국인의 권익을 보호받을 수 있는 수단을 검토한다. 사전적 절차인 행정절차와 사후적 절차인 이의신청, 행정심판, 행정소송, 헌법상 권리구제수단을 차례로 살펴본다. 행정절차와 관련해서는 행정절차법의 적용이 배제되는지의 문제가, 행정심판·행정소송에 관해서는 입국·체류·출국에 관한 행정청의 조치가 쟁송의 대상인 처분이 되는지의 문제가 집중적으로 논의될 것이다. 헌법상 권리구제수단으로는 헌법소원과 위헌법률심판 제청신청이 다루어진다.

제8장 국적의 취득과 상실에서는 한편으로 이민법의 적용대상을 정하는 데 전제가 되는 국민과 외국인의 구별 기준을 제시하고, 다른 한편으로 정주의 최종단계인 국적취득의 요건과 절차를 소개한다. 구체적으로 국적의 개념과 국적법의 발전, 국

적의 선천적 취득과 귀화 등의 후천적 취득 방법, 그리고 국적상실의 여러 사유를 살핀 후 복수국적이 어떻게 용인되고 규제되는지를 알아본다.

제9장은 난민을 다룬다. 먼저 난민의 개념과 유사용어, 난민제도의 역사와 국내 연혁에 대하여 소개한 후 난민의 요건에 대하여 살펴본다. 먼저 난민으로 인정되기 위한 핵심요건인 '충분한 근거가 있는 공포'와 '박해'의 개념에 대하여 다룬 후, 인종, 종교, 국적, 정치적 견해, 특정사회집단의 구성원 등 5가지의 협약상 원인에 대하여 사례를 위주로 상세하게 살펴본다. 그리고 난민심사에 있어서의 증명과 책임의 정도, 난민인정 요건에 관한 쟁점들에 대하여 검토한 후, 난민인정 절차를 다루고, 마지막으로 난민에 대한 처우에 대하여 알아본다.

제10장은 외국인의 국내취업을 다룬다. 외국인의 국내 취업경로는 「외국인근로자의 고용 등에 관한 법률」에서 규정한 비전문취업(E-9)과 방문취업(H-2)의 체류자격을 받는 것이 대표적이다. 이를 규율하는 제도인 외국국적동포가 아닌 외국인근로자에게 비전문취업 자격을 부여하는 일반고용허가제와, 외국국적동포 근로자에게 방문취업 자격을 부여하는 특례고용허가제의 절차에 대해 알아본다. 그리고 최근 산업경쟁력 강화와 관련하여 주목을 받고 있는 전문외국인력의 도입에 대해서도 살펴본다.

제11장에서는 결혼이민자의 유입과 다문화가족의 형성과 해체에 따른 사법적 법률관계에 대해서 살펴본다. 먼저 결혼이민의 의미와 결혼이민자의 법적 지위에 대해서 검토한다. 그리고 외국인과 국민의 혼인을 통한 결합에 수반하여 발생하는 다양한 법률관계, 특히 국제결혼의 성립과 효과, 자녀의 출생에 따른 친자관계, 부양, 국제이혼 등에 대해서 상세히 살펴본다.

제12장 외국인의 사회보장에서는 현행 사회보장제도들을 중심으로 외국인에 대한 적용여부와 적용의 정도를 살펴본다. 사회보장의 각 제도는 기본적으로는 국민에게 적용하기 위해 설계된 것이다. 따라서 외국인과 관련해서는 각 제도가 외국인에게 적용되는지, 적용된다면 어느 정도 적용되는지 여부가 쟁점으로 등장한다. 본장에서는 사회보장제도의 체계, 「재한외국인 처우 기본법」의 사회보장과의 관계, 상호주의 등 원론적인 논의를 살펴본 후, 사회보험, 공공부조, 사회서비스에 속하는 각각의 제도를 망라하여 외국인에 대한 적용 여부와 적용 정도를 분석하여 정리한다.

이민법의 구조와 법원

김 환 학

제 2 장   이민법의 구조와 법원

　이민현상에 대한 법적 규율의 체계를 이민법의 구조와 법원(法源)의 관점에서 살펴본다. 초점은 이민정책과 이민행정에 대한 법적 통제인데, 이민행정에 특유한 목적의 달성과 민주적 법치국가의 일반원칙인 법치행정의 조화를 위해 이민영역의 특성을 반영할 필요가 있다. 이를 바탕으로 이민법관계에 적용할 규범의 체계를 법원론에서 일별하고 우리나라 현행 실정법체계의 문제점을 검토할 것이다. 이를 위해 이민현상과 그 진전에 따른 이민법의 범주 설정에 대해 먼저 논의해야 할 것이다.

 ## 제1절   이민법의 범위와 목적

　국내로 유입되는 외국인의 수가 증가하고, 그 거주가 장기화되면서 외국인의 체류질서만이 아니라 이민자의 사회통합까지 규율할 필요성이 생긴다. 이에 따라 규율의 목적과 성격이 외국인질서법을 넘어 이민통합법으로 확장되며 국내 거주 외국인뿐만 아니라 이를 수용하는 사회관계도 규율대상에 포함된다.

1. 이민현상의 전개와 법적 관심의 확대

(가) 내국인의 해외유출에서 외국인의 국내유입으로

　우리나라 이민의 역사는 조선 말기 간도와 하와이, 아메리카대륙으로 향한 이민에서 시작되었다. 이는 일본 강점기에 가속화되었고, 건국 후 1960~70년대에도 미국, 독일 등으로의 이주행렬이 이어졌다. 1980년대 말부터 경제규모가 팽창하고 산업구조가 변화하면서 비로소 외국인력의 유입이 시작되었다. 그 배경은 20세기 후반 이후 인간과 자본, 정보가 경제와 문화영역 등에서 발생하는 교류를 통해 국민국가의 경계를 넘어 활발하게 네트워크를 형성하는 현상이다. 이러한 세계화추세에 더하여 한국사회는 압축적 성장에 따르는 산업구조의 변화와 경제규모의 확대로 말미암아 이민의 양적 성장과 질적 심화를 경험하고 있다. 외국인의 체류가 점차 장기화되면서, 그 체류가 단면적 이해관계에 그치지 않고 점차 생활인으로서 사회문화적 관계를 맺게 된다. 이제 체류형태와 목적이 다양해지고 외국인의 국내유입이 정주를 목적으로 하는 현상이 뚜렷이 나타난다. 법적 관심도 규율대상의 변화에 초점을 맞추어 외국인의 체류질서에서 사회통합으로 이동한다. 이렇게 규율대상의 성격이 변하면서 규율의 목적이 확장되고, 그 목적을 실현할 수단 역시 다양해진다.

(나) 외국인질서법에서 이민통합법으로

원래 외국인의 출입국은 우연한 개인사적인 사건이었으나, 사회경제적 조건에 따른 구조적 이주와 체류로, 다시 거주민으로서의 정주로 점차 우리 사회와 밀접한 관련성을 갖는다. 이에 따라 이민영역에 대한 법적 관심이 단순한 체류질서의 유지를 넘어 이주민이 수용사회에 통합되는 과정에 미친다. 그 법적 규율 역시 외국인질서법에서 이민통합관리법으로 그 성격과 기능이 변화한다. 세계화가 심화되면서 정보유통과 자본이동만이 아니라 인간의 이동과 사회적 통합도 공동체의 주요관심사로 등장함으로써 이민현상에 대한 관리가 국가의 중요한 임무가 되었다. 그리하여 이민법의 주된 내용은 대한민국의 국적을 갖지 않은 자의 출입국 및 강제출국을 중심으로 하는 경찰법적 위험방지와 외국인에게 목적에 따라 국내에 거주할 신분을 부여하여 관리하는 체류법적 질서유지, 그리고 이를 바탕으로 한 국민과의 공존 및 사회질서에의 통합이다.

여기서 외국인에 대한 경찰법적 수단에 법치주의가 관철되고 외국인이 부분적으로 기본권 내지 인권의 주체로 인정된다는 것은 일반 법질서의 틀에 포섭되는 문제이고, 이것만으로는 공동체적 문제의식이 직접 외국인의 생활관계와 이주의 이익에 미치지는 않는다. 적극국가 내지 사회국가를 배경으로 국가공동체와 개인의 관계가 형성되고 규율되면서 비로소 소수자를 포괄하는 사회통합이 아젠다(agenda)로 등장한다. 이제 자국 내의 외국인은 정치적, 형식적인 평등과 인권의 관점을 넘어서 경제적, 실질적인 정책대상이 된다. 외국인에 내포된 사회질서에 대한 리스크(risk)에 대한 대응으로, 전통적인 강행적 억제 수단 외에도 사회문화적이고 교육적인 참여로 해소하는 정책이 병행적인 대안으로 등장한다. 규율대상의 성질이 변화하면서 이렇게 규율목적과 기능도 변화한다. 단순한 체류질서의 유지를 넘어서 사회통합과정의 미래지향적 형성이라는 새로운 관점에서 유입외국인에 대한 이민관리를 할 필요가 있는 것이다. 이것이 이민영역에 대한 법체계가 근본적으로 변화하는 계기이다.

외국인의 체류질서에 관한 법률관계는 허가유보 하에 대상 외국인의 신분분류에 따라 법규범을 해석·적용하여 입국 및 체류허가를 발급·거부·박탈하고 경우에 따라 강제하는 과정으로서, 사실관계가 법적으로 해명되는 구조이다. 그러나 외국인의 체류가 장기화되면서 외국인 신분(체류자격)의 변화가능성이 높아지므로, 이러한 지위변동과정에 주목하여 체류자격을 차별적으로 규정하고, 사회통합가능성을 척도로 자격을 강화 또는 박탈함으로써, 이민과정을 사회통합으로 유도할 여지 또한 넓어진다. 행정작용도 위험방지 내지 단순한 질서유지를 넘어 이민과 통합의 임무와 관련되면서, 규범해석과 사실의 확정 및 포섭의 과정에서 발생할 수 있는 하자의 회피뿐만이 아니라, 다양한 법적 수단을 활용하여 정책목적을 실현하는 과정으로 이해하게 된다.

(다) 이민법적 이해관계와 그 전개

이민의 장에 관련되는 이익주체들의 입장에서 보자면 이민자는 개인적인 경제적 이익실현을 위해 이주를 감행하고 이를 수용하는 사회는 소극적 측면에서 이민자의 인권보호와 사회적 차별금지 그리고 법질서 준수, 적극적 측면에서 경제적·문화적 국익 증대와 사회통합 내지 평화적 공존을 기대한다. 국가는 이러한 이민자와 이에 대한 사회적 수용의 이해관계를 공동체 전체의 관점에서 조망하고 인권 기타 보편적 가치와 조화시킬 필요가 있다. 이는 정책적으로 고전적인 이민자의 출입 및 체류자격관리, 최근 들어 눈에 띄는 결혼이민자에 대한 선별적 지원을 넘어 이민자의 전반적인 사회통합정책으로 시각이 확대되면서, 이민자에 한정되었던 이민관련성, 즉 이민법의 적용대상 내지 이민정책 대상이 이민을 둘러싼 이해관계자 그리고 국민일반으로 확대됨을 의미한다. 이를 도해하면 다음과 같다.

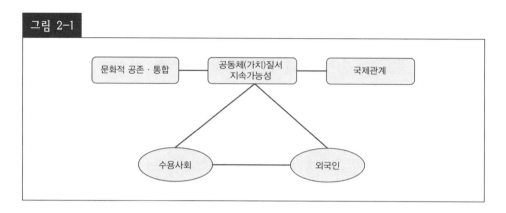

그림 2-1

문화적 공존 · 통합 ── 공동체(가치)질서 지속가능성 ── 국제관계

수용사회 ── 외국인

여기서 가로축은 질서의 동적 측면을 표시한다. 즉 지역사회의 생활 속에서 공존과 통합의 과정을 통해 공동체의 가치질서가 형성되고 각각의 공동체 단위 간의 관계가 국제질서를 이룬다. 교환과 교류가 국경에 의해 단절되지 않는 세계화시대에 단위사회가 공동체의 가치를 유지하려 함으로써 나타나는 글로컬(glocal)한 상황은 이민영역이라고 다를 바 없다. 이러한 이민질서는 외국인의 권리와 처우를 한 축으로, 수용사회의 가치관과 경제적 이익을 다른 한 축으로 하여, 이 양자의 조화를 통해 이루어지며 이는 공동체질서의 지속가능성에 속하는 문제이다. 그 배후에는 인간의 권리와 경제적 이익, 즉 인간과 자본의 긴장관계가 도사리고 있다. 이 두 요소의 균형을 통해 질서가 유지되며 이는 리스크관리의 문제이기도 하다.

앞에서 밝혔듯이 통합정책은 획일적인 문화적 동화가 아니라 사회경제적 공동체의 유지에 필요한 소통가능성을 지향하는 것이어서 상이한 문화의 공존을 전제로 한다. 따라서 통합정책과 다문화정책의 양자를 대립적 개념으로 이해할 필요는 없다고 본다. 유럽의 일각에서 제기되듯이, 다문화는 소통불가상태의 방치이고 통합은 소통에 대한 요구라고 대립시키는 관점도 정치적 구호 이상의 정책적·법적 의미를 갖기는 어렵다. 이민의 화두가 주류문화와 다문화의 긴장관계에서 사회통합으로 승화되었다고 이해하면 족할 것이다.

2. 적용범위

(가) 인적 적용대상

이민법은 일차적으로 국내에 거주하는 외국인을 대상으로 하고, 이에 더하여 그 외국인의 사용자나 국민인 배우자 등 그를 둘러싼 이해관계자에도 적용된다. 사회통합적 관점에서는 수용사회, 특히 지역사회에 선언적 의미의 책임이 부여되며, 국적을 취득하여 내국인신분이 되더라도 특히 다문화가족에서 보듯이 여전히 이민배경으로 인해 사회통합의 필요성이 있는 경우에는 이민법의 적용범위에 포함된다.

(나) 이민법적 생활영역

국내에 체류하는 한 외국인이라 해도 잠재적으로는 우리나라 법질서 전반이 적용될 수 있다. 그중에 이민법이 다루는 범위는 체류질서와 사회통합에 관련된 영역으로 한정된다. 결혼을 비롯한 가족의 형성, 투자와 노동 등 경제활동, 교육이나 예술 등의 문화활동, 그리고 난민 등의 체류목적과 유형에 따라 법률관계가 형성될 수 있는 영역은 달라진다.

(다) 이민관계의 동적 발전

이민법에서 다루는 외국인의 입국목적은 크게 경제적 동기와 가족결합, 문화교류, 그리고 인권 기타 인도적 차원의 수용으로 나눌 수 있다. 이들이 체류허가를 받으면 투자나 고용, 결혼, 교육이나 관광, 방문, 난민 등 「출입국관리법 시행령」 별표 1에 명시된 체류자격에 따라 국내에서 허용되는 행위영역이 결정되고 그 틀에서 법률관계를 맺게 된다. 체류허가의 조건 내지 내용에 따라, 그리고 외국인의 체류상황에 대한 평가에 따라 체류기간이 연장될 수도 있고, 혼인이나 취업 등 일신상의 사유를 계기로 체류자격이 변경될 수도 있다. 그러나 허가가 취소되거나 허가기간이 만료하여 체류자격이 소멸되면 자진해서 출국해야 하고, 그러하지 않으면 불법체류자의 신분이 된다.

체류기간의 제한을 두지 않는 영주허가는 해당 외국인이 가진 경제적 능력이나 대한민국과의 관련성 등 좀 더 엄격하고 개별적인 요건의 평가를 통해 이루어진다. 귀화는 이 영주허가를 거쳐야 하는 경우도 있고 그렇지 않은 경우도 있다. 영주허가와, 특히 국적취득으로 인해 광범위한 형성적 효과를 갖는 귀화허가는 재량성이 강하게 인정된다. 귀화허가를 통해 국민이 되어도 이민배경으로 인해 사회통합에서 발생하는 문제에 대비해 그만큼의 이민법이 적용된다.

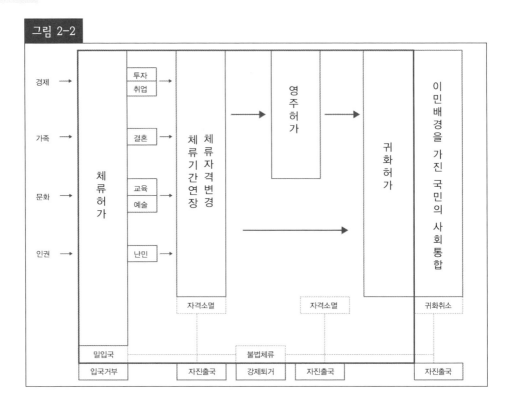

그림 2-2

제2절   이민행정과 법치주의

법치국가원리는 이민행정에도 적용된다. 따라서 이민행정도 법치행정이어야 하지만, 여기에는 이민영역이 갖는 특성이 반영되어야 한다. 법원실무는 이민영역의 특성에 비추어 이민행정작용에 광범위하게 재량을 인정하고 있다. 하지만 그 재량의 필요성과 정도에 대해서는 다시 구체적인 논증이 있어야 한다.

1. 이민행정의 특성

이민은 국가가 주도하는 영역이며, 이는 행정에서 그대로 나타난다. 다른 한편 외국인을 대상으로 하기 때문에 국제적 관련성을 내포하면서도 복합적 성격을 띨 수

밖에 없다. 그리고 이민행정체계의 기능적 측면에서 사회통합행정과 질서행정의 연계가 중요한 문제이다.

(가) 국가주도성

이민은 이미 구성된 사회공동체에 새로운 구성원의 가입과 공존을 허용하는 문제이다. 기존 구성원, 즉 국민에 대한 보호의무를 갖는 국가는 공동체의 지속가능성과 기타 위에 열거한 가치요소를 기준으로 이민에 대한 자격심사를 한다. 이민현상의 출현에 대응하는 이민생활영역의 기본구도 형성은 국가의 권한이자 임무이다. 실정법제도로 나타나는 정책에 의해 이민법관계의 틀이 결정되는 것이다.

특히 한국은 신흥이민국으로서 이민현상의 출현과 전개과정에서 법과 정책의 영향력이 절대적이다.[1] 여기에 더하여 조직적으로 이민을 저지하는 세력이 형성되어 있지 않기 때문에, 사회 내에서 이해관계에 따른 공론화과정을 거쳐 정책이 결정되고 법규범으로 승인된다기보다는 국가가 주도하여 제도를 설계하고 이것이 실정법으로 표현된다. 이에 의해 외국인의 체류에 관한 지위와 이에 부수되는 혜택이 결정된다. 이렇게 이민영역에서의 의사결정은 국가가 주도한다. 이에 따라 국가에 의한 정책형성의 여지가 넓기 때문에, 이에 상응하여 정책재량의 범위도 넓다.

(나) 국제성

이민과 이민배경을 가진 사회구성원의 관리는 개별국가의 국경을 넘어서는 과제이기 때문에 국제협력과 국제비교의 맥락이 동시에 고려되어야 한다. 국제적 관련점은 세 차원에서 살펴볼 수 있다.

우선 국가의 위상이다. 세계화 추세에서 보편화된 가치가 이민영역에도 적용된다. 물론 헌법 제6조 제2항은 국제법과 조약에 따라 외국인의 지위를 보장한다고 규정하고 있지만, 이와는 다른 글로벌스탠다드의 차원에서 보편적 가치가 행정의 자의를 제한하는 국제적 규준으로서의 역할을 한다고 볼 수 있다. 인권보장수준에 대한 국가 간의 비교를 통해 균형을 찾는 것도 국제질서의 요소라 할 것이다. 특히 유럽을 중심으로 한 국가 간의 이민비교[2]에서 보듯이 외국인의 인권과 이민정책은 곧 한

---

1 김혜순, 「정책집단으로서 한국의 결혼이민자」, 『한국이민법학회 2014년 추계 학술대회 자료집』
  (미공간, 2014), 36면.
2 이민정책의 국제비교를 위한 대표적인 지표는 MIPEX(http://www.mipex.eu/countries)이다.

국가의 평판과 결부된다.

그리고 사회구조에 따른 이민은 한국에 새로이 나타난 현상이다. 이 현상은 세계화 추세로 증폭된다. 과거의 경험과 이에 대한 분석만으로 이민영역에서 등장하는 문제를 해결하기 어렵다. 우리 사회가 직면한 이민현상 역시 이와 유사한 경험을 한 나라의 제도를 벤치마킹하여 대안을 마련할 필요가 있다.

끝으로 현실적인 실무협력의 문제이다. 일반적인 정보공유뿐만이 아니라 송출국과 수용국의 개별관계가 중요하다. 한국이 외국의 노동인력과 결혼이민자의 수용국으로서, 예컨대 입국준비와 귀환프로그램을 효율적으로 운영하여 외국인 유입을 조절하기 위해서는 국내의 유입요인만이 아니라, 송출국의 유출요인에 대한 관리가 필요하다. 이를 위해서 상대국과의 협력이 필요하다.

(다) 복합성

이민행정업무는 외국인을 직접 상대방으로 하는 대인적(對人的) 업무이다. 외국인은 내국인의 일반적인 행정수요 전반과 더불어 외국인으로서의 질서와 통합에 관한 추가적인 행정수요를 갖는다. 또한 그 외국인이 맺는 생활관계가 역동적으로 발전하기 때문에 체류에 관한 지위도 가변적이다. 이렇게 이민행정은 본래 복합적이고, 또한 탄력성을 필요로 하기 때문에 행정작용의 대상인 외국인에 대한 판단과 그의 이민관계 형성에 그만큼의 여지가 인정된다고 할 것이다.

다른 한편 이민행정의 이러한 성격으로 인해 융합행정체제가 필요하다. 입법례로 보면 여러 이민행정업무를 통합하여 전담하는 기관을 설치하는 방식과 다원적인 담당기관을 두고 그 사이의 협력네트워크를 구축하는 방식을 들 수 있다. 전담기관에서 이민업무를 맡는다 해도 외국인문제의 총체성 때문에 연관업무로 인한 타 부서와의 협력네트워크를 추가로 구축하여야 하고, 그렇지 않으면 업무의 고립을 초래할 위험이 있다. 이에 반해 담당기관 간의 협력네트워크를 통해 외국인문제의 총체성에 대응한다 해도 추진기관 간의 상호이해와 격변하는 이민현상에 대한 정보교환, 기타 협력인프라를 유지하면서도 기획과 조정을 담당할 범부처적 상설조직단위는 필요하다. 우리나라의 경우 이민행정에 대한 통합전담기관이 없으면서도 기관 간의 협력네트워크가 제대로 작동하지 않는다는 점이 문제이다.

(라) 사회통합행정과 체류질서행정의 체계적 연계

이민행정은 외국인의 입국 및 체류질서행정과 사회통합행정으로 이루어진다. 외국인 질서행정과 사회통합행정은 서로 괴리되지 않고 상호 연계되어 이민행정체계를 이룬다. 개개의 외국인에 대한 체류자격의 부여와 변경은 사회통합의 가능성과 실적의 평가를 근거로 하여야 하며, 체류자격의 요건 설정도 사회통합을 유도하도록 설계되어야 한다. 사회통합에 대한 평가의 대표적인 척도인 한국어능력과 재정능력, 범법사실(출입국관리법 제78조) 등 사회질서에 대한 태도는 체류자격을 결정하는 요소가 된다.[3]

사회통합은 새로운 행정임무이며 불확정개념으로서 새로이 그 의미내용이 개척되고 있는 과정이다. 그런데 지금까지 한국의 사회통합행정을 보면, 국내거주 외국인 일반을 대상으로 했다기보다는 특히 결혼이민자에 대한 시혜적 성격의 행정서비스에 그쳤다. 지방행정단위의 사회통합 관련부서는 주로 이른바 다문화가족과 관련한 복지행정조직이라는 점에서도 나타난다. 하지만 외국인이라는 이유로 시혜적 조치를 하면 낙인효과가 발생하고 내국인의 불만도 고조된다. 그 지원은 필요한 경우에 한해서 이루어져야 한다는 점에서 보충성의 원칙이 적용되어야 한다. 먼저 수익자나 그와 생활관계를 같이 하는 자가 자기책임을 지고, 그래도 곤란한 경우에 사회관계를 통해서 문제를 해결해야 할 것이다. 국가의 개입은 최후에 이루어져야 한다.

다른 한편 국내에는 공적 부조 기타 지원을 받아야 하는 계층 외에도 이미 다양한 생활수준과 사회적 능력을 가진 여러 외국인집단이 존재하는데, 이렇게 외국인의 사회통합정책을 지원과 시혜에 한정하면 정책대상 역시 제한되어, 외국인의 다양성과 한국 사회에 기여할 가능성이 정책적 고려에서 배제된다. 이들이 자발적으로 우리 사회의 다양성과 발전에 기여하도록 촉진할 가능성을 열어야 한다. 이렇게 넓은 시야에서 외국인의 사회통합이 체류질서행정과 연계된다면, 이러한 체류질서행정은 강압적 성격 일변도에서 벗어나 상당한 탄력성을 갖게 될 것이다.

수익적 기능을 하는 사회통합행정에서는 당연히 재량이 더욱 넓게 인정된다. 그러나 사회통합을 위한 행정조치는, 많은 사례에서 나타나듯이 이벤트성 은전에 머무른다는 점이 문제이다. 제도적·정책적 수요의 충족만이 행정목적은 아니므로 국가

---

3 「출입국관리법 시행령」 별표 1의 영주자격(F−5), 「출입국관리법 시행규칙」 제9조의2, 제9조의4에서 정하고 있는 결혼이민사증 발급기준 등이 대표적인 예이다.

공동체 전체의 관점에서 비용지출의 합리성 역시 판단해야 한다. 최소한 정책목표달성을 평가하는 내부통제의 시스템이 필요하다 하겠다.

2. 법률에 의한 이민행정

이민행정 역시 법치국가원리가 지배하므로 민주적 정당성을 갖는 입법기관에 의해 제정된 법률에 구속된다. 그런데 이민행정의 대상인 외국인은 공동체의 의사결정에 대한 참여가 극히 제한되어 있어 다른 행정영역과 달리 결정의 민주적 정당성에 대한 요청이 강하지 않다. 외국인은 국내에서 곧바로 정치적 공동체의 구성원이 되지 않고, 부분적으로 법공동체에 속한다.

외국인은 국민이 아니라도 이른바 인간의 권리로 인정되는 기본권에 근거하여, 그리고 이에 더하여 헌법이 아닌 법률에 근거하여 국내법적 법률관계의 당사자가 되는데, 이 법률관계 역시 법치주의의 지배를 받는다. 외국인에게도 공법관계는 사법적 법률관계 형성의 기반이 되기 때문에 그 예측가능성과 권리보호의 필요성이 국민에 못지 않고, 그 외국인과 고용이나 결혼 등의 법률관계를 맺는 국민의 보호를 위하여도 법치주의의 요청이 존재한다. 그런데 앞에서 본 이민행정의 특성으로 인해 실무상 재량의 인정필요성과 동시에 그 남용가능성도 크다. 따라서 이민행정에 대한 법치주의의 요청은 특히 재량에 대한 통제로 집중된다. 이하에서는 이민법에 특징적으로 나타나는 법률유보와 재량, 집행의 결함문제를 살펴본다.

(가) 법률유보

오토 마이어(O. Mayer)에 의해 정립된 법치행정의 원칙은 법률의 법규창조력과 법률의 우위, 법률유보를 그 요소로 한다. 그 중심에 법률유보의 원칙, 즉 모든 행정작용에는 법률의 근거가 있어야 한다는 원칙이 자리 잡고 있는데, 특히 이민행정에서 문제가 된다. 이민행정영역의 역동성과 가변성으로 인해 법률로 정하기에 적절한 사항은 제한적이므로 불가피하게 행정입법으로 규정하는 사항이 확대된다. 따라서 포괄적 위임금지의 원칙이 특히 중요하게 부각된다.

그런데 이민법의 근간이라고 할 수 있는 출입국관리법을 보면 그 규정의 법문이 모호하며 행정권한 행사의 근거를 충분히 규정하지 못하고 있는 경우가 많다. 특히 하위법령에 포괄적으로 위임하고 있는 경우가 많은데, 대표적인 예가 구출입국관리법(2018. 3. 20., 법률 제15492호로 개정되기 전의 것) 제10조 제1항이었다. 구법에서는 "입국하려는 외국인은 대통령령으로 정하는 체류자격을 가져야 한다"는 규정을 근거로 구 「출입국관리법 시행령」 별표 1에서 외국인의 체류자격을 상세히 정하고 있었다. 이에 대해서는 외국인의 지위를 정한 법규사항이므로 적어도 그 원칙과 대강이라도 법률에 규정하고 세부사항을 하위법령에 위임하는 입법방식을 택해야 한다는 비판이 있었다.4 이러한 비판을 수용하여 2018. 3. 20. 법률 제19070호로 개정된 출입국관리법에서는 제10조를 개정하여 체류자격을 일반체류자격과 영주자격으로 구분하여 각 개념을 규정하고, 제10조의2를 신설하여 일반체류자격을 단기체류자격과 장기체류자격으로 구분하여 각 개념을 규정하였으며, 제10조의3을 신설하여 영주자격의 요건과 효과 등에 대해 규정하게 되었다. 그러나 체류자격은 외국인의 체류에 있어서 기본적인 내용이라는 점에서 현재의 입법상태가 충분하다고 볼 수 있는지는 의문이 있다.

이민행정의 법률유보를 위협하는 또 다른 현상이 고시와 지침에 의한 행정인데, 이는 아래 법원(法源)으로서의 행정입법에서 살펴보겠다.

(나) 재량에 대한 통제

1) 이민행정의 특성과 재량

행정작용에 재량을 인정할 것인가, 인정한다면 어느 정도로 인정할 것인가 하는 문제는 규율대상의 판단에 대한 입법과 행정의 역할분배의 문제이다. 재량여부는 입법자가 규정한 문언과 규율대상의 성격 및 내용에 따라 결정된다. 일반적으로 이민입법과정에서는 입법자가 광범위한 형성여지를 갖는다. 민주적 정당성의 기반이 취약하고 정치적 영향력을 행사하지 못하는 외국인의 부분이익보다는 공동체 전체의 일반이익을 중시하게 되기 때문이다.

이에 더하여 앞에서 본 바와 같이 이민에 관한 상황이 역동적으로 변화하기 때문에 법률에 명확하게 규율내용을 규정하기 보다는 행정의 차원에서 상황변화에 탄력적으로 대응하여 판단할 수 있도록 권한을 위임하는 것이 합리적일 수 있다. 또한 이민행정작용은 대부분 대인적(對人的) 성격을 갖는데, 이 경우 여러 요소를 종합적으로 고려하여 판단해야 한다는 점에서 그 판단에 재량이 인정될 필요성이 있다. 그

---

4 김환학, 「이민법의 구조와 법원」, 『이민법』 초판 (박영사, 2016), 28면.

런데 외국인의 체류는 그 외국인이 취득하는 권리 대부분의 발생 전제가 되지만, 그의 체류가 기본권으로 보호되지는 못한다. 체류청구권이 독자적으로 인정되지는 못하는 것이다. 하지만 그 외국인이 체류하는 동안에 내국의 이익과 관련성이 있는 이익을 성취한 경우는 이와 다르다. 그 관련이익이나 보호가치 있는 신뢰, 기타 인간의 권리로서의 기본권과 그 범위에서 인정되는 평등권 등 기득의 이익이 별도로 존재한다면 이는 그 형량에서 고려해야 하는 요소이다.

2) 유형에 따른 재량과 통제

특히 문제가 되는 것은 입국과 귀화, 강제출국이다.

외국인의 입국에 관해 헌법재판소는, "출입국관리에 관한 사항 중 특히 외국인의 입국에 관한 사항은 주권국가로서의 기능을 수행하는 데 필요한 것으로서 광범위한 정책재량의 영역"이라 하여 재량을 넓게 인정하였다.[5] 이에 따라 입국에 관한 처분에 대한 비례성심사에서 이른바 완화된 심사기준을 적용하여, "국민의 기본권을 제한하는 공권력행사의 목적이 정당하고 수단이 적정해야 하며 목적과 수단 사이에 합리적 비례관계가 유지되고 있는지 여부가 위헌성 판단의 기준"이라고 함으로써 필요성기준을 생략하고 있다.

또 대법원은 귀화신청인이 귀화 요건을 갖추었다 하더라도 법무부장관이 귀화를 허가할 것인지 여부에 관하여 재량권을 가진다고 하여, 요건을 다 갖추었다 하여도 재량으로 귀화신청을 불허할 수 있다고 하였다.[6] 귀화허가의 성격이 외국인에게 대한민국 국적을 부여함으로써 국민으로서의 법적 지위를 포괄적으로 설정하는 행위라는 점과 그 근거가 되는 국적법 제4조 규정 등의 형식과 문언에 비추어 외국인에게 대한민국의 국적을 취득할 권리를 부여하였다고 볼 만한 규정이 없다는 점을 그 근거로 한다.[7]

그러나 강제출국에 관하여는 재량이 제한된다. 서울행정법원은, 한국 국적을 가진 생모의 초청으로 입국하여 방문취업비자를 받은 외국인이 후천성면역결핍증을 유발하는 인체면역결핍바이러스에 감염되었다는 이유로 발급된 출국명령에 대한 취

---

5 헌재 2005. 3. 31. 2003헌마87.
6 대법원 2010. 10. 28. 선고 2010두6496 판결.
7 이렇게 대법원이 법무부장관의 재량권을 폭넓게 인정하여 귀화제도의 공익적 측면을 중시한 반면, 파기된 하급심은 귀화여부에 대한 개인의 예측가능성을 중시하고 있다고 할 수 있다[이희정, 「귀화허가의 법적 성질」, 『행정법연구』 제31호 (2011), 113면]. 물론 독일과 같이 이러한 재량귀화 외에 기속귀화를 인정한 입법례도 있다.

소소송에서, 출국명령으로써 보호하려는 전염병예방이라는 공익의 달성 여부가 불확
실한 반면, 외국인의 거주·이전의 자유, 가족결합권을 포함한 행복추구권 등을 심각
하게 침해하여, 재량권을 일탈·남용한 위법이 있다고 하였다.[8] 이렇게 한국과 관련
하여 보호가치 있는 신뢰와 인간의 권리로서 인정되는 기본권은 권리구제의 근거가
된다.

문제는 강제퇴거에 관해 규정한 출입국관리법 제46조 제1항의 3호에서 동법 제
11조 제1항의 입국금지사유를 그대로 수용하고 있다는 점이다. 입국금지의 사유와
강제퇴거의 사유는 차별적으로 다루어야 할 것인데, 입법에 의한 일반적 해결이 있
기까지는 개별사건에서 법원의 형량과정에서 감안하게 될 것이다.

(다) 규율의 결함과 집행의 결함

새로이 전개되는 이민법 영역에서는 규율의 결함과 집행의 결함이 두드러진다.
이는 이민현상이 정책 및 규율대상으로서 갖는 본질적 특성 때문이라고 할 수 있지
만, 한국의 이민정책체계가 내포한 문제점에서 비롯되기도 한다. 이러한 결함은 불
법체류에 집약되어 나타난다.

앞에서 살펴보았듯이 이민현상은 세계 여러 나라에 공통적으로 복잡하고 역동적
으로 전개된다. 이민영역에 새로운 문제점과 정책수요가 계속 등장하기 때문에 법적
규율로써 이를 포착하기 위해서는 지속적인 정책의 조정과 입법적 대응이 필요하다.
그러나 문제의 소재를 포착하여 입법적 해결을 하는 과정에서 시차가 발생하기 마련
인데 그 시차가 이민현상의 역동성으로 인해 두드러진다. 이 문제는 행정입법보다
의회입법에서 더욱 심하다. 따라서 행정이 주도하여 행정입법을 통해 이민에 대한
규율을 하게 된다. 그런데 행정 내부에서는 앞에서 본 부처별 할거와 소통부재로 인
해 정책의 중복과 공백이 발생하며 이는 곧 법적 규율의 결함(Regelungsdefizit)으로
나타나고, 집행의 결함(Vollzugsdefizit)으로 이어진다. 이는 복잡다기한 현대행정에서
일반적으로 지적되는 문제이지만, 특히 우리나라 이민행정에서 두드러진다. 조직법
상 권한행사를 총괄적으로 조정하는 기능이 미약하고, 그 권한에 대응되는 책임 역
시 분산되어 있으면서도 책임의 한계가 모호하기 때문이다.

이러한 규율과 집행의 결함이 집약되어 나타나는 전형적인 현상이 불법체류이다.
불법체류는 외국인을 수용하는 모든 나라에서 발생한다는 점에서 국제적으로 유사

---

8 서울행정법원 2008. 4. 16. 선고 2007구합24500 판결.

성이 있지만, 적법한 체류질서에서 벗어난 것이라고 할 수밖에 없다. 그러나 준법의 이념에 고착되어 불법체류자를 남김없이 적발하여 처리하는 것은 현대사회에서 불가능하고, 헌법질서가 명령하는 바도 아니다. 불법체류에 대한 정책수립과 그 집행에서 이러한 이민법상의 이익보다 더 상위에 있는, 외국인을 포함한 인간의 존엄과 가치 내지 국제법적인 인권존중 등의 이익과의 균형을 고려하여 불법체류인구가 일정 규모를 넘지 않도록 그 리스크를 관리하는 것이 현대 이민행정의 과제이다.

 ## 제3절 이민법의 법원

1. 서 설

법원(法源)은 일반적으로 법의 존재형식 또는 법의 효력근거와 인식근거로 이해한다. 이는 불문법을 어떻게 취급할 것인가를 염두에 두고 학설사적으로 논의된 것이다. 법률이 정비된 현대사회에서 불문법에 대한 의존도는 낮다. 더욱이 이민법은 생성된 역사가 짧고 가변적이어서 고유의 관습법이 생성될 여지도 좁고, 특히 이민행정관계에서는 예측가능성을 높일 필요가 있다는 점에서 불문법을 인정하기는 곤란하다 할 것이다. 오히려 이민법의 법원론에서는 법규가 범람하는 현상에 대응해 규율의 모순·저촉과 공백을 방지하는 법체계적 관점에 의미를 두어야 할 것이다. 따라서 이하에서는 성문법을 중심으로 살펴볼 것이다. 물론 공법상의 일반원칙인 평등원칙과 비례원칙, 그리고 신뢰보호의 원칙 등은 당연히 적용되는 것을 전제로 하므로,9 여기서 별도로 논하지 않는다.

---

9 공법상의 일반원칙에 대한 견해가 통일된 것은 아니지만, 적어도 평등원칙과 비례원칙, 신뢰보호의 원칙은 일치하여 긍정한다. 평등원칙이란 정당한 사유 없이 차별하지 말아야 한다는 원칙이며, 비례원칙은 행정목적을 실현하기 위한 수단과 그 목적 사이에는 합리적인 비례관계에 있어야 한다는 원칙이다. 신뢰보호원칙은 행정기관의 언동을 신뢰하여 사인이 일정한 조치를 한 경우 그 신뢰가 보호가치가 있는 경우 그 신뢰를 보호해야 한다는 원칙이다. 이러한 공법상의 일반원칙은 「행정기본법」(법률 제17979호, 2021. 3. 23., 제정)이 제정되어 수용되면서 행정의 법 원칙으로 명문화되었다.

2. 성문법원

(가) 헌 법

헌법은 제6조 제2항에서 "외국인은 국제법과 조약이 정하는 바에 의하여 그 지위가 보장된다"고 하여 국내에 체류하는 외국인의 지위에 대한 일반적 조항을 두고 있다. 이에 그치지 않고 생활관계에 따라서는 혼인의 자유와 가족의 보호(제36조)나 근로자의 권리(제33조) 등 인간의 권리에 해당하는 기본권 규범이 적용된다. 외국인은 국민과 차별되는 법적 지위를 가지므로, 국민의 경우와 같이 모든 생활관계가 기본권의 틀에서 전개되는 것은 아니다.

(나) 법 률

1) 법률의 주된 규율대상이 외국인(이민행정)인 경우

앞에서 본 이민법의 근간이 되는 법률로서 국적법, 출입국관리법, 「외국인근로자의 고용 등에 관한 법률」, 「재외동포의 출입국과 법적 지위에 관한 법률」, 「재한외국인 처우 기본법」, 다문화가족지원법, 난민법이 이에 해당한다.

2) 외국인의 지위를 특별히 규정한 경우

국민과 외국인을 모두 적용대상으로 하지만 외국인과 관련한 규정을 별도로 둔 법률이 있다. 「결혼중개업의 관리에 관한 법률」이 대표적이며, 그 실제적 내용은 주로 국제결혼중개업에 대한 규제이다. 그리고 건강가정기본법은 제34조의2에서 한국건강가정진흥원의 사업범위에 다문화가족에 대한 지원을 포함시키고 있다. 그밖에 국가공무원법(제26조의3)이나 지방공무원법(제25조의2)과 「국가유공자 등 예우 및 지원에 관한 법률」이나 「독립유공자예우에 관한 법률」 등이 인정하는 공무원, 유공자의 자격 등을 특정 외국인이(혹은 국적을 취득한 자가) 갖추어 특별규정이 적용되는 경우를 규정하고 있다. 또한 지방자치법 제15조 제1항은 일정한 요건 하에 조례의 제정과 개폐청구참여권을, 공직선거법 제15조 제2항은 역시 일정한 요건 하에 지방선거에서의 선거권을 인정하고 있다.

3) 기타 외국인 관련법률

① 이민법에서 일정한 자격이나 투자를 요건으로 하는 경우

「외국인투자 촉진법」과 「벤처기업육성에 관한 특별조치법」은 외국인과 관련되지

만 그 외국인의 국내거주와는 직접적 관련이 없고, 다시 이를 이민법에서 요건으로 하는 경우에 간접적으로 법원이 된다. 그리고 고등교육법, 선원법(해운법, 수산업법) 등이 인정하는 교수, 선원 등의 자격을 특정 외국인이 갖추고, 이를 이민법에서 요건으로 하는 경우에 이 법률들은 간접적인 법원이 된다.

　　② 이민법상의 자격을 다른 분야에서 요건으로 하는 경우

「고용보험법」 제10조의2 제1항에서는 「외국인근로자의 고용 등에 관한 법률」의 적용을 받는 외국인근로자에게는 고용보험을 적용하도록 하되, 동 제2항에서는 동 제1항에 해당하는 외국인근로자를 제외한 외국인이 근로계약, 문화예술용역 관련 계약 또는 노무제공계약을 체결한 경우에는 「출입국관리법」 제10조에 따른 체류자격의 활동범위 및 체류기간 등을 고려하여 「고용보험법 시행령」 제3조의3에서 정하는 바에 따라 고용보험의 전부 또는 일부를 적용한다.

　　4) 외국인이 내국인과 동일한 법규범의 적용을 받는 경우

이외에도 외국인에게 근로기준법, 세법 등이 적용되는 등 외국인이 국내의 생활관계에 편입되어 내국인과 동일하게 적용되는 법규범이 있는데, 여기에서 별도로 다루지는 않는다.

(다) 국제법

헌법 제6조 제1항에 따라 "헌법에 의하여 체결·공포된 조약과 일반적으로 승인된 국제법규는 국내법과 같은 효력을 가진다." 여기서 조약은 국가 등의 국제법주체 사이의 법적 구속력이 있는 합의이다. 일반적으로 승인된 국제법규는 우리나라가 당사국이 아니더라도 국제적으로 그 규범성이 일반적으로 인정된 국제규범을 말한다. 이러한 조약 또는 국제법규가 국경을 넘는 인구이동, 즉 이민을 규율대상으로 한다면 이민법의 법원이 된다.

국제법과 국내법의 법체계적 관계에 관해 일원론과 이원론이 있다. 헌법문언은 국제법이 국내에 적용됨을 전제로 하고 있다. 따라서 양자가 하나의 통일된 법체계를 구성한다고 볼 것이고(일원론), 이를 구분하는 이원론을 받아들일 수는 없다. 일원론에서도 국제법은 국내법에서 어느 수준의 효력을 갖는가에 관해 견해의 대립이 있다.

국제법이 본래 국가와 같은 국제법 주체 간의 권리·의무를 규율하지만, 국민의 권리·의무에 관한 내용을 포함하는 경우에는 직접 구체적인 사건에 적용될 수 있다.

특히 국적을 떠나 인간의 권리를 직접 보장하는 국제인권법은 국내 체류 외국인에 직접 효력을 갖는다고 보아야 할 것이다. 이 경우 국내법 규정의 흠결 또는 국내법과 국제법의 충돌이 있는 경우에 그 국제법의 국내법적 효력이 문제가 된다. 헌법에 의하여 체결·공포되어 국회의 동의를 얻은 조약은 법률의 효력을 갖는다는 견해가 통설이다. 이에 따르면 적어도 국내에서는 조약이 그 위헌 여부에 대한 규범통제의 대상이 됨은 물론이다. 법률과의 관계에서도 특별법 우선의 원칙과 후법 우선의 원칙이 적용된다고 할 것이다.

그 밖에 국제법규의 규범성은 일반적으로 승인되었는가의 여부에 따를 것이고, 일반적으로 승인되었다고 판단된다면 헌법질서의 보편성과 국제평화주의, 국제법존중주의에 비추어 위헌 여부에 대한 규범통제의 대상이 되지 않는다고 할 것이다. 일반적으로 승인된 국제법규는 국회의 동의를 받지도 않았고, 법단계유형도 다양하다. 따라서 조약과 같이 획일적인 결론을 내릴 수는 없고 그 효력을 개별화해야 할 것이다.

이민법의 법원이 되는 대표적인 국제법규로, 세계인권선언을 바탕으로 하여 법적 구속력을 가진 「시민적·정치적 권리에 관한 국제규약」(International Covenant on Civil and Political Rights) 및 「경제적·사회적·문화적 권리에 관한 국제규약」(International Covenant on Economic, Social and Cultural Rights)을 들 수 있다. 두 규약은 기본적이고 보편적인 국제인권법으로 인권에 대해 포괄적인 내용을 담고 있다. 반면에 특정한 주제 또는 집단과 관련한 국제인권협약으로 난민협약, 인종차별철폐협약, 여성차별철폐협약, 고문방지협약, 「무국적자의 지위에 관한 협약」, 아동권리협약, 「헤이그 국제아동탈취협약」 등이 있다. 우리나라는 이와 같은 협약에 이미 가입하였지만, 이주노동자권리협약, 「무국적자의 감소에 관한 협약」 등에는 아직 가입하지 않았다.

그 밖에 행정부가 국회의 동의 없이 체결하는 행정협정이 있다. 비자면제협정이 대표적인데, 법규명령 정도의 효력을 인정할 수 있을 것이다. 이 협정은 주권이나 외교에 중요한 사항도 아니고, 국민에게 재정적인 부담을 지우거나 입법사항에 관한 내용을 담고 있지도 않다. 따라서 헌법 제60조 제1항의 국회의 동의를 얻을 필요가 없다.

(라) 행정입법

법률 규정은 다시 행정입법으로 구체화되고 보충된다. 앞에서 본 이민법의 근간이 되는 법률들의 하위에도 역시 법률을 근거로 각각 대통령령인 시행령과 각부 부령인 시행규칙이 제정되어 있다. 이러한 대외적인, 즉 국민에 대한 효력을 갖는 법규명령 외에도 행정부는 자신에게 부여된 권한의 범위 내에서 그 권한을 행사하기 위해 일반적·추상적 법규범인 행정규칙을 제정할 수 있다. 그런데 위에서 보았듯이 이민행정은 이민현상의 유동성과 이민자가 처한 다양한 상황을 고려해야 하기 때문에 법규를 통해 상대방에게 구체적 상황에서 예측가능성을 벗어나는 법률관계를 인정하거나 행정청에게 경직된 판단을 강제하기보다는 행정 내부에 재량을 부여할 필요가 있는 경우도 많다. 이러한 경우 행정작용은 고시와 지침에 의해 이루어진다.[10]

이러한 지침이나 고시는 행정규칙의 형식으로 제정되어 법규가 아니지만 특히 그 규정내용이 법규적 효력을 갖는 경우가 문제이다. 먼저 법령의 위임에 따라 법령 보충적 성질을 갖는 경우에는 대외적 효력을 가지므로 이에 대해서는 법규성을 인정해야 할 것이다.[11] 재량준칙의 성질을 갖는 경우에는 판례[12]와 학설이 일반적으로 준법규설을 따른다. 일정기간 적용되어 행정관행으로 성립된 경우에는 헌법상 평등의 원칙에 따라 동일한 사안에 다른 처분을 할 수 없는 자기구속이 발생하여 간접적으로 법적 효력을 갖게 된다는 것이다. 법규성 인정여부의 실익은, 행정규칙의 대외적 효력을 인정하는 경우 법원이 이를 재판의 척도로 삼게 되고, 구체적 사안에서 적용을 거부하기 위해서는 규범통제를 거쳐야 한다는 점에 있다. 규범통제는 법원조직법 제7조에 따라 전원합의체에서 이루어진다. 물론 행정규칙의 대외적 효력을 인정하지 않는 경우에 법원은 이 행정규칙을 무시하고 비례원칙에 따라 직접 심사하게 된다.

(마) 지방자치법규

각 지방자치단체에 외국인이나 다문화가족 지원을 취지로 하는 조례가 널리 규정되어 있는데, 그 지원정책을 자문 또는 심의하는 위원회에 외국인관련단체와 외국인 등 당사자가 참여할 수 있는가, 그러한 참여가 지방자치단체와의 관계에서 실효성이 있는가 하는 문제들이 있다.

---

10 예컨대, 외국인고용관계에서 중요한 「출입국관리법 시행령」 제26조의2 제1항에 따라 신고만으로 근무처 변경·추가를 할 수 있는 외국인의 요건 고시」(법무부고시 제11-510호)와 「외국국적동포의 취업활동 제한범위에 대한 고시」(법무부고시 제2003-618호), 그리고 「출입국사범 단속과정의 적법절차 및 인권보호 준칙」(법무부훈령 제862호) 등.

11 판례의 입장도 같다. 대법원 1994. 3. 8. 선고 92누1728 판결; 대법원 1995. 3. 10. 선고 94누8556 판결 등. 반대 견해로는 김남진·김연태, 『행정법 Ⅰ』(법문사, 2015), 188면.

12 대법원은 2009. 12. 24. 선고 2009두7967 판결에서 이러한 입장을 명시적으로 택했다.

그 외에 일부 지방자치단체가 투자촉진을 위한 조례를 제정하였다.

3. 실정 이민법체계의 문제점

(가) 「재한외국인 처우 기본법」의 성격

1) 정책수단으로서의 기본법

국가가 주도적으로 사회문제를 해결하려 하는 경우, 이를 위해 사회에 개입하고 이해관계를 조정하는 조직과 작용에는 법적 정당성이 필요하다. 이러한 점에서 법규범은 권리·의무를 획정하는 기능을 넘어 정책수단으로서의 성격을 갖게 된다.[13] 정책추진이 그 목표와 수단 및 과정까지 법의 형식으로 이루어진다면, 정책목표를 설정하고 이를 달성하기 위해 적절한 수단을 동원하는 과정까지 실정법에서 체계화할 필요가 있다. 여기서 기본법은 정책의 목적 내지 기본방향을 제시하고, 이를 추진하기 위한 행정조직과 정책수단을 형성하며, 개별법률이나 하위법령을 정책의 취지에 맞도록 유도하는 기능을 한다.[14] 이렇게 법적 차원에서 규정된 정책을 행정부가 실무 차원에서 조직적으로 실현할 작용형식이 행정계획이며 그 정점에 기본계획이 있다. 행정실무와 이를 둘러싼 행위자들의 활동을 종합하여 정책을 추진하도록 기본계획을 수립하는데, 「재한외국인 처우 기본법」 제5조에서 규정한 외국인정책기본계획도 이러한 맥락에서 이해할 수 있다.

2) 「재한외국인 처우 기본법」과 다문화가족지원법의 관계

이민청과 같이 이민행정업무를 전담하는 관청을 두지 않는 경우 이러한 정책을 종합하고 조정하기 위해 부처 간의 협의를 위한 네트워크를 구성해야 하는데, 우리나라에서는 「재한외국인 처우 기본법」 제8조에서 국무총리 산하에 외국인정책위원회를 두고 있다. 이와 병렬적으로 2011년 다문화가족지원법 개정으로 신설된 동법 제3조의4에 따라 다문화가족정책위원회가 설치되었다. 그런데 이 위원회의 위원장역시 국무총리로 함으로써 외국인정책위원회와의 관계가 모호하고 실무에서도 정책

---

13 문상덕, 「행정법학에 있어서의 법과 정책」, 『청담 최송화교수 화갑기념─현대 행정법학의 과제』 (2002), 1003면.
14 오준근, 「기본법의 행정법학상 위치에 관한 법실증적 고찰」, 『청담 최송화교수 화갑기념─현대 행정법학의 과제』 (2002), 615면 이하; 박정훈, 「입법체계상 기본법의 본질에 관한 연구」, 『법조』 제58권 제12호 (2009), 272면 이하.

의 중복과 공백이 나타나고 있다. 그 배경에는 다문화가족지원법의 위상 및 「재한외국인 처우 기본법」과의 관계가 도사리고 있는데, 다문화가족지원법도 프로그램적 성격을 가지면서 정책추진체계와 적용범위, 그 규율내용에서 「재한외국인 처우 기본법」과 겹쳐 충돌할 가능성이 있는 것이다.[15]

하지만 다문화가족은 한국인과 외국인이 혼인하여 이룬 가족공동체를 말한다는 점에서 다문화가족지원법은 「재한외국인 처우 기본법」의 개별법률이라고 할 수 있는 한편, 그 성격이 적극적인 복지서비스라는 점에서는 건강가정기본법의 개별법률이라고도 할 수 있다. 하나의 단행법이 반드시 하나의 기본법체계에 속해야 하는 것은 물론 아니다.[16] 「재한외국인 처우 기본법」 제15조에서 재한외국인이 국적을 취득한 후 3년까지는 사회적응을 위한 지원을 받을 수 있다고 규정함으로써 이를 경계로 「재한외국인 처우 기본법」과 건강가정기본법의 적용범위가 결정된다고 할 수도 있을 것이다.

입법정책의 관점에서, 이미 국적을 취득하였으나 이민배경을 가진 집단을 다문화가족이라 구분하여 특혜를 주는 것은 문제이다. 사회에 부담을 주는 외국인이라는 낙인을 찍고, 저소득층간의 역차별 시비를 일으키기 때문이다. 외국인 역시 보편적 복지제도로 흡수시켜서 일반 저소득층과 차별 없이 개별 복지서비스의 수요를 충족시키는 방향으로 전환해야 할 것이다.

3) 평 가

이러한 논의가 기본법이라는 입법형식을 둘러싸고 이어지는 이유는 기본법이라는 법형식의 취지가 몰각되었기 때문이다. 기본법 제정의 의도가, 중요한 국가정책의 체계적 추진이 아니라 부처할거주의에 따라 행정각부가 소관분야에 대한 기본법을 '소장'하려는 것이라 해도 과언이 아니다.[17] 이민만이 아니라 여러 행정 영역에서 체계정합성을 무시하고 기본법이라는 입법형식이 남발되고 있어 규정의 충돌과 모순, 흠결의 가능성이 상존하고 있다. 정책방향이 명백히 제시되지 않거나 혼란을 빚고, 근거규범의 흠결 또는 모순이 나타날 수 있는 것이다.

기본법이라는 입법형식을 지나치게 강조하기보다는 개별법률의 모순과 저촉을

---

15 차용호, 『한국 이민법』 (법문사, 2015), 634면.
16 황승흠, 「기본법체계에 대한 법학적 이해」, 『공법학연구』 제11권 제1호 (2010), 264-266면.
17 오준근, 「기본법의 행정법학상 위치에 관한 법실증적 고찰」, 629-631면; 박정훈, 「입법체계상 기본법의 본질에 관한 연구」, 309-311면.

방지하고, 행정실무를 통제할 방안을 마련해야 할 것이다. 이러한 통제가 외국인정책계획을 매개로 이루어질 수도 있다. 즉「재한외국인 처우 기본법」에서 외국인정책기본계획과 이에 바탕을 둔 연도별 시행계획을 수립하도록 하고 있는데, 그에 대해 현재와 같이 계획시행에 대한 평가 등 내부적 통제에 그칠 것이 아니라, 국회에 그 계획의 내용과 실현현황에 대해 연차보고를 하는 형식으로 국민에게 공개하도록 할 수 있을 것이다.

(나) 법률의 목적조항

법률의 목적은 법률의 첫머리(제1조)에 적시한, 법률이 달성하고자 하는 입법목적이다. 여기서 법률의 입법취지가 드러나고 최종적인 법률조문의 해석지침을 찾을 수 있다. 따라서 헌법이나 각 영역의 기본법에 조응하는 용어와 표현을 사용하여 헌법으로부터 이어지는 규범체계와의 조화를 도모해야 한다. 최근에는 법률을 제정할 때 일반적으로 목적조항을 두고 있고, 제정 시에 목적조항을 누락했다면 개정 시에 추가하는 등 법률의 목적조항이 강조되는 추세이다. 주로 법의 규율대상과 입법취지, 이를 달성하기 위한 수단, 그리고 직접적 목적 내지 궁극적 목적으로 구성된다.

이민법 영역의 개별법률은 대부분 소관 행정관청이 정해져 있어 주무부서로서 해당 정책을 집행할 것을 예정하고 있다. 이러한 경우 법률의 목적에서 그 정책의 방향성이 나타나기 때문에 이 법률의 목적이 법치행정에 기여함은 명백하다. 그러나 개별적인 법률을 보면 이러한 추세에 맞지 않는다.「재한외국인 처우 기본법」, 출입국관리법, 난민법의 표지에서 목적조항이라 표시한 조항은 목적이 아니라 대상을 규정하여 법률의 명칭을 반복할 뿐, 이로부터 해석의 지침을 이끌어 낼 수도 없고 전체 법률조항의 체계적 해석에 지침이 되지도 못한다.

대표적으로 출입국관리법을 들 수 있다. 동법은 제1조(목적)에서 "이 법은 대한민국에 입국하거나 대한민국에서 출국하는 모든 국민 및 외국인의 출입국관리를 통한 안전한 국경관리, 대한민국에 체류하는 외국인의 체류관리와 사회통합 등에 관한 사항을 규정함을 목적으로 한다"고 규정하여 규율대상만을 제시하고 있다. 그 규율대상인 생활관계는 국민의 출입국과 외국인의 출입국 및 체류관리로 양분된다. 여기서 국민의 출입국에 관해서는 제3조 내지 제6조에서 규정하고 있는데, 이는 주로 범죄수사와 형벌집행, 탈세 기타 의무면탈의 방지를 다룬다. 이는 외국인의 체류질서와 사회통합을 다루는 동법의 이민법적 측면과 완전히 이질적인 내용이다.

이렇게 외국인의 입국 및 체류와 국민의 출국을 병립하여 규율하는 방식에는 국민의 해외이주에서 외국인의 국내유입으로 중심이 이전해온 우리나라 이민사가 반영되었다. 그러나 법률을 국가와 국민의 의사소통과정으로 이해한다면, 그 내용은 잡다하지 않고 명확해야 할 것이다. 따라서 이 두 갈래의 규율대상을 분리하여 별도의 법률로 해야 할 것이다. 이는 이민법의 핵심법률로서의 출입국관리법이 그 목적조항으로부터 비롯한 체계적인 내용을 갖추게 될 전제이다.

(다) 고시와 지침에 의한 행정

앞에서 법률에 의한 행정이 지침과 고시에 의한 행정으로 대체되는 현상을 보았다. 고시와 지침은 개별적 상황에서 필요에 따라 다양한 명칭으로 내려진다. 그 결과 여러 형식과 내용의 행정입법이 산재하여 수범자로서는 자신에게 해당되는 규정이 어디에 어떤 내용으로 되어있는지 파악하기 어렵다. 입법의 체계성 역시 결여되기 때문에 규정 간의 모순과 충돌이 발생하는 경우 행정청과 실무자는 행정편의적인 선택을 할 우려가 있다. 상대방으로서는 규율내용이 유동적이고 불투명하여 법적 안정성을 확보하기가 곤란하다. 이에 대한 사법적 통제가 필요함은 물론이지만, 여기서는 특히 내부적 통제가 강화될 필요가 있다. 다른 한편 행정입법에 대한 의회의 통제를 규정한 국회법 제98조의2 제1항에 따라 법규명령과 같이 훈령이나 예규, 고시와 같은 행정규칙 역시 그 제정과 개정, 폐지의 경우 이를 국회에 제출하도록 되어 있으나 그 실효성은 의문이다.

내부지침의 공개여부 또한 문제이다. 법치국가적 관점에서 지침을 공개하여 예측가능성을 높일 필요가 있음은 물론이다. 하지만, 이민행정은 외국인을 대상으로 한다는 특성이 있고, 가변적인 상황에 대응하는 규정이 공개되어 행정에 자기구속이 될 만큼 언제나 잘 정비되어 있을 수는 없다. 그렇다고 비공개로 일관할 것은 아니고, 일정한 기준과 절차에 따라 공개여부와 공개범위 및 시기를 결정할 필요가 있다.

외국인의 법적 지위

최 윤 철

제3장 외국인의 법적 지위

외국인은 헌법과 국적법에 따르면 국민이 아닌 사람이다. 이 장에서는 외국인에 대한 정의와 헌법과 법체계에 따른 외국인의 지위를 살펴본다. 또한 한국에 체류 중인 외국인, 외국계 국민을 법률에 따라 구분하고 의의를 살펴본다. 외국인의 정의와 의의를 살피는 것은 이민법의 직접 수범자가 누구인지를 파악하기 위한 출발점이다.

제1절 외국인의 의의

본 절에서는 외국인이 누구이며, 헌법과 법률에 따라 외국인에 해당하는 사람이 어떠한 사람인지를 살핀다.

1. 외국인

'외국인'(Foreigner, Alien, Ausländer)의 사전적 의미는 "다른 나라 사람", 어떤 국가를 기준으로 "해당 국가의 국민이 아닌 사람"이다. 누가 국민인지를 헌법에서 정하고 있는 국가도 있다.[1] 우리나라 헌법은 국민에 대한 정의 및 범위를 정하지 않고 이를 법률에 유보하고 있다(헌법 제2조 제1항). 그에 따라 국적법이 제정되었다. 국적

---

1 독일기본법 제116조.

법은 누가, 어떻게 대한민국 국민이 되는지에 대하여 정하고 있다. 국적법이 정하고 있는 요건을 갖추지 못한 사람은 대한민국에 체류하면서 생활관계를 지속하고 있다고 하더라도 대한민국 국민이 되지 못한다. 국적법이 정하는 국민의 요건은 제8장에서 자세히 다루고 있으므로 관련 부분을 참조한다.

'외국인'은 대한민국 국적을 가지지 아니한 자연인이다. 특히, 이민법의 관심이 되는 외국인은 대한민국 국적을 가지지 아니하고 한국에 체류 중인 자연인을 말한다. 외국인은 국적 보유여부에 따라 다른 국가의 국적을 보유하고 있는 경우도 있으며, 무국적자로 나누어 볼 수 있다. 체류형태에 따라 단기체류 외국인과 장기체류 외국인으로 나눌 수도 있다.[2] 대한민국 국적과 다른 국가의 국적을 동시에 가진 이른바 복수국적자가 외국인인지 국민인지에 대한 논의가 있을 수 있다. 「국적법」은 제한적으로 복수국적을 인정하고 있으나, 복수국적을 인정받기 위해서는 국내에서는 대한민국 국적만을 행사하고 외국 국적은 행사하지 않는다는 서약을 하여야 한다(제13조 제1항). 이들에 대해서는 대한민국의 법령 적용에서 대한민국 국민으로만 처우하고 있다(제11조의2 제1항). 대한민국 국적만을 행사하겠다고 서약한 복수국적자는 대한민국 내에서는 외국인이 아니라 국민이다. 다만, 병역의무자의 경우는 복수국적을 주장하는 것이 어렵다고 할 것이다. 이들은 서약을 하기 전에 이미 국적이탈이 제한되며 징집이 된다. 외국에 영주의사를 가지고 거주하고 있는 복수국적자는 「재외동포의 출입국과 법적 지위에 관한 법률」에 따른 재외국민의 지위를 가질 수도 있다. 그 밖에, 대한민국의 국적을 확인하는 절차를 진행 중인 재외동포는 법무부 또는 법원의 판결에 의해서 대한민국 국민임이 확인되기 전까지는 외국인으로 처우된다.

2. 무국적자

무국적자라 함은 어떠한 국적도 보유하고 있지 아니한 채 체류 중인 자연인을 말한다. 무국적의 원인은 다양할 수 있다. 자연인 스스로가 이전에 보유하고 있던 국적을 포기하고 이후에 어떠한 국적도 취득하지 아니하거나, 이전 국적 국가에서 국적을 부인하고 어느 국가도 해당 자연인의 국적을 부여하거나 확인하지 아니하는 경우

---

2 어느 정도 기간 체류하는 것이 장기이며 단기인지에 대한 기준은 주관적일 수 있으나, 체류신고 및 체류허가 제도를 기준으로 한다면 한국의 경우는 91일 이상(90일 초과)이면 장기, 그 미만이면 단기체류라고 할 수 있다.

등에서도 무국적이 발생할 수 있다.

무국적자는 1954년 9월 28일 체결된 「무국적자의 지위에 관한 협약」에 따라 난민과 유사한 지위를 가진다(협약 제12조 이하).[3] 그러나 이미 UN 또는 어떠한 기관에 의해서 난민으로서 현재 보호를 받고 있는 중이거나, 해당 자연인이 현재 체류 중인 국가의 관할 관청으로부터 무국적자와 관련하여 권리와 의무를 이행하고 있는 경우는 위 조약의 적용을 받지 아니 한다(동 협약 제1조 제2항 제1호·제2호). 그 밖에도 전쟁범죄, 인권침해관련 범죄를 저지른 자, 체류국가 이외의 지역에서 중대한 비정치적 범죄를 저지른 자, UN의 목표와 원칙에 반하는 행위에 책임을 부담하는 자 등도 무국적자로서 법적 지위를 인정받지 못한다(동 협약 제1조 제2항 제3호).

3. 각종 법률의 외국인 정의규정

헌법은 외국인에 대해서 국제법과 조약이 정하는 바에 의하여 그 지위가 보장된다고 규정하고 있을 뿐(헌법 제6조 제2항), 외국인은 어떠한 사람을 말한다는 내용은 두고 있지 아니하다. 이처럼 헌법은 국민에 대한 정의규정을 두지 않은 것처럼 외국인에 대한 직접적 정의규정도 두지 않고 있다. 결국 국적법에 따른 국민이 정의된 후에 소극적으로 외국인이 정의된다.

외국인에 대한 정의는 각종 법률에서 다양하게 두고 있다. 「출입국관리법」은 외국인이란 "대한민국 국적을 가지지 아니한 사람"(제2조 제2호)이라고 하여 국적자가 아닌 모든 사람을 외국인이라고 이해한다. 이러한 규정 태도는 외국인토지법 제2조 제1호 등에서도 보이고 있다.[4] 「재한외국인 처우 기본법」은 "재한외국인"이란 "대한민국의 국적을 가지지 아니한 자로서 대한민국에 거주할 목적을 가지고 합법적으로 체류하고 있는 자"(제2조 제1호)라고 규정한다. 이 법률은 모든 외국인을 일반적인 적용대상으로 하지 아니하고 외국인 가운데 한국에 합법적으로 체류하는 외국인으로 그 범위를 한정하고 있다. 또한 더 나아가서 그러한 외국인 가운데 대한민국 국민과 혼인한 적이 있거나 혼인관계에 있는 자를 "결혼이민자"라고 정의하고 있기도 하다(제2조 제3호). 이러한 규정방식은 국민을 제외한 기타의 자를 외국인으로 규정하는 소극적 규정방식이라고 할 수 있다.[5] 물론 외국인을 법률의 적용대상으로 직접 언급

---

3 한국은 1962년 8월 22일 12번째로 가입하였으며 현재 79개국이 가입하고 있다.
4 차용호, 『한국 이민법』 (법문사, 2015), 35면.

하는 법률도 있다. 「국제수형자이송법」 등이 그러하다.[6]

 ## 제2절 외국인의 지위

헌법은 외국인의 지위를 국제법과 조약에 따라 보장한다고 규정하고 있다. 외국인은 헌법상의 지위와 법률상의 지위를 가지는데, 특히 헌법상 지위 인정 여부는 외국인도 헌법상의 기본권 주체가 되는지에 있어 중요한 사항이다. 본절에서는 법률에 의해서 인정되는 외국인의 법률상 지위도 살핀다.

1. 지위 일반

외국인은 국제법과 조약이 정하는 바에 의하여 그 지위가 보장된다(헌법 제6조 제2항). 헌법에 의해서 체결·공포된 조약과 일반적으로 승인된 국제법규는 국내법과 같은 효력을 가진다(헌법 제6조 제1항). 모든 외국인은 특정국가에 입국을 하게 되면 해당 국가의 법적 지배 아래에 서게 된다. 헌법이 규정하고 있는 외국인의 지위는 국내 체류 여부와 관계없는 모든 외국인에게 일반적으로 적용되는 지위이다. 학설과 판례는 헌법 제6조 제2항에 근거하여 외국인의 헌법상의 지위와 권리의 보장이 된다고 하고 있으나, 여기서의 외국인이 일반적으로 말하는 외국인을 말하는지, 아니면 한국에 입국하여 현재 체류 중인 외국인을 말하는 지에 대해서 구체적으로 구분하여 논하고 있지는 않다. 외국인 가운데 특히 한국에 입국하고 91일 이상 체류하거나 나아가 정주의사를 가진 외국인들에게도 상호주의에 기초한 일반적 지위보장 규정을 그대로 적용하는 것이 타당한지 검토할 필요가 있다. 오히려 상호주의를 고집하는 것보다는 체류 유형과 체류의 상황에 따른 체류 중인 외국인의 지위에 집중하여 헌법적 지위를 인정하는 것도 생각할 수 있다.

---

5 같은 책, 35면에서는 이러한 방식을 누구를 배제하는가를 기준으로 분류하고 있다.
6 그 밖의 경우는 같은 책, 35면 이하 참조.

2. 외국인의 헌법상 지위

(가) 헌법 규정

외국인 지위에 관한 조항은 제헌헌법부터 있어 왔다. 제헌헌법은 제7조 제2항에서 "외국인의 법적 지위는 국제법과 국제조약의 범위 내에서 보장된다."고 규정하였다. 이후 제5차 개정헌법에서는 내용을 약간 달리하여 제5조 제2항에서 "외국인에 대하여는 국제법과 조약에 정한 바에 의하여 그 지위를 보장한다."고 규정하였다. 이후 현행헌법은 제6조 제2항에서 "외국인은 국제법과 조약이 정하는 바에 의하여 그 지위가 보장된다."고 규정하고 있다. 우리 헌법은 외국인의 지위를 헌법에 직접 규정하고 있는데, 비교법적으로 보아 '외국인'에 대한 직접적인 명시와 내용을 두고 있는 국가는 그리 많지 않다.[7] 이처럼 우리 헌법은 국민의 자격과 헌법상 지위에 대한 직접적 규정을 두지 않으면서도 외국인의 경우는 그들의 헌법상 지위를 보장하는 규정을 직접 두고 있는 특징을 가지고 있다.

헌법 제6조가 모든 유형의 외국인에게 적용이 되는지에 대한 논의는 별론으로 하되, 적어도 외국인의 지위보장을 규정하고 있는 헌법 제6조 제2항이 유입 외국인과 이주민에게 대한민국 영토 내에서 자신들의 권리를 주장하고 실현할 수 있는 헌법상의 근거라고 본다. 특히 세계화의 경향에 따라 국제규범의 보편화와 표준화가 진행되고 있으며 우리 헌법은 외국인에 대해서 국제규범에 따른 지위를 인정하고 있으므로 국내에서의 법 적용과 법 해석에서도 그에 따라야 할 것으로 생각한다.[8] 그러나 국내에 정주의사를 가지고 상당한 기간 거주하여 온 외국인들에 대하여 대한민국과 외국 사이에 각각 자국민과 해당 국민의 법적 지위에 관한 특별한 내용을 담거나 또는 체약 당사국이 자국국민들의 체약국 내에서의 각종 권리 및 법적 지위를 체약국 상호간의 수평적이고 대등한 관계로 규정하고 상호호혜적으로 인정하고 보장하는 수준의 소극적인 상호주의를 적용하는 것은 적절하지 않다고 생각한다. 세계화의 흐름 속에서 헌법 제6조 제2항이 가지는 의미는 제헌헌법 당시와는 매우 달라졌

---

7 이종혁, 「외국인의 법적 지위에 관한 헌법조항의 연원과 의의」, 『서울대학교 법학』, 제55권 제1호 (2014), 525면 참조. 외국인의 법적 지위에 대한 국제법적 입장에서 잘 정리된 것으로는 정인섭, 「재한외국인의 법적 지위」, 『국제법학회 논총』 제35권 제1호 (1990)를 참조.

8 최근 세계화의 경향에 따른 '국제법의 헌법화'도 논의되고 있다. 이에 대해서는 Armin von Bogdandy, "Demokratie, Globalizierung, Zukunft des Völkerrechts," ZaöRV 2003, S.853ff.; 국내 문헌으로는 박진완, 「세계화, 국민주권 그리고 헌법」, 『헌법학연구』 제14권 제3호 (2007) 참조.

다. 외국인이 극히 드물던 당시에 제헌헌법의 기초자들이 어떠한 사상과 의견에 기초하여 국제법규 및 외국인의 법적 지위를 헌법에 규정하였는지는 별론으로 하더라도 세계화 및 사람의 국제적 이동의 적극적 영향을 받고 있는 현재의 대한민국의 경우 외국인의 지위를 단순히 상호주의에서 이해하려는 기존의 입장보다는 국제규범들과의 영향 속에서 해당조항을 새로이 해석하여야 한다.

(나) 기본권의 주체

국민이 헌법상 기본권의 주체가 됨에는 이론이 없다. 기본권의 주체와 관련하여 제기되는 문제는 외국인에게도 헌법에 따른 기본권 주체성을 인정할 수 있는지 여부이다. 특히 기본권 주체성 인정여부는 구체적인 권리구제절차인 헌법소원을 제기할 수 있는 가능성과 직접적으로 관련되는 중요한 문제이다. 독일기본법은 기본권 가운데 고전적인 자유권은 사람이면 모두 누릴 수 있는 인권으로 보고 국민과 외국인 모두에게 기본권 주체성을 인정하고 있다. 반면에 한국헌법은 제2장 '국민의 권리와 의무'의 부분에서 대부분의 기본권을 '국민'이 향유하는 권리로 규정하고 있는 모습을 보이고 있어 견해가 나누어지고 있다. 외국인의 기본권 주체성을 전면 부인하는 견해[9]로부터 자유권을 비롯한 일부 기본권을 인정하는 태도,[10] 상호주의에 따라 인정하는 태도[11] 등으로 나뉘고 있다. 지배적인 견해와 판례는 외국인도 기본권의 성질에 따라 일정한 범위 내에서 기본권의 주체가 된다고 본다.[12] 특히 인간의 권리로 볼 수 있는 기본권에 대한 외국인의 기본권 주체성에 대해서는 학설 및 판례 모두 인정된다고 한다.[13] 헌법재판소는 최근 결정에서 외국인의 기본권 주체성이 당연히 인정

---

9 김종대 전 헌법재판소 재판관은 외국인이 제기한 헌법소원심판 청구사건 등에서 외국인은 기본권 주체성을 가지지 않는다는 일관된 견해를 밝혔다. 헌재 2011. 9. 29. 2007헌마1083 등 참조.

10 성낙인, 『헌법학』 (법문사, 2023), 1013면.

11 같은 책, 919면은 청구권적 기본권도 원칙적으로 외국인에게도 인정되지만 상호주의에 따라 제한될 수도 있다고 한다. 정종섭, 『헌법학원론』 (박영사, 2014), 324면은 청구권적 기본권은 법률상 권리라고 한다. 김종대 전 헌법재판소 재판관은 외국인의 지위와 기본권 주체성은 상호주의를 기본으로 해서 보장되어야 함을 주장하고 있다(헌재 2011. 9. 29. 2007헌마1083 등 참조).

12 한수웅, 『헌법학』 (법문사, 2015), 388면 이하; 정종섭, 『헌법학원론』, 324면; 성낙인, 『헌법학』, 1013면 등; 헌재 2001. 11. 29. 99헌마494; 헌재 2007. 8. 30. 2004헌마670 등.

13 한수웅, 『헌법학』, 388면 이하; 정종섭, 『헌법학원론』, 324면; 성낙인, 『헌법학』, 1031면; 헌재 2001. 11. 29. 99헌마494; 헌재 2007. 8. 30. 2004헌마670; 헌재 2011. 9. 29. 2007헌마1083; 헌재 2012. 8. 23. 2008헌마430.

되는 '인간의 권리'에 해당하는 기본권은 해당 외국인의 대한민국 내의 체류자격과 관계없이 인정되는 것으로 체류자격위반 자라 하더라도 인정되는 것으로 보고 있다.[14] 헌법재판소는 "외국인에게는 모든 기본권이 인정되는 것이 아니라 인간의 권리의 범위 내에서만 인정되는 것이므로, … 기본권이 권리의 성질상 외국인인 청구인에게 기본권 주체성을 인정할 수 있는 것인지를 개별적으로 결정하여야"[15] 한다고 하여 기본권 주체성 인정에 있어서 그 폭을 상대적으로 좁게 보고 있는 것으로 생각된다. 특히, 기본권 주체성의 인정 문제와 기본권 제한의 정도를 구별하면서 외국인에게 (근로의 권리에 대한) 기본권 주체성을 인정한다는 것이 곧바로 우리 국민과 동일한 수준의 보장을 한다는 것을 의미하는 것은 아니라는 입장이다.[16]

헌법상 외국인에게도 기본권 주체성이 인정되고 있는 기본권은 인간의 존엄과 가치 및 행복추구권,[17] 외국인에게 인정되는 기본권 영역에서 차별이 발생한 경우의 평등권,[18] 원칙적으로 자유권적 기본권에 해당하는 기본권,[19] 경제적 영역에서도 직장선택의 자유,[20] 자유권적 기본권 보장과 밀접한 관련을 가지는 사회권[21] 등을 들 수 있다. 청구권의 경우는 청구권이 자유권의 침해를 구제받기 위한 절차적 보장으로서의 의미를 가지는 한에는 외국인에게도 주체성이 인정될 수 있을 것이다. 국가배상이나 범죄피해자보상청구권에 대해서는 관련 법률이 상호주의에 입각하여 인정하고 있다.[22] 정치적 권리에 대해서는 외국인은 해당 국가의 정치적 의사형성과 결정에 관여할 만큼 공적 책임을 부과할 수 없으므로 인정할 수 없다는 것이 다수설이다.[23] 결국 외국인에 대해서는 기본권 주체성을 인정하더라도 인간의 권리에서 유래하는 자유권 영역에서의 일부 기본권과 노동권 등이 인정될 수 있고, 사회권의 인정 여부는 상당부분 유보되어 있는 것으로 보는 것이 학설의 대체적인 태도이다.[24]

---

14 헌재 2014. 8. 28. 2013헌마359; 헌재 2012. 8. 23. 2008헌마430.
15 헌재 2014. 8. 28. 2013헌마359.
16 헌재 2016. 3. 31. 2014헌마367.
17 헌재 2001. 11. 29. 99헌마494; 헌재 2007. 8. 30. 2004헌마670; 헌재 2011. 9. 29. 2007헌마1083; 헌재 2012. 8. 23. 2008헌마430.
18 헌재 2001. 11. 29. 99헌마494.
19 다만, 거주이전의 자유, 직업의 자유, 집회·결사의 자유 등은 제한 또는 인정하지 아니할 수 있다.
20 헌재 2011. 9. 29. 2007헌마1083.
21 한수웅, 『헌법학』, 390면; 헌재 2007. 8. 30. 2004헌마670.
22 국가배상법 제7조, 「범죄피해자 보호법」 제23조 등.
23 한수웅, 『헌법학』, 390면.
24 한수웅, 『헌법학』, 390면.

3. 외국인에게 인정되는 기본권

(가) 인간의 존엄성과 자유권

대한민국헌법 제10조 전문은 "모든 국민은 인간으로서 존엄과 가치를 가지며, 행복을 추구할 권리를 가진다."고 규정하고 있다. 비록 헌법이 '국민'만을 인간존엄성의 주체로 표현하고 있으나 이러한 법문에도 불구하고 인간존엄성과 그에 기초한 기본적 인권은 모든 인간이 가지는 권리이다. 헌법재판소도 "인간의 존엄과 가치, 행복추구권은 대체로 인간의 권리로서 외국인도 주체가 될 수 있다고 보아야" 함을 밝히고 있다.25 헌법이 규정하여 보장하고 있는 대부분의 자유권은 인권을 단지 실정법의 형태로 확인한 것에 불과26하므로 인간의 존엄성, 행복추구권, 생명권, 신체불가침, 신체의 자유, 표현의 자유, 양심의 자유, 종교의 자유, 예술의 자유와 같은 전적으로 인간 개인에게 귀속되는 권리는 국민과 외국인을 구별하지 아니하고 인간이면 모두에게 보장되는 권리이다.

특히 신체의 자유는 인간의 존엄과 가치를 구현하기 위한 가장 기본적인 최소한의 자유이자 모든 기본권 보장의 전제가 되는 것으로서 성질상 인간의 권리에 해당하고 외국인에게도 체류자격의 유무에 따라 인정 여부가 달라지는 것이 아니다.27 외국인에게도 당연히 신체의 자유가 보장되므로,28 「출입국관리법」이 정하고 있는 체류자격위반외국인에 대한 보호 및 긴급보호제도가 적법절차를 위반하여 이들의 신체의 자유를 침해하는지 문제가 되고 있다. 헌법재판소는 체류자격을 위반하여 강제퇴거명령을 받은 외국인을 강제 출국 전까지 보호할 수 있도록 하면서 보호기간의 상한을 마련하지 아니한 「출입국관리법」상 보호제도는 신체의 자유를 침해한다는 결정을 하였다. 또한 보호명령을 발령하기 전에 당사자에게 의견을 제출할 수 있는 절차적 기회가 마련되어 있지 아니한 것에 대해서도 적법절차원칙에 위배되어 피보호자의 신체의 자유를 침해한다는 결정을 하였다.

---

25 헌재 2001. 11. 29. 99헌마494; 헌재 2007. 8. 30. 2004헌마670; 헌재 2012. 8. 23. 2008헌마430; 헌재 2014. 8. 26. 2013헌마359.
26 한수웅, 『헌법학』, 390면.
27 헌재 2023. 3. 23. 2020헌가1등.
28 헌재 2023. 3. 23. 2020헌가1등.

헌재 2023. 3. 23. 2020헌가1등(출입국관리법 제63조 제1항 위헌제청, 헌법불합치)
"강제퇴거대상자를 대한민국 밖으로 송환할 수 있을 때까지 보호시설에 인치·수용하여 강제퇴거명령을 효율적으로 집행할 수 있도록 함으로써 외국인의 출입국과 체류를 적절하게 통제하고 조정하여 국가의 안전과 질서를 도모하고자 하는 것으로, … 그러나 보호기간의 상한을 두지 아니함으로써, … 보호의 일시적·잠정적 강제조치로서의 한계를 벗어나는 것이라는 점, … 단지 강제퇴거명령의 효율적 집행이라는 행정목적 때문에 기간의 제한이 없는 보호를 가능하게 하는 것은 행정의 편의성과 획일성만을 강조한 것으로 피보호자의 신체의 자유를 과도하게 제한하는 것인 점, … 따라서 심판대상조항은 과잉금지원칙을 위반하여 피보호자의 신체의 자유를 침해한다. 당사자에게 의견 및 자료 제출의 기회를 부여하는 것은 적법절차원칙에서 도출되는 중요한 절차적 요청이므로, … 보호명령을 발령하기 전에 당사자에게 의견을 제출할 수 있는 절차적 기회가 마련되어 있지 아니하다. 따라서 심판대상조항은 적법절차원칙에 위배되어 피보호자의 신체의 자유를 침해한다."

　헌법 제12조 제4항의 변호인의 조력을 받을 권리도 외국인에게 인정되는 권리이다. 헌법재판소는 불법체류외국인에 대한 긴급보호 및 보호명령이 적법절차에 위반되지 않으며,[29] 따라서 변호인의 조력을 받을 권리가 문제되지 않는다고 보는 입장을 취하였다. 그러나 이후 입장을 변경하여 헌법 제12조 제4항의 '구속'의 범위를 사법절차에서 이루어진 구속뿐 아니라, 행정절차에서 이루어진 구속까지 포함하는 것으로 확대하여 행정절차에서 구속된 사람에게도 즉시 보장된다고 하였다.[30] 그에 따라 인천공항내 송환대기실에 수용되어 있던 난민인정심사불회부결정을 받은 외국인에게 변호인의 조력을 받을 권리는 물론 인간의 권리인 신체의 자유를 실효적으로 보장하는 데 반드시 필요한 권리로서 재판청구권도 인정하였다.
　자유권 가운데에서 국민의 정치적 활동과 관련되는 기본권으로서 집회·결사의 자유는 외국인에게는 원칙적으로 인정되지 아니한다. 그러나 합법적으로 근로하고 있는 외국인근로자는 물론 체류자격이 없는 외국인근로자의 노동조합 설립은 인정된다.[31] 외국인은 입국허가를 받아야만 입국할 수 있으며, 일정기간(91일) 이상 체류하는 경우는 반드시 등록을 하고, 체류지를 변경하는 때에도 반드시 전입신고를 하여야 하는 등 '국민'에게 인정되는 거주·이전의 자유는 인정되지 않는다고 본다.

29　헌재 2012. 8. 23. 2008헌마430.
30　헌재 2018. 5. 31. 2014헌마346.
31　대법원 2015. 6. 25. 선고 2007두4995 전원합의체 판결.

직업의 자유에 대해서는 다툼이 있다. 직업의 자유가 인간의 존엄과 행복추구권과 관련이 있는 인간의 권리이므로 외국인에게도 제한적으로나마 인정된다는 견해[32]로부터 입법자가 법률로서 이러한 권리를 행사할 수 있는 가능성을 부여할 수는 있는 법적 권리라는 견해도 있다.[33] 헌법재판소는 "직업의 자유 가운데 직장선택의 자유는 단순히 국민의 권리가 아니라 인간의 권리로 보아야 하므로" 그러한 전제에서 "외국인에게도 제한적으로라도 직장선택의 자유를 향유할 수 있다"고 보았으나,[34] 그 후에 헌법재판소는 직업의 자유가 국가자격제도정책과 국가의 경제상황에 따라 법률에 의하여 제한할 수 있는 국민의 권리에 해당한다는 결정[35]을 하고 있다. 특히 이 결정에서는 외국인에게 제한적으로 직업의 자유를 인정하였던 이전의 결정[36]에 대하여 비판적 입장을 표시하였다. 즉, 헌법재판소는 외국인이 대한민국 내에서 이미 근로관계가 형성되어 있는 예외적인 경우에 제한적으로 인정한 것에 불과하고, 그러한 근로관계가 형성되기 전단계인 특정한 직업을 선택할 수 있는 권리는 국가정책에 따라 법률로써 외국인에게 제한적으로 허용되는 것이지 헌법상 기본권에서 유래되는 것은 아니라고 한 바 있다.[37]

> 헌재 2011. 9. 29. 2007헌마1083(외국인근로자 고용 등에 관한 법률 제25조 제4항 위헌확인 등, 기각)
>
> "직업의 자유 중 이 사건에서 문제되는 직장선택의 자유는 인간의 존엄과 가치 및 행복추구권과도 밀접한 관련을 가지는 만큼 단순히 국민의 권리가 아닌 인간의 권리로 보아야 할 것이므로 외국인도 제한적으로라도 직장선택의 자유를 향유할 수 있다고 보아야 한다. 청구인들이 이미 적법하게 고용허가를 받아 적법하게 우리나라에 입국하여 우리나라에서 일정한 생활관계를 형성, 유지하는 등, 우리 사회에서 정당한 노동인력으로서의 지위를 부여 받은 상황임을 전제로 하는 이상, 이 사건 청구인들에게 직장선택의 자유에 대한 기본권 주체성을 인정할 수 있다 할 것이다."

> 헌재 2014. 8. 28. 2013헌마359(의료법 제27조 등 위헌확인, 기각)
>
> "헌법재판소의 결정례 중에는 외국인이 대한민국 법률에 따른 허가를 받아 국내에서 일

---

32 헌재 2011. 9. 29. 2007헌마1083 등.
33 한수웅, 『헌법학』, 390면; 헌재 2014. 8. 28. 2013헌마359.
34 헌재 2011. 9. 29. 2007헌마1083 등.
35 헌재 2014. 8. 28. 2013헌마359.
36 헌재 2011. 9. 29. 2007헌마1083 등.
37 헌재 2014. 8. 28. 2013헌마359.

정한 직업을 수행함으로써 근로관계가 형성된 경우, 그 직업은 그 외국인의 생활의 기본적 수요를 충족시키는 방편이 되고 또한 개성신장의 바탕이 된다는 점에서 외국인은 그 근로관계를 계속 유지함에 있어서 국가의 방해를 받지 않고 자유로운 선택과 결정을 할 자유가 있고 그러한 범위에서 제한적으로 직업의 자유에 대한 기본권 주체성을 인정할 수 있다고 하였다(헌재 2011. 9. 29. 2007헌마1083 등 참조). 하지만 이는 이미 근로관계가 형성되어 있는 예외적인 경우에 제한적으로 인정한 것에 불과하다. 그러한 근로관계가 형성되기 전단계인 특정한 직업을 선택할 수 있는 권리는 국가정책에 따라 법률로써 외국인에게 제한적으로 허용되는 것이지 헌법상 기본권에서 유래되는 것은 아니다."

재산권의 경우는 재산권의 현대적 의미가 근대 입헌주의 시대와는 다른 헌법상 의미를 가지고 있어서 국민의 경우도 재산권의 원칙적 보장은 인정되지만, 그 행사 및 처분에는 사회적 기속에 따른 본질적인 제한이 있다. 외국인의 경우에도 재산권의 본질적 내용은 보장이 되겠지만, 국민에게 부과된 제한은 공동으로 적용될 것이다. 나아가 외국인의 경우는 법률에 의한 재산권의 취득, 처분 등에서 상호주의에 따른 특별한 제한이 있을 수 있다.

(나) 평등권

외국인도 기본적 인권의 하나인 평등권의 주체가 된다.[38] 헌재는 평등권도 인간의 권리이며 따라서 외국인도 그 주체임을 인정하고 있다.[39] 헌법재판소는 "평등권은 참정권 등에 대한 성질상의 제한 및 상호주의에 따른 제한이 있을 뿐"이라는 입장을 밝히고 있다.[40] 평등권과 관련하여 주로 문제가 되는 것은 외국인에 대한 차별적 대우가 허용되는지 여부이다. 헌법 제11조는 차별금지사유로 국적을 들고 있지는 않으므로 국적에 따라 국민과 외국인을 서로 다르게 대우하는 것이 헌법상 금지되는 것은 아니다. 「외국인근로자 고용 등에 관한 법률」이 사용자에게 국민의 우선 고용을 규정한다고 해서 외국인을 차별하여 직업선택에서의 평등권을 침해했다고 주장할 수는 없다.

헌재 2014. 8. 28. 2013헌마359(의료법 제27조 등 위헌확인)
"직업의 자유는 국가자격제도정책과 국가의 경제상황에 따라 법률에 의하여 제한할 수 있는 국민의 권리에 해당한다. 국가정책에 따라 정부의 허가를 받은 외국인은 정부가 허

---

38 한수웅, 『헌법학』, 390면.
39 헌재 2001. 11. 29. 99헌마494.
40 헌재 2001. 11. 29. 99헌마494.

가한 범위 내에서 소득활동을 할 수 있는 것이므로, 외국인이 국내에서 누리는 직업의 자
유는 법률에 따른 정부의 허가에 의해 비로소 발생하는 권리이다. 따라서 외국인인 청구
인에게는 그 기본권주체성이 인정되지 아니하며, 자격제도 자체를 다툴 수 있는 기본권주
체성이 인정되지 아니하는 이상 국가자격제도에 관련된 평등권에 관하여 따로 기본권주
체성을 인정할 수 없다.”

하지만 그러함에도 불구하고 외국인을 차별하는 것이 당연히 허용되는 것이 아
니라 외국인을 차별하여 대우하는 경우 그러한 대우가 적어도 헌법적으로는 정당화
되어야 한다.[41] 헌법상 정당화 될 수 없는 외국인에 대한 차별은 허용되지 아니하며,
이러한 경우 외국인은 평등권 침해를 이유로 하여 자신의 권리를 주장할 수 있다.

또한 법률에 의해서 외국인에게 일정한 권리를 부여하고 보장할 수가 있는데, 이
러한 경우 외국인은 이러한 법률상 권리를 설정해 줄 것을 요구하거나, 이러한 법률
상 권리를 행사하지 못함을 헌법소원을 통해 다툴 수는 없다. 그러나 같은 조건의
외국인이 해당 법률에 근거한 권리를 향유하고 있으나, 본인은 이를 향유할 수 없는
경우에는 평등권을 근거로 하여 헌법소원을 제기하여 다툴 수 있다. 예를 들면 입법
자가 공직선거법을 개정하여 영주권을 가진 외국인에게 주어졌던 지방자치단체 의
회와 장 구성과 선출을 위한 선거권을 삭제하여도 공직선거법의 선거권은 법률상 권
리에 지나지 않으므로 이에 대해서 헌법소원을 통해 다툴 수 없다. 반면에 영주권을
가진 외국인 사이에 특정 외국인의 경우는 선거권을 행사하고 특정 외국인은 공권력
작용으로 행사하지 못하는 경우 선거권을 행사하지 못한 외국인은 평등권에 근거하
여 헌법소원을 통해 다툴 수 있을 것이다.

(다) 사회적 기본권

사회적 기본권의 주체는 원칙적으로 국민이라는 것이 지배적인 견해이다.[42] 사회
적 기본권은 국가의 적극적인 행위를 통해서만 실현될 수 있다는 점, 헌법 스스로는
사회적 기본권의 목표와 기본방향만을 정할 뿐 구체적인 실현은 입법자에게 유보되
어 있다는 점, 사회적 기본권의 실현은 공동체의 다른 구성원의 일정 정도의 희생과
부담을 전제로 한다는 점이 특징이다.[43] 그러한 까닭에 기존의 공동체에 새로이 유

---

41 한수웅, 『헌법학』 391면.
42 한수웅, 『헌법학』, 391면.
43 전광석, 「다문화사회와 사회적 기본권」, 『헌법학연구』 제16권 제2호 (2010), 114면 이하.

입된 외국인이 당연히 사회적 기본권의 주체가 될 수 있는지에 대해서는 대체적으로 소극적이다.[44]

학설은 물론 판례도 사회적 기본권이 인간의 존엄성, 자유권의 실질적 조건형성, 인간다운 생활 등의 행사 및 실현과 직접적이고 밀접한 관련을 맺는 경우에는 외국인도 그 주체가 될 수 있음을 인정하고 있다.[45] 사회적 기본권을 외국인에게 인정한다고 하여도 사회적 기본권의 추상적 성격으로 인하여 헌법의 관련 규정으로부터 개인에게 사회권의 구체적인 실현을 주장하는 권리가 도출되는 것은 아니다.[46] 그러나 외국인이 공동체의 일원으로서 국민과 동일한 사회적 부담 등을 하고, 입법자가 입법을 통해서 외국인에게 사회적 기본권의 적용범위를 인정한다면 외국인도 사회적 기본권의 주체가 된다고 본다. 특히, 사회적 기본권은 입법자의 입법형성을 통해서 구체적으로 실현된다는 특징을 가지고 있기 때문이다.

(라) 정치적 기본권

선거권, 피선거권 및 공무담임권 등 정치적 기본권은 국민주권의 원리에 의해서 국민에게 유보되는 기본권이다. 따라서 헌법은 외국인에게는 선거권은 물론 피선거권도 인정하지 않고 있다. 정당가입, 정당설립 등도 외국인에게는 인정되지 아니한다. 공직선거법이 영주권을 가진 채 2년 이상 주소를 두고 있는 외국인에게 지방자치단체 구성을 위한 선거권을 인정하고 있지만, 이는 헌법상 기본권이 아니라 법률이 인정하는 권리에 지나지 않는다. 이 경우에도 피선거권은 인정하지 않고 있다. 외국인이 각종 임명직 공무원이 될 수 있는 경우도 있지만 모두 헌법상 기본권에 의한 것이 아니라 법령에 기초한 권리에 지나지 않는다. 즉, 입법자의 입법여부에 따라 생겨날 수 있는 법률상 권리에 지나지 않는다.

「출입국관리법」은 "대한민국에 체류하는 외국인은 이 법 또는 다른 법률에서 정하는 경우를 제외하고는 정치활동을 하여서는 아니 된다"(제17조 제2항)고 규정하여 외국인의 한국 내에서의 정치활동을 원칙적으로 금지하고 있다. 「정당법」도 현대 국가에서 정치활동의 주요 무대인 정당활동을 금지하기 위하여 "대한민국 국민이 아닌 자는 당원이 될 수 없다"(제22조 제2항)고 규정하고 있다. 「공직선거법」은 영주의 체

---

44 성낙인, 『헌법학』, 1013면.
45 한수웅, 『헌법학』, 391면; 헌재 2001. 11. 29. 99헌마494 등; 헌재 2011. 9. 29. 2007헌마1083.
46 전광석, 「다문화사회와 사회적 기본권」, 115면. 이러한 점은 국민의 경우에도 동일하다.

류자격 취득일 후 3년이 경과하고 출입국관리법에 따라 해당 지방자치단체의 외국인 등록대장에 올라 있는 외국인에게 지방자치단체의회 의원 및 장에 대한 선거권을 부여하고 있다(제15조 제2항 제3호). 그러나 대통령 및 국회의원에 대한 선거권은 외국인에게 인정되지 아니한다. 외국인은 피선거권이 인정되지 않으므로 선거직 공무원으로 선출될 수 없다. 그러나 외국인도 국가안보 및 보안·기밀에 관계되는 분야를 제외하고는 각 기관에서 국가공무원(「국가공무원법」 제26조의3 제1항) 또는 지방공무원(「지방공무원법」 제25조의2)으로 임용될 수 있다. 국내에서는 외국인이 아닌 국민의 지위를 가지는 복수국적자의 경우에는 대한민국 국적 하나만을 가지고 있는 국민들과 달리 국가의 존립과 헌법 기본질서의 유지를 위한 국가안보 분야, 내용이 누설되는 경우 국가의 이익을 해하게 되는 보안·기밀 분야, 외교, 국가 간 이해관계와 관련된 정책결정 및 집행 등 복수국적자의 임용이 부적합한 분야에 해당하는 공직에는 임용이 제한될 수 있다(「국가공무원법」 제26조의3 제2항 각 호, 「지방공무원법」 제25조의2 제2항 각 호).

(마) 청구권적 기본권

청구권적 기본권의 성질은 기본권 자체로는 어떠한 실체적인 내용을 가지는 것은 아니지만 다른 실체적 권리를 실현하기 위한 절차적인 전제로서 반드시 보장되어야 하는 권리이다. 따라서 외국인에게도 보장되는 권리가 구체적이고 실체적인 내용을 가지기 위해서는 외국인에게도 당연히 보장되어야 한다. 적법절차에 따른 각종 기본권, 변호인의 조력을 받을 권리, 재판을 받을 권리, 청원권 등은 외국인에게도 인정된다.[47] 그러나 헌법재판소는 체류자격위반 외국인들이 법무부장관의 강제퇴거명령에 대하여 취소소송과 집행정지신청을 제기하였음에도 서울출입국관리소장이 강제퇴거명령을 집행한 것이 청구인들의 재판청구권을 침해하였는지 여부에 대한 다툼에서 변호인의 조력을 받을 권리는 형사절차에서 피의자 또는 피고인의 방어권 보장을 위한 것으로서 「출입국관리법」상 보호 또는 강제퇴거의 절차에도 적용된다고 보기는 어렵고 하면서 청구인들의 변호인의 조력을 받을 권리를 침해하지 않았다는 결정을 하였으나,[48] 이후 인천공항 송환대기실에 수용되어 있던 난민신청 외국인에 대하여 변호인의 조력을 받을 권리와 함께 재판청구권을 인정하였다.[49]

---

47 한수웅, 『헌법학』, 387면; 헌재 2012. 8. 23. 2008헌마430.
48 헌재 2012. 8. 23. 2008헌마430.

헌재 2018. 5. 31. 2014헌마346(변호인 접견 불허처분 등 위헌확인, 인용)

"행정절차에서 구속된 사람에게 부여되어야 하는 변호인의 조력을 받을 권리는 형사절차에서 구속된 사람에게 부여되어야 하는 변호인의 조력을 받을 권리와 그 속성이 동일하다. 따라서 변호인의 조력을 받을 권리는 그 성질상 형사절차에서만 인정될 수 있는 기본권이 아니다. 결국 헌법 제12조 제4항 본문은 형사절차뿐 아니라 행정절차에도 적용된다고 해석하는 것이 헌법 제12조 제4항 본문 자체의 문리해석의 측면에서 타당하고, 변호인 조력권의 속성에도 들어맞으며, 우리 헌법이 제12조 제1항 제1문에 명문으로 신체의 자유에 관한 규정을 두어 신체의 자유를 두텁게 보호하는 취지에도 부합할 뿐 아니라, 헌법 제12조의 체계적 해석 및 목적론적 해석의 관점에서도 정당하다. 종래 이와 견해를 달리하여, 헌법 제12조 제4항 본문에 규정된 변호인의 조력을 받을 권리는 형사절차에서 피의자 또는 피고인의 방어권을 보장하기 위한 것으로서 출입국관리법상 보호 또는 강제퇴거의 절차에도 적용된다고 보기 어렵다고 판시한 우리 재판소 결정(헌재 2012. 8. 23. 2008헌마430)은, 이 결정 취지와 저촉되는 범위 안에서 변경한다. 청구인은 변호인 접견 신청 거부가 있었을 당시 행정기관인 피청구인에 의해 송환대기실에 구속된 상태였으므로, 헌법 제12조 제4항 본문에 따라 변호인의 조력을 받을 권리가 있다."

「난민법」에 따라 난민의 지위를 인정받은 외국인은 「난민협약」과 「난민법」이 정하는 지위에 따른 처우와 그에 근거하는 권리를 행사할 수 있다(동법 제4장 이하). 또한 난민의 지위를 인정받기 위하여 난민신청을 하는 자는 변호사의 조력을 받을 권리(동법 제12조), 본인 제출 자료, 통역인을 요청할 수 있는 권리(동법 제14조), 난민 면접조서의 열람과 복사의 권리(동법 제16조) 등도 외국인인 난민 또는 난민신청자에게 인정되는 권리이다. 이상의 「난민법」상의 권리가 「난민법」에 의해서 비로소 창설된 법률상 권리인지 또는 난민제도의 취지상 인간이면 당연히 가지는 권리에서 파생된 권리를 법률에서 단순히 확인하고 있는 것인지에 대한 다툼이 있을 수 있다. 난민에 관한 자세한 내용은 제9장에서 자세히 다룬다.

4. 외국인의 법률상 지위

(가) 법률상 권리

외국인은 헌법상 보장되는 기본권 이외에 외국인을 적용대상으로 하는 각종 법

---

49 헌재 2018. 5. 31. 2014헌마346.

률에 의해서 권리와 의무를 부담하게 된다. 외국인은 개별 법률에 따라 권리를 가진다. 「외국인근로자의 고용 등에 관한 법률」에 근거하여 사업장에 고용되어 일을 하는 외국인은 임금과 그 밖에 근로관계로 인한 청구권을 가진다. 또한 부당한 차별을 받지 아니할 권리(법 제22조), 매우 제한적이지만 요건을 갖춘 경우 사업 및 사업장 변경을 요구할 수 있는 권리(동법 제25조) 등을 가진다.

공직선거법에서 인정하고 있는 영주외국인에 대한 지방자치단체 의회 구성 및 장에 대한 선거권은 「지방자치법」과 「공직선거법」에 의해서 설치된 법률상의 권리이다. 따라서 영주외국인에게 지방의회의원 선거권을 인정하지 않는 내용으로 법률의 개정이 있다고 하더라도 헌법소원을 통해서 다툴 수는 없다. 「국가공무원법」과 「지방공무원법」에서 인정하고 있는 외국인의 공무원 임용제도도 해당 법률에 의해서 외국인에게 인정된 법률상의 권리이다. 외국인에게 공무원이 될 수 있는 일반적인 기회를 제공하지 않거나 현행 법률이 정하는 바에 따라 특정 분야에 대한 임용을 제한할 수 있다. 따라서 외국인이 국민과 달리 헌법상 공무담임권을 주장하는 것은 인정되지 않는다. 다만, 복수국적자의 경우 이들이 국민으로서의 지위만 행사하겠다고 서약한 경우에도 특정 분야에서 공무원이 될 수 없다고 하는 법률의 규정은 문제가 될 수 있다. 이들이 국민이지만 외국 국적을 동시에 가지고 있다는 표지를 이유로 공무담임권을 제한하는 것이 법률의 취지라고 한다면 헌법 제11조의 평등권의 문제가 생겨날 가능성이 있다.

구별하여야 할 것은 법률에 의해서 외국인이 가지는 권리와 단순히 부여되거나 제공되는 특혜이다. 특히, 외국인을 적용대상으로 하는 법률들은 결혼이민자 등 외국인의 한국사회의 적응을 위하여 필요한 기본적 정보를 제공하고, 사회적응교육과 직업교육·훈련 및 언어소통 능력 향상을 위한 한국어교육 등을 받을 수 있도록 필요한 지원을 하도록 규정하고 있다(「재한외국인 처우 기본법」 제12조 이하 등, 「다문화가족지원법」 제6조 등). 또한 가정폭력으로부터의 보호 및 지원, 의료, 아동 보육과 교육, 다국어 서비스 제공 등(「다문화가족지원법」 제7조 이하, 제11조)도 규정하고 있다. 이러한 지원과 보호는 대부분 임의규정으로 되어 있어서 외국인이 국가 또는 지방자치단체에 법률의 규정에 따른 지원과 보호 요청을 요구할 권리를 가진다고 보기는 어렵다. 「재한외국인 처우 기본법」의 규정도 대부분 임의규정 또는 재량규정으로 되어 있어서 이러한 규정을 통하여 외국인이 일정한 권리를 가진다고 보기는 어렵다. 다만, 이미 지원과 보호가 이루어지고 있는 경우에는 평등대우를 근거로 동일한 내용

과 정도의 지원을 요구할 수 있는 권리가 있다고 본다.[50]

(나) 법률상 의무

대한민국에 입국하고자 하는 외국인은 입국 전부터 입국신청과 입국허가 취득 등의 입국 전 절차를 비롯하여, 입국한 뒤에는 대한민국 법률이 정하고 있는 바에 따라 외국인에게 부과되어 있는 의무를 이행하여야 한다.

외국인이 한국에 입국하기 위해서는 유효한 여권과 사증을 가지고 있어야 한다(「출입국관리법」 제7조 제1항). 또한 체류하는 동안 여권을 비롯한 신분증명서를 소지하여야 한다. 특히 외국인이 3개월 이상 한국에 체류할 목적으로 입국하는 경우에는 「출입국관리법」과 관련 법률에 따른 요건을 충족하고 입국목적에 따른 체류자격을 부여받아 해당 체류목적과 자격에 따른 활동을 하여야 한다(동법 제17조 등). 이때 외국인은 외국인 등록을 하고(동법 제31조) 외국인등록증을 발급받아서(동법 제33조) 이를 소지하고 다녀야 한다. 외국인이 체류지를 변경하게 되면 전입일로부터 14일 이내에 전입신고를 하여야 한다(동법 제36조). 또한 외국인은 근무처의 변경이나 추가를 하고자 하는 경우 법무부장관의 허가를 받아야 하며(동법 제21조), 체류자격의 변경(동법 제24조), 연장(동법 제25조) 등에도 법무부장관의 허가를 얻어야 한다. 만약 대한민국에 영주할 수 있는 체류자격 등을 취득하려는 외국인은 법무부장관이 시행하는 사회통합프로그램에 참가할 것이 요구된다(동법 제39조).

그 밖에도 고용허가제에 따른 근로자인 외국인은 「외국인근로자의 고용 등에 관한 법률」이 정하고 있는 의무들을 이행하여야 한다. 외국인근로자는 입국 후 외국인 취업교육을 받아야 하며(법 제11조), 정해진 취업활동 기간에만 근로를 할 수 있다(동법 제18조, 제18조의2 등). 법률이 정한 취업활동기간이 종료되면 반드시 출국하여야만 한다(동법 제18조, 제18조의4 제3항). 외국인근로자는 법률이 정하는 사유가 아니면 다른 사업 또는 사업장을 변경하지 못하고 고용허가에 따라 맺은 노동계약서에 정한 사업장에서 근로를 하여야만 한다(동법 제25조).

---

50 이러한 경우 차별을 받고 있다고 주장하는 외국인은 평등권의 침해를 이유로 헌법소원심판청구를 할 수 있을 것으로 생각된다.

제3절   이주유형별 외국인

이주자는 이주동기에 따라 구분할 수 있다. 대한민국의 이주관련 법률도 대체적으로 이주동기에 따라 이주자를 분류하고 이주유형별로 적용법률을 제정하여 시행하고 있다. 이에 따라 이주유형을 구분하면 결혼이민자, 외국인근로자, 재외동포, 유학생, 난민 등으로 구분할 수 있다.

1. 결혼이민자

결혼이민자의 대부분은 결혼중개업자의 중개를 통해서 한국인 배우자를 선택하고 있다. 이들은 외국 현지에서 혼인하고 한국인 배우자가 한국 내에서 혼인신고를 마친 뒤 결혼동거목적으로 초청을 하면 이를 기초로 하여 법무부장관으로부터 결혼동거목적 사증을 발급받아 한국에 입국하여 한국인 배우자와 동거하게 된다. 이렇게 성립된 부부와 그 자녀는 다문화가족으로 되어 「다문화가족지원법」의 적용대상이 된다. 결혼이민자의 지위 등에 관해서는 제11장에서 자세히 기술하고 있으므로 여기서는 개괄적인 내용만 다룬다.

'결혼이민자'는 대한민국 국민과 혼인한 적이 있거나 혼인관계에 있는 재한 외국인이라고 정의된다(「재한외국인 처우 기본법」 제2조 제3호). 이른바 국제결혼을 통해 형성된 부부 가운데 외국인 배우자를 대체한 용어이다. 법률들에서는 '결혼이민자'[51]이외에 '결혼이민자등'[52]이라는 용어도 찾아볼 수 있다. 두 용어의 차이점은 앞의 것이 '외국인'인 '결혼이민자'를 의미하며, 뒤의 것은 외국인이었다가 '국민'이 된 '결혼이민자'를 포함한다. 즉, 전자는 외국인이고 후자는 외국인이었던 국민을 포함하여, 국적취득을 위한 기간을 충족하였으나 국적취득을 하지 않고 여전히 외국인의 지위를 가진 국민의 배우자를 포함한다.

「재한외국인 처우 기본법」이 정하고 있는 바에 따르면 '결혼이민자'는 외국인만

---

[51] 「재한외국인 처우 기본법」 제2조 제3호.
[52] 「다문화가족지원법」 제2조 제2호. "결혼이민자등"이란 다문화가족의 구성원으로서 다음 각
목의 어느 하나에 해당하는 자를 말한다.
　가. 「재한외국인 처우 기본법」 제2조 제3호의 결혼이민자
　나. 「국적법」 제4조에 따라 귀화허가를 받은 자

을 의미한다. '결혼이민자'가 국적법에 정한 절차에 따라 대한민국 국적을 취득하여 국민이 되면 더 이상 외국인이 아니므로 해당 법률의 적용대상이 아니다. 법률은 결혼이민자가 국적을 취득하여 국민이 된 경우 국적 취득일로부터 3년까지 "국어교육, 대한민국의 제도·문화에 대한 교육, 자녀에 대한 보육 및 교육 지원, 의료 지원을 할 수 있도록" 규정하고 있다(법 제12조, 제15조).

「다문화가족지원법」은 '결혼이민자등'이라는 용어를 사용하면서 외국인의 지위를 여전히 보유하고 있는 '결혼이민자'와 국적을 취득하여 이미 국민이 된 외국배경의 배우자를 모두 법률의 규정 범위에 포함시키고 있다. 두 법률의 목적과 그에 따른 내용이 다소 차이가 있지만, 결국 결혼이민자는 외국인의 지위를 가지고 있을 때는 물론이고 국민이 된 후에도 일정 기간 동안은 두 법률이 제공하는 일정한 혜택의 중복수혜자가 되도록 규정되어 있다. 다문화가족지원법은 배우자의 일방이 외국계이면 국적과 무관하게 모두 적용대상이 되도록 하고 있어서 「재한외국인 처우 기본법」보다 결혼이민자를 두텁게 보호하고 있다. 결혼이민자와 국민배우자가 혼인으로 결합한 가족을 다문화가족이라고 정의하고 있는데, 이들 다문화가족에 관한 사항은 제11장에서 자세히 다룬다.

2. 외국인근로자[53]

외국인근로자는 자국이 아닌 다른 국가에 체류하면서 자신의 노동력을 제공하고 그 대가로 임금을 수령하여 생활하는 사람이다. 이들 가운데 특히, 단순노무에 종사하는 외국인근로자에 대해서는 「외국인근로자의 고용 등에 관한 법률」이 따로 정하고 있다. 이 법률은 "외국인근로자"를 "대한민국의 국적을 가지지 아니한 사람으로서 국내에 소재하고 있는 사업 또는 사업장에서 임금을 목적으로 근로를 제공하고 있거나 제공하려는 사람"이라고 규정하고 있다(법 제2조).

외국인근로자의 유형은 각 나라의 노동시장의 구조와 수요, 경제상황, 산업의 유

---

53 외국인으로서 한국에 노동력을 제공하고 있는 사람들을 법적 용어로 외국인'노동자'로 부를 것인지 외국인'근로자'라고 할 것인지에 대한 다툼이 있다. '노동자'라는 명칭이 가치중립적이어서 법적 용어로 적합하다고 생각한다. 그러나 헌법을 비롯하여(헌법 제32조, 제33조) 각종 노동관계법(근로기준법 등)이 '노동자'라는 용어를 사용하지 않고 '근로자'라는 용어를 사용하고 있다. 이하에서는 헌법과 법령 등이 사용하고 있는 '근로자'라는 용어를 사용하기로 한다. 제10장 역시 외국인노동자를 '외국인근로자'라고 하여 설명하고 있고, 용어의 통일을 위하여 '외국인노동자'라는 용어보다는 '외국인근로자'라는 용어를 사용한다.

형 등에 따라 다양하게 나타난다. 미국을 비롯한 다른 국가의 예를 보면 주로 제조
업 분야에서 외국인근로자의 수요가 많은 것으로 나타나고 있으며, 그 가운데에서도
단순 기술을 요하면서 작업환경이 열악하여 자국 근로자들이 기피하는 제조업 분야
를 외국인근로자가 노동력을 대체하는 경향이 있다. 대단위 농업단지의 경우에는 파
종과 수확시기에 집중해서 외국인근로자를 고용하는 경우도 있다.[54] 중동의 산유국
의 경우에는 인도 및 스리랑카 등에서 유입된 외국인 노동력이 주로 가사, 청소 등
의 업종에 종사하고 있다.

독일을 비롯한 상당수의 국가들은 외국인근로자들이 자국에 정착하여 영주화하
는 것을 원치 않고, 단기간 체류한 뒤에 자국으로 귀환하도록 하게 하는 방식의 이
른바 '순환형' 외국인 노동력 도입정책을 추진하였다. 그러나 여러 국가의 사례에서
보듯이 외국인근로자가 일정 기간 체류하면서 노동력을 제공하게 되면 이들 중 상당
수는 해당 국가에 정주를 택하는 경우가 많게 된다. 정착을 원하는 노동자의 수가
증가하고 이들의 정착기간이 길어짐에 따라 결국 노동력 수입국가는 이들의 정주를
사실상 허용하게 되고, 외국인근로자가 노령 등으로 더 이상 노동력을 제공할 수 없
게 되면, 연금을 비롯한 각종 사회부조를 제공하게 되어 사회적 부담이 증가하여 왔
다.[55] 따라서 많은 국가들이 자국의 사회와 노동시장의 질적 수준의 유지를 위하여
외국인근로자를 도입하는 과정에서 가급적 전문·고급 외국인 노동력을 유치하는 시도
를 하고 있다. 한국의 경우도 비숙련·단순 외국인 노동력의 한국 유입보다는 전문·고
급 노동력을 유치하기 위하여 미숙련·단순 외국인근로자에 비해 전문·고급인력에게
체류자격, 영주자격, 체류활동 등에서 월등한 혜택을 주고 있다.

한국은 국내 특정분야의 노동공급 부족을 메우기 위하여 초기에는 외국인근로자
의 근로자성을 부인하는 '산업연수생제도'를 통해서 외국인력을 도입하였다. 그러나
인권침해 등 여러 문제를 겪은 뒤 산업연수생제도를 폐지하고 고용허가제를 도입하
여 엄격한 통제 아래 외국인근로자를 입국시켜 고용하여 오고 있다.

---

54 미국 캘리포니아의 대농장에서 멕시코 노동자를 고용하여 파종과 수확을 하는 사례가 있다.
   중국의 경우도 운남성을 중심으로 차 수확시기에 베트남, 라오스 등지의 외국인을 고용하고
   있다고 한다.
55 독일의 사례가 대표적이다. 독일의 사례에 대한 자세한 내용은 권형진, 「통일 전 독일연방공
   화국의 외국인 정책」, 『중앙사론』 제36권 (2012), 362-416면 등 참조.

헌재 2007. 8. 30. 2004헌마670(산업기술연수생 도입기준 완화결정 등 위헌확인, 위헌)
"산업연수생이 연수라는 명목 하에 사업주의 지시·감독을 받으면서 사실상 노무를 제공
하고 수당 명목의 금품을 수령하는 등 실질적인 근로관계에 있는 경우에도, 근로기준법
이 보장한 근로기준 중 주요사항을 외국인 산업연수생에 대하여만 적용되지 않도록 하는
것은 합리적인 근거를 찾기 어렵다. 특히 이 사건 중소기업청 고시에 의하여 사용자의 법
준수능력이나 국가의 근로감독능력 등 사업자의 근로기준법 준수와 관련된 제반 여건이
갖추어진 업체만이 연수업체로 선정될 수 있으므로, 이러한 사업장에서 실질적 근로자인
산업연수생에 대하여 일반 근로자와 달리 근로기준법의 일부 조항의 적용을 배제하는 것
은 자의적인 차별이라 아니할 수 없다."

외국인근로자의 법적 지위 등을 정하고 있는 법률은 「외국인근로자의 고용 등에
관한 법률」이다. 한국은 사용자가 내국인 노동력을 구하지 못한 경우에 법령이 정하
고 있는 바에 따라 외국인을 고용하도록 하는 사용자 중심의 고용허가제(employment
permit system)를 외국인 노동력 수급의 원칙으로 하고 있다(법 제6조 및 제8조). 노동
을 원하는 외국인에게 개인의 사정을 감안하여 개개인에 대한 자격심사를 하여 근로
허가를 얻은 외국인에게는 취업 장소와 시기의 제한을 주지 않고 일을 할 수 있도록
하는 노동허가제(work permit system)는 부분적으로 실시하고 있다. 그러한 점에서 한
국의 경우는 고용허가제를 중심으로, 부분적으로 노동허가제의 요소를 가미하고 있
다.56 법률이 원칙으로 취하고 있는 고용허가제에 따라 한국의 사업장에 고용되어
취업하고 있는 외국인근로자는 사용자의 고용의사에 따라 취업 등에 영향을 받는다.
한국의 고용허가제는 외국인근로자의 정주를 엄격히 제한하면서, 지나치게 사용자
중심으로 설계되어 있어서 외국인근로자의 노동자로서의 권리가 침해된다는 비판이
있다. 그러나 헌법재판소는 '출국만기보험 합헌결정',57 '외국인근로자 사업장 변경제
한 합헌 결정'58 등을 통해 고용허가제가 외국인근로자의 권리를 침해하지 않는다는
것을 확인하였다.
외국인인 근로자의 경우 헌법상 일반적인 기본권의 보장과 동시에 특히 헌법 제
33조에 따른 근로자의 권리가 내국인 근로자와 동일하게 보장되는 지가 논란이 된
다. 이에 대해서 학설은 외국인도 직업의 자유의 주체이며, 근로자라는 신분에 기초

---

56 자세한 내용은 제10장의 해당 부분 참조.
57 헌재 2016. 3. 31. 2014헌마367.
58 헌재 2011. 9. 29. 2009헌마351; 헌재 2021. 12. 23. 2020헌마395.

한 근로자의 권리는 인정되어야 한다고 보는 견해[59]도 있으며 외국인의 경우에는 인정되지 않으며 입법정책상 인정될 수도 있다는 견해도 있다.[60] 판례는 합법적으로 체류하면서 법률에 따른 노동력을 제공하고 있는 외국인근로자가 근로의 자유의 주체임을 인정하면서 동시에 일정한 근로자의 권리를 가지는 것은 인정하고 있다.[61] 대법원은 "타인에게 근로를 제공하고 그 대가로 임금을 받아 생활하는 사람은 노동조합법상 근로자에 해당하고, 취업자격이 없는 외국인도 이러한 근로자라고 한다면 노동조합을 결성하거나 노동조합에 가입할 수 있다"고 하여 외국인근로자의 근로자의 권리를 인정하고 있다.[62] 외국인근로자에 대한 내용은 제10장에서 자세히 다루고 있다.

3. 재외동포

재외국민은 대한민국 국적을 그대로 보유한 채, 외국의 영주권을 취득하여 영주의 의사를 가지고 거주하거나, 영주할 목적으로 외국에 장기간 거주하고 있는 자를 말한다. 또한 법률은 재외동포를 현재 한반도에 거주하고 있는 대한민국 국민과 혈연적인 관계가 있거나 또는 과거 한국인이었다가 여러 가지 사정으로 인하여 현재는 외국 국적을 취득한 채 외국에 거주하고 있거나(「재외동포의 출입국과 법적 지위에 관한 법률」 제2조 제2호) 대한민국 국민으로서 외국의 영주권을 취득하였거나 영주할 목적으로 외국에 거주하고 있는 사람(동법 제2조 제1호)이라고 정의하고 있다. 외국의 영주권을 취득하여 해당 국가에 거주하고 있는 자의 범위는 명백한 반면에, '영주할 목적을 가지고 외국에 거주하고 있는 자'가 누구인지는 확인하는 것이 매우 어렵다. 외국에 일정기간 체류하고 있는 자가 해당 국가에 영원히 살려고 하는지 또는 일정기간 후에 귀국하여 대한민국에 거주하려고 하는지는 전적으로 당사자의 의사에 달려 있기 때문이다.

외국국적동포는 한국의 독립과 한국전쟁을 중심으로 이전과 이후로 크게 구분할 수 있다. 첫째, 독립 및 한국전쟁 이전인 일제강점기에 자발적·비자발적으로 한반도를 떠나 외국으로 이주하여 현재 거주하고 있는 국가의 국적을 취득하여 거주하고

59 한수웅, 『헌법학』, 1034면.
60 성낙인, 『헌법학』, 1369면.
61 헌재 2007. 8. 30. 2004헌마670.
62 대법원 2015. 6. 25. 선고 2007두4995 전원합의체 판결.

있는 재외동포들이 있다. 이들 재외동포 중 가장 많은 수를 차지하고 있는 집단은 중국 동북지역, 이른바 연변지역에 집단적으로 거주하고 있는 조선족이라고 불리는 한국계 중국인이다. 일제강점기에 소련의 연해주 지역으로 이주했다가 스탈린 시대에 중앙아시아 지역으로 강제 이주되어 지금의 우즈베키스탄 지역 등에 거주하고 있는, 이른바 고려인들도 해당 된다. 일본에도 일제강점기에 징용 등으로 일본으로 이주하였다가 해방 이후 한국으로 귀환하지 않거나 못하고 일본에 거류하게 된 재일동포가 있다. 재일동포의 경우는 일본국적을 가지지 않으면서 영주와 유사한 지위를 가지고 일본에 체류하고 있어서 다른 국가의 국적을 가진 다른 지역의 재외동포와는 법적 지위가 다른 특징이 있다. 둘째, 한국전쟁 이후에 해외로 이주하여 해당 국가의 국적이나 영주권을 취득하여 거주하고 있는 재외동포 집단이 있다. 이들은 주로 1970년대와 1980년대에 미국을 비롯한 중남미 국가로 이민을 하여 해당 국가에서 정착을 한 사람들이다. 이들은 외국으로 이주하여 정착한 기간이 비교적 짧아서 한국에 친족을 비롯한 연고자들이 거주하고 있는 경우가 많아서 한국과의 연대가 비교적 깊은 것이 첫 번째 집단과 다른 점이다.

재외동포는 일반적인 생활의 근거지를 해당 체류국에 둔 채 생활관계의 대부분을 그곳에서 맺고 있다. 그러함에도 불구하고 이들이 대한민국과 혈연적인 연대가 있다는 이유로 한국에 거주하면서 생활 관계를 형성하고 있는 외국인에 비하여 법제도와 정책에 의해서 특별한 취급을 받고 있다. 재외동포에게는 출입국과 그에 따른 법적 지위가 법률에 의해서 따로 부여되어 보장되고 있다.

1999년에 제정된 「재외동포의 출입국과 법적 지위에 관한 법률」은 재외동포에 '재외국민'과 '외국국적동포'를 적용대상으로 하여 이들에게 출입국과 체류활동에 있어서 다른 외국인에 비하여 많은 혜택을 주고 있다. 해당 법률은 재외국민에게 부동산거래(법 제11조), 금융거래(제12조), 외국환거래(제13조) 및 건강보험적용(제14조) 등에서 특혜를 누릴 수 있도록 하고 있으므로 '영주할 목적으로 외국에 거주하고 있는 자'라고 규정하고 있는 점을 비추어 볼 때 법률적용 대상자의 의사에 따라 법률이 정하는 특혜여부가 결정되는 태도는 다소 문제가 있다고 볼 수 있다.[63]

1999년 「재외동포의 출입국과 법적 지위에 관한 법률」이 제정되었을 때 해당 법

---

63 「재외동포의 출입국과 법적 지위에 관한 법률 시행령」 제2조 제2항은 "영주할 목적으로 외국에 거주하고 있는 자"를 "생업에 종사하기 위하여 외국에 이주하는 사람과 그 가족 또는 외국인과의 혼인(외국에서 영주권을 취득한 대한민국 국민과 혼인하는 경우를 포함) 및 연고(緣故) 관계로 인하여 이주하는 사람"(해외이주법 제2조)이라고 정하고 있다.

률은 이 법률의 적용대상이 되는 외국국적동포의 범위를 대통령령에 위임하였다(법 제2조 제2호). 그에 따라 제정된 법률 시행령은 외국국적동포의 범위를 '대한민국 정 부수립 이후에 국외로 이주한 자 중 대한민국 국적을 상실한 자와 그 직계비속'(동법 시행령 제3조 제1호)과 '대한민국 정부수립 이전에 국외로 이주한 자중 외국 국적 취득 이전에 대한민국의 국적을 명시적으로 확인받은 자와 그 직계비속'(제2호)으로 정하 였다. 시행령에 의해서 일제강점기에 외국으로 이주한 동포들은 「재외동포의 출입국 과 법적 지위에 관한 법률」의 적용대상에서 사실상 제외되는 결과를 가져왔다. 결국 헌법재판소는 「재외동포의 출입국과 법적 지위에 관한 법률」에 해당 조항과 동법 시 행령 제3조는 재외동포 사이에 적용에 있어서 평등권을 침해하였다는 이유로 헌법불 합치 결정을 하였다. 이후 국회는 동 법률을 개정하여 현재는 외국국적동포들에 대 해서 차별하지 않고 동일하게 적용하고 있다.

헌재 2001. 11. 29. 99헌마494(재외동포의 출입국과 법적 지위에 관한 법률 제2조 제 2호 위헌확인, 헌법불합치)

"재외동포법은 외국국적동포등에게 광범한 혜택을 부여하고 있는바, 이 사건 심판대상규 정은 대한민국 정부수립 이전에 국외로 이주한 동포와 그 이후 국외로 이주한 동포를 구 분하여 후자에게는 위와 같은 혜택을 부여하고 있고, 전자는 그 적용대상에서 제외하고 있다. 그런데, 정부수립이후이주동포와 정부수립이전이주동포는 이미 대한민국을 떠나 그 들이 거주하고 있는 외국의 국적을 취득한 우리의 동포라는 점에서 같고, 국외로 이주한 시기가 대한민국 정부수립 이전인가 이후인가는 결정적인 기준이 될 수 없는데도, 정부수 립이후이주동포(주로 재미동포, 그 중에서도 시민권을 취득한 재미동포 1세)의 요망사항 은 재외동포법에 의하여 거의 완전히 해결된 반면, 정부수립이전이주동포(주로 중국동포 및 구 소련동포)는 재외동포법의 적용대상에서 제외됨으로써 그들이 절실히 필요로 하는 출입국기회와 대한민국 내에서의 취업기회를 차단당하였고, 사회경제적 또는 안보적 이유 로 거론하는 우려도, 당초 재외동포법의 적용범위에 정부수립이전이주동포도 포함시키려 하였다가 제외시킨 입법과정에 비추어 보면 엄밀한 검증을 거친 것이라고 볼 수 없으며, 또한 재외동포법상 외국국적동포에 대한 정의규정에는 일응 중립적인 과거국적주의를 표방하고, 시행령으로 일제시대 독립운동을 위하여 또는 일제의 강제징용이나 수탈을 피 하기 위해 조국을 떠날 수밖에 없었던 중국동포나 구 소련동포가 대부분인 대한민국 정 부수립 이전에 이주한 자들에게 외국 국적 취득 이전에 대한민국의 국적을 명시적으로 확인받은 사실을 입증하도록 요구함으로써 이들을 재외동포법의 수혜대상에서 제외한 것은 정당성을 인정받기 어렵다. 요컨대, 이 사건 심판대상규정이 청구인들과 같은 정부수립이전이주동포를 재외동포법의 적용대상에서 제외한 것은 합리적 이유 없이 정부수립 이전이주동포를 차별하는 자의적인 입법이어서 헌법 제11조의 평등원칙에 위배된다."

　2023년 5월에 「재외동포기본법」이 제정되고 재외동포청이 신설되면서 재외동포 정책을 통합하는 법제도가 마련되었다. 「재외동포기본법」은 '재외동포의 거주국 정착과 지위향상 지원', '한인으로서의 정체성 함양'을 통한 '대한민국과의 유대감 강화'. '글로벌 한인 네트워크 구축', '대한민국 내에서의 권익 향상', '재외동포 인적자원 개발지원' 등을 재외동포정책의 기본방향으로 정하고 있다(법 제3조).

4. 유학생

　유학생은 한국의 각종 교육기관에 등록하여 학업을 수행할 목적으로 체류 중인 외국인이다.[64] 한국에는 중국을 비롯한 상당수의 외국인 학생들이 체류하고 있다. 이들은 결혼이민자 또는 외국인근로자처럼 가족, 생업 등과 무관하게 학업이라는 특정 목적을 위해 입국하고 체류한다는 점에서 다른 체류외국인 집단과 구별이 된다. 유학생들은 교육의 정도, 언어 및 문화의 체득 정도가 다른 외국인 집단보다 상대적으로 높아서 원주사회 적응이 상대적으로 용이할 수 있다. 학업을 하는 동안에 해당 국가의 문화와 생활에 친숙해지고, 사회에 대한 이해도도 높을 가능성이 있다. 이들이 가진 고급 교육수준은 해당 사회에 즉시 적용가능하다는 장점도 있다.

　많은 국가들이 이주자의 유입을 불가피한 것으로 보고 가능하면 고학력·고급인력이 유입되기를 원하면서 그러한 집단을 선별적으로 유인하기 위하여 이른바 '그린카드'와 같은 제도를 실시하여 왔다.[65] 그러나 대체적으로 이러한 제도들은 성공적으로 실시되지 못하였다. 해당 사회에 대한 이해도와 친화도가 낮은 상태에서 단순히 고임금, 장기체류 혜택만으로는 전문·고급인력을 유인할 수 없다는 것이 교훈으로 남았다. 반면에 유학생 집단은 유학을 하는 기간이 상대적으로 장기이면서 국내에서 교육을 받는 동안 언어, 습관 등 문화적 이해도가 높아지고, 동시에 대학 이상의 고급교육을 받는다는 장점을 가지고 있으며, 상당수의 유학생들은 해당 사회에 장기체

64　2015년 1월 현재 한국에 유학 중인 사람은 약 8만5천 명으로 집계되고 있다. 법무부 출입국·외국인정책본부, 『출입국·외국인정책 통계월보』(2015. 1), 19면 참조.

65　독일정부가 IT 산업을 중심으로 한 고급인력 유치를 위한 그린카드(Green Card) 제도를 실시한 적이 있었으며, 일본정부도 '녹색카드' 제도를 도입·운영하고 있다.

류하고자 하는 성향을 보인다는 점에서 많은 국가들의 외국인 유입에 있어서 가장 매력이 있는 집단으로 고려하고 있다.

5. 난 민

2012년 제정된 「난민법」은 '난민'을 "인종, 종교, 국적, 특정 사회집단의 구성원인 신분 또는 정치적 견해를 이유로 박해를 받을 수 있다고 인정할 충분한 근거가 있는 공포로 인하여 국적국의 보호를 받을 수 없거나 보호받기를 원하지 아니하는 외국인 또는 그러한 공포로 인하여 대한민국에 입국하기 전에 거주한 국가(이하 "상주국"이라 한다)로 돌아갈 수 없거나 돌아가기를 원하지 아니하는 무국적자인 외국인"이라고 정의하고 있다(법 제2조 제1호). 그러나 법률이 말하고 있는 사유로 본국을 떠나 다른 국가에 입국하는 모든 사람이 난민으로 되는 것은 아니며, 이들이 상륙하거나 입국한 국가에 자신을 난민으로 인정해 줄 것을 신청하고, 이러한 신청이 인정되었을 때 비로소 난민의 지위를 가지게 된다. 따라서 비자발적으로 본국을 떠나게 된 자라고 하여도 난민의 지위를 인정받기 위해서는 우선 '난민인정신청'을 하여야 한다(동법 제5조 이하). 난민의 범주에 속하는 사람으로서 '인도적 체류 허가를 받은 사람'이 있다. 이들은 "'난민'에 해당하지 아니하지만 고문 등의 비인도적인 처우나 처벌 또는 그 밖의 상황으로 인하여 생명이나 신체의 자유 등을 현저히 침해당할 수 있다고 인정할 만한 합리적인 근거가 있는 사람으로서 대통령령으로 정하는 바에 따라 법무부장관으로부터 체류허가를 받은 외국인"이라고 정의된다(동법 제2조 제3호). 난민의 지위를 인정받은 '난민'은 물론 '난민인정을 신청한 사람', '인도적체류자' 모두 난민협약 제33조 및 「고문 및 그 밖의 잔혹하거나 비인도적 또는 굴욕적인 대우나 처벌의 방지에 관한 협약」 제3조에 따라 본인의 의사에 반하여 강제로 송환되지 아니한다(동법 제3조). 난민에 관한 자세한 내용은 제9장에서 상세히 다루고 있으므로 관련 부분을 참조한다.

외국인의 입국

이 현 수

제4장   외국인의 입국[1]

근대 국민국가는 국민과 영토에 대한 배타적 지배권을 본질적 요소로 하여 형성되었는데, 그 과정에서 누구에게 국가 구성원의 지위를 부여할 것인가에 관한 관심은 국적법제로 포착·발전되었다. 다른 한편, 영토에 대한 주권적 지배라는 관심사는 일차적으로 사람, 특히 외국인의 국경이월행위로부터 국경질서를 유지하기 위한 출입국관리법제의 형성·전개로 나타나게 되었다. 제4장에서는 출입국관리법이 채용하고 있는 다양한 입국규제의 기준, 수단 및 절차들을 고찰한다.

 ## 제1절   입국규제

본절에서는 여러 나라의 이주통제의 기준과 유형을 간략히 살펴보고, 출입국관리법상 입국이라는 용어를 어떻게 파악할 것인가의 문제(입국 개념)와 입국하는 것이 바람직하지 않다고 여겨지는 자는 누구인가의 문제(입국금지사유)를 살핀다.

---

1 이 글은 2015. 10. 31. 발간된『공법연구』제44집 제1호에 게재된 필자의 논문인「외국인 입국규제의 공법적 쟁점」을 수정·보완한 것임을 밝힌다.

1. 개 관

(가) 이주통제의 기준과 유형

여러 나라의 출입국관리법제에서는 사람의 국경이월행위를 다양한 범주로 분류하여 입국, 체류, 출국과 관련한 권리의무관계를 각각 상이하게 규율하고 있는데 이하에서 살펴보는 바와 같이 출입국관리의 법적 규율에 있어서 권리와 의무를 배분하는 핵심적인 척도가 되는 것이 바로 국적이다. 즉, 국민의 출입국과 외국인의 출입국은 절차 및 구제의 측면에서 매우 이질적으로 규율되고 있다. 더 나아가 외국인의 유입이 수용국의 필요에 따른 적극적인 선택으로서 이루어지는 것(l'immigration choisie)인가, 아니면 난민과 같이 수용국이 어느 정도 감내해야 하는 유입(l'immigration subie)인가에 따라 입국규제의 규범적 관점이 상이해지는 경향이 있다. 전자에 있어서는 수용국의 주권적 재량이 강조되는 반면 후자에 있어서는 수용국이 어떠한 의무를 지는가라는 점이 규범적 관심사가 되는 경향이 있으며, 그리하여 난민관련 입국규제는 일상적인 외국인의 입국규제와 다르게 취급되곤 한다.[2] 한편, 서유럽과 북미의 출입국관리법제 비교연구들을 살펴보면 각 나라들을 전통적으로 입국통제에 주안점을 두는 유형[3]과 체류통제에 주안점을 두는 유형[4]으로 나누고 있는데 이러한 구별은 각 나라의 지리적·역사적·사회문화적 상황의 차이를 반영한다. 다수의 나라들이 국경을 서로 맞대고 있는 유럽 대륙의 경우, 전통적으로 외국인에 대한 거주·체류허가(Aufenthaltstitel; le titre de séjour; residence permit) 및 이에 연계된 노동허가(Arbeitserlaubnis; l'authorisation de travail; work permit)를 주된 유입통제 수단으로 활용하였다. 예컨대 이들 비교 연구들에서는 독일을 체류허가에 중점을 두는 나라로 분류하고 있는데, 독일의 전통적인 출입국법제에 따르면 입국하자마자 영주의 지위를 누리는 외국인에 관한 명문의 규정은 두고 있지 않았다고 한다. 독일의 법제는 외국인의 국경이월행위를 주로 체류허가 및 노동허가를 통해서 통제를 하되, 체류허가에 다양한 단계를 설정하여 두고 외국인이 소정의 체류기간을 충족하거나, 난민으로 인정되거나, 독일 국민과 결혼을 하는 등의 경우에는 단계적으로 보다 우호적인

---

2 출입국관리법은 입국규제에 있어서 난민에게 차별화된 절차를 적용하고 있다. 2012년 제정된 난민법도 난민의 입국절차와 관련한 일부 규정을 두고 있다. 자세한 것은 제9장 참조.
3 이를 섬나라−서반구시스템(insular−western hemispheric system)이라 한다.
4 이를 유럽대륙시스템(continental system)이라 한다.

지위로 옮겨갈 수 있도록 하는 시스템에 의지하고 있다는 것이다.[5] 반면, 섬나라의
경우 외국인의 입국은 거주·체류로 연계될 가능성이 매우 높으므로 입국단계에서
강한 통제를 가능하게 하는 수단인 사증과 입국허가에 주로 의지하여 왔다(여권과 사
증의 제도적 연혁 및 개념과 기능에 대해서는 이하 제2절에서 살펴본다). 즉, 섬나라 유형에
따르면 외국인이 입국을 하려면 미리 재외공관을 찾아 입국목적을 밝혀야 하고 목적
에 따른 범주화를 통하여 체류자격과 체류기간이 세분화되며 이는 사증의 규율내용
으로 포섭된다(법 시행령 제7조 제2항). 이후 사정변경이 생기는 경우에는 체류자격조
정(adjustment of status)(출입국관리법(이하 '법'이라 한다) 제24조 체류자격 변경허가 참조)이
라는, 소관청의 의사결정을 통해 변화된 사정에 대해서 적응하게 된다. 그런데 여러
나라들이 국적법 영역에서 혈통주의와 출생지주의 가운데 어느 하나에 전적으로 의
지하기보다는 점차 양자를 적절히 혼용하는 경향을 보이고 있는 것처럼[6] 주요 선진
국들은 외국인의 유입통제에 있어서도 입국통제와 체류통제 가운데 어느 하나에만
의지해서는 외국인의 유입으로부터 야기되는 여러 문제들에 더 이상 적절히 대처할
수 없다는 경험을 하게 되면서 대개 두 수단들을 혼용하는 경향을 보이고 있다.[7]

1) 섬나라 유형

섬나라 유형의 경우, 입국규제의 주요 수단은 바로 국경이나 출입국항[8]에서 이루
어지는 입국허가(법 제12조 제3항)(admission; leave to enter)이며, 입국허가를 받기 위
해서는 먼저 외국인이 해외에 있을 때부터 미리 입국목적을 밝혀 재외공관에서 사증
(visa; entry clearance)을 발급받아야 한다(법 제7조).[9] 사증발급과 입국허가 또는 입국

---

5 Kay Hailbronner, David A. Martin & Hiroshi Motomura (eds.), *Immigration Admissions*, (Providence · Oxford: Berghahn Books, 1997), p.256.
6 본서 제8장 「국적의 취득과 상실」 참조.
7 Jochen Abr. Frowein, Torsten Stein (Hrsg.), *Die Rechtsstellung von Ausländern nach staatlichem Recht und Völkerrecht, Beiträge zum ausländischen öffentlichen Recht und Völkerrecht* (Berlin · Heidelberg: Springer-Verlag, 1987), S.1853-1872; Richard Plender, "Recent Trends in National Immigration Control," *International & Comparative Law Quarterly*, Vol. 35 (1986), p.531, 535.
8 근대 이후 여러 나라들은 특정 지역을, 출입국심사가 이루어지는 지역(ports of entry)으로 지정한 후 원칙적으로 이 곳을 통한 국경 왕래만을 허용하고 있다. 출입국관리법 제2조 제6호, 동법 시행령 제98조 참조.
9 영국의 경우 재외공관에서 이루어지는 사증발급 등 입국 전 이민통제기제(pre-entry stage of immigration control)를 entry clearance라고 하며 국경에서 이루어지는 이민통제기제를 leave to enter라고 부르고 있다(Immigration Act 1971 S.33, S.4(1)). Gina Clayton, *Immigration and Asylum Law*, 6th ed. (Oxford: Oxford University Press, 2014), p.166, 181.

불허의 관계에 대해서는 논란이 있다. 사증은 외국인이 출입국항에서 실제 입국신청을 했을 때 사증을 갖추지 못했다는 사유로 입국불허를 당하지 않게 하는 지위를 부여할 따름이지 그 자체가 입국허가인 것은 아니라고 보는 관점에서는 사증발급은 입국허가의 추천 정도의 의미를 가질 뿐이며 궁극적으로는 입국허가가 있어야만 적법하게 입국할 수 있음을 강조한다.[10] 반면 사증발급이 입국허가를 의미한다고 보는 견해도 있는데 이에 따르면 사증이 발급되었음에도 불구하고 출입국항에서 입국이 불허된다면 이는 사증에 체화되어 있는 입국허가의 규율내용을 취소 또는 철회하는 것이라고 설명한다.[11] 이처럼 사증의 규율내용에 입국허가의 의사가 내포되어 있다고 보더라도 이러한 입국허가의사는 이후 출입국항에서의 입국심사를 거친 결과 취소·철회될 수 있으므로 어쨌거나 사증발급이 확정적으로 입국을 보장하는 것은 아니라는 점에는 차이가 없다.[12] 관광객과 같은 단기 체류자나 난민의 입국에 대해서는 사증을 요구하지 않는 경우가 있으며[13] 국제협약을 통해 협약당사국들 사이에서는 일정 범주의 왕래자를 대상으로 사증요건을 면제하기도 한다(법 제7조 제2항 제2호 참조). 입국규제 차원에서는 사증발급거부 또는 입국금지 내지 불허사유를 어떠한 내용으로 정할 것인가, 사증발급 및 입국허가의 요건판단 및 효과결정에 대하여 소관청 내지 담당 공무원이 어떠한 재량을 누리는가, 사증발급거부나 입국불허에 대하여 어떠한 법적 구제가 베풀어질 수 있는가가 중요쟁점이 되고 있다.

---

10 Thomas Alexander Aleinikoff, David Martin & Hiroshi Motomura, *Immigration and Citizenship*, 6th ed. (Eagan: West Publishing, 2008), p.646; 대법원이 취하고 있는 견해이기도 하다. 대법원 2018. 5. 15. 선고 2014두42506 판결 참조.

11 영국의 경우 1999년 「이민 및 비호법」(Immigration and Asylum Act)에 의해 사증(entry clearance)과 입국허가(leave to enter)의 관계가 변경되었다. 동법 이전에는 사증발급과 입국허가라는 또렷하게 구별되는 두 단계의 입국통제절차를 거쳐야 했으며 따라서 사증을 발급받으면 입국허가도 받게 될 가능성이 매우 높은 것은 사실이나 사증 그 자체가 입국허가는 아닌 것으로 이해되었다. 그러나 2000년 4월 28일부터는 일정한 요건하에 사증에 입국허가의 기능이 부여되었다(Immigration (Leave to Enter and Remain) Order, SI 2000/1161, Art. 3). Clayton, *Immigration and Asylum Law*, p.169, 196－198.

12 유럽법 차원에서는 "…사증을 소지하였다는 사실만으로는 폐지불가한 입국의 권리를 부여하기에 충분치 않다(le fait d'être en possession d'un visa…ne suffit pas à conférer un droit d'entrée irrévocable)"라고 명시하고 있다(l'article 30 du règlement de 13 juillet 2009 établissant un Code communautaire des Visas). Emmanuel Aubin, *Droit des Étrangers*, 3e éd. (Paris: Gualino, 2014), p.205.

13 미국의 사증면제(visa waiver)에 관해서는 Aleinikoff et al., *Immigration and Citizenship*, pp.644－646; 난민에 관해서는 1959 Council of Europe Agreement on the Abolition of Visas for Refugees 참조.

2) 유럽대륙 유형

앞서 살펴본 입국규제 유형에서는 외국인이 어떠한 체류자격을 누리느냐는 사증 발급단계나 입국허가단계에서 검토된 특정 입국목적에 토대하고 있기 때문에 별도의 체류허가라는 것은 상정하고 있지 않다. 입국 이후에 체류와 관련하여 행정이 내리는 결정은 사증 발급 당시나 입국허가 당시 해당 외국인에게 부여되었던 체류관련 지위를 그저 수정할 따름인 것이다(법 제24조 체류자격 변경허가 참조). 반면 체류규제 유형에서는 사정이 다르다. 외국인의 체류자격은 대개 명시적인 체류허가를 통하여 부여된다.[14] 사증의무가 있는 경우, 체류허가를 사증과 결부하여 해외에서 얻을 수도 있으나, 사증의무의 예외가 상당히 많기 때문에 체류허가는 대개 입국 이후에 발급된다. 체류규제 유형의 법제는 외국인의 체류 목적에 따라 각각 상이한 체류허가요건을 부과하며, 체류의 유형은 크게 영주와 비영주로 대별하고 있다. 비영주 체류허가의 경우에는 공간적으로나 시간적으로 제약이 뒤따르는데, 전자는 근로나 거주지 선택의 자유 제한으로 나타나게 되며 후자는 체류기간의 제한으로 나타난다. 영주의 체류자격은 대개 정주이민자, 난민 및 가족재회 프로그램 하의 가족구성원들에게 부여된다.[15]

(나) 입국규제와 국적

1) 국민의 귀국권

국민은 자신의 국적국으로 귀국할 권리(right of return)를 누린다는 점은 현재 국제법상으로도 널리 받아들여지고 있다. 어떠한 자가 귀국권을 가지고 있다는 것은 출입국을 관리하는 국가의 관점에서는 해당 권리자의 입국 시 그의 입국을 거부할 수 없음을 의미한다. 반면 이는 국가가 특정인의 국적을 부인하거나 박탈함으로써 그의 귀국권도 인정하지 않을 수 있다는 뜻이기도 한다. 그런데 연혁적으로 볼 때, 국민의 귀국권은 그 자신의 생래적 권리로서 인정되었다기보다는 오히려 국제법질서상으로 각 주권국들이 상호간의 주권행사를 존중할 의무로부터 반사적으로 얻어진 지위라는 지적도 있다. 즉, 어느 한 주권국가가 특정 외국인을 받아들이지 않기

---

14 예컨대, 프랑스의 경우 입국한 지 3개월이 지난 시점에 18세 이상인 외국인은 원칙적으로 체류자격을 취득할 의무를 진다. Xavier Vandendriessche, *Le Droit des étrangers* (Paris: Dalloz, 2012), p.80.
15 Jochen Abr. Frowein, Torsten Stein (Hrsg.), *Die Rechtsstellung Von Ausländern nach staatlichem Recht und Völkerrecht*, S.1861–1869.

로 결정하거나 또는 추방하기로 결정하고 해당 외국인을 그의 국적국으로 보내고자
할 때 해당 국적국이 그의 귀국을 받아들이지 않음으로써 국경관리를 위한 상대방
주권국의 정당한 주권행사를 방해하여서는 아니 된다는, 국가들 간 의무로부터 귀국
권이 파생되었다는 설명이 그러하다.[16]

더 나아가 귀국의 권리를 반드시 국적 또는 시민의 지위와 연계할 것인가의 문제
에 대해서는 상반된 견해가 제시되고 있다. 즉 특정 국가의 국민은 아니지만 해당 국
가와 긴밀한 유대관계를 가졌다고 볼 수 있는 자, 예컨대 영주권자의 귀국권 여부에
대한 견해의 대립은 인권에 관한 각종 국제적 문서들에도 나타나게 되었다. 유럽인권
협약, 미주인권협약, 1986년 「출국과 귀국의 권리에 관한 스트라스부르그 선언」[17]에
서는 '자신의 국적국으로 입국할 권리(right to enter the country of his nationality)'라는
표현을 사용하여 귀국권과 국적을 연계하고 있는 데 반하여, 1948년 세계인권선언이
나 1966년 「시민적 및 정치적 권리에 관한 국제규약」[18]에서는 '자신의 국가로 귀국
할 권리(right to return to his country)'라는 표현을 사용하여 귀국권을 국적이나 시민
의 지위와 연계하지 않는 입장을 취하였다.[19] 출입국관리법은 국민의 입국절차와 외
국인의 입국절차를 달리 규율하고 있고 국민에 대해서는 외국인의 경우와는 달리 입
국금지사유를 규정하고 있지 않다는 점(법 제11조)에서 귀국권을 국민에게 한정하여
인정하는 입장을 취하고 있다. 그런데 영주권자가 일시 출국하였다가 다시 귀국하는
경우와 같이, 이미 공동체와 긴밀한 정치·경제, 사회·문화적 유대를 맺고 있는 외국
인의 (재)입국에 대해서 사증의무와 입국금지사유를 적용함으로써, 해당 영주권자에
게 여행이나 근로 등 목적으로 최초로 대한민국을 방문하는 외국인과 규범적으로 동
질적인 대우를 하는 것이 바람직한가라는 문제가 발생할 수 있다.[20]

2) 국민의 입국

앞서 언급한 바와 같이 출입국관리법은 입국금지사유를 국민에게는 적용하고 있

16 John Torpey, *The Invention of the Passport: Surveillance, Citizenship and the State*
    (Cambridge: Cambridge University Press, 2002), pp.163–164.
17 Strasbourg Declaration on the Right to Leave and Return 제7조.
18 International Covenant on Civil and Political Rights 제12조 제4항.
19 Hurst Hannum, *The Right to Leave and Return in International Law and Practice* (Hague:
    Martinus Nijhoff publishers, 1987), pp.56–59.
20 영주권자인 외국인이 출국하였다가 다시 대한민국으로 재입국하는 경우 그에게 사증요건을
    적용할 것인지, 입국금지사유에 기하여 입국을 불허할 수 있는지의 문제가 제기된다. 이에 대
    해서는 제3절 외국인의 입국절차에서 자세히 살펴보기로 한다.

지 않으므로 국민의 입국은 거부될 수 없다. 그러나 국민의 입국에 대해서도 일정한 규율은 행해지고 있다. 즉, 국민이 대한민국 밖의 지역에서 대한민국으로 입국하려면 유효한 여권을 가지고, 입국하는 출입국항에서 출입국관리공무원의 입국심사를 받아야 한다(법 제6조 제1항). 본장 제2절에서 고찰하고 있는 바와 같이 여권은 그 소지인의 국적관련 정체성 입증을 주된 기능으로 하는 문서로서 대한민국 여권은 그 소지자인 여행자가 대한민국 국적자임을 뒷받침하는 근거로 활용된다. 따라서 국민의 입국과 관련하여서도 여권의 유효성에 대한 심사는 이루어지기 마련이며 더 나아가 유효한 여권을 소지하고 입국심사를 받을 의무를 위반한 국민은 형벌로써 다스려진다(법 제93조 제1호). 그러나 국민이 유효한 여권을 잃어버리거나 그 밖의 사유로 이를 가지지 아니한 경우에도 기타의 확인절차를 거쳐 입국할 수 있다는 점(법 제6조 제2항)에 비추어보면 국민에 대한 입국심사는 외국인에 대한 입국심사와 심사구조 및 심사결과의 활용이라는 측면에서 법적으로 상이하다.[21]

3) 외국인의 입국

외국인이 대한민국에 적법하게 입국할 수 있으려면 소극적으로는 입국금지사유에 해당하지 않아야 하고(법 제12조 제3항 제4호) 적극적으로는 사증발급이나 입국허가의 기회에 일정한 체류자격을 부여받아야 하며(법 제10조, 법 시행규칙 제9조의2 제3호, 제12조 제5항), 출입국관리공무원의 입국심사를 거쳐 입국허가를 받아야 한다(법 제12조 제1항·제3항). 사증발급은 일차적으로는 법무부장관의 권한이지만 이 권한은 재외공관의 장에게 광범위하게 위임되어 있다. 출입국관리법상 입국금지사유 조항은 외국인의 입국이 대한민국에 위해가 되거나 부담을 줄 것으로 인정되는 경우를 규정하고 있는데, 사증발급절차와 입국심사절차에서 거듭 금지사유 해당성 여부에 대한 심사가 이루어진다. 즉, 외국인은 일차적으로 외국에 소재한 대한민국의 재외공관에서 사증발급절차를 거치는 과정에서 입국금지사유에 해당하는지를 심사받으며, 대한민국에 도착한 후 출입국항에서의 입국심사과정에서 재차 입국금지사유의 존부에 관한 검토를 받게 된다. 외국인의 입국에 필요한 여권과 사증의 개념과 기능은 제2절에서, 외국인의 입국절차의 상세는 제3절에서 살펴보기로 한다.

---

21 중앙행정심판위원회는 국민에 대한 입국심사는 국민의 법률상 지위에 직접적인 변동을 가져오는 것이 아니라는 점에서 행정쟁송의 대상인 처분에도 해당하지 아니한다고 재결한 바 있다. 중앙행정심판위원회, 2002. 4. 22, 02-01890 입국허가처분등취소.

(다) 유입규제의 동향

1) 민간의 책임 강화

여러 나라들의 출입국관리법제에서 압도적으로 주된 역할을 수행하는 자는 물론 공행정기관과 공무원이다.[22] 그러나 한편으로는 아주 오래전부터 서구의 출입국관리법제에서는 외국인의 유입에 쓰여지는 운송수단들을 지배하는 자들에게 일정한 의무와 책임을 부과함으로써 외국인의 유입을 규제하는 방안을 사용하여 왔다. 또한 외국인은 국경 이월 그 자체를 목적으로 하는 것이 아니라 국경 너머에서 획득할 수 있다고 생각하는 일자리, 교육, 복지 등의 유인요소를 좇아 이주하고자 하는 것이므로 사용자, 학교 당국 등, 이들 유인요소들과 관련된 자들에게도 일정한 의무와 책임을 부여함으로써 공권력에 의한 입국 및 체류 규제를 보완하게끔 하는 방안도 널리 활용되고 있다.[23]

① 운수업자의 책임

외국인의 입국과 관련하여 운수업자에게 일정한 의무를 부과하고 그 위반 시 제재를 가하는 법령규정(carrier sanctions)을 두는 것은 결코 새로운 현상은 아니다. 그러나 최근 들어 그 폭과 정도가 과거에 비하여 현저히 넓고 깊어지고 있다. 운수업자들은 탑승 전에 탑승객의 여권, 사증 등 여행관련서류를 사전심사(pre-inspection)하여 법령위반의 요소가 있는 탑승객의 탑승을 방지할 의무를 지며, 해당 의무를 위반할 시에는 일정한 제재를 받게 된다.[24] 이는 국경관리에 있어서 민간에게 협력자

---

[22] 미국의 경우 사증발급은 국무부(Department of State) 소속의 영사국(BCA: Bureau of Consular Affairs)에서, 입국심사는 국토안보부(Department of Homeland Security) 소속의 관세및국경보호국(CBP: Bureau of Customs and Border Protection)에서, 정주관련 청원의 승인(approval of immigration petition)은 역시 국토안보부 소속의 국적 및 이주서비스국(USCIS: Cititzenship and Immigration Services)에서 소관하고 있다. 한편 법무부(Department of Justice)의 이민심사실(EOIR: Executive Office for Immigration Review)에서는 이민사건에 관한 재결을 소관하고 있다.

[23] Kay Hailbronner, David A. Martin & Hiroshi Motomura (eds.), *Immigration Admissions*, p.265.

[24] 이른바 탑승자 사전확인제는 2016. 3. 29. 신설된 출입국관리법 제73조의2 제5항을 근거로 하여 2017. 4. 1. 전면 시행되었다. 이는 법무부 출입국관리정보시스템에 항공사의 예약 및 발권 시스템을 연계하여 국경관리를 강화하는 제도이다. 즉, 출입국관리공무원은 외국인 승객의 예약정보나 탑승권발권신청과 관련하여 운수업자 등로부터 제출받은 자료를 검토한 결과 출국 또는 입국 요건을 갖추지 못하여 선박등에 탑승하기에 부적당한 사람이 발견된 경우에는 그 사람의 탑승을 방지하도록 선박등의 장이나 운수업자에게 통보할 수 있다. 미국의 운수업자 제재에 관해서는 INA §§ 241(c), (e), 273, 274(a)(1)(A)(ii) (Aleinikoff et al., *Immigration and Citizenship*, p.646) 참조; 영국의 운수업자 제재에 관해서는 Immigration Act 1971 Sch 2 paras

적 역할을 부여한다는 의미와 더불어 이하에서 살펴보는 탈영토화의 경향, 즉 국경
관리가 영토의 경계를 벗어나 영토 바깥에서 수행되는 경향을 반영하기도 한다.25
출입국관리법도 운수업자에게 입국허가를 받지 아니한 자의 입국을 방지할 의무, 유
효한 여권과 필요한 사증을 지니지 아니한 자의 탑승을 방지할 의무, 출입국관리공
무원이 선박 등의 검색과 출입국심사를 위한 직무수행에 특히 필요하다고 인정하여
명하는 사항을 이행할 의무, 송환의무 등 다양한 의무를 부과하고 있고(법 제8장 선박
등의 장 및 운수업자의 책임), 해당 의무의 위반을 벌금 및 양벌규정으로 다스리고 있다
(법 제96조 제2호·제3호; 법 제97조; 법 제99조의3 제6호). 그런데 이들 민간 운수업자가
법령상 의무를 수행하는 과정에서 행하는 여러 작용들이 공적 주체에 의한 법집행의
기능적 등가물 내지 보완물이라고 한다면, 공적 주체에 의한 법집행에 대하여 여행
자가 누리는 절차적 보장은 운수업자의 의무이행 과정에서도 어느 정도 베풀어져야
하지 않는가라는 문제가 제기된다. 또한 운수업자의 의무 이행과정에 공적 주체의
명령이나 조언이 개입되었다면 그로 말미암은 불법적 결과에 대하여 민간 운수업자
와 국가가 각각 어느 정도나 책임을 져야 하는지의 문제도 제기된다. 예컨대 행정기
관의 잘못된 명령이나 조언에 토대하여 운수업자가 특정 승객의 탑승을 거부한 결과
해당 승객에게 모종의 피해가 발생하였다면, 국가와 운수업자의 책임이 어떻게 배분
되어야 할 것인가의 문제를 생각해 볼 수 있다.

② 사용자의 책임

일자리야말로 가장 강력한 외국인 유인요인이므로 고용의 기회를 제어함으로써
외국인의 쇄도를 조절할 수 있을 것이라는 생각은 여러 나라의 법제가 공유하고 있
다. 일자리 관련 통제의 가장 전형적인 방법은 외국인 근로자에 대한 노동허가나 사
용자에 대한 고용허가이지만(이에 대해서는 제10장 참조) 이러한 사전적 개입수단 이외
에 제재 등 사후적 진압 수단도 널리 채용되고 있다. 즉, 외국인을 불법 고용한 사용
자를 민사적·형사적으로 또는 행정적으로 제재하는 것이다(employer sanctions).26 출

26, 27, (Clayton, *Immigration and Asylum Law*, pp.176−180) 참조; 프랑스의 운수업자 제재
    에 관해서는 CESEDA, art L. 625−1, 625−3 (Aubin, *Droit des Étrangers*, pp.201−204) 참조.
25 신지원·한태희, 「국경관리의 이해: 촉진과 통제의 균형」, IOM 이민정책연구원 Working
   Paper No. 2010−09, 4−6면.
26 미연방의 경우 1986년 법개정을 통해 특정 산업영역에 국한되지 않는, 일반적인 사용자 제재
   규정이 마련되었다. INA § 274A(a)(1)(A), 8 U.S.C. §1324a (a)(1)(A); 프랑스의 경우, 사용자는
   노동법전이 정하고 있는 특별기여금 형태의 금전적 제재 뿐 아니라 보조금 환수, 입찰참가자격
   제한 등의 행정적 제재도 받게 된다. 자세한 것은 Aubin, *Droit des Étrangers*, pp.388−389; 사

입국관리법은 누구든지 적법한 체류자격을 가지지 아니한 사람을 고용해서는 아니 됨을 선언하고 있으며 그 고용을 알선하거나 권유하는 것도 금지하고 있다(법 제18조 제3항·제4항). 외국인을 고용한 자는 일정한 신고의무를 지며(법 제19조) 이상의 의무 위반은 벌칙으로 다스려진다(법 제94조 제9호·제10호). 또한 사용자는 불법취업한 외국인의 출국비용을 부담하여야 한다(법 제90조의2). 사용자의 책임은 공행정주체에 의한 외국인의 입국과 체류관리를 보완하는 의미가 있기는 하나, 이민법 비전문가인 사용자가 제재를 우려하여 적법하게 취업활동을 할 수 있는 외국인의 고용마저 기피할 여지는 없는지, 불법고용으로 인한 사용자의 이익이 제재로 인한 불이익을 상회할 경우 제재가 과연 억지력을 발휘할 수 있는지, 사용자의 위반행위를 적발하고 제재하는 데 소요되는 추가적인 공적 집행비용이 집행으로 인한 공익증가를 능가하지는 않는지 등 여러 가지 점에서 그 제도적 실효성을 점검해볼 여지가 없지 않다.

2) 과학기술 · 정보화

여권은 국경관리의 맥락에서 그 소지자의 신분을 증명하기 위한 문서로 발전되었고 현재 보편적으로 활용되고는 있으나, 위·변조여권이나 위명여권의 오랜 역사가 보여주듯이 그 신뢰가능성에 대해서는 항상 우려가 있게 마련이다. 이러한 우려는 사증에 대해서도 마찬가지로 제기된다. 신청자와 대면인터뷰를 통해 사증발급 여부를 결정하는 전통적 방식은 많은 비용이 드는 번거로운 일이기도 하였다. 그런데, 최근에는 과학기술의 발달로 지문인식, 얼굴인식, 망막스캔 등을 통하여 여행자의 신원을 확인하는 것이 가능해지고 더 나아가 이상의 생체정보를 여러 축적된 데이터베이스와 대조할 수 있게 되면서, 여러 나라들의 출입국관리법제들은 이러한 발달된 과학기술을 사용한 출입국관리기법들을 앞다투어 도입하고 있다.[27] 많은 나라들이 전자여권체계를 도입하고 사증발급신청 시나 입국심사 시 지문 및 얼굴에 관한 전자적 정보를 제공할 의무를 규정하고 있다.[28] 출입국관리법도 이러한 정보화

용자 제재를 둘러싼 이민행정법적 쟁점에 관해서는 김환학, 「불법체류자의 고용관계에 대한 통제」, 『행정법연구』 제35호 (2013), 87–113면.

27 미국의 DHS는 미국의 출입국항에서 입국하고자 하는 외국인의 지문과 디지털 얼굴사진 뿐 아니라 출국지의 협조하에 출국지 출입국항에서도 외국인의 지문과 디지털 얼굴사진을 찍고 해당 정보를 데이터베이스(US–VISIT 프로그램)에 조회하여 입국희망자의 여권 및 사증의 진위를 판단하는 데 활용하고 있다.

28 영국의 경우 사증발급신청시 필수적으로 디지털 얼굴사진과 지문을 제출하도록 하고 있으며 (Immigration (Provision of Physical Data) Regulations 2006, SI 2006/1743), 이들 의무의 불이행은 재량에 따른 사증발급거부사유가 된다(HC 395 para 320(20)). Clayton, *Immigration and*

의 물결에 합류해 있는데, 이들 생체정보의 수집·활용과 관련하여서는 개인정보보호법제의 큰 틀 안에서 출입국관리행정의 특수성이 어느 정도나 반영될 수 있을 것인가가 문제된다.[29]

3) 탈영토화

앞서 살펴본 바와 같은 운수업자의 책임은 일정부분 수용국의 공권력에 의해 지원되고 있다. 예를 들면 A국의 동의나 협력 하에, A국의 출입국항에 B국의 출입국관리공무원이 체류하면서 직접 B국을 향하는 운송수단에 오르고자 하는 승객정보를 미리 심사하여 운수업자에게 여권의 유효성 등에 관하여 조언하거나 명령하는 형태를 통해 특정 승객의 탑승을 저지할 수 있는 것이다.[30] 즉 B국의 국경관리가 이미 B국의 국경 바깥에서 이루어진다는 점에서 국경관리는 물리적 영토의 제약을 벗어나게 된다(deterritorialization; development of the exported border). 물론 이 모든 과정은 앞서 살펴본 정보화기법에 의해 뒷받침되고 있다.

2. 입국 개념

출입국관리법을 적정하게 해석·적용하기 위해서는 동법이 사용하고 있는 국경이라는 용어와 국경의 이월행위로서의 입국이라는 용어를 일관성 있고 조화로운 개념으로 포착하는 작업이 선행되어야 한다. 동법상의 국경 개념 및 출입국의 개념은 학설과 판례에 의해 그 윤곽이 형성되어야 할 영역으로 남아 있다. 이 문제를 본격적으로 파헤치고 있는 우리의 문헌이나 판례는 아직 찾기 어려우나 출입국관리법의 입국 개념을 맥락에 맞게 이해하기 위해서는 일단 물리적 차원의 입국 개념과 규범적 차원의 입국 개념을 구별하는 것이 의미가 있을 것이다.

Asylum Law, p.168.

29 여권법 제23조, 출입국관리법 제12조의2 참조. 지문 및 얼굴정보제공의무는 국가안전 및 질서유지를 위하여 2010년 도입되었다. 한편 법무부는 2015. 12. 외국인의 얼굴사진을 비교·분석하는 '바이오정보전문분석시스템(BASE: Biometrics Analysis System for Experts)'의 개발을 완료하여 사증, 국적취득 관련 요건을 심사하는 데 활용하고 있다.

30 미국의 경우 출입국관리공무원이 운수업자에게 탑승관련 서류의 위조 여부 등에 대하여 조언하는 역할을 수행하고 있다. 8 C.F.R. § 235.5 (b); 영국의 경우, 영불터널을 통한 밀입국에 대처하고자 영국과 프랑스가 협력하여 출입국을 통제할 수 있도록 하고(juxtaposed control)이민연락관리관(immigration liasion managers)을 두고 있다.

(가) 물리적 차원의 입국

물리적 차원의 입국 개념은 물리적 국경을 전제로 한다. 즉 물리적 차원의 입국은 물리적 국경을 이월하는 행위라고 볼 수 있다. 출입국관리법은 국민의 입국이라는 표제 하에 '대한민국 밖의 지역으로부터 대한민국으로 입국'하는 것을 입국이라 칭하고 있다(법 제6조 제1항). 이처럼 동법 제6조 제1항의 입국은 대한민국의 지역, 즉 국제법상 제한이 없는 한 원칙적으로 대한민국이 배타적 지배를 할 수 있는 영토와 영해와 영공을 의미하는 영역(territory)을 전제로 한다는 점에서 물리적 입국개념에 해당한다고 볼 수 있다. 다른 한편 출입국관리법은 "외국인이 ⓐ 입국할 때에는 유효한 여권과 법무부장관이 발급한 사증(査證)을 가지고 있어야 한다"(법 제7조 제1항)거나 "외국인이 ⓐ 입국하려는 경우에는 ⓑ 입국하는 출입국항에서 출입국관리공무원의 입국심사를 받아야 한다(법 제12조 제1항)"라고 규정하고 있는데 ⓐ의 입국과 ⓑ의 입국, 그리고 앞서 살펴본 법 제6조 제1항의 '입국'이 모두 동일한 개념이라고 할 수 있을 것인가의 문제가 제기된다. ⓐ가 대한민국의 영역 안으로 외국인이 진입하는 것에 대하여 국가가 일정한 판단 및 결정권한을 행사함을 전제로 하는 개념이라면 ⓑ는 그러한 판단권한의 행사와 무관하게 이미 대한민국의 물리적 영역 안으로 외국인이 진입하여 출입국항에 소재하고 있음을 의미하기 때문이다.

(나) 규범적 차원의 입국

이처럼 출입국관리법상 입국 개념은 물리적인 국경의 이월행위, 즉 국가의 영역 외로부터 영역 내로 진입하는 행위를 지칭할 뿐 아니라 그에 대한 심사와 허용이라는 규범적 차원의 요소가 결부되어 사용되는 경우도 있다. 후자는 물리적 의미의 입국과 구별되는 의미에서 관념적 또는 규범적 차원에서의 입국이라고도 할 수 있을 것인데, 규범적 차원의 입국 개념은 수권 내지 허용이라는 의사적 요소가 문제된다는 점에서 국민이 아닌 외국인의 입국 맥락에서 보다 큰 의미가 있을 것이다. 출입국관리법의 문면상, 외국인이 입국허가를 얻어 적법하게 입국하려면(규범적 입국) 그 외국인은 대한민국의 영역 안으로 이미 들어와 있어야 한다(물리적 입국).[31] 사증의무가 적용되는 경우, 외국인은 외국에 있는 대한민국의 재외공관에서 사증발급절차를 거쳐 대한민국에 도착한 후 다시 출입국항에서 입국심사를 받게 되므로 사증발급신

---

31 법 제12조 제3항, 제7조 제1항 – 제4항.

청은 입국허가의 신청에 선행하게 되고 따라서 규범적 의미의 입국은 이미 외국에 있는 대한민국의 재외공관이 외국인의 사증발급신청에 대하여 그 허용여부를 판단하는 시점에서부터 시작된다고도 볼 수 있다. 즉 규범적 의미의 입국은 사증발급, 물리적 차원의 입국, 입국심사, 입국허가라는 다단계의 과정을 거쳐 이루어지게 된다. 물리적 차원에서는 외국인이 이미 대한민국의 영역에 들어와 있다 하더라도 당해 외국인은 규범적 차원에서는 아직 대한민국의 영역에 들어오지 않은 자로 취급되어 심사와 허가의 대상이 되며 그러한 심사와 허가를 거친 이후에야 해당 외국인은 규범적 차원에서도 대한민국에 입국한 것으로 취급되는 것이다.

(다) 물리적 입국개념과 규범적 입국개념의 구별 실익

1) 출입국관련 범죄의 요건과 효과

출입국관리법에서는 입국심사를 받아야 하는 외국인을 영리의 목적으로 집단으로 불법입국하게 하거나 이를 알선한 사람을 징역 또는 벌금의 형벌로 다스리고 있다(법 제93조의2 제2항 제1호). 이 때 동죄의 구성요건인 '불법입국'의 개념이 문제된다. 대법원은 '입국심사를 받아야 하는 외국인을 집단으로 불법입국시키거나 이를 알선한 자 등을 처벌하는 출입국관리법 제93조의2 제2항 제1호 위반죄의 기수시기는 불법입국하는 외국인이 대한민국의 영해 또는 영공 안의 지역에 들어올 때를 기준으로 판단하여야 한다'고 판시하면서 피고인들을 위 규정 위반의 미수죄로 처벌한 원심판결을 파기한 바 있다. 원심판결은 위 규정 위반의 기수시기는 외국인들이 출입국항에서 출입국관리공무원의 입국심사 없이 입국하였을 때라고 보았었다.[32] 요컨대 대법원은 '불법입국'의 기수시점을 영역에의 진입이라고 하는 물리적 차원에 토대하여 파악하였으나, 하급심법원은 '입국심사 및 그에 따른 결정권한'의 행사가 방해되었는지까지 고려하고 있다는 점에서 규범적 입국 개념에 토대하고 있는 것으로 볼 수 있다.

다른 한편 출입국관리법에서는 입국심사를 받아 입국할 의무를 위반한 사람을 5년 이하의 징역, 3천만원 이하의 벌금으로써 벌하고 있고(법 제93조의3 제1호), 유효한 여권과 사증을 갖추고 입국할 의무를 위반한 사람을 3년 이하의 징역 또는 2천만 원 이하의 벌금으로써 벌하고 있다(법 제94조 제2호). 즉, 전자와 후자 모두 해당 위반자가 대한민국 영역 안에 물리적으로 소재하고 있어 물리적 입국이 이루어졌다는 점에

---

32 대법원 2005. 1. 28. 선고 2004도7401 판결.

서는 차이가 없음에도 불구하고 전자는 보다 중하게, 후자는 보다 경하게 처벌하고 있다. 그런데, 입법자가 이처럼 형의 차이를 두는 이유를 어떻게 설명할 수 있을까? 전자는 입국심사라는 판단작용을 아예 거치지 아니한 진입인 데 반해 후자의 입국은 입국심사라는 판단작용을 거치기는 했으되, 여권과 사증이 미비한 상태에서 판단작용을 거친 것으로서, 입법자가 공동체에 미치는 위해 내지 비난가능성의 점에 있어서 전자를 더 중한 위반으로 평가하고 있기 때문이라고 설명할 수 있을 것이다.

2) 밀입국과 강제퇴거

어떤 외국인이 물리적 차원에서는 대한민국에 입국하였다 하더라도 그에게 입국금지사유가 있는 경우, 출입국관리공무원은 입국심사를 거쳐 그의 입국을 불허 (exclusion)할 수 있다. 출입국관리법상 외국인의 입국금지사유로는 '공중위생상 위해', '대한민국의 이익', '공공의 안전', '선량한 풍속' 등 고도의 불확정개념이 사용되고 있으며(법 제11조), 입국불허결정을 받은 해당 외국인은 송환의 대상이 된다(법 제76조 제2호). 반면, 어떠한 외국인이 입국심사를 전혀 받지 않은 채로 입국하여 대한민국 영역 안에 소재하는 경우도 있다. 물론 출입국관리법이 가장 바람직하다고 생각하는 외국인의 국내 진입은 정상적인 입국심사를 거쳐 입국허가를 받은 경우일 것이다. 이상을 요약하면 입국규제라는 관점에서 대한민국 영역 안에 물리적으로 소재하고 있는 외국인의 유형은 크게 다음의 세 가지로 나눌 수 있다. ① 출입국항에서의 입국심사를 거쳤으나 입국불허결정을 받은 자, ② 입국심사를 거치지 않고 대한민국 영역 안에 잠입한 밀입국자, ③ 입국심사를 거치고 입국허가를 받아 대한민국 영역에 들어온 자가 그것이다(물론 출입국항에서 입국심사를 받고 있는, 즉 심사계류 중이어서 입국허가의 의사표시도, 입국불허의 의사표시도 아직 받은 바 없는 외국인도 상정할 수 있으나 논의를 단순화하기 위하여 이 경우는 이하 3)에서 살펴본다). ①은 물리적 입국은 성립하였으나 규범적 차원에서는 그에 대한 입국허가라는 국가적 의사가 부재한 자이며, 이는 ②도 마찬가지이다. 반면 ③은 물리적 입국과 규범적 입국이 모두 성립한 경우라고 분류할 수 있다. 즉, 물리적 차원에서는 ①, ②, ③이 무차별하지만, 규범적 차원에서 볼 때에는 입국허가라는 의사적 요소가 결여되어 있는 물리적 소재에 불과하다는 점에서 ① 입국불허자와 ② 밀입국자가 동질적이고 ③이 이질적이다. 따라서 규범적으로는 ①과 ②가 같은 취급을 받아야 하고 ③은 달리 취급되어야 한다. 그러나 출입국관리법의 입장은 이와 달라서, ②와 ③을 동질적으로 취급하고 ①을 달리 취급하고 있다. 즉, ①에 대하여는 일시보호를 거쳐 송환의 대상으로 하고, 별다른 불복절차 규정을 두지 아니한 반면 밀입국자는 이의신청 및 체류허가의 특례(법 제60조, 제61조) 등 보다 강한 절차적 보호가 수반되고 있는 강제퇴거의 대상이라는 점에서(법 제46조, 제12조) ③, 즉 입국심사 및 입국허가를 거쳐 체류하는 자와 다르지 않게 취급하고 있다. 이처럼 입국심사절차를 아예 밟지 않은 자에게, 입국심사를 거쳤으나 입국불허된 자의 경우와 비교하여 더 두터운 절차보장을 베푸는 것은 앞서 살펴본 형벌과 관련한 출입국관리법의 가치평가와 모순되는 측면이 있다 할 것이고 예정된 법효과를 통하여 입국희망자의 행태를 조종하는 것이 출입국관리법의 역할 중 하나라는 관점에서도 합리적 설명이 어려운 측면이 있다. 입국불허자와는 달리 밀입국자의 경우 시간의 경과로 말미암아 이미 공동체와 깊은 생활상의 연계를 맺었을 가능성이 상대적으로 높다는 점이 밀입국자를 강제퇴거의 대상으로 하는 현행법규정의 정당화논거로 제시될 수도 있을 것이나, 모든 경우에 입국불허자의 공동체적 연계가 밀입국자의 그것보다 희박하다고 단정할 수는 없을 것이다. 즉, 문제의 외국인이 맺은 기성의 공동체적 연계를 고려하여 그를 영토로부터 배제할 때 베풀어야 할 절차적 보호의 수위를 달리하여야 한다면, 그러한 공동체적 연계의 밀도를 판단하는 기준은 입국불허를 받은 자인지 아니면 밀입국자인지에서 찾을 것이 아니라 별도의 범주로 형성되는 것이 바람직하다.

3) 조건부 입국허가와 특별체류허가

출입국관리법상 조건부 입국허가는 입국심사 계류 중인 외국인에게 발급될 수 있으며(법 제13조 제1항) 특별체류허가는 강제퇴거 대상인 외국인의 이의신청이 이유 없다고 인정되는 경우에도 특별한 사정이 있는 경우 법무부장관이 해당 외국인에게 발급할 수 있다(법 제61조, 제76조의7). 앞서 살펴본 바와 같이 밀입국자는 강제퇴거대상이므로 이론적으로는 밀입국자에게도 특별체류허가가 발급될 수 있는 것이다. 조건부 입국허가를 받은 자의 법적 지위는 특별체류허가를 받은 자의 지위에 비하여 여러모로 열악하다. 입국심사 계류 중인 외국인과 밀입국자인 외국인이 물리적·규범적 차원의 입국이라는 시각에서는 동질적이라고 본다면 이 둘의 법적 처우를 달리하면서 오히려 밀입국자의 지위를 더 우대하는 것은 앞서 2)에서 살펴본 바와 같은 문제점이 있다. 상세한 것은 제3절에서 검토한다.

4) 난민신청의 유형

난민법은 국내에서의 난민인정신청(법 제5조)과 출입국항에서의 난민인정신청(법

제6조)을 구별하고 있다.[33] 그러나 출입국항에서의 난민신청 역시 물리적으로는 영토 내에서의 신청이라는 점에서는 국내에서의 난민신청과 다르지 않기 때문에 신청자의 물리적 소재라는 관점에서는 양자의 구별이 불가능하다. 따라서 국내 난민신청과 출입국항 난민신청은 신청이 이루어지는 장소라는 물리적 차원이 아닌, 입국과 체류에 관한 국가적 의사결정 유무라는 규범적 관점에서 구별되어야 한다. 즉, 국내 난민 신청은 원칙적으로 입국허가 및 체류자격을 얻어 체류하고 있는 외국인이 난민인정을 신청하는 경우를 지칭하고 출입국항 난민신청은 입국 및 체류에 관한 국가적 의사가 미정인 상태에서의 난민신청을 의미한다고 이해하여야 한다. 요컨대, 난민법상 국내 난민신청과 출입국항 난민신청은 규범적 입국 개념에 토대할 때에만 그 구별의 의의를 발견할 수 있게 된다.[34]

3. 입국금지사유

(가) 입국금지사유와 법률유보

국가는 영토주권에 기하여 스스로 바람직하지 않다고 생각하는 외국인의 입국을 금지할 수 있는 광범위한 재량권을 가진다.[35] 여러 나라들의 출입국관리법제에서는

---

33 2013년 난민법 시행 이전의 구 출입국관리법상으로는 출입국항에서 직접 난민인정신청을 하는 것은 허용되지 않았다. 국내 입국 및 체류 자격 없이 출입국항에서 난민을 신청하고자 하는 사람은 우선 난민임시상륙허가 신청을 하여야 하며, 이러한 신청에 토대하여 난민임시상륙 허가가 발급되면, 즉 규범적 의미의 입국을 하고 난 후 비로소 난민인정신청을 할 수 있을 따름이었다.

34 이에 대한 상세는 이현수, 「난민신청자 체류규정의 공법적 쟁점과 개선방안」, 『헌법재판연구』 제5권 제2호, 2018. 12. 참조. 출입국항 난민신청자에 대한 강제송환금지원칙의 적용, 불회부결정에 대한 불복절차 보장 필요성 등, 적법절차상 쟁점들에 관하여는 최계영, 「출입국항 난민신청절차와 적법절차」, 『행정법연구』 제55호, 2018. 12. 참조.

35 외국인이 입국의 자유 내지 권리를 누리는가에 대한 다툼은 오랜 역사를 가지고 있다. 먼 옛날에는 스페인의 국제법학자인 Francisco de Vitoria(1483－1546)처럼 사람의 자유로운 이동권을 주장하는 견해도 있었다. 그러나 서구의 근대국가 형성과정에서, 국민과 영토에 대한 배타적 지배권을 국가라는 정치체의 고유한 속성으로 파악하게 되면서 외국인의 입국은 국가의 주권적 재량 아래 놓여져 있다는 견해들이 압도하게 되었다. 이러한 견해를 대표하는 것이 바로 Emer de Vattel의(1714－1767) 언명이다. "모든 국가는 외국인의 입국이 당해 국가를 명백한 위험에 빠뜨리거나 분명한 해악을 끼치는 경우, 해당 외국인을 영토에 들이기를 거부할 권리가 있다. 국가가 스스로에게 지고 있는 의무인, 자신의 안전을 돌볼 의무로부터 바로 이러한 권리가 부여된다. 그리고 국가의 자연적 자유의 관점에서, 외국인의 입국을 허락하는 것이 정당한지 여부를 판단하는 것은 국가의 몫이다... 그리하여, 또한 어떤 외국인이 시민의 미풍을 타락시키거나 종교적인 혼란을 야기하거나 공공의 안전에 반하는 무질서를 야기할 것이라

공익적 관점에서 요구되는 다양한 입국금지사유들을 정하고 있는데, 어떠한 법규범의 형식을 취하여 금지사유를 규율할 것인지에 대해서는 다양한 모델을 상정할 수 있다. 즉, 형식적 의미의 법률 차원에서 완결적으로 규율하거나 법률에서 대강의 틀을 정하되, 행정입법으로 하여금 상세를 정하도록 위임하거나, 또는 법률의 위임 없이 행정입법 차원에서 규율하는 것이 그것이다.36 물론 상정할 수 있는 모든 입국금지사유를 입법자가 일일이 열거하는 데에는 한계가 있고 그러한 입법방식이 바람직하지 않은 측면도 있으므로 대개는 포괄적인 규정을 마련하고 있는데, 그 추상화의 정도에 있어서는 나라별로 차이가 있다.37 입국금지사유를 규정함에 있어서 (특히 국회)입법자가 고도로 불확정적인 개념을 사용하여 그 구체화임무를 행정에게 널리 맡길 것인지, 아니면 국회입법자 스스로 보다 구체화된 입국금지사유를 규정하고 행정에게는 보다 적은 구체화여지를 부여할 것인지는 안전한 국경관리의 책무를 입법과 행정이 어떻게 나누어 수행할 것인지라는 권한배분의 문제이기도 하면서 동시에 출입국행정에 대한 사법적 통제의 가능성과 밀도를 어떻게 구성할 것인지의 문제이기도 하다.38 우리나라의 경우, 현재 출입국관리법과 공직선거법이 입국금지사유를 정

고 염려할 정당한 이유가 있다면 국가는 당해 외국인을 다른 곳으로 보내버릴 권리도 누린다. 요약하자면 이러한 점에서 국가는 신중함의 원칙들을 따를 권리를 가지며 심지어 그렇게 할 의무까지도 있다." Emer de Vattel, Le Droit des Gens ou Principes de la Loi Naturelle, tome Ⅰ livre 1, chapitre 19, A Londres, 1758, §§ 230, 231.

36 미국의 경우, 과거에는 연방법률에서 33개의 입국금지사유를 규정하고 있었으나 1990년 이후 법률개정을 통하여 입국금지사유를 몇 개로 범주화하였다. 즉, 보건(health), 범죄(criminal), 안전(security), 공공의 부담(public charge), 근로허가 및 자격(labor certification and qualification), 불법입국 및 이민법위반전력(illegal entries and immigration violations), 문서요건(documentation required), 시민권 결격사유(ineligibility for citizenship), 강제퇴거전력(previously removed) 및 기타의 사유를 입국금지사유로 규정하고 있다(8 U.S.C. §1182 (1)-(10)). Aleinikoff et al., Immigration and Citizenship, p.508. 영국의 경우 입국을 허가하거나 불허할 권한 자체는 1971년 「이민법」(Immingration Act 1971) 제4조 제1항에 의해 부여되고 있으나 어떠한 사유로 불허할 것인지는 동법 규칙 제9부(Immigration Rules Part 9) 제320조에서 정하고 있다. 동조는 의무적 불허사유(mandatory refusal; paragraphs 320(1)-320(7B))과 재량적 불허사유(discretionary refusal; paragraphs 320(8)-320(20))를 나누어 규정하고 있다. 입국목적(purpose), 증거 내지 문서, 또는 신분요건(evidentiary, documentary or status requirements), 유죄판결 또는 공익(convictions or public goods), 여행금지(travel ban), 의료적 사유(medical grounds), 이민법위반전력(immigration breaches), 허위제시 내지 사실의 비공개(false representation and non-disclosure of material facts) 등 불허사유의 상세에 관해서는 Clayton, Immigration and Asylum Law, pp.186-196.

37 예컨대 프랑스의 출입국관리법령에서는 입국금지사유로 공적 질서(l'ordre public)를 정하고 있다(CESEDA Art. L.213-1).

38 이민행정과 법치주의의 적용에 관해서는 이희정, 「행정법의 관점에서 본 이민법의 쟁점」, 『고려법학』 제72호 (2014), 1-32면.

하고 있는데 출입국관리법은 공중위생상 위해, 국익, 공공의 안전, 선량한 풍속 등의 불확정개념을 사용하여 입국금지사유를 정하고 있다.

(나) 입국금지사유의 적용단계

출입국관리법의 입국금지사유는 외국인에 대한 사증발급절차와 입국심사절차에서 거듭 고려되어야 한다. 심지어 입국허가를 얻어 적법하게 체류하고 있는 외국인이라 하더라도 후발적으로 입국금지사유가 발생한다면 그의 체류는 더 이상 용인되지 않는다. 즉, 입국금지 사유가 입국 후에 발견되거나 발생한 사람은 강제퇴거의 대상이 된다(법 제46조 제1항 제3호).[39] 한편 법무부장관은 입국금지사유에 해당하는 자에게 이하에서 살펴보는 '입국금지결정'을 할 수 있다. 즉, 입국금지사유에의 해당성은 사증발급의 소극적 요건이며(규칙 제9조의2 제2호) 출입국항에서의 입국허가 거부의 사유이고 더 나아가 영주의 체류자격을 가진 자를 제외한 기타 외국인의 강제퇴거 사유이기도 하다(법 제46조 제1항·제2항). 이를 권한의 소재라는 관점에서 본다면 입법자는 특정 외국인에게 입국금지사유가 있는지에 대한 심사권한을, 법무부장관 또는 재외공관의 장(사증발급), 출입국관리공무원(입국불허 또는 거부), 지방출입국·외국인관서의 장(강제퇴거), 법무부장관 및 관계기관의 장(입국금지결정 및 입국금지결정요청)에게 배분하고 있다.[40] 사증발급단계와 출입국항에서의 입국심사단계에서 입국금지사유 존부를 검토하는 것이 입국절차 중의 적용이라고 한다면 법무부장관의 입국금지결정(그 법적 성격, 특히 처분성 문제는 후술한다) 및 관계기관의 장의 입국금지결정요청은 입국절차 개시 여부와 무관하게 이루어지는, 금지사유의 적용이다. 특히, 일선 출입국관리행정실무에서는 입국금지결정을 '중앙행정기관의 장등의 요청에 의한 입국금지'와 '심사결정에 의한 입국금지'로 나누어 요건과 금지기간을 달리 규율하고 있는데,[41] 후자는 강제퇴거사유가 발생하여 심사결정에 의해 강제퇴거되거나 입국불

---

39 고도의 불확정개념이 사용되고 있는 입국금지사유를 강제퇴거사유로 일괄 편입시키고 있는 현행 출입국관리법의 입법방식이 법치주의의 최소한의 역할이라 할 예측가능성의 측면에서 과연 바람직하다고 할 수 있을지 의문의 여지가 있다. 특히 금고 이상의 형을 선고 받고 석방된 사람을 강제퇴거사유로 하고 있는 법 제46조 제13호와의 사이에서는 체계정당성의 문제도 제기된다. 금고 이상의 형의 선고가 강제퇴거의 요건이라는 입법자의 의사는 그보다 경한 형벌, 예컨대 벌금형의 선고만으로는 강제퇴거 대상으로 삼지 않겠다는 의사로 반대해석될 수 있음에도 불구하고 입국금지사유 준용규정을 근거로 한다면 벌금형을 선고받은 자에 대해서도 강제퇴거를 명할 수 있기 때문이다.

40 한편 입국금지결정에 관한 법무부장관의 권한은 법 제92조 및 동법 시행령 제96조에 의하여 지방출입국·외국인관서의 장에게 위임되어 있다.

허, 출국명령을 받은 자를 대상으로 하는 입국금지결정이다.

일반적으로 여러 나라들에서는 이미 국내에 체류하는 외국인을 강제퇴거하는 기준보다는 새로이 입국하려는 외국인에게 보다 높은 수준의 기준을 적용하고 있으며 따라서 입국금지사유는 이미 영토 내 체류하는 외국인의 강제퇴거사유보다 더 풍부하고 포괄적이다.[42] 한편 출입국관리법은 법 제11조와 관련한 사증발급, 입국허가의 요건을 강제퇴거의 경우와는 달리 '법 제11조에 따른 입국금지(또는 거부)의 대상이 아닌지 여부(아닐 것)'으로 규정하고 있어 논란의 여지가 있다(규칙 제9조의2 제2호, 법 제12조 제3항 제4호). 즉, 출입국관리공무원이나 재외공관장이 입국허가 여부나 사증발급 여부를 결정할 때 신청인에 대한 법무부장관의 입국금지결정이 없었다는 점만으로 해당 발급요건은 충족된 것으로 보아야 하는지, 아니면 법무부장관의 입국금지결정이 없었더라도 재외공관장이나 출입국관리공무원이 신청인의 입국금지사유 해당 여부를 독자적으로 판단하여 사증발급 거부나 입국불허결정을 할 수 있는 것인지가 문제된다. 물론 법무부장관의 입국금지결정이 있는 경우에는 재외공관장과 출입국관리공무원은 사증발급이나 입국허가를 검토함에 있어서 해당 결정을 고려하지 않을 수 없을 것이나 반대로 입국금지결정이 없었다고 하여 법 제11조의 해당성 여부를 독자적으로 판단할 수 없는 것은 아니라고 보아야 한다.

(다) 재량 또는 기속

출입국관리법상의 입국금지사유는 다양한 기준으로 분류할 수 있다. 예컨대 일정한 염려에 토대한 사유(법 제11조 제1항 제1호·제3호·제4호), 과거 또는 현재의 사실에 토대한 사유(제2호·제6호·제7호)와 기타의 사유로 분류할 수도 있으며, 금지사유를 국회입법자 스스로 정하고 있는 경우(제1호−제7호)와 그렇지 않은 경우(제8호)로 나눌 수도 있다. 출입국관리법은 해당 사유가 있을 때 법무부장관이 해당 외국인의 입국을 '금지할 수 있다'라고 규정하고 있는데 행정법의 맥락에서는 이러한 법문이 전적인 재량을 부여하는 취지인 것인지 아니면 이러한 규정방식은 재량수권이 아닌 권한의 소재를 의미하는 것으로서, 일정한 상황에서는 법무부장관의 재량이 인정되지 않는다고 볼 여지는 없는지가 논의될 수 있다.[43] 재외공관장이나 출입국관리공무원

---

41 법무부 「입국규제 업무처리등에 관한 지침」 참조.
42 Aleinikoff et al., *Immigration and Citizenship*, p. 507; 차용호, 『한국 이민법』(법문사, 2015), 297면.
43 미국의 경우 입국금지사유(inadmissibility)가 인정되면 사증발급이나 입국허가는 허용되지 않는 것으로, 즉 기속적으로 규정하고 있으며 이로 말미암은 가혹함을 완화하기 위하여 다양한

이 각각 사증발급단계나 입국심사단계에서 입국금지사유의 해당성을 심사함에 있어
서도 동일한 문제가 제기된다. 이하에서는 각 호가 정하고 있는 금지사유의 상세를
살펴보기로 한다.

1) 공중보건

법무부장관은 감염병환자, 마약류중독자, 그 밖에 공중위생상 위해를 끼칠 염려
가 있다고 인정되는 외국인의 입국을 금지할 수 있다(법 제11조 제1항 제1호).[44] 출입
국관리법에서는 감염병환자, 마약류중독자의 개념을 스스로 정의하고 있지 않으므
로, 구체적인 사례에서는 「감염병의 예방 및 관리에 관한 법률」, 「마약류관리에 관
한 법률」을 참조하여 그 해당성 여부가 결정되어야 한다. 한편, 보건복지부장관은
공중위생상 큰 위해를 끼칠 염려가 있다고 인정되는 검역감염병 환자인 외국인에 대
하여는 법무부장관에게 입국의 금지를 요청할 수 있으며(검역법 제24조) 동 권한은 질
병관리본부장에게 위임되어 있다(「검역법 시행령」 제2조 제2호). 검역법 제2조에서 정
하고 있는 검역감염병으로는 콜레라, 페스트, 황열, 중증급성호흡기증후군, 조류인플
루엔자 인체감염증, 신종인플루엔자감염증이 있으며 기타 보건복지부장관이 긴급 검
역조치가 필요하다고 인정하여 고시하는 감염병이 포함된다.

2) 국가의 이익 · 공공의 안전

법무부장관은 대한민국의 이익이나 공공의 안전을 해치는 행동을 할 염려가 있
다고 인정할 만한 상당한 이유가 있는 외국인의 입국을 금지할 수 있다(법 제11조 제1
항 제3호). 또한 법무부장관은 관련법에서 정하는 총포 · 도검 · 화약류 등을 위법하게
가지고 입국하려는 외국인의 입국을 금지할 수 있다(법 제11조 제1항 제2호). 대한민국
의 이익이나 공공의 안전이라는 개념이 지나치게 포괄적이라는 지적도 있으나 이에
대해 하급심법원은 입법기술상 한계, 외교관계, 국제정세에 대처하여야 하는 출입국

면제(waiver) 사유를 예정하고 있다. INA § 212(d)(3)(B), 8 U.S.C. § 1182(d)(3)(B); Aleinikoff et al., Immigration and Citizenship, p.507 이하. 반면 영국의 경우에는 이민법 규칙 (Immigration Rules)에서 입국이 반드시 금지되어야 하는 기속적 사유와 입국을 금지할 수 있는 재량적 사유를 나누어 규정하고 있다. Clayton, *Immigration and Asylum Law*, pp. 186-196.

44 위 법문과 관련하여서는 그것이 지나치게 포괄적이어서 명확성 원칙에 위배되는 것이 아닌가 하는 의문이 제기될 수 있다. 이에 대해 하급심판결에서는 이들 표현이 다소 포괄적이라 하더라도 통상적인 법 감정 및 합리적 상식에 기하여 그 구체적 의미를 충분히 예측하고 해석할 수 있으므로 명확성을 결여하였다고 보기도 어렵다고 판시한 바 있다. 서울행정법원 2008. 4. 16. 선고 2007구합24500 판결.

관리행정의 특수성과 동법의 입법목적상 그 구체적 의미를 충분히 예측하고 해석할 수 있다고 보았다.[45] 한편 법 시행규칙에서는 국민에 대하여 사증발급을 억제하고 있는 국가의 국민, 국가보안법 제2조의 규정에 의한 반국가단체에 소속하고 있는 자, 법무부장관이 그 사증발급에 관하여 특별히 승인을 얻어야만 사증발급을 받을 수 있도록 한 사증발급규제자, 「재외동포의 출입국과 법적 지위에 관한 법률」 제5조 제2항의 규정에 의한 대한민국의 안전보장과 질서유지·공공복리·외교관계 기타 대한민국의 이익을 해할 우려가 있다고 판단되는 자, 기타 법무부장관이 대한민국의 이익 등을 보호하기 위하여 따로 지정한 국가의 국민 또는 단체에 소속하고 있는 자에 대하여는 재외공관장이 사증을 발급하고자 할 때에는 법무부장관의 승인을 얻도록 하고 있다(규칙 제10조).

3) 경제·사회질서, 선량한 풍속

법무부장관은 경제질서 또는 사회질서를 해치거나 선량한 풍속을 해치는 행동을 할 염려가 있다고 인정할 만한 상당한 이유가 있는 외국인의 입국을 금지할 수 있다(법 제11조 제1항 제4호).

4) 강제퇴거 전력

법무부장관은 강제퇴거명령을 받고 출국한 후 5년이 지나지 아니한 외국인에 대하여 입국을 금지할 수 있다(법 제11조 제1항 제6호).[46]

5) 공공의 부담

법무부장관은 사리 분별력이 없고 국내에서 체류활동을 보조할 사람이 없는 정신장애인, 국내체류비용을 부담할 능력이 없는 외국인, 그 밖에 구호가 필요한 자에 해당하는 외국인에 대하여 입국을 금지할 수 있다(법 제11조 제1항 제5호). 이는 이른바 공공의 부담(public charge)이 될 자의 입국을 방지함으로써 국가의 사회보장적 측면에서의 부담을 합리적인 차원에서 관리하는 데 그 목적이 있다.

6) 일본전범 관련

법무부장관은 1910년 8월 29일부터 1945년 8월 15일까지 사이에 일본정부, 일본

---

45 같은 판결.
46 징역 1년 6월에 집행정지 2년을 선고받고 자진출국한 외국인에 대하여 출입국관리법 제11조 제1항 제3호·제4호·제8호의 사유에 해당함을 이유로 5년의 입국금지처분을 한 것이 중대하고 명백한 하자가 있어 당연무효라고 본 사례로는 서울행정법원 2014. 11. 20. 선고 2013구합59590 판결.

정부와 동맹 관계에 있던 정부, 일본 정부의 우월한 힘이 미치던 정부의 지시를 받거나 그 정부와 연계하여 인종, 민족, 종교, 국적, 정치적 견해 등을 이유로 사람을 학살·학대하는 일에 관여한 외국인의 입국을 금지할 수 있다(법 제11조 제1항 제7호). 2014년 법무부가 국회에 제출한 자료에 의하면 출입국관리법 제7호 사유에 의해 입국이 금지된 외국인은 24명으로서, 2001년 2월 14일 지정된 이후 변동이 없는 상태라고 한다.[47]

7) 기타 사유

법무부장관은 법 제11조 제1항 1호부터 7호까지의 규정에 준하는 사람으로서 그 입국이 적당하지 아니하다고 인정하는 외국인의 입국을 금지할 수 있다(법 제11조 제1항 제8호).[48]

8) 공직선거 부정

출입국관리법 외의 타법에서도 입국금지사유를 규정하고 있다. 공직선거법에서는 국외에서 공직선거법에서 금지하는 행위를 하였다고 인정할만한 상당한 이유가 있는 외국인에 대하여 법무부장관이 입국을 금지할 수 있음을 규정하고 있다(공직선거법 제218조의31 제1항 본문). 입국금지기간은 해당 선거 당선인의 임기만료일까지로 하며, 입국금지 절차 등에 관하여는 출입국관리법을 준용한다(공직선거법 제218조의31 제4항).

제2절 여권과 사증

여권과 사증은 출입국규제의 대표적 수단들이다. 본절에서는 여권과 사증의 제도사적 연혁 및 기능을 살펴보고 출입국관리법이 국민과 외국인의 출입국을 규제하는 수단으로서 이 둘을 어떻게 활용하고 있는지, 이 두 가지 규제수단을 둘러싼 법적 쟁점들은 무엇인지를 생각해보기로 한다.

---

47 2014. 4. 4. CBS노컷뉴스 인터넷판 기사(http://www.nocutnews.co.kr/news/4000882).
48 법 제11조 제1항 제3호·제4호·제8호의 입국금지사유에 대하여 그 적용범위가 과도하게 광범위하게 될 여지가 있으며 처분결과에 대한 예측가능성을 침해할 수 있고, 자의적 판단에 따라 출입국 심사행위의 투명성이 훼손되는 등 여러 부작용이 있을 수 있음을 지적하는 판결로는 서울행정법원 2014. 11. 20. 선고 2013구합59590 판결.

1. 연 혁

(가) 여 권

서구 근대초기의 여권[49]은 현재의 의미와는 달리, 외국인이 한 나라의 항구에 들어오고 나갈 수 있도록 허용하는 문서를 지칭하였으며 따라서 발급주체도 소지자의 국적국이 아닌, 소지자가 입국하고자 하는 외국이었다.[50] 그러나 점차 국경 간 왕래가 잦아지면서 각 나라로부터 여행자의 성품(character)과 국적(citizenship)을 매번 심사받는 것이 번거롭게 여겨지게 되었고 그리하여 점차 여행자의 국적국에서는 여행자가 자국민임을 선언하는 문서, 즉 여권을 발급하여 주고, 여행자가 입국하고자 하는 외국은 해당 여권을 살펴본 후 이를 살펴보았음(visaed)을 확인하는 의미로 사증을 부착하는 관행이 생겨나게 되었다. 이로부터 사증은, 그것이 부착되어 있는 여권을, 사증발급 명의자인 주권자의 대표가 미리 살펴보고 만족하였음을 인증하는 기능(authenticating function)을 수행하게 되었다.[51] 여권과 사증이 사람의 국경 간 이동에 필요한 보편적인 문서로 요구된 것은 비교적 최근의 현상이다. 예컨대 미국의 경우 건국 이후 오랫동안 자국민의 출입국이나 외국인의 출입국과 관련하여 여권을 요구하지 않았으며 여권의 발급권한도 주와 지방자치단체 공무원에게로 분산되어 있는, 매우 느슨한 출입국관리법제를 가지고 있었다. 1856년에 이르러서야 연방장관만이 여권을 발급할 수 있다는 법률이 제정되었고 다시 10년이 흐른 후에야 여권은 오로지 미국 시민에게만 발급된다는 법규정이 마련되었다. 하지만 이 시기에는 국외 여행자의 수가 극히 적었고 국경을 왕래하는 데 여권이 반드시 필요한 것도 아니었기 때문에 당시 여권의 의미는 외교사안에서, 지참하고 있으면 편리한 일종의 소개장과 같은 의미, 즉 해외여행을 하는 자국민을 다른 나라 정부에게 도와달라거나 보호해

---

49 본래 여권(passport; passeport; Pass)이라는 단어는 프랑스어 passer와 port의 합성어에서 그 어원을 찾을 수 있으며 문자 그대로 '항구를 지나다'라는 뜻을 지니고 있다. Gaillard Hunt, *The American Passport: Its History and a Digest of Laws, Rulings, and Regulations Governing Its Issuance by the Department of State* (Washington: Government Printing office, 1898) p.3; Jeffrey Kahn, "The Extraordinary Mrs. Shipley: How the United States Controlled International Travel Before the Age of Terrorism," *Conneticut Law Review*, Vol. 43. No. 3 (2011), p.819, 825.
50 Louis L. Jaffe, "The Right To Travel: The Passport Problem," *Foreign Affaris*, Vol. 35, No. 1 (Oct. 1956), p.17.
51 Kahn, "The Extraordinary Mrs. Shipley: How the United States Controlled International Travel Before the Age of Terrorism," p.825.

달라고 부탁하는 문서 정도의 의미를 가지고 있었다.[52] 제1차 세계대전 시기에 이르러서야 비로소 미국은 자국민의 외국여행을 제한하고자 시도하였으며 이후 여권은 점차 국익을 위하여 자국민의 외국여행을 통제하는 수단으로서 기능하기 시작하였다.[53] 이처럼 여권은 기본적으로 국가가 자국민과 관련한 정보와 부탁을 다른 국가에게 제출하는 문서로서, 그 소지자에 대한 가부장적 보호의도에서 출발하였으나 전시에서는 혹시 적과 결탁하였을지 모르는 자국민을 감시하고 통제하는 수단으로 활용되는 등, 국민의 이동을 관리하는 수단으로 기능한다는 점에서 외국인을 대상으로 하여 그의 이동을 관리하는 수단인 사증과 대비된다.

(나) 사 증

앞서 살펴본 바와 같이 근대 이후 여권이 사람의 국경 간 이동을 통제하는 국가의 수단으로 보편화되기는 하였으나 국경에서 여행자의 여권을 조사하고 살펴보았다(visa)는 취지의 인증을 주는 것만으로는 국경관리에 있어서 국가의 주권성을 온전히 실현하기에 부족함이 많았음은 물론이다. 예컨대 프랑스에서는 대혁명 이후, 혁명에 적대적인 인접국가들의 침공이 우려되는 상황에서, 프랑스의 안전을 고려하여 여권을 발급할지 여부를 결정할 리 없는 상대국 및 그가 발급한 여권을 신뢰하여서는 아니 되며, 입국하고자 하는 외국인이 누구인지, 그를 입국시키는 것이 프랑스에 해가 되지는 않을지는 오로지 프랑스가 독자적으로 판단하여야 한다는 주장이 제기되었다. 이러한 견해에서는 여행자의 국적국에 소재하고 있는, 신뢰할만한 프랑스의 공공기관이, 해당 여행자의 입국이 프랑스의 공익을 저해하지 않을지를 미리 검토하여 여행자에게 프랑스로의 통행증을 주는 시스템을 마련하여야 한다고 주장하였는데, 이것이 바로 이후 19세기와 20세기 초를 걸쳐 서서히 진화하게 된 국제 사증 시스템의 아이디어였다.[54] 이처럼 유럽 대륙에서의 사증이 프랑스 혁명 초기의 낙관적인 세계주의(cosmopolitanism)의 종말과 외국인에 대한 적대적 분위기 및 국가의 주권적인 국경관리권이 강조되는 상황에서 움튼 한편, 미국에서는 제1차 대전 참전 직후인 1917년에 이르러서야 미국에 오는 모든 외국인들은 미국 영사가 발급한 사증을 받아야 할 의무가 있음이 선언되었고 이러한 사증의무는 이후의 법제화단계

---

52 같은 글, 828면.
53 Torpey, *The Invention of the Passport: Surveillance, Citizenship and the State*, 2002, p.117.
54 같은 책, 52-53면.

를 거치게 되었다.[55] 물론 1921년 발효된 제1차 총량제법(First Quota Law)에 의하여 이주에 대한 총량 제한이 시도되기 전까지도 현재와 같은 사증에 의한 이주통제가 본격화되지는 않았다. 그러나 막연한 희망으로 고향을 떠나 신대륙으로 향하였으나 총량제의 제약을 넘지 못하고 국경에서 입국이 좌절되는 정주이민 희망자들의 고통스러운 상황이 문제가 되면서 1924년의 제2차 총량제법에 의해 모든 정주이민 희망자들은 유럽에 소재한 미국의 영사관에서 심사를 받도록 의무가 부과되었고 영사가 수용가능하다고 인정한 자에게만 사증이 발급되도록 하는 시스템이 마련되었다.[56]

2. 개념과 기능

(가) 여 권

우리나라는 1961년에 여권법을 제정한 이후 동법에서 여권의 발급과 효력, 반납과 회수 등을 규율하고 있다. 출입국관리법 제2조는 여권의 정의규정을 두고는 있으나 동 규정은 엄밀한 의미에서 개념정의(definition)규정이라기보다는 오히려 일종의 해석(interpretation)규정이다. 앞서 살펴본 바와 같이 여권은 그 제도사적 연혁으로부터 유래하는 다양한 기능들을 수행하고 있는데, 그 기능에 토대하여 개념정의를 시도하면 다음과 같다. 여권은 그 성격과 목적상 한 국가가 외국에게 제출하는 문서로서, 외국에 대한 관계에서는 그 명의인의 국적을 증명하는 신분증명서(identification of nationality)이자 그 소지자가 자유롭고 안전하게 해당 외국의 국경을 통과할 수 있게 해달라고 요청하는 문서(facilitation)이다. 또한 국민인 여권의 명의자에 대한 관계에서는 여권발급국의 외교관과 영사관 직원들이 베푸는 보호를 받을 권리를 승인하며(protection) 잠정적 출국허가 및 귀국을 보장하는 문서(return ticket)로서의 성격을 지니고 있다.[57]

---

55 Craig Robertson, *The Passport in America-The History of a Document* (Oxford: Oxford University Press, 2010), pp.187-190.

56 Aleinikoff et al., *Immigration and Citizenship*, pp.633-635; Robertson, *The Passport in America-The History of a Document*, p.205.

57 서울고등법원 2010. 9. 28. 선고 2010누3536 판결 "여권법은 외국을 여행하는 국민이 소지하여야 하는 대한민국 여권의 발급 등에 관하여 규정한 법률로서(제1,2조), 대한민국 여권의 발급 대상은 대한민국의 국적을 취득한 자로 제한됨이 원칙이고, 무국적의 외국 거주 동포는 여권법의 적용 대상이 아니다. 이에 따라, 일반적으로 여권은 한 국가의 국민임을 확인하고, 사실상 외국의 당국에게 당해 여권의 소지자가 입국하고 자유로이 그리고 안전하게 통과하도록

1) 출국단계

여러 나라들의 법령들이, 자국에 입국하려면 여권이 필요함을 규정하고 있기 때문에 여행자의 입장에서는 여권을 발급받을 권리는 해외여행의 자유와 동의어라고 할 수 있다. 최근에는 여러 민주국가의 국민들은 출국의 자유를 널리 인정받고 있지만 출국의 자유가 무제한한 것은 물론 아니다. 대부분의 국가에서 출국의 자유는 당해 국가의 국민이 누리는 자유로서, 여권과 국민의 지위는 밀접한 관련이 있고 국민의 여권발급청구에 대해서는 국가가 보다 강한 기속을 받게 된다. 그러나 다른 한편, 국가는 자국에 체류하는 난민인정자나 외국인(이른바 denizen)에 대하여도 그 자가 외국으로 나가 있을 때 외교적 보호를 베풀기로 결정할 수 있으므로 여권발급이 반드시 국적과 연계될 필요는 없다. 즉, 국제법적으로는 여전히 여권이 그 소지자의 국적을 증명하는 데 주된 기능이 있지만, 더 나아가 국가는 국적과 무관하게, 즉 난민인정자나 외국인에 대해서도 여권에 상응하는 여행증명서를 발급하여 여권의 외교적 기능을 향수하게 할 수 있다(출입국관리법 제76조의5; 여권법 제14조, 「여권법 시행령」 제16조).[58] 다른 한편 국가는 국민이건 아니건 일정한 자에게 여권발급을 하지 않기로 결정함으로써 그 자의 해외여행의 자유를 근본적으로 제약할 수도 있는데 비교법적으로는 이념이나 정치적 사유에 기한 발급거부의 예도 발견할 수 있다.[59] 여권법은 여권발급의 거부사유와 제한사유를 규정하고 있는데 주로 국가의 형벌권행사의 실효성을 위한 경우(여권법 제12조 제1항 제1호-제3호의2) 및 테러 등으로 안전이 침해

허용해달라고 요청하며, 여권의 소지자에게 여권발급국의 외교관 및 영사관직원들의 보호와 주선에 대한 권리를 승인하는 문서로서, 그 성격과 목적상 외국의 정부에 대하여 제출되는 문서이며, 외국에 대하여 그 명의인의 국적을 증명하는 신분증명서로서의 역할과 함께 국내적으로는 그 명의인에 대한 출국허가의 성격도 갖고 있다고 설명된다."

58 Torpey, *The Invention of the Passport: Surveillances Citizenship, and the State*, p.162. 위에서 언급한 서울고등법원 2010. 9. 28. 판결에서는 여권법상 여행증명서의 실질적 발급목적은 모두 외국으로의 출국이나 외국에서의 여행으로서 여권법상 여행증명서는 여권에 갈음하여 신분증명서 및 출국허가의 역할을 하는 반면, 입국을 위한 서류라고 볼 수 없다고 판시하고 있다. 다만 남북교류법에 따라 외국 거주동포가 남한에 입국할 수 있도록 하기 위한 증명으로 발급되는 여행증명서는 여권법상 여행증명서의 일종이기는 하나 입국허가의 의미로 발급되는 것이므로, 외국으로 출국하는 사람에 대한 출국허가의 의미로서 발행되는 다른 여권법상 여행증명서와는 그 실질적인 기능이 다르다고 보고 있다.

59 예컨대 미연방의 경우, 1950년의 국내치안법(Internal Security Act of 1950)에서는 공산당 당원인 자에게 여권발급을 거부할 권한을 미국무부장관에게 수권한 바 있다. 이념에 토대한 금지는 외국인의 입국단계에서도 적용된다. 1952년 연방법(McCaran-Walter Act)에서는 이념적 이유로 인한 사증발급거부를 규정하였으며 현 이민법령에서도 전체주의적 정당, 공산당에의 가입을 입국의 금지사유로 정하고 있다. 8 U.S.C. § 1182, (3)(D)(i).

될 위험이 있거나 보안관찰처분 중에 경고를 받은 자로 국외에서 대한민국의 안전보장·질서유지나 통일·외교정책에 중대한 침해를 야기할 우려가 있는 경우(여권법 제12조 제1항 제4호)가 여권발급거부사유이다. 또한 일정한 경우에는 1년에서 3년의 기간 동안 여권발급이 제한되는 경우도 규정하고 있는데, 여권관련 범죄를 저지르고 그 형의 집행을 종료하거나 그 형의 집행을 받지 아니하기로 확정된 경우, 외국에서 살인, 강도, 납치, 인신매매 등 중대한 위법행위를 하여 외국으로부터 강제퇴거 조치 등을 받고 그 사실이 통보된 경우가 그러하다(여권법 제12조의2). 그런데 외교부장관은 여권발급 및 재발급을 거부당하거나 일정 기간 제한당하는 사람이라 할지라도 긴급한 인도적 사유가 있는 때에는 해당 사유에 따른 여행목적에만 사용할 수 있는 여권을 발급할 수 있다(여권법 제12조의3).

2) 입국단계

주권 개념을 근본으로 하는 국제법질서 하에서는 어떠한 주권국가도 자신의 영토에 외국인이 들어오는 것을 당해 외국인의 당연한 권리로 구성하지는 않는다.[60] 외국인의 입국은 사증을 통해 통제할 수 있음에도 불구하고 대부분의 나라들이 사증과 더불어 유효한 여권의 소지도 요구하고 있는데 그 이유는 무엇일까? 이는 바로 전자상거래로 구매한 물건을 택배로 받았을 때 이를 반송하기 위해서는 보낸 자의 이름과 주소가 필요한 이치와 같다. 즉 외국인의 여권은 그에 담긴 국적 정보를 통해, 수용국이 그의 입국을 거부하거나 또는 강제추방할 경우 그를 되받아주어야 할 나라가 어디인지를 분명히 해주는 기능을 수행하고 그럼으로써 국가의 국경관리에 관한 주권행사를 용이하게 하는 기능을 한다.[61]

3) 귀국단계

국제법상으로 국가는 자신의 국민을 받아들일 의무가 있기 때문에 특정 국가가 발급한 여권을 소지하고 있다는 것은 해당 국가가 그 소지자의 입국을 거부해서는

---

60 이러한 사고는 주요국의 판례상으로도 널리 발견된다. 예컨대 프랑스의 헌법위원회에서는 "어떤 헌법적 원리나 원칙도 외국인에게 프랑스 영토에 접근하고 체류할, 일반적이고 절대적인 권리를 보장하지 않는다(aucun principe, non plus qu'aucune règle de valeur constitutionnelle n'assure aux étrangers des droits de caractère général et absolu d'accès et de séjour sur le territoire national)"라고 반복하여 판시하고 있다(Décision n° 93-325 DC du 13 août 1993, RFDA 1993), p.871.

61 Guys S. Goodwin-Gill, *International Law and the Movement of Persons Betweens States* (Oxford: Clarendon Press, 1978), p.26.

안 될 의무가 있음을 의미한다. 즉 자국민의 입국을 거부하지 아니할 국가의 의무는 국민의 귀국의 권리에 대응하고 있는데, 다만 앞서 지적한 바와 같이, 연혁적으로 살펴보면 귀국권은 해당 개인의 생래적 권리라기보다는 오히려 여권발급국이 해당 여권소지자를 입국시키지 않음으로써 해당 여권소지자를 거부하거나 추방하려는, 다른 주권국의 시도를 좌절시켜서는 안 된다는 국제법 시스템상의 요청으로부터 초래된 측면이 있다. 그렇기 때문에 여권은 다른 나라에 입국하기 위한 목적의 관점에서는 필요하고도 충분한 조건이 아니지만 그 발급국으로 입국하는 데 있어서는 충분조건이 된다.[62]

(나) 사   증

1) 사증과 입국허가

앞서 살펴본 바와 같이 사증은 여권에 대한 심사를 거쳤음을 확인하는 최소한의 의미를 가지고 있는데, 더 나아가 그러한 확인을 통해 여행자에게 무엇을 허용하는 취지인가라는 질문에 대해서는 수용국의 의지가 무엇이냐에 따라 다양한 답변을 할 수 있다. 입국을 허용한다는 의미에서는 입국사증(entry visa; Einreisevisum)으로, 입국과 통과를 허용한다는 의미에서는 통과사증(Transitsvisum)으로, 입국과 체류를 허용한다는 의미에서는 체류사증(Aufenthaltsvisum)으로 분류될 수 있다. 그런데, 재외공관에서의 사증발급과 출입국항에서의 입국허가의 관계에 대해서는 앞서 제1절에서 살펴본 바와 같이 논란이 있다. 사증을 발급할 때 이미 (추후 취소·철회가능한) 입국허가의 의사가 있었다고 보는 견해에 따르면 출입국항에서의 입국허가는 사증에 담겨진 입국허가 의사를 취소·철회를 하지 않겠다는 확정적인 의사 정도로 그 규범적 의미가 엷어질 것이며 반면 입국불허는 사증에 내포된 입국허가를 취소·철회하는 의사로 해석하게 될 것이다.[63] 또한 이러한 견해에 따르면 사증발급에도 불구하고 입국불허결정이 내려졌다면 이는 기존에 부여되었던 지위의 박탈에 해당하느니만큼, 입국불허결정에 대한 이의신청 등의 절차적 보호가 보다 두텁게 베풀어져야 한다는 주장으로 이어지기 쉬울 것이며 사증발급신청에 대한 거부에는 입국불허의 의미도 당연히 내포되는 것으로 이해하게 될 것이다. 반면 사증을 통해 표현되는 국가적 의사는 입국허가가 아니라 입국허가의 추천 정도에 불과하다고 보는 견해에 따르면 출입

62 Torpey, *The Invention of the Passport: Surveillance, Citizenship, and the State*, p.164.
63 Clayton, *Immigration and Asylum Law*, pp.196-198.

국항에서의 입국허가가 있어야만 적법한 입국이 가능함을 강조하게 된다.[64] 우리 대법원도 사증발급은 입국허가의 추천 정도의 의미만이 있다고 보고 있다.[65] 비교법적으로는 사증에 입국목적이 특정되어 있고 그와 더불어 조건이 부수되어 있거나 무기한허가라는 취지임이 선언되어 있는 경우에는 사증이 입국허가의 효력을 지니도록 함으로써 대부분의 경우 사증이 입국허가로 기능하도록 하고 있는 영국의 입법례도 발견된다.[66]

2) 사증과 체류자격

「출입국관리법 시행령」에 따르면 외국인의 사증발급 신청에 기하여 법무부장관이 사증을 발급하는 경우, 그 사증에는 체류자격과 체류기간 등 필요한 사항을 적어야 한다(법 시행령 제7조 제2항).[67] 즉, 우리의 법제상으로는 사증의 규율내용에 체류허가의 규율내용이라 할 체류자격과 체류기간이 내포되며 사증과 별도로 체류허가를 명시적으로 부여하는 것은 아니다. 그리하여 출입국관리 행정실무에서는 일반적으로 '체류허가'를 체류자격 외 활동허가(법 제20조), 근무처 변경·추가허가(법 제21조), 대한민국에서 출생한 외국인에 대한 체류자격 부여(법 제23조),[68] 체류자격 변경허가(법 제24조), 체류기간 연장허가(법 제25조) 등, 외국인이 입국한 이후 그의 체류자격이나 기간을 규율하는 결정을 지칭하는 개념으로 사용하고 있으며 '특별체류허가'는 강제

---

64 차용호, 『한국 이민법』, 54면.
65 대법원 2018. 5. 15. 선고 2014두42506 판결 [사증발급거부처분취소]. "사증발급은 외국인에게 대한민국에 입국할 권리를 부여하거나 입국을 보장하는 완전한 의미에서의 입국허가결정이 아니라, 외국인이 대한민국에 입국하기 위한 예비조건 내지 입국허가의 추천으로서의 성질을 가진다고 봄이 타당하다."
66 영국의 입법례에 관해서는 각주 11 참조.
67 입국하려는 외국인은 일반체류자격이나 영주자격을 가지고 있어야 하며(법 제10조) 일반체류자격은 다시 90일을 초과하여 체류할 수 있는 장기체류자격과 90일 이하 기간 동안 머물 수 있는 단기체류자격으로 구분된다(법 제10조의2). 단기체류자격 및 장기체류자격의 종류, 체류자격에 해당하는 사람 또는 그 체류자격에 따른 활동범위는 체류목적, 취업활동 가능 여부 등을 고려하여 대통령령으로 정한다(법 제10조의2 제2항). 영주자격을 가진 외국인은 활동범위 및 체류기간의 제한을 받지 아니하며, 영주자격을 취득하려는 사람은 대통령령으로 정하는 영주의 자격에 부합한 사람으로서, 품행단정, 생계유지능력, 기본소양을 갖추어야 한다(법 제10조의3) 이에 따라 「출입국관리법 시행령」 [별표 1], [별표 1의 2], [별표1의 3]에서는 각각 단기체류자격과 장기체류자격, 영주자격의 상세를 정하고 있다. 체류자격과 체류기간에 관하여는 본서 제5장 참조.
68 이는 대한민국에서 출생하여 사증발급이나 입국허가를 통한 체류자격부여의 기회가 원천적으로 없었던 외국인이거나 또는 대한민국에서 체류 중 대한민국의 국적을 상실하거나 이탈하는 등의 사유로 체류자격을 가지지 못하고 체류하게 되는 외국인에게도 모종의 체류자격을 부여하는 결정이다.

퇴거명령에 대한 이의신청이 이유 없다고 인정되는 경우라도 특별한 사정을 고려하여 강제퇴거 대상자에게 법무부장관이 체류를 허가하는 경우(법 제61조, 법 제76조의7, 법 시행령 제76조)를 지칭하는 개념으로 사용하고 있다.[69] 그런데 재외공관의 장이 발급한 사증의 구분, 체류자격 및 체류기간이 잘못된 것임이 명백한 경우에는 출입국관리공무원이 이를 정정하여 입국을 허가할 수 있다(법 시행령 제15조 제6항 제1호). 반면 사증요건이 적용되지 않는 외국인은 입국심사단계에서 입국허가를 하면서 체류권원, 즉 체류자격 및 체류기간이 부여된다(법 제12조 제5항, 법 시행령 제15조 제5항). 그런데 통계에서 나타나듯이 사증을 통하여 입국전 통제가 이루어지는 경우는 전체 외국인의 입국에서 극히 작은 비중만을 차지할 따름이며 사증의무가 적용되지 않는 대다수 외국인들의 체류자격은 출입국항에서의 입국허가 단계에서 정해진다.[70] 즉 외국인에게 구체적으로 어떤 체류자격을 부여할 것인가에 대한 결정은 사증과 착종되는 경우도 있고 입국허가와 착종되는 경우도 있으며 더 나아가 강제퇴거명령 이후의 단계에서 부여되는 경우도 있으므로 이하에서 살펴보듯이 체류자격과 관련하여 해당 외국인이 불복하고자 하는 경우, 그 다툼의 대상은 위와 같은 절차의 흐름에 따라 달라지게 된다.

3. 발급권한 · 요건 · 효과

(가) 여 권

1) 발급권한과 종류

여권은 외교부장관이 발급한다(여권법 제3조). 국민의 해외여행의 자유는 행복추구권의 일환이자 인신의 자유 또는 표현의 자유와 밀접한 관련이 있는 기본권이다.

---

69 법 시행규칙 [별지 113호서식] 참조. 그런데, 이처럼 강제퇴거사유가 있어 원칙적으로 보호대상인 자에게 발급된 특별체류허가와 애초부터 적법하게 부여된 체류허가가 그 소지자의 법적 지위라는 측면에서 동질적으로 취급되어야 하는 문제가 제기될 수 있는데 이에 대해서는 추후에 검토하기로 한다.

70 법무부 『2022 출입국 · 외국인정책 통계연보』에 따르면 그동안 증가세를 이어오던 외국인 입국자는 코로나19의 영향으로 2020년 2,659,845명으로 전년 대비 85% 감소하였고 2021년에는 1,044,545명으로 전년 대비 60% 감소하였다. 이후 코로나19 상황이 호전됨에 따라 2022년에는 3,390,009명으로 전년 대비 224.5% 증가하였다(동 통계연보 30면). 2022년도 체류자격별 외국인 입국자는 관광통과(B-2)가 27.9%로 가장 많았으며, 그 다음은 사증면제(B-1) 19.6%이다(동 통계연보 31면).

따라서 여권의 발급행위는 이러한 자유를 일반적·상대적 금지로부터 해제하여 회
복시켜주는 강학상 허가행위이며 발급요건을 충족하는 경우에는 원칙적으로 발급하
여야 한다는 것이 하급심 판례의 입장이다.[71] 또한 자국민보호의무의 관점에서 특정
인이 특정국가로 출국하는 것을 금지할 필요가 있는 경우, 정부로서는 여권발급을
제한하는 방법 뿐 아니라 방문할 국가에 대하여 해당 자국민에 대한 사증발급의 제
한을 협의하거나 출입국관리법에 따른 출국을 금지하는 방법도 있으므로 사증발급
단계나 출국단계보다 훨씬 이전 단계인 여권의 발급단계에서 제한을 가하는 것은
기본권 제한에 관한 과잉금지 원칙이나 필요 최소한도의 규제원칙에 위반될 여지가
있다.[72]

2) 발급기준과 절차

여권의 발급 및 재발급에 필요한 각종 적극적·소극적 요건은 여권법 제3장에서
규율하고 있다. 자세한 고찰은 생략한다.

3) 여권의 실효

여권은 그 종류에 따라 상이한 유효기간이 정하여져 있다. 일반여권은 10년 이
내, 관용여권은 5년 이내, 외교관 여권은 5년 이내로 그 유효기간이 정하여져 있으며
(여권법 제5조 제1항), 각 유효기간이 경과함으로써 해당 여권은 효력을 상실하게 된
다. 출입국심사의 실무에서는 국적법에 따라 복수국적자의 국적 상실 또는 후천적
사유로 인하여 대한민국 국적을 상실한 자가 대한민국 여권을 사용하는 사례가 자주
발생하고 있다.[73] 유효기간 경과 이외에도 여권의 명의인이 사망하거나 대한민국 국
적을 상실한 때, 여권이 발급된 날부터 6개월이 지날 때까지 신청인이 그 여권을 받
아가지 아니한 때, 여권을 잃어버려 분실신고를 한 때, 발급된 여권이 변조된 때, 여
권이 다른 사람에게 양도되거나 대여되어 행사된 때, 여권반납명령을 받고도 지정기
간 내에 정당한 사유 없이 반납하지 아니한 때에는 여권은 그 효력을 잃는다(여권법
제13조 제1항).

---

71 서울고등법원 2007. 5. 3. 선고 2006누20268 판결. 한편, 동 판결에서는 여권발급거부처분이
   출국금지처분에 대한 관계에 있어서 보충적인 수단의 관계에 있다는 입장을 취하였다.
72 다른 한편 2006누20268 판결의 토대가 된 동일한 사실관계에 기하여 여권발급신청인이 대한
   민국을 상대로 손해배상을 구한 사건에서 하급심법원은 여권발급거부처분이 해외여행의 자
   유를 원천적으로 박탈한 행위로서 객관적 주의의무를 결하여 정당성을 상실한 행위라고 보아
   원고의 손해배상청구를 인용하였다. 서울중앙지방법원 2008. 7. 23. 선고 2006가합6404 판결.
73 법무부 출입국·외국인정책본부, 『출입국관리법 해설』(동광문화사, 2011), 66면.

4) 여권의 반납

여권발급이 제한 또는 거부되는 요건이 존재함에도 불구하고 여권이 발급되었거나 여권 발급 후에 해당 사유가 후발적으로 발생한 경우, 또는 착오나 과실로 여권이 발급된 경우에는 외교부장관은 해당 여권 명의인에게 반납을 명할 수 있다(여권법 제19조 제1항). 반납을 명령 받은 자가 정당한 사유 없이 반납하지 않거나 또는 여권법 제16조에서 금지하고 있는 행위를 저지른 사람이 소지한 여권은 외교부장관이 직접 회수할 수 있다(여권법 제20조).[74]

(나) 사 증

1) 사증의무와 면제

외국인이 대한민국에 입국하고자 할 때에는 사증을 갖추어야 함이 원칙이지만(법제7조 제1항) 일정한 경우에는 사증요건이 적용되지 않거나 또는 사증의 기능적 대체물을 활용할 수 있다. 이들 사유를 출입국관리법은 직접 규율하고 있는데, ⅰ) 재입국허가를 받았거나, ⅱ) 사증면제협정 체결국[75]의 국민이거나, ⅲ) 국제친선, 관광 또는 대한민국의 이익 등을 위하여 입국하는 사람으로서 따로 입국허가를 받았거나,[76] ⅳ) 난민여행증명서를 발급받고 출국 후 그 유효기간이 끝나기 전에 입국하는

---

[74] 여권법 제16조상의 금지행위는 다음과 같다.
1. 여권의 발급이나 재발급을 받기 위하여 제출한 서류에 거짓된 사실을 적거나 그 밖의 부정한 방법으로 여권의 발급·재발급을 받는 행위나 이를 알선하는 행위
2. 다른 사람 명의의 여권을 사용하는 행위
3. 사용하게 할 목적으로 여권을 다른 사람에게 양도·대여하거나 이를 알선하는 행위
4. 사용할 목적으로 다른 사람 명의의 여권을 양도받거나 대여 받는 행위
5. 채무이행의 담보로 여권을 제공하거나 제공받는 행위

[75] 사증면제협정 체결국의 국민에게 발급되는 체류자격(기호)은 사증면제(B-1)이다. 출입국관리법 시행령 별표 1 참조. 2022. 9. 22. 기준 사증면제협정 체결국가는 100여개 국에 달한다. 법무부 출입국·외국인정책본부, 『사증발급 안내 매뉴얼』(2023. 12.), 13면.

[76] 출입국관리법 시행령에서는 그 하위유형으로 '1. 외국정부 또는 국제기구의 업무를 수행하는 사람으로서 부득이한 사유로 사증을 가지지 아니하고 입국하려는 사람, 2. 법무부령으로 정하는 기간 내에 대한민국을 관광하거나 통과할 목적으로 입국하려는 사람, 3. 그 밖에 법무부장관이 대한민국의 이익 등을 위하여 입국이 필요하다고 인정하는 사람'의 세 가지 유형을 정하고 있다(법시행령 제8조 제1항). 특히 두 번째 유형을 무사증 입국허가라고 칭하고 있는데, 이에 해당하는 사람에게 부여되는 체류자격(기호)은 관광통과(B-2)이다.
2022. 9. 22. 기준 무사증 입국허가 대상국가는 47개 국가 또는 지역에 달한다. 법무부 출입국·외국인정책본부, 『사증발급 안내 매뉴얼』(2023. 12.), 22면.

경우에는 사증 없이 입국할 수 있다(법 제7조 제2항).[77]

그러나 ii)의 경우, 즉 사증면제협정 체결국의 국민이라 하더라도 공공질서의 유지나 국익에 필요하여 면제협정의 적용을 일시정지하기로 법무부장관이 결정하거나(법 제7조 제3항, 법 시행령 제9조) 또는 체류기간이 협정기간(통상 90일)을 초과하거나 단기취업 등 영리 또는 유급행위에 종사하고자 하는 자의 경우에는 사증을 발급받아야 한다. 또한 iii)의 경우, 즉 무사증입국허가 대상국의 국민이라도 법무부장관이 정한 체류기간을 초과하는 경우에는 사증을 발급받아야 한다. 이처럼 사증이 요구되는 경우에는 출입국관리공무원은 사증 요건을 갖추었는가를 심사하여 입국허가 여부를 결정한다(법 제12조 제3항, 제4항). 한편 사증의 발급이 입국희망자인 외국인과 대한민국의 양면관계에서만 이루어지는 경우도 있으나 사증발급의 요건으로서 초청인의 초청이 있어야 하는 경우(예컨대 법 시행규칙 제9조의4)에는 초청인과 피초청인, 그리고 대한민국의 삼면관계에서 사증발급의 절차흐름이 이루어지게 된다.

다른 한편, 대한민국과 수교하지 아니한 국가의 국민 등은 통상적인 사증발급절차를 밟도록 기대하기 어려우므로 재외공관의 장이나 지방출입국·외국인관서의 장이 발급하는 '외국인입국허가서'를 가지고 입국할 수 있도록 하고 있다(법 제7조 제4항). 외국인입국허가서에는 체류자격, 체류기간 및 근무처 등을 적어야 하며, 외국인입국허가서의 유효기간은 3개월로서 1회 입국에만 효력을 가짐이 원칙이다(법 시행령 제10조 제3항·제4항).

2) 발급권한과 종류

출입국관리법상 사증의 발급은 법무부장관의 권한이나(법 제7조), 해당 권한은 대통령령으로 정하는 바에 따라 상당 부분 재외공관의 장에게 위임되어 있다(법 제8조 제2항). 사증은 허용되는 입국횟수를 기준으로 단수사증과 복수사증으로 구분된다(법 제8조 제1항). 단수사증은 1회 입국할 수 있음을, 복수사증은 2회 이상 입국할 수 있음을 규율내용으로 하며 단수사증의 유효기간은 발급일로부터 3개월, 복수사증의 유효기간은 체류자격에 따라 각각 3년, 5년 등으로 세분화된다(법 시행규칙 제12조). 복수사증은 다시 2회 사용가능한 복수사증과 횟수에 제한 없이 사용가능한 복수사증으로 나뉜다. 이 경우 사증발급 수수료에 차이가 있다(법 시행규칙 제71조).[78]

---

[77] 난민여행증명서는 난민법에 따른 난민인정자에게 발급되며 그 발급의 상세는 출입국관리법 제76조의5 이하에서 규율하고 있다.
[78] 법무부 출입국·외국인정책본부, 『출입국관리법 해설』, 75-76면.

3) 발급기준과 절차

사증발급의 기준과 절차는 법무부령으로 정한다(법 제8조 제3항). 사증을 발급받으려는 외국인은 사증발급 신청서에 법무부령으로 정하는 서류를 첨부하여 재외공관의 장에게 제출하여야 한다(법 시행령 제7조 제1항). 소관청이 사증발급신청에 기하여 사증발급 여부를 검토함에 있어서는 ⅰ) 유효한 여권을 소지하고 있는지, ⅱ) 법 제11조의 규정에 의한 입국의 금지 또는 거부의 대상이 아닌지, ⅲ) 영 별표 1부터 별표 1의 3에서 정하는 체류자격에 해당하는지, ⅳ) 영 별표 1부터 별표 1의 3에서 정하는 체류자격에 부합한 입국목적을 소명하는지, ⅴ) 해당 체류자격별로 허가된 체류기간 내에 본국으로 귀국할 것이 인정되는지 및 ⅵ) 그 밖에 영 별표 1부터 별표 1의 3의 체류자격별로 법무부장관이 따로 정하는 기준에 해당하는지 여부를 심사·확인하여야 한다(법 시행규칙 제9조의2 제1호-6호).[79] 이와 관련하여 법무부는 사증발급과 관련한 구체적인 기준과 절차를 정한 『사증발급 안내 매뉴얼』을 마련하여 활용하고 있는데, 그 규범적 성격에 대하여 헌법재판소는 대외적 구속력 없는 내부사무 처리기준에 불과하다고 보고 있다.[80]

한편 국가정보원법에 따른 보안업무처리규정(대통령령)에서는 출입국관리법에 따른 사증 등을 발급받으려는 사람(입국하는 교포를 포함한다)에 대하여 국가정보원장이 직권으로 또는 관계기관의 장의 요청에 의하여 국가에 대한 충성심·성실성 및 신뢰성을 조사하기 위하여 신원조사를 할 수 있음을 규정하고 있다(규정 제33조 제3항

---

[79] 비교법적으로 살펴보면 독일과 영국은 우리의 법제와 유사하게, 사증발급기준을 법령에서 규정하고 있다. 반면 프랑스의 경우는 사증발급기준을 법률이나 명령에서 규정하고 있지 않으며, 그리하여 프랑스의 최고행정법원 판례에서는 "프랑스에 들어오기를 원하는 외국인에게 어떤 경우에 사증이 거부될 수 있는지를 정하고 있는 일체의 조약이나 법률 또는 명령상 규정이 없다는 점, 그리고 사증거부결정의 본질을 고려하건데, 프랑스의 소관청은 외국인에 대하여 이 점에 관하여 커다란 재량(un large pouvoir d'appréciation)을 가지며, 공적 질서(l'ordre public)에 관한 사유에 토대해서 뿐 아니라 공익에 대한 모든 고려에 토대하여 결정을 내릴 수 있다"고 판시하고 있다. 즉 사증발급 및 거부는 "순수한 상태의 재량 영역(discrétionnaire à l'état pur)"이라는 것이다(CE SSR, 28 février 1986, M. Ngako Jeuga, n°41550-46278, concl. Denoix de Saint Marc, p.49). 또한 동 사건에서 최고행정법원은, 이처럼 소관청은 공익을 총체적으로 고려하여 사증발급을 거부할 수 있다고 보아야 하므로 사증발급거부결정은 1979년 법(la loi n°79-587 du 11 juillet 1979) 소정의, 이유제시되어야 하는 경찰상 조치로 볼 수 없다고 판시한 바 있다. 한편, 1998년법(n°98-349 du 11 mai 1998) 및 이를 채택한 2004년의 CESEDA(L211-2)에서는 이유제시되어야 하는 사증발급거부결정들을 제1호부터 제7호에 걸쳐 규정하고는 있으나 원칙은 여전히 사증발급거부결정에는 이유제시가 필요없다는 것으로 남아 있다.

[80] 헌재 2014. 6. 17. 2014헌마335.

제3호).

4) 규율 내용

체류자격과 체류기간은 사증에 기재되어야 한다(법 시행령 제7조 제2항 제2문). 즉 체류자격과 체류기간은 사증의 규율내용으로 포섭되고 있다. 사증에는 체류자격, 체류기간 뿐 아니라 사증번호, 성명, 생년월일 등 인적사항, 사증의 종류, 발급일, 유효기간, 발급지 등이 기재된다.

5) 사증의 취소ㆍ철회

사증발급 역시 사증발급요건 미비 등 원시적 하자가 있는 경우에는 취소될 수 있고 후발적인 사정변경으로 말미암아 더 이상 공익에 부합하지 않는 경우에는 철회될 수 있음은 물론이다. 사증이 취소ㆍ철회되면 사증은 그 효력을 상실하게 된다는 점에서 사증의 취소ㆍ철회는 넓은 의미에서 사증의 실효의 하위유형이라고도 할 수 있으나 취소ㆍ철회는 행정청의 명시적ㆍ묵시적 의사결정으로 이루어진다는 점에서 종기의 도래, 해제조건의 성취에 의한 협의의 실효와는 구별하여야 한다. 출입국관리법에서는 신원보증인이 보증을 철회하거나 신원보증인이 없게 된 경우, 거짓이나 그밖의 부정한 방법으로 허가 등을 받은 것이 밝혀진 경우, 허가조건을 위반한 경우, 사정 변경으로 허가 상태를 더 이상 유지할 수 없는 중대한 사유가 발생한 경우뿐아니라 그 외에도 출입국관리법이나 다른 법을 위반한 정도가 중대하거나 출입국관리공무원의 정당한 직무명령을 위반한 경우에 법무부장관이 사증발급을 취소ㆍ변경할 수 있음을 규정하고 있다(법 제89조). 한편, 사증의 취소ㆍ변경에 관한 법무부장관의 권한은 지방출입국ㆍ외국인관서의 장에게 위임되어 있는데(법 제92조 제1항, 법 시행령 제96조), 사증발급권한이 재외공관의 장에게 위임되어 있는 경우, 재외공관의 장도 취소ㆍ철회권을 가지는가의 문제가 제기될 수 있다. 여러 나라들의 출입국관리법제에서는 사증의 폐지를 강제퇴거사유로 규정하고 있으며 이는 우리나라도 마찬가지이다. 문제는 사증을 취소ㆍ철회하는 경우 사증소지자에게 어떠한 절차적 보장을 베풀 것인가에 있다.[81]

---

81 예컨대 미국의 경우 국무부장관이나 영사에게 사증발급을 철회할 재량을 부여함으로써 안보위협에 대처할 수 있도록 하고 있다(INA § 221(i), 8 U.S.C. § 1201(i), 22 C.F.R. § 41.122). 사증의 취소ㆍ철회는 강제퇴거(removal)의 사유이다(INA § 237 (a)(1)). 다만 사증의 취소ㆍ철회가 강제퇴거의 유일한 근거인 경우에는 한정된 범위에서 사법심사가 허용된다. 호주의 경우에도 사증발급요건 미비나 사증발급시 부가된 조건 불충족의 경우 사증이 폐지될 수 있음을 법률에서

(다) 사증발급인정

1) 개 념

사증은 이를 발급받고자 하는 외국인이 재외공관에서 신청하는 것이 원칙이다. 그런데 외국인이 재외공관에 사증발급을 신청하는 경우에는 체류자격확인과 입국목적 소명 등을 위해 장기간 번거로운 절차를 거쳐야 하는데, 초청에 토대한 입국인 경우에는 해당 외국인의 입국에 직접 이해관계를 가진 초청인이 국내에서 직접 사증발급을 위한 절차를 주도적으로 처리하게 함으로써 신청인이 용이하고 신속하게 사증을 발급받도록 하는 방안을 고려함직하다.[82] 우리 출입국관리법제는 이를 사증발급인정서 제도로 도입하고 있는데, 이는 일본의 재류자격인정(在留資格認定)제도를 참고한 것이다.[83] 사증발급인정서 제도는 1992년 출입국관리법 개정 시에 도입되었는데 도입 당시에는 초청인이 사증발급인정서의 발급을 신청하도록 규정되었으나 2002년 법개정을 통해 신청인을 대한민국에 입국하려는 외국인으로 하고 초청인은 다만 발급신청을 대리할 수 있도록 규정하였다(법 제9조 제1항·제2항).[84]

2) 발급요건 및 절차

사증발급인정서 제도를 활용할 수 있는 외국인은 누구일까? 법무부령에서 이를 정하고 있는데, 세 가지 범주가 동원되고 있다. 즉, ① 미수교국가 또는 특정국가의

규정하고 있다. 사증폐지권한은 대개 재량적이며 이민심판소(Migration Review Tribunal)에 의해 심사되지만 장관이 직접 성품 요건에 토대하여 사증을 폐지한 경우에는 심사대상이 되지 않는다. 사증소지자에게는 사전고지와 이유제시의 절차가 베풀어진다. John Vrachnas, Mirko Bagaric, Penny Dimopoulos, Athula Pathinayake, *Migration and Refugee Law－Principles and Practice in Australia*, 3rd ed., (Cambridge: Cambridge University Press, 2011), p.167.

82 차용호, 『한국 이민법』, 74면; 제주지방법원 2006. 6. 7. 선고 2005구합733 판결.

83 『出入國管理及び難民認定法』 第九條の二 참조; 법무부 출입국·외국인정책본부, 『출입국관리법 해설』, 83면.

84 그 이유는 사증발급인정서의 효력은 사증을 발급받은 피초청 외국인에게 직접 미치는 반면 피초청인을 고용하려는 초청인이 피초청 외국인의 입국에 따라 얻는 이익은 반사적 불과하다고 보았기 때문이다. 또한 대부분 초청인이 국민이므로 외국인을 초청하려는 자가 직접 사증발급인정서 발급을 신청할 수 있도록 하게 되면 이를 권리로 받아들여 발급을 거부할 경우 소송의 직접 당사자가 되는 점을 미연에 방지하려는 취지도 있었다고 한다. 법무부 출입국·외국인정책본부, 『출입국관리법 해설』, 82－83면. 하급심판결에서도 외국인을 초청하려는 자에게 그 외국인에 대한 사증발급인정서의 발급을 독자적으로 요구할 법규상 또는 조리상 신청권이 있다고 할 수 없어 그 거부를 행정소송의 대상이 되는 행정처분에 해당한다고 볼 수 없다고 판시하고 있다. 서울행정법원 2009. 3. 13. 선고 2008구합41250 판결.

국민, ② 영 별표 1의2 중 체류자격 4. 문화예술(D-1)부터 27. 결혼이민(F-6)까지,
29. 방문취업(H-2), 30. 기타(G-1) 및 별표 1의3 영주(F-5)의 자격에 해당하는 사
람, ③ 기타 법무부장관이 특히 필요하다고 인정하는 자이다(법 시행규칙 제17조 제1항
제1호-제3호).

　이러한 외국인을 초청하려는 자는 자신의 주소지를 관할하는 청장·사무소장 또
는 출장소장에게 필요한 서류를 첨부하여 신청서를 제출하여야 한다.[85] 신청을 받은
주소지 관할 청장·사무소장 또는 출장소장은 발급기준을 확인하고 의견을 붙여 법
무부장관에게 송부하고, 법무부장관은 신청서류를 심사한 결과 사증발급이 타당하다
고 인정되는 때에는 「전자정부법」의 규정에 의한 전자문서로 사증발급인정서를 발
급하여 이를 재외공관의 장에게 송신하며, 초청자에게는 사증발급인정번호를 포함한
사증발급인정내용을 지체 없이 통지하여야 한다(법 시행규칙 제17조 제5항).

3) 효 력

　재외공관의 장은 사증발급인정번호 등 사증발급인정내용 또는 사증발급인정서의
내용에 따라 사증을 발급하여야 한다(법 시행규칙 제17조의2 제3항). 사증발급인정의
유효기간은 3개월로 하고, 한 번의 사증발급에 한하여 그 효력을 가진다. 다만, 법무
부장관은 특히 필요하다고 인정되는 경우에는 사증발급인정서의 유효기간을 달리
정할 수 있다(법 시행규칙 제18조).

제3절   외국인의 입국절차

　출입국관리법은 바람직하지 않은 외국인의 입국을 저지하기 위하여 여러 단계의
차단막을 설치하고 있다. 이러한 차단막이 제대로 작동하기 위해서는 각각 상이한
역할이 부여된 여러 행정기관들 간의 협업이 필요하다. 본절에서는 출입국관리법이

---

85 예컨대 비전문취업(E-9)의 경우 「외국인근로자의 고용 등에 관한 법률」 제8조에 따른 외국
　인근로자 고용허가서, 표준근로계약서, 사업자등록증, 법인등기사항 전부증명서 등 사업 또는
　사업장 관련 입증서류, 신원보증서, 국적국의 권한 있는 기관이 발급한 공적문서로, 국적국 내
　에서의 범죄경력이 포함되어 있는 증명서, 건강확인서, 그 밖에 법무부장관이 필요하다고 인
　정하는 서류를 제출하여야 한다(법 시행규칙 별표 5).

입국규제의 각 단계에서 누구에게 어떠한 역할을 부여하였는지, 해당 역할의 수행이 규제상대방인 외국인에 대한 관점에서는 어떠한 법적 의미를 가지고 있는지를 살펴보기로 한다.

1. 입국금지결정

(가) 개 관

바람직하지 않은 외국인의 입국을 저지하기 위하여 출입국관리법은 다양한 수단들을 마련하고 있는데, 우선 바람직하지 않다는 판단의 기준이 무엇인지가 문제된다. 출입국관리법에서는 이를 앞서 살펴본 추상적인 입국금지사유로 제시하고 있으며 이들 입국금지사유들은 재외공관에서의 사증발급단계와 출입국항에서의 입국심사단계에서 재차 검토된다. 그런데 국회입법자가 불확정법개념으로 제시한 입국금지사유들은 한편으로는 앞서 살펴본 사증발급의 거부, 입국허가의 거부(입국불허)라는 개별적이고 구체적인 결정의 모습으로 구현되기도 하지만 다른 한편으로는 특정 외국인이 입국을 희망하여 사증발급 신청 등, 모종의 거동을 행하는지 여부와 무관하게, 법무부장관이 입국금지사유를 적용하여 특정 외국인에 대한 입국금지결정을 내리는 모습으로 나타나기도 한다. 즉, 출입국관리법상 외국인에 대한 입국금지결정이란 어떠한 외국인에 대하여 그가 출입국관리법 소정의 입국금지사유에 해당됨을 확인하는 법무부장관의 행위이다(법 제11조). 물론 입국금지결정은 법률상 법무부장관의 권한이지만 청장·사무소장·출장소장 또는 보호소장에게 위임될 수 있으며 (법 제92조 제1항), 법 제58조에 따른 심사결정에 의한 입국금지 권한은 청장·사무소장·출장소장 또는 보호소장에게 위임되어 있다(법 시행령 제96조 제1항, 법 시행규칙 제78조 제5항). 입국금지결정은 입국허가의 거부(입국불허)결정, 그리고 강제추방과도 구별된다. 입국금지결정과 입국허가거부결정은 출입국관리법 소정의 입국금지사유의 해석과 적용으로서 이루어지는 행정작용이라는 점에서는 동질적이나 전자는 원칙적으로 법무부장관의 권한사항인 데 반해 후자는 출입국항에서 입국심사를 수행하는 출입국관리공무원의 권한사항이라는 점, 그리고 전자의 경우에는 출입국관리법 소정의 입국금지사유 해당성만이 검토되는 데 반하여 후자에 있어서는 입국금지사유의 존재 이외에도 여권과 사증의 구비, 입국목적과 체류자격, 체류기간 등에 대한 심사도 이루어진다는 점, 전자는 신청에 기하지 않은, 법무부장관의 일방적 결정이나 후자는 외국인의 입국허가신

청에 대한 거부라는 양방향적 결정이라는 점에서 상이하다(법 제12조 제3항). 법무부장
관이 특정 외국인에 대하여 입국금지결정을 내리면 재외공관의 장이나 출입국관리공
무원은 사실상 이에 구속되어 사증발급을 거부하거나 입국을 불허하는 것이 출입국관
리행정의 실무이기는 하나, 법적인 측면에서는 법무부장관의 입국금지결정이 있었는
가 여부와 상관 없이, 재외공관의 장 및 출입국관리공무원에게 외국인의 입국금지사
유 해당성에 대한 고유한 판단권한이 부여되어 있다고 보아야 한다(법 제12조 제3항 제
4호). 마지막으로 입국금지결정은 외국인이 대한민국에 이미 체류·거주하고 있는 경
우에 그 외국인의 의사에 반하여 자발적으로 또는 강제적으로 출국시키는 국가의 행
위인 강제추방(출국권고, 출국명령, 강제퇴거)과도 구별된다.

(나) 입국금지결정의 유형

앞서 살펴본 바와 같이 입국금지결정은 '중앙행정기관의 장등의 요청에 의한 입
국금지'(법 제11조, 법시행령 제14조)와 '심사결정에 의한 입국금지'(법 제46조, 법시행규칙
제78조 제5항)로 나누어 볼 수 있다.[86] 후자는 강제퇴거사유가 발생하여 심사결정에
의해 강제퇴거되거나 입국불허, 출국명령을 받은 자를 대상으로 하는 입국금지결정
이다. 이하에서는 전자를 '요청형 입국금지'로, 후자를 '심사결정형 입국금지'로 부르
고 각각의 요건과 법적 성질을 살펴보기로 한다.

(다) 요청형 입국금지

1) 절 차

출입국관리법 제11조가 규정하고 있는 금지사유에 해당하는 외국인에 대하여 법
무부장관은 입국금지결정을 내릴 수 있다.[87] 그런데 입국금지사유가 매우 다양한 영
역에 걸쳐 규정되어 있으므로 출입국관리법령은 법무부장관이 개별 영역별 판단자료
를 보다 용이하게 획득할 수 있게 한다는 취지에서 중앙행정기관의 장 및 법무부장관
이 정하는 관계기관의 장으로 하여금 소관업무와 관련하여 금지사유에 해당한다고 생
각되는 외국인의 입국금지를 법무부장관에게 요청할 수 있도록 규정하고 있다. 입국
금지를 요청한 기관의 장은 그 사유가 소멸한 때에는 지체 없이 입국금지해제를 요청

---

[86] 「입국규제 업무처리 등에 관한 지침」 참조.
[87] 입국금지결정권한의 위임에 관해서는 법 제92조 및 법 시행령 제96조, 법시행규칙 제78조 제5
항 참조.

하여야 한다(법 시행령 제14조 제1항 본문·제3항). 입국금지요청절차에는 출국금지요청절차에 관한 규정들이 준용되는바(법 시행령 제14조 제2항), 요청기관장은 요청사유를 적은 요청서에 법무부령으로 정하는 서류를 첨부하여야 하며, 법무부장관은 요청심사에 필요하다고 인정하면 요청기관장에게 관련 자료의 제출을 요청할 수 있고, 법무부장관이 심사결과 입국금지결정을 하지 아니하기로 결정하면 그 이유를 분명히 밝혀 요청기관장에게 통보하여야 한다.[88] 즉, 관계기관장의 입국금지요청에 법무부장관이 반드시 기속되는 것은 아니다. 이처럼 입국금지결정은 한편으로는 법무부장관 스스로의 발의에 의하여 결정되는 경우와, 관련기관장의 요청과 법무부장관의 인용이라는 행정 내부의 협력을 통하여 결정되는 경우로 나누어볼 수 있다. 법무부장관은 입국을 금지하기로 결정한 사람 또는 입국금지를 해제한 사람에 대하여 지체 없이 정보화업무처리 절차에 따라 그 자료를 관리하여야 한다(법 시행령 제13조).

  2) 법적 성질

  요청형 입국금지결정이 행정쟁송법상 처분으로서의 성질을 가지는지가 문제된다. 이는 해당 입국금지결정에 대하여 해당 외국인이 항고쟁송을 통하여 불복할 수 있는가의 문제와 더불어 입국금지결정에 어느 정도의 절차적 보장이 베풀어져야 하는가의 문제와 관련이 있다. 앞서 살펴본 바와 같이, 입국금지는 관계행정기관의 장의 요청에 의한 입국금지와 심사결정에 기한 입국금지로 나누어 볼 수 있기 때문에 입국금지결정의 처분성 여부도 사안을 나누어 검토하여야 한다. 학설로는 요청형 입국금지와 심사결정형 입국금지를 구분하지 아니하고 전체적으로 입국금지의 처분성을 긍정하는 견해,[89] 미완성 상태의 처분 또는 직무상 명령으로 보는 견해[90] 등이 제시되고 있다. 그러나 요청형 입국금지결정은 행정 내부의 정보제공활동으로서의 성질을 가지고 있을 뿐 그 상대방인 외국인에 대한 관계에서 행정쟁송법상의 처분으로서의 성질을 가지는 것은 아니라고 보아야 한다. 왜냐하면 요청형 입국금지결정은 해당 외국인에 대한 통지를 전제로 하지 아니하며 다만 법무부장관은 입국을 금지하기

---

88 한편 법무부예규인 행정정보공개지침 제12조 별표3에서는 입국금지 및 사증발급 규제자 결정과 관련하여 산하기관에서 보고한 자료, 중앙행정기관의 장이 요청한 입국규제에 관한 자료, 입국금지해제 자료를 「공공기관의 정보공개에 관한 법률」 제9조 제1항 제3호 소정의 비공개 정보로 예시하고 있다.

89 김중권, "유승준에 대한 대법원 판결 문제점에 관한 관견", 법률신문 2019. 7. 15.자; 정남철, "입국금지결정과 사증발급 거부처분의 위법성 판단", 『행정판례연구 XXIV-2』, 2019.

90 송시강, "입국금지의 사증발급에 대한 효력과 그 한계 — 서울고등법원 2017. 2. 23. 선고 2016누68825 판결에 대한 판례평석", 『경제규제와 법』 제12권 제1호.

로 결정한 사람의 자료를 정보화업무처리절차에 따라 관리하여야 할 따름이기 때문이다.[91] 즉, 요청형 입국금지결정은 재외공관장이 사증발급을 검토할 때 또는 출입국항의 출입국관리공무원이 입국심사를 할 때 활용되는 판단자료로서의 의미가 있을 따름이다.

　서울행정법원 2016. 9. 30. 판결에서는 법무부장관의 입국금지조치는 송달상의 어려움 때문에 금지대상인 외국인에게 일일이 통지되지 않는다고 언급한 후, 그렇다고 하여도 통지되지 않는다는 점이 처분성을 부인하는 논거가 될 수 없다고 설시하고 있다. 그러나 행정 내부적으로만 관리될 뿐, 대외적으로 표시되지 않은 결정에 처분성을 인정한다는 것은 행정행위는 외부로 표시되어야 효력을 발생한다는 원칙으로부터의 이탈일 뿐 아니라, 처분에 필수적으로 부수되게 마련인 쟁송기간과 관련하여서도 매우 불합리한 결과를 초래하게 된다. 즉 입국금지조치에 처분성을 인정하게 되면 대개 해당 외국인이 자신에게 입국금지조치가 내려졌다는 것을 알지 못하는 상태에서 쟁송기간이 도과되어 확정되어 버리는 결과로 이어지게 마련이기 때문이다. 어쨌거나 최근 대법원은 입국금지결정이 항고소송의 대상인 '처분'에 해당하지 않지만, 행정기관 내부에서 사증발급이나 입국허가에 대한 지시로서의 성격이 있다고 보았는데 해당 사안의 입국금지결정이 요청형 입국금지였음을 주목하여야 한다.[92]

　요청형 입국금지결정의 처분성을 부인하는 이상, 요청형 입국금지결정에 대해서는 일반적으로 처분에 대하여 이루어져야 하는 절차법적 보장이 적용되지 않는다. 물론 앞서 살펴보듯이 입국금지사유가 불확정개념으로 규정되어 있어 그 판단에 있어서 매우 광범위한 여지가 부여되어 있으므로, 해당 권한이 무제약하게 행사되도록 방치되어서는 안 된다. 따라서 현재로서는 위법·부당한 입국금지결정의 통제를, 무리한 처분성 인정을 통해 항고쟁송에 의지하여 달성하려고 하기보다는 오히려 입국금지 결정과정에 관여하는 행정 기관들 간의 통제기제에 의지하거나 또는 고충민원 등 유연한 형태의 행정상 구제 차원에서 보다 적극적으로 논의하는 것이 바람직하다. 더 나아가 입국금지결정의 해제와 관련하여서 관계기관장이 입국금지사유의 소

---

91 입국금지사유별 입국금지 기간 등 법무부장관의 입국금지결정에 관한 규정으로는 「입국규제 업무 처리 등에 관한 지침」이 마련되어 있으며, 출입국규제에 있어서의 정보화업무처리절차를 정하고 있는 규정으로는 「출입국기록관리 및 정보화업무처리지침」(법무부훈령 제919호)이 마련되어 있다.
92 대법원 2019. 7. 11. 선고 2017두38874 판결. 최근의 하급심판결로는 서울행정법원 2022. 10. 27. 선고 2021구단75279 판결.

멸에 기한 해제요청 뿐 아니라 인도적 사유에 기한 해제요청도 할 수 있는지의 문제가 있다.

(라) 심사결정형 입국금지

1) 절 차

이른바 심사결정형 입국금지는 특정 외국인이 법 제46조(강제퇴거 대상자)에 해당된다는 심사결정을 하면서 강제퇴거 및 입국금지 또는 입국금지유예(감경) 여부를 결정하는 것을 말한다. 사무소장 등은 이러한 규제 내역을 법무부 출입국관리시스템(ICRM)에 입력하여 관리한다. 다만, 강제퇴거 대상자에 해당되더라도 국익 또는 인도적 사유로 체류허가를 발급한 때에는 입국금지를 할 수 없으며 강제퇴거 대상자에 대하여 강제퇴거를 결정한 때에는 원칙적으로 입국금지를 하여야 하나, 입국금지를 유예 또는 감경하고자 할 때에는 장관의 승인을 얻어야 한다.

2) 법적 성질

요청형 입국금지에 관하여 법령에서 상대방에 대한 통지를 규정하고 있지 않은 것과는 대조적으로 심사결정형 입국금지에 대해서는 심사결정통고서를 작성하여 배부하도록 하고 있다(법시행규칙 제54조의3, 법시행령 제104조, 법 제102조 제1항). 이처럼 심사결정에 수반하는 입국금지에 대해서는 상대방에의 통지가 법령상 전제되어 있다는 점에서 심사결정형 입국금지는 그 법적 성질에 있어서 요청형 입국금지와 달리 볼 여지가 있다. 실제로 입국금지의 처분성을 긍정한 판례가 전제로 하고 있는 사안들에서 문제된 입국금지는 강제퇴거와 결부된 입국금지, 즉 심사결정형 입국금지인 경우를 다수 발견할 수 있다.[93]

---

93 입국금지결정의 처분성을 인정하는 전제하에 입국금지결정과 사증발급거부처분 간에 하자가 승계됨을 긍정한 사례로는 서울행정법원 2014. 11. 20. 선고 2013구합59590 판결; 법무부장관의 입국금지조치는 특정 외국인이 입국금지사유에 해당한다는 이유로 이루어지는 제재적 처분으로서, 항고소송의 대상이 되는 처분으로 봄이 상당하고 처분대상자인 외국인에게 처분서 등의 방법으로 통지가 이루어지지 아니하는 것은 입국금지조치가 외국인의 입국 신청에 대응하는 조치가 아니고, 해외에 소재한 외국인의 주소를 일일이 확인하여 처분서를 송달하는 것이 곤란하기 때문이라고 설명하고 있는 판결로는 서울행정법원 2016. 9. 30. 선고 2015구합77189 판결; 서울행정법원 2011. 6. 2. 선고 2010구합46456 판결; 서울고등법원 2012. 2. 10. 선고 2011누19750 판결; 대법원 2013. 2. 28. 선고 2012두5995 판결.

2. 입국심사

(가) 개 관

국민이건 외국인이건 출입국항에 도착하면 출입국관리공무원의 입국심사를 받아야 한다(법 제6조, 제12조). 물론 외국인의 입국 맥락에서의 입국심사는 국민의 입국 맥락에서의 그것과는 매우 다르며 본절의 관심사는 물론 전자이다. 외국인에 대한 입국심사의 가장 전형적이고 익숙한 모습은 아마도 출입국항에 도착한 외국인들이 출입국관리공무원에게 여권과 사증 등 필요한 문서를 제출하고 입국허가 요건의 충족 여부에 대하여 심사를 받는 모습일 것이다. 얼굴과 지문정보를 제출하는 것은 비교적 최근의 모습이다(법 제12조의2). 하지만 외국인은 예외적으로 출입국항이 아닌 곳에서 입국심사를 받을 수도 있으며(법 제12조 제2항, 제6조 제1항 단서), 출입국관리공무원의 육안에 의한 심사가 아닌 정보화기기를 통한 입국심사를 거칠 수도 있다(법 제12조 제12항, 제6조 제3항). 입국심사 결과가 긍정적이면 출입국관리공무원은 입국을 허가하고 외국인의 여권에 도장을 찍는데 이는 입국심사인영으로서 여기에는 체류자격 및 체류기간이 기재된다(법 제12조 제3항, 법시행령 제15조). 반면 출입국관리공무원이 입국불허결정을 내리면 송환지시서를 발급하며(법 제12조 제4항, 제76조, 법시행령 제88조) 해당 외국인을 48시간을 초과하지 않은 범위 내에서 외국인보호시설에 일시 보호할 수 있다. 일시 보호한 외국인을 부득이한 사유로 48시간 내에 송환할 수 없는 경우에는 출입국관리공무원은 지방출입국·외국인관서의 장의 허가를 받아 48시간을 초과하지 아니하는 범위에서 한 차례만 보호기간을 연장할 수 있다(법 제56조 제1항 제1호, 제2항). 외국인에게 입국금지 또는 거부사유(법 제12조 제4항)가 있어서 입국불허를 하였거나 지문 및 얼굴정보의 제공을 거부하였기 때문에 입국불허를 한 경우(법 제12조의2 제2항), 그 사안이 중요하다고 인정되면 출입국관리공무원은 지체 없이 이를 법무부장관에게 보고하여야 한다(법 시행령 제15조 제4항).

(나) 심사대상

출입국관리공무원은 대한민국에 입국하려는 외국인에 대하여 이하의 요건을 갖추었는지를 심사하여 입국을 허가한다(법 제12조 제3항).

1) 여권과 사증이 유효할 것

① 사 증

입국하고자 하는 외국인은 유효한 여권과 사증을 갖추고 있어야 한다(법 제7조). 그러나 일정한 경우에는 사증 소지의무가 면제된다. 재입국허가를 받았거나 재입국허가가 면제된 사람으로서 그 허가 또는 면제받은 기간이 끝나기 전에 입국하는 사람(법 제7조 제2항 제1호),[94] 대한민국과 사증면제협정을 체결한 국가의 국민으로서 그 협정에 따라 면제대상이 되는 사람(동법 동조 제2호), 국제친선, 관광 또는 대한민국의 이익 등을 위하여 입국하는 사람으로서 대통령령으로 정하는 바에 따라 따로 입국허가를 받은 사람(동법 동조 제3호), 난민여행증명서를 발급받고 출국한 후 그 유효기간이 끝나기 전에 입국하는 사람(동법 동조 제4호)이 그러하다.

더 나아가 만약 입국하고자 하는 외국인의 국적국이 대한민국과 수교를 맺은 바가 없거나 국교를 단절한 국가, 즉 미수교국가(법 시행규칙 제8조 제1항 본문)라면 이들 국가가 발급한 여권은 유효한 것으로 인정되지 않기 때문에 통상의 절차에 따른 입국이 불가능해진다. 그리하여 출입국관리법에서는 이러한 국가의 국민은 재외공관의 장이나 지방출입국·외국인관서의 장이 발급한 외국인입국허가서를 가지고 입국할 수 있도록 하고 있다(법 제7조 제4항). 외국인 입국허가서의 유효기간은 3월로 하며, 1회 입국에만 효력을 가진다(법 시행령 제10조 제4항 본문). 다만 별표 1의2 중 외교(A-1)부터 협정(A-3)까지의 체류자격에 해당하는 자로서 대한민국에 주재하기 위하여 입국하려는 자에 대한 외국인 입국허가서의 유효기간은 3년으로 하며, 2회 이상 입국할 수 있는 효력을 가진다(법 시행령 제10조 제4항 단서).

② 여 권

여권의 유효성(valid passport)은 외국인의 입국 허가 요건의 하나이지만 외국 여권의 유형은 국가마다 다양하므로, 출입국관리법이 유효한 여권의 의미를 직접 정의하고 있지는 않다. 다만 동법은 여권의 의미를, '대한민국정부·외국정부 또는 권한 있는 국제기구에서 발급한 여권 또는 난민여행증명서나 그 밖에 여권을 갈음하는 증명서로서 대한민국정부가 유효하다고 인정하는 것'(법 제2조 제4호)으로 규정함으로써 난민여행서나 여권을 갈음하는 증명서로서 대한민국 정부가 유효하다고 인정하는

---

[94] 재입국허가 및 재입국허가 면제의 법적 쟁점에 대해서는 후술한다.

문서도 여권의 역할을 할 수 있음을 선언하고 있다. 일반적으로 유효한 여권의 판단 기준으로는 권한 있는 국가기관이 정당한 절차에 따라 발급하였을 것, 여권이 유효 기간을 경과하지 아니하였을 것, 여권의 명의인과 소지하여 행사하는 외국인이 동일할 것, 여권이 위조되거나 변조되지 않았을 것 등을 들 수 있다.[95] '유효한 여권' 요건을 위반하여 입국한 외국인에게는 징역 또는 벌금의 형벌이 부과되며(법 제94조 제2호), 해당 외국인은 강제퇴거의 대상이 된다(법 제46조 제1항 제1호). 출입국관리공무원은 위조되거나 변조된 외국인의 여권·선원신분증명서를 발견하였을 때에는 이를 회수하여 보관할 수 있다(법 제12조의4, 제5조 제2항).

③ 위명여권의 문제

이른바 위명여권이란 가짜 인적 정보를 담았지만 해당 국가가 정식 발급한 여권을 의미한다. 위명여권은 이처럼 발급권자에 의해 정규의 절차를 거쳐 발급된 여권이라는 점에서 '위조·변조'된 여권과는 구별된다. 위명여권은 유효한 여권이 아니므로 위명여권을 소지하고 입국을 시도하는 외국인이 적발되면 그에게는 입국허가를 거부하여야 하는데, 더 나아가 위명여권소지자가 강제퇴거의 대상이 되는지,[96] 귀화허가의 취소사유[97]가 될 수 있는지 및 형사적 책임 등이 문제된다.[98]

---

95 법무부 출입국·외국인정책본부, 『출입국관리법 해설』, 66면.

96 "위명여권은 사인(私人)이 위조·변조한 여권과 달리 중국 정부가 유효하게 발급한 것이고 다른 국가가 그 효력을 부인할 수 없다", "의심되는 여권이 유효한지는 발급한 외국 정부에 조회해 보아야 하는 것이지 이 과정을 거치지 않고 위명여권이 의심된다는 이유만으로 여권의 효력을 부인해서는 안 된다"고 보아 위명여권 소지자에 대한 강제퇴거명령 취소소송을 인용한 사례로는 서울행정법원 2013. 10. 10. 선고 2013구합10342 판결. 반면 이 판결의 항소심판결인 서울고등법원 2015. 6. 13. 선고 2013누49830 판결에서는 "유효한 여권이란 여권 소지자의 실제 인적사항과 그 여권에 기재된 내용이 동일하여 본인임을 확인할 수 있는 것을 요건으로 하므로, 외국정부 또는 권한 있는 국제기구에서 발급한 여권이라고 하더라도 위 요건을 갖추지 못하면 유효한 여권에 해당한다고 할 수 없다"는 입장을 취하였다.

97 기각례로는 중앙행정심판위원회 2011. 12. 15, 2011-12860; 허위 사실을 담은 위명여권일지라도 국적법에 따른 귀화허가 취소 처분의 사유가 될 수 없다고 본 사례로는 서울고등법원 2014. 11. 25. 선고 2014누48407·2014누48667(병합) 판결. 단, 이 사안에서는 처분청이 귀화허가의 취소사유로 「국적법 시행령」 제27조 제1항 제1호, 즉 "귀화허가, 국적회복 허가 또는 국적보유 판정을 받을 목적으로 신분관계 증명서류를 위조·변조하거나 위조·변조된 증명서류를 제출하여 유죄 판결이 확정된 사람"이라는 규정을 처분의 법적 근거로 제시하였으며 변론종결 이전에 시행령 제27조 제1항 제4호, 즉 "그 밖에 귀화허가, 국적회복 허가 또는 국적보유 판정에 중대한 하자가 있는 사람"이라는 조항을 처분사유로 추가한 바가 없다는 점에 주목하여야 한다. 요컨대 이 사안에서는 항고소송에 있어서 처분사유의 추가·변경의 한계에 관한 법리가 적용되고 있다.

98 위명여권으로 난민신청을 한 미얀마 국적의 甲에 대하여 법무부장관이 난민불인정 처분을 한

2) 체류자격 및 체류기간

입국심사과정에서는 외국인의 입국목적이 체류자격에 맞는지, 체류기간이 법무부령으로 정하는 바에 따라 정하여졌는지 여부가 심사된다(법 제12조 제3항 제2호, 3호). 이러한 요건을 갖추었음을 외국인이 증명하지 못하면 출입국관리공무원은 입국을 허가하지 아니할 수 있으며(법 제12조 제4항) 재외공관의 장이 발급한 사증의 구분, 체류자격 및 체류기간 등이 잘못된 것임이 명백한 경우에는 외국인이 가지고 있는 사증의 내용을 정정하여 입국을 허가할 수 있다(법 시행령 제15조 제6항). 또한 출입국관리공무원은 사증면제협약 당사국의 국민 등, 사증요건이 적용되지 않는 외국인에 대해서는 대통령령이 정하는 바에 따라 체류자격을 부여하고 체류기간을 정하여야 한다(법 제12조 제5항). 즉, 사증요건이 적용되는 외국인에 대해서는 사증의 규율내용으로 포섭되어 있는 체류자격과 체류기간에 대한 심사가 출입국관리공무원에 의하여 입국심사단계에서 재차 이루어지게 되며 출입국관리공무원에게는 체류자격 및 체류기간에 대한 사증의 규율내용을 변경할 권한이 부여되어 있다. 반면, 사증요건이 적용되지 않는 외국인에 대해서는 입국심사단계에서 비로소 체류자격과 체류기간의 규율내용이 정하여지게 된다. 체류자격과 체류기간의 상세는 제5장에서 살펴보기로 한다.

3) 입국금지 또는 거부의 대상이 아닐 것

출입국관리법 제11조상의 입국금지사유 또는 입국 거부사유에 대해서는 앞서 살펴본 바와 같다.

(다) 외국인의 의무

외국인이 출입국관리공무원의 입국심사를 받지 아니하고 불법으로 입국하는 경우에는 강제퇴거 및 이를 위한 보호의 대상이 되고(법 제46조 제1항 제4호), 5년 이하의 징역 또는 3천만 원 이하의 벌금을 직면하게 된다. 사증발급심사단계에서는 신청인이 체류자격에 부합하는 입국목적을 '소명'하여야 하는 것과는 달리 입국심사 단계에서는 입국을 희망하는 외국인이 심사요건을 갖추었음을 '증명'하여야 한다(법 제12조 제4항). 출입국관리공무원은 외국인이 이를 '증명'하지 못하면 입국을 허가하지 아

사건에서 甲에게 난민불인정 처분 취소를 구할 법률상 이익이 있음을 인정한 판례로는 대법원 2017. 3. 9. 선고 2013두16852 판결[난민불인정처분취소].

니할 수 있다.

(라) 출입국관리공무원의 권한

출입국관리공무원은 입국심사를 하기 위하여 선박 등에 출입할 수 있다(법 제12조 제6항, 제2조 제8호). 입국심사와 관련하여 출입국관리공무원이 행사하는 가장 중요한 권한은 물론 입국을 허가할 것인가 아니면 허가하지 않을 것인가를 결정하는 권한이다. 법문상 출입국관리공무원은 "각 호의 요건을 갖추었는지를 심사하여 입국을 허가한다"거나 "입국을 허가하지 아니할 수 있다"로 규정되어 있는바, 행정법학의 관점에서는 출입국관리공무원이 이러한 권한을 행사함에 있어서 기속과 재량의 스펙트럼 사이에서 어디에 위치하는지 좌표를 설정해주는 것이 쟁점이 될 것이다.

(마) 입국절차와 행정절차법의 적용 여부

입국하고자 하는 외국인에게 어떠한 절차적 보장을 베풀 것인가의 문제는 사증발급의 거부, 입국금지결정, 입국불허 등 외국인의 입국절차 전 과정을 통해 문제된다. 먼저 출입국관리공무원이 외국인에게 입국불허결정을 하는 경우 어느 정도의 설명의무를 지느냐가 문제될 수 있다. 행정절차법은 외국인의 출입국에 관한 처분 등 해당 행정작용의 성질상 행정절차를 거치기가 곤란하거나 거칠 필요가 없다고 인정되는 사항에 대해서는 동법의 적용을 배제하고 있다(법 제3조 제2항 제9호). 알려진 바와 같이 우리 판례는 동법에서 거명하고 있는 특정 행정 영역에 절차적 보장을 무조건적으로 배제하는 데 동 규정의 취지가 있는 것은 아니며 '성질상 곤란하거나 거칠 필요가 없다고 인정되는 사항'에 방점을 두어 해석하여야 함을 강조하고 있다. 문헌상으로는 외국인에 대한 입국허가가 대한민국의 주권에 속하는 사항이므로 입국을 불허하더라도 불허사유를 설명할 의무를 부담하지 않는다는 견해가 나타나고 있다.[99] 그러나 공적인 결정에 대한 이유제시가 수행하는 중요한 기능 중의 하나가 바로 설득기능이고 이를 통해 공적인 결정에의 순응이 촉진될 수 있다고 한다면, 외국인을 상대방으로 하여 이루어지는 각종 입국절차상 결정들에 대하여도 가능한 한 이유제시를 하는 것이 바람직하다. 더구나 이유제시를 통하여 결정권자는 자신의 결정을 뒷받침할 논거들에 대하여 신중하고 책임 있는 자세로 접근하게 되고 그럼으로써 자신의 결정이 어느 정도나 합리적으로 설명되고 있는가를 스스로 검증하게 되므로

---

99 차용호, 『한국 이민법』, 307면.

행정소송 등 사후적·타자 통제기제가 미흡한 출입국관리행정을 사전적·자기 통제기제로 보완할 수 있으며, 이를 통해 적법·타당한 행정이 구현될 수 있다는 점에서도 이유제시의 바람직한 역할의 수행이 기대될 수 있다. 입국절차상 이루어지는 다양한 결정들에 대한 이유제시 등 절차보장의 문제는 제7장에서 보다 상세히 살펴보기로 한다.

3. 입국허가와 입국불허

입국신청을 한 외국인에 대해서는 앞서 살펴본 입국심사를 거쳐 입국 허용 여부를 결정하게 된다. 입국을 허용하는 의사는 입국허가결정으로, 입국을 허용하지 않는 의사는 입국불허결정으로 나타나게 되는데, 이처럼 허·불허가 결정되기에 앞서 심사단계의 외국인을 잠정적으로 입국하게 하는 제도로서 조건부 입국허가가 마련되어 있다. 한편 재입국허가는 국내 체류 외국인이 출국하였다가 다시 입국하고자 하는 경우, 절차상의 번거로움을 덜어주고자 고안된 제도이다.

(가) 입국허가

1) 법적 성격

입국허가는 이하에서 살펴보는 조건부 입국허가, 재입국허가와 구별된다. 권한의 소재라는 관점에서 보면 입국허가는 출입국관리공무원이, 조건부 입국허가는 지방출입국·외국인관서의 장이, 재입국허가는 법무부장관이 발급한다.[100] 입국허가의 법적

---

[100] 이처럼 '출입국관리공무원'은 출입국관리법에 의하여 입국심사, 입국허가 및 입국불허 등의 막대한 권한을 부여받고 있다. 그런데 동법상의 다양한 결정권한의 소재와 관련하여 제기되는 문제의 하나로, 출입국관리법령 어디에서도 출입국관리공무원의 정의를 제시하고 있지 않다는 점을 들 수 있다. 다만, 법무부령인 「출입국관리공무원 복제규칙」 제2조에서 '출입국관리에 관한 직무에 종사하는 공무원'을 출입국관리공무원으로 정하고는 있으나 출입국관리공무원의 개념적 윤곽을 분명히 하기에는 큰 도움이 되지 않는 규정이다. 참고로 미국의 경우 8 U.S.C. §1101(a)(18)에서 'immigration officer'의 정의조항을 두어 Attorney General이 해당 역할수행자로서 지명('designated by the Attorney General … to perform the functions …')한 자임을 강조하고 있으며 영국의 Immigration Act 1971 Schedule 2, Part 1 s.1(1)에서도 동법상의 immigration officer는 장관이 임명('shall be appointed by the Secretary of State')한다는 점을 강조하고 있다. 두 번째 문제로는 법령상 입국허가의 결정권자를 '공무원'으로 규정하는 것이 행정주체, 행정기관, 행정청의 구별을 전제로 하는, 일반 행정조직법상 권한과 책임의 배분기제에 정합되느냐를 들 수 있다. 출입국관리법의 행정조직법상 쟁점에 대해서는 별도의 연구논문으로 다루기로 한다.

성격에 관해서는 외국인이 입국할 자유를 일반적으로 금지 내지 제한하고, 특정한 경우에 한하여 특정인에게 금지 내지 제한된 행위를 해제하는 허가에 해당한다고 보는 견해도 있다.[101] 그러나 강학상 허가는 어떠한 사람에게 헌법상 "자유"가 귀속함을 전제로 하여 이러한 자유를 공익목적을 위하여 법령을 통하여 일반적·상대적으로 금지하였다가 법령이 정하고 있는 요건을 충족하는 경우 그 금지를 개별적으로 해제하는 행정청의 행위라는 면에서 과연 외국인이 입국의 "자유"를 누리는지에 대해서부터 논란이 있을 수 있다. 더 나아가 입국허가를 강학상 특허로 볼 수 있을 것인지도 문제된다. 외국인에게 입국의 자유가 인정되지 않는다는 견해에 따르면 입국허가는 외국인에게 특별한 법적 지위를 창설하여 주는 공적인 결정이라고 볼 여지도 있다. 그러나 특허가 일단 발급되고 난 후에는 그 소지자는 자신의 법적 지위에 관하여, 예컨대 수허가자의 경우 보다 강한 공법적 보호를 받는다는 것이 기존의 특허의 법리라는 점, 출입국관리법이 입국불허에 대하여 이의신청절차도 규정하고 있지 않은 점 등을 고려할 때, 입국허가를 강학상 특허의 일 유형으로 보는 것이 출입국관리법령상 외국인의 전반적인 지위와 조화되는지에 대해서는 의문의 여지가 있다. 무엇보다도, 행정의 작용형식론이 쟁송을 통한 권리구제의 체계와 밀접한 관련이 있음을 고려할 때, 기존의 학문적 행위유형체계에 따라 외국인에 대한 출입국 규제상의 행위들을 분류하려는 작업에 몰두하기 보다는 당해 행위들에 대하여 출입국관리법의 목적에 부응하는 통제기제를 갖추고 체계화하는 노력이 선행되어 할 것이다.

2) 입국허가의 실효

입국허가를 얻어 적법하게 입국한 외국인이 허용된 체류기간 내에 외국으로 출국하였다가 다시 대한민국으로 입국하고자 하는 경우, (사증요건이 충족되었다 하더라도) 재차 입국허가를 얻어 입국하여야 하는지가 문제될 수 있다. 이는 외국인이 일단 출국하고 나면 체류기간이 남아 있는 경우라 하더라도 기존에 받은 입국허가의 효력이 자동적으로 소멸되는지의 문제라고도 할 수 있다. 입법례에 따라서는 실효를 원칙으로 하되 넓은 영역에서 실효되지 않는 경우(non-lapsing or continuing leave)를 허용함으로써 업무의 특성상 입출국이 잦은 외국인 사업가 등이 겪을 번거로움을 덜어주는 경우도 있다.[102] 출입국관리법에서는 이에 관해 명문의 규정을 두고 있지는

---

101 차용호, 『한국 이민법』, 242면.

102 예컨대 영국의 Immigration Act 1971 s.3(4)는 실효설의 입장을 취하고 있다. 즉 동조는 "영국에의 입국 또는 체류허가는 공동여행지역 외부의 국가나 영토로 나감으로써 실효된다(A

않으나 동법 제30조에서 규정하고 있는 재입국허가의 취지상, 실효설에 토대하고 있는 것으로 보인다.[103]

3) 입국허가의 취소 · 철회

외국인이 입국허가를 거짓이나 부정한 방법으로 얻었다거나, 허가조건을 위반하였거나, 사정 변경으로 허가상태를 더 이상 유지시킬 수 없는 중대한 사유가 발생한 경우 등에는 법무부장관은 입국허가를 취소하거나 변경할 수 있다(법 제89조 제1항). 출입국관리법상 입국허가는 출입국관리공무원의 권한인 것과 대조적으로(법 제12조 제3항), 입국허가의 취소 또는 변경은 법무부장관의 권한으로 규정함으로써 결정권자의 위계를 달리 하고 있음이 주목된다.[104] 법무부장관이 취소나 변경에 필요하다고 인정하는 경우에는 의견청취와 사전통지 등의 절차적 보장이 베풀어질 수 있다(법 제89조 제2항, 제3항). 그런데 입국허가와 그 취소 · 철회가 각각 행정 내부 차원에서는 출입국관리공무원에 의한 일차적 법집행과 법무부장관에 의한 이차적 법집행으로서의 의미를 가지며 출입국관리공무원의 입국허가라는 의사결정의 온전성(integrity)과 공익적합성을 법무부장관이 심사하는 구조에 토대하고 있다면 역으로 출입국관리공무원의 입국불허라는 의사결정의 온전성과 공익적합성에 대해서도 법무부장관이 심사할 수 있도록 하는 것이 논리적으로 일관성 있는 것이 아닐까라는 생각도 하여볼 수 있다. 즉, 출입국관리공무원의 입국허가와 입국불허 모두에 대하여 법무부장관이 감독기관으로서 취소 또는 변경 권한을 가진다고 해석할 여지가 있으나, 출입국관리법은 입국불허에 대한 법무부장관의 취소 · 변경 권한은 명시하고 있지 않다.

---

person's leave to enter or remain in the United Kingdom shall lapse on his going to a country or territory outside the Common Travel Area ⋯)"고 규정하고 있다. 동조는 여전히 유효하지만 하위법령인 'Immigration (Leave to enter and Remain) Order 2000, SI 2000/1161'의 Art. 13(2)에 의해 그 타당범위는 상당히 수정되었다. 즉 동 명령의 관련 조항에서는 '입국허가가 사증을 통해 부여되었거나 ⋯ 또는 6개월 이상의 기간 동안 부여된 경우(it was conferred by means of an entry clearance ⋯ or for a period exceeding six month)'에는 입국허가가 출국으로써 실효되지 않음을 규정하고 있다. Clayton, *Immigration and Asylum Law*, pp.200 – 201.

103 한편 법 제7조 제4항의 사증면제사유, 즉 대한민국과 수교하지 아니한 국가나 법무부장관이 외교부장관과 협의하여 지정한 국가의 국민이 외국인입국허가서를 가지고 입국하는 경우의 입국허가는 1회 입국에만 효력이 있음이 명문으로 규정되어 있다(법 시행령 제10조 제4항).

104 법 제92조 및 법 시행령 제96조에 따라 입국허가의 취소 · 변경에 관한 법무부장관의 권한은 지방출입국 · 외국인관서의 장에게 위임되어 있다.

(나) 조건부 입국허가

1) 개 념

입국심사를 받았으나 입국허가를 받지 못한 외국인은 일시보호를 거쳐 송환되어야 한다(법 제56조). 그러나 입국과정에서 여권을 분실하였거나 여권의 유효기간이 도과된 경우, 국내 자국 공관에서 여권 또는 여행증명서를 발급받을 수 있거나 기간 연장이 가능하다면 즉시 입국불허를 하여 해당 외국인을 송환하기 보다는 일단 시간적 여유를 두고 필요한 보완이 이루어지는가를 살핀 후, 보완이 이루어진다면 입국을 허가하고 그렇지 못한 경우 최종적으로 입국을 불허한 후 송환하는 것이 합리적일 것이다. 또한 입국금지사유의 해당 여부가 의심되거나 입국목적과 체류자격이 부합하는지가 의심되는 경우, 성급하게 즉시 입국불허 후 송환하기보다는 위 경우와 마찬가지로 넉넉한 시간을 확보하여 더욱 심도 깊은 심사가 이루어지도록 할 필요가 있다. 다른 한편으로는 출입국항에서 입국심사 중이었던 외국인의 건강이 악화되어 입국허가 여부가 결정되기 이전 시점인데도 급히 병원으로 후송되어야만 하는 경우도 있을 수 있다. 그런데 입국심사가 계류 중인 이 시간 동안 외국인의 인신을 어떻게 처우할 것인지가 문제된다. 난민신청을 하여 난민인정 심사에 회부하기로 결정된 사람의 경우에도 마찬가지 문제가 제기된다. 이에 출입국관리법 및 난민법에서는 지방출입국·외국인관서의 장에게 매우 포괄적인 사유에 토대하여 조건부 입국을 허가할 권한을 부여함으로써 해당 외국인으로 하여금 일정한 제약 하에 국내의 장소로 이동하고 머무를 수 있는 방안을 마련하고 있다(법 제13조 제1항; 「난민법 시행령」 제5조 제4항 전단). 즉 이상의 사유에 토대한 입국허가는 '조건부 입국허가'라는 법령상의 명칭에도 불구하고 그 실질은 본안심사 이후에 이루어지는 본래의 입국허가에 강학상의 부관으로서의 조건이 붙어 있는 것이 아니라 오히려 본안에 대한 심사가 종결되지 않은 상태에서 행해지는 '임시'의 입국허가이다.

2) 법적 성질

이처럼 조건부 입국허가의 대상자는 신청 후 입국허가에 관한 결정이 있기 전 또는 난민인정에 관한 결정이 내려지기 전의 과정 중에 처해 있는 자이다. 결정에 극히 짧은 시간만이 소요된다면 이 단계에서 외국인의 인신을 어떻게 처우할 것인가는 그다지 중요한 문제가 되지 않을 수도 있다. 그러나 결정에 상대적으로 많은 시간이 소요된다면 이 단계의 외국인의 인신을 어떻게 처우할 것인지는 매우 중요한 법적 쟁점이 된다. 입법례에 따라서는 입국심사 및 결정 계류 중인 자에 대해서는 원칙적으로 국가가 구금 내지 보호(detention on arrival pending examination)를 할 수 있는 것으로 하되, 불필요한 구금 내지 보호를 회피할 수 있게 하는 대안으로서 일시적 입국허가(temporary admission) 또는 가석방(parole)을 할 수 있도록 규정하고 있는 예도 발견된다.[105] 즉, 규범 구조상 입국심사 중 외국인의 인신을 구금할 수 있음을 원칙으로 선언하되, 예외적이고 잠정적인 방면(放免)의 구조를 취하는 것이다. 반면 우리의 출입국관리법에는 입국심사계류 중인 자를 보호할 수 있다는 명시적 규정이 없다. 즉 보호는 특정 외국인이 강제퇴거사유의 어느 하나에 해당한다고 의심될 만한 상당한 이유가 있고 도주하거나 도주할 염려가 있는 경우에(법 제51조 제1항) 할 수 있고, 일시보호는 입국불허를 당한 사람, 조건부 입국허가를 받은 사람으로서 도주하거나 도주할 염려가 있는 사람, 출국명령을 받은 사람으로서 도주하거나 도주할 염려가 있다고 인정할만한 상당한 이유가 있는 사람에 대하여 할 수 있는 것으로 규정하고 있을 따름이다(법 제56조 제1항).[106] 국민이건 외국인이건 인간으로서의 존엄성을 누리는 존재이므로 외국인의 신체의 자유도 보편적인 법적 지위로서 국가권력은 이를 존중하여야 하며, 그 제한이나 박탈에는 명시적인 법률의 수권이 필요하다고 본다면, 입국심사 중인 외국인의 인신의 자유를 제한하는 법적 근거와 그 예외사

---

[105] 우리의 조건부 입국허가와 유사한 제도로 영국의 일시적 입국허가(temporary admission)를 들 수 있다. 다만 영국의 일시적 입국허가는 입국불허결정이나 난민인정불허결정을 이미 받아 보호(detention)의 대상이 되는 자에게도 베풀어질 수 있다는 점에서 우리의 조건부 입국허가와는 차이가 있다. 즉, 영국법의 경우, 보호권한이 있다는 것은 일시적 입국허가권한도 있다는 것을 의미한다. 심사계류 중 및 입국허가 또는 불허결정 계류 중인 자를 보호할 권한(Immigration Act 1971 Sch 2 para 16.1) 및 일시적 입국허가(Immigration Act 1971 Sch 2 para 21, Immigration and Asylum Act 2002 s.62(3))에 대해서는 Clayton, *Immigration and Asylum Law*, pp.504-505, 521-522 참조; 한편 미국의 가석방(parole)도 이와 유사하다. 가석방은 입국허가(admission)가 아니며 보호를 잠정적으로 하지 않겠다는 결정에 불과하다. 이에 대해서는 Aleinikoff et al., *Immigration and Citizenship*, pp.663-664.

[106] 즉, 출입국관리법 제56조 제1항 제1호의 일시보호 사유는 '제12조 제4항에 따라 입국이 허가되지 않은 사람'이므로 입국불허의 의사표시가 확정적으로 있었던 경우를 의미하고 따라서 입국심사계류 중인 자는 이에 해당하지 않는다. 다만, 조건부 입국허가를 받아 방면되었던 외국인이 도주하거나 도주할 염려가 있다고 인정할 만한 상당한 이유가 있을 때 일시보호할 수 있음(법 제56조 제1항 제2호)을 규정하여 입국심사 계류 중인 자에 대한 원칙적 보호권한을 암시하고 있을 따름이다. 한편 난민법 제20조는 신원확인을 위한 보호를 규정하고 있다. 또한 출입국관리법은 조건부 입국허가의 권한은 지방출입국·외국인관서의 장에게 부여하고 있고 조건부 허가를 받았으나 도주하였거나 도주염려 있는 자를 일시보호할 권한은 출입국관리공무원에게 부여하고 있다.

유 모두가 분명하게 법률로써 규율되어야 한다. 그러나 현행 출입국관리법은 입국심사계류 중인 외국인의 인신의 자유를 국가가 박탈할 수 있는 규범적 근거를 불분명한 상태로 둔 채 조건부 입국허가라는 예외의 권한만을 명문으로 규정하고 있는 문제가 있다. 조건부 입국허가를 받은 외국인을 어떻게 처우할 것인가도 문제된다. 비교법적으로 살펴보면, 조건부 입국허가를 받아 국내에 소재하고 있는 외국인의 법적 지위에 대해서는 불분명한 점이 있으며 이는 외국의 이민행정법제상으로도 논란이 되었다. 그런데 이들이 고안해 낸 해결방법은 다소 기교적으로나마 개념을 재구성하는 것이었다. 예컨대 영국의 경우 일시적 입국허가를 받은 자는 합법적으로 소재하는 자(lawfully present)이기는 하나 합법적으로 체류하는 자(lawfully resident)는 아니기 때문에 후자와는 달리 각종 이의신청 기회가 부여되지 않고, 의료 및 사회부조나 법률구조로부터 배제되어 극빈층을 이루고 있다고 한다. 미국의 법령에서도 가석방(parole)된 자는 물리적으로는 미연방 내에 소재(physically present)하고는 있으나 엄격한 의미에서는 입국허가(admission)를 받은 자가 아니며, 따라서 보다 강한 절차적 보호가 베풀어지는 강제퇴거(deportation)의 대상이 아닌, 절차적 보호가 약한 입국불허(exclusion)의 대상이 되게끔 하고 있다.[107] 즉 이들의 법제에서는 어떠한 외국인에게 어떠한 법적 지위를 부여할 것인가의 기준을, 입국허가를 받은 자이냐 여부, 즉 규범적 입국 개념에 좌우되게끔 하는 입장을 취하고 있고 이에 따라 본래의 입국허가를 받지 아니한 자의 지위를, 그것을 받은 자의 지위와 극명히 대비되게끔 하는 입장을 취하고 있다는 점에서 공통점을 발견할 수 있다. 그런데 이하에서 살펴보듯이 우리의 법제에서는 조건부 입국허가를 받은 자가 조건을 위반하였을 때, 이를 강제퇴거의 대상으로 규정함으로써 송환의 대상인 입국불허결정을 받은 자 — 두 경우 모두 입국허가의사의 부재라는 규범적 차원의 동질성에도 불구하고 — 에 비하여 우대함으로써 적어도 출국의 관점에 있어서는 정식의 입국허가를 받은 자의 지위와 유사하게 구성하고 있다.

3) 효 력

조건부 입국허가에는 주거의 제한, 출석요구에 따를 의무 및 그 밖에 필요한 조건이 붙으며, 허가권자는 1천만 원 이하의 보증금을 예치하게 할 수 있다(법 제13조 제2항). 조건부 입국을 허가하는 때에는 72시간의 범위 내에서 허가기간을 정할 수

---

107 INA § 212(d)(5)(A).

있다(법 시행령 제16조 제1항). 다만 난민법에 따른 조건부 입국허가를 하는 경우에는 90일의 범위에서 허가기간을 정할 수 있다(「난민법 시행령」 제5조 제4항). 허가기간의 종기가 도래하면 조건부 입국허가는 실효됨이 원칙이나, 조건부 입국허가를 받은 외국인이 부득이한 사유로 그 허가기간 내에 조건을 갖추지 못하였거나 조건을 갖추지 못할 것으로 인정될 때에는 제1항의 허가기간을 초과하지 아니하는 범위에서 조건부 입국허가기간을 연장할 수 있다(법 시행령 제16조 제2항). 다만 '그 허가기간'의 의미에 대해서는 논란이 있다.[108]

조건부 입국허가를 받은 외국인이 도주하거나 도주할 염려가 있다고 인정할 만한 상당한 이유가 있는 경우에는 출입국관리공무원은 해당 외국인을 일시보호할 수 있다(법 제56조 제1항 제2호). 이 경우 출입국관리공무원은 청장·사무소장 또는 출장소장으로부터 일시보호사유, 보호장소 및 보호시간 등을 적은 일시보호명령서를 발급받아 그 외국인에게 보여 주어야 한다(법 시행령 제71조 제1항·제2항). 또한 조건부 입국허가를 받은 외국인이 그 조건을 위반하였을 때에는 강제퇴거의 대상이 되며(법 제46조 제1항 제5호) 그 예치된 보증금의 전부 또는 일부를 국고(國庫)에 귀속시킬 수 있다(법 제13조 제3항). 출입국관리공무원은 조건부 입국허가를 받은 외국인이 그 허가기간 내에 입국심사의 각 요건을 갖추었다고 인정되면 입국심사를 하여야 한다. 이 경우 입국일은 조건부 입국허가일로 한다(법 시행령 제16조 제3항).

(다) 재입국허가

외국인이 입국할 때는 유효한 여권과 사증을 가지고 있어야 하며(법 제7조 제1항), 이는 원칙적으로 재입국의 경우도 마찬가지이다. 국내 체류 외국인이 대한민국에서 출국하면 그에게 부여되었던 체류자격 및 체류기간은 소멸하는 것이 원칙이나 일시적으로 출국하였다가 다시 입국하는 경우 또다시 재외공관에서 사증을 발급받고 90일 이내에 외국인등록을 하여야 하는 등 같은 절차를 반복하는 것은 매우 번거로울 수 있으므로, 이러한 불편을 해소하고 무용한 절차를 반복하지 않게끔 하고자 도입한 것이 재입국허가제이다.[109] 사증발급을 신청하기 위해서는 체류자격별로 다양한 첨부서류가 요구됨이 원칙이나, 재입국허가신청시에는 첨부서류가 없음이 원칙이다(법 시행규칙 별표 5 유의사항 2 참조). 재입국허가를 받은 사람 또는 재입국허가가 면제

---

108 법무부 출입국·외국인정책본부, 『출입국관리법 해설』, 215−216면.
109 법무부 출입국·외국인정책본부, 『출입국관리법 해설』, 284면.

된 사람으로서 그 허가 또는 면제받은 기간이 끝나기 전에 입국하는 사람은 사중 없이 입국할 수 있다(법 제7조 제2항). 즉, 재입국허가는 외국인의 재입국시, 입국규제요건인 사중의무를 면하도록 해주는 기능을 하며, 그 법문상의 명칭에도 불구하고 출입국항에서의 입국허가를 면하는 것을 규율내용으로 담고 있지는 않으므로 재입국허가를 받고 출국한 후 재입국하는 외국인이라 하더라도 입국심사를 거쳐 입국허가를 받아야 한다.[110] 재입국허가는 외국인등록을 하거나 그 등록이 면제된 외국인에게 법무부장관이 발급하며, 대한민국에 체류하는 외국인이 '그의 체류기간 내에 출국하였다가 재입국하고자 하는 경우'에 신청에 의하여 발급되므로, 외국인이 체류기간 만료일 전에 대한민국에 재입국할 의사를 가지고 출국하려고 하는 때에 발급된다.[111] 다만, 영주의 체류자격(F-5)을 가진 사람과 재입국허가를 면제하여야 할 상당한 이유가 있는 사람으로서 법무부령이 정하는 사람에 대해서는 재입국허가를 면제할 수 있다(법 제30조 제1항, 법 시행규칙 제44조의2 제1항).[112] 뿐만 아니라 「재외동포의 출입국과 법적 지위에 관한 법률」에 따른 재외동포에게도 재입국허가가 면제되고 있다. 즉, 이들은 재입국허가가 없이도 재입국 시 사중요건의 적용을 받지 않게 된다.

이상에서 살펴본 입국절차는 평상시의 전형적인 외국인의 입국을 전제로 한다.

---

110 영주권자가 재입국하는 경우 입국허가(admission)를 받아야 하는지, 즉 입국금지사유가 적용되는지 여부에 관한 미국의 논란과 실정법의 규율에 관해서는 Aleinikoff et al., *Immigration and Citizenship*, pp.509-510; 영국의 경우 기존에는 영주권자(indefinite leave to enter and remain)가 출국하면 입국허가는 실효되나 2년 내의 재입국 등 일정 요건 충족시 다시 입국할 수 있다는 것이 원칙이었다. 그러나 Immigration (Leave to Enter and Remain) Order 2000, SI 2000/1161에 의하여 영주권자는 2년 미만의 기간 동안 영국 내 부재하더라도 입국허가가 실효되지는 않는 것으로 바뀌었다. Clayton, *Immigration and Asylum Law*, pp.206-207. 즉 영주권자가 2년 내에 재입국하는 경우에는 다시 입국 및 체류허가를 신청할 필요가 없다.

111 법무부 출입국·외국인정책본부, 『출입국관리법 해설』, 284면.

112 법 시행규칙에서 정하고 있는 재입국허가 면제대상은 다음과 같다. 즉, (i) 영 별표 1의3 체류자격 영주(F-5)의 자격을 가진 사람으로서 출국한 날부터 2년 이내에 재입국하려는 사람, (ii) 영 별표 1의2 중 체류자격 1. 외교(A-1)부터 25. 동반(F-3)까지, 27. 결혼이민(F-6)부터 30. 기타(G-1)까지의 자격을 가진 사람으로서 출국한 날부터 1년(남아 있는 체류기간이 1년보다 짧을 경우에는 남아있는 체류기간으로 한다) 이내에 재입국하려는 사람 은 재입국허가 면제대상이다(법 시행규칙 제44조의 2 제1항 각호). 다만, 법 제11조에 따라 입국이 금지되는 외국인과 이 규칙 제10조 각 호의 어느 하나에 해당하는 사람은 제외한다(법 시행규칙 제44조의 2 제1항 단서). 또한 「재외동포의 출입국과 법적 지위에 관한 법률」에서도 재입국허가의 면제를 규율하고 있다. 즉, 국내거소신고를 한 외국국적동포가 체류기간 내에 출국하였다가 재입국하는 경우에는 「출입국관리법」 제30조에 따른 재입국허가가 필요하지 아니하다(재외동포법 제10조 제3항).

반면 운송수단의 승무원들의 입국은 이들이 수행하는 직업활동의 특성상, 관광·학업·근로·가족생활 등을 목적으로 입국하고자 하는 여타의 경우와 다른 측면을 가지고 있다. 또한, 선박 등에 타고 있는 외국인이 질병이나 사고로 긴급히 대한민국 영내에 진입하여야 할 필요가 있거나 선박이 조난당하는 등, 비상의 상황도 상정할 수 있다. 이에 출입국관리법 제2절에서는 '외국인의 상륙'이라는 표제하에 평상시의 입국과는 다른 사안들을 규율하고 있는데, 이들 규율의 핵심은 허가기간의 단기성과 절차의 간이성에 있다. 더 나아가 동절에서는 크루즈와 같은 관광목적 여객선의 외국인승객에 대해서도 짧은 허가기간에 대응하는 간이한 절차에 의한 입국을 허용하고 있다.

4. 외국인의 상륙

(가) 승무원의 상륙허가

외국인인 승무원이 승선 중인 선박 등이 대한민국의 출입국항에 정박하고 있는 동안 휴양 등의 목적으로 상륙하고자 하거나(법 제14조 제1항 제1호) 대한민국의 출입국항에 입항할 예정이거나 정박 중인 선박 등으로 옮겨 타고자 하는 경우, 출입국공무원은 선원신분증명서나 여권 등 일정한 신분관련 서류를 확인하여 해당 승무원의 상륙을 15일의 범위에서 허가할 수 있다(법 제14조 제2항). 신청권자는 선박 등의 장 또는 운수업자나 승무원 본인이다. 그러나 이 경우에도 법상 입국금지사유의 해당성 여부는 심사되어야 하고 그에 해당하는 경우에는 상륙을 허가할 수 없으며(법 제14조 제1항 단서), 특히 선박을 옮겨 타고자 하는 경우에는 입국심사에 관한 법 제12조가 준용된다. 승무원 상륙허가서에는 허가기간, 행동지역의 제한 등 필요한 조건을 붙일 수 있다(법 제14조 제3항 후단). 더 나아가 법 시행령에서는 대한민국에 정기적으로 운항하거나 자주 출·입항하는 선박등의 외국인승무원에 대하여서는 더욱 더 절차를 간이화하고 있다. 즉 이들 승무원들에 대하여서는 1년의 유효기간 내에서 2회 이상 상륙할 수 있는 복수상륙허가를 할 수 있다(법 시행령 제18조의2).

(나) 관광상륙허가

출입국관리공무원은 관광을 목적으로 대한민국와 외국 해상을 국제적으로 순회하여 운항하는 여객운송선박 중 법무부령으로 정하는 선박에 승선한 외국인승객에

대하여 신청에 기하여 3일의 범위에서 관광상륙을 허가할 수 있다. 다만 이 경우에
도 입국금지사유에의 해당성은 소극적 사유이며(법 제14조의2 제1항) 관광상륙허가를
받은 외국인승객이 하선하여 다른 선박등으로 출국하려는 경우에는 입국심사를 받
아야 한다(법 시행규칙 제19조 제6항). 출입국관리공무원은 신청을 받으면 ⅰ) 외국인
승객의 여권, ⅱ) 외국인승객의 명부, ⅲ) 그 밖에 법무부령으로 정하는 서류를 확인
하여야 하며(법 제14조의2 제2항), 관광상륙허가서에는 허가기간, 행동지역의 제한 등
필요한 조건을 붙일 수 있다(법 제14조의2 제3항).

(다) 긴급 및 재난상륙허가

긴급상륙허가와 재난상륙허가는 질병 또는 조난 등 긴급한 상황을 전제로 한다
는 점에 공통점이 있다. 선박 등에 타고 있는 외국인(승무원 포함)이 질병이나 그 밖
의 사고로 긴급히 상륙할 필요가 있다고 인정되면 출입국관리공무원은 신청에 기하
여 30일의 범위에서 긴급상륙을 허가할 수 있다(법 제15조 제1항). 또한 조난을 당한
선박등에 타고 있는 외국인(승무원 포함)을 긴급히 구조할 필요가 있다고 인정하면 지
방출입국·외국인관서의 장은 신청에 기하여 30일의 범위에서 재난상륙허가를 할 수
있다(법 제16조 제1항). 긴급 및 재난상륙의 경우, 상륙한 사람의 생활비·치료비·장
례비와 그 밖에 상륙 중에 발생한 비용에 대한 부담의 책임은 선박등의 장이나 운수
업자에게 있다(법 제15조 제3항, 제16조 제3항).

(라) 난민 임시상륙허가

지방출입국·외국인관서의 장은 선박 등에 타고 있는 외국인이 난민법 제2조 제1
호에 규정된 이유(인종, 종교, 국적, 특정 사회집단의 구성원인 신분 또는 정치적 견해)나 그
밖에 이에 준하는 이유로 그 생명·신체 또는 신체의 자유를 침해받을 공포가 있는
영역에서 도피하여 곧바로 대한민국에 비호를 신청하는 경우 그 외국인을 상륙시킬
만한 상당한 이유가 있다고 인정되면 법무부장관의 승인을 받아 90일의 범위에서 난
민 임시상륙허가를 할 수 있다. 이 경우 법무부장관은 외교부장관과 협의하여야 한
다(법 제16조의2). 난민 임시상륙허가를 신청할 때에는 난민 임시상륙허가 신청서에
그 이유를 소명하는 서류를 첨부하여 청장·사무소장 또는 출장소장에게 제출하여야
하며, 청장·사무소장 또는 출장소장은 신청서를 받으면 의견을 붙여 이를 법무부장
관에게 보내야 한다(법 시행령 제20조의2 제1항·제2항). 법무부장관이 위의 신청을 승

인하면 청장·사무소장 또는 출장소장은 해당 외국인에게 난민 임시상륙허가서를 발급하며, 법무부장관이 정한 시설 등에 그 거소를 지정하여야 한다(법 시행령 제20조의2 제3항).

난민 임시상륙허가는 입국 및 체류에 관하여 모종의 국가적 의사결정을 거친 외국인만 난민신청을 할 수 있다는 입장을 반영하는 제도이다. 즉 외국인이 입국허가나 체류자격이 아직 부여되지 않은 상태에서는 난민신청을 할 수 없다는 전제하에, 일단 난민임시상륙허가를 받은 후에 비로소 난민신청을 할 수 있다는 것이 기존 출입국관리법의 입장이었다. 그런데, 2013년 제정된 난민법에서는 출입국관리법에서는 허용되지 않았던 출입국항에서의 난민신청을 명문으로 규정하고 있다(법 제6조). 출입국항 난민신청규정은 입국허가 및 체류자격이 부여되지 않은 상태에서도 난민신청을 할 수 있도록 하는 데 그 취지가 있다는 점에서 입국허가 및 체류자격을 부여받은 바 없는 외국인은 출입국관리법에 따라 난민 임시상륙허가를 받은 후 난민법에 따라 난민신청을 하여야 하는지 아니면 그 상태에서 바로 난민법에 따른 난민신청을 할 수 있는 것인지의 문제가 제기된다.

외국인의 체류

이 희 정

제 5 장 외국인의 체류

외국인의 체류는 외국인이 대한민국에 입국하여 일정 기간 동안 머물러 있는 상태를 말한다.[1] 외국인의 입국과 함께 체류가 개시된다. 출입국관리법에 따르면 입국하려는 외국인은 '체류자격'을 가져야 한다. 외국인은 사증발급이 면제되는 경우를 제외하고 원칙적으로 입국 전 사증발급 시에 체류자격을 부여받는데, 체류의 목적이 주된 기준이 된다. 예외적으로 대한민국에서 출생하여 사전에 체류자격을 부여받지 못한 상태로 체류하게 되는 외국인 등을 위해서 별도의 '체류자격 부여'제도가 존재한다(법 제23조). 외국인은 체류자격에 따라 인정되는 범위에서 활동을 할 수 있으며, 체류기간 또한 체류자격별로 법령 또는 법령상 상한 내에서 출입국관리공무원의 결정에 의해 정해진다. 체류자격에 해당하는 활동과 함께 다른 체류자격에 해당하는 활동을 하려면 법무부장관의 체류자격 외 활동허가를 받아야 한다(법 제20조). 체류 중인 외국인이 다른 체류자격에 해당하는 활동을 하려면 법무부장관의 체류자격 변경허가를 받아야 하고(법 제24조), 체류기간의 연장을 원할 때는 체류자격 연장허가를 받아야 한다(법 제25조). 필요한 허가를 받지 않고, 활동범위나 체류기간을 위반하는 경우 처벌과 강제퇴거의 대상이 될 수 있다.

---

1 국내에 물리적으로 머무는 모든 형태를 '체류'라고 볼 것인가? 기간이나 목적에 따라 '체류'에 해당하는 경우와 그렇지 않은 경우를 구분할 것인가? 1966년 제정 「출입국관리법 시행령」 제5조에서는 통과나 관광을 위해 국내에 머무는 경우 체류사증이 아닌 통과사증과 관광사증을 발급하였으나, 현행 「출입국관리법 시행령」 별표 1에서는 "관광·통과"는 체류자격의 한 유형이다. 이는 과거에는 통과나 관광을 위한 물리적 체류를 그 밖의 체류와 규범적으로 구분하여 취급했지만, 현행법에서는 모든 물리적 체류를 '체류'로 취급함을 의미한다.

외국인의 체류는 이민정책의 주된 대상이다. 체류자격의 유형과 체류기간은 외국인의 체류 양상에 영향을 미치는 직접적이고 핵심적인 정책수단으로서, 외국인의 체류에 대한 소극적 관리수단을 넘어 적극적 조종수단으로 활용된다.[2] 체류자격의 유형은 외국인의 '입국'과 관련하여 검토될 수도 있지만, 본서에서는 외국인의 체류에 관한 기본적인 규율이 체류자격을 통해 이루어진다는 관점에서 '체류' 관련 내용으로 살펴본다.

외국인의 체류 중 활동에 대해서는 경제활동이나 가족초청 가능성과 같이 체류자격과 연결되어 결정되는 사항도 있지만, 정치활동을 할 자유와 같이 체류자격과 관계없이 외국인 일반에 대해 규율되는 사항도 있다. 외국인의 체류 중 활동에 대한 이러한 규제는 헌법상 기본권이 보장되는 국민에 대해서는 허용되기 어려운 내용도 포함된다. 그러나 외국인도 제한적인 범위에서 헌법상 기본권의 주체가 되며[3] 법률에 의해 보호되는 다양한 법적 지위를 가지므로, 외국인의 체류에 대한 규율은 법적 한계를 갖는다. 또한 외국인의 체류와 관련하여 고용주나 배우자와 같은 특정 국민이 갖는 법적 이익 또한 외국인의 체류에 대한 규제의 한계로 작용할 수 있다.

외국인의 체류에 대한 행정청의 임무는 크게 질서관리와 사회통합지원으로 나눌 수 있다. 외국인등록제도는 질서관리를 위한 기본제도라 할 수 있다. 행정조사와 행정벌과 같은 행정의 실효성확보수단도 마련되어 있다. 체류 외국인이 진정한 의미의 구성원이 되기 위해서는 사회통합이 필요하고, 이를 위해 행정청은 다양한 지원체계를 마련하고 있다.

---

2 이민현상에 대한 국가의 조종역할에 입각한 이민행정법체계의 설명으로는 김환학, 「이민행정법의 구축을 위한 시론」, 『행정법연구』 제32호 (2012), 193–222면 참조.

3 헌재 2001. 11. 29. 99헌마494, 헌재 2011. 9. 29. 2007헌마1083 등에서는 기본권의 성질에 따라 인간의 존엄과 가치 및 행복추구권 등과 같이 단순히 '국민의 권리'가 아닌 '인간의 권리'로 볼 수 있는 기본권에 대해서는 외국인도 기본권주체가 될 수 있다고 하고, 다만 기본권주체성을 인정한다고 하더라도 우리 국민과 동일한 수준의 보장이 이루어진다는 의미는 아니라고 하고 있다.

제1절 체류자격의 유형

이민법상 체류자격의 유형은 이민정책을 추진하는 기본적인 수단이다.4 단지 외국인이 희망하는 체류의 형태를 유형화해 관리하는 질서유지적 수단을 넘어, 외국인이 국내의 정치·사회·경제·문화 등에 미치는 영향을 통제 또는 관리하고자 하는 정책적 관점에서 외국인의 체류를 직·간접적으로 통제·유도하는 주요한 정책수단이다. 따라서 우리나라에서 '이민정책'의 필요성이 커질수록 출입국관리법상 체류자격 제도에 대한 정책적 관점에서의 이해 및 정교한 전략적 접근의 필요성도 커진다. 이하에서는 체류자격 유형의 법령상 근거 및 실질적 관점에서 이를 재분류해 볼 수 있는 기준을 살펴본 후, 「출입국관리법 시행령」 별표 1의 체류자격 유형을 개략적으로 살펴본다.

1. 법령상 근거

1963. 3. 5. 출입국관리법이 제정될 당시에는 '입국자격'에 관한 규정을 두고(제8조) 동법 시행령 제7조에서 입국자격의 종류와 자격별 체류기간을 구체화하였다. 또한 시행령 제5조에서 사증을 '통과사증, 관광사증 및 체류사증' 의 3가지로 규정하고, 입국자격에 따라 사증유형을 달리하였다. 16가지의 입국자격 중 통과사증은 "대한민국을 통과하려는 자"에게, 관광사증은 "관광객"에게 발급되었으며, 나머지 14가지 유형의 입국자격에 대해서는 "체류사증"이 발급되었다. 1983. 12. 31. 출입국관리법 전부개정 시에 사증의 종류 규정을 삭제하고 입국자격을 지금의 체류자격으로 변경하였다. 1996. 12. 12. 개정 시에 그때까지 시행령에서 체류자격과 체류기간의 상한을 함께 규율하던 방식을 바꾸어 체류자격은 시행령 별표에서, 체류기간은 시행규칙에

---

4 법무부 외국인·출입국정책본부가 공표하는 「안내 매뉴얼」은 사증발급과 체류자격의 두 유형으로 나누어져 있다. 「사증발급 안내매뉴얼」(또는 사증자격별 안내 매뉴얼이라고도 한다)에서는 체류자격별 활동범위, 해당자, 1회부여 체류기간의 상한, 공관장 재량으로 발급할 수 있는 사증, 사증발급인정서 발급대상, 참고사항 등을 설명하고 있으며, 「외국인체류 안내매뉴얼」(또는 체류자격별 안내매뉴얼이라고도 한다)에는 체류자격별로 자격해당자 및 활동범위, 1회에 부여할 수 있는 체류기간 상한 및 그 밖에 관련이 있는 경우 법무부장관이 허가할 가능성이 있는 체류자격외활동의 범위, 체류자격변경허가, 체류기간연장허가, 재입국허가, 외국인등록에 관한 사항 등을 규정하고 있다.

서 규정하게 되었다. 이를 통해 체류기간에 대한 규율을 좀 더 유연하게 하고자 한 것으로 보인다.

1983년 18가지로 정리된 체류자격 유형은 이후 1993년 시행령에 별표 1이 신설되면서 29가지로 세분화되었고, 현재는 36개로 늘어났다. 이민정책의 변화와 함께 다양한 범주의 외국인에 대한 체류자격이 신설되고 있다. 1998년 재외동포(F-4)의 신설, 2002년 영주(F-5)자격의 신설, 2007년 방문취업(H-2)의 신설, 2011년 결혼이민(F-6)의 신설 등이 이민정책의 관점에서 중요한 변화에 해당한다.

2018. 3. 20. 법 개정을 통하여 외국인의 체류자격을 '일반체류자격'과 '영주자격'으로 대분류하여 규율하는 변화가 초래되었다. 일반체류자격은 다시 관광, 방문 등의 목적으로 90일 이하의 기간 동안 머물 수 있는 단기체류자격과 유학, 연수, 투자 등의 목적으로 90일을 초과하여 거주할 수 있는 장기체류자격으로 구분된다.

현행 출입국관리법 제10조의2 및 제10조의3에 근거하여 발령된 「출입국관리법 시행령(2018.9.18. 개정, 2018.9.21. 시행)」에서는 외국인의 체류자격을 A-H의 8개 그룹으로 구분하고 그 안에 속하는 총 36개의 하위 유형을 두는 종전의 방식을 유지하되, 이를 법 개정의 취지에 따라 별표 1(단기체류자격), 1의2(장기체류자격), 1의3(영주자격)의 3개의 별표로 대분류하여 규정하고 있다. 별표에서는 각 체류자격별로 그 체류자격을 부여받을 수 있는 요건 또는 그 체류자격 하에서 허용되는 활동의 범위 등을 정하고 있다. 또한 「출입국관리법 시행규칙」 별표 1에서는 장기체류자격에 한해 체류자격별 체류기간의 상한을 정하고 있다.

종전 출입국관리법 제10조 제1항은 "입국하려는 외국인은 대통령령으로 정하는 체류자격을 가져야 한다"고 규정함으로써 아무런 구체적인 기준을 정하지 않고 대통령령에 위임함으로써 헌법상 포괄위임금지의 원칙에 위반될 수 있다는 비판을 받았다.[5] 2018년 개정 법은 제10조에서 일반체류자격과 영주자격으로의 대별, 제10조의2

---

5 2018년 개정 전 출입국관리법 제10조가 대통령령에 위임하고 있는 방식은 너무 포괄적이라는 측면에서 체류자격의 내용을 법률에 상향하여 규정할 필요가 있다는 지적으로 법무부 출입국·외국인정책본부, 『출입국관리법 해설』(2011), 87면 참조; 포괄위임의 문제는 달리 말하면 체류자격의 유형에 대해 국민의 대의기관인 입법부가 얼마나 결정의 권한을 행사하고 그에 대해 책임을 져야 할 것인가의 문제이다. 외국인의 이민 수요가 미미했던 과거에는 이민정책의 중요성이 크지 않았다. 더구나 행정의 상대방인 외국인은 대의기관에 의해 대표될 국민이 아니므로 인권의 차원으로 논의하지 않는 한 대의기관에 의한 법치를 요청할 자격이 있는지에 대해 의문이 제기될 수도 있다. 특히 입국도 하기 전에는 더욱 법적으로 보호될 이익이 인정되기 어렵기 때문에 체류자격에 관해 국내법적으로 보호되는 지위가 없다고 볼 수도 있다. 따라서 체류자격에 대해 헌법상 포괄위임금지원칙이나 법치행정원칙상 법률유보 등이 구현되지

에서 일반체류자격의 단기, 장기 체류자격으로의 구분, 제10조의3에서 영주자격에 대해 규정함으로써 종전보다 구체적인 내용을 포함하고 있다. 특히 제10조의3은 영주자격이 국가와 사회에 미치는 중요성에 걸맞게 법률에서 그 법적 지위와 요건 등을 직접 규정함으로써 의회유보 원칙의 측면에서도 진일보한 것으로 평가할 수 있다. 향후 이민정책의 중요성이 커질수록 이민정책의 중요한 법적 수단인 체류자격의 유형 등에 대해 국회에서 직접 논의하여 정해야 할 사항이 증가할 것이다.[6]

2. 체류자격의 분류기준

2018년 개정 「출입국관리법」은 활동범위와 체류기간의 제한을 받는가 여부 및 체류기간의 장·단기를 체류자격의 상위 분류기준으로 신설하였다. 이로써 체류자격의 유형은 전보다 체계화되었으나, 그 하위의 분류기준인 「출입국관리법 시행령」 별표에서 규정된 A에서 H까지의 8개 그룹은 종전과 같은 내용으로 유지되고 있다. 8개 그룹에 포함된 세부적인 체류자격들은 상당한 공통점이 발견되기도 하지만, 성질이 매우 다른 유형도 포함되어 있어서 이를 정교한 분류체계로 보고 분석하기는 어렵다.[7] 그러나 불완전하나마 각 그룹이 처음에 의도한 것으로 보이는 대표적 특징

않은 것이 법적 문제로 관심을 받지 못했던 것이 아닐까 한다. 그러나 최근 우리나라에서 '이민정책' 및 이를 구현할 이민법제를 논의할 필요성이 점점 더 크게 제기되고 있는데, 이러한 이민정책 및 법제의 향방은 국민의 정치·경제·사회적 생활에 중요한 영향을 미칠 수 있으므로 이에 대해 대의기관인 국회의 숙고가 필요하다.

6 또한 국가의 중요한 행정작용이 법치의 원칙에 따라 이루어져야 하고 출입국관리행정에 있어서도 부패나 재량권 일탈·남용이 통제되어야 한다는 법치주의 원칙 일반의 요구, 외국인에 대해 국민과 같은 법적 지위를 부여하지 않는다 하더라도 인권(법)의 관점에서 법에 따른 합리적 출입국행정이 요구된다는 점, 그리고 전 세계적으로 고령화와 저출산 등으로 인구구조의 문제점이 나타나면서 우수한 인력을 이민을 통해 유치하고자 하는데 법치주의에 충실한 합리적 출입국행정은 소극적이나마 외국인 유입의 기본적인 유인에 해당한다는 점 등에서도 출입국관리행정의 법치주의 실현의 요청은 크다. 물론 이민행정이 대응해야 하는 국제적 환경의 유동성이나 외국인의 법적 지위를 고려해 볼 때 현행 「출입국관리법 시행령」 별표상의 세부적인 체류자격유형을 모두 법률에서 직접 규정하는 것은 적절한 입법방식이 아닐 것이다. 그러나 체류자격의 기본적인 유형을 법률에서 입법하고 세부유형을 행정입법에 위임하거나, 체류자격 유형을 결정할 때 고려할 원칙이나 형량의 대상이 될 주요 정책목표나 가치 등을 법률에 명시하는 방식 등이 대안으로 고려될 수 있다.

7 연혁적으로 각 그룹의 분류가 일관된 기준에 의하지 않게 된 이유는 명확하지 않다. A에서 H까지 그룹 설정 초기에는 어떤 일률적 기준이 있었으나 이후 체류자격의 추가·변경과정에서 어떤 이유로 그 기준과 다른 유형이 포함되었을 수도 있고, 복수의 구별기준에 해당하는 유형을 특정 그룹으로 분류함으로써 다른 기준에 의할 때에는 잘못된 분류로 보일 수도 있다.

및 우리보다 오랫동안 이민법제를 발전시켜온 외국의 사례를 참조하면, 체류자격에 대한 체계적 이해 및 법적 쟁점의 발견을 위해 이론적으로 의미있는 분류기준을 도출할 수 있다. 영구적 이민의 의사, 경제활동, 가족, 재외동포 등이 체류자격의 세부 유형들을 관통하는 법적, 정책적으로 중요한 의미를 갖는 요소이다.

(가) 이민 목적

이민국가인 미국의 예를 보면, 외국인을 크게 이민자(immigrant)와 비이민자(non-immigrant)로 나누고, 용어의 정의에서 비이민자에 해당되는 구체적 유형을 열거한 후에 이에 해당하지 않는 외국인은 '이민자'라고 정의하고 있다. 이민자와 비이민자에 대한 일반적 정의를 하고 있지는 않지만, 이민자와 비이민자의 구별은 영구적인 정주를 의미하는 '이민(immigration)'을 희망하는가, 일시적인 체류를 희망하는가로 구분될 것이다. 이민자에 대해서는 영주자격을 통해 귀화에 이르는 일련의 절차를 설계하여 이를 관리하고, 비이민자의 경우에는 체류목적에 따라 다양한 유형으로 나누어 관리한다. 따라서 이는 단순히 체류자격의 분류체계로서의 의미만 갖는 것이 아니라 국가가 외국인을 영구정주자로 받아들이는 과정을 어떻게 제도화할 것인가와 관련된다.

우리나라의 경우 영주자격 취득을 국적 취득의 선행조건으로 할 것인가에 대해 사회적 논란이 있었고 그 과정에서 영주자격은 36개 체류자격의 한 유형에 불과한 것으로 분류되었다. 그러나 2017. 12. 19. 개정 국적법에서 일반귀화의 요건으로 종전과 달리 '영주할 수 있는 체류자격을 가지고 있을 것'을 추가하여 국적취득제도에 중대한 변경을 가져왔다. 그리고 2018년 개정 출입국관리법은 영주자격과 일반체류자격을 체류자격의 양대 축으로 분류하여 국적법상 영주자격의 강화된 의미를 출입국관리법에도 반영하였다. 이는 인구구조의 변화, 전문인력의 공급부족 등으로 적극적 이민정책에 대한 필요성이 높아지고, 2002년 화교들의 장기체류를 용이하게 하기 위해 신설된 영주자격(F-5)이 점차 다양한 유형의 이민자에게 적용되어 현실적인 기능을 함에 따라 국가, 국민의 측면에서도 외국인의 측면에서도 합리적인 영구정주제도의 발전이 필요하게 된 것으로 볼 수 있다.

(나) 경제활동

외국인의 경제활동은 정책적으로 중요한 요소이므로, 체류자격의 유형을 분류할 때에도 중요한 기준이 된다. 경제활동은 크게 투자·경영활동과 취업활동으로 구분할 수 있다. 외국인의 투자활동이 미치는 영향도 크지만, 자본의 이동은 노동의 이동에 비해 출입국 내지 체류와의 연관성이 상대적으로 간접적이다. 크게 공무, 유학 등과 같이 경제활동을 목적으로 하지 않는 유형과 경제활동을 목적으로 하는 유형으로 구분될 수 있고, 후자는 다시 투자활동과 고용에 의한 경제활동으로 구분될 수 있다. 고용에 의한 경제활동은 다시 해외에서 고용이 이루어진 후에 국내에서 경제활동에 종사하는 경우와 국내에서 구직활동을 허용하는 경우 등으로 구분해 볼 수 있다.

투자·경영활동 체류자격은 국내 경제를 활성화하고, 일자리를 창출하며 글로벌 경제시스템에 적극적으로 참여하기 위해 외국기업·자본의 진출을 촉진하기 위한 정책적 수단의 하나로 활용될 수 있다. 투자활동을 위한 체류자격은 다시 직접투자와 간접투자로 구분되며 전자에는 기업투자(D-8), 후자에는 부동산투자이민(F-2-8), 공익사업투자이민(F-2-12, F-2-13, F-2-14)이 해당된다. 경영활동을 위한 체류자격으로는 주재(D-7), 무역경영(D-9)이 있다.

한편, 취업활동 체류자격은 전문인력과 숙련인력, 단순인력으로 나눌 수 있다. 출입국관리법 제18조는 '취업활동을 할 수 있는 체류자격'에 대해 별도의 근거를 두고, 동법 시행령 제23조는 전체 체류자격 유형 중에서 취업활동을 할 수 있는 유형을 일괄하여 규정하고 있다. 시행령 별표 1의 체류자격 규정에서 취업이 허용된다고 볼 수 있는 유형이 있는가 하면, 별표 1에서는 명확하지 않으나 시행령 제23조에서 명확히 취업을 허용하는 유형도 있다. 이 중 전문인력에 해당하는 체류자격으로 교수(E-1), 회화지도(E-2), 연구(E-3), 기술지도(E-4), 전문직업(E-5), 예술흥행(E-6), 특정활동(E-7)을 들 수 있다. 단순인력에 해당하는 것으로는 비전문취업(E-9), 선원취업(E-10), 방문취업(H-2)을 들 수 있다. 법무부장관은 취업활동을 할 수 있는 체류자격에 해당하는 사증을 발급하는 경우에는 국내 고용사정을 고려하여야 한다(법 시행령 제7조 제5항).

그 밖에 취업 자체만이 목적이라고 할 수는 없지만, 체류자격상 허용되는 활동에 취업이 포함되는 체류자격으로 거주(F-2), 재외동포(F-4), 영주(F-5)가 있다. 대한민국과 관광취업에 관한 협정 등을 체결한 국가의 국민이 관광과 취업활동을 하려는 경우에 부여되는 관광취업(H-1) 체류자격도 이에 해당된다.

(다) 가족관계

체류자격 부여를 위해 고려하는 사항 중 경제활동과 함께 중요한 축이 되는 것이 가족의 결합이다. 우리 헌법 제36조 제1항에서는 가족에 대한 국가의 보장의무를 규정하고 있다. 가족을 구성할 권리는 원칙적으로 가족이 함께 살 수 있는 권리를 포함하므로, 가족이 함께 살기 위해 가족의 다른 구성원이 대한민국에 입국하고 체류할 권리를 의미하는 가족재결합권은 혼인의 자유 중 특수한 형태로 보호된다. 또한 가족이 결합하여 살 수 있는 권리는 인권의 일부로 볼 수 있다. 국제조약 또는 국제인권법에서는 가족의 재결합권을 일반적으로 인정하고 있다.

따라서 대부분의 국가에서 이민법제상 가족의 결합은 외국인의 체류 허용 여부와 유형 등에 중요한 고려요소가 된다. 가족 구성원 중에서도 미성년 자녀는 아동보호의 측면에서 추가적인 법적 문제를 제기한다.

(라) 재외동포

우리 출입국관리법상 체류자격 유형의 특별한 기준 중 하나는 재외동포로서의 지위이다. 국민과 외국인을 구분하는 '국적'은 국적법에 따라 결정되는 상대적으로 형식성이 강한 법적 기준이다. 이에 비해 '동포'라는 개념은 '민족적 동질성', '혈연'이라는 실질적 요소를 기준으로 하는 개념이다. 따라서 '동포인 외국인'과 '동포가 아닌 외국인'을 구별하는 기준은 객관적이고 확인이 용이한 기준이 아니다. 우리 실정법상 재외동포에 대해 규율하는 두 법이 '재외동포'의 범위를 정하는 방식의 차이가 이러한 점을 잘 보여준다. 2023년 폐지된 「재외동포재단법」의 경우 국적에 관계없이 '한민족의 혈통'을 기준으로 재외동포에 포섭시키고 있었으나,[8] 이를 대신하여 제정된 「재외동포기본법」과 「재외동포의 출입국과 법적 지위에 관한 법률(이하 '재외동포법'이라 함)」에서는 본인 또는 직계존속이 국적을 보유하였던 사실을 '재외동포' 해당 여부를 결정하는 요건으로 하고 있다.[9] 2001년 헌법재판소의 헌법불합치결정 이전에는

---

8 「재외동포재단법」 제2조(정의) 이 법에서 "재외동포"란 다음 각 호의 어느 하나에 해당하는 사람을 말한다.
　1. 대한민국 국민으로서 외국에 장기체류하거나 외국의 영주권을 취득한 사람
　2. 국적에 관계없이 한민족(韓民族)의 혈통을 지닌 사람으로서 외국에서 거주·생활하는 사람
9 「재외동포기본법」 제2조(정의)
　1. "재외동포"란 다음 각 목의 어느 하나에 해당하는 사람을 말한다.
　가. 대한민국 국민으로서 외국에 장기체류하거나 외국의 영주권을 취득한 사람

대한민국 정부수립 전에 해외로 이주하여 국적을 취득한 사실이나 외국 국적 취득 전에 국적을 명시적으로 확인받은 사실이 없는 동포는 동 법률의 적용대상인 '재외동포'에서 제외되었으나,[10] 현재는 대한민국 정부수립 전에 국외로 이주한 동포도 포함하게 되었다.[11]

나. 출생에 의하여 대한민국의 국적을 보유하였던 사람(대한민국 정부 수립 전에 국외로 이주한 사람을 포함한다) 또는 그 직계비속으로서 대한민국 국적을 가지지 아니한 사람
「재외동포의 출입국과 법적 지위에 관한 법률」 제2조(정의) 이 법에서 "재외동포"란 다음 각 호의 어느 하나에 해당하는 자를 말한다.
1. 대한민국의 국민으로서 외국의 영주권(永住權)을 취득한 자 또는 영주할 목적으로 외국에 거주하고 있는 자(이하 "재외국민"이라 한다)
2. 대한민국의 국적을 보유하였던 자(대한민국정부 수립 전에 국외로 이주한 동포를 포함한다) 또는 그 직계비속(直系卑屬)으로서 외국 국적을 취득한 자 중 대통령령으로 정하는 자(이하 "외국국적동포"라 한다)
「재외동포의 출입국과 법적 지위에 관한 법률 시행령」 제3조(외국국적동포의 정의) 법 제2조 제2호에서 "대한민국의 국적을 보유하였던 자(대한민국정부수립 이전에 국외로 이주한 동포를 포함한다) 또는 그 직계비속으로서 외국 국적을 취득한 자중 대통령령이 정하는 자"란 다음 각 호의 어느 하나에 해당하는 자를 말한다.
1. 대한민국의 국적을 보유하였던 자(대한민국정부 수립 이전에 국외로 이주한 동포를 포함한다. 이하 이 조에서 같다)로서 외국 국적을 취득한 자
2. 부모의 일방 또는 조부모의 일방이 대한민국의 국적을 보유하였던 자로서 외국 국적을 취득한 자
10 헌재 2001. 11. 29. 99헌마494. "재외동포법은 외국국적동포등에게 광범한 혜택을 부여하고 있는바, 이 사건 심판대상규정은 대한민국 정부수립 이전에 국외로 이주한 동포와 그 이후 국외로 이주한 동포를 구분하여 후자에게는 위와 같은 혜택을 부여하고 있고, 전자는 그 적용대상에서 제외하고 있다. 그런데, 정부수립이후이주동포와 정부수립이전이주동포는 이미 대한민국을 떠나 그들이 거주하고 있는 외국의 국적을 취득한 우리의 동포라는 점에서 같고, 국외로 이주한 시기가 대한민국 정부수립 이전인가 이후인가는 결정적인 기준이 될 수 없는데도, 정부수립이후이주동포(주로 재미동포, 그 중에서도 시민권을 취득한 재미동포 1세)의 요망사항은 재외동포법에 의하여 거의 완전히 해결된 반면, 정부수립이전이주동포(주로 중국동포 및 구 소련동포)는 재외동포법의 적용대상에서 제외됨으로써 그들이 절실히 필요로 하는 출입국 기회와 대한민국 내에서의 취업기회를 차단당하였고, 사회경제적 또는 안보적 이유로 거론하는 우려도, 당초 재외동포법의 적용범위에 정부수립이전이주동포도 포함시키려 하였다가 제외시킨 입법과정에 비추어 보면 엄밀한 검증을 거친 것이라고 볼 수 없으며, 또한 재외동포법상 외국국적동포에 대한 정의규정에는 일응 중립적인 과거국적주의를 표방하고, 시행령으로 일제시대 독립운동을 위하여 또는 일제의 강제징용이나 수탈을 피하기 위해 조국을 떠날 수밖에 없었던 중국동포나 구 소련동포가 대부분인 대한민국 정부수립 이전에 이주한 자들에게 외국 국적 취득 이전에 대한민국의 국적을 명시적으로 확인받은 사실을 입증하도록 요구함으로써 이들을 재외동포법의 수혜대상에서 제외한 것은 정당성을 인정받기 어렵다. 요컨대, 이 사건 심판대상규정이 청구인들과 같은 정부수립이전이주동포를 재외동포법의 적용대상에서 제외한 것은 합리적 이유없이 정부수립이전이주동포를 차별하는 자의적인 입법이어서 헌법 제11조의 평등원칙에 위배된다(결정요지)."
11 재외동포재단법과 「재외동포의 출입국과 법적 지위에 관한 법률」의 적용대상 차이를 해소하

또 다른 측면에서 국적은 법적 요건과 절차에 따라 취득하기만 하면, 그 이전에 다른 국민이었다거나 민족을 달리하는 것 등에 상관없이 국민으로서 동일한 법적 지위를 부여하는 보편성, 추상성을 기반으로 하는 개념이지만, '동포'는 개인으로서 좌우할 수 없는 선천적·혈연적 특수성, 구체성을 기반으로 하는 개념이다. 따라서 외국인을 '동포인 외국인'과 '동포가 아닌 외국인'으로 구분하여 법적으로 달리 취급하는 것은 양자에 대한 차별이 되므로 그 차별의 합리성이 주의깊게 검토되어야 한다.

한편, 재외동포는 외국인이지만 민족적 동질성을 공유하고 있고, 언어소통이 가능하거나 문화적 동질감을 가지고 있는 특수성을 갖는 그룹이다. 이러한 특수성은 경제활동 영역에 있어서 커뮤니케이션을 위한 교육·훈련비 등을 절감하도록 하고, 국가 차원에서 사회통합 측면에서도 장점이 될 수 있다. 따라서 미국, 호주, 캐나다 등과 같이 이민으로 형성된 국가가 아닌 전통적인 구성원이 존재하고 있는 독일과 같은 국가들은 재외동포에 대한 특별한 이민정책을 펴고 있다. 우리나라도 출입국관리법상 재외동포에 대한 특별한 체류자격유형(F-4, H-2 등)을 신설하여 입국 및 체류에 특별한 대우를 하고 있다. 또한 1999. 9. 2. 「재외동포의 출입국과 법적 지위에 관한 법률」을 제정하여 재외동포의 출입국 및 체류에 대한 제한을 완화하고 편의를 부여하고 있다.

3. 출입국관리법상 체류자격

2023년 개정 「출입국관리법 시행령」에 따라 이하에서는 [별표 1] 단기체류자격, [별표 1의2] 장기체류자격, [별표 1의3] 영주자격의 3개의 목차로 나눈 후, 각 별표에 속한 체류자격의 하위 유형을 살펴보기로 한다. 참고로 A-H 8개의 그룹 안에 포함된 체류자격들은 단일한 기준으로 분류되었다고 설명하기는 어렵다. 예컨대 그룹 D에는 경제활동을 목적으로 하지 않는 문화예술(D-1), 유학(D-2), 종교(D-6)

고 적용대상자를 통일하기 위하여 단일한 법적 개념을 채택하는 방안도 검토해 보아야 한다. 다만 재외동포재단에 의한 지원의 대상이 되는 것과 출입국 규제에 있어 다른 법적 지위를 부여하는 것은 그로부터 파생되는 부작용이나 위험의 양태가 다른 것이므로, 양자를 통일하는 것이 무조건 바람직한 것은 아니라고 생각된다. 한편, 저출산 고령화에 대비하고 우수외국인재의 유입 확대를 위해서는 재외동포재단법의 혈통주의적 입법태도를 지양하고 과거국적주의적 입법태도로 전환하고, 재외동포의 범위를 4대째 이상으로 확대하되, 법률관계와 법적 지위의 명확성을 위하여 조상이 외국국적동포임을 입증할 수 있는 합리적인 방법이 있는 경우로 한정할 필요가 있다는 견해로는 차용호, 『한국 이민법』 (법문사, 2015), 118-119면 참조.

등과 경제활동을 주목적으로 하는 주재(D-7)가 함께 포함되어 있다. 또한 그룹 E에는 교수(E-1), 회화지도(E-2), 연구(E-3), 기술지도(E-4), 전문직업(E-5) 등 전문인력과 단순인력에 관계되는 비전문취업(E-9)이 함께 포함되어 있다. 이러한 체류자격 유형을 이민법상 중요한 고려요소를 기준으로 재분류하여 서술하면,[12] 체류자격에 대한 보다 체계적인 이해를 통해 외국인들에게 출입국관리행정에 대한 예측가능성을 높여주고 정부가 효과적인 이민정책을 수립하고 실시하는 데에도 기여할 것이다. 그러나 체류자격 유형 중에는 복수의 기준에 해당되는 경우도 다수 있고,[13] 이 중 어떠한 기준에 의해 분류하는 것이 적절한지에 대해 향후 논의가 더 필요할 것으로 생각되어, 이하에서는 「출입국관리법 시행령」 별표에 있는 그룹별로 검토한다.[14]

동법 시행령 별표의 각 체류자격은 그 체류자격을 부여받을 자에 대해 기술하고 있다. 이를 그 체류자격을 부여받을 요건으로 볼 수도 있다. 체류자격의 유형을 어떻게 분류할 것인가, 그리고 사증을 신청한 외국인에게 최종적으로 어떤 체류자격을 부여할 것인가는 포괄적으로 영토국가의 입법재량권과 행정재량권에 해당한다. 그러나 입법권과 행정권의 구체적인 행사에 있어서는 체류자격의 분류 및 부여의 기준은 내용적으로 합리적이어야 하고 그 집행은 출입국관리행정의 목적을 달성할 수 있는 범위에서 최대한 예측가능해야 한다. 그러한 점에서 별표는 핵심적인 내용만을 기술하고 있어서 그 자체로서 체류자격의 요건에 대한 충분히 예측가능한 기준을 제시하지 못한다. 이를 보완하는 것으로 법무부가 발간한 「사증발급 안내매뉴얼」, 「외국인체류 안내매뉴얼」, 투자이민제도의 예와 같이 세부적인 내용을 보충하는 법무부장관이 발령한 고시나 훈령, 재외동포체류자격과 같이 구체적인 사항을 정하는 다른 법률 등이 있다. 이하에서는 별표 1의 각 체류자격의 항목을 소개하되, 특히 그 요건이나 효과가 하위 행정입법에 의해 구체화되거나 추가적인 설명이 필요한 경우에는 그 내용을 간략히 설명하기로 한다.

---

12 차용호, 『한국 이민법』, '제2장 사증의 유형'에서는 체류자격의 유형을 공용사증, 비취업사증(단기비취업사증, 장기비취업사증), 취업사증(단기취업사증, 단순외국인력, 전문외국인력, 기타취업사증), 경영·투자사증, 가족재결합사증으로 재분류하여 설명하고 있다.

13 예컨대, 거주(F-2), 재외동포(F-4), 영주(F-5)의 경우 활동범위에 취업이 포함되어 있으나, 이를 취업을 위한 체류자격으로만 분류하기에는 그 체류자격의 성격이 너무 포괄적이라 생각된다.

14 법무부 외국인·출입국정책본부가 발행한 『외국인체류 안내매뉴얼』(2018. 6. 발간)에는 각 체류자격 유형별 활동범위, 체류기간 등 세부사항이 정리되어 있다. 이 책에서 언급이 필요하다고 판단되는 일부 사항만 소개하였다.

(가) 일반체류자격 중 단기체류자격(별표 1)

1) 그룹 B

그룹 B는 사증을 발급받지 않고 입국하는 경우로서, 자연히 단기체류를 목적으로 한다. 그룹 B의 경우 원칙적으로 체류기간 연장이나 체류자격 변경허가를 하지 않으므로 체류기간이 협정기간 또는 법무부장관이 따로 정하는 기간을 초과하는 경우에는 원칙적으로 입국 전에 다른 체류자격을 부여받아야 한다.

> 1. **사증면제(B-1):** 대한민국과 사증면제협정을 체결한 국가의 국민으로서 그 협정에 따른 활동을 하려는 사람

출입국관리법 제7조 제2항 제2호에서는 사증면제협정에 근거하여 사증없이 입국할 수 있도록 하고 있다. 2022. 9. 22. 기준으로 111개국과 사증면제협정을 체결하고 있다. 사증면제의 경우 허용되는 활동범위는 단기방문(C-3)에 허용되는 것과 같고, 국가별 협정에 따라 영리·취업·학업활동 등 제외하기로 한 활동은 할 수 없다.

> 2. **관광·통과(B-2):** 관광·통과 등의 목적으로 대한민국에 사증 없이 입국하려는 사람

출입국관리법 제7조 제2항 제3호에서 "국제친선, 관광 또는 대한민국의 이익 등을 위하여 입국하는 사람으로서 대통령령으로 정하는 바에 따라 따로 입국허가를 받은 사람"을 사증 없이 입국할 수 있도록 규정하고, 동법 시행령 제8조에서는 그 유형을 세부적으로 정하고 있다. B-2 체류자격은 이에 해당하는 경우에 발급된다. 사증 없이 입국할 수 있는 외국인의 구체적 범위와 입국허가절차는 법무부장관의 부령 또는 그 밖의 방식으로 따로 정한다.

2) 그룹 C(단기체류)

그룹 C의 특징은 90일 이하의 단기체류를 허용한다는 점이다. 활동범위는 경제활동과 비경제활동이 모두 포함되어 다양하다. 단기체류라면 취업활동까지도 국내에 미치는 영향이 제한적이어서 상대적으로 용이하게 허용할 수 있다. 그룹 C와 그룹 D에 속한 체류자격 유형 중에는 유사한 활동범위를 목적으로 하면서, 단기체류일 경

우에는 그룹 C로, 장기체류일 경우에는 그룹 D로 분류된 경우가 있다.

> **3. 일시취재(C-1):** 일시적인 취재 또는 보도활동을 하려는 사람

외국의 신문, 방송, 잡지, 기타 보도기관으로부터 파견 또는 계약으로 단기간 취재·보도활동을 하거나 지사 설치를 준비하기 위해 단기간 활동하는 자를 대상으로 한다.

> **4. 단기방문(C-3):** 시장조사, 업무 연락, 상담, 계약 등의 상용(商用)활동과 관광, 통과, 요양, 친지 방문, 친선경기, 각종 행사나 회의 참가 또는 참관, 문화예술, 일반연수, 강습, 종교의식 참석, 학술자료 수집, 그 밖에 이와 유사한 목적으로 90일을 넘지 않는 기간 동안 체류하려는 사람(영리를 목적으로 하는 사람은 제외한다)

C-3 체류자격은 단기일반(C-3-1), 단체관광(C-3-2),[15] 의료관광(C-3-3), 일반상용(C-3-4), FTA 등 협정상 단기상용(C-3-5), 우대기업초청 단기상용(C-3-6), 도착관광(C-3-7), 동포방문(C-3-8),[16] 일반관광(C-3-9), 순수환승(C-3-10), 교대선원(C-3-11)으로 세분된다. 이 유형 중에는 중국단체관광, 의료관광, 우대기업초청 등 다양한 산업정책적 요소가 반영된 사증이 포함되어 있다. 이와 관련하여 단수사증과 복수사증 발급의 기준도 주의해 볼 필요가 있다.

> **5. 단기취업(C-4):** 일시 흥행, 광고·패션 모델, 강의·강연, 연구, 기술지도 등 별표 1의2 중 14. 교수(E-1)부터 20. 특정활동(E-7)까지의 체류자격에 해당하는 분야에 수익을 목적으로 단기간 취업활동을 하거나 각종 용역계약 등에 의하여 기계류 등의 설치·유지·보수, 조선 및 산업설비 제작·감독 등을 목적으로 국내 공공기관·민간단체에 파견되어 단기간 영리활동을 하려는 사람 또는 법무부장관이 관계 중앙행정기관의 장과

---

[15] 단체관광, 개별관광(보증개별 포함) 등 관광객과 통과자에게 부여된다. 사증없이 입국할 수 있는 경우와 달리 관광 등의 경우에도 단체관광으로 체류기간 경과시 대행사(여행사)가 책임을 지는 단체사증이나, 단체관광객에 포함되지 않는 일반 관광객으로 국내체류경비지불을 위한 재정능력 등을 제출하여 사증을 발급받도록 한 경우이다. 특히 중국인의 한국 단체관광을 건전하고 질서있게 추진하기 위하여 「중국 단체관광객 유치 전담여행사 업무 시행지침」(문화체육관광부 지침)을 두고 있다.
[16] 외국국적동포가 동포방문(C-3-8) 사증으로 단기간 체류하면서 컴퓨터, 미용, 기계, 전기, 자동차 정비 등 95개 종목의 기술교육을 거쳐 방문취업(H-2) 체류자격으로 변경이 가능하다.

협의하여 정하는 농작물·수확(재배·수확과 연계된 원시가공 분야를 포함한다) 및 수산물 원시가공 분야에서 단기간 취업 활동을 하려는 사람으로서 법무부장관이 인정하는 사람

일시흥행활동에는 음악, 미술, 문학 등의 예술활동을 하고자 하는 외국인으로서 창작을 하는 자와 그에 대한 지도를 하는 자(감독, 지휘자 등)를 포함한다. 광고·패션 모델에는 연예, 연주, 연극, 운동경기, 광고, 패션모델 등으로 직접 출연하는 자 뿐만 아니라 그 분장사, 매니저 등 동행하는 자를 포함한다. 강의·강연활동을 하는 자는 국내 공·사기관 등으로부터 초청되어 강의·강연활동을 하고자 하는 자이다. 연구· 기술지도는 구체적으로 자연과학 분야의 연구 또는 산업상 고도기술의 연구 개발에 종사하려는 외국인, 공·사기관에서 자연과학분야의 전문지식 또는 산업상의 특수 분야에 속하는 기술을 제공하려는 외국인이 포함된다. 별표 1에 열거된 분야 외에 다음과 같은 경우가 추가된다.[17] 첫째, 공·사기관과의 계약에 의해 단기간 직업활동을 하려는 자로서, 영어캠프 외국인 강사가 예이다. 둘째, 단기간 용역제공을 하려는 자로서, 용역제공 계약 등에 의해 파견되어 국내 공·사기관으로부터 체재비 등 보조성 경비를 지급받고 근무하고자 하는 외국인이 있다. 셋째, 첨단기술분야에 단기간 종사하려는 자로서, 국내기업의 정보기술(IT), 전자상거래 등 기업정보화(e-business), 생물산업(BT), 나노기술, 신소재분야(금속, 세라믹, 화학), 수송기계, 디지털전자 및 환경·에너지, 기술경영 분야 총 8개 분야에 종사하고자 하는 외국인이 이에 해당된다.

C-4는 단기간의 영리활동을 대상으로 한다. 같은 활동을 장기간 영리적으로 할 경우에는 예술흥행(E-6), 연구(E-3), 기술지도(E-4), 특정활동(E-7) 등을 받아야 하고, 수익을 목적으로 하지 않는 경우에는 단기방문(C-3)을 받아야 한다. 단순노무 직종은 이에 해당하지 않는다.

(나) 장기체류자격(별표 1의2)

1) 그룹 A

그룹 A에 포함되는 체류자격의 유형은 외교(A-1), 공무(A-2), 협정(A-3)으로, 공용(公用)이라고 할 수 있다. 이들은 주로 외국과의 국제적 관계에서 허용되는 것으로 원칙적으로 비이민목적의 사증이다.

---

17 차용호, 『한국 이민법』, 99면 참조.

1. **외교(A-1)**: 대한민국정부가 접수한 외국정부의 외교사절단이나 영사기관의 구성원, 조
약 또는 국제관행에 따라 외교사절과 동등한 특권과 면제를 받는 사람과 그 가족[18]

A-1 체류자격의 활동범위는 외교행위, 영사업무행위 등 업무활동이며, 체류기간
은 재임기간이다. 1961년 「외교관계에 관한 비엔나협약(The Vienna Convention on
Diplomatic Relations)」은 외교관의 개인적 영리활동을 금지하고 있지만, 동반가족에
대해서는 제한을 두고 있지 않다. 따라서 동반가족은 출입국관리법 제20조(체류자격
외 활동)에 따라 법무부장관의 체류자격외 활동허가를 받는 경우 영리활동을 할 수
있다.

2. **공무(A-2)**: 대한민국정부가 승인한 외국정부 또는 국제기구의 공무를 수행하는 사람과
그 가족

외국정부 외교사절단, 영사기관의 사무직원 및 기술직원과 노무직원, 대한민국에
본부를 둔 국제기구의 직원, 외국정부 또는 국제기구가 대한민국 내에 주재하도록
하거나 파견한 직원으로서 대한민국정부가 승인한 자 및 이들과 동일한 세대에 속하
는 가족구성원들이 이에 해당한다. A-1을 받는 외교사절단과 영사기관의 구성원은
정부의 '접수' 대상이지만, A-2를 받는 그 밖의 사무직원은 '승인' 대상으로 체류자
격도 구별된다. 체류기간은 재임기간 즉, 공무수행기간이다.

3. **협정(A-3)**: 대한민국정부와의 협정에 따라 외국인등록이 면제되거나 면제할 필요가 있
다고 인정되는 사람과 그 가족

대한민국정부와의 협정에 따라 외국인등록이 면제되는 경우의 예로는 「대한민국
과 아메리카합중국간의 상호방위조약 제4조에 의한 시설과 구역 및 대한민국에서의

---

[18] 「대한민국 주재 외국 공관원 등을 위한 신분증 발급과 관리에 관한 규칙」(외교부령, 2022. 7.
4. 시행)은 신분증 발급의 대상이 되는 동반가족의 범위를 정하고 있다. 이를 보면 법적 혼인
관계 여부, 부모와 자녀의 연령, 소득활동 종사 여부 등을 기준으로 그 범위가 제한된다. 물론
이것은 A-1 사증을 발급받을 동반가족의 범위에 대해서 직접 규정하고 있는 것은 아니지만,
법무부 외국인체류매뉴얼에서도 이를 근거로 A-1 체류자격을 받을 수 있는 동반가족의 범위
를 정하고 있다.

합중국 군대의 지위에 관한 협정(SOFA)」에 의해 외국인 등록이 면제되는 경우가 있다.[19] 아래에서 볼 사증면제(B-1)의 경우 사증만 면제되는 데 비해, 이는 외국인등록까지 면제된다는 점에서 차이가 있다.

2) 그룹 D(비취업 전문인력)

그룹 D는 몇 개의 하위유형으로 다시 나누어지는데, 첫째, 문화예술, 유학, 기술연수, 일반연수, 취재, 종교 등 비영리의 연구 또는 교육활동과 둘째, 주재, 기업투자, 무역경영 등 경제활동에 종사하되 국내 노동시장에서 취업이 이루어진 경우가 아니라 국외에서 고용이 결정되어 오는 경우이다. 셋째, 전문직으로 경제활동 사증을 받고 국내에서 구직활동을 하는 경우를 포함한다. 이 그룹은 원칙적으로 장기체류를 목적으로 하되, 영리활동을 하지 않거나 영리활동을 하더라도 국내노동시장에서 그러한 결정이 이루어진 것이 아닌 경우로서, 국내노동시장에 영향을 미치지 않는 경우라는 점이 공통적이다. 다만, E-1에서 E-7까지 전문노동에 대한 체류자격을 받은 자가 이후 구직활동을 하는 경우는 국내 노동시장에 영향을 미치는 경우로서 앞의 두 경우와는 다르다. 그러나 이 세 범주 모두의 공통점은 대상자들이 잠재적, 현재적 전문기술인력에 해당되고, 단순노무직종은 제외된다는 점이다. 전체적으로 국내에 전문인력의 유입을 용이하게 하고, 일단 체류를 시작한 전문인력의 계속 체류를 장려하는 정책목적이 반영되어 있는 유형이다.

> 4. 문화예술(D-1): 수익을 목적으로 하지 않는 문화 또는 예술 관련 활동을 하려는 사람 (대한민국의 전통문화 또는 예술에 대하여 전문적인 연구를 하거나 전문가의 지도를 받으려는 사람을 포함한다)

대한민국의 고유문화 또는 예술의 예로는 태권도 등 전통무예, 한국무용, 서예,

---

[19] 「대한민국과 아메리카합중국간의 상호방위조약 제4조에 의한 시설과 구역 및 대한민국에서의 합중국 군대의 지위에 관한 협정(SOFA)」 제8조(출입국)
1. 본조의 규정에 따를 것을 조건으로 합중국은 합중국 군대의 구성원, 군속 및 그들의 가족인 자를 대한민국에 입국시킬 수 있다. 대한민국 정부는 양 정부간에 합의될 절차에 따라 입국자와 출국자의 수 및 종별을 정기적으로 통고받는다.
2. 합중국 군대의 구성원은 여권 및 사증에 관한 대한민국 법령의 적용으로부터 면제된다. 합중국 군대의 구성원, 군속 및 그들의 가족은 외국인의 등록 및 관리에 관한 대한민국 법령의 적용으로부터 면제된다. 그러나 대한민국 영역 안에서 영구적인 거소 또는 주소를 요구할 권리를 취득하는 것으로 인정되지 아니한다.

궁중음악, 참선, 농악 등이 있다.

> 5. **유학(D-2)**: 전문대학 이상의 교육기관 또는 학술연구기관에서 정규과정의 교육을 받거
> 나 특정 연구를 하려는 사람

고등교육법에 의해 설립된 교육기관 외에 특별법에 의해 설치된 국립교육기관, 「경제자유구역 및 제주국제자유도시의 외국교육기관 설립·운영에 관한 특별법」 등에 의해 설치된 외국교육기관 등이 포함된다. 출입국관리법 제19조의4 및 동법 시행령 제24조의8에서는 외국인유학생 등의 관리에 대해 규정하고 있다.

> 6. **기술연수(D-3)**: 법무부장관이 정하는 연수조건을 갖춘 사람으로서 국내의 산업체에서
> 연수를 받으려는 사람

출입국관리법 제19조의2 제1항에 의하면 법무부장관은 외국에 직접투자한 산업체, 외국에 기술·산업설비를 수출하는 산업체 등 지정된 산업체의 모집에 따라 국내에서 기술연수활동을 하는 외국인의 적정한 연수활동을 지원하기 위하여 필요한 조치를 하여야 하므로, 이를 위한 체류유형으로 마련되었다. 시행령 제24조의2에서 기술연수생이 기술연수활동을 할 수 있는 산업체를 규정하고, 제24조의4에서 기술연수생의 모집 및 관리에 관해 규정하고 있다.

> 7. **일반연수(D-4)**: 법무부장관이 정하는 요건을 갖춘 교육기관이나 기업체, 단체 등에서
> 교육 또는 연수를 받거나 연구활동에 종사하려는 사람[연수기관으로부터 체재비를 초과
> 하는 보수(報酬)를 받거나 유학(D-2)·기술연수(D-3) 체류자격에 해당하는 사람은 제외
> 한다]

대학부설어학원에서 한국어를 연수하는 자, 국·공립연구기관이나 연수원 등에서 기술·기능 등을 연수하는 자, 외국인투자기업 또는 외국에 투자한 기업체 등에서 인턴(실습사원)으로 교육 또는 연수를 받거나 연구활동에 종사하는 자 등이 포함된다.

> 8. **취재(D-5)**: 외국의 신문사, 방송사, 잡지사 또는 그 밖의 보도기관으로부터 파견되거
> 나 외국 보도기관과의 계약에 따라 국내에 주재하면서 취재 또는 보도활동을 하려는

| 사람

이에는 국내에 지사나 지국이 이미 개설된 외국의 신문, 방송, 잡지, 기타 보도기
관으로부터 파견되어 국내에서 취재·보도활동을 하는 자를 포함한다.

9. **종교(D-6)**: 가. 외국의 종교단체 또는 사회복지단체로부터 파견되어 대한민국에 있는
지부 또는 유관 종교단체에서 종교활동을 하려는 사람
나. 대한민국 내의 종교단체 또는 사회복지단체의 초청을 받아 사회복지활동을 하려는
사람
다. 그 밖에 법무부장관이 인정하는 종교활동 또는 사회복지활동에 종사하려는 사람

16) **주재(D-7)**: 가. 외국의 공공기관·단체 또는 회사의 본사, 지사, 그 밖의 사업소 등에
서 1년 이상 근무한 사람으로서 대한민국에 있는 그 계열회사, 자회사, 지점 또는 사무
소 등에 필수 전문인력으로 파견되어 근무하려는 사람[기업투자(D-8) 체류자격에 해
당하는 사람은 제외하며, 국가기간산업 또는 국책사업에 종사하려는 경우나 그 밖에
법무부장관이 필요하다고 인정하는 경우에는 1년 이상의 근무요건을 적용하지 않는다]
나. 「자본시장과 금융투자업에 관한 법률」 제9조 제15항 제1호에 따른 상장법인 또는
「공공기관의 운영에 관한 법률」 제4조 제1항에 따른 공공기관이 설립한 해외 현
지법인이나 해외지점에서 1년 이상 근무한 사람으로서 대한민국에 있는 그 본사나
본점에 파견되어 전문적인 지식·기술 또는 기능을 제공하거나 전수받으려는 사람
(상장법인의 해외 현지법인이나 해외지점 중 본사의 투자금액이 미화 50만 달러
미만인 경우는 제외한다)

가목의 경우 외국기업의 국내지사 등에서 주재활동하려는 자로서, '필수전문인력'
에는 임원(executives), 상급관리자(senior managers), 전문가(specialists)가 포함된다.
나목은 해외에 진출한 기업에 근무하는 외국인력이 국내 본사 또는 본점에서 주재활
동하려는 자이다.

17) **기업투자(D-8)**: 가. 「외국인투자 촉진법」에 따른 외국인투자기업의 경영·관리 또는
생산·기술 분야에 종사하려는 필수전문인력으로서 법무부장관이 인정하는 사람[외국
인이 경영하는 기업(법인은 제외한다)에 투자한 사람 및 국내에서 채용된 사람은 제외
한다]
나. 지식재산권을 보유하는 등 우수한 기술력으로 「벤처기업육성에 관한 특별조치법」

제2조의2 제1항 제2호 다목에 따른 벤처기업을 설립한 사람 중 같은 법 제25조에 따라 벤처기업 확인을 받은 사람 또는 이에 준하는 사람으로서 법무부장관이 인정하는 사람

다. 다음의 어느 하나에 해당하는 사람으로서 지식재산권을 보유하거나 이에 준하는 기술력 등을 가진 사람 중 법무부장관이 인정한 법인 창업자

1) 국내에서 전문학사 이상의 학위를 취득한 사람

2) 외국에서 학사 이상의 학위를 취득한 사람

3) 관계 중앙행정기관의 장이 지식재산권 보유 등 우수한 기술력을 보유한 사람으로 인정하여 추천한 사람

가목은 외국인투자기업에서 주재활동을 하려는 자로서, 필수전문인력의 범위는 임원, 관리자, 전문가이다.[20] 외국인투자기업이 금융지주회사법에 의한 금융지주회사인 경우에는 동 회사가 전액 출자한 자회사를 포함한다. 나목의 경우 「벤처기업육성에 관한 특별조치법」에 따라 벤처기업을 설립한 자 또는 설립하려는 자이다. 벤처기업확인기관의 장으로부터 예비벤처기업확인을 받은 자를 포함한다. 각목에 따라 체류기간의 상한이 다르다.

18) **무역경영(D-9)**: 대한민국에 회사를 설립하여 경영하거나 무역, 그 밖의 영리사업을 위한 활동을 하려는 사람으로서 필수 전문인력에 해당하는 사람[수입기계 등의 설치, 보수, 조선 및 산업설비 제작·감독 등을 위하여 대한민국 내의 공공기관·민간단체에 파견되어 근무하려는 사람을 포함하되, 국내에서 채용하는 사람과 기업투자(D-8) 체류자격에 해당하는 사람은 제외한다]

18의2) **구직(D-10)**: 가. 교수(E-1)부터 특정활동(E-7)까지의 체류자격[예술흥행(E-6) 체류자격 중 법무부장관이 정하는 공연업소의 종사자는 제외한다]에 해당하는 분야에 취업하기 위하여 연수나 구직활동 등을 하려는 사람으로서 법무부장관이 인정하는 사람
나. 기업투자(D-8) 다목에 해당하는 법인의 창업 준비 등을 하려는 사람으로서 법무부장관이 인정하는 사람

---

20 대구지방법원 2012. 11. 21. 선고 2012구합29 판결: 확정[체류자격변경불허처분취소] "어느 기업이 「출입국관리법 시행령」 제12조 [별표 1] 제17호 (가)목이 정한 '「외국인투자 촉진법」에 따른 외국인투자기업'에 해당하려면 ① 그 기업이 외국인이 투자하기 직전에 대한민국 법인 내지 대한민국 국민이 경영하는 기업이었어야 하고, ② 외국인이 그 기업에 투자한 후 외국인이 주식 또는 출자지분의 일부 또는 전부를 소유하여야 한다."

E-1부터 E-7까지의 체류자격이 부여되는 경우는 주로 전문인력이라고 할 수 있다. 이들의 구직활동이 가능하도록 체류자격을 준다는 것은 전문인력의 유입을 촉진하는 목적을 포함한다.

기업투자(D-8) 다목은 국내에서 전문학사 이상의 학위를 취득하거나 외국에서 학사 이상의 학위를 취득하거나 또는 관계 중앙행정기관의 장이 지식재산권 보유 등 우수한 기술력을 보유한 사람으로 인정하여 추천한 사람으로서 지식재산권을 보유하거나 이에 준하는 기술력 등을 가진 사람 중 법무부장관이 인정하는 법인창업자이다. D-8은 이러한 창업의 준비과정에 필요한 체류를 허용하기 위한 것이다.

3) 그룹 E(장기 취업 경제활동)

그룹 E는 국내 노동시장에서 취업 결정이 이루어져서 경제활동이 허용되는 자를 포함한다. 그룹 E에 의해 허용되는 경제활동 중 대부분은 어느 정도의 전문성을 요하는 전문인력이지만, 단순인력도 포함된다. 전자에는 교수, 회화지도, 연구, 기술지도, 전문직업, 예술흥행, 특정활동 등이 포함된다. 「외국인근로자의 고용 등에 관한 법률」에 따라 국내에서 취업하는 인력은 단순노무인력에 포함된다.

> 14. **교수(E-1):** 「고등교육법」 제14조 제1항·제2항 또는 제17조에 따른 자격요건을 갖춘 외국인으로서 전문대학 이상의 교육기관이나 이에 준하는 기관에서 전문 분야의 교육 또는 연구·지도 활동에 종사하려는 사람

한국과학기술원 등 학술기관의 교수, 전문대학 이상의 교육기관에서 임용하는 전임강사 이상의 교수, 대학 또는 대학부설연구소의 특수분야 연구교수, 전문대학 이상의 교육과학기술 분야의 교육·연구지도 활동에 종사하고자 하는 자로서 교육부장관의 고용추천이 있는 자를 포함한다.

고등교육법 제16조의 위임을 받은 「교수자격기준 등에 관한 규정(대통령령)」에 의한 교수자격요건을 갖추어야 한다. E-1 체류자격을 부여받기 위해서는 사전에 해당 교육기관 또는 연구소와 고용계약서를 체결하거나 임용이 확정되어야 한다.

대학·학술기관에서 보수를 받지 않으면서 교원자격이 아닌 신분으로 특정의 연구를 진행하고자 하는 외국인은 E-3 체류자격을, 외국인 교원 또는 교환교수가 교수와 회화지도에 동시에 해당되는 경우에는 E-2 체류자격을, 의과대학의 교원이 진료행위를 하는 경우에는 E-5 체류자격을 부여받아야 한다.

15. **회화지도(E-2):** 법무부장관이 정하는 자격요건을 갖춘 외국인으로서 외국어전문학원, 초등학교 이상의 교육기관 및 부설어학연구소, 방송사 및 기업체 부설 어학연수원, 그 밖에 이에 준하는 기관 또는 단체에서 외국어 회화지도에 종사하려는 사람

'회화지도'란 수강생에게 외국어로 상호 의사소통하는 방법을 지도하는 활동으로서, 특정 어학이나 문학 또는 통·번역 기법 등을 지도하는 것은 회화지도에 해당하지 않는다. 법무부장관은 국적과 학력에 관한 요건을 정하고 있다. 첫째, 외국인은 해당 외국어를 모국어로 하는 국가의 국민에 한정한다.[21] 둘째, 학력에 관한 기본요건을 보면, 외국어전문학원, 초등학교 이상의 교육기관 등에서 외국어 회화지도를 하려는 경우 해당 외국어를 모국어로 하는 국가에서 대학 이상의 학교를 졸업하고 학사 이상의 학위를 소지한 자 또는 이와 동등 이상의 학력이 있는 자라야 한다. 교육부 또는 시·도교육감 주관으로 모집·선발된 자로서 초·중·고등학교에서 근무하려는 자의 경우에는 위의 요건에서 학사 이상의 학위를 취득한 자만 해당된다.

16. **연구(E-3):** 대한민국 내 공공기관·민간단체으로부터 초청을 받아 각종 연구소에서 자연과학 분야의 연구, 사회과학·인문학·예체능 분야의 연구 또는 산업상 고도기술의 연구·개발에 종사하려는 사람[교수(E-1) 체류자격에 해당하는 사람은 제외한다]

특정연구기관육성법, 「정부출연연구기관 등의 설립·운영 및 육성에 관한 법률」, 방위사업법에 의한 연구기관이나, 「산업기술혁신 촉진법」 등 관련 법령에 따라 다양한 과학기술분야의 영리, 비영리 연구기관 등에서 연구·개발에 종사하고자 하는 '과학기술자'가 이에 해당한다. 그 밖에 정부출연연구소, 국공립연구소, 기업부설연구소 등 이공계 연구기관에서 자연과학분야의 연구 또는 산업상 고도기술의 연구개발에 종사하고자 하는 자도 포함된다.

17. **기술지도(E-4):** 자연과학 분야의 전문지식 또는 산업상 특수한 분야에 속하는 기술을 제공하기 위하여 대한민국 내 공공기관·민간단체로부터 초청을 받아 종사하려는 사람

「외국인투자 촉진법」의 규정에 의한 기술도입계약에 따라 대한민국의 국민 또는

---

21 특히 영어를 모국어로 하는 국가는 미국, 영국, 캐나다, 뉴질랜드, 호주, 아일랜드, 남아공에 한정한다. 차용호, 『한국 이민법』, 107면.

법인에게 기술을 제공하는 자, 국내에서 구할 수 없는 산업상의 고도기술 등을 국내 공·사기관에 제공하는 자로서, 외국의 용역발주업체에서 파견되어 산업상의 특수분 야에 속하는 기술을 제공하는 자 또는 국내 산업체에서 도입한 특수기술 등을 제공 하는 자를 말한다.

> 18. **전문직업(E-5):** 대한민국 법률에 따라 자격이 인정된 외국의 변호사, 공인회계사, 의
> 사, 그 밖에 국가공인 자격이 있는 사람으로서 대한민국 법률에 따라 할 수 있도록 되
> 어 있는 법률, 회계, 의료 등의 전문업무에 종사하려는 사람[교수(E-1) 체류자격에 해
> 당하는 사람은 제외한다]

이에 포함되는 자로는 국토교통부장관의 추천을 받은 항공기 조종사, 최신의학 및 첨단의술 보유자로서 보건복지부장관의 고용추천을 받아 국가 또는 지방자치단 체 의료기관, 의료법인, 비영리법인 및 정부투자기관에서 개설한 의료기관에 근무하 고자 하는 의사, 국내 의(치)과대학 졸업 후 대학 부속병원 또는 보건복지부장관이 지정한 병원 등에서 인턴·레지던트 과정을 연수하는 자, 「남북교류협력에 관한 법 률」에 따라 남북협력사업 승인을 받은 자가 금강산 관광개발사업 등의 목적으로 초 청하는 관광선 운항에 필요한 선박 등의 필수전문인력, 국내 운수회사 등에 고용되 어 선장 등 선박 운항의 필수전문요원으로 근무하고자 하는 자 등이 있다.

> 19. **예술흥행(E-6):** 수익이 따르는 음악, 미술, 문학 등의 예술활동과 수익을 목적으로 하
> 는 연예, 연주, 연극, 운동경기, 광고·패션 모델, 그 밖에 이에 준하는 활동을 하려는
> 사람

E-6 체류자격을 부여받을 자는 두 가지 범주로 나뉘어진다. 첫째, "음악, 미술, 문학 등의 예술활동을 하려는 자"는 창작활동을 하는 작곡가, 화가, 조각가, 공예가, 저술가 및 사진작가 등의 예술가 또는 음악, 미술, 문학, 사진, 연주, 무용, 영화, 체 육 기타 예술상의 활동에 관한 지도를 하는 자를 말한다. 둘째, "연예, 연주, 연극, 운동경기, 광고·패션 모델 등의 활동을 하려는 자"란 출연하는 흥행활동가로서, 출 연형태나 명목을 불문하고 수익을 위하여 개인 또는 단체로 연예 등을 하는 자를 말 하고, "그 밖에 이에 준하는 활동을 하려는 자"란 위의 출연자에 대한 분장사, 매니 저 등 동행하는 자를 말한다.

그런데 E-6 체류자격은 예술·연예(E-6-1), 호텔·유흥(E-6-2), 운동(E-6-3)
의 3개 유형으로 세분화된다. 호텔·유흥(E-6-2)을 부여하는 기준은 예술·연예
(E-6-1)에 해당하지 않고, 관광진흥법에 의한 호텔업시설, 유흥업소 등에서 공연
또는 연예활동에 종사하는 자이다.[22] 이 경우 영상물등급위원회의 공연추천서 제출
이 필요하다.

> 20. **특정활동(E-7):** 대한민국 내의 공공기관·민간단체 등과의 계약에 따라 법무부장관이
>   특별히 지정하는 활동에 종사하려는 사람

법무부장관은 국가경쟁력 강화 등을 위하여 전문적인 지식·기술 또는 기능을 가
진 외국인력의 도입이 특히 필요한 분야를 지정할 수 있는데, 이를 '도입직종'이라
한다. 이는 체류자격이 적극적인 이민정책수단으로서 기능하는 경우이다. 법무부가
발간한 「외국인체류 안내매뉴얼」에 따르면, 이 제도를 운영하는 기본원칙으로 첫째,
전문성 수준 및 국민대체성 등에 따라 전문인력, 준전문인력, 일반기능인력, 숙련기
능인력으로 구분하고, 도입 및 관리기준을 달리하여 탄력적으로 운영할 것, 둘째, 직
능수준이 높고 국민대체가 어려워 국가경쟁력 강화에 기여도가 높은 전문인력에 대
해서는 간편한 사증·체류절차로 유치 및 정주를 지원할 것, 셋째, 국민대체성 등으
로 국민고용 침해 우려가 있는 준전문·일반기능·숙련기능인력에 대해서는 자격·임
금요건·업체별 쿼터 설정 등 국민고용 보호장치를 마련할 것을 제시하고 있다. 도입
직종의 유형은 '한국직업표준분류'상 대분류 항목과 직능수준 등을 감안하여 전문직
종, 준전문직종, 일반기능, 숙련기능직종으로 구분하고, 각 그룹별로(현재는 각각 67,
9, 8, 3개 직종) 직종을 선정하고 있다. 이를 위해 법무부장관은 중앙부처를 대상으로
정기 또는 수시로 전문외국인력도입이 필요한 신규 직종 수요조사 등을 실시하고,
외국인력 도입의 필요성 및 효과, 국민대체성 등을 종합 검토하여 선정하고 있다. 도
입직종별로 학력·경력 등에 있어서 일반요건과 특별요건을 포함하는 자격요건을 정
하고 있다. 원칙적으로는 기업 스스로 채용이 필요한 분야의 전문 외국인력을 발굴
하여 자격검증 등을 거쳐 채용한 후 사증발급을 신청하거나 체류자격변경허가 등을
신청하면 법무부에서 결격여부 등을 심사하여 허용 여부를 결정하는 방식으로 한다.

---

22 1990년대부터 국내 성매매 업소에 외국인 여성들이 유입되면서, 예술·흥행(E-6) 사증 소지
   자에 대한 인권침해문제가 제기되었다. 2003. 6.부터 유흥업소 종사 외국인여성 무희(가무)에
   대한 사증발급이 원칙적으로 중단되었다. 차용호, 『한국 이민법』, 111면 참조.

그러나 뿌리산업체 숙련기능공 등의 경우 체류자격 변경허가 요건을 갖춘 비전문취업자격자 등의 자격변경을 허용하고, 뿌리산업 분야 민관합동전문가들의 기량검증을 통과한 자들로 인재 Pool을 구성하여 쿼터범위 내에서 선발하는 방안도 허용하고 있다. 한편, 법무부는 국민고용 침해 소지가 있는 영역에 대해서는 국민고용 보호를 위해 고용업체 자격요건, 업체당 외국인 고용 허용인원의 상한, 최저 임금요건 등을 설정하여 적용하고 있다.[23]

「재한외국인 처우 기본법」 제16조에서 "국가 및 지방자치단체는 전문적인 지식·기술 또는 기능을 가진 외국인력의 유치를 촉진할 수 있도록 그 법적 지위 및 처우의 개선에 필요한 제도와 시책을 마련하기 위하여 노력하여야 한다"고 전문외국인력의 처우 개선에 대해 규정하고 있다. 특정활동 체류자격은 출입국관리에 있어서 이러한 전문외국인력의 유치를 촉진하는 취지도 포함되어 있다.

> 20의2. 계절근로(E-8): 법무부장관이 관계 중앙행정기관의 장과 협의하여 정하는 농작물 재배·수확(재배·수확과 연계된 원시가공 분야를 포함한다) 및 수사물 원시가공 분야에서 취업 활동을 하려는 사람으로서 법무부장관이 인정하는 사람

계절성으로 5개월 동안 노동력이 집중적으로 필요한 농·어업 분야의 일손부족을 해결하기 위하여 외국인을 합법적으로 고용하는 것을 조건으로 취업을 허가해주는 체류자격이다. 농업분야는 농림축산식품부, 어업분야는 해양수산부에서 심사 후 법무부에서 최종 결정을 한다.

계절근로는 첫째, 내국인 사전 구인 절차를 의무화하여 내국인 일자리 잠식을 방지하고, 둘째, 외국인 계절근로자의 인권침해 및 불법체류 방지, 셋째, 고용허가제와 상충되지 않도록 운영, 넷째, 농·어촌 상황을 반영할 수 있도록 지자체에 최대한 자율성을 부여함을 원칙으로 한다.

계절근로는 연간 최대 9명(면적 기준 6명 + 추가 3명)까지 배정이 가능하며, 선정 방식으로는 국내지자체와 외국지자체간 MOU 방식으로 선정하거나(농업 E-8-1, 어업 E-8-3), 결혼이민자가 해외 거주하는 4촌 이내 친척을 추천하는(농업 E-8-2, 어업 E-8-4) 방식이 있다.

---

23 법무부 출입국·외국인정책본부, 『외국인체류 안내매뉴얼』, 138-196면 참조.

21. 비전문취업(E-9): 「외국인근로자의 고용 등에 관한 법률」에 따른 국내 취업요건을 갖
    춘 사람(일정 자격이나 경력 등이 필요한 전문직종에 종사하려는 사람은 제외한다)

「외국인근로자의 고용 등에 관한 법률」에 따라 외국인근로자의 고용을 허가받은 사용자에게 고용되는 것을 조건으로 취업을 허가해주는 체류자격이다. 일정 자격이나 경력 등이 필요한 전문직종에 종사하는 자는 제외한다. 이 체류자격은 세부적으로 제조업(E-9-1), 건설업(E-9-2), 농축산업(E-9-3), 어업(E-9-4), 서비스업(E-9-5)으로 나뉜다.

22. 선원취업(E-10): 다음 각목에 해당하는 사람과 그 사업체에서 6개월 이상 노무를 제
    공할 것을 조건으로 선원근로계약을 체결한 외국인으로서 선원법 제2조 제6호에 따른
    부원(部員)에 해당하는 사람
    가. 해운법 제3조 제1호·제2호·제5호 또는 제23조 제1호에 따른 사업을 경영하는
        사람
    나. 수산업법 제7조 제1항 제1호, 제40조 제1항 또는 제51조 제1항에 따른 사업을 경영
        하는 사람
    다. 「크루즈산업의 육성 및 지원에 관한 법률」 제2조 제7호에 따른 국적 크루즈사업자
        로서 같은 조 제4호에 따른 국제순항 크루즈선을 이용하여 사업을 경영하는 사람

가목은 해운법상 내항 정기 여객운송사업(제3조 제1호)·내항 부정기 여객운송사업(제3조 제2호), 내항 화물운송사업(제23조 제1호) 경영자와 6개월 이상 노무를 제공할 것을 조건으로 선원근로계약을 체결한 경우로서, 내항선원(E-10-1) 체류자격이 부여될 수 있다.

나목은 수산업법상 면허어업 중 정치망어업(제7조 제1항 제1호), 허가어업 중 동력어선을 이용한 근해어업(제40조 제1항), 어획물운반업(제51조 제1항) 사업경영자와 선원근로계약을 체결한 경우로서, 어선원(E-10-2) 체류자격이 부여된다.

다목과 관련해서는 종전에 해운법상 순항여객운송사업(제3조 제5호)에 해당하는 사업의 진흥을 위해 2015. 2. 「크루즈산업의 육성 및 지원에 관한 법률」이 제정되어 2015. 8. 4.부터 시행되게 되었다. 크루즈산업법 제2조 제7호에 따른 국적크루즈사업자로서 국제순항 크루즈선을 이용하여 사업을 경영하는 자와 선원근로계약을 체결한 자는 순항여객선원(E-10-3) 체류자격이 부여된다.

이들은 선원법상 '부원(部員)'에 해당하여야 하는데, '부원'이란 선장, 선박직원법에 따른 항해사, 기관장, 기관사, 통신장, 통신사, 운항장 및 운항사 등 선박직원과 어로장, 사무장, 의사 그 밖의 동등 이상의 대우를 받는 해원으로서 국토해양부령이 정하는 자를 제외한 해원을 말한다. 이는 선원 중에서는 상대적으로 전문성이 적은 단순인력에 가까운 것을 의미한다. 국내의 해운업, 수산업 등에 필요한 (단순)선원인력을 국내에서 충원하기 어려운 상황에서 외국인 선원의 고용을 용이하게 하기 위한 산업정책적 고려가 담겨있는 체류자격이다.

4) 그룹 F

그룹 F는 기본적으로 장기체류를 허용하는 체류자격으로, 그 요건으로는 가족관계등에 근거한 동거, 투자이민 등 다양하다.

> 23. **방문동거(F-1):** 가. 친척 방문, 가족 동거, 피부양(被扶養), 가사정리, 그 밖에 이와 유사한 목적으로 체류하려는 사람으로서 법무부장관이 인정하는 사람
> 나. 다음의 어느 하나에 해당하는 사람의 가사보조인
>   1) 외교(A-1), 공무(A-2) 체류자격에 해당하는 사람
>   2) 미화 50만 달러 이상을 투자한 외국투자가(법인인 경우 그 임직원을 포함한다)로서 기업투자(D-8), 거주(F-2), 영주(F-5), 결혼이민(F-6) 체류자격에 해당하는 사람
>   3) 인공지능(AI), 정보기술(IT), 전자상거래 등 기업정보화(e-business), 생물산업(BT), 나노기술(NT) 분야 등 법무부장관이 정하는 첨단·정보기술 업체에 투자한 외국투자가(법인인 경우 그 임직원을 포함한다)로서 기업투자(D-8), 거주(F-2), 영주(F-5), 결혼이민(F-6) 체류자격에 해당하는 사람
>   4) 취재(D-5), 주재(D-7), 무역경영(D-9), 교수(E-1)부터 특정활동(E-7)까지의 체류자격에 해당하거나 그 체류자격에서 거주(F-2) 바목 또는 별표 1의3 영주(F-5) 제1호의 체류자격으로 변경한 전문인력으로서 법무부장관이 인정하는 사람
> 다. 외교(A-1)부터 협정(A-3)까지의 체류자격에 해당하는 사람의 동일한 세대에 속하지 않는 동거인으로서 그 체류의 필요성을 법무부장관이 인정하는 사람
> 라. 그 밖에 부득이한 사유로 직업활동에 종사하지 않고 대한민국에 장기간 체류하여야 할 사정이 있다고 인정되는 사람
>
> 24. **거주(F-2):** 가. 국민의 미성년 외국인 자녀 또는 별표 1의3 영주(F-5) 체류자격을 가

지고 있는 사람의 배우자 및 그의 미성년 자녀

나. 국민과 혼인관계(사실상의 혼인관계를 포함한다)에서 출생한 사람으로서 법무부장
　　관이 인정하는 사람

다. 난민의 인정을 받은 사람

라. 「외국인투자 촉진법」에 따른 외국투자가 등으로 다음의 어느 하나에 해당하는 사람

　　1) 미화 50만 달러 이상을 투자한 외국인으로서 기업투자(D-8) 체류자격으로 3년
　　　 이상 계속 체류하고 있는 사람

　　2) 미화 50만 달러 이상을 투자한 외국법인이 「외국인투자 촉진법」에 따른 국내 외
　　　 국인투자기업에 파견한 임직원으로서 3년 이상 계속 체류하고 있는 사람

　　3) 미화 30만 달러 이상을 투자한 외국인으로서 2명 이상의 국민을 고용하고 있는
　　　 사람

마. 별표 1의3 영주(F-5) 체류자격을 상실한 사람 중 국내 생활관계의 권익보호 등을
　　고려하여 법무부장관이 국내에서 계속 체류하여야 할 필요가 있다고 인정하는 사
　　람(강제퇴거된 사람은 제외한다)

바. 외교(A-1)부터 협정(A-3)까지의 체류자격 외의 체류자격으로 대한민국에 5년 이상
　　계속 체류하여 생활 근거지가 국내에 있는 사람으로서 법무부장관이 인정하는 사람

사. 삭제 〈2022. 12. 27.〉

아. 「국가공무원법」 또는 「지방공무원법」에 따라 공무원으로 임용된 사람으로서 법무
　　부장관이 인정하는 사람

자. 나이, 학력, 소득 등이 법무부장관이 정하여 고시하는 기준에 해당하는 사람

차. 투자지역, 투자대상, 투자금액 등 법무부장관이 정하여 고시하는 기준에 따라 부동
　　산 등 자산에 투자한 사람 또는 법인의 임원, 주주 등으로서 법무부장관이 인정하
　　는 외국인. 이 경우 법인에 대해서는 법무부장관이 투자금액 등을 고려하여 체류자
　　격 부여인원을 정한다.

카. 법무부장관이 대한민국에 특별한 기여를 했거나 공익의 증진에 이바지했다고 인정
　　하는 사람

타. 자목이나 카목에 해당하는 사람의 배우자 및 자녀(법무부장관이 정하는 요건을 갖
　　춘 자녀만 해당한다)

파. 「지방자치분권 및 지역균형발전에 관한 특별법」 제2조 제12호에 따른 인구감소지
　　역 등에서의 인력 수급과 지역 활력 회복을 지원하기 위하여 법무부장관이 대상 업
　　종·지역, 해당 지역 거주·취업 여부 및 그 기간 등을 고려하여 고시하는 기준에
　　해당하는 사람

거주(F-2) 체류자격의 경우 1회에 부여할 수 있는 체류기간의 상한이 5년으로서

영주(F-5) 체류자격 다음의 장기의 상한을 가지고 있다. 활동범위에 있어서도 특히 취업 영역에서 가-다, 자-카 목에 해당하는 사람의 경우 체류자격 구분에 따른 취업활동의 제한을 받지 않으며, 라, 바, 사목에 해당하는 사람이 그의 종전 체류자격에 해당하는 분야에서 활동을 계속하고 있는 경우에도 체류자격 구분에 따른 취업활동의 제한을 받지 않는다.

거주(F-2) 체류자격을 받을 수 있는 요건은 가목에서 파목까지 12개 사유로 나누어진다. 그 중 가, 나, 타목은 국민이나 체류자격을 가진 다른 외국인의 가족이라는 사유에 기반하여 주어진다(가족재결합형). 라, 마, 바, 자목은 이미 다른 체류자격으로 국내에 장기체류한 사실이 있는 사람으로서, 그의 전문성이나 투자 등으로 인해 국내에서의 체류를 용이하게 해 줄 유인이 있고 과거의 체류기간 중에 사회통합 등의 측면에서도 문제가 없는 경우에 해당한다. 다목은 난민법에 따라 난민으로서의 지위를 인정받은 사람으로서 출입국관리법상 일단 거주(F-2) 체류자격으로 이민과정이 시작된다고 할 수 있다. 마지막으로, 아, 차, 파목 역시 이민정책 수단의 일종이라 하겠다. 아목은 공무원으로 임용된 전문외국인력의 이주를 원활히 하기 위한 것으로 볼 수 있고, 차목은 투자이민제도에 해당된다. 이상을 종합해 보면, 거주(F-2) 자격은 장기체류를 목적으로 하는 이민과정에 본격적으로 진입하는 단계의 체류자격이라고 볼 수 있다.

몇 가지 세부적인 사항을 보면 아래와 같다.

법무부장관은 출입국관리법 시행령 별표 1의 27. 체류자격 거주(F-2)의 자목에 해당하는 자의 나이, 학력, 소득 등에 관한 기준 등(법무부고시 제2015-251호)」에서 자목 체류자격을 부여할 기준을 구체화하고 있다.

차목은 투자이민을 유치하기 위한 정책목적 하에, 법무부장관이 국내에서 투자를 필요로 하는 영역을 정해 고시하고, 그에 대해 일정 기준 이상 투자를 하는 외국인 또는 법인의 임원, 주주와 그 동반가족에게 거주(F-2) 체류자격의 사증을 부여하고, 이 체류자격으로 투자를 5년 이상 유지한 경우에 일정기준에 따라 영주(F-5) 체류자격을 부여하는 제도이다. 이 투자이민제도의 운영을 위해 법무부장관의 자문에 응하고 안건을 협의하기 위해 기획재정부, 외교부, 행정안전부, 산업통상자원부, 국토교통부 등 관련 부처들의 담당자들과 전문가 위원들로 구성된 투자이민협의회가 설치·운영되고 있다.24 투자이민제도는 부동산투자이민과 공익사업투자이민으로 나누어진다.

　부동산투자이민제도는 2010년 2월에 도입된 제도로서, 법무부장관이 고시한 투자지역 내 투자대상물에 기준금액 이상을 투자한 외국인으로서 해당 부동산에 대한 소유권 등기를 완료한 자, 콘도 등 투자시설에 대한 회원자격을 받은 자, 지역에 따라 단일물건 5~7억 원 이상의 고액부동산 투자자가 대상자이다. 「출입국관리법 시행령 별표 1의 제27호 거주(F-2)의 체류자격 '차'목에 해당하는 부동산의 투자지역, 투자대상, 투자금액 등에 관한 기준 고시」가 구체적인 투자 지역, 대상, 금액에 대한 기준을 정하고 있다. 투자지역을 지정하는 절차는 「부동산 투자이민제 대상지역 지정 절차 고시」(법무부고시 제2014-473호)에 의해 규율된다. 부동산 투자이민 체류자격의 체류기간을 연장하거나 영주(F-5) 체류자격으로 변경하기 위해서는 투자상태를 유지하여야 한다. 투자시설을 타인에게 임대, 매매, 압류, 담보설정하는 등으로 투자요건을 충족하지 못하게 되면, 외국인등록은 말소되고 부동산투자이민 체류자격으로 계속 체류할 수 없게 된다. 투자한 자가 법인인 경우에는 법무부장관이 투자금액 등을 고려하여 체류자격 부여인원을 정한다.

　한편, 공익사업 투자이민제도는 2013년 5월에 도입된 제도로서, 「출입국관리법 시행령 별표 1의 제27호 거주(F-2)의 체류자격 '차'목에 따른 투자지역, 투자대상, 투자금액 등에 관한 기준 고시」에 따라 투자한 외국인 또는 법인의 임원, 주주 등으로서 법무부장관이 인정하는 외국인에게 경제활동이 자유로운 거주(F-2) 체류자격을 발급하고 그 투자상태를 5년 이상 유지하는 등 일정한 요건을 충족하는 경우에 영주(F-5) 체류자격을 부여하는 제도이다. 공익사업 투자이민제도의 건전하고 원활한 시행을 위해, 투자이민의 유치는 법무부장관이 지정한 투자유치기관만이 수행할 수 있다.[25] 이를 위해 「공익사업 투자이민 유치기관 지정 및 관리 등에 관한 규정(법무부훈령 제987호)」이 제정되어 그 지정절차 및 유치기관이 준수해야 할 사항과 제재 등을 규정하고 있다.

---

24 투자이민협의회규정(법무부훈령 제1070호) 참조.
25 「공익사업 투자이민 유치기관 지정 및 관리 등에 관한 규정」 제13조에 따르면, 누구든지 법무부장관으로부터 유치기관으로 지정받지 아니하고 투자이민을 유치해서는 안 되고, 이를 위반한 자에게는 원금보장·무이자형 투자를 위한 한국정책금융공사의 가상계좌부여 또는 사증이나 체류허가 신청의 대행 등을 제한할 수 있다. 이 규정을 보면, 투자이민유치기관의 지정은 영업규제방식 중 특허에 가깝고, 그렇다면 훈령에 의해 영업규제를 하는 셈이 되어 상위법령에 근거를 신설하는 것을 검토할 필요가 있다.

25. **동반(F-3)**: 문화예술(D-1), 유학(D-2), 일반연수(D-4)부터 특정활동(E-7)까지, 거주
    (F-2), 재외동포(F-4) 및 방문취업(H-2)의 체류자격에 해당하는 사람의 배우자 및 미
    성년 자녀로서 배우자가 없는 사람[다만, 거주(F-2)의 체류자격 중 타목의 체류자격에
    해당하는 사람은 제외한다]

26. **재외동포(F-4)**: 「재외동포의 출입국과 법적 지위에 관한 법률」 제2조 제2호에 해당하
    는 사람

　「재외동포의 출입국과 법적 지위에 관한 법률」 제2조, 동법 시행령 제2조·제3조
에 따르면 재외동포는 '재외국민'과 '외국국적동포'로 구분된다. '재외국민'은 대한민
국의 국민으로서 외국의 영주권을 취득한 자 또는 영주할 목적으로 외국에 거주하고
있는 자를 말한다. 전자는 거주국가로부터 영주권이나 이에 준하는 거주목적의 장기
체류자격을 취득한 자를 의미하고, 후자는 「해외이주법」 제2조에 의한 해외이주자로
서 아직 영주권이나 이에 준하는 거주목적의 장기체류자격을 취득하지 못한 자를 의
미한다. '외국국적동포'는 대한민국의 국적을 보유하였던 자로서 외국 국적을 취득한
자와 부모의 일방 또는 조부모의 일방이 대한민국의 국적을 보유하였던 자로서 외국
국적을 취득한 자를 말한다. 외국국적동포의 개념은 혈통주의를 기준으로 하지 않고
과거 국적을 기준으로 하며, 조상을 조부모까지만 한정하고 있으므로 3대까지만 인
정하고 있다. 재외동포법 제5조, 동법 시행령 제4조에서 재외동포체류자격의 부여
요건 및 부여절차를 규정하고 있다.[26]
　재외동포(F-4) 체류자격에 허용되는 활동범위는 매우 넓다. 법정된 예외를 제외
하고는 별표 1의 체류자격 구분에 따른 활동의 제한을 받지 아니한다. 예외로는 1.
단순노무행위를 하는 경우,[27] 2. 선량한 풍속이나 그 밖의 사회질서에 반하는 행위를
하는 경우, 3. 그 밖에 공공의 이익이나 국내 취업질서 등을 유지하기 위하여 그 취
업을 제한할 필요가 있다고 인정되는 경우가 해당된다. 다만, 허용되는 취업활동이

26　재외동포(F-4) 체류자격의 취득요건을 「재외동포의 출입국과 법적 지위에 관한 법률 시행령」
　에 위임하여 단순노무행위 종사자를 F-4 체류자격 부여대상에서 제외한 것이 중국국적동포
　를 차별하는 것이라는 주장에 대해 헌법재판소는 이 규정이 법률유보원칙 또는 포괄위임금지
　원칙을 위반하진 않는다고 판단하였다. 헌재 2014. 4. 24. 2012헌바412.
27　재외동포(F-4) 체류자격의 경우 단순노무직종에 종사하는 것이 금지되므로, 이후 단순노무행
　위를 위해 입국하는 중국 또는 구소련 지역 동포들을 위한 방문취업(H-2) 체류자격이 신설
　되었다. 고용허가제(E-9) 체류자격과 그 특례규정에 의한 방문취업(H-2) 체류자격을 제외
　하고는 단순노무직종에 종사하는 것은 금지된다.

라도 국내 법령에 따라 일정한 자격이 필요할 때에는 그 자격을 갖추어야 한다(동법 시행령 제23조).

> **27. 결혼이민(F-6):**
> 가. 국민의 배우자
> 나. 국민과 혼인관계(사실상의 혼인관계를 포함한다)에서 출생한 자녀를 양육하고 있는 부 또는 모로서 법무부장관이 인정하는 사람
> 다. 국민인 배우자와 혼인한 상태로 국내에 체류하던 중 그 배우자의 사망이나 실종, 그 밖에 자신에게 책임이 없는 사유로 정상적인 혼인관계를 유지할 수 없는 사람으로서 법무부장관이 인정하는 사람

결혼이민(F-6) 체류자격은 2011년 11월, 종전에 거주(F-2) 체류자격을 부여하던 결혼이민자에 대한 체계적인 지원 및 관리를 위해 결혼이민자만을 위한 체류자격을 별도로 신설한 것이다. 「재한외국인 처우 기본법」에 따르면 결혼이민자란 "대한민국 국민과 혼인한 적이 있거나 혼인관계에 있는 재한외국인"을 말한다. 그러나 출입국 관리법상 결혼이민(F-6) 체류자격을 받을 수 있는 자의 범위에는 대한민국 국민과 혼인한 적이 있는 모든 자가 포함되는 것은 아니고, 그 혼인관계에서 출생한 자녀를 양육하고 있거나(자녀양육) 법무부장관이 배우자의 사망이나 실종 등 귀책사유없이 정상적인 혼인관계를 유지할 수 없는 사람으로 인정하는 자(혼인단절)만이 포함된다. 결혼이민 사증에 대한 체류기간의 상한은 3년이고, 체류자격 구분에 따른 취업활동의 제한을 받지 않는다.

그 요건으로 국제결혼에 있어 '혼인의 성립'을 판단하는 국제사법상 준거법의 문제 등 특수한 문제가 제기된다(이에 대해서는 제12장 참조).[28] 결혼이민과 관련된 여러 문제에 대응하기 위해 체류자격 부여에 대한 심사기준이 강화되어왔다. 「출입국관리법 시행규칙」제9조의2가 정하는 일반적인 사증발급기준 외에 동 시행규칙 제9조의4, 제9조의5에서 결혼동거 목적의 외국인 초청절차 및 사증발급기준을 별도로 규정하고 있다. 제9조의4에 따르면 "국민의 배우자"에 해당하는 결혼동거 목적의 사증을

---

28 대구지방법원 2012. 4. 18. 선고 2011구합2394 판결: 확정[체류기간연장등불허처분취소]
"외국인의 체류자격을 규정한 출입국관리법 제10조 제1항, 동법 시행령 제12조의 입법 취지에 비추어 볼 때, 「출입국관리법 시행령」제12조 [별표 1] 소정의 '배우자'라 함은 우리나라 법률에 의하여 우리나라 국민과의 혼인이 성립된 것으로 인정되는 외국인을 의미하고, 자신의 본국법에 의하여 우리나라 국민과의 혼인이 성립된 것으로 인정되는 외국인을 의미하는 것은 아니다."

발급받기 위해서는 배우자의 초청인이 있어야 하는데, 법무부장관이 고시하는 요건
에 해당하는 외국인의 경우 초청인인 배우자가 법무부장관이 시행하는 국제결혼안
내프로그램을 이수하여야 한다. 또한 결혼동거 목적의 사증발급을 할 때 재외공관장
은 혼인의 진정성 및 정상적인 결혼 생활의 가능성 여부를 판단하기 위하여 추가적
인 요건을 심사확인할 수 있고,29 초청인과 피초청인 사이에 출생한 자녀가 있는 경
우 그 요건 중 일부에 대한 심사를 면제할 수도 있다. 제9조의5의 추가적인 심사기
준은 3년마다 규제재검토의 대상이 되는 기준이다(동법 시행규칙 84조의2). 재외공관의
장은 위와 같은 요건을 심사·확인하기 위해 필요할 때에는 초청인의 주소지를 관할
하는 청장·사무소장 또는 출장소장에게 사실관계의 확인을 요청할 수 있다. 이러한
요건의 심사·확인 결과에 따라 사증발급이 허가되지 않은 경우 해당 신청인은 그
배우자와 혼인의 진정성 등을 재고(再考)하여 허가되지 않은 날부터 6개월이 경과한
후에 사증발급을 다시 신청할 수 있다. 다만, 출산이나 그 밖에 국내에 입국하여야
할 급박한 사정이 있는 경우에는 6개월이 경과하지 아니한 경우에도 신청할 수 있다
(동법 시행규칙 제9조의5).

5) 그룹 H: 관광취업과 방문취업

28. 관광취업(H-1): 대한민국과 "관광취업"에 관한 협정이나 양해각서 등을 체결한 국가
의 국민으로서 협정 등의 내용에 따라 관광과 취업활동을 하려는 사람(협정 등의 취지
에 반하는 업종이나 국내법에 따라 일정한 자격요건을 갖추어야 하는 직종에 취업하려
는 사람은 제외한다)

29. 방문취업(H-2): 가. 체류자격에 해당하는 사람: 「재외동포의 출입국과 법적 지위에 관

---

29 「출입국관리법 시행규칙」 제9조의5 제1항에 따르면 그 추가적인 요건은 다음과 같다.
  1. 교제경위 및 혼인의사 여부
  2. 당사국의 법령에 따른 혼인의 성립 여부
  3. 초청인이 최근 5년 이내에 다른 배우자를 초청한 사실이 있는지 여부
  4. 초청인이 「국민기초생활 보장법」 제2조 제11호에 따른 기준 중위소득을 고려하여 법무부
     장관이 매년 정하여 고시하는 소득 요건을 충족하였는지 여부
  5. 건강상태 및 범죄경력 정보 등의 상호 제공 여부
  6. 피초청인이 기초 수준 이상의 한국어 구사가 가능한지 여부. 이 경우 구체적인 심사·확인
     기준은 법무부장관이 정하여 고시한다.
  7. 부부가 함께 지속적으로 거주할 수 있는 정상적인 주거공간의 확보 여부. 이 경우 고시원,
     모텔, 비닐하우스 등 일반적으로 부부가 함께 지속적으로 거주할 수 있는 장소로 보기 어
     려운 곳은 정상적인 주거 공간이 확보된 것으로 보지 아니한다.
  8. 초청인이 국적법 제6조 제2항 제1호 또는 제2호에 따라 국적을 취득하거나 영 별표 1 28의
     3. 영주(F-5) 나목에 따라 영주자격을 취득하고 3년이 경과하였는지 여부.

한 법률」제2조 제2호에 따른 외국국적동포(이하 "외국국적동포"라 한다)에 해당하고,
다음의 어느 하나에 해당하는 18세 이상인 사람 중에서 나목의 활동범위 내에서 체류
하려는 사람으로서 법무부장관이 인정하는 사람[재외동포(F-4) 체류자격에 해당하는
사람은 제외한다]

  1) 출생 당시에 대한민국 국민이었던 사람으로서 가족관계등록부, 폐쇄등록부 또
     는 제적부에 등재되어 있는 사람 및 그 직계비속
  2) 국내에 주소를 둔 대한민국 국민 또는 별표 1의3 영주(F-5) 제5호에 해당하는
     사람의 8촌 이내의 혈족 또는 4촌 이내의 인척으로부터 초청을 받은 사람
  3) 「국가유공자 등 예우 및 지원에 관한 법률」제4조에 따른 국가유공자와 그 유
     족 등에 해당하거나 「독립유공자예우에 관한 법률」제4조에 따른 독립유공자
     와 그 유족 또는 그 가족에 해당하는 사람
  4) 대한민국에 특별한 공로가 있거나 대한민국의 국익 증진에 기여한 사람
  5) 유학(D-2) 체류자격으로 1학기 이상 재학 중인 사람의 부모 및 배우자
  6) 국내 외국인의 체류질서 유지를 위하여 법무부장관이 정하는 기준 및 절차에
     따라 자진하여 출국한 사람
  7) 1)부터 6)까지의 규정에 준하는 사람으로서 나목의 활동 범위 내에서 체류할 필
     요가 있다고 법무부장관이 정하여 고시하는 사람

나. 활동범위

  1) 방문, 친척과의 일시 동거, 관광, 요양, 견학, 친선경기, 비영리 문화예술활동,
     회의 참석, 학술자료 수집, 시장조사·업무연락·계약 등 상업적 용무, 그 밖에
     이와 유사한 목적의 활동
  2) 「통계법」제22조에 따라 통계청장이 작성·고시하는 한국표준산업분류[대분류
     E 및 대분류G부터 대분류U까지의 산업분류(이하 "서비스업분류"라 한다)는 제
     외한다]에 따른 다음 산업 분야에서의 활동

  가) 작물 재배업(011)
  나) 축산업(012)
  다) 작물재배 및 축산 관련 서비스업(014)
  라) 연근해 어업(03112)
  마) 양식 어업(0321)
  바) 금속 광업(06)
  사) 연료용을 제외한 비금속광물 광업(07)
  아) 삭제 〈2022. 12. 27.〉
  자) 광업 지원 서비스업(08)
  차) 제조업(10~34). 다만, 상시 사용하는 근로자 수가 300명 미만이거나 자본금

이 80억원 이하인 업체에 취업하는 경우로 한정한다.

카) 삭제 〈2022. 12. 27.〉

타) 삭제 〈2022. 12. 27.〉

파) 건설업(41~42). 다만, 발전소·제철소·석유화학 건설현장의 건설업체 중 업종이 산업·환경설비 공사인 업체에 취업하는 경우는 제외한다.

하) ~ 루) 삭제 〈2022. 12. 27.〉

  3) 「통계법」 제22조에 따라 통계청장이 작성·고시하는 한국표준산업분류 중 서비스업분류에 따른 산업 분야에서의 활동. 다만, 다음의 산업분야에서의 활동은 제외한다.

가) 수도업(36)

나) 환경 정화 및 복원업(39)

다) 자동차 및 부품 판매업(45)

라) 육상 운송 및 파이프라인 운송업(49). 다만, 육상 여객운송업(492)은 허용한다.

마) 수상 운송업(50)

바) 항공 운송업(51)

사) 창고 및 운송 관련 서비스업(52). 다만, 다음의 산업분야는 허용한다.

  (1) 냉장·냉동창고업(52102). 다만, 내륙에 위치한 업체에 취업하는 경우로 한정한다.

  (2) 물류 터미널 운영업(52913). 다만, 「통계법」 제22조에 따라 통계청장이 작성·고시하는 한국표준직업분류에 따른 하역 및 적재 관련 단순 종사원(92101)으로 취업하는 경우로 한정한다.

  (3) 항공 및 육상 화물 취급업(52941). 다만, 다음의 경우로 한정한다.

   (가) 「축산물 위생관리법」 제2조 제3호에 따른 식육을 운반하는 업체에 취업하는 경우

   (나) 「생활물류서비스산업발전법」 제2조 제3호 가목에 따른 택배서비스사업을 하는 업체에 통계청장이 작성·고시하는 한국표준직업분류에 따른 하역 및 적재 관련 단순 종사원(92101)으로 취업하는 경우로 한정한다.

아) 출판업(58). 다만, 서적, 잡지 및 기타 인쇄물 출판업(581)은 허용한다.

자) 우편 및 통신업(61)

차) 컴퓨터 프로그래밍, 시스템 통합 및 관리업(62)

카) 정보서비스업(63)

타) 금융업(64)

파) 보험 및 연금업(65)

하) 금융 및 보험 관련 서비스업(66)

거) 부동산업(68)

너) 연구개발업(70)

더) 전문 서비스업(71)

러) 건축기술, 엔지니어링 및 과학기술 서비스업(72)

머) 사업시설 관리 및 조경 서비스업(74). 다만, 사업시설 유지관리 서비스업(741)
　　과 건물 및 산업설비 청소업(7421)은 허용한다.

버) 고용 알선 및 인력 공급업(751). 다만, 「가사근로자의 고용개선 등에 관한 법
　　률」 제2조 제2호에 따른 가사서비스 제공기관에 취업하는 경우는 허용한다.

서) 공공행정, 국방 및 사회보장행정(84)

어) 교육 서비스업(85)

저) 국제 및 외국기관(99)

2007. 2. 28. 신설된 방문취업(H-2) 자격은 당초 「재외동포의 출입국과 법적 지위에 관한 법률」의 적용 대상에서 제외될 수 있는 중국 및 독립국가연합(CIS) 지역 동포들에 대하여 5년간 유효한 복수사증을 발급하고, 사증의 유효기간의 범위 내에서 자유로운 출입국을 허용함으로써 자유왕래를 보장하기 위해 마련된 것이다. 재외동포(F-4) 체류자격은 단순노무를 활동범위에서 제외하고 있어 사실상 중국이나 독립국가연합 지역 동포들이 배제되어 왔다. 이와 같은 문제를 해결하고자 방문취업(H-2) 체류자격을 신설하였으나 그 시초는 '취업관리제'이다. 취업관리제는 2002. 12. 「방문동거자의 고용관리에 관한 규정(노동부고시 제2002-29호)」에 따라 방문동거(F-1) 체류자격으로 입국한 동포에게 취업활동을 허가하는 제도로 출발하였다. 이후 「외국인근로자의 고용 등에 관한 법률」(이하 "외국인고용법"이라 한다)이 제정되면서 동법상 고용허가제의 특례로 적용되어 오다, 법무부가 고용부(당시 노동부)와 협의하여 동포의 취업범위와 고용허가제 특례적용을 확대하기 위해 출입국관리법상 취업활동을 할 수 있는 방문취업(H-2) 체류자격을 신설하였다.[30]

즉, 방문취업(H-2) 체류자격의 사증을 발급 받은 동포가 입국하여 취업을 원하는 경우 외국인고용법 절차에 따라 취업교육 및 구직신청 등 절차를 거쳐 「출입국관리법 시행령」에서 정한 단순노무분야 허용업종에서 취업활동이 가능하도록 함으로써 취업활동 범위를 확대한 것이다. 또한, 허용업종 범위 내에서 자율구직 허용 등 선택적 취업이 가능하게 하였고, 근무처 변경 시 허가제를 신고제로 완화함으로써

---

30 법무부 출입국·외국인정책본부, 『출입국관리법 해설』, 189면.

외국인고용법의 특례로서 취업절차를 대폭 간소화한 제도이다.

6) 기타 (G)

> 29) 기타(G-1): 별표 1, 이 표 중 외교(A-1)부터 방문취업(H-2)까지 또는 별표 1의3의 체류자격에 해당하지 않는 사람으로서 법무부장관이 인정하는 사람

이는 위에서 본 특정한 유형에 해당하지 않는 경우로서 긴급상황 등에 대응하기 위한 임시체류 등을 규율하기 위한 것이다.

(다) 영주자격(F-5)

1) 영주자격 도입의 연혁

2002년 도입된 영주(F-5) 체류자격은 처음에는 국내에 정주하고 있던 화교들의 법적 지위의 개선을 주목적으로 「장기체류 외국인의 영주권취득과 그 법적 지위에 관한 법률」 제정을 통한 도입이 시도되었다.[31] 그러나 법률은 제정되지 못하였고, 그 체류자격만이 특정한 범주의 외국인이 아닌 일반적인 외국인에게 적용될 수 있는 새로운 체류자격으로 구 「출입국관리법 시행령」 별표 1에 도입되었다. 모든 체류자격에 대해 법률에서 직접 규정할 필요는 없으나, 영주자격제도는 우리 국가공동체에 중대한 영향을 미치는 실질적 구성원의 자격을 설정하는 것이므로 이를 시행령에서만 규율하던 기존의 입법방식은 법률유보의 관점에서 재검토할 필요가 있었음은 물론이다.[32] 국적 취득 시 영주자격전치주의의 도입에 관한 장기간의 사회적 논의를

---

31 영주자격 신설 이전에는 화교 등 장기체류외국인은 5년 단위의 거주체류자격(F-2비자)을 발급받았고, 2001. 1. 31 기준으로 한국에서 F-2비자로 장기체류하고 있는 외국인은 약 2만 4천 명 정도로 이 중 대만국적을 가진 사람이 92% 정도를 차지하고 있었다고 한다. 당시 거주체류자격(F-2비자) 발급의 요건은 "대한민국에 계속 거주하여 생활의 근거가 국내에 있는 자, 그의 배우자 및 출생자녀와 국민의 배우자"로 규정하고 있었다. 정대철 의원이 대표발의한 「장기체류 외국인의 영주권 취득과 그 법적 지위에 관한 법률」 제정으로 영주자격이 신설될 경우 장기체류외국인의 국내법상 지위는 ① 5년 단위의 체류기간의 연장 없이 영구체류가 가능하다는 점, ② 외국인등록증 대신 영주권등록증 제도가 신설된다는 점, 그리고 ③ 특수한 경우 이외에는 강제퇴거의 대상이 되지 아니한다는 점 등에서 달라질 것이 기대되었다.
32 국적법상 영주자격전치주의의 도입에 관한 논의는 제8장 일반귀화의 요건 관련 부분을 참조. 김남진, 「영주자격전치주의 도입방안 모색」, 『국가법연구』 제10집 제2호 (2014); 소라미, 「이주민에 대한 귀화·영주제도의 변천과 영주자격 전치주의 도입에 대한 검토」, 『국회 다문화사회포럼 다정다감 외 주최 토론회 "영주자격 전치주의 도입, 이대로 좋은가?"』(기조발제문) (2012. 11. 30) 참조.

거쳐 2018년 말 시행된 개정 국적법에서 영주자격전치주의가 도입되었고, 2018년 개정 출입국관리법에서도 영주자격에 대한 명문의 근거규정이 마련되었다(법 제10조 제2호, 제10조의3). 이에 따르면, 영주자격은 "대한민국에 영주(永住)할 수 있는 체류자격"을 말한다.

2) 영주자격의 법적 지위

영주자격을 가진 외국인은 활동범위 및 체류기간의 제한을 받지 아니한다(법 제10조의3 제1항). 그 밖에도 영주자격을 가진 외국인은 출입국관리법상 특별한 지위를 갖는다. 재입국시 재입국허가를 면제할 수 있고(제30조 제1항), 강제퇴거 사유도 다른 체류자격을 가진 외국인에 비하여 제한적이다(법 제46조 제2항) 또한 사증발급, 입국허가 등의 취소·변경제도와 별도로 영주자격의 취소 사유를 제한하는 특례 규정을 두고 있다. 즉, 영주자격의 취소는 일반체류자격의 취소보다 그 요건을 강화하여 「형법」 등에 규정된 죄를 범하여 2년 이상의 징역 또는 금고의 형이 확정된 경우 등에만 취소할 수 있도록 하고, 영주자격을 취소하는 경우에도 법무부장관은 대한민국에 계속 체류할 필요성이 인정되고 일반체류자격의 요건을 갖춘 경우 해당 외국인의 신청이 있는 때에는 일반체류자격을 부여할 수 있도록 하고 있다(법 제89조의2).

한편, 「재한외국인 처우 기본법」은 영주권자에 대해 국가 및 지방자치단체가 대한민국의 안전보장·질서유지·공공복리 그 밖에 대한민국의 이익을 해치지 아니하는 범위 안에서 대한민국으로의 입국·체류 또는 대한민국 안에서의 경제활동 등을 보장할 수 있도록 하고, 결혼이민자 및 그 자녀에 준하여 국어교육, 대한민국의 제도·문화에 대한 교육, 그 자녀에 대한 보육 및 교육 지원, 의료 지원 등을 통해 대한민국 사회에 빨리 적응하도록 지원할 수 있는 근거를 마련하고 있다(제13조, 제12조 제2항).

3) 영주자격의 요건

영주자격을 부여받을 수 있는 요건으로는 먼저 시행령 별표 1의3에서 규정하는 "영주의 자격에 부합한 사람"이 되기 위한 소극적 요건, 적극적 요건을 충족하여야 하고, 다음으로는 법 제10조의3에서 규정한 적극적 요건이 충족되어야 한다. 이를 차례로 보면 다음과 같다.

별표 1의3의 소극적 요건은 출입국관리법 제46조 제1항 각 호의 강제퇴거 대상이 아닌 자라야 한다.[33] 이 강제퇴거사유를 분석해 보면, 이에 내재하는 상위의 기준

---

[33] 강제퇴거사유에 대한 상세한 설명은 제6장 참조.

내지 규율 목적은 크게 2가지 범주로 나눌 수 있다. 첫째, 출입국관리법상 출입국 및 체류에 관한 규정을 위반한 자에게는 영주체류자격을 부여하지 않음으로써, 출입국 및 외국인 관리제도의 실효성을 확보하는 것이다. 출입국관리법의 준수는 '시민'의 일반적인 자질로서 법준수 성향에 대한 판단을 가능케 하며, 다른 한편 외국인들이 출입국관리법을 준수할 유인을 제공한다. 둘째, 체류기간 중 우리 국가공동체의 구성원으로서 자질이 부족함을 보이거나, 기존의 구성원들에게 유해한 영향을 미칠 수 있는 경우 등으로서, 공동체의 구성원으로서 부적합한 자를 선별해 내는 기준이다. 각종 입국거부사유가 입국 후에 발견되거나 발생한 경우, 범죄행위를 한 경우 등이 이에 해당된다. 법문으로 볼 때 이러한 소극적 요건은 기속적 기준으로, 그러한 사유가 있는 경우 영주자격을 부여하지 않음이 원칙이라 하겠다.

다음으로 출입국관리법 시행령 별표 1의3 1호~18호까지 각 호의 어느 하나에 해당되어야 한다.

1. 대한민국 「민법」에 따른 성년으로서 별표 1의2 중 10. 주재(D-7)부터 20. 특정활동(E-7)까지의 체류자격이나 별표 1의2 중 24. 거주(F-2) 체류자격으로 5년 이상 대한민국에 체류하고 있는 사람

2. 국민 또는 영주자격(F-5)을 가진 사람의 배우자 또는 미성년 자녀로서 대한민국에 2년 이상 체류하고 있는 사람 및 대한민국에서 출생한 것을 이유로 법 제23조에 따라 체류자격 부여 신청을 한 사람으로서 출생 당시 그의 부 또는 모가 영주자격(F-5)으로 대한민국에 체류하고 있는 사람 중 법무부장관이 인정하는 사람

3. 「외국인투자 촉진법」에 따라 미화 50만 달러를 투자한 외국인투자가로서 5명 이상의 국민을 고용하고 있는 사람

4. 별표 1의2 중 26. 재외동포(F-4) 체류자격으로 대한민국에 2년 이상 계속 체류하고 있는 사람으로서 대한민국에 계속 거주할 필요가 있다고 법무부장관이 인정하는 사람

5. 「재외동포의 출입국과 법적 지위에 관한 법률」 제2조 제2호의 외국국적동포로서 「국적법」에 따른 국적 취득 요건(같은 법 제5조 제1호의2에 따른 요건은 제외한다)을 갖춘 사람

6. 종전 「출입국관리법 시행령」(대통령령 제17579호로 일부개정되어 2002. 4. 18. 공포·시행되기 이전의 것을 말한다) 별표 1 제27호란의 거주(F-2) 체류자격(이에 해당되는 종전의 체류자격을 가진 적이 있는 사람을 포함한다)이 있었던 사람으로서 대한민국에 계속 거주할 필요가 있다고 법무부장관이 인정하는 사람

7. 다음 각 목의 어느 하나에 해당하는 사람으로서 법무부장관이 인정하는 사람

　　　가. 국외에서 일정 분야의 박사 학위를 취득한 사람으로서 영주자격(F-5) 신청 시 국
　　　　　내 기업 등에 고용된 사람

　　　나. 국내 대학원에서 정규과정을 마치고 박사학위를 취득한 사람

　8. 법무부장관이 정하는 분야의 학사 학위 이상의 학위증 또는 법무부장관이 정하는 기
　　　술자격증이 있는 사람으로서 국내 체류기간이 3년 이상이고, 영주자격(F-5) 신청 시
　　　국내기업에 고용되어 법무부장관이 정하는 금액 이상의 임금을 받는 사람

　9. 과학·경영·교육·문화예술·체육 등 특정 분야에서 탁월한 능력이 있는 사람 중 법무
　　　부장관이 인정하는 사람

10. 대한민국에 특별한 공로가 있다고 법무부장관이 인정하는 사람

11. 60세 이상으로서 법무부장관이 정하는 금액 이상의 연금을 국외로부터 받고 있는 사람

12. 별표 1의2 중 29. 방문취업(H-2) 체류자격으로 취업활동을 하고 있는 사람으로서 근
　　　속기간이나 취업지역, 산업 분야의 특성, 인력 부족 상황 및 국민의 취업 선호도 등을
　　　고려하여 법무부장관이 인정하는 사람

13. 별표 1의2 중 24. 거주(F-2) 자목에 해당하는 체류자격으로 대한민국에서 3년 이상
　　　체류하고 있는 사람으로서 대한민국에 계속 거주할 필요가 있다고 법무부장관이 인정
　　　하는 사람

14. 별표 1의2 중 24. 거주(F-2) 차목에 해당하는 체류자격을 받은 후 5년 이상 계속 투자
　　　상태를 유지하고 있는 사람으로서 대한민국에 계속 거주할 필요가 있다고 법무부장관
　　　이 인정하는 사람과 그 배우자 및 자녀(법무부장관이 정하는 요건을 갖춘 자녀만 해당
　　　한다)

15. 별표 1의2 중 11. 기업투자(D-8) 다목에 해당하는 체류자격으로 대한민국에 3년 이상
　　　계속 체류하고 있는 사람으로서 투자자로부터 3억원 이상의 투자금을 유치하고 2명
　　　이상의 국민을 고용하는 등 법무부장관이 정하는 요건을 갖춘 사람

16. 5년 이상 투자 상태를 유지할 것을 조건으로 법무부장관이 정하여 고시하는 금액 이상
　　　을 투자한 사람으로서 법무부장관이 정하는 요건을 갖춘 사람

17. 별표 1의2 중 11. 기업투자(D-8) 가목에 해당하는 체류자격을 가지고 「외국인투자촉진
　　　법 시행령」 제25조 제1항 제4호에 따른 연구개발시설의 필수전문인력으로 대한민국에
　　　3년 이상 계속 체류하고 있는 사람으로서 법무부장관이 인정하는 사람

18. 별표 1의2 중 24. 거주(F-2) 다목에 해당하는 체류자격으로 2년 이상 대한민국에 체
　　　류하고 있는 사람

19. 별표 1의2 중 24. 거주(F-2) 카목에 해당하는 체류자격으로 2년 이상 대한민국에 체
　　　류하고 있는 사람

위의 요건을 충족한 "영주의 자격에 부합한 사람"은 2018년 개정 법에서 신설된

각 호의 요건들을 모두 갖추어야 한다(법 제10조의3). 이 중 생계유지능력과 기본소양에 관한 요건은 대한민국에 특별한 공로가 있는 사람, 과학·경영·교육·문화예술·체육 등 특정 분야에서 탁월한 능력이 있는 사람, 대한민국에 일정금액 이상을 투자한 사람 등 대통령령으로 정하는 사람에 대해서는 법무부장관이 대통령령으로 정하는 바에 따라 요건의 전부 또는 일부를 완화하거나 면제할 수 있다.

　법의 위임에 따라 시행규칙에서는 위 각 호의 요건을 판단하기 위한 기준·범위를 상세하게 정하고 있다(법 시행규칙 제18조의4). 품행 단정, 생계 유지 능력, 기본 소양 등의 개념이 불확정적인 의미를 갖는 법 개념이므로 그 판단에 객관성과 예측가능성을 부여하기 위해 시행규칙상의 판단기준은 상당히 구체적이고 객관적 평가가 가능한 기준으로 이루어져 있다. 다만 제도 시행의 초기이니만큼 앞으로 적용 사례들을 모니터링하면서 이 기준이 영주를 희망하는 외국인에 대해서나, 새로운 구성원을 받아들이는 국가, 국민에 대해서는 모두 합목적적, 합리적인 기준으로 발전하도록 검토를 계속할 필요가 있다. 이하에서는 법 제10조의3 각 호의 사유 아래에 이를 판단하는 기준·범위에 관한 규정을 함께 본다.

> 1. 대한민국의 법령을 준수하는 등 품행이 단정할 것
>   ※ 판단기준 (시행규칙 제18조의4 제1항 제1호, 시행규칙 제18조의4 제2항)
>   다음 각 목의 어느 하나에 해당하지 아니하는 사람일 것. 다만, 법무부장관은 아래 판단기준에도 불구하고 외국인이 국내에서 형성한 사회적·경제적 기반, 대한민국 사회에 기여한 정도, 외국인이 법 또는 다른 법률 위반행위를 한 경우 그 공익 침해 정도, 그 밖의 사정 등을 종합적으로 고려하여 영주자격 취득을 허가할 수 있다.
>   가. 법 또는 다른 법률을 위반하여 금고 이상의 형의 선고를 받고 그 형의 집행이 종료되거나 집행을 받지 아니하기로 한 날부터 5년이 경과되지 아니한 사람
>   나. 법 또는 다른 법률을 위반하여 벌금형의 선고를 받고 벌금을 납부한 날부터 3년이 경과되지 아니한 사람
>   다. 법 제7조 제1항 또는 제4항을 위반하거나, 법 제12조 제1항 또는 제2항을 위반한 날부터 5년이 경과되지 아니한 사람
>   라. 신청일부터 최근 5년간 법을 3회 이상 위반한 사람. 이 경우 과태료 처분을 받은 사람은 제외한다.
>   마. 법 제59조 제2항에 따른 강제퇴거명령을 받고 출국한 날부터 7년이 경과하지 아니한 사람
>   바. 법 제68조에 따른 출국명령을 받고 출국한 날부터 5년이 경과하지 아니한 사람

      사. 그 밖에 가목부터 바목까지의 규정에 준하는 사유에 해당하는 사람으로서 법무부
         장관이 따로 정하는 사람

 2. 본인 또는 생계를 같이하는 가족의 소득, 재산 등으로 생계를 유지할 능력이 있을 것
   ※ 판단기준 (시행규칙 제18조의4 제1항 제2호)
   본인 또는 생계를 같이하는 가족의 소득을 합산한 금액이 한국은행이 고시하는 전년
   도 일인당 국민총소득(GNI) 이상 또는 가계 자산이 중위수준 이상에 해당되는 등 그
   체류가 국가재정에 부정적 영향을 미치지 아니한다고 법무부장관이 인정하는 사람

 3. 한국어능력과 한국사회·문화에 대한 이해 등 대한민국에서 계속 살아가는 데 필요한
   기본소양을 갖추고 있을 것
   ※ 판단기준 (시행규칙 제18조의4 제1항 제3호)
   법 제39조 제1항에 따른 사회통합프로그램을 이수하였거나 영 제48조 제2항 제3호에
   따른 종합평가에서 100점을 만점으로 하여 60점 이상을 득점한 사람

제2절   체류관리행정

    외국인이 체류자격과 체류기간을 부여받는 것은 예외적인 경우가 아니면 사증발
급 또는 입국심사 절차를 통해서이다(양 절차에 대해서는 제4장을 참조). 입국 후에는
체류자격별로 정해져 있는 활동범위 내에서 활동이 허용된다. 적법하게 체류가 개시
된 이후 해당 외국인의 필요 또는 법령에 정한 사유가 있는 경우에는 체류자격의 변
경이나 체류자격외 활동, 체류기간의 연장, 근무처의 변경·추가 등을 위한 허가·신
고절차가 마련되어 있다. 정치활동의 경우 체류자격과 관계없이 모든 외국인에게 금
지되고, 제한적으로만 허용된다. 이하에서는 출입국관리법상 규정되어 있는 체류자
격, 활동범위, 체류기간 등에 관한 행정청의 허가·신고제를 중심으로 살펴보고, 정
치활동에 대한 규율의 내용을 살펴본다.

1. 체류자격 부여 및 변경

(가) 체류자격 부여

출입국관리법 제23조에 의한 체류자격의 부여란 대한민국에서 출생하여 제10조에 따른 체류자격을 가지지 못하고 체류하게 되는 외국인 또는 대한민국에서 체류중 대한민국의 국적을 상실하거나 국적을 이탈하는 등 그 밖의 사유로 체류자격을 갖지 못하고 체류하게 되는 외국인에게 새로이 체류자격을 부여하는 것이다. 이에 해당하는 외국인은 출생한 날부터 90일 이내, 국적의 상실 또는 이탈이라는 사유가 발생한 날부터 30일 이내에 대통령령으로 정하는 바에 따라 체류자격을 받아야 한다. 이를 위반하여 체류자격을 받지 아니하고 체류한 사람은 3년 이하의 징역 또는 2천만 원 이하의 벌금에 처한다(법 제94조 제15호).

체류자격을 받고자 하는 자는 체류자격부여신청서를 청장·사무소장 또는 출장소장에게 제출하여야 하고, 청장·사무소장 또는 출장소장은 이를 지체없이 법무부장관에게 보내야 한다. 법무부장관이 신청에 따라 체류자격을 부여할 때에는 체류기간을 정하여 청장·사무소장 또는 출장소장에게 통보를 하여야 한다. 통보를 받은 청장·사무소장 또는 출장소장은 신청인의 여권에 체류자격 부여인을 찍고 체류자격과 체류기간 등을 적거나 체류자격 부여 스티커를 붙여야 한다(법 시행령 제29조). 체류자격 부여를 불허가 할 때에는 불허결정 통지서를 발급하고, 그 발급일부터 14일을 초과하지 않는 범위에서 출국기한을 분명하게 밝혀야 한다. 다만, 법무부장관이 필요하다고 인정할 때에는 이미 허가된 체류기간의 만료일을 출국기한으로 할 수 있다(법 시행령 제33조). 법 시행령 제33조는 체류자격 부여뿐만 아니라 체류자격 변경허가(법 제24조)와 체류기간 연장허가(법 제25조)의 경우에도 적용된다.

법무부장관이 체류자격을 부여하는 경우 그 이후의 체류기간 연장을 허가하지 아니하기로 결정한 때에는 청장·사무소장 또는 출장소장은 허가된 체류기간 내에 출국하여야 한다는 뜻을 여권에 적어야 한다(법 시행령 제34조). 법무부장관이 체류자격 부여시 이후 체류기간 연장을 허가하지 아니하기로 결정할 수 있다는 점은 신청인이 명시적으로 판단을 신청하지 않은 장래의 사항에 대해 법무부장관이 직권으로 판단할 권한을 부여함을 의미한다. 이는 체류자격 부여라는 재량적 권한에 '향후 체류기간의 연장을 배제하는 조건으로 체류자격을 부여한다'라는 판단을 할 수 있는 권한이 법령의 규정에 의해 포함됨을 의미한다. 그 법적 성질은 신청에 따른 처분에 대한 법정부관이라고 볼 수 있을 것이다. 법 시행령 제34조는 체류자격 부여뿐만 아니라 체류자격 변경허가(법 제24조)와 체류기간 연장허가(법 제25조)의 경우에도 적용된다.

(나) 체류자격 변경허가

대한민국에 체류하는 외국인이 그 체류자격과 다른 체류자격에 해당하는 활동을 하려면 미리 법무부장관의 체류자격 변경허가를 받아야 한다(법 제24조 제1항). 체류자격 변경허가의 법적 성질은 일종의 설권적 처분으로 재량행위에 해당한다.[34] 이민정책상 필요 등으로 사전에 법무부에서 체류자격변경허가를 예정하고 관련 기준을 미리 공표해두는 경우도 있다. 예컨대, 특정활동(E-7)은 법무부장관이 특별히 지정하는 활동에 종사하려는 사람을 대상으로 하는데, 다른 체류자격으로 입국한 외국인이 E-7 자격에 해당되는 직종별 요건을 갖춘 경우 E-7으로 체류자격변경을 신청할 수 있다.[35] 한편, 법률의 규정에 의해 의무적으로 체류자격 변경허가를 받아야 하는 경우가 있다. 주한외국공관과 국제기구의 직원 및 그의 가족 등 제31조 제1항 각 호의 어느 하나에 해당하는 사람으로서 그 신분이 변경되어 체류자격을 변경하려는 사람은 신분이 변경된 날부터 30일 이내에 법무부장관의 체류자격 변경허가를 받아야 한다(법 제24조 제2항).

체류자격 변경허가를 받기 위해서는 신청서를 청장·사무소장 또는 출장소장에게 제출하여 이를 법무부장관에게 보내도록 해야 한다. 위 체류자격 부여절차와의 차이점은 청장·사무소장 또는 출장소장이 법무부장관에게 의견을 붙여서 보내야 한다는 점이다. 이는 곧 청장·사무소장 또는 출장소장이 일정한 심사권한을 행사한다는 의미이다. 그러나 최종처분권은 법무부장관에게 부여되어 있다. 법무부장관이 이를 허가한 때에는 청장·사무소장 또는 출장소장은 여권에 체류자격 변경허가인을 찍고 체류자격, 체류기간 및 근무처 등을 적거나 체류자격 변경허가 스티커를 붙여야 한다. 다만, 외국인등록증을 발급 또는 재발급할 때에는 외국인등록증의 발급

---

[34] 대법원 2016. 7. 14. 선고 2015두48846 판결[체류기간연장등불허가처분취소] "체류자격 변경허가는 신청인에게 당초의 체류자격과 다른 체류자격에 해당하는 활동을 할 수 있는 권한을 부여하는 일종의 설권적 처분의 성격을 가지므로, 허가권자는 신청인이 관계 법령에서 정한 요건을 충족하였다고 하더라도, 신청인의 적격성, 체류 목적, 공익상의 영향 등을 참작하여 허가 여부를 결정할 수 있는 재량을 가진다고 할 것이다. 다만 이러한 재량을 행사할 때 판단의 기초가 된 사실인정에 중대한 오류가 있는 경우 또는 비례·평등의 원칙을 위반하거나 사회통념상 현저하게 타당성을 잃는 등의 사유가 있다면 이는 재량권의 일탈·남용으로서 위법하다."
[35] 법무부 출입국·외국인정책본부, 『외국인체류 안내매뉴얼』, 146면.

또는 재발급으로 이를 갈음한다(법 시행령 제30조). 체류자격 변경 불허가시의 절차 및 출국통지(법 시행령 제33조) 체류자격 변경허가 시 출국예고(법 시행령 제34조) 규정은 체류자격 부여의 경우와 마찬가지로 적용된다.

2. 활동범위

출입국관리법 제17조 제1항에 따르면 외국인은 그 체류자격과 체류기간의 범위에서 대한민국에 체류할 수 있다. 이는 체류자격별로 정해져 있는 활동범위가 외국인이 체류 중에 할 수 있는 활동에 대한 1차적 규율이 됨을 의미한다. 그러나 체류자격상 활동범위는 일반적 의미의 모든 활동이 아니라 관광, 유학, 취업, 투자와 같은 체류의 주된 목적에 해당하는 활동에 관한 것이다. 따라서 외국인이 자연인 그리고 우리 사회의 사실상 구성원으로서 체류 중 하게 될 다양한 그 밖의 활동에 대해서는 원칙적으로 국민과 마찬가지로 규율되거나 외국인 일반에 대한 특별한 규율이 이루어질 것이다. 후자의 예로는 출입국관리법상 정치활동에 관한 규정, 「부동산 거래신고 등에 관한 법률」(「외국인토지법」 폐지 후 외국인 관련 규정), 「외국인투자 촉진법」 등이 있다.

입국한 후에 체류자격외 활동을 겸하거나 근무처의 변경·추가를 위해서는 법무부장관의 허가를 받도록 하고 있다. 또한 외국인의 일반적 활동범위와 관련하여 거소 또는 활동범위 등의 제한제도를 두고 있다. 이하에서 차례로 살펴본다.

(가) 체류자격외 활동

대한민국에 체류하는 외국인이 그 체류자격에 해당하는 활동과 함께 다른 체류자격에 해당하는 활동을 하려면 대통령령으로 정하는 바에 따라 미리 법무부장관의 체류자격외 활동허가를 받아야 한다(법 제20조). 체류자격외 활동허가를 받지 않고 다른 체류자격에 해당하는 활동을 한 사람은 3년 이하의 징역 또는 3천만 원 이하의 벌금에 처한다(법 제94조 제12호).

체류자격외 활동허가 역시 법무부장관의 재량행위로 볼 수 있다. 법무부장관은 개별 처분시마다 재량권을 행사하지만, 그 재량권을 합리적이고 일관되게 행사하기 위해서 여러 가지 정책(policy)에 기반한 재량준칙을 정하여 그 권한을 행사하고 있다.[36]

---

36 법무부 「외국인체류 안내매뉴얼」상 체류자격별로 허가될 수 있는 체류자격외활동의 범위가

체류자격외 활동허가를 받기 위해서는 신청서를 청장·사무소장 또는 출장소장에게 제출하여야 하며, 청장·사무소장 또는 출장소장은 의견을 붙여 법무부장관에 보낸 후 법무부장관의 결정을 받아야 한다. 이때 청장·사무소장 또는 출장소장은 체류자격외 활동허가신청을 심사하여 새로이 종사하고자 하는 활동이 주된 활동인 것으로 인정되는 때에는 (체류자격외 활동허가가 아니라) 체류자격변경허가를 받도록 해야 한다(법 시행규칙 제29조). 이는 체류자격의 변경에 해당하는 정도의 활동을 체류자격의 변경없이 체류자격외 활동허가를 통해서 우회적으로 하는 것을 방지하고, 경계가 불분명할 수 있는 체류자격변경제도와 체류자격외 활동허가제도를 명확히 구별해서 운영해야 한다는 점을 확인한 것이다.

(나) 근무처의 변경·추가

대한민국에서 취업활동을 할 수 있는 체류자격을 가진 외국인이라 하여도 지정된 근무처가 아닌 곳에서 근무하여서는 안 된다(법 제18조 제2항). 대한민국에 체류하는 외국인이 그 체류자격의 범위에서 그의 근무처를 변경하거나 추가하려면 미리 법무부장관의 허가를 받아야 한다. 그러나 전문적인 지식·기술 또는 기능을 가진 사람으로서 대통령령으로 정하는 사람은[37] 근무처를 변경하거나 추가한 날부터 15일 이내에 법무부장관에게 신고하면 된다(법 제21조 제1항). 제18조나 제21조를 위반한 행위는 강제퇴거사유가 된다(법 제46조 제1항 제8호·제9호).[38]

허가절차는 체류자격 변경허가절차와 마찬가지로, 신청서를 제출받은 청장·사무소장 또는 출장소장이 의견을 붙여 법무부장관에게 보내어 결정하도록 한다. 신고서 역시 청장·사무소장 또는 출장소장에게 제출하며, 이를 법무부장관에게 보내 수리하여야 된다. 법문으로 보아 신고는 자족적 신고가 아닌 수리를 요하는 신고에 해당

구체적으로 제시되어 있다. 예컨대, 기업투자(D−8) 체류자격을 가진 자에게 정규교육기관에서 교육을 받는 활동에 대해서는 체류자격외활동허가가 면제되고, 외국인투자기업 CEO등 우수전문인력의 대학 강연활동은 허가를 받아야 가능하다. 법무부 출입국·외국인정책본부, 『외국인체류 안내메뉴얼』, 66면.

[37] "별표 1 중 19. 교수(E−1)부터 25. 특정활동(E−7)까지의 체류자격 중 어느 하나의 체류자격을 가진 외국인으로서 법무부장관이 고시하는 요건을 갖춘 사람을 말한다"(「출입국관리법 시행령」 제26조의2 제1항).

[38] 「외국인근로자의 고용 등에 관한 법률」상 사업 또는 사업장 변경을 3회로 제한한 규정 등을 합헌으로 판단한 헌재 2011. 9. 29. 2007헌마1083을 참조하면, 근무처의 변경·추가는 외국인의 기본권 주체성이 인정되는 헌법상 직장선택의 자유에 관한 제한이므로 합헌적으로 제도설계·운영되어야 한다.

한다.

이러한 규정의 실효성을 확보하기 위해 국민을 포함하여 누구든지 위의 근무처의 변경·추가허가를 받지 아니한 외국인을 고용하거나 고용을 알선하여서는 안 될 의무가 부과된다. 다만, 다른 법률에 따라 고용을 알선하는 경우에는 그러하지 아니하다(법 제21조 제2항). 이를 위반하여 근무처의 변경허가 또는 추가허가를 받지 아니한 외국인의 고용을 업으로 알선한 사람은 3년 이하의 징역 또는 3천만 원 이하의 벌금에 처한다.

(다) 거소·활동범위 제한 등

법무부장관은 공공의 안녕질서나 대한민국의 중요한 이익을 위하여 필요하다고 인정하면 대한민국에 체류하는 외국인에 대하여 거소 또는 활동의 범위를 제한하거나 그 밖에 필요한 준수사항을 정할 수 있다(법 제22조). 적법하게 체류하는 외국인의 국내에서의 거소를 제한하는 것은 거주·이전의 자유를 제한하는 것으로, 이는 인권에 해당하는 헌법상 기본권으로서 외국인의 기본권주체성이 인정될 것이다.[39] 활동범위 제한의 경우, '공공의 안녕질서나 대한민국의 중요한 이익'이라는 불확정개념을 요건으로 하는 점, 거소나 활동범위의 제한 외에도 그 밖에 필요한 준수사항을 정할 수 있도록 한 점 등을 볼 때, 체류자격에서 규율하는 활동범위 뿐만 아니라 그 밖의 일반적 활동도 포함될 가능성이 있다. 그렇다면 이는 직업의 자유등 뿐만 아니라 상황에 따라서는 헌법 제10조 행복추구권에 포함된 일반적 행동의 자유를 제한하는 경우도 상정할 수 있다. 이러한 거소 또는 활동범위의 제한이 외국인에게 헌법상 또는 법령상 인정된 자유를 제한하거나 의무를 부과하는 것에 해당된다면, 기본권의 본질적 내용의 침해금지나 비례원칙, 적법절차 관점에서 통제가 필요하다.

활동범위 등의 제한처분을 하기 위해 법무부장관은 그 제한사항 또는 준수사항과 그 이유를 적은 활동범위 등 제한통지서를 해당 외국인에게 직접 발급하거나 청장·사무소장 또는 출장소장을 거쳐 해당 외국인에게 발급하여야 한다. 본인이 없거나 그 밖에 본인에게 직접 발급할 수 없는 사유가 있을 때에는 동거인이나 그 외국인이 소속된 단체의 장에게 발급할 수 있고, 이 경우 본인에게 발급한 것으로 본다.

---

39 다만 국민이 누리는 헌법상 거주·이전의 자유에는 국내 및 국외에서의 거주·이전의 자유, 국적 선택, 변경의 자유 등이 포함되므로(김하열, 헌법강의, 2018, 550-552면), 외국인에게 인정되는 기본권의 범위는 국민과 동일하지 않을 수 있다. 그 구체적 범위는 일반적으로 기술하기는 어렵고 개별 사안별 판단이 필요할 것으로 생각된다.

또한 긴급한 경우에는 먼저 구두로 알릴 수 있으며, 이 경우에도 그 후 지체없이 활동범위 등 제한통지서를 발급해야 한다(법 시행령 제28조). 청장·사무소장 또는 출장소장이 활동범위등 제한통지서를 발급하는 때에는 수령증을 받아야 하고, 그 경우 필요하다고 인정하면 해당 소속 단체의 장 또는 신원보증인을 입회하게 하여 중지명령을 지키도록 할 수 있다(법 시행규칙 제27조, 제30조)(제7장 행정절차 부분 참조).

실효성 확보를 위해, 청장·사무소장 또는 출장소장은 활동범위등제한통지서를 교부받은 자에 대하여는 그 동향을 조사하고 결과를 지체없이 법무부장관에게 보고하여야 하고, 활동범위의 제한을 위반한 자는 3년 이하의 징역 또는 3천만 원 이하의 벌금에 처할 수 있으며(법 제94조 제14호), 대한민국 밖으로 강제퇴거(법 제46조 제1항 제10호) 될 수도 있다. 한편 청장·사무소장 또는 출장소장은 그 제한조치를 한 사유가 소멸되었다고 인정하는 때에는 그 해제를 법무부장관에게 건의하여야 한다(법 시행규칙 제31조 제2항).

이 규정은 실제로 적용된 사례가 없었으나, 2020년 4월 1일 법무부가 신종코로나바이러스 감염증(코로나 19)의 해외 유입 예방을 위해 입국하는 모든 외국인에 대해 '활동범위 제한' 조치를 시행한 것이 최초의 사례가 되었다. 당시 입국심사단계에서 출입국관리공무원이 주거 제한, 격리 시 생활수칙 준수, 제한이유, 위반에 따른 법적 불이익 등을 내용으로 한 법무부장관의 「활동범위 제한통지서」를 발급하였다.[40] 격리 조치를 위반한 외국인에 대해서는 「감염병의 예방 및 관리에 관한 법률」에 의한 처벌, 손해배상청구와 함께 「출입국관리법」에 따른 비자(체류자격)취소(법 제89조), 범칙금부과(법 제94조), 강제퇴거(법 제46조), 입국금지(법 제11조) 등에 처해질 수 있다고 통지되었다. 입국하는 외국인에게 개별적으로 의무의 내용이 담긴 '통지서'를 발급하였고, 장소를 특정하여 주거제한조치를 하였으므로 이는 행정처분으로 보아야 할 것이다.[41] 이후 격리 장소를 무단이탈한 외국인에 대해서는 법 위반사항 조사 및 심사결정을 마치고 출국조치(강제퇴거 또는 출국명령) 및 범칙금 부과가 이루어졌다.[42]

---

40 법무부 보도자료, "모든 입국 외국인에 대해 「활동범위 제한」 조치 시행 ―'20. 4. 1.부터 해외 유입 감염병 예방을 위해 최초 시행 ―", 2020. 4. 3.
41 이는 내국인에 대한 유사한 조치와 법적 성질을 같이 할 것이다. '활동범위 등 제한통지서'상 주거제한조치는 '자가격리자 안전보호 앱(행안부)이나 검역신고서에 기재된 주소'로 주거를 제한하는 것인데, 검역당국·방역당국에서 '격리통지서'를 발급한 경우에는 격리장소로 주거가 제한되므로 본인이 정한 장소가 아닌 행정청이 장소까지 특정하는 경우에는 기본권 제한의 강도가 더 클 것이다.
42 법무부 보도자료, "법무부, 격리조치 위반 외국인 16명에 대해 추가 출국조치 ―'20. 4. 1.이후

(라) 정치활동

출입국관리법 제17조 제2항은 "대한민국에 체류하는 외국인은 이 법 또는 다른 법률에서 정하는 경우를 제외하고는 정치활동을 하여서는 아니 된다"고 규정함으로써 외국인의 정치활동을 원칙적 금지, 부분적 허용의 형태로 규율하고 있다. 그 연혁을 보면, 1977. 12. 31. 개정 출입국관리법에서 '활동범위'에 관한 규정을 신설하여 그 내용 중 하나로 정치적 활동을 전면금지하였다.[43] 이후 2005. 3. 23. 개정 출입국관리법에서 현행과 같은 규정을 두어, 정치적 활동을 부분적으로 허용하였다. 이에 위반하여 정치활동을 하는 것은 강제퇴거사유가 된다(법 제46조 제1항 제8호). 다만, 그 위반에 대해 벌칙규정은 두고 있지 않다.

'정치활동'의 일반적 개념에는 언론·출판·집회·시위와 같은 표현활동, 정당의 설립·가입과 정당활동, 선거·투표 참여나 공무담임에 이르기까지 다양한 수준의 활동이 포함될 수 있다. 따라서 '정치활동'에 어느 범위의 활동이 포함되는지 해석이 필요한데, 이를 위해서는 행위유형별 평가가 선행되어야 한다. 예컨대, 정치활동은 '국가'라는 정치공동체를 기반으로 이루어지는 것이고 헌법 제1조 제2항의 국민주권을 원칙으로 하므로, 엄격한 의미의 구성원―국민―이 아닌 외국인에게 선거권과 피선거권, 공무담임권 등 참정권이 제한됨은 헌법상 정당화가 상대적으로 용이하다. 그러나 언론·출판·집회·결사·시위와 같이 개인적인 차원에서 이루어질 수 있는 표현의 자유는 인간의 존엄과 가치 및 행복추구권과 밀접한 관련을 가진 인간의 권리로 인정될 가능성이 상대적으로 크고, 따라서 이러한 표현행위들을 '정치활동'에 해당된다는 이유로 금지하고 위반자를 강제퇴거시키는 경우 기본권을 침해한다고 평가받을 가능성도 높아질 것이다. 정당의 설립·가입 및 정당활동도 정치적 표현의 자유라는 측면에서는 인간의 권리에 가까운 점이 있으나, 그 공식적인 성격과 제도적 기능을 고려할 때 외국인에게 이를 제한함이 정당화될 가능성이 상대적으로 높다. 만약 이렇게 정치활동에 해당될 만한 행위들도 그 성질에 따라 제한될 수 있는 범위가 다르다고 본다면, 필요한 경우 각각 정당법이나 선거법, 공무원법 등에서 규정할

누적 출국조치 현황 : 시설격리위반(22명)·자가격리위반(39명) 총 61명 출국조치 ―", 2020. 11. 11.

43 출입국관리법에 외국인의 정치활동 금지가 규정된 계기는 1960년 선교활동을 위해 입국한 미국인 오글레(George Ewing Ogle) 목사가 유신체제를 비판하는 정치활동을 했다는 이유로 1974년 강제퇴거된 사건이라고 한다. 차용호, 『한국 이민법』, 333면.

수 있음에도, 출입국관리법에서 포괄적으로 '정치활동'을 금지한 것이 과잉금지원칙 위반 등으로 평가될 가능성도 있다. 또한 '정치활동'에 해당되는 행위인지에 대한 해석의 가능성이 넓게 열려있다는 점에서 규정이 자의적으로 적용될 수 있다는 비판도 가능하다. 아직 제17조 제2항의 적용이 문제된 판례 등은 나오지 않았지만, 향후 그 적용과 입법론에 대해 많은 논의가 필요하다.44

외국인의 정치활동에 관해 정하고 있는 개별 법률들이 있다. 「공직선거법」에서는 외국인에게 대통령과 국회의원 선거권은 부여하지 않지만, "19세 이상으로서 … 출입국관리법 제10조에 따른 영주의 체류자격 취득일 후 3년이 경과한 외국인으로서 같은 법 제34조에 따라 해당 지방자치단체의 외국인등록대장에 올라 있는 사람"에게는 지방자치단체의 의회의원과 장의 선거권을 부여한다(제15조). 이러한 차이는 국가단위의 정치공동체와 지역공동체의 정치적 참여권의 성질이 다르다는 전제에 기초한 것으로 보인다. 예컨대, 전국적으로 효력을 미치는 중요한 주권 행사의 담당자를 선출하는 것과 주민의 복지증진 등의 지역적 사무를 처리하는 자치권의 담당자를 선출하는 것의 차이이다.45 지방자치단체의 의회의원과 장의 경우도 외국인에게 피선거권은 부여되지 않는다. 또한 외국인의 선거운동은 금지되지만, 위에서 선거권이 인정되는 예외적인 경우에는 선거운동도 허용된다(공직선거법 제60조 제1항 제1호). 지방자치에 있어 주민참여절차인 주민소환과 주민투표에서도 일정한 자격을 갖춘 외국인이 투표권을 부여받는데, 양자는 요건에서 차이가 있다. 주민소환투표권은 지방의회 의원과 단체장을 소환하는 것이므로 공직선거법상 선거권자와 범위가 동일하고 (주민소환에 관한 법률 제3조 제1항 제2호), 특정 사안에 대한 결정절차인 주민투표권은 "출입국관리 관계법령에 따라 대한민국에 계속 거주할 수 있는 자격(체류자격변경허가

---

44 변해철, 「세계화와 선거제도」, 『외법논집』 제33집 제4호 (2009); 김수진, 「지방자치와 외국인: 독일의 외국인자문위원회(Auslanderbeirat)가 주는 시사점」, 『지방자치법연구』 제7권 제2호 (2007); 함인선, 「주민투표법의 제정의의, 문제점과 바람직한 운영방안」, 『저스티스』 80호 (2004) 등 참조. 한편 최근 대법원 2015. 6. 25. 선고 2007두4995 전원합의체 판결[노동조합설립신고서반려처분취소]은 취업자격없는 외국인도 사실상 근로를 제공하고 대가로 임금 등을 받아 생활하면 노동조합법상 근로자에 해당한다고 판단하였다. 노조활동은 정치활동에 해당하지는 않지만, 넓은 의미의 결사나 표현의 권리의 일종인 측면도 있으므로 이 판결이 정치활동의 문제에 대해서도 시사하는 바가 없지 않다고 생각된다.
45 지방자치법 제11조(국가사무의 처리제한)는 법률에 달리 규정하지 않는 한 지방자치단체가 처리할 수 없는 국가사무를 아래와 같이 들고 있다. 이는 관련 국가의사결정에 외국인의 참여가 제한되는 사안이라고도 할 수 있다.
  1. 외교, 국방, 사법(司法), 국세 등 국가의 존립에 필요한 사무
  2. 물가정책, 금융정책, 수출입정책 등 전국적으로 통일적 처리를 요하는 사무

또는 체류기간연장허가를 통하여 계속 거주할 수 있는 경우를 포함한다)을 갖춘 외국인으로서 지방자치단체의 조례로 정한 사람"으로 규정하여 더 넓은 범위의 자에게 인정하고 있다(주민투표법 제5조 제1항 제2호). 외국인은 정당의 당원이 될 수 없으며(정당법 제22조 제2항), 정치자금을 기부할 수 없다(정치자금법 제31조 제1항).

법무부장관은 대한민국에 체류하는 외국인이 정치활동을 하였을 때에는 그 외국인에게 서면으로 그 활동의 중지명령이나 그 밖에 필요한 명령을 할 수 있다(법 제17조 제2항·제3항). 법무부장관은 법 제17조 제3항에 따라 활동중지를 명하려는 경우에는 활동중지 명령서에 "1. 그 활동을 즉시 중지할 것, 2. 명령을 이행하지 아니할 때에는 강제퇴거 등의 조치를 할 것이라는 것, 3. 그 밖에 필요한 것"을 적어 직접 발급하거나 청장·사무소장 또는 출장소장을 거쳐 해당 외국인에게 발급하여야 한다. 어떤 행위가 '정치활동'의 개념에 해당하는지가 명확하지 않은 경우가 있을 수 있으므로, 이러한 중지명령단계에서 행정청이 특정행위가 법상 금지된다고 판단한다는 점이 명확히 전달될 것이다.

3. 체류기간

외국인에게 한 번 입국 시 체류할 수 있는 기간은 중요한 이익인 한편, 정부는 체류기간의 결정을 통해 체류의 형태에 영향을 미칠 수 있고, 외국인이 출국하여 다시 입국하는 과정 등을 거치게 함으로써 통제를 할 계기를 얻게 된다.

(가) 체류기간의 부여

「출입국관리법 시행규칙」 별표 1에서는 장기체류자격에 대해 체류기간의 상한을 정하고 있다. 법무부장관 또는 그 위임을 받아 사증발급을 하는 재외공관장은 그 상한 내에서 적절히 재량권을 행사하여 체류기간을 정할 수 있다.

| 별표 1 | 체류자격별 체류기간의 상한(제18조의3 관련)〈개정 2018. 9. 21.〉 |

체류자격(기호)	체류기간의 상한	체류자격(기호)	체류기간의 상한
외교(A-1)	재임기간	구직(D-10)	6개월
공무(A-2)	공무수행기간	교수(E-1)	5년
협정(A-3)	신분존속기간 또는 협정상의 체류기간	회화지도(E-2)	2년
		연구(E-3)	5년
문화예술(D-1)	2년	기술지도(E-4)	5년
유학(D-2)	2년	전문직업(E-5)	5년
기술연수(D-3)	2년	예술흥행(E-6)	2년
일반연수(D-4)	2년	특정활동(E-7)	3년
취재(D-5)	2년	비전문취업(E-9)	3년
종교(D-6)	2년	선원취업(E-10)	3년
주재(D-7)	3년	방문동거(F-1)	2년
기업투자(D-8)	영 별표 1의2 11. 기업투자(D-8)란의 가목에 해당하는 사람: 5년	거주(F-2)	5년
		동반(F-3)	동반하는 본인에 정하여진 기간
		재외동포(F-4)	3년
	영 별표 1의2 11. 기업투자(D-8)란의 나목·다목에 해당하는 사람: 2년	결혼이민(F-6)	3년
		기타(G-1)	1년
		관광취업(H-1)	협정상의 체류기간
무역경영(D-9)	2년	방문취업(H-2)	3년

※ 위 별표에도 불구하고 법무부장관은 필요하다고 인정하는 경우 법 제25조에 따라 체류기간의 상한을 초과하여 체류를 허가할 수 있음

(나) 체류기간의 연장

외국인이 체류기간을 초과하여 계속 체류하고자 할 경우, 대통령령으로 정하는 바에 따라 체류기간이 끝나기 전에 법무부장관의 체류기간 연장허가를 받아야 한다 (법 제25조).

체류기간 연장허가 신청서를 제출받은 청장·사무소장 또는 출장소장은 의견을 붙여 법무부장관에게 보낸다. 법무부장관이 허가한 때에는 청장·사무소장 또는 출장소장은 여권에 체류기간 연장허가인을 찍고 체류기간을 적거나 체류기간 연장허가 스티커를 붙여야 한다. 다만, 외국인등록을 마친 사람에 대하여 체류기간 연장을 허가한 때에는 외국인등록증에 허가기간을 적음으로써 이를 갈음한다. 한편, 법무부

장관이 허가를 하는 경우 그 이후의 체류기간 연장을 허가하지 아니하기로 결정한 때에는 청장·사무소장 또는 출장소장은 허가된 체류기간 내에 출국하여야 한다는 뜻을 여권에 적어야 한다(법 시행령 제34조). 또한 허가를 거부하는 경우에는 신청인에게 불허결정통지서를 발급하고, 그 발급일부터 14일을 초과하지 아니하는 범위에서 출국기한을 분명하게 밝혀야 한다.[46] 다만 법무부장관이 필요하다고 인정할 때에는 이미 허가된 체류기간의 만료일을 출국기한으로 할 수 있다(법 시행령 제33조).

출입국관리법 제25조의2에서는 당사자를 보호해야 할 특별한 경우를 위한 체류기간연장제도를 두고 있다. 법무부장관은 1.「가정폭력범죄의 처벌 등에 관한 특례법」제2조 제1호의 가정폭력을 이유로 법원의 재판, 수사기관의 수사 또는 그 밖의 법률에 따른 권리구제 절차가 진행 중인 대한민국 국민의 배우자인 외국인, 2.「성폭

---

46 대법원 2019. 7. 4. 선고 2018두66869 판결 [체류기간연장등불허가처분취소]
  가. 구 출입국관리법(2018. 3. 20. 법률 제15942호로 개정되기 전의 것) 제10조 제1항의 위임에 따른 구 출입국관리법 시행령(2018. 9. 18. 대통령령 제29163호로 개정되기 전의 것) 제12조 [별표 1] 제28호의4는 결혼이민(F-6) 체류자격의 요건을 "국민의 배우자"[(가)목], "국민과 혼인관계(사실상의 혼인관계를 포함한다)에서 출생한 자녀를 양육하고 있는 부 또는 모로서 법무부장관이 인정하는 사람"[(나)목], "국민인 배우자와 혼인한 상태로 국내에 체류하던 중 그 배우자의 사망이나 실종, 그 밖에 자신에게 책임이 없는 사유로 정상적인 혼인관계를 유지할 수 없는 사람으로서 법무부장관이 인정하는 사람"[(다)목]이라고 규정하고 있다.
  나. 결혼이민[F-6 (다)목] 체류자격에 관한 위 규정의 입법 취지는, 대한민국 국민과 혼인하여 당초 결혼이민[F-6 (가)목] 체류자격을 부여받아 국내에서 체류하던 중 국민인 배우자의 귀책사유로 정상적인 혼인관계를 유지할 수 없게 된 외국인에 대하여는 인도주의적 측면에서 결혼이민[F-6 (다)목] 체류자격을 부여하여 국내에서 계속 체류할 수 있도록 허용하기 위한 것이다. 한편 부부 사이의 혼인파탄이 어느 일방의 전적인 귀책사유에서 비롯되었다고 평가할 수 있는 경우는 현실적으로 드물거나 많지 않을 것으로 보이는데, 결혼이민[F-6 (다)목] 체류자격에 관한 위 규정을 엄격하게 해석하여 '정상적인 혼인관계를 유지할 수 없어 이혼에 이르게 된 것이 오로지 국민인 배우자의 귀책사유 탓이고 외국인 배우자에게는 전혀 귀책사유가 없는 경우'에 한하여 적용할 수 있다고 한다면 외국인 배우자로서는 재판상 이혼 등 우리 민법에서 정한 절차에 따라 혼인관계를 적법하게 해소할 권리를 행사하는 것에 소극적일 수밖에 없게 되고 국민인 배우자가 이를 악용하여 외국인 배우자를 부당하게 대우할 가능성도 생길 수 있다. 이러한 사정들에다가 결혼이민[F-6 (다)목] 체류자격은 1회에 3년 이내의 체류기간을 부여함으로써 기간 만료 시 그 체류자격의 요건을 유지하고 있는지에 관하여 다시 실질적 심사를 거쳐야 하는 것으로서 중대한 범죄를 저지르지 않는 한 영구적인 체류를 허용하는 영주(F-5) 체류자격이나 대한민국 국적을 부여하는 귀화허가와는 성질을 달리하는 점 등을 고려하면, 결혼이민[F-6 (다)목] 체류자격의 요건인 '자신에게 책임이 없는 사유로 정상적인 혼인관계를 유지할 수 없는 사람'이란 '자신에게 주된 책임이 없는 사유로 정상적인 혼인관계를 유지할 수 없는 사람', 즉 '혼인파탄의 주된 귀책사유가 국민인 배우자에게 있는 경우'를 의미한다고 봄이 타당하다.

력범죄의 처벌 등에 관한 특례법」 제2조 제1항의 성폭력범죄를 이유로 법원의 재판, 수사기관의 수사 또는 그 밖의 법률에 따른 권리구제 절차가 진행 중인 외국인, 3.「아동학대범죄의 처벌 등에 관한 특례법」 제2조 제4호의 아동학대범죄를 이유로 법원의 재판, 수사기관의 수사 또는 그 밖의 법률에 따른 권리구제절차가 진행 중인 외국인 아동 및 「아동복지법」 제3조 제3호의 보호자(아동학대행위자는 제외한다), 4.「인신매매등방지 및 피해자보호 등에 관한 법률」 제3조의 인신매매등피해자로서 법원의 재판, 수사기관의 수사 또는 그 밖의 법률에 따른 권리구제 절차가 진행 중인 외국인에 해당하는 외국인이 체류기간 연장허가를 신청한 경우에는 해당 재판 등의 권리구제 절차가 종료할 때까지 체류기간 연장을 허가할 수 있다. 그리고 권리구제 절차 종료 시까지 연장된 체류기간 만료 이후에도 피해회복 등을 위하여 필요하다고 인정하는 경우 체류기간 연장을 허가할 수 있다.

2022. 2. 3. 개정으로 국가비상사태 등에 있어서 체류기간 연장허가에 대한 특칙이 신설되었다. 법무부장관은 대한민국 또는 다른 국가의 전시, 사변, 전염병 확산, 천재지변 또는 이에 준하는 비상사태나 위기에 따른 국경의 폐쇄, 장기적인 항공기 운항 중단 등으로 인하여 외국인의 귀책사유 없이 출국이 제한된 경우에는 이 법 또는 다른 법률의 규정에도 불구하고 직권으로 또는 외국인의 신청에 따라 체류기간 연장을 허가할 수 있으며, 그 심사기준은 법무부령으로 정하도록 위임하고 있다.

4. 공통규정

이러한 체류 관련 허가제도와 관련하여 공통적으로 적용되는 몇 가지 규정이 있다.

(가) 허가신청 등의 의무자

체류자격외 활동허가, 체류자격의 부여, 체류자격 변경허가, 체류기간 연장허가, 외국인등록, 외국인등록사항 변경신고, 체류지 변경신고 등을 하여야 할 사람이 17세 미만인 경우 본인이 그 허가 등의 신청을 하지 아니하면 그의 부모나 그 밖에 대통령령으로 정하는 사람이 그 신청을 하여야 한다(법 제79조). 사실상의 부양자, 형제자매, 신원보증인, 그 밖의 동거인이 이에 해당하고, 부 또는 모가 신청을 할 수 없는 경우에는 이들 순서대로 의무자가 된다(법 시행령 제89조). 법 제79조를 위반하면 200만 원 이하의 과태료를 부과한다. 실제로 "사실상의 부양자"나 "그 밖의 동거인"

에게 법 제79조의 의무위반으로 과태료가 부과된다면 의무부과의 정당성이나 의무
자 확정의 곤란성 등이 문제될 가능성도 있다.

(나) 허가의 취소·변경

법무부장관은 일정한 사유가 있는 경우 체류자격 외 활동, 근무처의 변경·추가,
체류자격 부여, 체류자격 변경허가, 체류기간 연장허가 등의 처분을 직권으로 취소
또는 변경할 수 있다. 그 사유로는 "1. 신원보증인이 보증을 철회하거나 신원보증인
이 없게 된 경우, 2. 거짓이나 그 밖의 부정한 방법으로 허가 등을 받은 것이 밝혀진
경우, 3. 허가조건을 위반한 경우, 4. 사정 변경으로 허가상태를 더 이상 유지시킬
수 없는 중대한 사유가 발생한 경우, 5. 제1호부터 제4호까지에서 규정한 경우 외에
이 법 또는 다른 법을 위반한 정도가 중대하거나 출입국관리공무원의 정당한 직무명
령을 위반한 경우"가 있다(법 제89조).

이때 법무부장관은 필요하다고 인정하면 해당 외국인이나 제79조에 따른 신청인
을 출석하게 하여 의견을 들을 수 있다. 법무부장관은 취소하거나 변경하려는 사유,
출석일시와 장소를 출석일 7일 전까지 해당 외국인이나 신청인에게 통지하여야 한다
(법 제89조). 서면통지가 원칙이고 그 외국인 또는 신청인의 소재를 알 수 없는 등의
이유로 통지할 수 없는 경우에는 예외이다. 통지를 받은 외국인 또는 신청인은 지정
된 일시 및 장소에 출석하여 의견을 진술하거나 서면(전자문서를 포함한다)으로 법무
부장관에게 의견을 제출할 수 있다(통지·의견진술절차·처분의 방식의 상세는 법 시행령
제94조, 제94조의2 참조).

(다) 권한의 위임

법무부장관은 이 법에 따른 권한의 일부를 대통령령으로 정하는 바에 따라 지방
출입국·외국인관서의 장에게 위임할 수 있다. 시장(특별시장과 광역시장은 제외한다)은
이 법에 따른 권한의 일부를 대통령령으로 정하는 바에 따라 구청장(자치구가 아닌 구
의 구청장을 말한다)에게 위임할 수 있다(법 제92조).

제3절 체류질서관리와 사회통합지원

출입국관리법은 외국인의 체류 중 질서유지를 위해 외국인등록제를 두고, 외국인의 체류와 관련된 국민에게 의무를 부과하며, 그 밖에도 행정조사, 행정벌 등의 실효성확보수단을 두고 있다. 또한 외국인의 사회통합을 지원하기 위해 사회통합프로그램 등을 두고 있다.

1. 외국인의 체류질서관리를 위한 제도

(가) 외국인등록제도

외국인등록제도는 국민에 대한 주민등록제도와 마찬가지로 장기체류하는 외국인에 대해 그 체류에 관한 정보를 명확히 파악하고 외국인으로서의 신분 등을 명확하게 하여 외국인 생활의 편익을 증진시키고 관련 행정사무를 적정하게 처리하는 것을 목적으로 하는 제도이다. 법령에 규정된 각종 절차와 거래관계 등에서 주민등록증이나 주민등록등본 또는 초본이 필요하면 외국인등록증이나 외국인등록 사실증명으로 이를 갈음한다. 또한 외국인등록과 체류지변경신고는 주민등록과 전입신고를 갈음한다(법 제88조의2).[47]

외국인이 입국한 날부터 90일을 초과하여 대한민국에 체류하려면 대통령령으로 정하는 바에 따라 입국한 날부터 90일 이내에 그의 체류지를 관할하는 지방출입국·외국인관서의 장에게 외국인등록(이하 '등록'이라 함)을 하여야 한다(법 제31조).[48] 등록사항으로는 "1. 성명, 성별, 생년월일 및 국적, 2. 여권의 번호·발급일자 및 유효기

---

[47] 대법원 2016. 10. 13. 선고 2014다218030, 218047 판결 [건물인도등청구의소·임대차보증금] "외국인 또는 외국국적동포가 출입국관리법이나 재외동포법에 따라서 한 외국인등록이나 체류지변경신고 또는 국내거소신고나 거소이전신고에 대하여는, 주택임대차보호법 제3조 제1항에서 주택임대차의 대항력 취득 요건으로 규정하고 있는 주민등록과 동일한 법적 효과가 인정된다고 보아야 한다. 이는 외국인등록이나 국내거소신고 등이 주민등록과 비교하여 그 공시기능이 미약하다고 하여 달리 볼 수 없다."

[48] 외국인등록의무가 면제되는 장기체류 외국인으로는 1. 주한외국공관(대사관과 영사관을 포함한다)과 국제기구의 직원 및 그의 가족, 2. 대한민국정부와의 협정에 따라 외교관 또는 영사와 유사한 특권 및 면제를 누리는 사람과 그의 가족, 3. 대한민국정부가 초청한 사람 등으로서 법무부령으로 정하는 사람이 있다(법 제31조 제1항).

간, 3. 근무처와 직위 또는 담당업무, 4. 본국의 주소와 국내 체류지, 5. 체류자격과 체류기간, 6. 제1호부터 제5호까지에서 규정한 사항 외에 법무부령으로 정하는 사항 (입국일자 및 입국항, 사증, 동반자에 관한 사항, 세대주 및 세대주와의 관계, 사업자등록번호) 등"이 포함된다(법 제32조, 법 시행규칙 제47조).

등록신청을 받은 지방출입국·외국인관서의 장은 신청자에게 개인별로 고유한 외국인등록번호를 부여하고 외국인등록증을 발급하는 한편, 등록외국인기록표를 작성·비치하고, 외국인등록표를 작성하여 그 외국인이 체류하는 시·군·자치구의 장에게 보내야 한다. 이를 받은 시·군·자치구의 장은 그 등록사항을 외국인등록대장에 적어 관리하여야 한다. 등록외국인기록표는 지방출입국·외국인관서가 개인별로 작성하여 관리하는 것으로, 각종 허가 또는 통고처분을 하거나 신고 등을 받은 때 그 내용을 기록한다. 외국인대장은 시장·군수·구청장이 관리하는 것으로 외국인이 전입하거나 체류지를 옮길 때, 외국인등록 말소통보를 받은 때에 이를 기록한다. 주요 등록사항의 변경이 있는 경우 지방출입국·외국인관서의 장에게 변경신고를 해야 하고(법 제35조), 체류지의 변경이 있는 경우에는 새로운 체류지의 시·군·구의 장이나 그 체류지를 관할하는 지방출입국·외국인관서의 장에게 전입신고를 해야 한다(법 제36조).

등록을 한 외국인이 출국할 때에는 일정한 경우를 제외하고 출입국관리공무원에게 등록증을 반납하여야 한다. 그러나 1. 재입국허가를 받고 일시 출국하였다가 그 허가기간 내에 다시 입국하려는 경우, 2. 복수사증 소지자나 재입국허가 면제대상 국가의 국민으로서 일시 출국하였다가 허가된 체류기간 내에 다시 입국하려는 경우, 3. 난민여행증명서를 발급받고 일시 출국하였다가 그 유효기간 내에 다시 입국하려는 경우에는 반납할 의무가 없다. 다만, 그 경우에도 지방출입국·외국인관서의 장이 대한민국의 이익을 위하여 필요하다고 인정하면 등록증을 일시 보관할 수 있다. 일시 보관의 경우 외국인이 허가된 기간 내에 다시 입국하였을 때에는 등록증을 돌려받고, 입국하지 않았을 때에는 등록증을 반납한 것으로 본다(법 제37조). 또한 외국인이 국민이 되거나 사망한 경우, 제31조 제1항에 의해 외국인등록이 면제되는 경우에 해당되게 된 경우에도 등록증을 반납해야 한다. 지방출입국·외국인관서의 장은 등록을 한 외국인이 외국인등록증을 반납한 경우, 출국 후 재입국허가기간내에 입국하지 아니한 경우, 그 밖에 출입국관리공무원이 직무수행중 이에 준하는 말소 사유를 발견한 경우에는 외국인등록사항을 말소할 수 있다.

2018년 개정 법은 영주자격을 가진 외국인에게 발급하는 유효기간 10년의 외국인등록증을 특히 '영주증'이라 하고, 유효기간이 만료하기 전에 영주증을 재발급받도록 하고 있다(법 제33조).

출입국관리법은 외국인등록제가 악용될 가능성이 높은 아래와 같은 행위유형을 특별히 명시하여 금지하고 있다. 이를 위반한 자는 3년 이하의 징역 또는 2천만 원 이하의 벌금에 처한다(법 제33조의2, 제94조 제19호).

1. 외국인의 여권이나 외국인등록증을 취업에 따른 계약 또는 채무이행의 확보수단으로 제공받거나 그 제공을 강요하는 행위,
2. 제31조 제4항에 따른 외국인등록번호를 거짓으로 생성하여 자기 또는 다른 사람의 재물이나 재산상의 이익을 위하여 사용하는 행위,
3. 외국인등록번호를 거짓으로 생성하는 프로그램을 다른 사람에게 전달하거나 유포하는 행위,
4. 다른 사람의 외국인등록증을 부정하게 사용하는 행위,
5. 다른 사람의 외국인등록번호를 자기 또는 다른 사람의 재물이나 재산상의 이익을 위하여 부정하게 사용하는 행위

(나) 국민에 대한 외국인 관련 의무 부과

1) 외국인의 취업활동

외국인의 취업활동은 국내노동시장에 미치는 영향이 커서 체류질서 확보를 위한 주된 관리대상이 된다. 따라서 내국인에 대해서도 외국인의 취업활동에 관한 적극적, 소극적 의무를 부과한다. 먼저, 취업활동을 할 수 있는 체류자격을 가지고 있는 외국인을 고용한 자는 1. 외국인을 해고하거나 외국인이 퇴직 또는 사망한 경우, 2. 고용된 외국인의 소재를 알 수 없게 된 경우, 3. 고용계약의 중요한 내용을 변경한 경우에 해당하는 사유가 발생하면 그 사실을 안 날부터 15일 이내에 지방출입국·외국인관서의 장에게 신고하여야 한다(법 제19조). 이를 위반한 경우 200만 원 이하의 과태료가 부과된다(법 제100조 제1항 제1호). 다음으로, 누구든지 취업이 허용되는 체류자격을 가지지 아니한 사람을 고용하거나 고용을 알선 또는 권유해서는 안 된다. 나아가 고용을 알선할 목적으로 그를 자기 지배하에 두는 행위를 해서도 안 된다(법 제18조 제3~5항). 이를 위반한 경우에는 3년 이하의 징역 또는 2천만 원 이하의 벌금에 처해진다(법 제94조 제9~11호).[49] 판례에 따르면 이 고용등 금지규정은 국가가 외국인의 불법체류를 단속할 목적으로 이를 금지 또는 제한하는 단속법규에 불과하므

로 위 각 규정에 위반하여 한 행위에 대하여는 법상 소정의 벌칙이 적용될 뿐 행위 자체의 법률상 효력에는 영향이 없다.[50]

외국인고용법의 적용을 받는 외국인을 고용한 자가 출입국관리법 제19조에 따라 신고를 한 경우 외국인고용법 제17조 제1항에 따른 신고사유와 동일한 범위에서 외국인고용법의 신고를 한 것으로 간주된다. 신고를 받은 지방출입국·외국인관서의 장은 그 신고사실이 제3항에 해당하는 경우 지체 없이 외국인을 고용한 자의 소재지를 관할하는 직업안정법 제2조의2 제1호에 따른 직업안정기관의 장에게 통보하여야 한다. 외국인고용법과 출입국관리법에 의한 중복규제 부담을 완화하기 위한 규정으로 보인다.

2) 외국인유학생

출입국관리법 제19조의4에 따르면, 유학이나 연수활동을 할 수 있는 체류자격을 가지고 있는 외국인(외국인 유학생)이 재학 중이거나 연수중인 학교의 장은 그 외국인 유학생의 관리를 담당하는 직원을 지정하고 이를 지방출입국·외국인관서의 장에게

---

49 대법원 2020. 5. 14. 선고 2018도3690 판결 [출입국관리법위반] 출입국관리법 제94조 제9호, 제18조 제3항의 '고용'의 의미도 취업활동을 할 수 있는 체류자격을 가지지 않은 외국인으로부터 노무를 제공받고 이에 대하여 보수를 지급하는 행위를 말한다고 봄이 타당하다. 따라서 사용사업주가 근로자파견계약 또는 이에 준하는 계약을 체결하고 파견사업주로부터 그에게 고용된 외국인을 파견받아 자신을 위한 근로에 종사하게 하였다고 하더라도 이를 출입국관리법 제94조 제9호, 제18조 제3항이 금지하는 고용이라고 볼 수 없다.
대법원 2017. 6. 29. 선고 2017도3005 판결 [출입국관리법위반] 출입국관리법이 제94조 제9호의 "고용한 사람"은 외국인 근로자에 관한 사항에 대하여 사업주를 위하여 행위하는 자를 모두 포함한다는 별도의 규정을 두고 있지 아니한 점, 출입국관리법 제99조의3에서 취업활동을 할 수 있는 체류자격을 가지지 아니한 외국인을 고용한 행위의 이익귀속주체인 사업주를 처벌하는 양벌규정을 두고 있지만, 주식회사의 경우 대표이사가 아니라 회사가 위 규정의 적용대상인 점, 죄형법정주의의 원칙상 형벌법규는 특별한 사정이 없는 한 문언에 따라 엄격하게 해석하여야 하는 점, 출입국관리법의 입법 취지와 외국인 근로자의 고용을 제한하는 규정을 두게 된 입법경위 등을 종합하면, 주식회사의 종업원이 취업활동을 할 수 있는 체류자격을 가지지 아니한 외국인을 고용한 행위와 관련하여, 그 대표이사가 종업원의 그와 같은 행위를 알 수 있는 지위에 있었다는 사정만으로 출입국관리법 제94조 제9호에서 정한 "고용한 사람"에 해당한다고 볼 수 없다.
50 서울고등법원 1993. 11. 26. 선고 93구16774 제9특별부판결: 확정[요양불승인처분취소청구사건] 따라서 고용체류자격을 가지지 아니한 외국인과 국내사업장의 사업주가 출입국관리법에 위반하여 고용계약을 체결하였어도, 그 외국인이 강제퇴거됨과 동시에 형사처벌을 받고, 그 사업주가 형사처벌을 받는 것은 별론으로 하고 그 근로계약은 유효하므로 그 외국인은 근로기준법상의 근로자에 해당하며, 따라서 그가 산업재해보상법의 적용대상이 되는 사업 또는 사업장에 근로를 제공하다가 업무상 부상 또는 질병에 걸린 경우에는 산업재해보상보험법상의 요양급여를 지급받을 수 있다고 한 판례.

알려야 한다. 그리고 학교의 장은 입학하거나 연수허가를 받은 외국인유학생이 매 학기 등록기한까지 등록을 하지 아니하거나 휴학을 한 경우, 제적·연수중단 또는 행 방불명의 사유로 외국인유학생의 유학이나 연수가 끝난 경우에는 그 사실을 안 날부 터 15일 이내에 지방출입국·외국인관서의 장에게 신고하여야 한다(법 제19조의4). 이 를 위반한 경우 200만 원 이하의 과태료를 부과한다(법 제100조 제1항 제1호).

3) 학원의 외국인강사

출입국관리법 외에 개별법에서 외국인과 관련하여 내국인에게 의무를 부과하는 경우로서 학원이 외국인강사를 채용하는 경우가 있다. 「학원의 설립·운영 및 과외교 습에 관한 법률」 제13조의 위임을 받아 외국인강사의 자격요건을 정하고 있는 동법 시행령 제12조, 별표 3에서는 외국인강사의 자격요건으로 "대학 졸업 이상의 학력이 있는 외국인으로서 출입국관리법 제10조 및 같은 법 시행령 제12조에 따른 해당 체 류자격이 있거나 같은 법 제20조 및 같은 법 시행령 제25조에 따라 해당 교습활동에 관한 체류자격 외 활동허가를 받은 사람"을 규정하고 있다. 동법 제13조의2, 동법 시 행령 제12조의2에 따르면, 외국어교습을 담당하게 하기 위하여 외국인강사를 채용하 고자 하는 경우에는 강사가 되고자 하는 사람으로부터 범죄경력증명서, 건강진단서, 학력증명서, 여권 및 사증 사본 등을 제출받아 검증 후 채용할 의무가 부과되고 이 를 위반하는 경우 과태료가 부과된다.

(다) 체류관리행정의 실효성확보수단

1) 행정조사

체류관리행정이 정확한 정보에 기반하여 원활하고 효과적으로 이루어질 수 있도 록 하기 위해 출입국관리법은 출입국관련 허가·신고에 관한 사실조사, 외국인 및 외 국인과 관련되는 자에 대한 동향조사 등 행정조사권한을 부여하고 있다.

이 행정조사에는 「행정조사기본법」이 적용되는지 여부가 문제될 수 있다. 「행정 절차법」과 달리 「행정조사기본법」의 적용범위에는 "외국인의 출입국·난민인정·귀 화" 등에 대한 적용을 배제하는 규정을 두고 있지 않으나, "다른 법률에 특별한 규정 이 있는 경우를 제외하고는 이 법으로 정하는 바에 따른다"고 규정하고 있으므로(제 3조 제1항) 출입국관리법상 특별한 규정이 있는 경우가 아니면 행정조사기본법이 적 용된다고 보아야 한다. 출입국관리공무원이나 권한 있는 공무원은 아래에서 볼 사실조사(법 제80조)와 동향조사(법 제81조)를 위해 질문이나 그 밖에 필요한 자료의 제출 요구를 하는 직무를 집행할 때에는 그 권한을 표시하는 증표를 지니고 이를 관계인에게 내보여야 한다(법 제82조).

가. 사실조사

출입국관리공무원이나 권한 있는 공무원은 이 법에 따른 신고 또는 등록의 정확성을 유지하기 위하여 외국인고용주의 신고(제19조), 외국인등록(제31조) 또는 등록사항변경신고(제35조), 체류지 변경신고(제36조)에 따른 신고 또는 등록의 내용이 사실과 다르다고 의심할 만한 상당한 이유가 있으면 그 사실을 조사할 수 있다. 또한 법무부장관은 사증발급인정서의 발급(제9조), 체류자격외 활동허가(제20조), 근무처의 추가·변경허가(제21조), 체류자격 변경허가(제24조), 체류기간 연장허가(제25조), 체류자격 부여(제23조)의 업무수행에 필요하다고 인정하면 출입국관리공무원에게 그 사실을 조사하게 할 수 있다. 이러한 조사를 하기 위하여 필요하면 위의 신고·등록 또는 신청을 한 자나 그 밖의 관계인을 출석하게 하여 질문을 하거나 문서 및 그 밖의 자료를 제출할 것을 요구할 수 있다(법 제80조). 권한 있는 공무원이 법 제80조 제1항에 따라 사실조사를 한 결과 신고 또는 등록의 내용이 사실과 다른 것을 발견한 때에는 지체 없이 그 내용을 청장·사무소장 또는 출장소장에게 통보하여야 한다(법 시행령 제90조).

나. 외국인 동향조사

출입국관리공무원과 대통령령으로 정하는 관계기관 소속 공무원은[51] 외국인이 이 법 또는 이 법에 따른 명령에 따라 적법하게 체류하고 있는지를 조사하기 위하여 외국인, 외국인을 고용한 자, 외국인의 소속 단체 또는 외국인이 근무하는 업소의 대표자, 외국인을 숙박시킨 자를 방문하여 질문하거나 그 밖에 필요한 자료를 제출할 것을 요구할 수 있다(법 제81조 제1항). 조사의 목적은 출입국관리법 및 동법에 근거한 명령(처분)을 준수하고 있는지를 확인하는 것인데, 그 명령에는 활동중지명령이나 활동범위제한명령은 물론 사증발급시 부여된 체류자격에서 허용된 활동범위의 준수 등도 포함된다고 할 수 있다. 또한 출입국관리공무원은 허위초청 등에 의한 외국인

---

[51] 관계 기관 소속 공무원에는 1. 고용노동부 소속 공무원 중에서 고용노동부장관이 지정하는 사람, 2. 중소기업청 소속 공무원 중에서 중소기업청장이 지정하는 사람, 3. 경찰공무원 중에서 경찰청장이 지정하는 사람, 4. 그 밖에 기술연수생의 보호·관리와 관련하여 법무부장관이 필요하다고 인정하는 관계 중앙행정기관 소속 공무원이 해당되고, 이들이 외국인의 동향을 조사한 때에는 그 내용을 청장·사무소장 또는 출장소장에게 통보하여야 한다(법 시행령 제91조의2).

의 불법입국을 방지하기 위하여 필요하면 외국인의 초청이나 국제결혼 등을 알선·중개하는 자 또는 그 업소를 방문하여 질문하거나 자료를 제출할 것을 요구할 수 있다(법 제81조 제2항). 이러한 출입국관리공무원의 장부 또는 자료 제출 요구를 거부하거나 기피한 자는 200만 원 이하의 과태료를 부과한다(법 제100조, 제2항 제3호). 행정조사에 대한 협조에 과태료라는 간접강제수단이 예정되어 있다는 점에서, 이는 권력적 행정조사에 해당한다. 이 권한의 범위에 대해 판례는 출입국관리공무원이 불법체류자 단속을 위해 주거나 사업장에 들어가기 위해서는 주거권자나 관리자의 사전동의가 필요하며, 그 의사에 반하여 들어가 조사할 권한을 부여한 것은 아니라고 해석하고 있다.52.53

---

52 대법원 2009. 3. 12. 선고 2008도7156 판결[폭력행위등처벌에관한법률위반(집단·흉기등상해)·특수공무집행방해](영장주의 원칙의 예외로서 출입국관리공무원 등에게 외국인 등을 방문하여 외국인동향조사 권한을 부여하고 있는 위 법 규정의 입법 취지 및 그 규정 내용 등에 비추어 볼 때, 출입국관리공무원 등이 출입국관리법 제81조 제1항에 근거하여 제3자의 주거 또는 일반인의 자유로운 출입이 허용되지 아니한 사업장 등에 들어가 외국인을 상대로 조사하기 위해서는 그 주거권자 또는 관리자의 사전 동의가 있어야 한다고 할 것이다); 의정부지방법원 2008. 4. 23. 선고 2008고단291 판결: 항소[폭력행위등처벌에관한법률위반(집단·흉기등상해)·특수공무집행방해](출입국관리법 제81조 제1항은 "출입국관리공무원 및 대통령령이 정하는 관계기관소속공무원은 외국인이 이 법 또는 이 법에 의한 명령에 따라 적법하게 체류하고 있는지 여부를 조사하기 위하여 외국인, 그 외국인을 고용한 자, 그 외국인의 소속단체 또는 그 외국인이 근무하는 업소의 대표자와 그 외국인을 숙박시킨 자를 방문하여 질문을 하거나 기타 필요한 자료의 제출을 요구할 수 있다"라고 규정하고 있고, 같은 법 제100조 제2항 제3호는 정당한 이유 없이 장부 또는 자료제출 요구를 거부 또는 기피한 경우 '행정질서벌'인 100만 원 이하의 과태료에 처하도록 하고 있는바, 식품위생법 제17조 제1항, 제77조 제2호, 마약류 관리에 관한 법률 제41조 제1항, 제64조 제8호 등과 비교하여 본 법률 규정의 형식, 사용된 문언의 객관적 의미, 위반행위에 대한 제재의 방식 등을 종합하여 볼 때, 출입국관리법의 위 규정들이 출입국관리공무원으로 하여금 주거권자나 관리자의 의사에 반하여 주거나 사업장, 영업소 등에 들어가 외국인 동향을 조사할 권한을 부여하고 있다고 볼 수 없고, 달리 출입국관리법에 이를 인정할 근거 규정이 없다. 더욱이 출입국관리법에 의한 행정조사에 영장주의가 적용되지 않는 점, 출입국관리법 제50조가 불법체류 용의자의 주거를 검사하는 경우 용의자의 동의를 얻도록 규정하고 있는 점까지 고려하면, 출입국관리공무원이 불법체류자 단속을 위하여 제3자의 주거나 사업장 등을 검사하고자 하고자 하는 경우는 주거권자나 관리자의 사전 동의가 반드시 필요하다고 해석된다. 동의는 묵시적으로 표현될 수도 있을 것이나, 이 경우는 명시적 동의에 준할 만한 명백한 상황이라야 할 것이고, 출입국관리공무원이 주거권자나 관리자에게 주거나 사업장 등에 들어감과 동시에 조사의 개시를 고지하는 것만으로 동의의 요건이 충족된다고 보기 어렵다).

53 국가인권위원회 2008. 10. 27. 08진인3152[단속과정에서의 적법절차 미준수 및 폭행 등에 의한 인권침해] 결정례도 마찬가지로 "고용주의 동의 없이 진정인(불법체류 외국인을 말한다)에 대한 단속업무를 개시한 사실이 인정되고, 동의를 받을 수 없었던 급박한 사정도 발견되지 아니한다. 따라서 출입국관리공무원이 단속시 외국인을 고용한 업소 및 주거를 무단 진입하여 조사하는 관행을 개선"할 것을 권고하였다.

출입국관리공무원은 거동이나 주위의 사정을 합리적으로 판단하여 이 법을 위반하였다고 의심할 만한 상당한 이유가 있는 외국인에게 정지를 요청하고 질문할 수 있다(법 제81조 제3항). 이 규정은 2010년 신설되었다.

출입국관리공무원은 외국인 등의 동향을 조사한 때에는 그 기록(외국인동향조사부)을 유지하여야 한다. 특히 제22조에 따른 활동중지 명령서 또는 제27조에 따른 활동범위 등 제한통지서를 받은 사람이 그 명령 또는 제한 내용을 준수하고 있는지를 계속 확인하여 그 기록을 유지하여야 한다(법 시행령 제91조). 청장·사무소장 또는 출장소장 또는 보호소장은 동향조사 결과 외국인과 관련된 사안으로서 외교관계에 중대한 영향을 미칠 우려가 있는 사항이나 외국인과 관련된 공안사범에 관련된 사항 등 중요한 사안들은 법무부장관에게 지체없이 보고해야 하며, 분기별로 종합하여 법무부장관에게 보고하여야 한다(법 시행규칙 제69조).

다. 생체정보의 제공 등

외국인은 아래와 같은 경우에 법무부령으로 정하는 바에 따라 생체정보를 제공하여야 한다.[54] 이 경우 생체정보의 제공을 거부하는 외국인에게는 지방출입국·외국인관서의 장은 체류기간 연장허가 등 이 법에 따른 허가를 하지 아니할 수 있다(법 제38조).

---

1. 다음 각 목의 어느 하나에 해당하는 사람으로서 17세 이상인 사람

   가. 제31조에 따라 외국인등록을 하여야 하는 사람(같은 조 제2항에 따라 외국인등록을 하려는 사람은 제외한다)

   나. 「재외동포의 출입국과 법적 지위에 관한 법률」 제6조에 따라 국내거소신고를 하려는 사람

2. 이 법을 위반하여 조사를 받거나 그 밖에 다른 법률을 위반하여 수사를 받고 있는 사람

---

54 정보를 제공해야 하는 시점은 다음과 같다(출입국관리법 시행규칙 제50조).
  1. 법 제38조 제1항 제1호에 해당하는 사람: 외국인등록 또는 국내거소신고를 하는 때. 다만, 17세가 되기 전에 외국인등록 또는 국내거소신고를 한 사람은 17세가 된 날부터 90일 이내로 한다.
  2. 법 제38조 제1항 제2호에 해당하는 사람
    가. 법 제51조 제1항 및 제3항에 따라 보호되거나 법 제59조 제2항 및 법 제68조 제4항에 따라 강제퇴거명령서를 발급받은 때
    나. 법 제102조 제1항에 따라 100만 원 이상의 통고처분을 받거나 법 제102조 제3항 또는 법 제105조 제2항에 따라 고발당한 때
  3. 법 제38조 제1항 제3호에 해당하는 사람: 법 제47조에 따라 조사를 받는 때
  4. 법 제38조 제1항 제4호에 해당하는 사람: 법무부장관이 해당 외국인의 지문 및 얼굴에 관한 정보를 제공받을 필요가 있다고 인정하는 때

3. 신원이 확실하지 아니한 사람

4. 제1호부터 제3호까지에서 규정한 사람 외에 법무부장관이 대한민국의 안전이나 이익 또는 해당 외국인의 안전이나 이익을 위하여 특히 필요하다고 인정하는 사람

법무부장관은 제공받은 정보를 「개인정보 보호법」에 따라 보유하고 관리하며, 경찰청장 등 관계 기관의 장으로부터 지문 및 얼굴에 관한 정보의 제공을 요청받은 때에는 「개인정보 보호법」에 따라 정보를 제공한다(법 시행규칙 제52조).

라. 관계기관의 협조 요청

출입국관리공무원은 강제퇴거사유에 해당된다고 의심되는 경우의 조사 또는 출입국사범에 대한 조사에 필요하면 관계 기관이나 단체에 자료의 제출이나 사실의 조사 등에 대한 협조를 요청할 수 있다. 또한 출입국관리공무원은 제9조 제1항에 따른 사증발급인정서 발급의 타당성을 심사하거나 출입국사범을 조사하기 위하여 관계 기관에 범죄경력자료와 수사경력자료에 대한 조회를 요청할 수 있다. 협조요청과 조회요청을 받은 관계 기관이나 단체는 정당한 이유 없이 요청을 거부하여서는 아니 된다(법 제78조).

마. 여권 등의 휴대 및 제시

대한민국에 체류하는 17세 이상의 외국인은 항상 여권·선원신분증명서·외국인입국허가서·외국인등록증·모바일외국인등록증 또는 상륙허가서(이하 "여권 등"이라 한다)를 지니고 있어야 하고, 출입국관리공무원이나 권한 있는 공무원이 그 직무수행과 관련하여 여권등의 제시를 요구하면 여권등을 제시하여야 한다(법 제27조). 여권등의 휴대 또는 제시 의무를 위반한 사람은 100만 원 이하의 벌금에 처한다.

2) 무기 등의 휴대 및 사용

출입국관리공무원은 그 직무를 집행하기 위하여 필요하면 무기 등(「경찰관 직무집행법」 제10조 및 제10조의2부터 제10조의4까지의 규정에서 정한 장비, 장구, 분사기 및 무기를 말하며, 이하 "무기등"이라 한다)을 지닐 수 있고, 사용할 수 있다(법 제77조).

3) 행정벌

가. 행정형벌과 행정질서벌

외국인의 체류질서행정의 실효성확보수단으로서 출입국관리법은 제93조의2에서 제99조의3까지 벌칙에 관한 규정들을 두고 있고, 제100조에서는 과태료에 관한 규정

을 두고 있다. 출입국관리법에서는 이 조문들에 규정된 죄를 범하였다고 인정되는 자를 "출입국사범"이라고 칭한다(제2조 제14호). 행정의 실효성확보수단에 관한 행정법이론상 벌칙은 행정형벌에 해당되고, 과태료는 행정질서벌에 해당한다. 행정형벌은 형법 제41조에 규정된 형을 부과하는 것으로 원칙적으로 형법의 총칙이 적용되지만, 일반적인 행정범의 특수성이나 개별법상 범죄유형의 특성 등으로 인해 그 적용이 수정될 수 있다.[55] 과태료의 경우「질서위반행위규제법」이 적용된다.[56] 2020. 3. 24. 신설된 규정에 따르면 법무부장관은 출입국사범의 나이와 환경, 법 위반의 동기와 결과, 과태료 부담능력, 그 밖의 정상을 고려하여 이 법 위반에 따른 과태료를 면제할 수 있다(제100조 제5항).

　나. 필요적 고발사건

　고발은 원칙적으로 수사의 단서에 불과하지만 예외적으로 공무원의 고발이 있어야 공소를 제기할 수 있는 필요적 고발사건의 경우에는 소송조건이 된다. 출입국사건은 그 중 하나이다. 출입국사범에 관한 사건은 지방출입국·외국인관서의 장의 고발이 없으면 공소(公訴)를 제기할 수 없다. 즉, 전속고발권을 갖는다.[57] 누구든지 이법을 위반하였다고 의심되는 사람을 발견하면 출입국관리공무원에게 신고할 수 있다(법 제83조). 출입국관리기관의 출입국관리공무원 외의 수사기관이 제1항에 해당하는 사건을 입건(立件)하였을 때에는 지체 없이 관할 지방출입국·외국인관서의 장에게 인계하여야 한다(법 제101조).[58] 이들은 법 제101조 제2항에 따라 인계받은 사건의

---

55 홍정선, 『행정법원론(상)』(박영사, 2018), 667－668면 참조.
56 홍정선, 『행정법원론(상)』, 672－674면 참조.
57 대법원 2021. 10. 28. 선고 2021도404 판결 [출입국관리법위반] [1] 출입국사범 사건에서 <u>지방출입국·외국인관서의 장의 적법한 고발이 있었는지 여부가 문제 되는 경우에 법원은 증거조사의 방법이나 증거능력의 제한을 받지 아니하고 제반 사정을 종합하여 적당하다고 인정되는 방법에 의하여 자유로운 증명으로 그 고발 유무를 판단하면 된다.</u>
　[2] 피고인이 취업활동을 할 수 있는 체류자격을 가지지 아니한 외국인을 고용하여 출입국관리법을 위반하였다는 공소사실이 제1심에서 유죄로 인정되고, 검사가 이에 대해 양형부당을 이유로 항소하였는데, 원심이 직권으로 출입국관리법 제101조 제1항에 따른 지방출입국·외국인관서의 장의 고발이 없었음을 이유로 제1심판결을 파기하고 공소를 기각한 사안에서, 기록에 의하면 피고인에 대한 공소가 이루어지기 전에 이미 공소사실에 관한 적법한 고발이 있었음을 알 수 있으므로, 원심이 그와 같은 사정에 관하여 추가로 조사하여 확인하지 아니한 채 막연히 위와 같은 고발이 없었다고 단정한 것에 출입국사범 사건에서 고발 유무의 조사에 관하여 필요한 심리를 다하지 아니하거나 적당하다고 인정되는 방법에 의하여 자유로운 증명으로 고발 유무를 판단하도록 한 법리를 오해한 잘못이 있다고 한 사례.
58 대법원 2011. 3. 10. 선고 2008도7724 판결 [출입국관리법위반] [1] 법률에 의하여 고소나 고발이 있어야 논할 수 있는 죄에 있어서 고소 또는 고발은 이른바 소추조건에 불과하고 당해 범죄의 성립요건이나 수사의 조건은 아니므로, 위와 같은 범죄에 관하여 고소나 고발이 있기

처분 결과를 인계기관의 장에게 서면으로 통보한다(법 시행령 제103조).

지방출입국·외국인관서의 장은 조사 결과 범죄의 정상이 금고 이상의 형에 해당할 것으로 인정되면 즉시 고발하여야 한다. 출입국사범에 대한 조사에 관하여는 출입국관리법 제6장 강제퇴거를 위한 절차인 제47조부터 제50조까지의 규정을 준용한다. 이 경우 용의자신문조서는 형사소송법 제244조에 따른 피의자신문조서로 본다(법 제102조 제3항·제4항).

다. 통고처분절차

'통고처분'이란 일반형사소송절차에 앞선 절차로서 일정한 위법행위의 범법자에게 형벌 대신 일정금액(범칙금)을 납부토록 명하고, 범칙자가 그 범칙금을 납부하면 처벌이 종료되는 과형절차를 말한다.[59] 이는 대량의 실정법 위반사건을 간이·신속하게 처리하는 의미를 갖는다.

지방출입국·외국인관서의 장은 출입국사범에 대한 조사 결과 범죄의 확증을 얻었을 때에는 그 이유를 명확하게 적어 서면으로 벌금에 상당하는 금액(이하 "범칙금"이라 한다)을 지정한 곳에 낼 것을 통고할 수 있다(법 제102조 제1항·제2항). 범칙금의

전에 수사를 하였더라도, 그 수사가 장차 고소나 고발의 가능성이 없는 상태하에서 행해졌다는 등의 특단의 사정이 없는 한, 고소나 고발이 있기 전에 수사를 하였다는 이유만으로 그 수사가 위법하게 되는 것은 아니다. 그렇다면 일반사법경찰관리가 출입국사범에 대한 출입국관리사무소장 등의 고발이 있기 전에 수사를 하였더라도, 달리 위에서 본 특단의 사정이 없는 한 그 사유만으로 수사가 소급하여 위법하게 되는 것은 아니다.

[2] 구 출입국관리법(2010. 5. 14. 법률 제10282호로 개정되기 전의 것) 제101조는 제1항에서 출입국관리사무소장 등의 전속적 고발권을 규정함과 아울러, 제2항에서 일반사법경찰관리가 출입국사범을 입건한 때에는 지체없이 사무소장 등에게 인계하도록 규정하고 있고, 이는 그 규정의 취지에 비추어 제1항에서 정한 사무소장 등의 전속적 고발권 행사의 편의 등을 위한 것이라고 봄이 상당하므로 일반사법경찰관리와의 관계에서 존중되어야 할 것이지만, 이를 출입국관리공무원의 수사 전담권에 관한 규정이라고까지 볼 수는 없는 이상 이를 위반한 일반사법경찰관리의 수사가 소급하여 위법하게 되는 것은 아니다.

[3] 피고인이 체류자격이 없는 외국인들을 고용하여 구 출입국관리법(2010. 5. 14. 법률 제10282호로 개정되기 전의 것) 위반으로 기소되었는데, 당초 위 사건을 입건한 지방경찰청이 지체없이 관할 출입국관리사무소장 등에게 인계하지 아니한 채 그 고발없이 수사를 진행하였고, 이후 위 사무소장이 지방경찰청장의 고발의뢰에 따라 고발하면서 그 사유를 '지방경찰청의 고발의뢰 공문 등에 의해 명백히 입증되었다'라고만 기재한 사안에서, 고발 경위에 비추어 사무소장이 한 위 고발은 구체적인 검토에 따라 재량으로 행하여진 것이어서 무효로 볼 수 없고, 지방경찰청에서 같은 법 제101조 제2항의 규정을 위반하였다는 것만으로는 지방경찰청 및 검찰의 수사가 위법하다거나 공소제기의 절차가 법률의 규정에 위배되어 무효인 때에 해당하지 않는다고 본 원심판단을 수긍한 사례.

59 홍정선, 『행정법원론(상)』, 670−672면. 한편 헌재 1998. 5. 28. 96헌바4는 통고처분이 적법절차원칙, 권력분립원칙에 위배되거나, 재판청구권을 침해하는 것이라 할 수 없어 합헌이라고 결정하였다.

양정기준(量定基準)은 법무부령으로 정한다. 법무부장관은 출입국사범의 나이와 환경, 법 위반의 동기와 결과, 범칙금 부담능력, 그 밖의 정상을 고려하여 제102조 제1항에 따른 통고처분을 면제할 수 있다(법 제103조). 출입국사범이 통고한 대로 범칙금을 내면 동일한 사건에 대하여 다시 처벌받지 아니한다(법 제106조).

통고처분의 고지는 통고서 송달의 방법으로 한다(법 제104조). 출입국사범은 통고서를 송달받으면 10일 이내에 범칙금을 내야 한다. 지방출입국·외국인관서의 장은 출입국사범이 제1항에 따른 기간에 범칙금을 내지 아니하면 고발하여야 한다. 다만, 고발하기 전에 범칙금을 낸 경우에는 그러하지 아니하다. 다만 범칙금을 내지 아니한 경우에도 출입국사범에 대하여 강제퇴거명령서를 발급한 경우에는 고발하지 아니한다(법 제105조).

범칙금의 납부는 청장·사무소장 또는 출장소장 또는 보호소장이 지정하는 국고은행, 그 지점 또는 대리점이나 우체국(이하 "수납기관"이라 한다)에 내야 하고, 분납이 불가하다(법 시행령 제105조). 다만, 청장·사무소장 또는 출장소장 또는 보호소장에게 신청서와 함께 범칙금(犯則金)을 임시납부하면, 이를 받은 청장등은 임시납부금 수령증을 발급하고 이를 수납기관에 대신 납부하는 방식도 가능하다(법 제102조 제2항, 법시행령 제107조).

2. 사회통합지원제도

국내에 체류하는 외국인의 규모가 증가할수록 외국인의 사회통합문제의 중요성이 커지게 된다. 이러한 필요에 부응하여 「재한외국인 처우 기본법」 제11조는 국가 및 지방자치단체는 재한외국인이 대한민국에서 생활하는 데 필요한 기본적 소양과 지식에 관한 교육·홍보, 그 밖에 필요한 조치를 하기 위하여 노력할 의무를 규정하고 있다. 이를 위해 동법 제18조는 국가 및 지방자치단체가 국민과 재한외국인이 서로의 역사·문화 및 제도를 이해하고 존중할 수 있도록 교육, 홍보, 불합리한 제도의 시정이나 그 밖에 필요한 조치를 하기 위해 노력할 의무를 부여하고 있다.

다른 한편으로 동법 제13조는 영주권자에 대해서, 동법 제15조는 재한외국인이 대한민국의 국적을 취득한 경우에도 국적을 취득한 날부터 3년이 경과하는 날까지, 국어교육, 대한민국의 제도·문화에 대한 교육, 결혼이민자의 자녀에 대한 보육 및 교육 지원, 의료 지원 등을 통하여 영주권자와 귀화자 및 그 자녀가 대한민국 사회에 빨리 적응하도록 지원할 수 있다고 규정하고 있다. 이러한 규정은 포괄적으로나마 영주권자와 귀화자에 대한 사회통합지원의 근거를 마련함으로써 단계적 이민제도를 운영해 볼 단초가 마련된 것으로 볼 수 있다.

이를 구체화하기 위하여 출입국관리법 제5장 제2절에서는 법무부장관이 사회통합프로그램을 시행할 수 있도록 하고 있다. 그 외에 다문화가족지원법상 결혼이민자를 중심으로 한 지원제도, 「재외동포의 출입국과 법적 지위에 관한 법률」상 재외동포인 외국인을 대상으로 하는 지원제도 등 특정한 외국인 집단을 대상으로 한 지원을 규정한 법제가 있다.

(가) 출입국관리법상 사회통합프로그램

법무부장관은 대한민국 국적, 영주자격 등을 취득하려는 외국인의 사회적응을 지원하기 위하여 교육, 정보제공, 상담 등의 사회통합프로그램을 시행할 수 있다(법 제39조). 사회통합프로그램의 내용은 한국어 교육, 한국사회 이해 교육, 그 밖에 외국인의 사회적응지원에 필요하다고 법무부장관이 인정하는 교육, 정보제공, 상담 등으로 구성된다(법 시행령 제48조).[60] 또한 법무부장관은 사회통합 프로그램 참여자에게 사전평가, 학습성과 측정을 위한 단계별 평가, 이수 여부를 결정하는 종합평가 등을 실시할 수 있다.[61] 사회통합 프로그램에서 제공하는 프로그램은 자율적으로 운영되고 있다. 이에 모든 이민자 및 국민이 자율에 따라 신청을 하게 되어 있다. 법무부장관은 사증발급, 체류 관련 각종 허가 등을 할 때에 이 법 또는 관계 법령에서 정하는 바에 따라 사회통합 프로그램 이수자를 우대할 수 있다(법 제40조).[62] 국가와 지방자치단체는 위에서 지정된 운영기관의 업무수행이나 전문인력 양성에 필요한 경비의 전부 또는 일부를 예산의 범위에서 지원할 수 있다(법 제39조 제4항).

이를 효과적으로 시행하기 위하여 필요한 전문인력 및 시설 등을 갖춘 기관, 법인 또는 단체를 사회통합 프로그램 운영기관으로 지정할 수 있다.[63] 사회통합 프로

---

60 법무부 출입국·외국인정책본부, 「2018년도 사회통합프로그램 운영 지침」에 따르면, 사회통합프로그램(KIIP)은 이민자가 우리 사회 구성원으로 적응·자립하는 데 필수적 기본소양(한국어와 한국문화, 한국사회 이해)을 체계적으로 제공하는 사회통합교육으로, 법무부장관이 지정한 운영기관에서 소정의 교육을 이수한 이민자에게 체류허가 및 영주자격·국적부여 등 이민정책과 연계하여 혜택을 제공하는 핵심적인 이민자 사회통합정책을 의미한다.
61 도입취지와 과정구성 및 평가에 대해서는 법무부 사회통합정보망 http://www.socinet.go.kr/ 참조.
62 이를 이수한 이민자에게는 국적취득 필기시험을 면제하도록 하는 인센티브를 제공하고 있다.
63 사회통합 프로그램을 제공하는 기관은 법무부 지정 사회통합프로그램을 통하여 자치단체 권

그램 운영기관은 사회통합 프로그램의 운영, 출입국·외국인정책 관련 정보 제공 및 홍보, 외국인 사회통합과 다문화 이해 증진, 그 밖에 외국인의 사회적응 지원을 위하여 필요한 업무를 수행한다. 법무부장관은 일정한 요건을 갖추어 운영기관 지정신청을 한 기관, 법인 또는 단체에 대해 동법 시행령 제49조 제2항 및 제3항에서 규정한 사항들을 고려하여 지정 여부를 결정하여야 한다. 운영기관의 지정은 2년 이내로 한다. 법무부장관은 운영기관의 프로그램의 운영 실태를 파악하기 위하여 필요한 경우 운영기관에 관련 자료의 제출 또는 보고를 요구할 수 있다. 법무부장관은 법을 위반하거나 자료 제출 또는 보고 요구에 응하지 않는 경우에는 경고 또는 시정요구를 할 수 있다. 또한 동법 시행령 제50조 제3항의 제1−5호의 사유가 있는 경우 법무부장관은 운영기관 지정을 취소할 수 있다.

　　또한 법무부장관은 대통령령으로 정하는 바에 따라 사회통합 프로그램의 시행에 필요한 전문인력을 양성할 수 있다(법 제39조 제3항). 이를 위해 다문화사회 전문가 등 전문인력 양성과정을 개설·운영하고, 전문인력의 자질 향상을 위하여 필요한 경우 보수교육을 실시할 수 있다. 또한 법무부장관은 외국인의 사회통합을 지원하기 위하여 법무부령으로 정하는 바에 따라 지방출입국·외국인관서에 사회통합 자원봉사위원을 둘 수 있다. 이들은 외국인 및 고용주 등의 법 준수를 위한 홍보활동, 외국인이 한국사회의 건전한 사회구성원으로 정착하기 위한 체류 지원, 영주자격 및 국적을 취득하려는 자에 대한 지원, 그 밖에 대한민국 국민과 국내 체류 외국인의 사회통합을 위하여 법무부장관이 정하는 사항 등의 직무를 수행한다. 이들의 위촉 및 해촉, 정원, 자치 조직, 비용의 지급, 그 밖에 필요한 사항은 법무부령으로 정한다(법 제41조).

　　사회통합프로그램의 목적에 대해 출입국관리법 제39조는 "대한민국 국적, 영주자격 등을 취득하려는 외국인"의 사회적응을 지원하는 것으로 규정하고 있다. 외국인의 사회적응을 위해서는 국적이나 영주자격을 취득하는 과정의 외국인뿐만 아니라 일단 국적을 취득한 외국인의 사회적응에 대한 지원도 필요하고, 나아가 외국인뿐만 아니라 일반 국민들의 사회통합에 대한 협력도 중요하다고 할 것이다.

역별로 나누어 지정된다. 2018년 현재 총 331개가 운영되고 있으며, 총 66개의 거점운영기관과 265개의 일반운영기관에 의해 운영되고 있다. http://www.socinet.go.kr/ 참조(2018. 7. 23. 방문).

(나)「재외동포의 출입국과 법적 지위에 관한 법률」상 재외동포지원제도

재외동포가 대한민국에의 출입국 및 체류를 할 때 제한을 완화하고 편의를 증진시키기 위해 1999. 9. 2.「재외동포의 출입국과 법적 지위에 관한 법률」이 제정되었다. 재외동포의 생활권을 광역화·국제화함과 동시에 대한민국 국민의 의식형태와 활동영역을 세계화되도록 촉진하고 재외동포가 모국인 대한민국에서의 부동산 취득, 금융, 외국환거래 등을 할 때에 각종 제약을 완화함으로서 투자를 촉진하고 경제회생을 위한 분위기를 확산시키기 위한 것이다. 또한 외국에서 영주할 목적으로 해외로 이주한 재외동포 중 상당수가 모국인 대한민국과의 관계가 단절된다는 고립감과 모국에서의 경제활동 제약, 연금지급 정지 등을 걱정하여 체류국가의 국적취득을 꺼리고 체류국가에서 제대로 정착하지 못하고 있는 점을 감안하여 재외동포들이 체류국가의 국적을 취득·정착하여도 모국과의 관계가 단절되지 아니하도록 하고 체류국가에서 정착을 유도하려는 것이다. 동법의 제정 전에는 재외동포의 복수국적 허용이 요구되었는데, 이러한 방안은 병역, 납세, 외교관계에서의 문제점이 발생하고 국민적 일체감을 저해하는 부작용이 우려되었다. 동법은 복수국적 허용 요구에 담긴 애로사항을 선별적으로 수용하고 모국에 대한 불만을 수용하기 위한 취지도 있었다. 그러나 2010. 5. 4. 시행된 개정 국적법에서 대한민국 내에서 복수국적자의 법적 지위를 새로이 규정하고 있어 재외동포의 요구는 어느 정도 해소된 것으로 보인다. 이 법은 재외동포정책의 기본계획을 수립하거나 재외동포정책 전반을 포괄적으로 다루는 기본법은 아니고, 재외동포의 출입국과 체류, 부동산 거래, 금융거래, 외국환거래, 건강보험 등에 대한 불편 내지 애로사항의 해소를 목적으로 하는 법이다.[64]

(다) 출입국관리법상 결혼이민자 지원제도 및 다문화가족지원법상 다문화가족지원제도

「재한외국인 처우 기본법」 제12조에서는 국가 및 지방자치단체는 결혼이민자에 대한 국어교육, 대한민국의 제도·문화에 대한 교육, 결혼이민자의 자녀에 대한 보육 및 교육 지원, 의료 지원 등을 통하여 결혼이민자 및 그 자녀가 대한민국 사회에 빨

---

64 재외동포법에 관한 논의로는 정인섭,「재외동포의 출입국과 법적 지위에 관한 법률」의 내용과 문제점」,『서울국제법연구』 제6권 제2호 (1999); 박상순,「재외동포법상의 문제점 고찰과 개선방안」,『법조』 제49권 제2호 (2000); 이철우,「재외동포법의 헌법적 평가: 헌법재판소의 결정을 중심으로」,『법과 사회』 제22호 (2002) 등 참조.

리 적응하도록 지원할 수 있다고 규정하고 있다.

「출입국관리법 시행규칙」 제53조의5에서는 결혼이민자 등의 자격으로 입국하려고 하거나 최초로 입국한 외국인의 한국사회 조기 적응을 지원하기 위하여 체류허가·영주자격·국적 신청 및 기초생활 법질서 등의 교육, 정보제공 및 상담 등의 프로그램을 제공할 수 있도록 하고 있다.

다문화가족지원법상 결혼이민자와 일정 유형의 귀화자를 대상으로 다문화가족지원센터를 통한 생활정보제공 및 교육지원 등을 제공하는 다문화가족지원제도도 광의의 사회통합지원제도로 볼 수 있다. 상세한 사항은 제12장에서 살펴본다.[65]

---

65 다문화가족지원법 제2조에서 "다문화가족"은 "재한외국인 처우법 제2조 제3호의 결혼이민자와 국적법 제2조부터 제4조까지의 규정에 따라 대한민국 국적을 취득한 자로 이루어진 가족"과 "국적법 제3조 및 제4조에 따라 대한민국 국적을 취득한 자와 같은 법 제2조부터 제4조까지의 규정에 따라 대한민국 국적을 취득한 자로 이루어진 가족"을 말한다.

외국인의 출국

최 계 영

제6장 외국인의 출국

외국인의 출국은 자발적 의사에 의한 출국과 강제출국으로 구분된다. 출입국관리법(이하 이 장에서 '법'이라고 한다)에서는 강제출국에 해당하는 행정작용으로 강제퇴거, 출국명령, 출국권고를 규정하고 있다. 강제퇴거는 강제적으로 출국시키는 조치이고, 출국명령은 출국할 것을 명령하는 조치이며, 출국권고는 자진하여 출국할 것을 권고하는 조치이다. 강제퇴거사유에 해당하는 사람이 자기비용으로 자진하여 출국하려는 의사를 표시하면, 강제퇴거명령에 갈음하여 출국명령을 할 수 있다.

이 장에서는 먼저 외국인의 자발적인 출국에 관하여 살펴본 후(제1절), 강제출국에 해당하는 강제퇴거(제4절), 출국명령과 출국권고(제5절)에 관하여 검토한다. 강제출국 조치를 취하기 전에는, 강제출국사유가 있는지 조사하여 심사·결정하는 절차를 먼저 거쳐야 하고(제2절), 강제출국 과정에서 대상자의 인신을 구금할 수 있으므로(제3절), 이에 대해서도 이 장에서 함께 다룬다.[1]

---

1 각각의 행정작용에 적용되는 절차와 쟁송방법에 대해서는 제7장에서 다룬다.

제1절   출국의 자유와 출국정지

본절에서는 외국인에 대한 출국정지처분의 요건, 절차, 효과를 살펴본다.

1. 외국인의 출국의 자유와 제한

외국인에게 입국의 자유는 인정되지 않지만, 출국에 대해서는 출국의 자유가 인정된다. 절차적으로 출입국항에서 출입국관리공무원의 출국심사를 받아야 할 뿐이다 (법 제28조 제1항). 외국인은 원칙적으로 출국할 권리가 있으나, 범죄수사, 형사재판 중이거나 납세의무를 이행하지 않는 등의 경우에는 예외적으로 일정한 기간 동안 출국이 제한될 수 있다. 이를 외국인에 대한 출국정지라고 하는데, 국민에 대한 출국금지(법 제4조 이하)에 상응하는 것이다.

2. 출국정지사유

(가) 범죄 수사, 형사재판, 형의 집행

① 범죄 수사를 위하여 출국이 적당하지 아니하다고 인정되는 외국인에 대하여 출국을 정지할 수 있다(법 제29조 제1항, 제4조 제2항). 시행규칙에서는 '사형, 무기, 장기 3년 이상의 징역 또는 금고에 해당하는 범죄 혐의로 수사를 받고 있거나 그 소재를 알 수 없어서 기소중지 또는 수사중지(피의자중지로 한정한다, 이하 같음)가 된 외국인'으로 대상자의 범위를 좁혀서 구체화하고 있다(법 시행규칙 제39조의3 제2항).

② 형사재판에 계속 중인 외국인에 대하여 출국을 정지할 수 있다(법 제29조 제1항, 제4조 제1항 제1호).

③ 형의 집행이 완료되지 않은 외국인에 대하여 출국을 정지할 수 있다. 징역형이나 금고형의 집행이 끝나지 않은 외국인(법 제29조 제1항, 제4조 제1항 제2호), 일정한 금액 이상의 벌금이나 추징금을 내지 아니한 외국인(법 제29조 제1항, 제4조 제1항 제3호)이 이에 해당한다.

(나) 세무조사, 납세의무 불이행

① 세무조사를 받고 있는 외국인에 대하여 출국을 정지할 수 있다. 일정한 금액 이상의 국세를 포탈한 혐의 또는 허위 세금계산서 또는 계산서를 발행한 혐의로 세무조사를 받고 있는 외국인(법 제29조 제1항, 제4조 제1항 제6호, 법 시행규칙 제39조의3 제1항 제1호, 제2호)이 이에 해당한다.

② 일정한 금액 이상의 국세·관세 또는 지방세를 정당한 사유 없이 그 납부기한까지 내지 아니한 외국인에 대하여 출국을 정지할 수 있다(법 제29조 제1항, 제4조 제1항 제4호).

(다) 양육비 지급의무 불이행

양육비 이행확보 및 지원에 관한 법률에 따른 양육비 채무자 중 양육비이행심의위원회의 심의·의결을 거친 외국인에 대하여 출국을 정지할 수 있다(법 제29조 제1항, 제4조 제1항 제5호). 2021년 신설된 사유이다. 외국에 장기간 체류하거나 이주할 경우 양육비 지급을 담보할 방법이 없으므로 자녀의 양육비 지급의무 불이행에 대한 실효성 있는 제재방안을 마련하고자 한 것이다.

(라) 공중보건에 현저한 위해를 끼칠 염려

공중보건에 현저한 위해를 끼칠 염려가 있다고 법무부장관이 인정하는 외국인에 대하여 출국을 정지할 수 있다(법 제29조 제1항, 제4조 제1항 제6호, 법 시행규칙 제39조의3 제1항 제3호). 2020년 신설된 사유이다.

(마) 위치추적 전자장치

전자장치 부착 등에 관한 법률에 따라 위치추적 전자장치가 부착된 외국인에 대하여 출국을 정지할 수 있다(법 제29조 제1항, 제4조 제1항 제6호, 법 시행규칙 제39조의3 제1항 제4호). 2020년 신설된 사유이다.

(바) 국가안보, 외교관계에 관한 사유

출국시 국가안보 또는 외교관계를 현저하게 해칠 우려가 있다고 법무부장관이 인정하는 외국인(법 제29조 제1항, 제4조 제1항 제6호, 법 시행규칙 제39조의3 제1항 제6호)

에 대하여 출국을 정지할 수 있다.

3. 출국정지절차

출국정지 처분을 할 권한은 법무부장관에게 있다(법 제29조 제1항). 중앙행정기관의 장 및 법무부장관이 정하는 관계 기관의 장은 소관 업무와 관련하여 출국정지 대상자가 있다고 인정할 때에는 법무부장관에게 출국정지를 요청할 수 있다(법 제29조 제2항, 제4조 제3항). 다만, 범죄피의자인 외국인에 대하여 긴급히 출국을 정지시켜야 할 필요가 있을 때에는 수사기관이 직접 출국심사를 하는 출입국관리공무원에게 출국정지를 요청할 수 있다(긴급출국정지, 법 제29조의2).

4. 출국정지기간의 연장

법무부장관은 출국정지기간을 초과하여 계속 출국을 정지할 필요가 있다고 인정하는 경우에는 그 기간을 연장할 수 있다(법 제29조 제2항, 제4조의2 제1항). 출국정지를 요청한 중앙행정기관의 장 및 법무부장관이 정하는 관계 기관의 장도 출국정지기간의 연장을 요청할 수 있다(법 제29조 제2항, 제4조의2 제2항). 검사가 출국정지 연장 요청을 제대로 하지 아니하여 살인죄의 혐의가 있는 용의자가 국외로 도피하는 바람에 사건의 진상을 밝힐 기회를 상실하게 된 경우 국가는 피해자의 유족이 입은 정신적 고통에 대하여 배상할 책임이 있다.[2]

5. 출국정지의 해제

법무부장관은 출국정지사유가 없어졌거나 출국을 정지할 필요가 없다고 인정할 때에는 즉시 출국정지를 해제하여야 한다. 출국정지를 요청한 기관의 장은 출국정지 사유가 없어졌을 때에는 즉시 법무부장관에게 출국정지의 해제를 요청하여야 한다(법 제29조 제2항, 제4조의3).

---

2 대법원 2005. 9. 9. 선고 2003다29517 판결.

제2절　조사와 심사

　본절에서는 강제퇴거사유가 있는지 여부를 밝히기 위한 조사와 강제퇴거 대상자인지 ˙여부를 결정하는 심사결정에 대하여 살펴본다.

1. 조　사

　출입국관리공무원은 강제퇴거사유에 해당된다고 의심되는 외국인에 대하여는 그 사실을 조사할 수 있다(법 제47조). 위 조항에 따른 조사를 '위반조사'라고 하는데, 강제퇴거사유에 해당된다는 혐의가 있을 때 비로소 개시되는 것으로서 동향조사(법 제81조)와 구별된다. 동향조사3는 혐의를 요건으로 하지 않고 일반적으로 외국인이 적법하게 체류하고 있는지 조사하는 것이다. 동향조사 결과 혐의가 인정되면 위반조사가 개시된다.

　위반조사는 강제퇴거사유에 해당하는지를 판단하여 행정처분인 강제퇴거명령을 발할지 여부를 결정하기 위한 조사이므로 행정조사에 해당한다. 위반조사는 조사목적을 달성하는데 필요한 최소한의 범위 안에서 실시되어야 하며, 다른 목적 등을 위하여 조사권을 남용하여서는 아니 된다(행정조사기본법 제4조 제1항 참조).

　조사의 수단으로는 용의자신문,4 참고인진술, 검사 및 서류 등의 제출요구가 마련되어 있다. 출입국관리공무원은 용의자의 출석을 요구하여 신문할 수 있다(법 제48조 제1항). 용의자의 진술은 조서에 기재하여야 한다(용의자신문조서, 동조 제3항). 참고인에 대해서도 출석을 요구하여 진술을 들을 수 있다(법 제49조). 용의자의 주거 또는 물건을 검사하거나 서류 또는 물건을 제출하도록 요구할 수 있다. 다만, 용의자의 동의가 필요하다(법 제50조).

　용의자신문, 참고인진술, 검사 및 서류 등 제출요구는 모두 자발적인 협조를 얻어 실시하는 임의조사에 해당한다. 강제력을 행사할 법적 근거도 없고, 조사에 응하지 않을 경우 제재하는 규정도 없으며, 특히 검사 및 서류 등의 제출요구에 대해서는 법률에서 명시적으로 동의를 요건으로 하고 있기 때문이다. 그러므로 용의자의

---

3 제5장 제3절 1. (다) 1) 나. 참조.
4 출입국관리법에서는 조사의 대상이 된 외국인을 용의자라고 부른다(법 제47조 참조).

동의 없이 주거에 진입하거나 물건을 검사하면 위법한 직무집행이다.

2. 심   사

지방출입국·외국인관서의 장은 출입국관리공무원이 용의자에 대한 조사를 마치면 지체 없이 용의자가 강제퇴거 대상자인지를 심사하여 결정하여야 한다(법 제58조). 심사 결과 용의자가 강제퇴거사유에 해당하지 아니한다고 인정되면 지체 없이 용의자에게 그 뜻을 알려야 하고, 용의자가 보호되어 있으면 즉시 보호를 해제하여야 한다(법 제59조 제1항). 반면 심사 결과 용의자가 강제퇴거사유에 해당한다고 인정되면 강제퇴거명령을 할 수 있다(동조 제2항).

 ## 제3절   보 호[5]

강제퇴거의 심사와 집행을 위해 외국인을 구금할 수 있다. 출입국관리법에서는 이를 '보호'라고 부른다. 본절에서는 현행법의 체계와 내용을 소개하고, 문제점과 개선방안을 간략히 살펴본다.

1. 의의와 유형

(가) 의   의

보호란 출입국관리공무원이 강제퇴거 대상(법 제46조 제1항)에 해당된다고 의심할 만한 상당한 이유가 있는 사람을 출국시키기 위하여 외국인보호실, 외국인보호소 또는 그 밖에 법무부장관이 지정하는 장소에 인치(引致)하고 수용하는 집행활동을 말한다(법 제2조 제11호). '보호'라는 용어를 사용하고 있으나 의사에 반하여 신체의 자유를 박탈하므로 실질적인 인신구속에 해당한다.[6] 수용을 위하여 일정한 장소로 인치

---

5 이 부분에는 필자의 논문인 최계영, 「이주민의 구금과 적법절차」, 『이주민법연구』(경인문화사, 2017)의 내용이 일부 포함되어 있다.

6 대법원 2001. 10. 26. 선고 99다68829 판결. 이는 이민구금(immigration detention)에 해당하는 것이다. 출입국관리법에는 원래 보호의 정의규정이 없었다. 보호의 개념이 사전적 의미와는

하는 '구인'과 일정한 장소에 수용하는 '구금'을 모두 포함하는 개념이다.

보호는 행정상 즉시강제에 해당한다. 행정상 즉시강제란 행정강제의 일종으로서 급박한 행정상 장해를 제거할 필요가 있는 경우에 미리 의무를 명할 시간적 여유가 없을 때 또는 그 성질상 의무를 명하여 가지고는 목적달성이 곤란할 때에 즉시 국민의 신체 또는 재산에 실력을 가하여 행정상 필요한 상태를 실현하는 작용이다. 선행의 구체적 의무의 존재와 그 불이행을 전제로 하는 행정상 강제집행과 구별된다.[7] 행정상 즉시강제는 권력적 사실행위이다.

(나) 유 형

보호는 '강제퇴거 심사를 위한 보호'(법 제51조)와 '강제퇴거 집행을 위한 보호'(법 제63조)로 나뉜다. 전자는 강제퇴거 대상자에 해당하는지를 조사하기 위한 보호이고, 후자는 강제퇴거명령이 내려졌지만 즉시 송환할 수 없을 때 강제퇴거 집행을 확보하기 위해 송환할 수 있을 때까지 보호하는 것이다. 강제퇴거 심사를 위한 보호는 다시 '일반보호'와 '긴급보호'로 구별된다. 일반보호는 사전에 보호명령서를 발급받아 보호하는 것이고(법 제51조 제1항), 긴급보호는 보호명령서를 발급받을 여유가 없을 때 먼저 보호한 후 사후에 보호명령서를 발급받는 것이다(동조 제3항). 이외에도 '일시보호'가 있는데, 이는 강제퇴거 단계에서가 아니라 입국심사 단계에서 행해지는 것이다. 입국이 허가되지 아니한 사람 등에 대해서는 48시간 이내의 범위에서 일시보호를 할 수 있다(법 제56조).

이하에서는 강제퇴거 심사를 위한 보호인 일반보호(2.)와 긴급보호(3.), 강제퇴거 집행을 위한 보호(4.), 일시보호(5.)의 순서로 요건과 절차를 살펴본다.

2. 일반보호

(가) 요 건

일반보호를 하기 위해서는 ① 외국인이 강제퇴거사유에 해당된다고 의심할 만한 상당한 이유가 있고, ② 도주하거나 도주할 염려가 있어야 한다(법 제51조 제1항). 위

달리 '강제퇴거 대상 외국인의 수용'이라는 의미로 사용되고 있어 정의규정이 필요하다는 비판이 제기되었고 2010. 5. 14. 법률 제10282호로 개정시 정의규정이 신설되었다.

7 헌재 2002. 10. 31. 2000헌가12.

| 표 6-1 | 보호의 유형 |

	강제퇴거 심사를 위한 보호		강제퇴거 집행을 위한 보호	일시보호
	일반보호	긴급보호		
요건	·강제퇴거사유 ·도주, 도주 염려	·강제퇴거사유 ·도주, 도주 염려 ·긴급성	·강제퇴거명령 ·송환 불능	① 입국불허 ② ·조건부 입국허가 ·도주, 도주 염려 ③ ·출국명령 ·도주, 도주 염려
기간	10일 + 10일	48시간	상한 없음	48시간 + 48시간

반조사는 강제퇴거사유에 해당된다고 '의심'되면 개시할 수 있는 반면(법 제47조), 보호를 위해서는 의심할 만한 '상당한 이유'가 있어야 한다. 신체의 자유를 제한하기 때문에 보다 엄격한 요건을 정하고 있는 것이다. 보호는 심사의 실효성을 확보하기 위한 것이므로 보호의 필요성이 있어야 한다. 그러므로 도주하거나 도주할 염려가 있는 경우에 한하여 가능하다.

(나) 보호명령서의 발급

보호명령서는 출입국관리공무원의 신청에 따라 지방출입국·외국인관서의 장이 발급한다(법 제51조 제1항). 보호명령서의 발급을 신청할 때에는 보호의 필요성을 인정할 수 있는 자료를 첨부하여 제출하여야 한다(법 제51조 제2항).

(다) 보호기간과 보호장소

보호기간은 10일 이내로 한다(법 제52조 제1항). 다만, 부득이한 사유가 있으면 연장할 수 있다. 연장되는 보호기간도 10일 이내이어야 하고 연장은 한 차례에 한한다. 허가의 주체는 지방출입국·외국인관서의 장이다(동항 단서). 보호기간 연장허가서에는 연장기간, 연장 사유 및 적용 법조문 등을 적어야 한다(법 시행령 제65조 제1항). 보호할 수 있는 장소는 외국인보호실, 외국인보호소, 구치소·교도소 그 밖에 법무부장관이 따로 지정하는 장소이다(법 제52조 제2항, 법 시행규칙 제59조).

(라) 보호명령서의 집행과 보호의 통지

출입국관리공무원이 보호명령서를 집행할 때에는 용의자에게 보호명령서를 내보여야 한다(법 제53조). 출입국관리공무원은 용의자를 보호한 때에는 국내에 있는 그의 법정대리인·배우자·직계친족·형제자매·가족·변호인 또는 용의자가 지정하는 사람에게 3일 이내에 보호의 일시·장소 및 이유를 서면으로 통지하여야 한다. 다만, 법정대리인 등이 없는 때에는 그 사유를 서면에 적고 통지하지 아니할 수 있다(법 제54조 제1항). 또한 보호된 사람이 원하는 경우에는 긴급한 사정이나 그 밖의 부득이한 사유가 없으면 국내에 주재하는 그의 국적이나 시민권이 속하는 국가의 영사에게 보호의 일시·장소 및 이유를 통지하여야 한다(동조 제2항).

3. 긴급보호

(가) 요 건

출입국관리공무원은 ① 외국인이 강제퇴거사유의 어느 하나에 해당된다고 의심할 만한 상당한 이유가 있고 ② 도주하거나 도주할 염려가 있는 긴급한 경우에 지방출입국·외국인관서의 장으로부터 보호명령서를 발급받을 여유가 없을 때에는 보호명령서를 발부받지 않고 긴급히 보호할 수 있다(법 제51조 제3항). 긴급보호를 통해 보호할 수 있는 기간은 최대 48시간이고, 이를 넘어 계속 보호하고자 한다면 보호명령서를 발급받아야 한다(동조 제5항).

(나) 긴급성의 판단

일반보호가 원칙적인 형태의 보호이므로, 긴급보호는 강제퇴거의 대상이 되는 외국인을 우연히 발견하여 즉시 신병을 확보할 필요가 있음에도 보호명령서를 발부받을 수 없는 경우와 같이 보호명령서를 사전에 발부받을 수 없는 부득이한 경우에 예외적으로 허용된다.[8] 긴급보호를 일반보호에 대한 예외로 규정한 출입국관리법의 본래 취지를 관철시키려면 엄격하게 긴급성을 판단하여야 할 것이다. 그러나 실무상 비교적 관대하게 긴급성이 인정되고 있는 것으로 보인다.

---

8 헌재 2012. 8. 23. 2008헌마430의 소수의견.

헌재 2012. 8. 23. 2008헌마430

[사실관계] 외국인 A와 B는 체류기간이 만료되었음에도 출국하지 않고 계속 체류하면서, 이주노동자 노동조합의 위원장과 부위원장으로 활동하고 있다. 출입국관리공무원은 두 사람을 긴급보호하였다.

[다수의견] "외국인등록을 하지 않은 외국인에 대해서는 인적 동일성이나 주거지 등을 확인할 수 있는 객관적인 자료가 없으므로, 외국인등록을 하지 않은 강제퇴거 대상자를 사전에 특정하여 보호명령서를 발부받은 후 집행하기는 현실적으로 어렵다. … 그러므로 외국인등록을 하지 아니한 채 오랜 기간 불법적으로 체류하면서 스스로 출국할 의사가 없는 청구인들을 사무소장등의 보호명령서가 아닌 출입국관리공무원의 긴급보호서를 발부하여 보호한 것이 이에 필요한 긴급성의 요건을 갖추지 못하였다고 볼 수 없다."

[반대의견] 이주노동자조합의 위원장과 부위원장으로 활동하면서 각종 집회와 행사에 공개적으로 참석하였고 그 활동이 언론에 보도되기도 하였던 점, 두 사람이 긴급보호된 시간대는 야간으로서 사람들의 활동과 이동이 적은 시간대인 점, 서로 다른 장소에서 비슷한 시간대에 긴급보호된 점, 두 사람 외에 단 한 명만이 단속된 상태였으나 곧바로 단속을 종료한 점 등을 고려할 때, 긴급보호하기 이전에 미리 인적 사항과 소재를 파악한 후 계획적으로 신병 확보에 나섰을 가능성이 크므로, 긴급성 요건을 갖추었다고 인정하기 어렵다.[9]

(다) 긴급보호서의 작성과 보호명령서의 발급

출입국관리공무원은 외국인을 긴급히 보호하면 즉시 긴급보호서를 작성하여 그 외국인에게 내보여야 한다(법 제51조 제4항). 또한 48시간 이내에 보호명령서를 발급받아 외국인에게 내보여야 하며, 보호명령서를 발급받지 못한 경우에는 즉시 보호를 해제하여야 한다(동조 제5항).

4. 강제퇴거 집행을 위한 보호

(가) 요건과 한계

강제퇴거명령을 받은 사람을 여권 미소지 또는 교통편 미확보 등의 사유로 즉시 대한민국 밖으로 송환할 수 없으면 송환할 수 있을 때까지 보호할 수 있다(법 제63조 제1항). 규정의 취지로부터 '목적상의 한계'와 '시간상의 한계'가 도출된다. 우선 강제

---

9 다수의견에 대한 비판은 최계영, 「이주민의 구금과 적법절차」, 187-188면 참조.

퇴거의 집행을 위한 보호명령은 강제퇴거명령의 집행확보 이외의 다른 목적을 위하여 이를 발할 수 없다(목적상의 한계). 다음으로 일단 적법하게 보호명령이 발하여진 경우에도 송환에 필요한 준비와 절차를 신속히 마쳐 송환이 가능할 때까지 필요한 최소한의 기간 동안 잠정적으로만 보호할 수 있고 다른 목적을 위하여 보호기간을 연장할 수 없다(시간상의 한계).[10] 따라서 다른 고소사건을 수사하기 위하여 퇴거명령의 집행을 보류하고 보호기간을 연장하는 것은 위법하다.[11]

(나) 보호기간

강제퇴거 집행을 위한 보호에 대해서는, 다른 보호와 달리, 보호기간의 상한이 규정되어 있지 않고, "송환할 수 있을 때까지"라고 규정되어 있을 뿐이다(법 제63조 제1항). 무기한 구금을 가능하게 하는 위 조항에 대해 헌법재판소는 2025. 5. 31.을 시한으로 헌법불합치결정을 내렸다.[12] 보호기간이 3개월을 넘는 경우에는 3개월마다 미리 법무부장관의 승인을 받아야 한다(동조 제2항).

(다) 보호의 해제

앞서 본 것처럼 보호기간이 3개월을 넘는 경우에는 3개월마다 미리 법무부장관의 승인을 받아야 하고, 승인을 받지 못하면 지체 없이 보호를 해제하여야 한다(법 제63조 제3항). 또한 강제퇴거명령을 받은 사람이 다른 국가로부터 입국이 거부되는 등의 사유로 송환될 수 없음이 명백하게 된 경우에는 그의 보호를 해제할 수 있다(동조 제4항). 보호를 해제하는 경우에는 주거의 제한이나 그 밖에 필요한 조건을 붙일 수 있다(동조 제5항).

(라) 보호명령서의 집행과 보호의 통지

출입국관리공무원이 보호명령서를 집행할 때에는 용의자에게 보호명령서를 내보여야 한다(법 제63조 제6항, 제53조). 처분내용의 명확성을 확보하고 처분의 존부에 관한 다툼을 방지하여 처분상대방의 권익을 보호하기 위한 규정이므로, 이를 위반하면 그 하자가 중대·명백하여 무효이다.[13] 출입국관리공무원은 용의자를 보호한 때에는

---

10 대법원 2001. 10. 26. 선고 99다68829 판결.
11 대법원 2001. 10. 26. 선고 99다68829 판결.
12 헌재 2023. 3. 23. 2020헌가1. 상세히는 뒤의 7. 참조.
13 대구지방법원 2022. 4. 1. 선고 2021구단11666 판결(강제퇴거집행을 위한 보호명령을 하면서

국내에 있는 그의 법정대리인·배우자·직계친족·형제자매·가족·변호인 또는 용의자가 지정하는 사람에게 3일 이내에 보호의 일시·장소 및 이유를 서면으로 통지하여야 한다(법 제63조 제6항, 제54조 제1항 본문). 다만, 법정대리인 등이 없는 때에는 그 사유를 서면에 적고 통지하지 아니할 수 있다(동항 단서).

(마) 난민신청자에 대한 보호

강제송환금지 원칙상, 난민신청자에 대해서는 강제퇴거명령의 집행이 제한된다(법 제62조 제4항 본문). 그러나 강제퇴거명령을 받은 사람이 난민신청자일지라도 보호명령은 발할 수 있다. 강제퇴거명령의 집행이 제한된다는 것이 강제퇴거명령 자체의 효력을 소멸시키는 것으로 볼 수 없고, 난민신청자라는 사정은 즉시 대한민국 밖으로 송환할 수 없는 경우에 해당하기 때문이다.[14] 다만, 강제퇴거시킬 수 없는 난민신청자에 대한 보호는 장기 구금이 될 우려가 있다.[15] 헌법불합치결정에 따라 상한이 설정되면 문제가 완화될 것으로 예상되지만, 상한에 다다르기 전에도 보호의 필요성과 상당성에 대한 비례성 심사가 엄격히 이루어져야 할 것이다.

5. 일시보호

(가) 요 건

① 입국허가의 요건을 갖추었음을 증명하지 못하여 입국이 허가되지 아니한 사람(법 제12조 제4항), ② 조건부 입국허가를 받은 사람(법 제13조 제1항)으로서 도주하거나 도주할 염려가 있다고 인정할 만한 상당한 이유가 있는 사람, ③ 출국명령(법 제68조 제1항)을 받은 사람으로서 도주하거나 도주할 염려가 있다고 인정할 만한 상당한 이유가 있는 사람에 해당하는 외국인은 일시보호의 대상이 된다(법 제56조 제1항).

심사결정을 위한 보호명령서를 잘못 출력하여 제시하였다면, 심사결정을 위한 보호명령서와 강제퇴거집행을 위한 보호명령서는 '보호의 사유', '보호의 기간' 등이 서로 달라 이를 동일한 효력이 있는 문서라고 볼 수는 없으므로, 무효사유에 해당하는 하자가 있다고 판단한 사례).
14 서울행정법원 2013. 6. 27. 선고 2013구합3269 판결.
15 유엔난민기구의 「구금에 관한 지침 – 비호신청인의 구금 및 구금 대안에 관한 적용 기준 및 표준 지침」 제6항에서는, 난민신청자에 대한 무기한 구금은 자의적이고, 구금의 상한은 법으로 명시되어야 한다고 한다(http://www.refworld.org/docid/503489533b8.html).

(나) 일시보호명령서의 발급

출입국관리공무원은 외국인을 일시보호할 때에는 사무소장 또는 출장소장으로부터 일시보호명령서를 발급받아 그 외국인에게 보여 주어야 한다(법 시행령 제71조 제1항). 일시보호명령서에는 일시보호의 사유, 보호장소 및 보호시간 등을 적어야 한다(법 시행령 제71조 제2항).

(다) 보호기간과 보호장소

일시보호의 보호기간은 48시간을 초과할 수 없다(법 제56조 제1항). 다만, 출국교통편의 미확보, 질병, 그 밖의 부득이한 사유로 48시간 내에 송환할 수 없는 경우에는 보호기간을 연장할 수 있다. 연장되는 보호기간 역시 48시간 이내이어야 하고 연장은 한 차례에 한한다. 연장허가의 주체는 지방출입국·외국인관서의 장이다(법 제56조 제2항). 일시보호기간을 연장할 때에는 연장기간, 연장 사유 및 적용 법조문 등을 적은 일시보호기간 연장허가서를 발급받아 그 외국인에게 보여 주어야 한다(법 시행령 제71조 제3항). 일시보호의 경우 보호할 수 있는 장소는 외국인 보호실이다(법 제56조 제1항).

6. 보호의 일시해제

(가) 요 건

지방출입국·외국인관서의 장은 직권[16] 또는 피보호자 등의 청구에 따라 보호를 일시해제할 수 있다(법 제65조 제1항). 피보호자가 보호 일시해제 제도를 이용할 수 있도록, 지방출입국·외국인관서의 장은 보호의 일시해제 및 그 취소에 관한 절차를 보호시설 안의 잘 보이는 곳에 게시하여야 한다(법 제66조의2). 일시해제 여부는 ① 피보호자의 생명·신체에 중대한 위협이나 회복할 수 없는 재산상 손해가 발생할 우려가 있는지 여부, ② 국가안전보장·사회질서·공중보건 등의 국익을 해칠 우려가 있는지 여부, ③ 피보호자의 범법사실·연령·품성, 조사과정 및 보호시설에서의 생활태도, ④ 도주할 우려가 있는지 여부, ⑤ 그 밖에 중대한 인도적 사유가 있는지 여

---

16 구법에서는 피보호자 등의 청구에 의해서만 일시해제가 가능하였으나 2018. 3. 20. 법률 개정으로 행정청의 직권에 의한 일시해제도 가능하게 되었다.

부를 심사하여 결정한다(법 시행령 제79조의2 제1항).

(나) 보증금 등

지방출입국·외국인관서의 장은 일시해제를 할 때, 피보호자의 정상(情狀), 해제요청사유, 자산, 그 밖의 사항을 고려하여, 2천만 원 이하의 보증금을 예치시키고 주거의 제한이나 그 밖에 필요한 조건을 붙인다(법 제65조 제1항). 지방출입국·외국인관서의 장은 그 결정서에 보호 해제 기간, 보증금의 액수·납부일시 및 장소, 주거의 제한, 그 밖에 필요한 조건과 보증금을 내면 보호를 일시해제하며, 조건을 위반하면 보호의 일시해제를 취소하고 보증금을 국고에 귀속시킬 수 있다는 뜻을 적어야 한다(법 시행령 제79조 제4항). 보증금을 예치받은 때에는 조건을 위반하는 경우 보증금을 국고에 귀속시킬 수 있다는 뜻을 알려야 한다(동조 제6항, 제17조 제2항). 국고 귀속의 경우를 제외하고는 외국인이 출국하거나 보호 일시해제를 취소하는 때에 보증금을 낸 사람에게 반환하여야 한다(법 시행령 제79조 제7항).

(다) 보호의 일시해제의 취소

지방출입국·외국인관서의 장은 보호로부터 일시해제된 사람이 ① 도주하거나 도주할 염려가 있다고 인정되는 경우, ② 정당한 사유 없이 출석명령에 따르지 아니한 경우, ③ 일시해제에 붙인 조건을 위반한 경우에는 보호의 일시해제를 취소하고 다시 보호의 조치를 할 수 있다(법 제66조 제1항). 이 경우 보증금의 전부 또는 일부를 국고에 귀속시킬 수 있다(법 제66조 제2항).

7. 헌법불합치결정과 그에 따른 개선방안[17]

헌법 제12조의 신체의 자유는 '인간의 권리'이므로 외국인에게도 보장되고,[18] 출입국관리법상의 보호는 신체의 자유를 제한하는 실질적인 인신구속이므로, 보호에 관한 법률의 규정은 헌법 제12조의 요청을 충족하여야 한다.[19] 그럼에도 불구하고

---

17 이 부분에는 필자의 논문 「헌법불합치결정에 따른 출입국관리법상 보호(이민구금) 제도 개선방안」, 『행정법연구』 제71호 (2023)의 내용이 일부 포함되어 있다.

18 제3장 제2절 3. 참조.

19 변호인의 조력을 받을 권리(헌법 제12조 제4항)는 사법절차에서 이루어진 구속뿐 아니라 행정절차에서 구속을 당한 사람에게도 즉시 보장되므로, "출입국관리법상 보호 또는 강제퇴거

현행 출입국관리법 제63조는 강제퇴거명령을 받은 외국인을 '기간 제한 없이' 그리고 '집행기관의 판단만으로' 구금할 수 있도록 하고 있다. 위 조항은 외국인의 신체의 자유를 절차적 보장 없이 과도하게 침해한다는 이유로 지속적인 비판의 대상이 되었고, 세 차례의 위헌 심사 끝에 헌법재판소는 2023년 헌법불합치결정을 내렸다.[20]

(가) 과잉금지원칙 위반

강제퇴거 집행을 위한 보호에 대해서는 "송환할 수 있을 때까지"라고 규정되어 있을 뿐 보호기간의 상한이 규정되어 있지 않다(법 제63조 제1항). 평균적인 보호기간은 20일 내외이지만, 상황에 따라서는 장기간 구금되는 경우도 있다.[21]

> **헌재 2023. 3. 23. 2020헌가1, 2021헌가10(병합)**
>
> 보호기간의 상한을 두지 아니함으로써 강제퇴거대상자를 무기한 보호하는 것을 가능하게 하는 것은 보호의 일시적·잠정적 강제조치로서의 한계를 벗어나는 것이라는 점, 보호기간의 상한을 법에 명시함으로써 보호기간의 비합리적인 장기화 내지 불확실성에서 야기되는 피해를 방지할 수 있어야 하는데, 단지 강제퇴거명령의 효율적 집행이라는 행정목적 때문에 기간의 제한이 없는 보호를 가능하게 하는 것은 행정의 편의성과 획일성만을 강조한 것으로 피보호자의 신체의 자유를 과도하게 제한하는 것인 점, 강제퇴거명령을 받은 사람을 보호함에 있어 그 기간의 상한을 두고 있는 국제적 기준이나 외국의 입법례에 비추어 볼 때 보호기간의 상한을 정하는 것이 불가능하다고 볼 수 없는 점, 강제퇴거명령의 집행 확보는 심판대상조항에 의한 보호 외에 주거지 제한이나 보고, 신원보증인의 지정, 적정한 보증금의 납부, 감독관 등을 통한 지속적인 관찰 등 다양한 수단으로도 가능한 점, 현행 보호일시해제제도나 보호명령에 대한 이의신청, 보호기간 연장에 대한 법무부장관의 승인제도만으로는 보호기간의 상한을 두지 않은 문제가 보완된다고 보기 어려운 점 등을 고려하면, 심판대상조항은 침해의 최소성과 법익균형성을 충족하지 못한다. 따라서 심판대상조항은 과잉금지원칙을 위반하여 피보호자의 신체의 자유를 침해한다.

의 절차에도 적용"되고, 나아가 출입국관리법상 보호에 의하지 않고 공항 송환대기실에 수용된 경우에도 적용된다(헌재 2018. 5. 31. 2014헌마346 결정 참조).

20 헌재 2023. 3. 23. 2020헌가1, 2021헌가10(병합) 결정. 참고로 합헌이라는 3인의 반대의견이 있었다.

21 4년 이상 구금된 사례도 보고된다. 특히 난민신청자의 경우 난민인정절차와 그 쟁송절차가 장기화되면 이러한 상황에 처할 수 있다.

(나) 적법절차 원칙 위배

보호의 개시와 연장에 관한 권한이 모두 행정청(지방출입국·외국인관서의 장 또는 출입국관리공무원)에게 맡겨져 있다(법 제51조, 제52조, 제63조 참조). 강제퇴거 집행을 위한 보호의 경우 3개월마다 미리 법무부장관의 승인을 받아야 하지만(법 제63조 제2항), 법무부장관은 지방출입국·외국인관서의 장 또는 출입국관리공무원의 상급행정기관이므로 외부적 통제라고 보기 어렵다.

> **헌재 2023. 3. 23. 2020헌가1, 2021헌가10(병합)**
>
> 행정절차상 강제처분에 의해 신체의 자유가 제한되는 경우 강제처분의 집행기관으로부터 독립된 중립적인 기관이 이를 통제하도록 하는 것은 적법절차원칙의 중요한 내용에 해당한다. 심판대상조항에 의한 보호는 신체의 자유를 제한하는 정도가 박탈에 이르러 형사절차상 '체포 또는 구속'에 준하는 것으로 볼 수 있는 점을 고려하면, 보호의 개시 또는 연장 단계에서 그 집행기관인 출입국관리공무원으로부터 독립되고 중립적인 지위에 있는 기관이 보호의 타당성을 심사하여 이를 통제할 수 있어야 한다. 그러나 현재 출입국관리법상 보호의 개시 또는 연장 단계에서 집행기관으로부터 독립된 중립적 기관에 의한 통제절차가 마련되어 있지 아니하다. 또한 당사자에게 의견 및 자료 제출의 기회를 부여하는 것은 적법절차원칙에서 도출되는 중요한 절차적 요청이므로, 심판대상조항에 따라 보호를 하는 경우에도 피보호자에게 위와 같은 기회가 보장되어야 하나, 심판대상조항에 따른 보호명령을 발령하기 전에 당사자에게 의견을 제출할 수 있는 절차적 기회가 마련되어 있지 아니하다. 따라서 심판대상조항은 적법절차원칙에 위배되어 피보호자의 신체의 자유를 침해한다.

(다) 적부심청구권 침해

인신보호법에서는 위법한 행정처분에 의하여 부당하게 인신의 자유를 제한당하고 있는 개인의 구제절차를 마련하고 있다(동법 제1조 참조). 그런데 동법 제2조 제1항 단서는 "출입국관리법에 따라 보호된 자"를 인신보호법상 구제청구를 할 수 있는 피수용자의 범위에서 제외하고 있다.[22] 헌법재판소는 과거에 인신보호법의 위 조항에 대

---

22 '출입국관리법에 따라 보호된 자'만 인신보호법의 적용이 배제되므로, 외국인에 대한 수용이 보호 제도에 근거한 것이 아니라면 인신보호법상 구제청구가 가능하다. 인천공항에서 난민인정을 신청한 외국인이, 출입국관리법에 따른 입국불허처분이 있은 뒤 공항 내 송환대기실로 인도되어 약 5개월간 외부로 출입이 금지된 상태로 머무르게 되자 인천공항출입국관리사무소 및 인천공항 항공사운영협의회를 상대로 인신보호법상 구제청구를 한 사안에서 법원은 수용

해 합헌이라고 판단한 바 있다. 그러나 2023년 헌법불합치결정의 보충의견에서는 현행법이 "누구든지 체포 또는 구속을 당한 때에는 적부의 심사를 법원에 청구할 권리를 가진다"고 규정하고 있는 헌법 제12조 제6항에 위배된다는 점이 지적되었다.

헌재 2014. 8. 28. 2012헌마686

1. 헌법 제12조 제6항은 모든 형태의 공권력행사기관이 체포 또는 구속의 방법으로 신체의 자유를 제한하는 사안에 대해서 적용되므로, 입법자는 출입국관리법에 따라 보호된 청구인들에게 전반적인 법체계를 통하여 보호의 원인관계 등에 대한 최종적인 사법적 판단절차와는 별도로 보호 자체에 대한 적법여부를 다툴 수 있는 기회를 최소한 1회 이상 제공하여야 한다. 다만, 출입국관리행정 중 보호와 같이 체류자격의 심사 및 퇴거 집행 등의 구체적 절차에 관한 사항은 광범위한 입법재량의 영역에 있으므로, 그 내용이 현저하게 불합리하지 아니한 이상 헌법에 위반된다고 할 수 없다.

2. 출입국관리법에 따라 보호된 청구인들은 각 보호의 원인이 되는 강제퇴거명령에 대하여 취소소송을 제기함으로써 그 원인관계를 다투는 것 이외에, 보호명령 자체의 취소를 구하는 행정소송이나 그 집행의 정지를 구하는 집행정지신청을 할 수 있으므로, 헌법 제12조 제6항이 요구하는 체포·구속 자체에 대한 적법여부를 법원에 심사청구할 수 있는 절차가 있다. 또한, 출입국관리법은 보호기간의 제한, 보호명령서의 제시, 보호의 일시·장소 및 이유의 서면 통지 등 엄격한 사전적 절차규정을 마련하고 있고, 법무부장관에게 보호에 대한 이의신청을 할 수 있도록 하여 행정소송절차를 통한 구제가 가지는 한계를 충분히 보완하고 있다. 따라서 심판대상조항은 헌법 제12조 제6항의 요청을 충족한 것으로 청구인들의 신체의 자유를 침해하지 아니한다.

3. 심판대상조항이 출입국관리법에 따라 보호된 사람을 인신보호법에 따라 구제청구를 할 수 있는 피수용자의 범위에서 제외한 것은, 출입국관리법상 보호가 외국인의 강제퇴거 사유의 존부 심사 및 강제퇴거명령의 집행확보라는 행정목적을 담보하고 이를 효율적으로 집행하기 위해 행해지는 것으로 신체의 자유 제한 자체를 목적으로 하는 형사절차상의 인신구속 또는 여타의 행정상의 인신구속과는 그 목적이나 성질이 다르다는 점, 출입국관리법이 보호라는 인신구속의 적법성을 담보하기 위한 엄격한 사전절차와 사후적 구제수단을 충분히 마련하고 있는 이상, 인신보호법의 보호범위에 출입국관리법에 따라 보호된 자를 포함시킬 실익이 크지 아니한 점을 고려한 것이며, 여기에는 합리적 이유가 있

을 즉시 해제할 것을 명한 바 있다. 대한민국 입국이 불허된 외국인이라 하더라도 외부와의 출입이 통제된 한정된 공간에 장기간 머무르도록 강제하는 것은 법률상 근거 없이 인신의 자유를 제한하는 것으로서 위법한 수용에 해당하기 때문이다(대법원 2014. 8. 25.자 2014인마5 결정).

다. 따라서 심판대상조항은 청구인들의 평등권을 침해하지 아니한다.

헌재 2023. 3. 23. 2020헌가1, 2021헌가10(병합)

[재판관 이미선의 보충의견] 헌법 제12조 제6항은 당사자가 체포·구속된 원인관계 등에 대한 최종적인 사법적 판단절차와는 별도로 체포·구속 자체에 대한 적법 여부를 법원에 심사 청구할 수 있는 절차를 헌법적 차원에서 보장하는 규정으로 헌법적 차원에서 독자적 지위를 가지며, 모든 형태의 공권력 행사기관이 체포 또는 구속의 방법으로 신체의 자유를 제한하는 사안에 대해 적용되고, 외국인에 대해서도 인정된다. 따라서 심판대상조항에 근거하여 보호된 외국인에 대해서는 보호 자체에 대한 적법 여부를 법원에 심사청구할 수 있는 기회가 최소한 1회 이상 제공되어야 한다.

그런데 출입국관리법은 보호 개시 또는 계속의 적법 여부 심사를 법원에 청구할 수 있는 절차를 두고 있지 아니하며, 인신보호법이 '출입국관리법에 따라 보호된 자'를 인신보호법의 적용대상에서 제외하고 있어 심판대상조항에 의해 보호된 외국인은 인신보호법상 구제청구도 할 수 없다. 또한 보호의 개시나 연장 단계에서 법원의 관여가 전혀 이루어지지 않는 상황에서 통상의 행정소송절차만으로 법원에 의한 신속하고 효율적인 구제절차가 보장된다고 볼 수 없으며, 보호의 개시는 적법하게 이루어졌으나 보호필요성의 소멸 등으로 보호의 계속이 위법하게 된 경우, 보호명령에 대한 취소소송이나 집행정지신청사건에서 적절하고 효율적인 구제가 이루어질 수 있을지 단정할 수도 없다. 법무부장관에 대한 이의신청 역시 법원의 심사를 핵심 요소로 하는 헌법 제12조 제6항의 체포·구속적부심사제도의 내용이 될 수 없고, 중립적·객관적 기관이 아닌 관리감독청에 불과한 법무부장관에 의한 사후 통제나 그 밖에 출입국관리법이 정하고 있는 절차가 체포·구속적부심사제도를 보충하는 기능을 수행할 수 있다고 보기도 어렵다.

헌법 제12조 제6항이 체포·구속적부심사청구권을 보장하고 있는 취지를 고려하면 심판대상조항에 따라 보호되고 있는 상태 그 자체에 대한 적법 여부 심사를 법원에 청구할 수 있는 절차는 보장되어야 하고, 이는 심판대상조항에 의한 보호가 출입국관리행정의 일환으로 이루어지는 것이라고 하더라도 보호로 인해 신체의 자유에 중대한 제한이 초래되는 이상 마찬가지인바, 심판대상조항은 헌법 제12조 제6항에 위배된다.

(라) 개선방안

헌법불합치결정에 따르면 2025. 5. 31.까지 법률이 개정되어야 한다. 우선 보호기간의 상한이 설정되어야 한다. 송환장애 사유, 송환장애가 해소되기까지 소요된 기간, 송환이 가능하지 않음에도 보호에서 해제된 사례의 경우 그 사유, 보호해제 이후의 경과 등 한국의 현황과 해외 입법례에 관한 구체적인 검토를 토대로, 헌법재판소

결정의 취지에 부합하도록 과도하지 않은 상한이 정해져야 할 것이다. 다음으로 보호의 개시 또는 연장 단계에서 '집행기관으로부터 독립된 중립적 기관'에 의한 통제 절차가 마련되고, 의견제출의 기회가 보장되어야 한다. 통제기관은 사법기관이 될 수도 있고 준사법적 행정기관이 될 수도 있다. 후자의 경우 독립성·중립성 확보에 특히 주의를 기울여야 할 것이다.[23]

 ## 제4절 강제퇴거

본절에서는 강제퇴거의 요건, 절차, 효과를 살펴본다.

1. 의 의

강제퇴거란 출입국관리법을 위반하였거나 대한민국의 이익을 해할 우려가 있는 외국인에 대하여 그 외국인에 의사에 반하여 대한민국 영토 밖으로 강제적으로 출국 시키는 것을 말한다. 강제퇴거는 행정상 강제집행의 일종으로 직접강제에 해당한다. 직접강제란 행정법상의 의무의 불이행이 있는 경우에 의무자의 신체나 재산에 실력을 가하여 의무의 이행이 있었던 것과 동일한 상태를 실현하는 행정작용을 말한다.

국가가 자국에 바람직하지 않다고 판단하는 외국인을 추방할 수 있는 권리는 국 제법상 확립된 권리이고 주권의 행사이다. 그러나 강제출국에 관한 국가의 주권은 무제한적인 것은 아니고, 생명·인간의 존엄성·가족생활의 권리 등 기본적 인권을 존중하면서 행사되어야 한다.[24] 또한 법치주의의 제한을 받으므로 법률에 규정된 사유에 근거하여 법률이 정한 절차에 따라서만 강제퇴거시킬 수 있다.[25·26] 그러므로

---

23 아동구금에 대해서도 입법적 정비가 필요하다. 「아동의 권리에 관한 협약」(CRC) 제37조 (b)에서는 아동에 대한 구금은 "오직 최후의 수단으로서 또한 적절한 최단기간 동안만 사용되어야 한다"고 규정하고 있다. 현행법에서는 보호된 상태에서의 특별한 지원만 규정하고 있고(출입국관리법 제56조의3 참조), 아동에 대한 보호의 개시나 연장을 억제하거나 기간을 제한하는 규정은 두고 있지 않다.

24 Perruchoud, Openskin/Perruchoud/Redpath-Cross(ed.), *Foundations of International Migration Law* (Cambridege, 2012), p. 143.

25 「시민적·정치적 권리에 관한 국제규약」(ICCPR) 제13조에서는 "합법적으로 당사국의 영역 내

강제퇴거가 적법하기 위해서는 ① 법률에서 정한 강제퇴거사유가 있어야 하고(2.), ② 비례원칙 등을 지켜 하자 없이 재량권을 행사하여야 하며(3.), ③ 적법절차 원칙에 따라 당사자의 절차적 권리를 보장하여야 한다.27

2. 강제퇴거사유

(가) 개 관

출입국관리법 제46조 제1항 각 호에서 강제퇴거사유를 구체화하여 열거하고 있다. 강제퇴거사유는 세 가지 유형으로 분류할 수 있다. 첫째, 출입국관리를 위반한 외국인이다. 둘째, 체류관리를 위반한 외국인이다. 셋째, 범죄 등을 범한 외국인이다. 한편 영주자격을 가진 외국인에 대해서는 강제퇴거가 제한된다(법 제46조 제2항).

(나) 출입국관리를 위반한 사람

1) 제1호(법 제7조)

유효한 여권과 법무부장관이 발급한 사증(査證) 없이 입국한 자는 강제퇴거 대상이 된다. 여권이나 사증 없이 입국한 자, 위·변조된 여권이나 사증으로 입국한 자가 여기에 해당한다. 위명여권(僞名旅券)에 대해서는 논란이 있다. 위명여권이란 외국의 정당한 발급기관에 의하여 적법한 절차에 따라 발급되었으나 타인의 명의를 도용한 여권을 말한다. 현행 출입국관리법상 출입국관리소장에게 외국인이 소지한 여권의 유효성을 판정할 권한이 없으므로 위명여권으로 입국한 자는 본호에 해당하지 않는다는 입장28과 '유효한 여권'이란 '여권 소지자의 실제 인적사항과 그 여권에 기재된 내용이 동일하여 본인임을 확인할 수 있는 것'을 요건으로 하므로, 외국정부 또는 권한 있는 국제기구에서 발급한 여권이라고 하더라도 위 요건을 갖추지 못하면 유효한

에 있는 외국인은 법률에 따른 결정에 의해서만 추방될 수 있다. 국가안보상 불가피하게 달리 요구되는 경우를 제외하고는 자신의 추방에 반대하는 의견을 제출할 수 있고, 권한 있는 기관 또는 그 기관에 의해 위임된 자에 의해 자신의 사건을 심사받을 수 있으며, 심사절차에서 다른 사람이 그를 대리할 수 있다."고 규정하고 있다.

26 주권 행사임을 근거로 법치주의를 배제하거나 약화시키는 논증의 문제점에 대해서는 최계영, 「출입국관리행정, 주권 그리고 법치」, 『행정법연구』 제48집 (2017), 45면 이하 참조.

27 강제퇴거명령시 준수해야 할 절차에 관해서는 제7장 제1절 5. 참조.

28 서울행정법원 2013. 10. 10. 선고 2013구합10342 판결; 수원지방법원 2014. 10. 31. 선고 2014구합56810 판결; 서울행정법원 2017. 4. 7. 선고 2016구단60730 판결 등.

여권에 해당한다고 할 수 없다는 입장이 엇갈리고 있다.29 후자의 입장을 취하더라
도, 국적국의 실정법 및 관행에 따른 개명절차를 거쳐 개명한 이름으로 여권을 발급
받은 자30나 과거 위명여권 사용 전력이 있으나 현재는 진정한 명의의 여권과 사증
을 가지고 체류하고 있는 자31는 본호의 강제퇴거사유에 해당하지 않는다.

2) 제2호(법 제7조의2)

거짓된 사실의 기재나 거짓된 신원보증 등 부정한 방법으로 외국인을 초청하거
나 그러한 초청을 알선하는 행위, 거짓으로 사증 또는 사증발급인정서를 신청하거나
그러한 신청을 알선하는 행위를 한 외국인 또는 그러한 허위초청 등의 행위로 입국
한 외국인은 강제퇴거 대상이 된다.

3) 제3호(법 제11조 제1항)

법 제11조 제1항 각 호의 입국금지사유가 입국 후에 발견되거나 발생한 사람은
강제퇴거 대상이 된다. 입국 당시에 입국금지사유가 있음에도 발견되지 않았던 경우
뿐만 아니라, 입국 당시에는 입국금지사유가 없었으나 체류 중 입국금지사유가 새롭
게 발생한 경우도 포함한다.

본호는 이처럼 입국금지사유를 그대로 강제퇴거사유로 준용하고 있는데, 이러한
입법방식이 타당한지 논란이 된다. 입국금지사유 중 "대한민국의 이익이나 공공의
안전을 해치는 행동을 할 염려가 있다고 인정할 만한 상당한 이유가 있는 사람"(법
제11조 제1항 제3호), "경제질서 또는 사회질서를 해치거나 선량한 풍속을 해치는 행
동을 할 염려가 있다고 인정할 만한 상당한 이유가 있는 사람"(동항 제4호)은 광범위
한 불확정개념으로 규정되어 있다. 그 결과 법 제46조 제1항의 다른 호에 열거된 사
유에 해당하지 않더라도 위 조항에 근거하여 강제퇴거를 명하는 것이 가능하게 되
고, 이를 통해 행정청은 강제퇴거사유의 판단에 있어 실질적으로 광범위한 재량을

---

29 서울고등법원 2014. 6. 13. 선고 2013누49830 판결; 서울고등법원 2016. 5. 20. 선고 2015누
57040 판결 등(모두 대법원에서 심리불속행으로 확정).
30 "'전 배우자와의 사이에 출생한 미성년 자녀를 데리고 재혼하여 새로 호구부를 만드는 경우
별도의 개명절차와 입양절차가 필요하지 않고 호구부 작성에 수반하여 당사자들의 개명의사
와 입양의사를 확인하기만 하면 된다'는 중국의 실정법 및 그 집행관행"이 있고 실제로 호구
부 작성에 수반하여 개명의사 및 입양의사에 관한 확인이 있었다면, 개명한 이름으로 발급받
은 여권으로 입국하였다는 사유는 강제퇴거사유가 되지 아니한다는 대법원 2016. 9. 23. 선고
2015두54629 판결 참조.
31 서울고등법원 2016. 7. 7. 선고 2016누33386 판결(대법원에서 심리불속행으로 확정).

갖게 된다. 법 제46조 제1항은 강제퇴거사유를 구체적으로 열거하고 있는 모양을 띠고 있지만, 실제로는 본호가 다른 강제퇴거사유 대부분을 포함하고 열거되지 아니한 사유까지 포섭할 수 있는 강제퇴거의 일반조항으로 기능하게 되는 것이다.

그리하여 위 조항에 대해서는 명확성의 원칙에 반한다는 비판이 제기된다. 강제퇴거는 입국금지와 달리 이미 입국하여 국내에서 생활관계가 형성된 외국인을 대상으로 하는 것이므로 입국금지사유를 그대로 준용해서는 안 되고, 강제퇴거사유를 구체적으로 열거한 법률의 취지가 훼손되며, 행정청의 자의적인 법적용이 가능해진다는 것이다.[32] 이에 관하여 대법원이나 헌법재판소의 판단이 내려진 적은 없으나 하급심에서는 "표현이 다소 포괄적이라 하더라도 대한민국의 이익이나 공공의 안전 내지 경제·사회질서와 관련된 행위유형이 다양하여 그 실태가 천차만별인 현실에서 강제퇴거의 대상이 되는 모든 사유를 일일이 법률로써 한정하여 규율하는 것은 입법기술상 한계가 있을 뿐 아니라, 국익을 최우선으로 하여 외교관계, 국제정세의 변천 등에 따라 신속하고 적절하게 대처해야 한다는 출입국관리행정의 특수성과 더불어 출입국관리법의 입법목적을 종합적으로 고려하여 볼 때 그 구체적 의미를 충분히 예측하고 해석할 수 있는 정도이므로 명확성을 결여하였다고는 볼 수 없다"고 판단한 바 있다.[33] 살피건대, 본호는 "그 표현이 포괄적이고 광범위하므로 위 규정을 실제 사례에 적용할 때에는 입법목적과 외국인에 대한 출입국 관리의 특성 등 구체적인 사정을 고려하여 각개의 사안별로 신중하게 해당 여부를 가릴 필요가 있다."[34] 나아가 입법론의 차원에서는, 입국금지사유를 준용하거나 광범위한 불확정개념으로 강제퇴거사유를 규정하지 말고, 가급적 구체적으로 강제퇴거사유를 열거하는 방향으로 현행법을 개정하는 것이 바람직할 것이다.[35]

외국인이 범죄를 저지른 경우에 대해서는 법 제46조 제1항 제13호, 제14호에 별도의 강제퇴거사유가 있으나, 이에 해당하지 않더라도 본호가 포괄적이기 때문에 본호에 근거하여 강제퇴거를 명할 수 있게 된다. 즉, 금고 이상의 형을 선고받고 석방된 사람(법 제46조 제13호)과 법 시행규칙 제54조의2에 열거된 범죄를 저지른 사람(법 제46조 제14호)이 아닐지라도 본호에 근거하여 강제퇴거의 대상자가 될 수 있고, 실제

32 양연순, 「2013년도 이주외국인 인권 개관」, 대한변호사회·공익인권법재단 공감, 『2013 이주외국인 법률지원을 위한 인권교육』, 61-62면; 박영아, 「출입국관리법상 강제퇴거사유에 관한 소고」, 『이주민법연구』(경인문화사, 2017), 198-203면.
33 서울행정법원 2009. 6. 5. 선고 2009구합10253 판결.
34 대전지방법원 2008. 5. 28. 선고 2008구합985 판결.
35 국가인권위원회 2007. 12. 28. '「출입국관리법 일부개정법률안」에 대한 의견표명' 참조.

로도 그러한 사례가 종종 있다. 이에 대해서는 아래에서 살펴본다.[36]

4) 제4호(법 제12조 제1항·제2항, 제12조의3)

① 입국하는 출입국항에서 출입국관리공무원의 입국심사를 받지 않은 사람, ② 외국인을 불법으로 입국 또는 출국하게 하거나 대한민국을 거쳐 다른 국가에 불법으로 입국하게 할 목적으로 선박등이나 여권 또는 사증, 탑승권이나 그 밖에 출입국에 사용될 수 있는 서류 및 물품을 제공하는 행위 또는 이를 알선하는 행위를 한 사람, ③ 불법으로 입국한 외국인에 대하여 해당 외국인을 대한민국에서 은닉 또는 도피하게 하거나 그러한 목적으로 교통수단을 제공하는 행위 또는 이를 알선하는 행위를 한 사람은 강제퇴거의 대상이 된다.

5) 제5호(법 제13조 제2항)

조건부 입국허가를 받아 입국한 외국인이 그 조건을 위반한 경우 강제퇴거의 대상이 된다. 구체적으로는, ① 부득이한 사유로 유효한 여권과 사증을 갖추지 못하였으나 일정 기간 내에 그 요건을 갖출 수 있다고 인정되는 사람(법 제13조 제1항 제1호), ② 입국금지사유에 해당된다고 의심되거나 입국목적이 체류자격에 맞지 않다고 의심되어 특별히 심사할 필요가 있다고 인정되는 사람(법 제13조 제1항 제2호), ③ 그 밖에 지방출입국·외국인관서의 장이 조건부 입국을 허가할 필요가 있다고 인정되는 사람(법 제13조 제1항 제3호)에 대해서는 주거의 제한, 출석요구에 따를 의무 및 그 밖에 필요한 조건(법 제13조 제2항 참조)을 붙여 입국을 허가할 수 있고, 체류 중 허가조건을 위반하면 강제퇴거의 대상이 된다.

6) 제6호·제7호(법 제14조, 제14조의2, 제15조, 제16조, 제16조의2)

승무원의 상륙허가, 관광상륙허가, 긴급상륙허가, 재난상륙허가, 난민임시상륙허가를 받지 아니하고 상륙한 사람은 강제퇴거의 대상이 된다. 상륙허가에 붙은 허가조건에 위반한 경우도 마찬가지이다.

7) 제11호(법 제28조 제1항·제2항)

외국인이 출국할 때에는 유효한 여권을 가지고 출입국관리공무원의 출국심사를 받아야 하고, 이를 위반하면 강제퇴거의 대상이 된다.

---

[36] 뒤의 (라) 3) 참조.

8) 제14호(법 제76조의4 제1항)

송환대상외국인이 자살 또는 자해행위를 하려는 경우, 다른 사람에게 위해를 가하거나 가하려는 경우, 출입국관리공무원의 직무집행을 정당한 사유 없이 거부 또는 기피하거나 방해하는 경우, 기타 시설 및 다른 사람의 안전과 질서를 현저히 해치는 행위를 하거나 하려는 경우에는 강제퇴거의 대상이 된다.

(다) 체류관리를 위반한 사람

1) 제8호(법 제17조 제1항·제2항, 제18조, 제20조, 제23조, 제24조, 제25조)

① 체류자격의 범위를 벗어나거나 체류기간을 초과하여 체류한 사람, ② 외국인 고용 제한을 위반한 사람, ③ 체류자격 외 활동허가를 받지 아니하고 다른 체류자격에 해당하는 활동을 한 사람, ④ 대한민국에서 출생하거나 체류 중 대한민국의 국적을 상실하거나 이탈하는 등의 사유가 발생한 사람으로서 법에서 정한 기간 내에 체류자격을 부여받지 못한 사람, ⑤ 체류자격 변경허가를 받지 아니하고 다른 체류자격에 해당하는 활동을 한 사람, ⑥ 체류기간 연장허가를 받지 아니하고 체류기간을 초과하여 체류한 사람은 강제퇴거의 대상이 된다.

2) 제9호(법 제21조 제1항·제2항)

① 근무처의 변경·추가허가를 받지 아니하고 근무처를 변경하거나 추가한 사람과 ② 근무처의 변경·추가허가를 받지 아니한 외국인을 고용하거나 고용을 알선한 사람은 강제퇴거의 대상이 된다.

3) 제10호(법 제22조)

법무부장관은 공공의 안녕질서나 대한민국의 중요한 이익을 위하여 필요하다고 인정하면 대한민국에 체류하는 외국인에 대하여 거소(居所) 또는 활동의 범위를 제한하거나 그 밖에 필요한 준수사항을 정할 수 있고, 이를 위반하면 강제퇴거의 대상이 된다.

4) 제10의2호(법 제26조)

① 체류자격 외 활동허가, 근무처의 변경·추가허가, 체류자격 부여, 체류자격 변경허가, 체류기간 연장허가 등의 신청과 관련하여 위조·변조된 문서 등을 입증자료로 제출하거나 거짓 사실이 적힌 신청서 등을 제출하는 등 부정한 방법으로 신청하

는 행위를 한 사람과 ② ①의 행위를 알선·권유하는 행위를 한 사람은 강제퇴거의
대상이 된다.

5) 제12호(법 제31조)

외국인이 입국한 날부터 90일을 초과하여 대한민국에 체류하려면 외국인 등록을
하여야 하고, 이를 위반하면 강제퇴거의 대상이 된다.

6) 제12의2호(법 제33조의3)

① 외국인의 여권이나 외국인등록증을 취업에 따른 계약 또는 채무이행의 확보
수단으로 제공받거나 그 제공을 강요 또는 알선하는 행위, ② 외국인등록번호를 거
짓으로 생성하여 자기 또는 다른 사람의 재물이나 재산상의 이익을 위하여 사용하거
나 이를 알선하는 행위, ③ 외국인등록번호를 거짓으로 생성하는 프로그램을 다른
사람에게 전달하거나 유포 또는 이를 알선하는 행위, ④ 다른 사람의 외국인등록증
을 부정하게 사용하거나 자기의 외국인등록증을 부정하게 사용한다는 사정을 알면
서 다른 사람에게 제공하는 행위 또는 이를 각각 알선하는 행위, ⑤ 다른 사람의 외
국인등록번호를 자기 또는 다른 사람의 재물이나 재산상의 이익을 위하여 부정하게
사용하거나 이를 알선하는 행위를 한 사람은 강제퇴거의 대상이 된다.

(라) 범죄 등을 범한 사람

1) 제13호

"금고 이상의 형을 선고받고 석방된 사람"은 강제퇴거의 대상이 된다. 금고 이상
의 형을 실형으로 한정할 근거는 없으므로 금고형 또는 징역형의 집행유예도 포함된
다.[37] 집행유예의 선고를 받고 그 선고의 실효나 취소 없이 유예기간이 경과하여 형
선고의 효력이 소멸하였어도 이는 형 선고의 법률적 효과가 없어진다는 것일 뿐 형
의 선고가 있었다는 사실 자체까지 없어지는 것은 아니므로 마찬가지로 본호 사유에
해당한다.[38] 그러나 1심 또는 2심 단계에서 금고 이상의 형이 선고되었다고 하더라
도 상소심에서 취소·파기되어 최종적으로는 벌금형이나 무죄판결이 선고되어 확정
되었다면 여기에 해당하지 아니한다.[39] 법문에는 "선고받고"라고만 되어 있지만, 금

---

37 서울행정법원 2013. 10. 31. 선고 2013구합56041 판결.
38 서울행정법원 2013. 7. 19. 선고 2013구합338 판결.
39 서울행정법원 2012. 12. 7. 선고 2012구합41400 판결.

고 이상의 형이 위법하거나 부당하게 선고되어 상급심에서 시정된 경우까지 포함하는 것으로 해석할 수 없기 때문이다.

불구속 상태에서 수사·재판을 받고 금고형 또는 징역형의 집행유예 판결이 선고·확정된 사람이 본호에 해당하는지 논란이 된다. 법문에서 금고 이상의 형을 '선고받은' 사람이라 규정하지 않고 "선고받고 석방"된 사람이라고 규정하고 있기 때문이다. 불구속 수사·재판을 받고 집행유예를 선고받은 자는 포함되지 않는다는 입장이 있다. '석방'에 초점을 두어 "금고 이상의 형을 선고받고 석방된 사람"이란 실형을 선고받아 집행을 마치고 석방된 사람이거나 적어도 수사 또는 재판 과정에서 구속되었다가 징역·금고형의 집행유예를 선고받음으로써 석방된 사람을 의미한다는 것이다.[40] 반면 불구속 수사·재판을 받고 집행유예를 선고받은 자도 포함된다는 입장이 있다. 형사소송절차에서 구속재판을 할 것인지 여부는 구속사유가 있는지에 따라 결정되는 것일 뿐 강제퇴거 대상자의 선정과는 관련이 없는 것이므로 금고 이상의 형을 선고받은 이상 불구속 재판을 받다가 금고 이상의 형에 대하여 집행을 유예하는 판결이 선고되었더라도 강제퇴거 대상자에 해당한다는 것이다.[41]

2) 제15호

아래의 죄를 범한 자도 강제퇴거의 대상이 된다(법 시행규칙 제54조의2 제1호, 제54조). 제13호의 경우와는 달리 금고 이상의 형의 선고를 요건으로 하지 않는다. 범죄의 중대성 때문이다.

1. 「형법」 제2편 제24장 살인의 죄, 제32장 강간과 추행의 죄 또는 제38장 절도와 강도의 죄 중 강도의 죄를 범한 자
2. 「성폭력범죄의 처벌 등에 관한 특례법」 위반의 죄를 범한 자
3. 「마약류관리에 관한 법률」 위반의 죄를 범한 자
4. 「특정범죄 가중처벌 등에 관한 법률」 제5조의2·제5조의4·제5조의5·제5조의9 또는 제11조 위반의 죄를 범한 자
5. 「국가보안법」 위반의 죄를 범한 자
6. 「폭력행위 등 처벌에 관한 법률」 제4조 위반의 죄를 범한 자
7. 「보건범죄단속에 관한 특별조치법」 위반의 죄를 범한 자

---

40 서울행정법원 2013. 10. 31. 선고 2013구합56041 판결.
41 대구지방법원 2014. 11. 21. 선고 2014구합 1675 판결 등.

「배타적 경제수역에서의 외국인어업 등에 대한 주권적 권리의 행사에 관한 법률」을 위반한 사람(법 시행규칙 제54조의2 제2호)과 「영해 및 접속수역법」을 위반한 사람(동조 제3호)도 강제퇴거 대상자이다.

3) 기타(제3호, 법 제11조 제1항 제3호·제4호)

현행법이 입국금지사유를 강제퇴거사유로 준용하고 있기 때문에,[42] 벌금형을 선고받거나 위 제15호에서 열거한 범죄에 해당하지 않더라도 "대한민국의 이익이나 공공의 안전을 해치는 행동을 할 염려가 있다고 인정할 만한 상당한 이유가 있는 사람"(법 제11조 제1항 제3호), "경제질서 또는 사회질서를 해치거나 선량한 풍속을 해치는 행동을 할 염려가 있다고 인정할 만한 상당한 이유가 있는 사람"(동항 제4호)에 해당한다고 보아 강제퇴거를 명할 수 있다.[43] 다만, 제13호에서 "금고 이상의 형을 선고받고 석방된 사람"을 강제퇴거 대상으로 정하고 있음에 비추어, 벌금형으로 처벌받은 사람에 대하여 강제퇴거를 명할 때에는 보다 신중한 판단이 요구된다.[44] 나아가 제13호에서 '금고 이상의 형'을 강제퇴거의 기준으로 삼은 취지가 몰각되지 않도록 입법적 개선이 필요하다.[45]

(마) 영주자격을 가진 외국인에 대한 특칙

영주자격을 가진 외국인은 강제퇴거사유가 있더라도 원칙적으로 대한민국 밖으로 강제퇴거되지 아니한다(법 제46조 제2항 본문). 다만, ① 「형법」 제2편 제1장 내란의 죄 또는 제2장 외환의 죄를 범한 사람, ② 5년 이상의 징역 또는 금고의 형을 선고받고 석방된 사람 중 시행규칙 제54조[46]에서 정한 사람, ③ ⅰ) 외국인을 불법으로 입국 또는 출국하게 하거나 대한민국을 거쳐 다른 국가에 불법으로 입국하게 할 목적으로 선박등이나 여권 또는 사증, 탑승권이나 그 밖에 출입국에 사용될 수 있는 서류 및 물품을 제공하는 행위 또는 이를 알선하는 행위를 한 사람(법 제12조의3 제1

---

42 위의 (나) 3) 참조.
43 서울고등법원 2013. 5. 3. 선고 2012누27529 판결 등.
44 서울고등법원 2012. 12. 28. 선고 2012누20443 판결; 인천지방법원 2013. 1. 17. 선고 2012구합4245 판결; 수원지방법원 2013. 5. 16. 선고 2012구합16399 판결.
　이 점은 재량권의 일탈·남용 여부 판단시 고려될 수 있다. 뒤의 '3. 재량권의 일탈·남용'에서 소개한 대전지방법원 2008. 5. 28. 선고 2008구합985 판결의 사안이 바로 그러한 예이다.
45 행정실무상 벌금형 확정시 출국조치의 기준(액수, 횟수 등)은 법무부 지침으로 정해지고 있으나 내부지침이어서 그 내용이 공개되지 않는다.
46 위의 (라) 2) 참조.

항), ⅱ) 불법으로 입국한 외국인에 대하여 해당 외국인을 대한민국에서 은닉 또는 도피하게 하거나 그러한 목적으로 교통수단을 제공하는 행위 또는 이를 알선하는 행위를 한 사람(법 제12조의3 제2항), ⅲ) 위 각 행위를 교사(敎唆) 또는 방조(幇助)한 사람은 예외이다.

3. 재량권의 일탈·남용

강제퇴거는 재량행위이고 강제퇴거를 명할지 여부는 행정청의 재량에 맡겨져 있다. 그러나 행정청의 재량은 무제한적인 것이 아니므로, 재량권 행사과정에서 비례원칙, 평등원칙 등을 위반하면, 강제퇴거명령은 위법하게 된다. 재량권 행사에 하자가 있는지 판단할 때에는 외국인의 출입국과 체류를 적절하게 통제하고 조정함으로써 국가의 이익과 안전을 도모하려는 공익적 측면과 외국인이 우리나라에 체류하면서 형성한 개인적 이익을 비교·형량하여야 한다. 가족과 떨어져 살아야 한다는 점(가족결합권)이나 경제적·사회적 생활기반이 대한민국에 형성되어 있다는 점 등이 외국인의 개인적 이익으로 고려될 수 있다.[47] 또한 강제퇴거사유가 있을 때, 행정청은 강제퇴거명령 대신 출국명령을 선택할 재량이 있고, 출국명령이 강제퇴거명령보다 당사자에게 불이익이 덜 하므로,[48] 출국명령으로도 행정목적을 달성할 수 있다면 강제퇴거명령은 비례원칙에 반한다고 평가될 수 있다.

대전지방법원 2008. 5. 28. 선고 2008구합985 판결

[사실관계] A는 약 5년 전에 대한민국에 입국하여 영어강사로 일하며 체류하였다. A는 운전면허증의 유효기간이 만료된 상태에서 술에 취한 상태로 운전하여 벌금 200만 원의 형이 확정되었다. 지방출입국관리소장은 A에 대하여 출입국관리법 제46조 제1항 제3호, 법 제11조 제1항에 근거하여 강제퇴거를 명하였다. A는 약 2년 전부터 대한민국 국민과 사실혼 관계에 있다가, 위 강제퇴거명령을 받은 후 혼인신고를 마쳤다.

[법원의 판단] A가 입국한 이후 한국어를 배우고 이미 여러 해 동안 국내 생활에 적응하면서 영어 강사로 활동한 점, A가 추방될 경우 대한민국 국민인 배우자가 상당 기간 동안 억지로 A와 별거할 것을 강요하거나 A와 함께 사실상 강제 출국하도록 심리적 압박을 가하는 결과가 되는 점, A는 이 사건 전까지 아무런 범법사실 없이 성실하게 생활해

---

47 서울행정법원 실무연구회, 『행정소송의 이론과 실무』(사법발전재단, 2013), 317면.
48 뒤의 제5절 1. (나) 참조.

온 점, 이 사건 범죄가 비록 무면허 운전에 해당하기는 하지만 이는 당초 적법하게 보유하던 운전면허를 갱신하지 않은 채 유효기간이 경과하였기 때문에 면허의 효력이 상실된 것으로서 정상 참작의 여지가 있고, 다행히 이 사건 범죄로 인하여 실제 피해가 발생하지는 않았으며, 이런 이유로 비교적 가벼운 처벌인 벌금형을 받은 점 등 이 사건에 나타난 모든 사정을 종합할 때, 이 사건 범죄만으로 원고가 대한민국의 이익이나 공공의 안전을 해하는 행동을 할 염려가 있거나 또는 경제 질서나 사회질서를 해하거나 선량한 풍속을 해하는 행동을 할 염려가 있다고 인정하기에 부족하다. 또한 이 사건 범죄에 나타난 반사회성의 정도가 비교적 약한 점을 감안하면, A를 강제퇴거시킴으로써 얻는 외국인의 출입국과 관련한 국가의 안전 또는 질서유지라는 공익의 달성 여부는 확실치 아니한 반면, 강제퇴거명령으로 인하여 A가 오랜 기간 한국에 거주하면서 쌓아 온 일체의 기득권과 거주·이전의 자유, 가족과의 결합을 포함한 행복추구권 등은 심각하게 침해될 것임이 분명하므로, 강제퇴거명령은 사회통념상 현저하게 타당성을 잃은 것으로 위법하다.

서울행정법원 2013. 10. 10. 선고 2013구합13617 판결

[사실관계] B는 입국한 후 난민인정 신청을 하였다가 난민불인정 처분을 받고 법무부장관에게 이의신청을 하여 심사 중인 상황에서 체류자격 외 활동허가기간이 지났음에도 취업활동을 계속하였다. 지방출입국관리사무소장은 출입국관리법 제18조 제1항 위반을 이유로 동법 제46조 제1항 제8호 등에 따라 강제퇴거명령을 하였다.

[법원의 판단] 난민신청자인 B에 대하여 생계지원 없이 난민신청일로부터 1년이 지난 후부터 극히 제한적으로 체류자격 외 취업활동을 허가하고 난민불인정 결정 후에는 허가기간을 연장하지 않으면서, 허가기간 외에 취업활동을 하였음을 이유로 강제퇴거명령을 한 것은 행정의 획일성과 편의성만을 일방적으로 강조하고 난민신청자의 인간으로서 존엄성은 무시한 조치로서, 이를 통해 달성하고자 하는 공익에 비해 B가 입는 불이익이 현저하게 커 위법하다.

청주지방법원 2018. 5. 17. 선고 2017구합2276 판결

[사실관계] C는 대한민국에서 출생하여 대한민국의 교과과정을 이수하며 성장하였고 주된 언어로 한국어를 사용하며, 다른 나라에는 출국하거나 거주한 적이 없다. C의 출생시에는 부모가 대한민국에 적법하게 체류 중이었으나, 주체류자인 C의 아버지가 체류자격을 상실하자, 가족들도 동반 체류자격을 상실하게 되었다. 지방출입국관리사무소장은 C가 체류자격 없이 취업하였다는 사실을 적발하고, 출입국관리법 제18조 제1항, 제17조 제1항, 제46조 제1항 제8호에 의하여 강제퇴거명령을 하였다. C는 국적국인 나이지리아의 고유 언어조차 사용하지 못할 뿐만 아니라 나이지리아에는 한 번도 방문한 적이 없으며,

그곳에 거주하는 친족들도 한 번도 만난 적이 없다.

[법원의 판단] 이 사건 원고와 같이 적법하게 대한민국에서 출생하였다가 그 부모가 체류자격을 상실함으로써 체류자격을 잃게 된 사람에 대한 인권적·인도적·경제적 관점에서의 전향적 접근이 필요하다. … 원고와 같이 대한민국에서 출생하여 현재까지 사실상 오직 대한민국만을 그 지역적·사회적 터전으로 삼아 살아 온 사람을 무작정 다른 나라로 나가라고 내쫓는 것은, 인간의 존엄성을 수호하고 생존권을 보장하여야 할 문명국가의 헌법정신에 어긋난다. 특히 국가간 교류 활성화로 외국인 노동자와 유학생이 많이 유입되고, 이에 따라 올바른 다문화 사회의 정립 또한 국가적 과제로 대두되게 된 현 시점에서는 더욱 그러하다. 외국인이라고 하더라도 대한민국 사회 내에서 보편적 인권의 주체이자 경제적·사회적·문화적 생활의 주체로서의 인격을 보장함으로써 궁극적인 사회통합을 도모할 필요성이 있고, 출입국관리 행정에서 고려하여야 할 공익적 가치에 국가의 안전보장뿐만 아니라 외국인의 인권과 사회통합이라는 가치도 중요하게 다루어져야 할 필요성이 있다고 보아야 한다. 즉 대한민국은 국내에 사회적 기반을 형성한 원고로 하여금 인간다운 삶을 누리며 국내에 체류할 수 있도록 그의 기본적 인권을 보장할 의무가 있다고 보아야 한다. … 피고는 이 사건에서 원고의 청구를 받아들이면 앞으로 수많은 불법체류자들에 대하여 체류자격을 부여하게 만드는 상황이 발생할 것이라고 주장하고, 그 주장 내용에 귀 기울일만한 부분이 없지는 아니하나, 아직까지 현실화하지 아니한 그와 같은 가정적 우려만으로 이 사건에서 보호되어야 할 원고의 기본적 인권 등을 외면할 수 없고, 피고 주장의 그와 같은 우려는 출입국행정이나 관련법령의 보완·정비 등을 통하여 상당 부분 해결할 수 있는 가능성이 충분히 존재한다.

4. 집 행

강제퇴거명령서의 집행이란 강제퇴거명령을 받은 외국인을 대한민국 밖의 지역으로 송환하는 것을 말한다.

(가) 집행권한

강제퇴거명령서는 원칙적으로 출입국관리공무원이 집행한다(법 제62조 제1항). 강제퇴거명령서를 집행할 때에는 그 명령을 받은 사람에게 강제퇴거명령서를 내보이고 지체 없이 그를 송환국으로 송환하여야 한다(법 제62조 제3항 본문).[49] 다만, 법 제46조 제1항 제6호 또는 제7호에 해당하여 강제퇴거명령을 받은 사람은 외국인이 탔

---

49 강제퇴거의 집행 사실을 변호인에게 통지할 의무는 없다(헌재 2012. 8. 23. 2008헌마430).

던 선박등의 장이나 운수업자가 송환의무를 부담한다(법 제76조 제1항 제5호). 이 경우 출입국관리공무원은 그 선박등의 장이나 운수업자에게 그를 인도할 수 있다(법 제62조 제3항 단서).

(나) 송환국

송환국은 원칙적으로 강제퇴거명령을 받은 사람이 국적이나 시민권을 가진 국가이다(법 제64조 제1항). 그러나 국적이나 시민권을 가진 국가로 송환할 수 없는 경우에는 ① 대한민국에 입국하기 전에 거주한 국가, ② 출생지가 있는 국가, ③ 대한민국에 입국하기 위하여 선박등에 탔던 항(港)이 속하는 국가, ④ 본인이 송환되기를 희망하는 국가 중 어느 하나로 송환할 수 있다(법 제64조 제2항).

난민인정자에 대한 강제퇴거명령시에는 일반적인 외국인이나 난민신청자[50]와 달리 강제송환금지원칙(난민법 제3조)에 위반하지 않도록 송환국을 정해야 한다. 따라서 난민인정자에 대하여는 강제퇴거명령 조사 및 심사 단계에서 송환이 가능한 국가를 확인하고 이를 반영하여 송환국을 기재하거나, 적어도 난민인정자가 송환될 경우 박해 또는 고문을 받을 염려가 있는 국가를 소극적으로 제외하는 방식으로 가능한 한 송환국을 특정해야 한다.[51]

(다) 난민신청자의 송환금지

강제퇴거명령을 받은 사람이 ① 난민법에 따라 난민인정 신청을 하였으나 난민인정 여부가 결정되지 아니한 경우, ② 난민법 제21조에 따라 이의신청을 하였으나 이에 대한 심사가 끝나지 아니한 경우 중 어느 하나에 해당하는 경우에는 송환하여서는 아니 된다(법 제62조 제4항 본문). 다만, 난민법에 따른 난민신청자가 대한민국의 공공의 안전을 해쳤거나 해칠 우려가 있다고 인정되면 그러하지 아니하다(법 제62조 제4항 단서).

(라) 강제퇴거의 집행을 위한 보호

강제퇴거명령을 받은 사람을 여권 미소지 또는 교통편 미확보 등의 사유로 즉시

---

50 난민신청자의 경우 아래 (다)에서 보는 바와 같이 원칙적으로 송환국을 불문하고 송환이 금지된다.
51 서울행정법원 2022. 8. 18. 선고 2021구합78282 판결.

대한민국 밖으로 송환할 수 없으면 송환할 수 있을 때까지 보호할 수 있다(법 제63조 제1항). 세부적인 내용은 앞의 제3절 4. 참조.

(마) 재입국 제한

법무부장관은 강제퇴거명령을 받고 출국한 후 5년이 지나지 아니한 외국인에 대하여는 입국을 금지할 수 있다(법 제11조 제1항 제6호).

 ## 제5절   출국명령과 출국권고

본절에서는 출국명령과 출국권고의 요건, 절차, 효과를 살펴본다.

1. 출국명령

(가) 의   의

출국명령이란 강제퇴거사유에 해당하거나 출입국관리법을 위반한 외국인에 대하여 자진하여 출국할 것을 명령하는 것을 말한다. 외국인에게 출국할 의무를 부과하는 행정행위로서 하명(下命)에 해당한다. 하명이란 행정청이 작위, 부작위, 급부 또는 수인의무를 명하는 행위를 말한다. 출국명령은 작위의무를 명하는 하명이다.

(나) 요   건

① 강제퇴거사유(법 제46조 제1항 각 호)의 어느 하나에 해당한다고 인정되나 자기 비용으로 자진하여 출국하려는 사람, ② 법 제67조에 따른 출국권고를 받고도 이행하지 아니한 사람, ③ 법 제89조의2 제1항에 따라 영주자격이 취소된 사람, ④ 법 제89조에 따라 출입국관리법에 따른 각종 허가 등이 취소된 사람, ⑤ 법 제100조 제1항부터 제3항까지의 규정에 따른 과태료 처분 후 출국조치하는 것이 타당하다고 인정되는 사람, ⑥ 법 제102조 제1항에 따른 통고처분(通告處分) 후 출국조치하는 것이 타당하다고 인정되는 사람에게 출국명령을 할 수 있다(법 제68조 제1항).

①에 해당하는 사안이 출국명령이 발령되는 가장 일반적인 사안이다. 출국명령은, 구금되지 않은 상태에서 대한민국에서의 생활관계를 정리할 시간을 확보할 수 있고,[52] 5년의 재입국 제한(법 제11조 제1항 제6호 참조)을 받지 않으므로,[53] 강제퇴거명령보다 당사자에게 유리하다. 강제퇴거사유가 있는 외국인이 이 점을 고려하여 자기비용으로 자진하여 출국할 의사를 표명할 경우, 행정청은 강제퇴거명령 대신 출국명령을 할 수 있는 재량이 있다.

(다) 재량권의 일탈·남용

출국명령 역시 강제퇴거명령과 마찬가지로 재량행위이다. 출국명령이 비례원칙, 평등원칙 등을 위반하면 재량권을 일탈·남용한 것으로 위법하다. 재량하자의 판단 방식은 기본적으로 강제퇴거명령의 경우와 같다.

서울행정법원 2008. 4. 16. 선고 2007구합24500 판결

[사실관계] A는 중국 국적을 가진 한국계 중국인으로, 한국 국적을 가진 생모의 초청으로 방문취업 비자를 받아 입국하였다. A는 외국국적동포 취업교육에 참가하였다가 받은 건강검진 결과 '인간면역결핍바이러스(HIV)' 양성으로 판정되었다. 이에 지방출입국관리소장은 출입국관리법 제68조 제1항 제1호, 제46조 제2항, 제11조 제1항 제1호(전염병환자·마약류중독자 기타 공중위생상 위해를 미칠 염려가 있다고 인정되는 자)를 근거로 A에게 출국명령을 하였다.

[법원의 판단] ① 후천성면역결핍증의 원인 바이러스인 HIV 바이러스는 특정한 경로로만 전염되는 것으로서 일상적인 접촉으로 전염될 가능성이 거의 없고, ② A는 한국 국적자인 생모의 초청으로 적법하게 국내로 입국하였으며, 중국 내에는 달리 A를 돌볼 만한 가족이 없는 상황인 점, ③ 한국 국적자인 가족들이 여전히 A와 함께 생활하기를 희망하고 있고, ④ HIV 확산 방지라는 관점에서 볼 때 사회적으로 더욱 위험한 것은 HIV 감염이 확인된 경우보다 오히려 감염 여부 자체가 확인되지 아니한 경우이고, HIV 감염이 확인되었다는 이유만으로 바로 불리한 처분을 받는다는 인식이 확산될 경우 잠재적 감염인들이 검사를 기피함으로써 사회 전체적으로 오히려 역효과를 나타낼 가능성이 높은바, 결국 감염인의 인권을 보호함으로써 자발적인 검사 및 치료를 받을 수 있도록 하고, 스스로 감염

---

52 강제퇴거명령을 받은 사람은 법 제63조의 보호의 대상이 되고(송환될 때까지 기한 없는 보호가 가능하다) 실무상 대부분 보호되지만, 출국명령을 받은 사람은 원칙적으로 보호의 대상이 되지 않는다.

53 다만, 출국명령의 경우에도 법 제11조 제1항 제6호 이외의 사유로 입국금지결정을 하는 것은 가능하다.

사실을 밝히고 전염 방지를 위한 생활수칙을 지키도록 유도하는 것이 HIV 확산 방지에는 오히려 효과적일 수도 있다는 등의 사정들을 모두 고려해 보면, 출국명령으로 보호하고자 하는 전염병 예방이라는 공익의 달성 여부는 확실치 아니한 반면, 출국명령으로 인하여 A의 거주·이전의 자유, 가족 결합권을 포함한 행복추구권, 치료를 받을 가능성 등은 심각하게 침해될 것임이 분명하므로, 결국 출국명령은 사회통념상 현저하게 타당성을 잃은 것이어서 위법하다.

(라) 불이행시의 조치

출국명령을 할 때 출국기한을 정하고 주거의 제한이나 그 밖에 필요한 조건을 붙일 수 있으며, 필요하다고 인정할 때에는 2천만원 이하의 이행보증금을 예치하게 할 수 있다(법 제68조 제3항). 출국명령을 받고도 지정한 기한까지 출국하지 아니하거나 조건을 위반한 사람에게는 지체 없이 강제퇴거명령서를 발급하여야 하며, 예치된 이행보증금을 국고에 귀속시킬 수 있다(제4항).

2. 출국권고

(가) 의 의

출국권고란 경미한 출입국관리법 위반에 대하여 외국인에게 자진하여 출국할 것을 권고하는 것이다. '권고'라는 표현을 사용하고 있으나 단순한 행정지도(행정절차법 제2조 제3호), 즉 상대방의 임의적 협력을 전제로 지도, 권고, 조언하는 것에 그치는 것은 아니다. 출국권고를 이행하지 아니하면 출국명령(법 제68조 제1항 제2호)을 받게 되므로, 출국권고의 이행은 법적으로 강제되고 있다. 따라서 출국권고도 출국명령과 마찬가지로 출국할 의무를 부과하는 행정행위로서 하명(下命)에 해당한다. 출국권고 역시 재량행위이다.

(나) 요 건

① 체류자격의 범위를 넘어서거나 체류기간을 초과하여 체류한 사람 등(법 제17조)과 체류자격 외 활동허가를 받지 아니하고 다른 체류자격에 해당하는 활동을 함께 한 사람(법 제20조)으로서 그 위반 정도가 가벼운 경우, ② 출입국관리법 또는 출입국관리법에 따른 명령을 위반한 사람으로서 법무부장관이 그 출국을 권고할 필요

가 있다고 인정하는 경우에는 그 외국인에게 자진하여 출국할 것을 권고할 수 있다
(법 제67조 제1항).

(다) 불이행시의 조치

출국권고를 이행하지 아니한 사람에 대해서는 출국명령을 할 수 있다(법 제68조
제1항 제2호).

권익 보호 절차

이현수·이희정·최계영·최윤철

제7장 권익 보호 절차

국가는 일련의 행정작용을 통하여 외국인의 출입국과 체류의 관리라는 출입국관리법의 목적을 달성하고자 한다. 이 과정에서 위법하거나 부당한 행정작용이 있게 될 경우 외국인이 권익을 보호받을 수 있는 수단으로는 사전적 절차인 행정절차와 사후적 절차인 이의신청, 행정심판, 행정소송이 있다. 그 밖에 국가인권위원회나 국민권익위원회에 의한 비전형적 구제도 활용할 수 있다. 출입국에 관한 행정작용의 요건, 절차, 효과에 대해서는 출입국관리법에서 규율하고 있지만, 행정절차법, 행정심판법, 행정소송법은 행정작용에 대하여 일반적으로 적용되므로, 이들 법률을 통하여 위법하거나 부당한 출입국 관련 행정작용으로 인해 피해를 입었거나 입을 우려가 있는 외국인은 권익의 보호를 구할 수 있다. 다만, 권익의 보호가 가능한지 여부와 그 범위는 행정작용의 종류에 따라 달라질 수 있다. 이 장에서는 먼저 행정절차(제1절)를 검토한 후, 이의신청, 행정심판, 행정소송 등 행정쟁송절차(제2절)를 살펴본다. 나아가 외국인도 위헌법률심판이나 헌법소원 등을 통해 헌법재판소에서 권익침해를 구제받을 수 있으므로 이에 대해서도 검토한다(제3절).

제1절 행정절차

1. 행정절차의 의의와 종류

행정절차란 행정청이 행정에 관한 의사결정을 하는 과정에서 행정 외부에 대한 관계에서 거쳐야 하는 절차를 말한다. 행정절차를 통하여 올바른 결정이 담보되므로 행정절차는 사전적·예방적인 행정구제절차로 기능한다. 행정절차에는 다양한 종류의 절차가 포함되는데, 가장 기본적인 절차는 의견청취 절차와 이유제시 절차이다. 의견청취는 국가공권력이 사인에 대하여 불이익한 결정을 하기에 앞서 사인은 자신의 견해를 진술할 기회를 가짐으로써 절차의 진행과 그 결과에 영향을 미칠 수 있어야 한다는 데 그 제도적 취지가 있다.[1] 행정절차법에서는 이를 구체화하여 당사자에게 의무를 부과하거나 권익을 제한하는 처분을 하는 경우에는 미리 일정한 사항을 당사자에게 통지하도록 하여(행정절차법 제21조 제1항), 의견제출의 기회를 보장하고 있다(동법 제22조 제3항). 이유제시는 행정이 결정을 할 때에는 결정의 근거가 되는 법적·사실적 이유를 구체적으로 명시하여야 한다는 것이다(동법 제23조).

2. 행정절차법과 출입국관리법의 관계

행정절차법은 행정절차에 관한 일반법이다. 따라서 행정절차에 관한 한, 다른 법률에 특별한 규정이 있는 경우를 제외하고는 행정절차법에서 정하는 바에 따르게 된다(행정절차법 제3조 제1항). 그러므로 출입국관리 영역의 행정작용에 대해 출입국관리법에 별도에 절차규정이 있을 때에는 그에 따르게 되지만 그렇지 않을 경우에는 행정절차법상의 규정이 적용된다. 그런데 행정절차법에서는 위와 같은 특별법 우선 원칙 외에 동법의 적용배제 사항을 따로 정하고 있다. 행정절차법 제3조 제2항 제9호 및 동법 시행령 제2조 제2호는 외국인의 출입국에 관한 사항에 대하여는 동법이 적용되지 않는다고 규정하고 있다. 이를 문언 그대로 해석하면 출입국관리법에 근거한 외국인에 대한 행정작용에 대해서는 행정절차법이 적용되지 않는다고 보게 될 것이다. 그러나 대법원은 위 조항의 적용범위를 좁히고 있다. 행정의 공정성, 투명성, 신

---

1 헌재 2004. 5. 14. 2004헌나1.

뢰성을 확보하고 처분상대방의 권익보호를 목적으로 하는 행정절차법의 입법 목적에 비추어 보면, 행정절차법의 적용이 제외되는 '외국인의 출입국에 관한 사항'이란해당 행정작용의 성질상 행정절차를 거치기 곤란하거나 거칠 필요가 없다고 인정되는 사항이나 행정절차에 준하는 절차를 거친 사항으로서 행정절차법 시행령으로 정하는 사항만을 가리키고, '외국인의 출입국에 관한 사항'이라고 하여 행정절차를 거칠 필요가 당연히 부정되는 것은 아니다.[2] 그러므로 개개의 처분별로 '성질상 행정절차를 거치기 곤란하거나 불필요하다고 인정되는지'와 '행정절차에 준하는 절차를 거치도록 하고 있는지'를 살펴 행정절차법의 적용배제 여부를 판단하여야 한다.

3. 입국에 관한 행정절차

(가) 입국에 관한 의사와 체류에 관한 의사의 착종

앞서 살펴보았듯이 사증요건이 적용되는 외국인의 입국절차에서는 사증에 체류자격 및 체류기간이 기재되어야 하므로 사증발급거부는 체류자격부여의 거부와 착종되게 된다. 반면 사증요건이 적용되지 않는 대부분의 외국인의 입국사례들에서는출입국항에서 이루어지는 입국허가시 체류자격과 체류기간에 관한 결정이 함께 이루어지게 되므로 입국불허의 결정은 체류자격부여의 거부와 일체를 이루어 나타나게 된다. 입국에 관한 국가적 의사가 사증발급단계와 입국허가단계에서 각각 어떤규범적 의미를 가지는지에 관해 상이한 관점과 입법례가 존재하는 것과 유사하게,체류자격에 관한 국가적 의사가 사증발급과 입국허가 단계에서 각각 어떠한 규범적의미를 가지고 전개되는지라는 논점도 이론적으로 규명되어야 할 여지가 남아 있다.

(나) 수익적 결정을 취소·변경하는 경우

입국을 희망하는 외국인에게 불이익한 결정들, 즉 사증발급거부, 사증발급인정서의 발급거부, 입국불허 내지 거부, 조건부 입국허가의 거부, 승무원 상륙허가의 거부, 관광상륙허가의 거부 및 재입국허가의 거부에 대하여 어떠한 절차적 보장을 베풀 것인가가 문제된다. 더 나아가 사증이나 입국허가 등 수익적 결정이 이미 발급되었다 하더라도 추후 이들 수익적 결정이 취소·철회되는 경우의 절차보장도 문제된

---

2 대법원 2019. 7. 11. 선고 2017두38874 판결.

다. 그런데 출입국관리법(이하 '법'이라고 한다)은 입국 및 체류단계에서의 수익적 결정들과 관련하여 그 발급을 거부하는 결정을 할 때 소관청이 이에 대하여 이유제시, 의견청취 및 사전통지를 하여야 하는지에 대하여 침묵하고 있는 반면, 일단 발급되었던 수익적 결정(사증, 사증발급인정서, 입국허가, 조건부 입국허가, 승무원상륙허가, 관광상륙허가, 체류자격외 활동허가, 근무처의 추가·변경허가, 체류자격부여결정, 체류자격변경허가, 체류기간 연장허가)들을 법무부장관이 취소·변경하는 경우에는3 의견청취, 이유제시, 및 사전통지를 할 수 있음을 규정하고 있다. 즉 법무부장관은 이상의 허가 등의 취소나 변경에 필요하다고 인정하면 해당 외국인이나 법 제79조에 따른 신청인을 출석하게 하여 의견을 들을 수 있으며(법 제89조 제2항) 의견청취를 하는 경우에는 법무부장관은 취소하거나 변경하려는 사유, 출석일시와 장소를 출석일 7일 전까지 해당 외국인이나 신청인에게 통지하여야 한다(법 제89조 제3항). 이처럼 출입국관리법은 허가 등의 취소·변경시 의견청취 여부에 대해서는 일응 법무부장관에게 선택의 여지를 부여하는 규정방식을 취하고 있는 반면, 의견청취는 '출석'의 모습으로 이루어져야 하며, 일단 의견청취를 하기로 결정한 이후에는 이유제시, 사전통지는 반드시 이루어지도록 하는 규정방식을 취하고 있다.

(다) 수익적 결정을 거부하는 경우

앞서 언급한 바와 같이 출입국관리법은 허가 등을 거부하는 결정을 내릴 때의 절차적 보장에 관하여서는 명문의 규정을 두고 있지 않다. 이러한 입장은 외국인에 대한 출입국관련 결정, 특히 입국에 관한 결정은 국가의 주권적 재량사항으로서 원칙적으로는 외국인은 입국의 자유 내지 권리가 존재하지 않고 따라서 입국과 관련한 국가적 결정은 널리 재량사항으로서 이에 대해서는 설명의무가 수반되지 않는다는 사고와 맞닿아 있다.4 다른 한편, 어떠한 외국인이 헌법질서가 보장하는 기본권의 향

---

3 출입국관리법 제89조 제1항 각 호에서 정하고 있는 취소·변경의 사유는 다음과 같다. 신원보증인이 보증을 철회하거나 신원보증인이 없게 된 경우(제1호), 거짓이나 그 밖의 부정한 방법으로 허가 등을 받은 것이 밝혀진 경우(제2호), 허가조건을 위반한 경우(제3호), 사정 변경으로 허가 상태를 더 이상 유지할 수 없는 중대한 사유가 발생한 경우(제4호), 출입국관리법이나 다른 법을 위반한 정도가 중대하거나 출입국관리공무원의 정당한 직무명령을 위반한 경우(제5호).

4 이처럼 입국단계에서의 절차보장과 관련하여 법률이 다소 소극적인 뉘앙스로 규정되어 있는 것과는 대조적으로 판례상으로는 입국단계의 절차보장에 상대적으로 적극적인 입장도 발견된다. 즉 우리의 하급심 판례상으로는 사증발급거부처분의 경우에도 행정절차법 제23조, 제24조에 따라 원칙적으로 문서로 그 처분의 근거와 이유를 제시하여야 한다고 판시한 예를 발견할

유자로서의 지위를 누리고 그의 입국이 이러한 기본권 향유의 전제조건이 되는 경우, 그의 입국과 관련한 국가적 재량은 외국인의 기본권적 지위와 조화를 이루어야 한다는 규범적 요청 또한 수반되게 된다. 따라서 사증발급거부나 입국불허의 경우, 개별 사안에서 외국인이 누리는 기본권적 지위와의 관련성을 고려하여 절차적 보장 여부도 결정되어야 할 것이다. 이와 관련하여 특히 문제되는 것은 해당 외국인이 혼인 등, 가족관계에 토대하여 입국하고자 하는 경우일 것이다. 대한민국헌법상 혼인과 가족생활은 개인의 존엄성과 양성의 평등을 기초로 성립되고 유지되어야 하며, 국가는 이를 보장하여야 하는바(헌법 제36조), 우리의 출입국관리법제를 설계함에 있어서도 사증발급거부 결정에 관하여 일체 이유제시의무가 수반되지 않는다고 보기보다는 일정한 범주의 가족관계 등에 토대한 입국희망자들의 신청에 대하여 사증발급 거부결정을 내리는 경우에는 이유제시의무를 지되, 다만 국가의 안전보장에 저해되는 경우를 제외하고 있는 입법례[5]를 참고할 만하다.

최근 대법원은 재외동포(F-4) 사증발급신청에 대한 거부처분이 문제된 사안에서 외국인의 사증발급 신청에 대한 거부처분은 당사자에게 의무를 부과하거나 적극적으로 권익을 제한하는 처분이 아니므로, 행정절차법 제21조 제1항에서 정한 '처분의 사전통지'와 제22조 제3항에서 정한 '의견제출 기회 부여'의 대상은 아니지만 행정절차법 제24조에서 정한 '처분서 작성·교부'를 할 필요가 없거나 곤란하다고 일률적으로 단정하기 어렵다는 입장을 취한 바 있다.[6]

다른 한편 어떠한 외국인의 입국에 사증요건이 적용되어 사증으로써 체류자격이 부여된 바 있으나 입국심사단계에서 입국불허결정이 있었다면 이러한 입국불허에 대한 절차보장의 문제가 제기될 수 있다. 출입국관리법 제89조의 입법취지가 이미 부여되었던 지위를 박탈하는 경우에는 보다 두터운 절차보장이 베풀어져야 한다는 데 있다고 본다면, 또한 사증발급 이후 입국불허의 의사가 사증에 내포되었던 입국허가 및 체류자격부여결정의 폐지로 해석될 수 있다고 본다면, 사증소지자에 대한 입국불허에 대해서는 보다 강한 절차보장이 이루어져야 한다는 논증도 가능하다. 즉, 사증소지자에 대한 입국불허는 사증에 체화되어 있는 체류자격부여결정의 폐지

수 있다. 서울행정법원 2014. 11. 20. 선고 2013구합59590 판결.

5 예컨대 프랑스의 CESEDA L211-2. 동조에서는 가족관계뿐 아니라 일정한 전문직 근로자, 프랑스군에서 복무하는 외국인 등에 대한 사증발급거부도 이유제시의무 있는 거부결정의 범주에 넣고 있다.

6 대법원 2019. 7. 11. 선고 2017두38874 판결.

에 해당하고 따라서 보다 강한 절차보장으로 뒷받침되지 않으면 안 된다는 것이다.7 더 나아가 설령 사증에 내포된 체류자격부여의 의사는 사증발급만으로는 그 효력을 발생하는 것은 아니며 입국허가를 정지조건으로 하여 그 효력이 발생하는 것으로 본다 하더라도, 정지조건 불성취로서의 입국불허결정은 사증요건 비적용자에 대한 단순 입국불허결정과 그 법적 의미가 다르다고 볼 수 있을 것이다.

4. 체류에 관한 행정절차

행정절차법 제3조 제2항 제9호의 적용범위에 대해서 대법원 판례의 해석에 따라 출입국에 관한 사항이라 하더라도 개개의 처분별로 '성질상 행정절차를 거치기 곤란하거나 불필요하다고 인정되는지'와 '행정절차에 준하는 절차를 거치도록 하고 있는지'를 살펴 행정절차법의 적용배제 여부를 판단하여야 한다면, 신청에 따른 처분 절차의 적용가능성을 검토해야 할 것이다. 그러나 이에 앞서 행정절차법 제3조 제1항은 "처분, 신고, 행정상 입법예고, 행정예고 및 행정지도의 절차(이하 "행정절차"라 한다)에 관하여 다른 법률에 특별한 규정이 있는 경우를 제외하고는 이 법에서 정하는 바에 따른다"고 규정하고 있으므로, 출입국관리법에서 절차 관련 특별한 규정을 둔 사항에 대해서는 행정절차법이 아니라 출입국관리법을 적용해야 한다. 출입국관리법상 체류관련 행정작용에는 이러한 특별규정이 다수 존재한다.

(가) 체류관련 허가·등록·신고

출입국관리법은 국내에 체류하고 있는 외국인에 대해 그 출입국 및 체류 관리를 목적으로 체류자격외 활동 허가(법 제20조), 근무처의 변경·추가 허가(법 제21조), 체류자격의 부여(법 제23조), 체류자격의 변경 허가(법 제24조), 체류기간의 연장 허가(법 제25조), 외국인등록(법 제31조) 및 등록사항변경신고(법 제35조), 체류지변경신고(법 제

---

7 이처럼 사증 소지자에 대한 입국불허와 사증 비소지자에 대한 입국불허를 불복절차상으로 달리 취급하는 예로 영국을 들 수 있다. 즉 영국의 2006년법(s. 89 Nationality Immigration and Asylum Act 2002 as amended by 2006 Act s. 6)에서는 출입국항에서 출입국관리공무원에 의하여 입국이 불허된 경우, 해당 외국인이 사증을 발급받은 자인 경우에는 행정불복권(right of appeal)이 있으나 사증을 발급받지 않은 자인 경우에는 원칙적으로 행정불복권이 없으며 예외적으로 인종차별(race discrimination), 인권(human rights), 또는 비호(asylum)를 사유로 하는 행정불복만이 가능하도록 규정하고 있다. Clayton, *Immigration and Asylum Law*, 6th ed.(Oxford: Oxford University Press, 2014), p.181, 216.

36조) 등 허가와 신고제도를 두고 있다. 일단 대한민국에 적법하게 입국하여 체류하는 외국인의 국내 체류와 관련된 이익에 대해서는 입국 전 외국인에 비하여 법적으로 더 보호되어야 할 것으로 생각된다. 행정절차에 있어서도 국민에 대한 일반적인 절차적 보장과 유사한 수준을 원칙으로 해야 할 것이다.

출입국관리법상 위의 허가, 등록, 신고에 적용될 수 있는 형식·절차에 관한 규정으로는 문서송부의 방식(법 제91조), 신고 또는 등록의 정확성을 유지하기 위한 사실조사 권한(법 제80조), 각종 허가등의 취소·변경시의 의견진술절차(법 제89조 제2항·제3항, 법 시행령 제94조의2)에 관한 규정이 있다. 그 밖의 사항에 대해서는 행정절차법상 신청에 의한 처분 및 신고에 관한 규정들이 적용될 것이다. 출입국관리법에 특별한 규정이 없는 사항으로 행정절차법상 이유제시의무가 있다. 체류자격외 활동 허가, 근무처의 변경·추가 허가, 체류자격의 부여, 체류자격의 변경 허가, 체류기간의 연장 허가의 경우 그 거부시 이유를 제시할 의무를 부과하는 것이 적절하다고 보는가에 따라 "성질상 행정절차를 거치기 곤란하거나 불필요하다고 인정되는 경우"에 해당하는지를 판단해야 할 것이다. 최근 대법원 판결에서는 사증발급거부처분을 할 때 이유제시를 포함한 처분문서발급의무가 있다고 하였다. 사증발급거부처분과 비교하여 국내에 적법하게 체류 중인 외국인에 대한 수익적 처분의 취소·철회·변경의 경우에는 절차적 보호의 필요성이 더 크다고 생각되므로, 원칙적으로 이유제시의무가 있다고 보아야 할 것이다.[8]

---

[8] 대법원 2019. 7. 11. 선고 2017두38874 판결 [사증발급거부처분취소]
　나. 행정절차법 위반
　행정절차에 관한 일반법인 행정절차법은 제24조 제1항에서 "행정청이 처분을 할 때에는 다른 법령 등에 특별한 규정이 있는 경우를 제외하고는 문서로 하여야 하며, 전자문서로 하는 경우에는 당사자 등의 동의가 있어야 한다. 다만 신속히 처리할 필요가 있거나 사안이 경미한 경우에는 말 또는 그 밖의 방법으로 할 수 있다."라고 정하고 있다. 이 규정은 처분내용의 명확성을 확보하고 처분의 존부에 관한 다툼을 방지하여 처분상대방의 권익을 보호하기 위한 것이므로, 이를 위반한 처분은 하자가 중대·명백하여 무효이다(대법원 2011. 11. 10. 선고 2011도11109 판결 등 참조).
　행정절차법 제3조 제2항 제9호, 행정절차법 시행령 제2조 제2호 등 관련 규정들의 내용을 행정의 공정성, 투명성, 신뢰성을 확보하고 처분상대방의 권익보호를 목적으로 하는 행정절차법의 입법 목적에 비추어 보면, 행정절차법의 적용이 제외되는 '외국인의 출입국에 관한 사항'이란 해당 행정작용의 성질상 행정절차를 거치기 곤란하거나 거칠 필요가 없다고 인정되는 사항이나 행정절차에 준하는 절차를 거친 사항으로서 행정절차법 시행령으로 정하는 사항만을 가리킨다고 보아야 한다(대법원 2018. 3. 13. 선고 2016두33339 판결 등 참조). '외국인의 출입국에 관한 사항'이라고 하여 행정절차를 거칠 필요가 당연히 부정되는 것은 아니다.
　외국인의 사증발급 신청에 대한 거부처분은 당사자에게 의무를 부과하거나 적극적으로 권익을

한편, 법 제89조에 의한 '각종 허가등의 취소·변경'은 '수익적 행정행위의 직권
취소·철회 또는 변경'에 해당하는 불이익처분이므로, 행정절차법이 적용된다면 사전
통지, 의견청취절차 등을 의무적으로 거쳐야 한다(행정절차법 제21, 22조). 법 제89조
제2항과 제3항에서는 법무부장관이 직권으로 필요하다고 인정하면 '해당 외국인이나
제79조에 따른 신청인을 출석하게 하여 의견을 들을 수 있다'고 규정하고, 그 경우에
적용되는 '사전통지절차'를 규정하고 있다. 출석하여 의견을 말할 수 있는 기회를 주
는 것은 행정절차법상 '청문'에 가까운 절차이다. 그러나 그러한 기회를 줄 것인지
여부를 법무부장관의 재량에 맡겨 둔 규정이므로, 외국인이 이에 근거하여 절차적
권리를 주장할 수는 없다. 그렇다면 법무부장관이 직권으로 청문을 거치기로 결정한
경우를 제외하고 나머지 경우에는 행정절차법상 불이익처분에 관한 사전통지와 의
견청취절차를 거칠 의무는 적용되지 않는가? 이에 대해서는 행정절차법 제3조 제2항
제9호의 적용범위에 대한 대법원 판례에 따라, 개별 처분별로 '성질상 행정절차를 거
치기 곤란하거나 불필요하다고 인정되는지' 또는 '행정절차에 준하는 절차를 거치도
록 하고 있는지', 그리고 행정절차법 시행령으로 규정하고 있는지를 살펴 행정절차법
의 적용배제 여부를 판단해야 한다.9 행정절차법의 취지를 엄격하게 해석한다면 이

제한하는 처분이 아니므로, 행정절차법 제21조 제1항에서 정한 '처분의 사전통지'와 제22조 제
3항에서 정한 '의견제출 기회 부여'의 대상은 아니다(대법원 2003. 11. 28. 선고 2003두674 판결
참조). 그러나 사증발급 신청에 대한 거부처분이 그 성질상 행정절차법 제24조에서 정한 '처분
서 작성·교부'를 할 필요가 없거나 곤란하다고 일률적으로 단정하기 어렵다. 실제로 사증발급
실무를 보면, 일부 재외공관장은 피고와 달리 사증발급 거부처분서를 작성하여 교부하거나 신
청인으로 하여금 인터넷 홈페이지에 접속하여 처분 결과와 처분이유를 확인할 수 있도록 하고
있다. 또한 출입국관리법령에 사증발급 거부처분서 작성에 관한 규정을 따로 두고 있지 않으
므로, 외국인의 사증발급 신청에 대한 거부처분을 하면서 행정절차법 제24조에 정한 절차를
따르지 않고 '행정절차에 준하는 절차'로 대체할 수도 없다.
위 1. 가. (4)에서 보았듯이 피고는 2015. 9. 2. 원고의 아버지에게 전화로 처분 결과를 통보하
고 그 무렵 여권과 사증발급 신청서를 반환하였을 뿐이고 원고에게 처분이유를 기재한 사증발
급 거부처분서를 작성해 주지 않았다. 원고의 재외동포(F-4) 체류자격 사증발급 신청에 대하
여 피고가 6일 만에 한 사증발급 거부처분이 문서에 의한 처분 방식의 예외로 행정절차법 제
24조 제1항 단서에서 정한 '신속히 처리할 필요가 있거나 사안이 경미한 경우'에 해당한다고
볼 수도 없다. 따라서 피고의 사증발급 거부처분에는 행정절차법 제24조 제1항을 위반한 하자
가 있다.
그런데도 원심은 외국인의 사증발급 신청에 대한 거부처분이 성질상 행정절차를 거치기 곤란
하거나 불필요하다고 인정되는 처분에 해당하여 행정절차법의 적용이 배제된다고 판단하였다.
이러한 원심판단에는 행정절차법의 적용 배제에 관한 법리를 오해하여 판결 결과에 영향을 미
친 잘못이 있다. 이를 지적하는 상고이유 주장은 정당하다.
9 행정절차법 제3조 제2항 제9호 및 동법 시행령 제2조 제2호는 "외국인의 출입국·난민인정·귀
화·국적회복에 관한 사항"이라고 규정하고 있는데, '출입국'을 얼마나 엄격하게 해석할 것인가

미 이루어진 수익적 처분을 직권으로 취소·철회·변경하는 경우 성질상 행정절차를 거치기 곤란하거나 불필요하다고 보기는 어렵고, 법무부장관의 재량에 맡겨진 절차가 '행정절차에 준하는 절차'에 해당한다고 보기도 어렵다. 그렇다면, 법 제89조 제2항과 제3항은 법무부장관이 직권으로 '청문'을 거칠 수 있음을 정한 것이고, 이를 거치지 않을 경우에는 행정절차법이 적용되어 사전통지 및 최소한 의견제출 등 의견청취절차를 거쳐야 절차적 위법이 발생하지 않는다고 봄이 타당할 것이다.

다만, 외국인의 법적 지위의 특수성으로 인해 공익을 위한 행정작용이 원활히 이루어지려면 행정절차의 요구가 타협되어야 할 상황이 있을 것이다. 그러한 경우 우선 행정절차법상 사전통지, 의견청취, 이유제시 의무의 예외사유가 규정되어 있으므로 이를 활용할 수 있다. 그 밖에 외국인의 권리를 인정할 수 없고, 고도의 정책적 재량 행사가 필요한 경우에는 행정절차법의 적용이 배제된다고 보아야 할 경우도 있을 것이다.

(나) 정치활동중지명령, 거소·활동범위제한처분

외국인의 정치활동중지명령(법 제17조 제3항), 거소·활동범위제한처분(법 제22조)의 경우에는 정치활동 또는 거주·이전의 자유 등 인권 또는 기본권에 대한 실질적 제한에 해당될 수 있으므로 적법절차에 의한 보호 필요성은 더욱 커질 것이다. 정치활동중지명령은 이미 법률에서 정치활동을 일반적으로 금지한 후 그 위반에 대한 법집행을 하는 것이지만, 어떤 활동이 '정치활동'에 해당하는지 여부가 불명확할 경우도 있으므로 의견청취 등의 필요성이 있다. 또한 활동범위등 제한명령은 "공공의 안녕질서나 대한민국의 중요한 이익"을 요건으로 하는 것이어서, 행정절차법상 예외규정이 적용되거나, 행정절차법의 적용이 배제되는 경우도 있을 수 있다.

출입국관리법은 이와 관련하여 처분의 방식을 특별히 규정하고 있다. 법무부장관은 정치활동중지명령서, 활동범위 등 제한통지서를 직접 또는 청장·사무소장 또는

가 쟁점이 될 여지가 있다고 생각된다. '출입국'을 좁게 해석하면, 일단 입국한 이후의 체류자격외 활동 허가(법 제20조), 근무처의 변경·추가 허가(법 제21조), 체류자격의 부여(법 제23조), 체류자격의 변경 허가(법 제24조), 체류기간의 연장 허가(접 제25조), 외국인등록(법 제31조) 및 등록사항변경신고(법 제35조), 체류지변경신고(법 제36조) 등은 '체류'에 관한 사항이지 '출입국'에 관한 사항은 아니라고 해석할 수 있지 않을까? 물론 '출입국관리법'이라는 명칭 하에 체류에 관한 사항까지 규율하고 있는 현행법 하에서 '출입국' 개념을 이렇게 제한적으로 해석하기는 어려울 것이다. 그러나 장기적으로 국경관리로서의 출입국 규제와 적법하게 체류 중인 외국인의 체류에 관한 규율을 적절히 차별화하는 방안은 검토해 볼 만하다고 생각된다.

출장소장을 거쳐 외국인에게 발급하여야 한다(법 시행령 제22, 27조). 통지방법의 예외로서, 본인이 없거나 그 밖에 본인에게 직접 발급할 수 없는 사유가 있을 때에는 동거인이나 그 외국인이 소속된 단체의 장에게 발급할 수 있고, 이 경우 본인에게 발급한 것으로 본다. 또한 긴급한 경우에는 먼저 구두로 알릴 수 있으며, 이 경우에도 그 후 지체없이 활동범위 등 제한통지서를 발급해야 한다(법 시행령 제28조). 이는 행정절차법 제14조 제4항의 공시송달방식과 마찬가지로 특별한 상황에 적용되는 방식인데, 공시송달에 비해 그 요건에 해당되는 경우도 더 넓고, 방식도 더 다양하고, 형식성이 완화된 것으로 보인다.

정치활동중지명령, 활동범위 등 제한처분은 권리를 제한하거나 의무를 부과하는 불이익처분에 해당하므로, 행정절차법상 불이익처분에 관한 절차가 적용되는가의 문제가 있다. 개별적인 처분의 상황과 내용에 따라 성질상 행정절차를 거치기 곤란하거나 불필요하다고 인정될 경우가 있을 수는 있으나 일반적으로 그렇게 보기는 어렵다. 또한 출입국관리법에는 사전통지, 의견청취, 이유제시에 관한 별도의 규정이 없으므로 '행정절차에 준하는 절차'를 거치도록 하고 있다고 보기도 어렵다. 따라서 행정절차법상의 불이익처분에 관한 절차가 적용됨을 원칙으로 하되, 개별적인 상황에 따라 행정절차법상 예외가 인정되거나, 그 적용이 배제되어야 할 경우인지 검토가 필요할 것이다.

2020년 4월 신종코로나바이러스 감염증(코로나 19)의 해외 유입 예방을 위해 법무부는 입국하는 모든 외국인에 대해 이 규정에 의한 최초의 '활동범위 제한조치'를 발하였다. 입국심사단계에서 출입국관리공무원이 주거 제한, 격리 시 생활수칙 준수, 제한이유, 위반에 따른 법적 불이익 등을 내용으로 하는 법무부장관의 「활동범위 제한통지서」를 발급하였다.[10] 격리 시 생활수칙 준수의무는 입국하는 모든 외국인에게 동일한 내용으로 부과되었지만, 개별적으로 격리할 거소가 특정되었고, 개별적으로 통지가 이루어진 점을 고려할 때 그 법적 성질은 '일반처분(구체적인 사실에 관하여 불특정다수인을 대상으로 이루어지는 행정처분)'이 아닌 개별구체적 처분에 해당할 것으로 보인다. 권리를 제한하거나 의무를 부과하는 침익적 처분에 해당하므로 사전통지, 의견청취 규정 등이 적용될 것인데, 실제에 있어서는 사전통지, 의견청취 없이 바로 통지되었다. 이에 대해서는 행정절차법 제21조 제4항 제1호 또는 제3호 및 제22조

---

10 법무부 보도자료, "모든 입국 외국인에 대해 「활동범위 제한」 조치 시행 —'20. 4. 1.부터 해외 유입 감염병 예방을 위해 최초 시행 —", 2020. 4. 3.

제4항이 적용되었다고 볼 수 있겠다.[11]

(다) 문서 등의 송부

문서 등의 송부는 이 법에 특별한 규정이 있는 경우를 제외하고는 본인, 가족, 신원보증인, 소속 단체의 장의 순으로 직접 내주거나 우편으로 보내는 방법에 따른다. 지방출입국·외국인관서의 장은 이러한 방법에 따른 문서 등의 송부가 불가능하다고 인정되면 송부할 문서 등을 보관하고, 그 사유를 청사(廳舍)의 게시판에 게시하여 공시송달(公示送達)한다. 공시송달은 게시한 날부터 14일이 지난 날에 그 효력이 생긴다(법 제91조).

5. 출국에 관한 행정절차

(가) 강제퇴거명령

강제퇴거명령을 하는 때에는 강제퇴거명령서를 용의자에게 발급하여야 하고(법 제59조 제3항), 법무부장관에게 이의신청을 할 수 있다는 사실을 알려야 한다(동조 제4항). 구체적으로는 강제퇴거명령의 취지 및 이유와 이의신청을 할 수 있다는 뜻을 적은 강제퇴거명령서를 발급하여 그 부본을 용의자에게 교부하여야 한다(법 시행령 제74조). 강제퇴거명령서에는 적용법조·퇴거이유·송환국 등을 명시하여야 한다(법 시행규칙 제63조).

위 법령 조항이 강제퇴거명령을 서면으로 통지하도록 하면서 적용법조·퇴거이유 등을 기재하도록 한 것은, 강제퇴거명령의 요건에 관하여 신중한 조사와 판단을 하여 정당한 처분을 하도록 하고, 처분의 상대방에게 그 정당성의 근거를 제시하여 이에 대한 불복신청에 편의를 주며, 나아가 이에 대한 사법심사에 있어서 심리의 범위를 한정함으로써 결국 이해관계인의 신뢰를 보호하고 절차적 권리를 보장하기 위한

---

11 행정절차법 제21조 ④ 다음 각 호의 어느 하나에 해당하는 경우에는 제1항에 따른 통지를 하지 아니할 수 있다.
   1. 공공의 안전 또는 복리를 위하여 긴급히 처분을 할 필요가 있는 경우 …
   3. 해당 처분의 성질상 의견청취가 현저히 곤란하거나 명백히 불필요하다고 인정될 만한 상당한 이유가 있는 경우
제22조 ④ 제1항부터 제3항까지의 규정에도 불구하고 제21조제4항 각 호의 어느 하나에 해당하는 경우와 당사자가 의견진술의 기회를 포기한다는 뜻을 명백히 표시한 경우에는 의견청취를 하지 아니할 수 있다.

것이다. 이는 행정절차법 제23조 규정의 '처분의 근거 및 이유'와 다르지 않으므로 동법 제3조 제1항에 따라 위 조항이 특별규정으로 우선 적용된다.[12] 이유제시의 정도에 관하여 보면 위 조항은 헌법상 적법절차의 원칙과 행정절차법의 기본원리를 받아들인 것이므로[13] 행정절차법에 따른 이유제시와 마찬가지로 강제퇴거명령에 불복하여 행정구제절차로 나아가는 데 지장이 없을 정도로 구체적으로 이유를 제시하여야 한다.[14]

반면 강제퇴거명령을 하기 전에 행정절차법상의 의견청취 절차(법 제21조, 제22조)를 거쳐야 할 필요는 없다. 그 성격상 신속을 요하여 행정절차법의 적용을 배제할 필요성이 있고, 특히 이러한 사실이 미리 알려질 경우 해당 외국인이 도주할 염려가 있어 처분의 사전통지에 관한 절차를 거치는 것은 곤란하며, 강제퇴거명령을 하기 위해 출입국관리공무원이 해당 외국인이나 참고인에 대한 출석 요구를 하여 진술을 듣고 그 밖에 서류나 물건을 제출받을 수 있어 조사과정에서 어느 정도 의견제출의 기회 또한 주고 있다고 보이므로 외국인에 대한 강제퇴거명령을 함에 있어 동법 제21조, 제22조에서 정한 절차를 거치는 것은 곤란하거나 불필요하다.[15,16]

(나) 출국명령

출국명령을 할 때에는 출국명령서를 발급하여야 한다(법 제68조 제2항). 출국명령서를 발급할 때에는 출국기한을 정하여야 하고 주거의 제한이나 그 밖에 필요한 조건을 붙일 수 있으며, 필요하다고 인정할 때에는 2천만원 이하의 이행보증금을 예치하게 할 수 있다(동조 제3항). 출국기한은 출국명령서 발부일부터 30일 이내로 정하여야 한다(법 시행규칙 제65조 제1항). 다만, 출국할 선박 등이 없거나 질병 기타 부득이한 사유로 그 기한내에 출국할 수 없음이 명백한 때에는 그 출국기한을 유예할 수 있다(법 시행규칙 제33조 제1항).

출국명령에 대해 행정절차법상의 사전통지·의견청취 절차를 거쳐야 하는지에 대

---

12 헌재 2009. 1. 13. 2008헌바161.
13 조세 영역에서의 특별규정에 관한 대법원 2012. 10. 18. 선고 2010두12347 판결 참조.
14 대법원 1990. 9. 11. 선고 90누1786 판결 참조.
15 서울행정법원 2013. 4. 26. 선고 2012구합34679 판결; 서울행정법원 2013. 6. 20. 선고 2012구합40506 판결. 다만, 제시된 논거 중에서 출석요구, 서류·물건 제출 요구 등 행정청의 조사권한에 관한 조항을 근거로 의견청취의 기회가 보장되었다고 할 수 있는지는 의문이다.
16 헌재 2012. 8. 23. 2008헌마430 중 재판관 송두환, 이정미의 반대의견은 출입국관리법 기타 법령에 의하더라도 강제퇴거의 집행절차에서 그 대상자의 청문 기회가 제대로 보장되지 못하고 있는 상황임을 지적하고 있다.

해서는 논란이 있다. 출국명령이 성질상 행정절차를 거치기 곤란하거나 불필요하다고 인정되는 처분이나 행정절차에 준하는 절차를 거치도록 하고 있는 처분에 해당하는지의 문제이다. 출국명령은 "그 외국인이 자진하여 출국하겠다는 의사를 표시한 경우에 행해지는 조치로서 그 성질상 행정절차를 거칠 필요가 없는 처분"이라고 판단한 판례가 있는 반면,[17] 자진하여 출국할 것인지 여부를 결정하기 위해서라도 사전에 자신이 어떠한 사실관계에 기초하여 강제퇴거 대상자에 해당하게 되었는지에 관하여 통지받고 의견을 진술할 기회를 갖는 등 행정절차를 보장받는 것이 필요하므로 자진하여 출국할 의사를 표시하였다는 사정만으로는 그 성질상 행정절차를 거치기 곤란하거나 거칠 필요가 없다고 인정되는 처분이라고 보기 어렵다는 판례[18]도 있다. 이유제시 절차에 관하여 보면, 종전의 출국명령서 서식에는 이유를 기재하는 난이 없었으나, 2014년 개정된 시행규칙에서는 이유를 기재하는 난을 마련하였다.[19] 따라서 행정절차법 적용배제 여부에 관한 논쟁은 별론으로 하고, 행정실무상으로는 출국명령에 대하여 이유제시가 이루어지게 되었다.

(다) 출국권고

출국권고를 할 때에는 출국권고서를 발급하여야 한다(법 제67조 제2항). 출국권고서를 발급하는 경우 발급한 날부터 5일의 범위에서 출국기한을 정할 수 있다(동조 제3항). 다만, 출국할 선박 등이 없거나 질병 기타 부득이한 사유로 그 기한내에 출국할 수 없음이 명백한 때에는 그 출국기한을 유예할 수 있다(법 시행규칙 제33조 제1항).

제2절 행정쟁송절차

1. 개 관

행정쟁송이란 행정법상 법률관계에서의 분쟁을 당사자의 청구에 의하여 일정한 국가기관(행정기관 또는 법원)이 심리·판단하여 해결하는 절차를 가리킨다. 출입국관

---

17 서울행정법원 2013. 6. 12. 선고 2012구합36514 판결.
18 서울행정법원 2014. 7. 3. 선고 2013구합30612 판결.
19 2014. 10. 24. 개정된 시행규칙 별지 제123호 출국명령서 서식.

리법 영역에서의 분쟁에 대한 쟁송절차로는 출입국관리법상의 이의신청, 행정심판, 행정소송이 있다. 그 밖에 국가인권위원회에의 진정 제도, 국민권익위원회의 고충민원 처리 제도도 행정심판과 행정소송을 보완하는 역할을 한다. 국가배상제도는 위법한 국가작용으로 손해를 입은 피해자가 손해를 금전으로 전보받는 제도를 말하는데, 엄밀한 의미에서 행정쟁송절차에 해당하지는 않지만, 피해자가 권리를 구제받을 수 있는 수단이 되므로 함께 다룬다.

2. 출입국관리법상의 이의신청

출입국관리법에서는 법무부장관에 대한 이의신청절차를 마련하고 있다. 다만, 모든 출입국 관련 처분에 대해 이의신청이 가능한 것은 아니고, 출입국관리법에서 이의신청의 대상으로 규정한 처분에 한한다.

(가) 출국정지결정, 출국정지기간 연장결정

출국이 정지되거나 출국정지기간이 연장된 외국인은 출국정지결정이나 출국정지기간 연장의 통지를 받은 날 또는 그 사실을 안 날부터 10일 이내에 법무부장관에게 출국정지결정이나 출국정지기간 연장결정에 대한 이의를 신청할 수 있다. 법무부장관은 이의신청을 받으면 그 날부터 15일 이내에 이의신청의 타당성 여부를 결정하여야 한다. 이의신청이 이유 있다고 판단하면 즉시 출국정지를 해제하거나 출국정지기간의 연장을 철회하여야 하고, 그 이의신청이 이유 없다고 판단하면 이를 기각하고 당사자에게 그 사유를 서면에 적어 통보하여야 한다(법 제29조 제2항, 제4조의5).

(나) 보호명령

보호명령서에 따라 보호된 사람이나 그의 법정대리인등은 지방출입국·외국인관서의 장을 거쳐 법무부장관에게 보호에 대한 이의신청을 할 수 있다(법 제55조 제1항). 법무부장관은 이에 따른 이의신청을 받은 경우 지체 없이 관계 서류를 심사하여 그 신청이 이유 없다고 인정되면 결정으로 기각하고, 이유 있다고 인정되면 결정으로 보호된 사람의 보호해제를 명하여야 한다(동조 제2항).[20] 법무부장관은 결정에 앞서 필요

---

20 헌재 2023. 3. 23. 2020헌가1 등 결정에서는 "2013년부터 2020년까지 8년간 보호명령에 대한 이의신청이 인용된 사례가 단 한 건도 없었다는 점을 보더라도, 법무부장관의 심사가 보호의

하면 관계인의 진술을 들을 수 있다(동조 제3항). 의견청취는 필수적인 것은 아니다.

(다) 강제퇴거명령

강제퇴거명령에 대해서도 이의신청을 제기할 수 있다. 강제퇴거명령에 대하여 이의신청을 하려면 강제퇴거명령서를 받은 날부터 7일 이내에 지방출입국·외국인관서의 장을 거쳐 법무부장관에게 이의신청서를 제출하여야 한다(법 제60조 제1항). 지방출입국·외국인관서의 장은 이의신청서를 접수하면 심사결정서와 조사기록을 첨부하여 법무부장관에게 제출하여야 한다(같은 조 제2항). 법무부장관은 이의신청서 등을 접수하면 이의신청이 이유 있는지를 심사결정하여 그 결과를 지방출입국·외국인관서의 장에게 알려야 한다(동조 제3항). 지방출입국·외국인관서의 장은 법무부장관으로부터 이의신청이 이유 있다는 결정을 통지받으면 지체 없이 용의자에게 그 사실을 알리고, 용의자가 보호되어 있으면 즉시 그 보호를 해제하여야 한다(동조 제4항). 지방출입국·외국인관서의 장은 법무부장관으로부터 이의신청이 이유 없다는 결정을 통지받으면 지체 없이 용의자에게 그 사실을 알려야 한다(동조 제5항).

법무부장관은 이의신청에 대한 결정을 할 때 이의신청이 이유 없다고 인정되는 경우라도 용의자가 대한민국 국적을 가졌던 사실이 있거나 그 밖에 대한민국에 체류하여야 할 특별한 사정이 있다고 인정되면 그의 체류를 허가할 수 있다(법 제61조 제1항). 법무부장관은 허가를 할 때 체류기간 등 필요한 조건을 붙일 수 있다(동조 제2항).

3. 행정심판과 행정소송

(가) 의   의

행정심판은 행정기관이 행정법상의 분쟁에 대하여 심리·판정하는 절차를 말하고, 행정소송은 법원이 행정법상 분쟁에 대하여 심리·판정하는 절차를 말한다. 과거에는 행정심판을 거친 후에야 행정소송을 제기할 수 있었으나, 현재는 행정심판을 제기할 수 있는 경우에도 이를 거치지 아니하고 행정소송을 제기할 수 있다(행정소송법 제18조 제1항 본문). 그러므로 출입국관리법상의 처분에 대하여 다투고자 하는 자

적법성을 담보하기 위한 실질적인 통제절차로서의 의미를 갖는다고 보기 어렵다"고 하여 실효성에 의문을 제기하고 있다.

는 행정심판을 제기할 수도 있고, 바로 행정소송을 제기할 수도 있다. 전자의 경우 행정심판에서 원하는 결과를 얻지 못하면 다시 행정소송을 제기할 수 있다. 행정소송에서는 행정작용의 위법성만을 심사하지만, 행정심판에서는 부당성까지 심사할 수 있다. 행정소송은 행정부 외부의 독립된 사법부에 의한 통제절차인 반면, 행정심판은 행정부 내의 자기통제절차의 성격을 갖기 때문이다.

행정심판에 대해 판단하는 기관을 행정심판위원회라고 하는데, 대상이 되는 처분에 따라 관할 행정심판위원회가 달라진다. 출입국관리법에 따른 처분은 대부분 "국가행정기관의 장 또는 그 소속 행정청"의 처분이므로 이에 대한 심판청구는 국민권익위원회 산하 중앙행정심판위원회에서 심리·재결한다(행정심판법 제6조 제2항). 행정소송의 경우 제1심 관할법원은 서울에서는 서울행정법원, 그 밖의 지역에서는 해당 지방법원(행정소송법 제9조, 법원조직법 부칙 제4765호 제2조 참조)이다. 항소심과 상고심의 관할은 각각 고등법원과 대법원에 있다.

(나) 처분에 대한 취소·무효확인청구

행정심판법과 행정소송법에서는 여러 유형의 쟁송수단을 마련하고 있지만, 출입국관리법상의 행정작용에 대하여 주로 활용되는 것은 '처분'에 대하여 '취소' 또는 '무효확인'을 구하는 청구이다. 행정심판의 경우에는 취소심판(행정심판법 제5조 제1호)과 무효확인심판(동조 제2호), 행정소송의 경우에는 취소소송(행정소송법 제4조 제1호)과 무효확인소송(동조 제2호)이라 부른다. 처분이 위법(행정심판의 경우 부당까지 포함)하더라도 원칙적으로 처분은 효력이 있고 행정심판위원회·법원의 취소재결·취소판결이 있어야 효력이 없어진다.[21] 다만, 예외적으로 위법성이 중대하고 명백한 경우에만 처분은 무효이다. 따라서 대부분의 경우에는 취소심판 또는 취소소송을 제기하여 다투게 된다.

취소 또는 무효확인의 대상이 될 수 있는 행정작용을 '처분'이라고 한다. 행정심판법과 행정소송법에서는 동일한 처분 개념을 사용하고 있다. 처분은 "행정청이 행하는 구체적 사실에 관한 법집행으로서의 공권력의 행사 또는 그 거부, 그 밖에 이에 준하는 행정작용"(행정심판법 제2조 제1호, 행정소송법 제2조 제1항 제1호)을 말한다. 행정청의 어떤 행위가 항고소송의 대상이 될 수 있는지의 문제는 추상적·일반적으로 결정할 수 없고, 관련 법령의 내용과 취지, 그 행위의 주체·내용·형식·절차, 그

---

21 이 경우 처분의 효력은 소급적으로 소멸된다.

행위와 상대방 등 이해관계인이 입는 불이익과의 실질적 견련성, 그리고 법치행정의 원리와 당해 행위에 관련한 행정청 및 이해관계인의 태도 등을 참작하여 개별적으로 결정하여야 한다.22 이하에서는 출입국관리법에 근거한 행정청의 행위가 처분에 해당하는지 개별적으로 살펴본다. 처분에 해당할 경우 쟁송과정에서 발생할 수 있는 문제에 대해서도 함께 검토한다.

(다) 입국에 관한 행정작용

입국단계에서 입국희망자인 외국인에게 불리한 결정이 내려진 경우, 이를 행정심판과 행정소송을 통해 다툴 수 있을지가 문제된다. 즉 사증발급거부 및 사증발급결정의 취소·철회, 사증발급인정서의 발급거부, 입국불허 및 입국허가의 취소·철회, 조건부 입국허가의 취소·철회, 재입국허가의 거부 및 재입국허가의 취소·철회 등에 대한 행정쟁송의 허용 여부가 문제된다. 더 나아가 관계기관의 장에 의한 입국금지 요청이나 법무부장관의 입국금지결정에 대하여 행정쟁송법상 구제를 활용할 수 있는지도 문제된다. 출입국관리법에서는 동법상의 각종 결정들에 대하여 행정심판이나 행정소송을 활용할 수 있다는 명문의 규정을 두고 있지 아니하므로 출입국관리 행정 맥락에서의 행정심판과 행정소송의 활용 여부는 일반법으로서의 행정심판법 및 행정소송법의 해석 및 적용문제로 귀결된다. 외국인의 입국과 관련하여 국가의 주권적 재량성이 강조되고 있음을 감안한다면 법원에 의한 통제보다는 행정 내부의 통제가 보다 심도 있는 통제기제로 작동할 여지가 있으며 비교법적으로 살펴보면 여러 나라들이 행정심판과 같은 내부 통제기제를 정교하게 법제화하고 있음을 알 수 있다. 이하에서는 사증발급거부결정 및 사증발급인정서 발급거부결정 및 입국금지결정과 관련한 항고쟁송의 활용사례에 대하여 살펴보기로 한다.23

---

22 대법원 1992. 1. 17. 선고 91누1714 판결; 대법원 2010. 11. 18. 선고 2008두167 전원합의체 판결 등.

23 한편 외국의 입법례상으로는, 출입국관련 법률에서 동법상의 다양한 결정의 상대방인 외국인에게 당해 결정에 대하여 행정상 불복을 할 권리가 있음을 일반적으로 선언하되, 다만 입국과 관련한 결정들에 대해서는 특별한 예외와 제한(exceptions and limitations)을 규정하고 있는 경우도 발견할 수 있다. 예컨대 영국의 경우, 2002년 Nationality, Immigration and Asylum Act에서는 제82조에서 행정상 불복의 권리(Right of appeal)를 규정하면서 누군가와 관련하여 이민관련 결정(immigration decision)이 내려졌을 때 당해 자는 불복을 할 수 있으며(동조 제1항) 이때의 '이민관련 결정'이란 (a) 입국허가의 거부(refusal of leave to enter), (b) 사증발급의 거부(refusal of entry clearance), (c) 동법 제10조에 따른 자격확인서의 거부(refusal of a certificate of entitlement), (d) 입국 또는 체류허가변경의 거부로서 그 결과 당해 자에게 입국

1) 사증발급거부결정

가. 행정소송

① 방문취업(H-2) 사증

하급심 판례상으로는 방문취업사증신청에 대한 거부결정이 행정쟁송법상 처분인지에 대하여 견해가 갈리고 있다. 중국국적 조선족이 방문취업사증을 신청하였으나 거부당한 사안에서, 재외동포법이 외국국적동포를 단순한 외국인과 달리 취급하여 외국국적동포에게 방문취업사증을 발급받을 수 있는 신청권을 부여하고 있다고 보아 외국국적동포인 원고의 방문취업사증신청에 대한 소관청의 거부행위는 항고소송의 대상인 '처분'에 해당한다고 본 판결[24]이 있는 반면 마찬가지로 중국국적 조선족이 방문취업사증의 발급을 신청하였다가 거부결정을 받자 이에 대해 취소소송을 제기한 다른 사례에서는 외국 국적의 중국동포에게 방문취업사증의 발급을 요구할 법규상 또는 조리상 권리가 없어 사증발급 거부행위는 항고소송의 대상이 되지 아니한다고 본 예도 있다.[25]

② 결혼이민(F-6) 사증

다른 한편 하급심 판례들 가운데에는 결혼이민사증의 신청에 대한 거부결정의 처분성을 긍정한 예가 있다. 대한민국 국민과 결혼한 캐나다 국적자가 결혼이민 (F-6) 자격으로 사증발급을 신청하였다가 거부결정을 받고 이에 대해 취소소송을 제기한 사안에서는 해당 외국인에게 사증 발급을 구할 법규상 또는 조리상 신청권이 인정되므로 사증발급 거부행위가 처분에 해당한다고 보았다. 즉 동 판결에서 법원은 "재외공관의 장의 사증발급행위는 공권력의 행사에 해당하고 그 거부행위는 사증신청인으로 하여금 대한민국에 입국할 수 없도록 하는 것으로서 신청인의 법률관계에 변동을 초래한다고 할 것이며, 위 법령규정(출입국관리법 제7조 제1항, 제8조 제3항, 제10조 제1항, 시행령 제7조 제1항, 제2항 등)에 따라 외국인은 사증발급에 관한 법규상 신청권을 가진다"고 보았으며 더 나아가 본안에 있어서도 위 거부행위에 행정절차법상의 문서주의와 이유제시의무규정이 적용된다고 보아 절차상 위법을 이유로 사증발급

또는 체류허가가 없게 되는 경우, (e) 동법 제76조에 따른 무기한 입국 또는 체류허가의 취소 (revocation), … 등임을 정하고 있다(동조 제2항). 그런데 다양한 이민관련 결정들 가운데 (a), (b), (d), (e)에 대해서는 불복자격을 일정한 경우로 제한하고 있으며(ineligibility, s. 88), 사증 발급거부와 입국허가거부에 대해서도 일정한 제약을 두고 있다(Act of 2002, s. 88A, 89).

24 서울행정법원 2007. 11. 14. 선고 2007구합21204 판결. 그러나 본안에 있어서는 절차적 위법이나 재량권의 일탈·남용 등 실체적 위법이 없다고 보아 청구를 기각하였다.

25 서울행정법원 2007. 11. 15. 선고 2007구합21893 판결.

거부처분을 취소하였다.[26] 또한 중국국적 여성이 대한민국 국민과 혼인신고를 한 후 결혼이민(F-6) 체류자격의 사증발급을 신청하였다가 거부당하자 취소소송을 제기한 사안에서 제1심인 서울행정법원은 해당 외국인이 사증발급에 관한 법규상 신청권을 가진다고 보아 사증발급거부행위의 처분성은 인정하였으나 본안에 있어서는 소관청이 결혼이민 체류자격의 사증발급 여부에 대해 상당한 재량을 가지고 있으며 당해 사안에서의 거부결정에 비례원칙 위반의 위법이 없다고 보아 원고의 청구를 기각하였다.[27] 그러나 항소심 법원인 서울고등법원에서는 "비록 사증발급이 외국인에 대하여 대한민국 입국 허용 여부를 결정짓는 주권국가의 고권적 행위라 하더라도, 결혼동거목적의 사증발급 신청을 받은 재외공관의 장은 혼인의 진성성 및 정상적인 결혼생활의 가능성이 인정된다면 특별한 사정이 없는 한 사증을 발급하여야 할 것"이라는 전제하에 당해 사안에서의 사증발급거부결정은 재량권을 일탈·남용하여 위법하다고 보아 사증발급거부처분을 취소한 바 있다.[28] 해당 사안에서 최근 대법원은 사증발급거부결정의 처분성에 대해서는 별다른 설시 없이 인정하는 듯하면서도 그 취소를 구할 법률상 이익이 해당 중국 국적 여성에게는 인정되지 않는다는 취지의 판시를 한 바 있다.[29]

③ 재외동포(F-4) 사증

병역면탈을 이유로 입국금지된 자가 재외동포 사증의 발급을 신청하였으나 거부된 사안에서 대법원은 재외동포사증 발급거부의 처분성 및 재량행위성을 인정한 바 있다. 해당 사안에서는 법무부장관의 입국금지결정의 법적 성질이 먼저 문제되었는데 이에 대해 대법원은 법무부장관의 입국금지결정은 사증발급이나 입국허가에 대한 행정 내부의 지시로서의 성격이 있을 따름이어서 항고소송의 대상이 되는 처분에 해당하지 않는다고 보았다. 더 나아가 대법원은 사증발급 소관청이 사증발급 여부를 결정함에 있어서는 입국금지결정과 상관 없이 재량을 행사하여야 함을 강조하였다. 즉 대법원은 법무부장관이 특정 외국인에 대하여 입국금지결정을 하였다 하더라도 이는 행정 내부의 지시에 불과하므로 재외공관장이 입국금지결정을 그대로 따랐다

26 서울행정법원 2014. 11. 20. 선고 2013구합59590 판결.
27 서울행정법원 2013. 12. 12. 선고 2013구합21205 판결.
28 서울고등법원 2014. 9. 5. 선고 2014누41086 판결.
29 대법원 2018. 5. 15. 선고 2014두42506 판결 "사증발급의 법적 성질, 출입국관리법의 입법 목적, 사증발급 신청인의 대한민국과의 실질적 관련성, 상호주의원칙 등을 고려하면, 우리 출입국관리법의 해석상 외국인에게는 사증발급 거부처분의 취소를 구할 법률상 이익이 인정되지 않는다."

고 하여 사증발급 거부처분의 적법성이 보장되는 것이 아니며, 사증발급거부처분의 적법 여부는 헌법과 법률, 대외적으로 구속력 있는 법령의 규정과 입법 목적, 비례·평등원칙과 같은 법의 일반원칙에 적합한지 여부에 따라 판단해야 한다고 보았다. 특히 대법원은 재외동포에 대한 사증발급은 행정청의 재량행위에 속하고, 재외동포법에서 재외동포의 대한민국 출입국과 체류에 대한 개방적이고 포용적인 태도를 취하고 있는 점에 비추어 재외동포에 대해 기한의 정함이 없는 입국금지조치를 하는 것은 법령에 근거가 없는 한 신중을 기하여야 한다는 입장을 취하였다.[30]

나. 행정심판

중국국적자가 동포 1세대에게 발급되는 사증을 신청하였으나 거부당하자 행정심판을 제기한 사안에서 행정심판 청구인적격은 대한민국의 국민에게 있는 것이 원칙이고 행정심판청구와 관련하여 해당 외국인의 지위를 내국인과 동등하게 보장하는, 대한민국헌법에 의하여 체결·공포된 조약 또는 일반적으로 승인된 국제법규가 있는 경우에는 예외적으로 심판청구적격을 인정할 수 있으나 이러한 예외사유가 인정되지 않으므로 청구인 적격 없는 자의 부적법한 청구로 보아 각하한 사례,[31] 외국인이 방문동거(F-1) 체류자격으로 사증발급을 신청하였으나 거부당하자 사증발급 이행을 구하는 행정심판을 제기한 사안에서 해당 외국인에게는 사증을 발급해 줄 것을 요구할 법규상·조리상 신청권이 있다고 보기 어려우며 피청구인에게는 청구인의 신청에 대하여 일정한 처분을 하여야 할 의무가 있다고 할 수 없다고 보아 각하한 사례[32]가 있다.

2) 사증발급인정서의 발급거부결정

가. 행정소송

사증발급인정서의 발급거부결정의 처분성에 대해서도 하급심 판례는 견해가 갈리고 있다. 외국인을 초청하려는 자는 사증발급인정서의 발급을 구하는 외국인의 신청을 대리할 수 있을 뿐 그 외국인에 대한 사증발급인정서의 발급을 독자적으로 요구할 법규상 또는 조리상 신청권이 있다고 할 수 없어 초청자에 대한 사증발급인정서의 발급거부를 행정소송의 대상이 되는 행정처분에 해당한다고 볼 수 없으며 사증

---

30 대법원 2019. 7. 11. 선고 2017두38874 판결. 유사한 취지의 최근 하급심판결로는 서울행정법원 2022. 10. 27. 선고 2021구단75279 판결.
31 외교통상부 2004. 10. 18, 200409319, 외교통상부.
32 국민권익위원회 2015. 5. 12. 2014-18478.

발급인정서 발급거부행위가 외국인의 구체적인 권리나 법적 이익을 침해한 것이 아니므로 외국인은 원고적격이 인정되지 않는다고 판시한 예[33]가 있는 반면 초청인은 사증발급인정불허처분에 의해 법률상 보호된 이익을 침해당하였다고 할 것이므로 그 취소를 구할 원고적격이 인정된다고 본 예도 있다.[34]

나. 행정심판

사증발급인정서 발급거부결정에 대하여 초청인이 행정심판을 청구하자 초청인과 피초청인 사이에는 사실상 이해관계가 있다 하더라도 사증발급인정서의 발급신청에 대하여 발생하는 법률적 효력은 피초청인에게 귀속되는 것이므로, 초청인인 청구인의 법률상 이익이 침해되었다고 보기는 어렵다고 보아 청구를 각하한 예,[35] 사증발급인정서 발급거부처분에 대하여 피초청인인 외국인이 행정심판을 제기하자 동 처분은 행정심판의 대상이 되는 처분이라고 할 수 없으며 외국인에게 원칙적으로 행정심판청구인 적격이 인정되지 않는다는 이유로 청구를 각하한 사례[36] 등이 있다.

---

33 서울행정법원 2008구합41250 판결.
34 제주지방법원 2006. 6. 7. 선고 2005구합733 판결. 원고적격의 인정논거는 다음과 같다. "출입국관리법 제9조 이하에서 규정하는 사증발급인정서 제도는 관련 외국인 입국과 관련하여 직접적인 이해당사자인 초청인으로 하여금 국내에서 직접 사증발급 관련 절차를 주도적으로 처리하도록 함으로써 피초청인(외국인)이 용이하고도 신속하게 입국할 수 있도록 신설된 제도인바, 출입국관리법 제9조는 사증발급인정서를 외국인의 신청에 의해 발급할 수 있다고 하면서도 명문으로 그 발급신청을 초청인이 대리할 수 있다고 명문으로 규정함으로써 관련 외국인 입국과 관련된 초청인의 이해관계를 법적으로 보장하고 있는 점, 이에 따라 사증발급인정을 신청함에 있어 '초청인'의 주소지 관할 사무소장에게 '초청인' 작성의 서류를 제출하도록 규정하고 있고, 사증발급인정서를 교부하는 경우에는 이를 '초청인'에게 교부하도록 규정하고 있어 초청인이 가지는 이해관계를 법적으로 보호하고 있는 점, 무엇보다 사증발급인정서 발급 여부를 심사함에 있어 출장소장이나 법무부장관은 '초청인의 초청사유가 타당한지 여부'를 중점적으로 심사하도록 규정하고 있어 초청인의 결격사유 유무가 사증발급인정서 발급에 있어 매우 중요한 기준이 되는 점, 초청인이 아무런 결격사유가 없음에도 사무소장이 사증발급인정을 불허하는 경우에 직접적인 이해당사자인 초청인이 이를 다툴 수 없다면 사증발급인정불허처분에 대해서 다툴 방도가 사실상 봉쇄된다는 점 등에 비추어 보면, 초청인은 사증발급인정불허처분에 의해 법률상 보호된 이익을 침해당하였다고 할 것이므로 그 취소를 구할 원고적격이 인정된다."
35 법무부 2005. 8. 16, 200510284, 서울출입국관리사무소; 법무부, 2005. 9. 21, 200515849, 제주출입국관리사무소; 법무부, 2005. 12. 5, 200511071, 서울출입국관리사무소; 중앙행정심판위원회, 2011. 3. 29, 2011-02933.
36 법무부, 2005. 9. 21, 200509670, 수원출입국관리사무소. "행정심판법은 국내공법으로 대한민국 영토 내에서 적용되는 것이 원칙이고, 예외적으로 헌법에 의해 체결공포된 조약 또는 일반적으로 승인된 국제법규 등에 의해 인정되는 경우에 한하여 대한민국 영토 밖에서도 그 효력이 미친다고 할 것이어서, 대한민국 영토 내에 거주하는 외국인이 행정심판법 제9조에 의하여 법률상 이익이 있는 경우 외국인에게도 행정심판청구적격을 인정할 수 있음은 별론으로 하더라도, 대한민국 영토 밖에서 거주하는 외국인에 대하여는 헌법에 의해 체결공포된 조약 또는

3) 입국금지결정

가. 행정소송

법무부장관의 입국금지결정이 행정쟁송법상 처분으로서의 성질을 가지는지가 문제된다. 이는 입국금지결정에 대하여 해당 외국인이 불복할 수 있는가의 문제와 더불어 입국금지결정에 어느 정도의 절차적 보장이 베풀어져야 하는가의 문제와 관련이 있다. 하급심판결 가운데에는 입국금지결정의 처분성 및 재량행위성을 인정하는 입장을 발견할 수 있으나[37] 최근 대법원은 입국금지의 처분성을 부인한 바 있다. 앞서 언급한 바와 같이 입국금지결정 가운데에서도 특히 요청형 입국금지결정은 행정 내부의 정보제공활동으로서의 성질을 가지고 있을 뿐 그 상대방인 외국인에 대한 관계에서 처분성을 인정하기 어렵다. 왜냐하면 법무부장관의 입국금지결정은 해당 외국인에 대한 통지를 전제로 하지 아니하며 다만 법무부장관은 입국을 금지하기로 결정한 사람의 자료를 정보화업무처리절차에 따라 관리하여야 할 따름이기 때문이다.[38] 즉 법무부장관의 입국금지결정은 재외공관장이 사증발급을 검토할 때, 또는 출입국항의 출입국관리공무원이 입국심사를 할 때 활용되는 행정내부의 지시로서의 의미가 있을 따름이라는 것이다. 입국금지결정의 처분성을 부인하는 이상, 입국금지결정에 대해서는 처분에 대하여 이루어져야 하는 이유제시 등의 절차적 보장이 베풀어져야 하는 것은 아니며 쟁송을 통한 구제의 대상도 되지 않는다고 보아야 할 것이다.

나. 행정심판

그러나 다른 한편 행정심판 재결례상으로는 법무부장관이 행한, 출입국관리법 제11조에 토대한 입국금지결정의 취소를 구하는 청구에 대하여 해당 입국금지결정의

일반적으로 승인된 국제법규 등에 의하여 내국인과 동등하게 행정심판청구권이 보장되는 경우에 한하여 행정심판의 청구인이 될 수 있다고 할 것임에도 이 건 행정심판청구와 관련하여 행정심판청구를 허용하는 대한민국과 중화인민공화국간에 체결공포된 조약이 없을 뿐만 아니라 내국인과 동등하게 행정심판청구권을 인정하는 내용의 일반적으로 승인된 국제법규도 없는 점, 국제관행상 출입국에 관한 문제는 국내문제 불간섭원칙이 적용되는 사항이고, 입국허가의 이전단계에서 외국인에 대한 사증발급행위나 사증발급인정서의 발급불허여부를 다투는 것인 점에 비추어 볼 때, 이 건 거부처분은 행정심판의 대상이 되지 아니한다고 봄이 상당하다고 할 것이고….”

37 법무부장관의 입국금지결정의 처분성을 인정하는 전제하에 입국금지결정과 사증발급거부처분 간에 하자가 승계됨을 긍정한 사례로는 서울행정법원 2014. 11. 20. 선고 2013구합59590 판결.
38 대법원 2019. 7. 11. 선고 2017두38874 판결. 출입국규제에 있어서의 정보화업무처리절차를 정하고 있는 규정으로는 「출입국기록관리 및 정보화업무처리지침」(법무부훈령 제919호).

처분성 여부를 크게 거론하지 아니하고 막바로 본안에 나아가 판단하고 있는 예도 발견된다.³⁹

(라) 체류에 관한 행정작용

사증발급 시에 이루어지는 체류자격 부여에 대해서는 입국에서 검토하기로 한다. 체류와 관련하여 적법하게 입국한 외국인에 대해 법무부장관은 출입국 및 체류관리와 관련하여 체류자격외 활동 허가(법 제20조), 근무처의 변경·추가 허가(법 제21조), 체류자격의 부여(법 제23조), 체류자격의 변경 허가(법 제24조), 체류기간의 연장 허가(법 제25조) 등의 결정을 할 권한을 가진다. 또한 법무부장관은 외국인의 활동범위를 제한할 권한을 갖는다(법 제22조).

법무부장관의 외국인 활동범위 제한의 법적 성질은 하명에 해당할 것이고, 이것이 처분으로서 항고쟁송의 대상이 되어야 할 것이다. 체류자격외 활동 허가(법 제20조), 근무처의 변경·추가 허가(법 제21조), 체류자격의 부여(법 제23조), 체류자격의 변경 허가(법 제24조),⁴⁰ 체류기간의 연장 허가(법 제25조)에⁴¹ 대한 거부는 이미 체류자격을 얻어 적법하게 입국한 자에게 출입국관리법에서 명시적으로 인정하고 있는 조정제도이므로, 당사자에게 재량권 일탈·남용없는 결정을 구할 법규상·조리상 신청권이 인정되어 항고소송의 대상이 되는 처분에 해당한다고 할 것이다. 당사자에게 수익적 처분에 대한 거부처분으로서 항고소송의 제기가 가능하다고 보아야 할 것이다.

---

39 법무부, 2003. 4. 28, 200210613, 법무부.

40 [체류자격의 변경허가 관련 판례] 대구지방법원 2012. 11. 21. 선고 2012구합29 판결. "출입국관리법 제24조 제1항, 출입국관리법 시행령 제12조 [별표 1] 17. 기업투자(D−8) (가)목의 규정형식, 체제 및 문언에 비추어 볼 때, 체류자격 변경허가는 신청인에게 당초의 체류자격과 다른 체류자격에 해당하는 활동을 할 수 있는 권한을 부여하는 설권적 처분으로서, 허가권자에게는 신청인의 적격성, 체류의 목적, 공익상의 영향 등을 참작하여 허가 여부를 결정할 재량이 있다. 다만 이러한 재량을 행사함에 있어 체류자격 변경허가 여부의 기초가 되는 사실을 오인하였거나, 비례·평등의 원칙에 위배되는 등의 사유가 있다면 이는 재량권의 일탈·남용으로서 위법하다고 할 것이다."

41 [체류기간 연장허가 관련 판례] 대법원 2014. 9. 4. 선고 2014두36402 판결. "중화인민공화국 국적의 갑이 대한민국 국민인 을과 혼인 후 결혼이민(F−6) 체류자격으로 체류하던 중 자신의 귀책사유 없이 혼인관계가 해소된 자에 해당한다며 결혼이민 체류자격의 연장신청을 하였으나 출입국관리사무소장이 이를 불허한 사안에서, 이혼소송에서 을의 귀책사유로 이혼한다는 내용의 조정을 갈음하는 결정이 확정되었다고 하더라도, 여러 사정을 고려하면 갑이 본인에게 책임 없는 사유로 정상적인 혼인생활을 할 수 없는 사람에 해당한다고 단정하기 어려워 혼인관계 파탄에 관한 귀책사유가 불분명하다는 이유로, 위 처분이 적법하다고 본 원심판단을 정당하다고 한 사례."

(마) 출국에 관한 행정작용

1) 처분성

출국정지결정과 출국정지기간 연장결정, 보호명령, 강제퇴거명령, 출국명령, 출국권고는 모두 처분에 해당한다. 출국정지결정과 출국정지기간 연장결정은 외국인의 권리를 제한하는 결정이고, 보호명령과 강제퇴거명령은 권력적 사실행위에 해당하며, 출국명령과 출국권고는 출국의무를 부과하는 하명에 해당하기 때문이다. 따라서 이에 대해서는 취소심판과 취소소송 등을 제기하여 다툴 수 있다.

2) 이의신청과 행정심판의 관계

출국정지결정과 출국정지기간 연장결정, 보호명령과 강제퇴거명령에 대해서는 출입국관리법에 이의신청제도가 있으므로 행정심판법상의 행정심판은 청구할 수 없는 것이 아닌지 문제될 수 있다. 그러나 출입국관리법상 이의신청제도는 사안의 전문성과 특수성을 살리기 위하여 설치한 특별행정심판(동법 제4조 제1항)이라고 보기 어려우므로 일반행정심판은 배제되지 않는 것으로 보아야 한다. 그러므로 이의신청과 행정심판을 모두 제기할 수 있다. 행정심판을 거친 경우에는 행정소송의 기간은 행정심판 재결서의 정본을 송달받은 날부터 진행하지만(행정소송법 제20조 제1항), 이의신청에는 제소기간을 연장시키는 효력이 없다. 이의신청을 제기하였더라도 행정소송의 제소기간은 진행하므로 제소기간이 도과하지 않도록 유의하여야 한다.

3) 소의 이익

강제퇴거명령이 집행되더라도 향후 5년간 재입국 제한의 불이익을 받을 수 있으므로 강제퇴거명령의 취소를 구할 소의 이익은 소멸하지 않는다.[42] 반면 보호명령의 보호기간이 경과하면 보호명령의 효력이 소멸하고 그것이 외형상 잔존함으로 인하여 법률상 이익 침해가 생긴다고 보기 어려우므로 보호명령의 취소를 구할 소의 이익은 없다.[43] 또한 일반보호명령 후 강제퇴거명령과 강제퇴거의 집행을 위한 보호명령이 이루어진 경우 일반보호명령은 강제퇴거의 집행을 위한 보호명령에 의해 그 효력이 소멸하므로, 일반보호명령의 취소를 구할 소의 이익은 없다.[44]

---

42 서울행정법원 2013. 4. 19. 선고 2012구합41400 판결.
43 제주지방법원 2012. 7. 11. 선고 2012구합274 판결.
44 서울행정법원 2009. 8. 13. 선고 2009구합11836 판결.

4) 증명책임

취소소송에서 처분의 적법성은 원칙적으로 행정청이 증명하여야 한다. 따라서 강제퇴거명령 취소소송의 경우 대상자가 외국인인 점[45]과 강제퇴거사유가 존재한다는 점은 행정청이 증명하여야 한다. 처분사유가 있음이 증명되면 재량권의 일탈·남용에 대한 증명책임은 처분의 상대방에게 있다.[46]

5) 집행정지

취소소송의 제기는 처분의 집행에 영향을 주지 않는다(행정소송법 제23조 제1항). 그러므로 집행을 저지하기 위해서는 취소소송의 제기만으로는 부족하고 법원의 집행정지결정이 별도로 있어야 한다(동조 제2항).

① 강제퇴거명령의 집행정지

강제퇴거명령의 경우 집행되어 해당 외국인이 대한민국 영역 밖으로 출국당한 후에는 사실상 구제의 가능성이 사라지므로 집행정지의 필요성이 크다. 실무상 강제퇴거명령을 받은 사람이 취소소송을 제기하면 집행정지결정이 없더라도 행정청이 강제퇴거명령을 집행하지 않는 경우가 많다고 한다. 그러나 이는 어디까지는 실무관행일 뿐이고 현행법상으로는 취소소송이나 집행정지신청에 관한 법원의 판단 전에 강제퇴거명령을 집행한 것이 위법하다고 할 수 없다.[47]

---

45 대법원 1996. 11. 12. 선고 96누1221 판결. "재외국민이 다른 나라의 여권을 소지하고 대한민국에 입국하였다 하더라도 그가 당초에 대한민국의 국민이었던 점이 판시와 같이 인정되는 이상 다른 나라의 여권을 소지한 사실 자체만으로는 그 나라의 국적을 취득하였다거나 대한민국의 국적을 상실한 것으로 추정·의제되는 것이 아니므로, 다른 특별한 사정이 없는 한 위와 같은 재외국민을 외국인으로 볼 것은 아니라 할 것이고, 다른 나라의 여권을 소지하고 입국한 재외국민이 그 나라의 국적을 취득하였다거나 대한민국의 국적을 상실한 외국인이라는 점에 대하여는 관할 외국인보호소장 등 처분청이 이를 입증하여야 할 것이다."

46 대법원 1987. 12. 8. 선고 87누861 판결 참조.

47 헌재 2012. 8. 23. 2008헌마430. 이에 대해 강제퇴거처분의 집행이 예정된 외국인에 대하여 집행이 정지되지 않는다면, ① 외국인의 재판을 받을 권리(내지 청문청구권)가 사실상 침해된 것이고, ② 외국인이 체류기간 동안 획득한 권리와 이익은 기본권으로 또는 법률상의 권리와 이익으로 보호되어야 할 가치가 있으며, ③ 강제퇴거가 집행되면 외국인은 나중에 강제퇴거명령에 대한 취소소송에서 승소하더라도 위와 같은 실체적·절차적 권리를 행사하고 보전하기가 어렵고, 회복하기 어려운 손해를 입게 된다는 측면에서 강제퇴거명령에 대해 행정소송을 제기하는 외국인의 경우에 그 집행을 정지하여야 하는 입법의무가 도출될 수 있다는 반론이 제기된다(공진성, 「출입국관리법상 보호 및 강제퇴거와 외국인의 기본권 보호」, 『공법학연구』 제14권 제1호 (2013) 참조).

② 강제퇴거명령의 집행정지와 보호명령의 집행정지

보호명령은 강제퇴거명령을 받은 자를 즉시 대한민국 밖으로 송환할 수 없는 경우에 송환할 수 있을 때까지 일시적으로 보호하는 것을 목적으로 하는 처분이므로, 강제퇴거명령을 전제로 하는 것이나, 그렇다고 하여 강제퇴거명령의 집행이 정지되면 그 성질상 당연히 보호명령의 집행도 정지되어야 한다고 볼 수는 없다. 대법원은 출입국관리법상의 강제퇴거명령과 보호명령에 대하여 취소를 구하는 소송이 제기되고 그 중 강제퇴거명령의 집행이 정지되었다면, 보호명령의 보호기간은 결국 본안소송이 확정될 때까지의 장기간으로 연장되는 결과가 되어 보호명령이 그대로 집행된다면 본안소송에서 승소하더라도 회복하기 어려운 손해를 입게 된다고 할 것이나, 보호명령의 집행을 정지하면 외국인의 출입국 관리에 막대한 지장을 초래하여 공공복리에 중대한 영향을 미칠 우려가 있다는 이유로, 보호명령의 집행정지를 허용하지 않았다.[48]

4. 그 밖의 불복절차

(가) 국가인권위원회에의 진정

국가인권위원회는 인권의 보호와 향상을 위한 업무를 수행하기 위하여 설립된 독립기관이다(국가인권위원회법 제3조). 인권위원회는 인권침해행위와 차별행위에 대하여 조사하고 구제하는 업무를 수행한다(동법 제19조 제2호·제3호). 국가인권위원회법은 대한민국의 영역에 있는 외국인에 대해서도 적용되므로(동법 제4조), 출입국에 관한 행정작용으로 인하여 인권침해를 당한 외국인도 국가인권위원회를 통하여 구제받을 수 있다.

국가기관이나 구금·보호시설의 업무수행과 관련하여 인권을 침해당하거나 차별행위를 당한 경우 피해자는 인권위원회에 그 내용을 진정할 수 있고, 인권위원회는 진정이 없는 경우에도 인권침해나 차별행위가 있다고 믿을 만한 상당한 근거가 있고 그 내용이 중대하다고 인정할 때에는 직권으로 조사할 수 있다(동법 제30조 제1항 제1호·제3항). 위의 구금·보호시설에는 외국인 보호소도 포함된다(동법 제2조 제2호 라목). 구금·보호시설에 수용된 자가 인권위원회에 진정하려고 하면 그 시설에 소속된 공

---

48 대법원 1997. 1. 20. 선고 96두31 결정.

무원 또는 직원은 그 사람에게 즉시 진정서 작성에 필요한 시간과 장소 및 편의를 제공하여야 한다(동법 제31조 제1항).

인권위원회가 진정을 조사한 결과 인권침해나 차별행위가 일어났다고 판단할 때에는 피진정인 등에게 법령·제도·정책·관행의 시정 또는 개선 등을 권고할 수 있다(동법 제44조 제1항). 권고를 받은 기관의 장은 그 권고사항을 존중하고 이행하기 위하여 노력하여야 한다(동조 제2항, 제25조 제2항 등). 권고 자체가 법적 구속력을 갖는 것은 아니지만, 인권위원회는 진정의 조사 및 조정의 내용과 처리결과, 관계기관 등에 대한 권고와 관계기관 등이 한 조치 등을 공표할 수도 있으므로(동법 제50조), 인권위원회의 권고는 사실상 상당한 영향력을 갖는다.[49]

(나) 국민권익위원회의 고충민원

국민권익위원회는 고충민원의 처리와 이에 관련된 불합리한 행정제도를 개선하기 위하여 국무총리 소속으로 설치된 기관이다(「부패방지 및 국민권익위원회의 설치와 운영에 관한 법률」 제11조). 고충민원이란 "행정기관등의 위법·부당하거나 소극적인 처분(사실행위 및 부작위를 포함한다) 및 불합리한 행정제도로 인하여 국민의 권리를 침해하거나 국민에게 불편 또는 부담을 주는 사항에 관한 민원"을 말한다(동법 제2조 제5호). "국내에 거주하는 외국인"도 권익위원회에 고충민원을 신청할 수 있다(동법 제39조 제1항). 권익위원회는 고충민원에 대한 조사결과 처분 등이 위법·부당하다고 인정할 만한 상당한 이유가 있는 경우에는 관계 행정기관등의 장에게 적절한 시정을 권고할 수 있고, 신청인의 주장이 상당한 이유가 있다고 인정되는 사안에 대하여는 관계 행정기관등의 장에게 의견을 표명할 수 있다(동법 제46조). 권고 또는 의견을 받은 관계 행정기관등의 장은 이를 존중하여야 한다(동법 제50조 제1항). 권고 또는 의견 자체가 법적 구속력을 갖는 것은 아니지만, 권고를 받은 관계 행정기관등의 장이 그 권고내용을 이행하지 아니하는 경우에는 그 이유를 권익위원회에 문서로 통보하여야 하고(동법 제50조 제2항), 권익위원회는 권고내용의 불이행사유를 공표할 수 있으므로(동법 제53조 제3호), 권익위원회의 권고 역시 사실상 상당한 영향력을 갖는다.

---

49 정호경, 「국가인권위원회 진정제도에 관한 고찰─행정소송, 행정심판, 심사청구 제도와의 비교를 중심으로─」, 『법학논총』 제28권 제3호 (2011), 72면 참조.

5. 국가배상책임

출입국에 관련한 행정작용이 위법하고, 담당 공무원의 고의 또는 과실이 인정된 다면, 국가는 피해자의 손해를 배상할 의무가 있다(국가배상법 제2조 제1항). 상호주의 의 제한을 받기는 하지만(동법 제7조), 상호보증이 있는지는 엄격하게 판단할 문제는 아니다.[50] 외국인의 위자료의 산정과 관련하여 "불법행위의 피해자인 외국인이 일시 체류자 또는 불법체류자로서 사고가 아니었더라면 곧 고국으로 돌아갈 것이 예정되 어 있거나, 그러한 피해자의 유족들이 외국인으로서 외국에 거주하고 있는 경우, 그 사고로 인한 불법행위로 외국인인 피해자가 입은 정신적 고통에 대한 위자료를 산정 하는 데에는 피해자 자신의 고국에서의 소득수준이나 그 나라의 경제수준을 위자료 산정의 한 기준으로 참작할 수는 있으나, 그 참작의 정도는 반드시 그러한 소득수준 또는 경제수준의 차이에 비례하여야 하는 것은 아니고, 당해 불법행위의 유형을 감 안하여 합리성이 인정되는 범위 내에서 고려하면 족하다"고 한다.[51]

---

[50] "국가배상법 제7조는 우리나라만이 입을 수 있는 불이익을 방지하고 국제관계에서 형평을 도 모하기 위하여 외국인의 국가배상청구권의 발생요건으로 '외국인이 피해자인 경우에는 해당 국가와 상호보증이 있을 것'을 요구하고 있는데, 해당 국가에서 외국인에 대한 국가배상청구 권의 발생요건이 우리나라의 그것과 동일하거나 오히려 관대할 것을 요구하는 것은 지나치게 외국인의 국가배상청구권을 제한하는 결과가 되어 국제적인 교류가 빈번한 오늘날의 현실에 맞지 아니할 뿐만 아니라 외국에서 우리나라 국민에 대한 보호를 거부하게 하는 불합리한 결 과를 가져올 수 있는 점을 고려할 때, 우리나라와 외국 사이에 국가배상청구권의 발생요건이 현저히 균형을 상실하지 아니하고 외국에서 정한 요건이 우리나라에서 정한 그것보다 전체로 서 과중하지 아니하여 중요한 점에서 실질적으로 거의 차이가 없는 정도라면 국가배상법 제7 조가 정하는 상호보증의 요건을 구비하였다고 봄이 타당하다. 그리고 상호보증은 외국의 법 령, 판례 및 관례 등에 의하여 발생요건을 비교하여 인정되면 충분하고 반드시 당사국과의 조 약이 체결되어 있을 필요는 없으며, 당해 외국에서 구체적으로 우리나라 국민에게 국가배상 청구를 인정한 사례가 없더라도 실제로 인정될 것이라고 기대할 수 있는 상태이면 충분하 다."(대법원 2015. 6. 11. 선고 2013다208388 판결).
[51] 대법원 2001. 10. 26. 선고 99다68829 판결.

제3절   헌법상 권리구제

외국인도 기본권의 성질에 따라 헌법상 기본권 주체성이 인정되므로 해당 기본권이 공권력의 행사 또는 불행사에 의해 침해되었다고 주장하는 경우 헌법재판소에 직접 헌법소원을 제기할 수 있다. 또한 자신이 당사자로서 재판에 참가하고 있는 경우에는 재판계속 중에 위헌법률심판제청신청 등을 할 수 있다. 외국인이 헌법에 따른 권리구제신청을 할 수 있는 수단을 살펴본다.

1. 헌법상 권리구제수단

헌법이 보장하는 기본권이 공권력에 의해 침해된 경우 침해를 주장하는 국민은 일반 법원을 경유하지 않고 헌법재판소에 해당 기본권의 구제를 직접 신청하여 헌법재판소의 결정에 따라 기본권의 회복 및 구제를 받을 수 있는 수단이 헌법소원심판이다(헌법 제111조 제1항 제5호, 헌법재판소법 제68조 제1항). 기본권 직접 구제수단인 헌법소원심판을 신청하기 위해서는 기본권의 주체가 될 수 있어야만 한다. 기본권의 주체가 될 수 없는 자가 헌법소원심판을 청구하는 경우에는 청구인능력이 인정되지 않아 심판청구가 기각이 된다. 외국인의 경우에 헌법소원심판을 통해서 헌법상 기본권 침해가 구제될 수 있는지는 결국 외국인도 헌법상 권리주체인지 여부에 따라 결정이 된다. 외국인의 기본권 주체성이 인정되는 경우에도 헌법소원심판청구는 국가 및 지방자치단체 등이 공권력을 수단으로 헌법상 보장된 기본권을 침해한 경우에만 제기할 수 있을 뿐이며, 사인에 의한 침해의 경우는 헌법소원심판청구를 할 수 없다.

2. 헌법소원

(가) 헌법소원의 의의

헌법에 의해 보장된 기본권이 공권력에 의해서 침해되었다고 주장하는 사람이 일반법원이 아닌 헌법재판소에 해당 기본권의 구제를 위해서 심판청구를 하는 제도를 헌법소원심판제도라고 한다. 헌법소원은 국가공권력의 남용 등에 의한 기본권 침해를 방어하기 위한 특수한 권리구제절차라고 할 수 있다. 우리나라 헌법은 헌법소원에 대한 직접적인 규정은 두지 않고 "법률이 정하는 헌법소원에 의한 심판"이라고 하여 헌법소원제도를 헌법적으로 보장하면서 구체적인 형성은 입법자에게 위임하였다(헌법 제111조 제1항 제5호).

헌법재판소법은 "공권력의 행사 또는 불행사(不行使)로 인하여 헌법상 보장된 기본권을 침해받은 자는 법원의 재판을 제외하고는 헌법재판소에 헌법소원심판을 청구할 수 있다. 다만, 다른 법률에 구제절차가 있는 경우에는 그 절차를 모두 거친 후에 청구할 수 있다"고 헌법소원심판을 정하고 있다(헌법재판소법 제68조 제1항). 헌법소원심판의 대상은 헌법상 보장된 기본권이므로 법률상 권리의 침해는 헌법소원을 통해서 다툴 수 없으며, 기본권 침해를 주장하는 당사자가 공권력에 의해서 해당 기본권이 직접, 현재 침해되고 있는 경우에 법률이 정하고 있는 기간 내에 변호인을 대리인으로 하여 심판청구를 하도록 하고 있다.[52]

(나) 외국인과 헌법소원심판

헌법소원심판제도는 헌법이 보장하고 있는 기본권을 공권력의 남용과 침해로부터 구제하기 위한 제도이다. 기본권의 침해의 구제를 주장하는 국민은 헌법재판소법이 정하는 요건을 갖추어서 헌법재판소에 심판청구를 하면 된다. 기본권의 주체인 국민이 헌법소원 심판청구를 할 수 있음에는 이견이 없다. 그러나 외국인도 국민과 동일하게 헌법소원 심판청구를 할 수 있는지는 다툼이 있다. 외국인이 헌법이 보장하는 권리를 주장할 수 있기 위해서는 우선 해당 기본권의 주체로서 인정되어야 한다.

학설과 판례는 헌법의 명문규정과 관계없이 외국인도 기본권의 성질에 따라 주체성을 인정하고 있다. 인간의 권리에 해당하는 각종 자유권의 경우 정치적 권리와 관련한 일부 자유권을 제외한 다른 자유권의 경우에는 외국인도 기본권의 주체가 된다.[53] 따라서 한국정부 또는 지방자치단체가 행사한 공권력에 의해서 외국인의 자유권이 침해된 경우 해당 외국인은 한국의 헌법재판소에 해당 기본권의 구제를 위한 헌법소원 심판청구를 할 수 있다. 청구권 등 다른 기본권의 경우에도 해당 기본권이

---

52 헌법재판소법 제68조 이하 참조.
53 외국인의 기본권 주체성에 대해서는 제3장 제2절 '외국인의 지위' 참조.

외국인에게도 인정될 수 있는 경우라고 한다면, 외국인은 해당 기본권의 구제를 위한 헌법소원 심판청구를 할 수 있다. 그러나 외국인의 기본권 주체성이 부인되는 기본권의 경우 외국인이 해당 기본권의 침해를 주장하는 헌법소원을 제기하는 경우에는 해당 심판청구가 각하될 것이다. 다만, 각하결정을 위한 판단에서 해당 기본권이 외국인에게는 주체성을 인정하지 않는다는 것을 먼저 입증하여야 하므로 그러한 부분에서는 사실상 실체적 판단을 하여야 할 것이다. 헌법재판소는 거주·이전의 자유[54]와 직업의 자유[55]에 대해서는 외국인의 기본권 주체성을 부인하였다. 그러나 제한적이지만 직장선택의 자유에 대해서는 기본권 주체성을 인정하고 있다.[56]

> 헌재 2014. 6. 26. 2011헌마502(외국인의 일정기간 내의 외국 국적 포기, 기각)
> "참정권과 입국의 자유에 대한 외국인의 기본권주체성이 인정되지 않고, 외국인이 대한민국 국적을 취득하면서 자신의 외국 국적을 포기한다 하더라도 이로 인하여 재산권 행사가 직접 제한되지 않으며, 외국인이 복수국적을 누릴 자유가 우리 헌법상 행복추구권에 의하여 보호되는 기본권이라고 보기 어려우므로, 외국인의 기본권주체성 내지 기본권침해 가능성을 인정할 수 없다."

> 헌재 2011. 9. 29. 2007헌마1083 등(외국인의 직장선택 기회의 제한, 기각)
> "직업의 자유 중 이 사건에서 문제되는 직장 선택의 자유는 인간의 존엄과 가치 및 행복추구권과도 밀접한 관련을 가지는 만큼 단순히 국민의 권리가 아닌 인간의 권리로 보아야 할 것이므로 외국인도 제한적으로라도 직장 선택의 자유를 향유할 수 있다고 보아야 한다. 청구인들이 이미 적법하게 고용허가를 받아 적법하게 우리나라에 입국하여 우리나라에서 일정한 생활관계를 형성, 유지하는 등, 우리 사회에서 정당한 노동인력으로서의 지위를 부여받은 상황임을 전제로 하는 이상, 이 사건 청구인들에게 직장 선택의 자유에 대한 기본권 주체성을 인정할 수 있다 할 것이다."

외국인의 기본권 주체성이 인정되는 경우에도 헌법소원심판청구는 국가 및 지방자치단체 등이 공권력을 수단으로 헌법상 보장된 기본권을 침해한 경우에만 제기할 수 있다. 비록 참정권과 같이 관련 기본권의 성질상 외국인에게 인정되지 아니하는 기본권에 관한 평등권 주장은 허용되지 아니되지만, 법률에 의해 외국인에게 법률상

54 헌재 2014. 6. 26. 2011헌마502.
55 헌재 2018. 8. 28. 2013헌마359.
56 헌재 2011. 9. 29. 2007헌마1083.

권리가 인정되는 경우에는 해당 권리행사에서 배제되거나, 차별이 있는 경우 기본권 주체성이 인정되어 평등권 침해를 이유로 한 헌법소원 심판청구를 할 수 있다.[57]

3. 위헌법률심판제청

(가) 위헌법률심판 제청의 의의

위헌법률심판이란 법률의 위헌 여부가 법원에서 구체적인 해결을 위한 선결문제가 되는 경우 법원이 헌법재판소에 위헌법률심판을 제청하고 헌법재판소가 그 위헌여부를 결정하는 규범통제절차이다(헌법 제111조 제1항 제1호, 제107조 제1항, 제41조 이하). 헌법재판소의 해당 법률의 위헌결정 여부에 따라 법원은 자신에게 계속되어 있는 재판을 하게 된다. 헌법은 헌법재판소가 법률의 위헌여부를 결정하기 위해서는 반드시 법원의 제청이 있거나(헌법 제107조 제1항, 헌법재판소법 제41조 이하) 당사자가 법률소원심판청구(헌법재판소법 제68조 제2항)를 하여야 한다고 규정하고 있다. 원칙적으로 당해 법률을 적용하여 재판을 하여야 하는 법관이 해당 법률의 위헌여부에 의심이 있는 경우에는 헌법재판소에 위헌심판제청을 하여야 하지만, 해당 사건의 당사자도 변호사를 통하여 당해 법원의 법관에게 위헌법률심판을 제청해 줄 것을 신청할 수 있다. 당해 법관이 이러한 당사자의 제청신청을 받아들이게 되면 헌법재판소에 당해 법률의 위헌여부에 대한 제청을 하게 된다. 그러나 당해 법관이 당사자의 제청신청을 기각하면 당사자는 다시 헌법재판소에 직접 해당 법률의 위헌여부를 심판해 줄 것을 요청하는 이른바 위헌법률심사형 헌법소원 심판청구를 할 수 있다(헌법재판소법 제68조 제2항). 헌법재판소가 당사자의 심판청구를 인용하면 해당 법률은 위헌이 되고 당해 법원은 헌법재판소의 결정에 기속된다. 위헌법률심판은 헌법소원처럼 당사자의 기본권을 직접 구제하는 것은 아니지만 법률의 위헌판단을 통해서 국민의 기본권을 보호하고 구제할 수 있다. 헌법은 국민의 기본권을 제한하는 경우에는 필요한 경우에 한하여 법률로써 제한할 수 있도록 하고 있기 때문에 어떠한 법률이 위헌이 된다면 해당 법률에 의해서 설정된 기본권제한은 위헌이 되어 국민의 기본권이 보호되고 회복될 수 있기 때문이다.

---

57 헌재 2014. 4. 24. 2011헌마474등; 헌재 2023. 3. 23. 2020헌바471.

(나) 외국인과 위헌법률심판제청

외국인도 자신이 소송당사자가 되어 재판을 하는 경우에는 자신의 변호인을 통하여 당해 법원의 법관에게 적용 법률의 위헌여부에 대한 제청을 해 줄 것을 신청할 수 있다. 제청신청이 접수되면 담당 법관은 제청신청 사건을 본안에 앞서서 판단을 하여 제청여부를 결정하여야 한다.[58] 만약, 당해 법관이 당사자인 외국인의 제청신청을 기각하면 그 결정이 있은 날로부터 30일 이내에 당사자가(이 경우, 외국인) 변호인을 대리인으로 하여 헌법재판소에 해당 법률의 위헌여부에 대한 심판을 구하는 헌법소원심판 청구를 할 수 있다.[59]

> 헌재 2012. 8. 23. 2008헌마430(긴급보호 및 보호명령 집행행위 등 위헌확인, 기각)
> [재판관 김종대의 반대의견]
> "외국인의 기본권 주체성을 부인하는 것이 외국인을 헌법상 보호의 대상에서 제외한다는 뜻은 아니다. 외국인은 국제법이나 조약 등에 의하여 충분히 그 지위가 보장되며 법률상의 권리주체로서의 권리의 침해가 있는 경우에 그 회복을 위하여 일반법원에 권리구제를 청구할 수 있고 그 소송 계속 중 당해사건에 적용되는 법률에 대한 위헌법률심판제청신청 절차(헌법재판소법 제41조, 제68조 제2항)를 통해 헌법재판소에 그 법률의 위헌여부에 대한 심사를 받을 수 있는 길이 열려 있다."

4. 청 원

헌법 제26조는 모든 국민에게 국가기관에 대하여 문서로서 청원할 수 있는 권리를 보장하고 있다. 헌법의 법문이 비록 '국민'이라고 규정하고 있지만 청원권은 인권으로서 국적과 관계없이 모든 자연인에게 보장되므로 외국인과 무국적자도 청원권의 주체가 될 수 있다.[60] 따라서 외국인 또는 무국적자는 관련 법률의 요건을 갖추어서 관련 국가기관에게 구체적인 요구사항을 담아 관련 국가기관에 청원할 수 있다. 다만, 국회에 청원을 하기 위해서는 국회의원의 소개가 있어야만 하므로(국회법 제123

---

58 수원지방법원은 출입국관리법 제63조 제1항 적용 사건(수원지방법원 2019구단6240)에 대하여 제청신청인의 신청(수원지방법원 2019아4057)을 받아들여 2020년 1월 23일 헌법재판소에 위 헌법률심판제청을 하였다.

59 헌재 2023. 2. 23. 2020헌바603 참조.

60 같은 의견으로는 한수웅, 『헌법학』(법문사, 2015), 880면.

조), 청원을 하려는 외국인은 반드시 국회의원의 소개를 받아야만 한다.[61]

---

61 헌법재판소는 의회에 청원하는 경우 국회의원의 소개를 반드시 받도록 한 국회법 조항에 대
   해서 청원권을 침해하지 아니한다고 한다. 헌재 2006. 6. 29. 2005헌마604 참조.

국적의 취득과 상실

이 철 우

제8장   국적의 취득과 상실

본서에서는 국내에 입국하려는 외국인, 그리고 체류하는 외국인의 처우를 다루고 있다. 출입국관리법은 외국인을 "대한민국의 국적을 가지지 아니한 사람"으로 정의한다(제2조 제1호). 즉 외국인은 국민이 누구인지에 따라 역으로 정하여진다. 그렇다면 어떤 사람이 대한민국 국민인가? 외국인이 대한민국 국민이 되려면 어떻게 하여야 하는가?

제1절   국적의 개념과 국적법의 발전

국적은 무엇이며, 국적에 관한 법제는 어떻게 발전·변천해 왔는가?

1. 국적의 개념

국적(nationality)은 일반적으로 "한 사람과 한 국가의 법적 유대(legal bond)"라 정의된다.[1] 구체적으로 말하면 "특정 국가의 국민이 되는 자격" 또는 "어떤 개인이 특정한 국가의 구성원이 되는 자격 또는 지위"라 할 수 있다.[2] 국적을 가지는 사람은

---

1 Art. 2(a), European Convention on Nationality, E.T.S. No. 166, 1997.
2 석동현, 『국적법』 (법문사, 2011), 15면. 권영성, 『헌법학원론』 개정판 (법문사, 2010), 117면;

그가 소속하는 국가에 대해 참정권을 비롯한 권리를 가지며 병역 등의 의무를 부담한다. 국가는 그를 외교적 보호(diplomatic protection)의 대상으로 삼는다. 국적은 한 개인이 특정 국가의 대인관할권에 복속하기 위한 조건이나 복속하는 상태를 의미하기도 한다. 헌법재판소는 이러한 국적의 면모를 포괄하여, 국적을 "국민이 되는 자격·신분" 그리고 "국가와 그의 구성원 간 법적 유대이고 보호와 복종관계"를 뜻한다고 정의하였다.[3]

국내법에서 국적보다는 시민권(citizenship)이라는 용어를 더 널리 사용하는 나라도 있다. 대한민국 국적법령에서도 그런 나라의 법제를 언급할 때 "시민권"이라는 용어를 사용한다(국적법 시행규칙 제10조의2). 많은 경우 국적과 시민권이 같은 의미로 사용되지만 국적자와 시민권자(국민)가 일치하지 않는 법제도 있다. 예를 들어, 미국의 해외속령(outlying possessions)에서 출생한 자는 미합중국의 국적자(national)가 되어 미합중국의 대인관할권에 복속하지만 미합중국 헌법이 시민(국민, citizen)에게 부여하는 권리를 누리지는 못한다.[4] 그러나 전 세계적으로 볼 때 이러한 불일치는 예외적이며 점점 없어져 가고 있다.[5] 대한민국 법제에서는 국민과 국적자가 일치한다.

2. 국적을 정하는 법의 형식

대한민국헌법은 "대한민국의 국민이 되는 요건은 법률로 정한다"고 규정한다(제2조 제1항). 국적법정주의를 선언한 이 조항은 1948년 제헌헌법 제3조에 마련되었으며, 그에 따라 같은 해 12월 국적법이 제정되었다.

많은 나라에서 국적법은 공법에 속한다. 싱가포르와 말레이시아처럼 헌법에 상당히 자세한 규정을 두고 있는 나라도 있다. 반면 프랑스와 일부 프랑스법의 영향을 받은 나라처럼 국적에 관한 규정을 민법에 담는 입법례도 있다. 국적법을 별개의 공법적 법률로 규정하는 법제에서는 미국과 같이 국적법과 이민법을 합체하기도 하고, 많은 유럽 대륙국가들처럼 양자를 분리하기도 한다.

대한민국에서는 국적법과 동법 시행령 및 시행규칙이 국적법의 근간을 이루고

성낙인, 『헌법학』 제23판 (법문사, 2023), 91면; 정인섭, 『신국제법강의』 (박영사, 2010), 580면; 차용호, 『한국 이민법』 (법문사, 2015), 715–716면.

3 헌재 2000. 8. 31. 97헌가12.

4 8 U.S.C. § 1408.

5 Chulwoo Lee, "Citizenship, Nationality, and Legal Status," in Immanuel Ness (ed.), *The Encyclopedia of Global Human Migration* (Wiley Online Library, 2003).

있다. 국적 실무는 이민행정의 다른 분야와 마찬가지로 국가의 주권적 결정을 수반하여 많은 재량성을 가지며, 고시와 예규 등 행정규칙이 중요한 구실을 한다. 예규로는 국적업무처리지침(법무부예규 제1311호, 예규 번호는 2023.8.31. 기준), 「외국국적동포의 국적회복 등에 관한 업무처리 지침」(법무부예규 제1202호), 「국적심의위원회 운영지침」(법무부예규 제1319호) 등이 있으며, 고시로는 「국적법 시행령 제6조 제2항에 해당하는 우수인재 평가기준 및 추천 등에 관한 고시」(법무부고시 제2023-198호)를 들수 있다. 예규 중에서도 지침은 재량의 폭이 넓은 국적 실무에서 특히 폭넓게 활용되고 있다. 판례는 지침이 "행정사무의 통일을 기하고 그 직무집행에 있어서 지침을 정해 주기 위한 사무처리준칙"에 불과하고 국민과 법원을 기속하는 법규적 효력은 없다고 본다.[6] 그러나 법령보충적 성격을 가지는 행정규칙과 정한 바에 따라 되풀이 시행되어 행정관행을 이루는 재량준칙은 평등의 원칙이나 신뢰보호의 원칙에 따라 대외적인 구속력을 가지게 되고 행정기관이 상대방에 대한 관계에서 그 규칙에 따라야 할 자기구속을 당하게 되며, 그에 위반하는 처분은 재량권을 일탈·남용한 위법한 처분이 된다.[7]

3. 국적에 대한 국제법의 규율

누가 자국민인지를 정하는 것은 국민국가의 고유한 권한에 속한다. 이 때문에 국적에 관한 국제법은 활발히 생성되지 못하였다. 그러나 각국이 자율적으로 국적 결정의 권한을 행사하는 결과 국가간 마찰과 국제분쟁이 발생할 여지가 있으므로 이에 대응하기 위한 국제적 규범형성의 노력이 제한적으로나마 이루어져왔다. 가장 중요한 이정표의 하나는 1930년의 헤이그협약(Convention Concerning Certain Questions Relating to the Conflict of Nationality Laws)이다. 이 조약은 국적에 대한 국가의 자율적 권한, 이중국적과 무국적 제거의 이상을 선포하였고, 국적이탈의 허가, 기혼여성의 국적, 아동의 국적, 입양인의 국적 등에 대한 제한된 규정을 담았으며 별도의 의정서로서 무국적 문제와 이중국적자의 병역의무 조정 문제를 다루었다.[8]

---

6 헌재 2006. 3. 30. 2003헌마806.

7 서울행정법원 2020. 1. 16. 선고 2019구합61632 판결(서울고등법원 2020누3506; 대법원 2020두47823 판결에 의해 확정).

8 이 조약은 아직도 유효하지만 상당부분은 그 이후의 협약 및 관행에 의해 수정되었다. 대한민국은 이 조약의 당사국이 아니다.

제2차 세계대전 후에는 국적에 대해 각국이 가진 주권적 자율성을 부분적으로나마 제한하는 인권의 원칙들이 등장하였다. 세계인권선언(Universal Declaration of Human Rights)은 국적을 가질 권리와 자의적 국적 박탈의 금지 및 국적 변경의 권리를 선언하였다. 「시민적 및 정치적 권리에 관한 국제규약」(International Covenant on Civil and Political Rights, 한국은 1990년에 가입) 등 일반적인 인권문제를 다루는 협약들과 「모든 형태의 인종차별철폐에 관한 국제협약」(International Convention on the Elimination of All Forms of Racial Discrimination, 한국은 1979년에 비준), 「여성에 대한 모든 형태의 차별철폐에 관한 협약」(Convention on the Elimination of All Forms of Discrimination Against Women, 한국은 1984년에 가입), 「아동의 권리에 관한 협약」(Convention on the Rights of the Child, 한국은 1991년에 가입) 등 구체적인 영역에서 차별금지를 목적으로 하는 협약들이 국적에 관해서도 실효성 있는 인권의 원칙을 제공하고 있다. 무국적자의 처우와 무국적의 방지를 위한 국제규범도 발전하였다. 「무국적자의 지위에 관한 협약」(Convention Relating to the Status of Stateless Persons, 한국은 1962년에 가입)과 「무국적 감소에 관한 협약」(Convention on the Reduction of Statelessness, 한국은 미가입)이 대표적이다.

유럽평의회(Council of Europe)에서는 국적의 원칙에 대한 유럽 국가들의 합의를 도모하여 몇 개의 협약과 의정서를 만들어냈는데, 가장 포괄적인 것은 1997년의 유럽국적협약(European Convention on Nationality)이다. 이 협약이 선언하는 원칙들은 당사국 여부를 떠나 세계 여러 나라에 많은 시사점을 주고 있다.

4. 대한민국 국적법의 연혁

1948년에 제정된 국적법은 1962년 첫 개정을 포함하여 2022년말까지 총 17회 개정되었다. 각 개정의 내용을 요약하여 열거하면 다음 표와 같다.

| 표 8-1 | 국적법 개정의 역사 |

개정 회차	연도	개정 내용
1	1962	▪ 외국인의 대한민국 국적 취득시 6월내 원국적 상실 요구 ▪ 국적회복심의위원회의 건의에 의해 해외에서 국적회복 가능

개정 회차	연도	개정 내용
2	1963	▪ 귀화자의 특정 공직(대통령 등) 취임 금지 삭제 ▪ 대한민국 국적 취득시 6월내 원국적 상실 않으면 대한민국 국적 상실
3	1976	▪ 국적회복심의위원회 폐지 — 국내외 국적회복 절차 동일
4	1998	▪ 부모양계혈통주의 채택 ▪ 국민의 처가 되는 자의 혼인에 의한 국적의 자동취득 폐지 ▪ 국민의 배우자를 위한 간이귀화 제도 개선 ▪ 처의 수반취득 및 단독귀화금지 조항 삭제 ▪ 국적회복 불허사유 명문화 ▪ 이중국적자의 국적선택의무 규정 ▪ 국적판정제도 명문화
5	2001	▪ 1998년 법 개정 전 모계출생자의 국적취득 특례를 법 개정 이전 10년에서 20년으로 연장
6	2004	▪ 귀책사유 없이 혼인을 계속할 수 없거나 미성년 자녀 양육 중인 국민의 배우자를 위한 간이귀화 요건 완화
7	2005	▪ 병역의무자의 국적이탈 제한 및 국적이탈 가능기간 조정
8	2008	▪ 가족관계등록제도의 변화 반영
9	2008	▪ 허위·부정에 의한 국적취득 취소 ▪ 한자 표기를 한글 표기로 전환하고 표현을 개선
10	2010 · 2011	▪ 우수 외국인재로서 국익에 기여할 것으로 인정되는 자에 대한 특별귀화 경로 개설 ▪ 대한민국 국적취득자의 외국 국적 포기 이행기간을 1년으로 연장 ▪ 특별공로자와 우수 외국인재, 혼인유지 등의 요건을 갖춘 결혼이민자, 해외입양인, 65세 이상의 영주귀국자, 국적포기 의무 이행이 어려운 자로서 대통령령으로 정하는 자의 국적취득시 외국국적불행사서약으로써 외국 국적 포기를 갈음할 수 있게 함 ▪ 국적선택 의무를 가지는 복수국적자의 국적선택시 외국국적불행사서약으로써 외국 국적 포기를 갈음할 수 있게 함 ▪ 국적선택 미이행자 및 외국국적불행사서약에 반하는 행동을 한 자에 대한 국적선택명령제도 신설 ▪ 복수국적자에 대해 대한민국 법령 적용에서 국민으로만 처우한다는 원칙 ▪ 외국 국적 보유 상태에서 수행할 수 없는 직무에의 종사 요건으로서 외국 국적 포기 의무 ▪ 외국에 주소가 있는 경우에만 주소지 관할 재외공관을 통한 국적이탈신고 허용 ▪ 공무원의 복수국적자 발견시 통보의무 ▪ 법무부장관의 권한을 출입국관리사무소장 등에게 위임할 수 있도록 함

개정 회차	연도	개정 내용
11	2014	▪ 출입국관리사무소장 등 직책 명칭 변경
12	2016	▪ 병역법 개정으로 인한 용어 변경
13	2016	▪ 복수국적자의 정의에서 대통령령에 의한 규정의 근거 마련
14	2018	▪ 허가신청·신고 및 증명서 발급에 대한 수수료 징수의 근거 규정
15	2018	▪ 귀화/국적회복에 의한 국적취득에 대해 국민선서 및 귀화증서/국적회복증서 수여 제도 도입 ▪ 일반귀화에 대해 영주자격전치주의 도입 ▪ 귀화 요건인 품행 단정에 대한 판단 기준의 하위 법령 위임 근거 규정 ▪ 귀화에 국가안전보장·질서유지·공공복리 판단 근거 규정 ▪ 관계 기관 등의 협조 요청 근거 규정
16	2020	▪ 병역법 개정으로 인한 용어 변경
17	2022	▪ 주된 생활 근거가 해외에 있는 복수국적자의 병역준비역 편입 후 예외적 국적이탈 절차 신설

 ## 제2절   국적의 취득

국적의 취득을 출생과 더불어 취득하는 경우, 즉 선천적 취득과 출생 후 살아가면서 취득하는 경우, 즉 후천적 취득으로 나누어 살핀다.

1. 국적의 선천적 취득

현대 국가는 출생하는 사람에게 국적을 부여한다. 출생자에 대한 국적부여의 원리로는 혈통주의(ius sanguinis)와 출생지주의(ius soli)가 있다.[9] 점점 많은 나라가 두 원리를 혼합하는 추세에 있다. 대한민국은 혈통주의를 기본으로 하면서 매우 예외적으로만 출생지주의에 의한 국적취득을 가능하게 하고 있다.

---

9 이를 각각 속인주의와 속지주의라 부르기도 하는데 혈통주의와 출생지주의가 더 분명한 의미를 전달하며 특히 혈통주의는 ius sanguinis라는 원어의 의미를 보다 충실히 반영한다.

(가) 혈통주의와 출생지주의

혈통주의는 출생 당시 부(父) 또는 모(母)가 국민인 자에게 출생과 더불어 국적을 부여하는 원리이다. 출생지주의를 기본으로 하는 나라도 해외에서 출생하는 국민의 자녀에게 일정한 요건 하에 국적을 취득할 수 있게 하는 것이 일반적이므로 모든 나라가 많건 적건 혈통주의를 채택하고 있다고 할 수 있다. 다만 해외에서 출생하는 사람의 국적취득을 얼마나 제한하는가는 나라마다 다르다.

혈통주의에는 출생 당시 부(父)가 국민인 경우에만 국적을 부여하는 부계혈통주의와 부모 중 한 사람만 국민인 경우에도 국적을 부여하는 부모양계혈통주의가 있다. 과거에는 남성중심의 사회구성원리에 기초하여 부계혈통주의를 취한 나라가 많았다. 한국은 1998년에 이르러서야 부모양계혈통주의로 전환하였다.

출생지주의는 영토 내에서 출생했다는 이유만으로 국적을 부여하는 무조건적 (unconditional) 출생지주의와 일정한 요건을 갖추었을 때 영토 내 출생을 이유로 국적을 부여하는 조건부(conditional) 출생지주의로 나뉜다. 2020년을 기준으로 37개국이 무조건적 출생지주의를 선천적 국적취득의 기본 유형으로 삼고 있다.[10] 반면 유럽에서는 2004년 아일랜드를 마지막으로 무조건적 출생지주의가 사라졌다. 한편 혈통주의를 기본으로 삼는 나라도 출생지주의를 보충적으로 채택하는 추세이다. 조건부 출생지주의에는 정주자격을 가진 부 또는 모로부터 출생한 사람에게 출생과 더불어 국적을 부여하는 유형, 부 또는 모가 해당 국가에서 출생했고 본인이 그 나라에서 출생한 경우 국적을 부여하는 유형(이중출생지주의), 출생한 후 일정 기간 거주함으로써 국적을 취득하는 유형이 있다.[11]

혈통주의는 폐쇄적인 혈연적, 종족적(ethnic) 민족주의를, 출생지주의는 개방적인 시민적(civic) 국민주의를 표현하는 것처럼 말하는 이분법적 사고는 오류이다. 혈통주의는 프랑스혁명 이후 앙시앙 레짐의 충성 원리인 출생지주의를 부정하면서 로마법의 원리에 입각해 도입했을 뿐 특정의 민족구성 원리로부터 도출된 것이 아니다.[12]

---

10 Luuk van der Baaren and Maarten Vink, "Modes of Acquisition and Loss of Citizenship around the World: Comparative Typology and Main Patterns," RSC Working Paper 2021/90 (Fiesole: Robert Schuman Centre for Advanced Studies, 2021), p. 22.

11 이러한 유형들을 어떻게 부를 것인가에 관해서는 명순구·이철우·김기창, 『국적과 법』(고려대 법학연구원, 2010), 제3장; 라희문 외, 「한국사회에 적합한 보충적 출생지주의 도입방안 연구」, 『국가정책연구』 제34권 제3호 (2020), 211-236면 참조. 명칭에 대한 논의는 보류한다.

12 Patrick Weil, How to Be French: Nationality in the Making since 1789 (Durham: Duke

그렇지만 이민 2세대를 국민으로 통합하는 데 출생지주의가 강점을 가지고 있다. 따라서 출생지주의의 채택 여부를 국적제도의 개방성을 평가하는 데 중요한 지표로 삼는 경향이 있다.13

한편 일각에서는 혈통주의와 출생지주의 외에 거주지주의(ius domicili)를 거론하기도 한다. 이는 거주에 기초하여 국적을 부여한다는 원리로서 선천적 국적취득의 두 유형과 병립하는 별개의 유형으로 보아서는 안 된다.14

(나) 혈통주의에 의한 국적의 취득

1) 최초 대한민국 국민은 누구인가?

혈통주의에 의해 국민을 재생산하기 위해서는 시원적(始原的) 국민집단이 선존하여야 한다. 1948년 제정 당시의 국적법은 선천적 국적취득의 요건으로서 "출생한 당시에 부가 대한민국의 국민인 자"(제2조 제1호), "출생하기 전에 부가 사망한 때에는 사망한 당시에 대한민국의 국민이던 자"(제2조 제2호), "부가 분명하지 아니한 때 또는 국적이 없는 때에는 모가 대한민국의 국민인 자"(제2조 제3호)일 것을 요하였다. 대한민국헌법이 만들어지고 정부가 수립되기 전에 태어난 사람이 거의 대부분인 시절에 대한민국 국민인 부(父)로부터 태어난 사람을 국민으로 인정한다는 조문은 대한민국이 1948년에 비로소 건국된 것이 아니라 일제의 강점에도 불구하고 단절 없이 존재해온 국가임을 전제로 했다.15 한편 법원은 미군정하 1948년 5월 조선과도입법의원이 제정한 「국적에 관한 임시조례」(남조선과도정부 법률 제11호)를 또 하나의 근거로 삼는 해석론을 취했다. 그에 따르면, "조선인을 부로 하여 출생한 자"는 「국적

University Press, 2008), chap. 1.

13 이철우, 「국적법 평가를 위한 지수·지표 개발의 성과와 전망」, 『법학연구』(연세대) 제32권 제2호 (2022), 143–177면.

14 명순구·이철우·김기창, 『국적과 법』, 111–112면에서는 출생 후 일정 기간 거주를 조건으로 국적을 취득하는 제도를 "거주주의"로 표현했고, 이혜경 외 7인의 『이민정책론』(박영사, 2016) 제5장(설동훈 집필)에서는 "거주지주의"로서 같은 현상을 표현했으나, ius domicili는 거주에 따른 후천적 국적취득에 관대한 법제를 뜻하는 모호한 용어로 사용되기도 하여 개념상 혼란을 초래한다. 어떤 의미로 사용하든 혈통주의 및 출생지주의에 병렬하는 개념이 될 수는 없다.

15 1948년 국적법 제정 당시 이인 법무부장관은 다음과 같이 취지를 설명했다. "우리가 결국 8·15 이전에 … 국가가 있었다고 생각합니다 … 오래 전부터 정신적·법률적으로 국적을 가졌다. 이렇게 보아서 이 법률을 제정했습니다." 정인섭, 「법적 기준에서 본 한국인의 범위」, 임원택교수 정년기념 『사회과학의 제문제』(법문사, 1988), 661–662면에서 재인용.

에 관한 임시조례」에 의해 "조선의 국적"을 가졌다가 1948년 7월 17일 대한민국 헌법의 발효와 함께 대한민국 국적을 취득하였다는 것이다.[16]

그렇다면 대한민국 국민으로 전환한 조선국적자는 누구인가? 국적법이 최초의 대한민국 국민이 누구인지를 규정하지 않은 것을 입법의 불비라고 비판하는 견해가 많다.[17] 그러나 최초 국민을 정의하는 경과규정을 둔다고 해도 그 국민의 바탕을 이루는 집단의 경계를 정의하고 누가 그에 속하는가의 문제가 당연히 해결되는 것은 아니다.[18]

국적법 기초자들이 말한 "대한민국 국민"과 「국적에 관한 임시조례」에서 말하는 "조선인"은 모두 과거 조선왕조 및 대한제국의 인민 및 그 자손을 뜻한다. 1909년의 민적법에 의해 작성된 민적, 그리고 1923년 발효한 조선호적령에 의한 조선호적은 그러한 사람들을 기록한 가장 완비된 문서로서, 대한민국의 최초 국민임을 입증하는 가장 효과적인 수단이었다. 1960년 호적법에 의해 조선호적을 대체한 신호적과 2007년에 도입된 가족관계등록부에 이르기까지 이 민법상의 등록부가 국적의 취득과 상실을 기록하는 가장 중요한 문서로 기능해왔다. 호적부 또는 가족관계등록부에의 기재는 "국적득상의 효과를 창설하는 작용을 하는 것이 아니고 국적법에 의하여 형성된 국적득상에 관한 사항을 절차적으로 정리하는 행위"에 지나지 않는다.[19] 그러나 일찍 한반도를 떠나 호적에 기재되지 않은 사람과 그 후손의 신원증명은 실무상의 난제이다.[20]

---

16 서울고등법원 1995. 12. 8. 선고 94구16009 판결; 대법원 1996. 11. 12. 선고 96누1221 판결. 김명기는 법원이 조선 국적을 가지던 자가 대한민국 국적을 "취득"했다고 한 것에 대해 대한민국을 1948년에 세워진 신생국으로 보는 듯한 표현은 잘못이라고 비판한다. 김명기, 「북한주민을 대한민국국민으로 본 대법원 판결의 법이론」, 『저스티스』 제30권 제2호 (1997), 186-205면.

17 노영돈, 「우리나라 국적법의 몇 가지 문제에 관한 고찰」, 『국제법학회논총』 제41권 제2호 (1997), 53-57면; 이장희, 「통일시대를 대비한 한국 국적법의 개정방향 검토」, 이장희 엮음, 『통일시대를 대비한 국적법의 개정방향』 (아시아사회과학연구원, 1998), 58-62면; 손희두, 『북한의 국적법』 (한국법제연구원, 1997), 56, 61면; 석동현, 『국적법』, 308-331면.

18 정인섭, 「우리 국적법상 최초 국민 확정기준에 관한 검토」, 『국제법학회논총』 제43권 제2호 (1998), 246-247면.

19 대법원 2003. 5. 30. 선고 2002두9797 판결.

20 이철우, 「한인의 분류, 경계 획정 및 소속 판정의 정치와 행정」, 『한국이민학』 제1권 제2호 (2010), 5-41면; Chulwoo Lee, "How Can You Say You're Korean? Law, Governmentality and National Membership in South Korea," *Citizenship Studies*, Vol. 16, No. 1 (2012), pp. 85-102.

2) 부모양계혈통주의로의 전환

「국적에 관한 임시조례」에 이어 1948년 제정 국적법이 택한 부계혈통주의는 1998년 제4차 국적법 개정이 발효하기까지 존속하였다. 부계혈통주의는 1979년 체결된 「여성에 대한 모든 형태의 차별철폐에 관한 협약」 제9조 제2항에 반하였다.[21] 대한민국은 「시민적 및 정치적 권리에 관한 국제규약」에 가입하였으나 법개정은 1997년에야 이루어졌다. 그 직전 서울고등법원이 부계혈통주의 조항을 대상으로 위헌심판을 제청함으로써 입법에 속도를 가하였다.[22] 헌법재판소는 부계혈통주의가 헌법 제11조 제1항의 남녀평등원칙 및 헌법 제36조 제1항이 규정하는 가족생활에 있어서의 양성평등원칙에 위배된다고 선언하였다.[23] 1998년 개정 법률이 발효함으로써 다음과 같이 부모양계혈통주의가 도입되었다.

> **국적법 제2조(출생에 의한 국적 취득)** ① 다음 각 호의 어느 하나에 해당하는 자는 출생과 동시에 대한민국 국적을 취득한다.
> 1. 출생 당시에 부(父) 또는 모(母)가 대한민국의 국민인 자
> 2. 출생하기 전에 부가 사망한 경우에는 그 사망 당시에 부가 대한민국의 국민이었던 자
> 3. 부모가 모두 분명하지 아니한 경우나 국적이 없는 경우에는 대한민국에서 출생한 자
> ② 대한민국에서 발견된 기아(棄兒)는 대한민국에서 출생한 것으로 추정한다.

3) 출생에 따른 절차

대한민국 국민으로 태어난 아동은 태어난 즉시 출생등록될 권리를 가진다. 이는 '법 앞에 인간으로 인정받을 권리'로서 모든 기본권 보장의 전제가 되므로 법률로도 제한하거나 침해할 수 없다.[24] 「가족관계의 등록 등에 관한 법률」은 출생 후 1개월

---

21 「여성에 대한 모든 형태의 차별철폐에 관한 협약」 제9조 ② 당사국은 자녀의 국적에 관하여 남성과 동등한 권리를 여성에게 부여하여야 한다. 대한민국은 제9조를 유보하고 있었다.

22 서울고등법원 1997. 8. 20. 위헌법률심판제청 97부776.

23 헌재 2000. 8. 31. 97헌가12. 북한인인 모로부터 출생한 원고의 제청신청에 의한 이 사건에서 헌법재판소는 부계혈통주의를 규정하는 국적법 조항이 헌법에 반한다고 선언하면서도 그 조항이 이미 개정되어 재판의 전제성을 상실하였음을 이유로 위헌심판제청은 각하하였다. 그러나 신법 시행 전 10년 동안 태어난 사람에게만 국적을 취득할 수 있도록 하는 부칙 제7조 제1항의 경과규정이 헌법적으로 정당화될 수 없다고 보아 헌법불합치 결정을 내렸다. 이에 따라 모계출생자에 의한 국적취득의 특례를 1978년 6월 14일부터 1998년 6월 13일까지의 사이에 출생한 사람에로 연장하는 법개정이 이루어졌다.

24 대법원 2020. 6. 8.자 2020스575 결정.

이내에 출생신고를 하도록 한다(제44조 제1항). 출생신고는 재외공관에서도 할 수 있
다(동법 제34조). 외국 출생자의 출생을 출생한 나라의 절차에 따라 신고하는 경우 3
개월 이내에 재외공관의 장에게 증서의 등본을 제출하여야 한다(동법 제35조 제1항).
동 법률은 2023년 7월 개정되어 부모가 출생신고를 하지 않아도 의료기관이 출생 정
보를 제출하고, 건강보험심사평가원이 출생 사실을 통보하며, 시·읍·면장이 직권에
의해 등록부에 출생을 기록할 수 있게 되었다(동법 제44조의3~5).

　물론 출생신고와 등록을 하지 않더라도 국적을 취득하지 못하는 것은 아니다. 법
적으로는 당연히 국민의 지위를 갖춘 것이지만 사실상 또는 실무상 국민으로 처우
받지 못할 뿐이다.[25]

4) 혼인 중의 출생과 혼인 외의 출생에 따른 국적취득

　국적법 제2조 제1항 제1호에서 "출생 당시에 부 또는 모가 대한민국 국민"임을
요하는 것이 부모가 법률혼 관계에 있을 때 출생하였을 것을 요하는 것인가? 국적법
은 혈통주의에 의한 국적취득의 요건으로서 혼인 중의 출생일 것을 명시적으로 요구
하지는 않는다. 그러나 혼인 외의 출생으로는 당연히 민법상 친자관계가 성립하는
것이 아니며 그 결과 국적취득이 어려울 수 있다.

　부모가 모두 대한민국 국민인 경우에 친자관계는 대한민국 민법에 의한다. 그 경
우 혼인 중에 포태한 경우 부의 자로 추정됨(민법 제844조 제1항)은 물론 모의 자로서
도 대한민국 국적을 취득한다. 혼인 외의 출생자는 부와의 친자관계가 당연히 성립
하지는 않으나, 모와의 친자관계는 예외적인 경우가 아니면 모의 포태와 분만에 의
해 성립하므로 그에 따라 대한민국 국적을 바로 취득한다.

　부모 중 일방이 외국인인 경우 부모의 혼인은 어느 나라 법에 의해 그 효력을 인
정할 것인가, 그리고 친자관계는 어느 나라 법에 의해 인정할 것인가에 관한 복잡한

25　석동현은 1997년의 제4차 개정 전에는 "다음 각 호의 1에 해당하는 자는 대한민국의 국민이
다"라고 표현하던 것을 4차 개정과 함께 "다음 각 호의 1에 해당하는 자는 출생과 동시에 대
한민국의 국적을 취득한다"고 달리 규정한 것에 특별한 의미를 부여한다. 즉 출생이라는 자연
적 사실에 의해 대한민국 국민이 되는 것이 아니라 대한민국 국민이 될 수 있는 법적 자격을
얻을 뿐이며, 가족관계등록부에 기재되지 않으면 잠재적 국민 또는 사실상의 국민(de facto
national)에 머무를 뿐이라고 해석한다. 석동현, 『국적법』, 98-99면. 그러나 석동현이 말하는
"사실상의 국민"은 개념적으로는 그 역이 되어야 한다. 즉 법적으로는 국민이지만 사실상 국
민으로서의 지위를 향유할 수 없는 상태로 보아야 한다. "출생에 의한 국적취득은 대한민국
국민의 자로 출생하였다는 사실 자체에 의하여 발생하는 것이지 출생신고에 의하여 발생하는
법률효과가 아니다." 서울행정법원 2012. 2. 17. 선고 2011구합22051 판결.

국제사법의 문제가 발생한다. 이에 대해서는 본장에서 상술하지 않는다. 선천적 국적취득과 관련해 대두하는 가장 복잡한 문제는 부모가 사실혼관계에 있을 때 출생한 자의 국적 문제로서, 그 중 특히 모가 외국인인 경우이다. 모가 국민인 경우 친자관계에 대해서는 법률혼이냐 사실혼이냐와 무관하게 민법에 의해 뒷받침되는 모와의 친자관계에 기초하여 대한민국 국적을 취득하며 모와의 친자관계는 대부분 포태와 출생에 의해 인정되지만, 부가 국민이고 모가 외국인이면서 부와 모가 법률혼관계에 있지 않은 경우에는 부가 인지함으로써만 친자관계가 성립하여 국적을 취득할 수 있다.26 가족관계등록법은 부가 출생신고를 하는 경우 그 신고는 인지의 효력이 있다고 규정한다(제57조 제1항). 인지는 포태 중에도 할 수 있는데, 그렇게 하면 국적법 제2조 제1항에 의해 출생과 더불어 국적을 취득한다.

혼인관계에 있지 않은 국민인 부와 외국인 모 사이에서 출생한 사람이 혈통주의에 의해 곧바로 국적을 취득하지 못하는 사정 때문에 한국인 남성과 필리핀 또는 베트남 여성 사이에서 현지에서 출생한 소위 코피노 또는 라이따이한 아동이 대한민국 국적을 취득하는 것이 제한된다. 이처럼 섭외혼의 경우 혼인 중의 출생자인지 혼인 외의 출생자인지에 따라 국적부여에 차등을 두는 것이 평등원칙에 반하지 않는가라는 의문이 있다. 국민과 외국인 사이에 태어난 혼외자와 관련해 모가 국민인 경우와 부가 국민인 경우를 차별하는 가장 큰 근거는 혼외의 부자관계는 모자관계에 비해 결합의 정도와 생활상의 밀착도가 미약하다는 점이다.27 유럽에서는 외국인 모로부터 혼인외 출생한 자는 준정(準正)이 있어야만 국적을 취득할 수 있게 하는 입법례가 있었는데, 유럽인권재판소(European Court of Human Rights)는 그것이 혼외자에 대한 차별로서 유럽인권협약(Convention for the Protection of Human Rights and Fundamental Freedoms)에 반한다고 판결하였다.28 일본 국적법도 준정을 요구하였다가 2008년 최고재판소에 의해 위헌으로 판정된 후 개정되었다.29 미국은 해외에서 태어난 혼인 외의 출생자의 부가 국민이고 모가 외국인 경우 그 반대의 경우에 비해 훨씬 엄격한 요건들을 충족해야 국적을 취득할 수 있도록 했으나 그에 도전하는 쟁송이 변화

---

26 석동현, 『국적법』 99–102, 115–121면 및 본서 제11장 참조.
27 석동현, 『국적법』, 102면.
28 몰타의 국적법에 대해 판결한 *Genovese v. Malta*, no. 53124/09, ECHR 2011. 오스트리아 헌법 재판소는 이와 유사한 오스트리아 국적법에 대해 같은 취지의 판결을 내렸다. Joachim Stern and Gerd Valchars, *Country Report: Austria*, RSCAS/EUDO–CIT–CR 2013/28, Fiesole: Robert Schuman Centre for Advanced Studies, 2013), pp. 19–20.
29 석동현, 『국적법』, 113–115면.

를 자극하고 있다.[30]

5) 출생 전에 부가 사망한 경우

출생 전에 부가 사망한 경우 사망 당시에 부가 국민이었다면 출생과 더불어 국적을 취득한다는 국적법 제2조 제1항 제2호의 규정은 부모양계혈통주의에 의해 의미가 감소되었으나 모가 외국인인 경우 국적취득을 가능하게 한다.

6) 국적유보제도는 필요한가?

1997년의 제4차 국적법 개정시 논란이 된 사안 중 하나는 국적유보제도의 도입 여부였다. 국적유보제도는 부 또는 모가 국민인 자가 외국에서 출생하는 경우 국적을 계속 보유할 의사를 표시할 것을 요하고 그렇게 하지 않으면 국적을 상실케 하거나 부여하지 않는 제도이다. 외국에서 출생한 자, 특히 세대를 거듭해 외국에서 출생한 자는 본국과의 유대가 희박하고 본국의 인구관리에도 어려움을 초래할 수 있으므로 적극적으로 국적보유를 희망하거나 본국과 실질적 유대를 가진 경우에만 국민으로 취급하고자 하는 취지이다. 일본 국적법은 국적보유의 의사표시가 없으면 출생시에 소급하여 국적을 상실시킨다. 1992년 국적법 개정시안은 국적유보제도를 포함하고 있었다. 부모양계혈통주의를 도입하게 되면 국민인 모로부터 해외에서 출생하는 국민이 양산되는데 이들은 호적에 기재되지 않아 정부가 파악할 수 없으며 더욱이 이중국적자가 많아 복잡한 외교적 문제가 발생할 수 있으므로 국적보유를 제한하는 것이 필요하다는 이유였다. 그러나 재일한국인 등의 강한 반발에 부딪혀 좌절되었다. 지나친 행정편의주의일 뿐만 아니라 출생과 함께 한일 두 국적을 가지게 되는 사람을 일본 단일국적자로 만드는 결과를 가져온다는 점이 반대의 논거였다.[31] 국적이탈이 어려워진 근래에는 미국에서 출생하여 시민권을 가지게 된 자녀의 부모들이 오히려 국적유보제도의 도입을 요구하기도 한다.

---

30 부(父)에 대해 복잡한 인지 요건을 규정한 것이 합헌이라는 *Miller v. Albright*, 523 U.S. 420 (1998); *Nguyen v. INS*, 533 U.S. 53 (2001). 그러한 요건이 동아시아에 주둔한 미군과 현지 여성으로부터 출생한 소위 아메라시안들이 미국 시민권을 취득하지 못한 원인의 하나이다. 이철우, 「피로써 구별되는 국민들: 혼혈인과 한국사회」, 정인섭 엮음, 『사회적 차별과 법의 지배』 (박영사, 2004), 255−259면. 한편 부가 국민인 경우와 모가 국민인 경우 출생자녀의 국적취득을 위해 부 또는 모에게 요구되는 미국내 체류기간을 5년과 1년으로 다르게 하는 것을 합헌으로 판단한 *Flores−Villar v. US*, 564 U.S. 210 (2011) 및 위헌으로 선언하고 일률적으로 5년 요건을 적용한 Sessions v. Morales−Santana, 582 U.S. 47 (2017).

31 정인섭, 「국적유보제도 도입의 득실」, 『서울국제법연구』 제4권 제2호 (1997), 63−74면.

(다) 출생지주의에 의한 국적취득

1) 예외적 출생지주의

국적법은 혈통에 의해 국적을 취득할 수 없는 사람 중 부모가 분명하지 않거나 국적이 없는 예외적인 경우에만 국내 출생에 의해 국적을 취득하게 한다(제2조 제1항 제3조). 혈통주의를 기본원리로 삼는 나라도 이처럼 예외적인 경우에 국적을 부여하는 경우가 많다. 무국적을 방지하기 위함이다. 그러나 부모가 분명하고 국적이 있더라도 그들의 국적국이 해외 출생자에게 국적을 부여하는 데 인색한 법제를 가지고 있는 경우에는 여전히 무국적자가 될 수 있다. 그래서 「무국적 감소에 관한 협약」(Convention on the Reduction of Statelessness)은 체약국에 대해 해당 국가의 영토에서 출생한 사람이 다른 국적을 가지지 못하는 경우 국적을 부여할 것을 의무화하고 있다(제1조). 일정 기간 상주하였을 것을 요건으로 사후에 부여할 수도 있다. 대한민국도 국내 출생자가 법률상의 무국적자가 되지 않도록 법의 공백을 메우자는 입법론이 있는가 하면,[32] 무국적자로부터 출생한 자에게 국적을 부여하더라도 일정기간 국내에 주소를 둔 경우에 한해 국적을 취득하게 하자는 의견도 있다.[33]

2) 부모가 국적이 없는 경우

부모가 국적이 없는 경우라 함은 법률상의 무국적임을 뜻하며 사실상의 무국적으로는 족하지 아니한다. 법률상의 무국적(de iure statelessness)은 지구상 어느 국가의 법에 의해서도 국적을 가지지 못하는 상태를 뜻한다.[34] 사실상의 무국적(de facto statelessness)은 "실효적 국적(effective nationality)이 없고 국가의 보호를 받을 수 없는" 경우를 뜻하며, 국적을 입증 또는 판정(determine)할 수 없는 상태도 넓은 의미의 사실상의 무국적이라 할 수 있다.[35] 부모가 이런 상태에 있다고 해서 그로부터 국내에서 출생한 아동이 국적을 취득하는 것은 아니다.

3) 국내 출생의 추정

대한민국에서 발견된 기아(棄兒)는 대한민국에서 출생한 것으로 추정한다는 국적

---

32 명순구·이철우·김기창, 『국적과 법』, 154-158면.
33 석동현, 『국적법』, 104면.
34 「무국적자의 지위에 관한 협약」 제1조 제1항.
35 이철우, 「무국적의 세계적 실태와 대응」, 『한국이민학』 제1권 제1호 (2010), 52면.

법 제2조 제2항은 제2조 제1항 제3호에 대한 보충적 의미를 가진다. 예를 들어 베이비박스에 버려진 아동은 제2조 제2항에 의해 국내 출생이 추정됨으로써 결국 제2조 제1항 제3호의 적용을 받는다.

2. 인지에 의한 국적의 취득

인지는 혼외 출생한 자를 자기의 자로 인정하는 법률행위이다. 제3조는 인지를 국적취득의 한 방식으로 삼아 다음과 같이 규정한다.

> **국적법 제3조(인지에 의한 국적 취득)** ① 대한민국의 국민이 아닌 자(이하 "외국인"이라 한다)로서 대한민국의 국민인 부 또는 모에 의하여 인지(認知)된 자가 다음 각 호의 요건을 모두 갖추면 법무부장관에게 신고함으로써 대한민국 국적을 취득할 수 있다.
> 1. 대한민국의 민법상 미성년일 것
> 2. 출생 당시에 부 또는 모가 대한민국의 국민이었을 것
> ② 제1항에 따라 신고한 자는 그 신고를 한 때에 대한민국 국적을 취득한다.
> ③ 제1항에 따른 신고 절차와 그 밖에 필요한 사항은 대통령령으로 정한다.

(가) 인지에 의한 국적취득의 요건

앞에서 보았듯이, 국민인 부와 외국인 모의 혼인외 출생자가 혈통에 의해 대한민국 국적을 취득하기 위하여는 부자간의 친자관계가 부의 인지에 의하여 인정되어야 한다. 국제사법에 따르면, 인지는 모의 본국법, 부의 본국법, 본인의 상거소지법, 인지자의 본국법에 의할 수 있다(제41조 제2항). 국적법 제3조 제1항은 어느 나라 법에 의해 인지되었는지는 묻지 않으므로 인지의 절차는 외국법에 의할 수도 있겠으나 인지된 자가 대한민국의 민법에 의해 미성년이어야 국적을 취득할 수 있다. 1998년 제4차 개정 전에는 본국법상 미성년일 것을 요하였다. 미성년자에게만 인지에 의해 국적을 취득하는 것을 허용하는 것은 부모와의 인적 결합관계가 있어야 신고만으로 국적을 부여하는 것이 정당화되기 때문이며, 대한민국 법에 의해 미성년일 것을 요구하는 것은 대한민국 국민에 의해 인지되어 그 가족의 일원으로 포섭되는 것을 전제로 국적을 부여하는 것이기 때문이다.

대한민국 국민인 모의 인지에 의하여도 국적을 취득할 수 있으나 모와 자의 친자

관계는 대체로 명백하여 모의 인지가 필요한 경우는 매우 드물 것이다.[36] 다만 대리모에 의한 출산 등 현대의 새로운 현상들이 등장함에 따라 향후에는 필요성이 커질 가능성이 있다.

"출생 당시에 부 또는 모가 대한민국의 국민이었을 것"을 명시적으로 요구하고 있다. "대한민국의 국민인 부 또는 모에 의하여 인지된 자"라 규정하고 있으므로 인지하는 시점에도 국민이어야 한다.

(나) 인지에 의한 국적취득의 시점

민법에 의하면 인지는 인지된 자의 출생시에 소급하여 효력이 생기며(제860조), 부는 자의 포태 중에도 인지할 수 있지만, 국적법상 국적을 취득하는 시점은 법무부장관에게 신고한 때이다. 1998년 개정 전에는 인지와 동시에 국적을 취득하도록 되어 있었던 것과 차이가 있다. 포태 중의 인지 후 출생 전에 신고한 경우를 제외하면 인지에 의한 국적취득은 후천적 국적취득에 해당한다.

3. 귀화에 의한 국적의 취득

귀화는 외국인이 국민이 될 것을 지망하여 국가가 이에 대하여 국적을 부여하는 것을 뜻한다.[37] 국적법은 대한민국 국적을 취득한 사실이 없는 외국인은 법무부장관의 귀화허가(歸化許可)를 받아 대한민국 국적을 취득할 수 있다고 규정한다(제4조 제1항). 귀화허가는 "외국인에게 대한민국 국적을 부여함으로써 국민으로서의 법적 지위를 포괄적으로 설정하는 행위"로서 그 성질은 특허에 해당한다.[38] 귀화허가는 재량행위로서 그 속성에 대해서는 곧 상술한다.

국적법은 귀화에 의한 국적취득의 유형을 일반귀화, 간이귀화, 특별귀화의 세 가지로 구별하여 규정한다. 일반귀화는 국적을 취득하려는 외국인이 일정 기간의 거주 외에는 대한민국과 특별한 연고를 가지지 않는 경우의 귀화로서 다른 유형에 비해

---

36 출생 사실만으로 당연히 모자관계를 인정할 수 없는 예외적인 경우에는 모가 인지함으로써 모자관계가 성립한다(민법 제855조 제1항).

37 대한법률구조공단 법률용어사전(http://www.klac.or.kr/html/view.do?code=71).

38 대법원 2010. 7. 15. 선고 2009두19069 판결; 대법원 2010. 10. 28. 선고 2010두6496 판결; 김동희, 『행정법 I』 제24판 (박영사, 2018), 294면; 홍정선, 『행정법원론(상)』 제26판 (박영사, 2018), 391면.

엄격한 요건을 충족하여야 한다. 간이귀화는 국적을 취득하려는 외국인과 대한민국 사이에 존재하는 연고관계에 기초하여 보다 단기의 거주기간 등 완화된 요건 하에 국적을 취득할 수 있도록 하는 제도이다. 특별귀화는 대한민국과 특별한 관계를 가지는 외국인에 대해 거주요건 등 여러 요건을 면제하는 귀화의 유형이다.

1991년부터 2022년 말까지 총 234,585명의 외국인이 귀화하였다.[39] 이 중 간이귀화가 압도적으로 높은 비율을 점한다.

(가) 일반귀화

국적법 제5조는 일반귀화의 요건을 다음과 같이 규정한다.

> **제5조(일반귀화 요건)** 외국인이 귀화허가를 받기 위하여서는 제6조나 제7조에 해당하는 경우 외에는 다음 각 호의 요건을 갖추어야 한다.
> 1. 5년 이상 계속하여 대한민국에 주소가 있을 것
> 1의2. 대한민국에서 영주할 수 있는 체류자격을 가지고 있을 것
> 2. 대한민국의 민법상 성년일 것
> 3. 법령을 준수하는 등 법무부령으로 정하는 품행 단정의 요건을 갖출 것
> 4. 자신의 자산(資産)이나 기능(技能)에 의하거나 생계를 같이하는 가족에 의존하여 생계를 유지할 능력이 있을 것
> 5. 국어능력과 대한민국의 풍습에 대한 이해 등 대한민국 국민으로서의 기본 소양(素養)을 갖추고 있을 것
> 6. 귀화를 허가하는 것이 국가안전보장·질서유지 또는 공공복리를 해치지 아니한다고 법무부장관이 인정할 것

판례는 이 요건들을 갖추지 못한 경우 행정청은 귀화 허부에 관한 재량권을 행사할 여지없이 귀화불허처분을 해야 한다고 하는데,[40] 불확정개념으로 구성된 요건은 충족 여부의 판단 자체에 재량이 작용한다.

1) 거주기간

일반귀화를 위해서는 "5년 이상 계속하여" 대한민국에 주소를 가지고 있어야

---

39 1948년 국적법 제정 후 2022년말까지 총 295,902명이 귀화 또는 국적회복에 의해 대한민국 국적을 취득했다. 『2017 출입국·외국인정책통계연보』, 58면, 1000면; 『2022 출입국·외국인정책통계연보』, 62-68면.
40 대법원 2018. 12. 13. 선고 2016두31616 판결.

하며, 귀화허가를 신청할 때 영주자격을 가지고 있어야 한다.[41] 재외동포체류자격
(F-4)을 가진 사람의 거소신고 후 거주도 주소의 보유와 동일하게 취급된다.

「국적법 시행규칙」은 거주기간을 "외국인이 적법하게 입국하여 외국인등록을 마
친 후 국내에서 적법하게 계속 체류한 기간"으로 정의하되, 국내 체류 중 체류기간
이 끝나기 전에 재입국 허가를 받고 출국한 후 그 허가기간 내에 재입국한 경우, 국
내 체류 중 체류기간 연장이 불가능한 사유 등으로 일시 출국하였다가 1개월 이내에
입국사증을 받아 재입국한 경우, 또는 이 두 경우에 준하는 사유로 법무부장관이 상
당하다고 인정하는 경우에는 국내에서 계속 체류한 것으로 보아 전후의 체류기간을
통틀어 합산하도록 하고 있다(「국적법 시행규칙」 제5조). 이 규정은 법령의 명시적 위
임이 없어서 대외적 구속력을 가지는 법규라 할 수 없다는 하급심 판례가 있다.[42] 그
러나 이 규정이 반복적으로 시행되어 행정관행으로 굳어지면 그에 반하는 처분이 신
뢰의 원칙에 저촉되는 재량권의 일탈·남용으로 판단될 수 있다.

2) 체류자격

2018년 말부터 이른바 영주자격전치주의를 시행하게 되었다. 즉 귀화허가를 신
청할 때 "대한민국에서 영주할 수 있는 체류자격"을 가지고 있을 것이 요구된다. 그
전에 어떤 체류자격을 보유하고 국내에서 체류하였는지에 대해서는 규정하고 있지
않다. 취업관리제 하의 방문동거(F-1·4), 고용허가제 하의 비전문취업(E-9), 방문
취업(H-2), 소송이나 난민신청 또는 질병 치료 등을 위해 일시 체류를 허가하는 기
타체류자격(G-1) 등 계속적인 거주를 예정하지 않는 체류자격은 그 성격상 거주기
간 산정에서 제외해야 하지 않는가라는 의견이 있었다. 법원은 특정 체류자격을 제
외하지 않음을 일관하여 선언하면서도 귀화허가 여부를 결정할 때 체류자격의 성격,
내용, 부여 경위를 고려하는 재량권의 행사를 정당하다고 보았다.[43] 입법론으로는 귀
화허가에 필요한 체류기간은 거주자격(F-2) 또는 영주자격(F-5) 등 정주 성격의 체
류자격으로 체류한 기간에 한정해야 한다는 의견이 제기되었다.[44] 국적법은 그 취지
를 수용하되, 영주자격으로 일정 기간을 체류하였을 것을 요구하지는 않고, 귀화허

---

41 유럽국적협약은 일반귀화에 필요한 거주기간이 10년을 초과하지 않아야 한다고 규정하고 있
다(동 협약 제6조 제3항).
42 서울행정법원 2007. 7. 27. 선고 2007구합16301 판결(서울고등법원 2008. 4. 11. 선고 2007누
22612 판결) 참조.
43 대법원 2010. 7. 15. 선고 2009두19069 판결; 대법원 2010. 10. 28. 선고 2010두6496 판결.
44 예를 들어, 석동현, 『국적법』, 133면.

가를 신청할 당시에만 영주자격을 보유할 것을 요건으로 삼게 되었다.[45] 미국이나 캐나다와 같은 정주이민국가에서는 영주권의 보유를 귀화 요건으로 삼는 것이 당연하지만, 유럽에서는 반드시 그러하지 않다. 유럽에서 영주권전치주의를 채택한 나라 중에는 영주권을 취득한 이후의 기간만을 거주기간에 산입하는 유형, 필요적 거주기간 중 일정 기간에 대해 영주권을 요구하는 유형, 귀화허가신청 시점에 영주권자일 것만을 요하는 유형이 있다.[46]

3) 연 령

대한민국 민법상 성년일 것을 요한다. 미성년인 경우 독자적으로 귀화허가신청을 할 수 없고 수반취득만 가능하다.

4) 품 행

국적법은 귀화허가의 요건으로 품행이 단정할 것을 요구한다. 많은 나라들이 유사한 요건을 부과한다. "선량한 도덕적 품성(good moral character)"(미국), "건전한 생활태도와 품행(bonnes vie et moeurs)"(프랑스), "좋은 시민적 행동(good civic conduct)"(스페인), "소행의 선량함(素行 善良)"(일본)이 그 예이다.[47] 많은 나라에서 이러한 요건은 범죄전과가 없을 것을 요구하는 소극적 의미를 가지지만 사회생활상의 품성에 대한 실체적 판단 기준을 도입한 나라도 있다. 반면 자의적 판단의 위험성 때문에 그런 기준은 적용해서는 안 된다는 견해도 있다.[48]

국적법 제5조 제3호는 "법령을 준수하는 등 법무부령으로 정하는 품행 단정의 요건을 갖출 것"을 요건으로 명시하고 있다. "품행이 단정하다는 것은 당해 외국인의 성별, 연령, 직업, 가족, 경력, 전과관계 등 여러 사정을 종합하여 볼 때 그를 우리 국가공동체의 구성원으로 인정하여 주권자의 한 사람으로 받아들이는 데 지장이 없는 품성을 갖추고 행동하는 것을 의미한다."[49] 법무부령으로 정하는 품행 단정의 요

45 법문언상으로 그러한 해석이 도출되지만 영주자격 취득 시점을 필요적 거주기간의 기산점으로 삼는 것이 입법취지에 부합한다는 견해가 있다. 이철우·이현수·권채리·강성식, 『「국적법」에 대한 사후적 입법평가』, 한국법제연구원 입법평가 연구 18-15-⑦ (2018) 중 이현수가 집필한 제3장 「귀화 허가」, 86면.
46 영주권을 반드시 요구하지 않는 대신 영주권자에게는 필요적 거주기간을 단축시켜주는 나라도 있다. 이철우, 「국적법의 세계적 동향과 한국의 현실」, 440-442면.
47 헌재 2016. 7. 28. 2014헌바421.
48 이철우, 「국적법의 세계적 동향과 한국의 현실」, 442면; Aleinikoff and Klusmeyer, *Citizenship Policies for an Age of Migration*, chap.1.
49 헌재 2016. 7. 28. 2014헌바421; 서울행정법원 2013. 4. 4. 선고 2012구합25866 판결.

건은 다음과 같다.

> 「국적법 시행규칙」 제5조의2(품행 단정의 요건) 법 제5조 제3호에서 "법령을 준수하는 등 법무부령으로 정하는 품행 단정의 요건"이란 다음 각 호의 어느 하나에 해당하는 경우를 말한다.
>
> 1. 귀화허가를 받으려는 외국인이 다음 각 목의 어느 하나에도 해당하지 않은 경우로서 법무부장관이 해당 외국인의 법령 위반행위를 한 경위·횟수, 법령 위반행위의 공익 침해 정도, 대한민국 사회에 기여한 정도, 인도적인 사정 및 국익 등을 고려해 품행이 단정한 것으로 인정하는 경우
>   가. 금고 이상의 형의 선고를 받은 사람이 그 형의 집행이 끝나거나 집행을 받지 않기로 한 날부터 10년이 지나지 않은 경우
>   나. 금고 이상의 형의 선고를 받고 그 형의 집행을 유예 받은 사람이 그 유예기간이 끝난 날부터 7년이 지나지 않은 경우
>   다. 벌금형의 선고를 받은 사람이 그 벌금을 납부한 날부터 5년이 지나지 않은 경우
>   라. 형의 선고유예나 기소유예의 처분을 받은 사람이 형의 선고유예를 받거나 기소유예의 처분을 받은 날부터 2년이 지나지 않은 경우
>   마. 「출입국관리법」 제59조 제2항에 따른 강제퇴거명령을 받은 사람이 출국한 날부터 10년이 지나지 않은 경우
>   바. 「출입국관리법」 제68조 제1항에 따른 출국명령을 받은 사람이 출국한 날부터 5년이 지나지 않은 경우
>   사. 국세·관세 또는 지방세를 납부하지 않은 경우
>   아. 그 밖에 가목부터 사목까지의 규정에 준하는 사유에 해당한다고 법무부장관이 인정하는 경우
> 2. 귀화허가를 받으려는 외국인이 제1호 각 목의 어느 하나에 해당하는 경우에도 불구하고 법무부장관이 해당 외국인의 제1호 각 목의 어느 하나에 해당하게 된 경위나 그로 인한 공익 침해 정도, 대한민국 사회에 기여한 정도, 인도적인 사정 및 국익 등을 고려해 품행이 단정한 것으로 인정하는 경우

제1호 가−사목은 품행이 단정하지 않다고 판단되어야 하는 사유를 객관적 기준에 의해 열거하고 있다. 일반적인 형벌이나 형사처분을 받은 경우(가−라목), 출입국사범(마−바목), 조세미납(사목)으로 유형화된다. 이에 더해, 법무부장관이 가−사목에 준하는 사유에 해당한다고 인정하는 사정이 있다면 이 또한 품행 단정 요건을 충족하지 못한 것으로 취급된다(아목). 그런데 상기 제1호의 본문은 가−아목에 해당하지

않는 경우로서 "법령 위반행위를 한 경위·횟수, 법령 위반행위의 공익 침해 정도, 대한민국 사회에 기여한 정도, 인도적인 사정 및 국익 등을 고려해 품행이 단정한 것으로 인정하는 경우"에 품행 단정의 요건을 충족한다는 뜻이어서, 가-아목에 해당하지 않는 법령 위반행위라도 경위 등 몇 가지 기준에 의해 품행이 단정하지 않은 것으로 판단할 수 있다고 해석된다. 아울러 해당 조문은 가-아목에 해당하지 않는 경우에만 품행 단정 요건을 충족하는 것으로 해독되므로 가-아목에 해당하는 사유가 있으면 반드시 귀화불허처분을 하여야 한다는 뜻으로 이해되며, 특히 가-사목에 해당하는 사유는 객관적 기준에 따르므로 재량의 여지가 없다. 그러한 경직성을 완화하기 위하여 제2호에서 법무부장관으로 하여금 제1호의 부정적 사유 중 "어느 하나에 해당하게 된 경위나 그로 인한 공익 침해 정도, 대한민국 사회에 기여한 정도, 인도적인 사정 및 국익 등을 고려해 품행이 단정한 것으로 인정"할 수 있도록 하고 있다. 이를 정리하여 품행이 단정하지 않다고 판단되는 사유와 품행이 단정하다는 판단을 받을 수 있는 사유를 요약하면 다음과 같다.

표 8-2   귀화허가를 위한 품행 단정 요건을 충족하는 사유 및 충족하지 않는 사유의 유형

품행	약호	사유	근거 규정
품행요건 불충족	Ⓐ	금고 이상 형 집행 후 10년 미경과 금고 이상 형 집행유예 후 7년 미경과 벌금 납부 후 5년 미경과 선고유예·기소유예 후 2년 미경과 강제퇴거명령으로 출국 후 10년 미경과 출국명령으로 출국 후 5년 미경과 국세·관세·지방세 미납	국적법 시행규칙 제5조의2 제1호 가-사목
	Ⓑ	Ⓐ에 준하는 사유로 법무부장관이 인정하는 경우	제1호 아목
	Ⓒ	Ⓐ와 Ⓑ에 해당하지 않는 법령 위반행위로서 경위·회수, 공익 침해 정도, 사회 기여 정도, 인도적 사정 및 국익을 고려해 품행이 단정한 것으로 인정하지 않는 경우	제1호 본문
품행요건 충족	Ⓓ	Ⓐ 또는 Ⓑ에 해당하지만 법무부장관이 품행 단정을 인정하는 경우	제2호
	Ⓔ	Ⓒ에 해당하지만 법무부장관이 품행 단정을 인정하는 경우	제1호 본문
	Ⓕ	위의 어디에도 해당하지 않는 품행 상태	

※ 약호는 집필자 지정

법무부장관은 Ⓐ에 준하는 사유, 즉 Ⓑ의 인정에서 재량을 발휘하는 한편 어떤 행위가 Ⓒ에 해당하는지를 판별한다. 아울러 ⒶⒷⒸ 중 어느 하나에 해당하지만 여러 사정을 고려하여 품행이 단정하다고 인정할 수도 있다(ⒹⒺ). 품행이 단정하지 않다고 판단하여 귀화불허처분을 내리는 법무부장관의 재량권 행사를 법원은 존중해야 하는가? 아니면 법무부장관이 고려하는 사정과 동일한 사정들을 법원 스스로 고려하여, 재량권을 일탈·남용하였다는 이유로 법무부장관의 처분을 취소할 수 있는가? 문언상으로는 법무부장관이 어떤 부정적 사유에 대해 품행 단정에 해당한다고 인정하거나 품행이 단정하지 않다고 인정함으로써 곧바로 품행이 단정한 것이 되거나 또는 품행이 단정하지 않은 것이 되며, 이는 종국성을 가진다는 취지로 해석될 여지가 있지만, 국적법 제5조 제3호를 개정하여 품행 단정의 요건을 법무부령으로 구체화하도록 한 것은 불확정개념인 품행 단정에 대한 판단이 자의적이 되지 않도록 일정한 기준을 마련하기 위한 것인바, 만약 불확정한 기준에 따라 귀화허가신청자의 품행을 단정하지 않다고 내린 거부처분을 실질적으로 심사하지 못한다면 그러한 입법취지에 반하는 결과가 될 것이다. 「국적법 시행규칙」 제5조의2가 불확정개념에 대한 해석준칙에 불과하고, 법원과 국민을 구속하지 않는다는 견해도 있지만,[50] 동 규정은 품행 단정 요건을 구체화하라는 법률의 명령에 따라 제정된 것으로서 법규성을 지닌다고 보는 것이 옳다.

귀화불허처분을 다투는 항고소송이 국적에 관한 행정소송 중 가장 많고, 그 중에도 품행 단정 요건을 충족하지 않았음을 이유로 하는 처분을 다투는 소송이 가장 큰 비율을 차지해왔다. 2018년 12월 국적법 제5조 제3호가 개정되고 동 시행규칙 제5조의2가 삽입됨으로써 판단 기준이 명확해진 결과 실무가 안정화되어 소송이 줄어드는 한편 귀화불허처분에 대한 취소청구가 기각되는 비율이 높아지는 것으로 관찰되었다.[51]

시행규칙 제5조의2가 삽입되기 전의 실무까지 함께 살피면, 마약류 관리에 관한 법률 위반, 밀수에 따른 관세법 위반, 가짜 상품 밀수에 따른 상표법 위반, 외국환관

---

50 대외적 구속력을 가지지 않아 법원이 이에 구속되지 않는다는 견해로서 이현수, 「귀화 허가」, 107면.

51 2018-2019년 귀화에 관한 소송은 54건으로서 국적에 관한 소송 전체의 59%를 점했다. 귀화 관련 소송 중 품행 요건 미비를 이유로 한 처분을 다투는 소송이 34건으로 63%를 차지했고, 정부가 패소한 21건 중 16건이 품행 요건의 충족 여부에 관한 것이었다. 법무부 출입국·외국인정책본부, 『2021 국적 판례집』, 12-15, 106-108, 113-114면.

리법 위반, 경찰관 폭행에 의한 공무집행방해죄, 폭행 및 상해죄, 무면허운전 또는 음주운전 등 도로교통법 위반 등을 근거로 귀화를 불허한 사례가 적지 않다. 그러한 사례 가운데 형사처분을 받은 후 시행규칙 제5조의2 제1호 가―라목 중 해당되는 연한이 지나지 않았다면 요약표의 Ⓐ에 해당한다.[52] 이민행정을 교란하는 행위는 특히 엄격히 평가하여 품행이 단정하지 않다는 판단의 근거로 삼는데, Ⓐ에 해당하는 것으로는 위조여권의 사용은 물론 단순 불법체류로 인해 강제퇴거명령 또는 출국명령을 받고 규정된 연한을 넘기지 않은 경우, 체류 요건 충족을 위해 허위의 사실로 출입국 당국을 기망하여 기소유예 처분을 받은 후 정해진 기간이 지나지 않은 경우 등이 있다.[53]

　　Ⓐ에 해당하지 않으나 귀화불허의 근거가 된 것 중에는 기소유예가 취소되었지만 행위가 부적절하다고 평가된 경우, 복수의 경미한 전과와 2년 이상 경과한 기소유예 전력, 처벌받지 않았거나 강제퇴거명령이나 출국명령에 이르지 않은 출입국관리법령 위반 행위가 있다.[54] 그러한 행위는 정도와 성질상 Ⓑ, 즉 Ⓐ에 준하는 것으

---

[52] 서울행정법원 2009. 3. 10. 선고 2008구합46408 판결; 서울행정법원 2009. 4. 9. 선고 2008구합46415 판결; 서울행정법원 2011. 9. 1. 선고 2011구합11518 판결; 서울행정법원 2009. 8. 14. 선고 2009구합10123 판결; 서울행정법원 2010. 12. 2. 선고 2010구합27837 판결; 서울행정법원 2012. 10. 11. 선고 2012구합5664 판결; 서울행정법원 2013. 5. 3. 선고 2012구합38640 판결; 서울행정법원 2013. 8. 13. 선고 2013구합10106 판결. 이상과 이하에서 열거하는 품행 관련 판례 중 다수는 간이귀화에 관한 것이지만 그 법리는 간이귀화보다 더 엄격한 잣대로 판정하는 일반귀화에 당연히 적용된다.

[53] 서울행정법원 2009. 10. 22. 선고 2009구합24528 판결; 서울행정법원 2011. 9. 22. 선고 2011구합19772 판결; 서울행정법원 2020. 9. 25. 선고 2019구합79923 판결. 세 번째 사건에서는 수수료를 받고 무면허로 금원을 대부함으로써 여러 사람의 잔고증명 구비를 도운 것이 문제되었다.

[54] 비교적 근래의 사건으로는 15년 전 출입국관리법 위반으로 통고처분을 받았고「폭력행위 등 처벌에 관한 법률」위반으로 기소유예처분을 받은 후 2년이 경과되지는 않았으나 헌법재판소 결정으로 기소유예처분이 취소되었음에도 불구하고 여전히 품행이 단정하지 않다는 이유로 귀화허가를 거부한 것이 재량권의 일탈·남용에 해당하지 않다고 판정한 사례로서 수원지방법원 2019. 11. 28. 선고 2019구합64182 판결(수원고등법원 2020. 5. 13. 선고 2019누14175 판결). 위명여권으로 입국 후 자진신고를 하고도 출국하지 않고 오랜 기간 불법체류해 범칙금 통고처분을 받았으나 기간이 많이 지난 경우(서울행정법원 2018. 5. 3. 선고 2017구합80769 판결) 및 3개의 벌금형 전과가 있을 뿐이고 기소유예처분 후 2년이 지난 경우 귀화불허처분이 적법했다고 본 사례(서울행정법원 2020. 10. 15. 선고 2020구합63382 판결). 시행규칙 개정 전의 판례로는 성매매알선 혐의가 있지만 수사 및 처벌은 없었던 경우(서울행정법원 2012. 7. 20. 선고 2012구합5329 판결), 무면허운전으로 선고유예 판결 받고 2년 경과로 면소된 경우(서울고등법원 2013. 4. 11. 선고 2011누24981 판결 및 대법원 2013. 8. 22. 선고 2013두8080 판결)에도 귀화불허처분을 적법하다고 본 사례들이 있다. 뒤의 두 사건에서는 강제퇴거명령 또는 출국명령에 이르지 않은 불법체류도 불허의 근거가 되었다. 불과 300미터를 운전한 것으

로 분류될 수도 있고 ⓒ에 해당하는 것으로 취급될 수도 있다. 위명여권의 사용은 형사처분의 여부 및 정도, 기간 경과와 무관하게 품행이 단정하지 않다고 평가되는 대표적 행위 유형이다.[55] 출입국은 "주권국가의 기능을 수행하는데 필수적인 것으로 엄격하게 관리되어야" 하는데 위명여권의 사용은 위법성의 정도가 크다는 것이다.[56]

　법령 위반행위는 사법적 처분이나 강제퇴거명령 또는 출국명령을 기다리지 않고 출입국행정당국 스스로 판단하여 귀화불허처분을 할 수 있다. 법령 위반행위가 있었으나 수사나 형사재판이 그 후에 종결되어 뒤늦게 처벌 또는 형사처분된 경우, 법령 위반행위가 불허처분 전에 있었으므로 해당 행위를 근거로 품행 단정 여부를 판단할 수 있으나 그 행위는 ⓐ가 아닌 ⓑ 또는 ⓒ의 요건을 충족해야 한다.[57]

　법령 위반에 해당하지 않는 부도덕한 행위는 ⓑ, 즉 ⓐ에 준하는 사유에 해당한다고 법무부장관이 인정해야만 귀화불허처분의 근거가 될 수 있다. 그러나 순전히 도덕적 견지에서 부정적 평가를 받는 행동과 태도를 이유로 귀화불허처분을 하는 것은 사회생활에 대한 과도한 국가 개입이 될 위험이 있다.[58] 법령 위반에는 해당하지

　로 인해 무면허운전으로 벌금형을 선고받고 4년 경과 후 면소된 전력이 있고, 실제로는 국제운전면허증이 있었지만 국내운전면허증의 번역본을 대체서류인 것처럼 제출했으며 국제운전면허증을 소지하지 않았다는 점, 5년 넘게 경과한 체류자격변경허가 없는 체류로 400만원 통고처분 받은 전력이 있음을 들어 불허처분을 적법하다고 본 서울고등법원 2013. 4. 11. 선고 2011누24981 판결도 있다(원고승소의 서울행정법원 2011. 6. 29. 선고 2010구합43990 판결을 취소). 그 밖에도 15년에 걸친 불법체류(서울행정법원 2012. 4. 12. 선고 2011구합35408 판결), 사전허가 없는 근무처 변경으로 인한 2회 통고처분 및 서면과 진술의 일관성 결여(서울행정법원 2012. 5. 25. 선고 2011구합35187 판결), 사실과 다른 서류 제출(서울행정법원 2012. 4. 13. 선고 2011구합35040 판결) 등을 품행 요건 불충족 사유로 보았다.
55 위명여권 사용 전력 2회와 체류자격을 초과한 불법체류가 있었으나 처벌받지 않고 자진신고 후 출국명령을 받았지만 이미 십수 년이 지났고, 13세 아동·청소년과의 성적 접촉으로 입건되었다가 증거불충분으로 불기소처분된 지 9년 넘게 지난 경우임에도 귀화불허처분이 적법했다고 본 서울행정법원 2020. 11. 27. 선고 2019구합91381 판결.
56 서울행정법원 2018. 5. 3. 선고 2017구합80769 판결(2018누47617 판결로 확정); 서울행정법원 2012. 4. 12. 선고 2011구합37657 판결; 서울행정법원 2013. 1. 11. 선고 2012구합24498 판결.
57 노래방에서 주류를 판매하여 기소유예처분을 받은 후 재차 같은 행위로 벌금형을 선고받았으나 벌금형의 선고가 귀화불허처분 후에 내려진 사건에서 제1심 법원은 앞선 행위를 근거로 품행이 단정하지 못하다고 판단한 것을 재량권의 일탈·남용으로 보았으나 항소심에서는 뒤의 행위도 처분 전의 행위로서, 벌금형 때문이 아닌 행위 자체의 위법성에 따라 처분의 적법 여부를 판단하는 데 고려할 수 있다고 판시하고 원심을 취소했다(서울행정법원 2019. 3. 21. 선고 2018구합72802 판결; 서울고등법원 2019. 9. 26. 선고 2019누40231 판결).
58 중국 국적자로서 2명의 딸을 데리고 재외동포체류자격(F-4)으로 입국한 후 유부남과의 간통으로 유죄판결을 받았다가 헌법재판소의 간통죄 위헌 결정 후 재심을 청구하여 무죄판결을 받았으나 상간자가 아닌 다른 남성과 사실혼 관계를 맺고 아들을 출산한 후 그 남성의 주거에 거주하면서 또 다른 남성과 교제 후 결혼을 한 후 같은 집에서 세 자녀를 데리고 일정 기간

않는 부도덕한 행위 중에는 출입국행정을 교란하는 행위와 귀화심사 과정에서 부적절한 태도를 보이는 행위가 있다.[59] 이들은 이민행정절차와 직결되어 있기 때문에 품행 심사에서 엄격한 기준이 적용되지만 Ⓐ에 준할 정도의 부도덕성이 인정되어야 한다.

2018년 품행 기준을 명문화하기 전, 범죄경력에도 불구하고 "성별, 나이, 직업, 가족, 경력, 전과관계 등 여러 가지 사정을 종합적으로 고려하여 볼 때, 그를 우리 국가공동체의 구성원으로 인정하여 주권자의 한 사람으로 받아들임"에 지장이 없을 정도로 품행이 단정하다고 판단하여 귀화불허처분을 취소한 판결들이 있다.[60] 현행 규정 아래에서는 Ⓓ 또는 Ⓔ에 해당한다. 범죄경력 등에도 불구하고 품행이 단정하다고 인정하기 위해서는 법위반 행위의 "경위나 그로 인한 공익 침해 정도, 대한민국 사회에 기여한 정도, 인도적인 사정 및 국익 등"을 고려하여야 한다. 그간 형성한 한국 사회와의 밀착도가 중요한 판단 기준이 될 것이다. 법위반에 이르게 된 경위를 고려할 때에는 당연히 해당 행위에 대한 도덕적 평가를 수반하게 된다.[61]

법령 준수 등 품행이 단정할 것은 영주자격을 취득하기 위해서도 요구된다(출입

계속 거주했고 결혼한 남성과도 6개월 만에 이혼을 한 여성에 대해 비록 간통행위가 처벌되지 않게 되었더라도 비도덕적 행위 또는 민사적 불법행위의 사실이 사라지는 것이 아니고 사실혼 관계에 있던 남성의 집에 거주하면서 다른 남성을 오래 만난 것은 "사회통념상 매우 이례적"으로 보인다면서 귀화불허처분이 적법했다고 판결한 사례가 있다(서울행정법원 2019. 8. 22. 선고 2019구합62451 판결).

59 과거 위장결혼을 알선하여 처벌된 남편과 함께 국제결혼 중개업무에 종사하면서 불충분한 정보 제공으로 혼인파탄을 야기한 것을 이유로 품행이 단정하지 않다고 판단한 사례(서울행정법원 2011. 5. 19. 선고 2010구합28311 판결 및 서울고등법원 2011. 12. 8. 선고 2011누19743 판결)가 있다. 지속적 민원 제기, 면접심사 녹음, 출신국 범죄경력증명서 제출 거부, 면접심사 중 애국가 부르기 거부(서울행정법원 2010. 7. 2. 선고 2009구합21567 판결)가 품행이 단정하지 않다는 판단의 근거가 되었다.

60 폭력을 가한 상대방에 대해 상대적으로 경미한 상해를 가해 기소유예 처분을 받은 것만으로 국가공동체 구성원으로서 지장이 없는 품성과 행동을 갖추지 못했다고 할 수 없다고 한 서울행정법원 2017. 9. 9. 선고 2017구합52092 판결(서울고등법원 2018. 2. 22. 선고 2017누73060 판결).

61 사행성 게임기 영업으로 인한 기소유예 처분(서울행정법원 2013. 4. 26. 선고 2012구합30035 판결), 절도죄에 따른 기소유예 처분(서울행정법원 2016. 8. 25. 선고 2016구합53616 판결), 유흥업소 불법 취업(서울행정법원 2009. 4. 9. 선고 2008구합45122 판결)에도 불구하고 품행 단정으로 판단한 것과 달리 노래방 도우미 역할에 따른 「음악산업 진흥에 관한 법률」 위반에 대한 기소유예 처분(서울행정법원 2013. 8. 30. 선고 2013구합10090 판결)을 품행 요건 불충족의 근거로 삼았다. 안마업소 불법 취업이라는 의료법 위반 행위에 대한 법원의 판단 사례(서울고등법원 2015. 4. 8. 선고 2014누69305 판결 및 대법원 2015. 7. 23. 선고 2015두41265 판결; 서울고등법원 2015. 5. 29. 선고 2015누31680 판결)에서는 안마업무의 내용과 급여액 등을 고려했다. 출입국·외국인정책본부, 『요약 국적 판례집』 (2017), 55–58면 참조.

국관리법 제10조의3 제2항 제1호). 영주자격과 국적을 취득하기 위해 각각 요구되는 품행 단정의 기준이 같을 수는 없다.[62] 귀화허가를 신청한 사람이 영주자격을 가지고 있는 경우, 귀화허가를 불허함으로써 얻게 되는 대한민국의 질서 확립이라는 공익과 신청인의 불이익을 비교할 때 영주자격의 보유가 불이익이 상대적으로 크지 않다고 볼 수 있는 근거가 된다.[63]

신원, 범죄경력, 체류동향 등은 귀화 요건 심사과정에서 언제라도 조사할 수 있으며, 귀화 요건을 갖추지 못했다고 인정되면 종합평가와 면접심사에 이르지 않고 귀화불허처분을 할 수 있다(「국적법 시행령」 제4조 및 제4조의2 제2항). 귀화 요건은 각각 독립적이기는 하나 서로 영향을 미치기 때문에 종합적인 판단이 필요하다.

5) 생계유지능력

"자신의 자산(資産)이나 기능(技能)에 의하거나 생계를 같이하는 가족에 의존하여 생계를 유지할 능력"을 갖추어야 한다. 유럽의 예를 볼 때, 일반귀화의 요건으로서 최소한의 생계유지능력이나 자산을 요구하지 않는 나라는 소수이다. 일부 국가에서는 명시적으로 소득 수준을 요건으로 삼지는 않으나 생활중심지, 적정한 삶의 양식 등을 판단하는 데 경제적 사정을 고려한다.[64]

대한민국이 요구하는 생계유지능력의 기준은 「국적법 시행규칙」이 규정하는 제출 서류에 제시되어 있다. 일반귀화신청자는 본인 또는 생계를 같이하는 가족이 생계유지능력을 갖추고 있음을 증명하는 서류로서 i) 한국은행이 고시하는 전년도 일인당 국민총소득(GNI) 이상의 소득금액 증명원, ii) 6천만원 이상의 금융재산 증명 서류, iii) 공시가격, 실거래가 또는 시중은행 공표 시세가 6천만원 이상에 해당하는 부동산 소유 증명 서류나 6천만원 이상에 해당하는 임대차보증금 등 부동산임대차계약서 사본, iv) 이상 세 가지 서류에 상당하다고 법무부장관이 인정하는 서류 중 어느 하나를 첨부하여야 한다(2023. 8. 31. 기준 「국적법 시행규칙」 제3조 제2항 제2호 가목).

품행 요건을 정한 시행규칙 제5조의2와 달리 이 조항은 상위법으로부터의 명시적 위임이 없다. 문언상으로 볼 때 생계유지능력을 판단하는 기준을 제시하는 것이

---

62 이현수, 「귀화 허가」, 90−91면.

63 "원고는 이미 영주 체류자격을 가지고 있어 대한민국에서 기존의 가정생활과 경제생활을 영위할 수 있을 것으로 보이므로, 이 사건 처분으로 달성 가능한 대한민국의 국적질서 확립 등이라는 공익이 원고의 불이익에 비추어 작다고 볼 수는 없다." 수원지방법원 2019. 11. 28. 선고 2019구합64182 판결.

64 이철우, 「국적법의 세계적 동향과 한국의 현실」, 444면.

아니라 제출해야 하는 서류를 열거하고 있을 뿐이다. 더욱이 법무부예규인 국적업무
처리지침으로 이 시행규칙 조항에 따른 서류를 달리 정할 수도 있다(국적업무처리지침
제18조).65 그런 점에서 이 시행규칙 조항은 행정청 내부의 사무처리준칙을 정한 것
에 지나지 않고 국민과 법원을 구속하는 효력이 없다.66 대외적 구속력이 있다면 어
떤 서류를 제출해야 하는지를 규정한 부분만이 그러하다. 따라서 제출해야 할 서류
를 제출하지 못하면 귀화불허처분 또는 귀화허가신청반려처분을 하게 되지만, 반대
로 해당 서류를 제출했다고 해서 당연히 생계유지능력이 있는 것으로 판단되는 것은
아니다.67 특히 일시적인 재산 이전 등으로 형식적 서류 요건을 채운 경우에는 귀화
허가를 거부할 수 있다.68 다만 그러한 심사는 제출 서류가 사실에 합치하는지를 판
단하는 것일 뿐 서류 요건과 무관한 실질적 기준을 도입하는 것이 아니다. 한편 시
행규칙 해당 조항에 열거된, 객관적 기준에 입각한 서류 중 하나를 제출하지 않으면
기계적으로 귀화불허처분을 하는 경직성을 완화하기 위해 법무부장관으로 하여금
열거된 서류 외의 서류도 상당하다고 인정할 수 있도록 하고 있다(「국적법 시행규칙」
제3조 제2항 제2호 가. 4)).

65 현재 동 지침 규정은 일반귀화에 대해서는 달리 정하고 있지 않으나 규정의 구조상 일반귀화
에 요구되는 서류를 포함하여 시행규칙 제3조 제2항 제2호가 정하는 서류를 다른 것으로 갈
음할 수 있음을 보여준다.
66 서울행정법원 2012. 4. 13. 선고 2011구합35040 판결. 상위법으로부터 위임이 있고 문언상으로
도 생계유지능력의 판단기준을 제시하는 「출입국관리법 시행규칙」 제18조의4 제2항 제2호와
차이가 있다. 이현수, 「귀화 허가」, 109면.
67 서울행정법원 2020. 2. 14. 선고 2019구합69902 판결. 서울행정법원 2017. 6. 9. 선고 2016구합
79878 판결에서는 해당 시행규칙 조항이 생계유지능력 심사에 관한 재량권을 행사하는 데 필
요한 서류 제출 의무를 규정할 뿐이어서 서류 제출 여부만을 심사기준으로 삼아 불허처분을
해서는 안 되고 신청자가 처한 제반 사정을 살펴야 한다고 판시했으나 이 판결은 항소심에서
취소되었다. 서울고등법원 2018. 4. 4. 선고 2017누57518 판결.
68 부동산임대차계약서에 기재된 재산의 조성 경위를 조사하여 일시적으로 조성된 것임을 추정
할 수 있다면 그에 근거한 귀화의 불허는 재량권의 범위 내에 있다고 한 서울행정법원 2012.
5. 3. 선고 2011구합35873 판결. 예금잔고증명도 귀화허가신청 직전에 입금되었다면 의심을
받을 수 있으며, 이는 품행 등 다른 요소와 결합하여 종합적 재량 판단의 사유가 될 수 있다.
서울행정법원 2011. 8. 10. 선고 2011구합12849 판결. 신청 당시에는 요건을 상회하는 예금잔
고가 있었으나 처분시에는 그에 달하지 못한 경우 생계유지능력이 없다고 본 서울행정법원
2017. 2. 17. 선고 2016구합71591 판결. 반면 배우자와 본인 모두 근로소득이 있는 자가 부동
산임대차계약서를 허위로 작성한 사건에서, 생계유지능력이 있는 자가 단지 증명서류를 제출
하기 위한 의도로 그렇게 한 것으로 보고 귀화불허처분을 취소한 판례도 있다. 서울행정법원
2008. 5. 14. 선고 2007구합43501 판결.

6) 추 천

생계유지능력을 증명하는 서류와 함께 신청서에 첨부하여야 할 서류 중에는 추천서가 있다. 과거에는 열거된 일정한 직위 이상의 사람 또는 직무를 수행하는 사람으로부터 추천서를 받도록 하였으나 현재에는 직장동료, 이웃사람, 통장·이장 등 신청자와 지속적 관계를 맺고 있는 사람으로 범위를 넓혔다(「국적법 시행규칙」 제3조 제5항).

7) 국민으로서의 기본 소양

많은 나라가 국민으로서의 기본 소양을 요구하는데, 무엇이 그에 해당하는지는 국가마다 관념이 다르다. 대부분 일정한 언어구사능력을 요구하며, 그 요건은 강화되는 추세에 있다. 많은 나라는 국가와 사회에 대한 지식도를 물으며 이 또한 강화되는 추세에 있다.[69]

국적법은 "국어능력과 대한민국의 풍습에 대한 이해 등 대한민국 국민으로서의 기본 소양(素養)을 갖추고 있을 것"을 요구한다(제5조 제5호). 그러한 소양을 갖추었는지를 심사하기 위해 사회통합프로그램에서 실시하는 귀화용 종합평가, 그리고 면접심사를 실시한다(「국적법 시행령」 제4조의2 제1항, 「출입국관리법 시행령」 제48조 제2항 제3호, 국적업무처리지침 제5·6조). 귀화하려는 사람을 위해 별도로 운영하던 시험을 이민자 일반을 위한 사회통합프로그램에 편입한 결과이다. 종합평가의 내용과 절차는 출입국관리법령에 따라 법무부장관이 정하는 「사회통합프로그램 운영지침」에 따른다(국적업무처리지침 제6조 제2항). 후술하는 바와 같이, 일정한 사유에 해당하는 사람에게는 종합평가와 면접심사를 면제한다.

8) 국가안전보장·질서유지 또는 공공복리를 해치지 아니할 것

귀화를 허가하는 것이 국가안전보장·질서유지 또는 공공복리를 해치지 아니한다고 법무부장관이 인정할 것이 요구된다(국적법 제5조 제6호). 국적회복허가를 규정하는 제9조에는 국가안전보장·질서유지 또는 공공복리를 위하여 국적회복을 허가하는 것이 적당하지 아니하다고 인정하는 경우 국적회복을 불허할 수 있다고 규정하고 있

---

69 일정 수준의 언어구사능력은 대다수의 나라에서 요구한다. 지식도를 측정할 때에는 헌정제도와 같은 민주시민으로서 가져야 할 질서에 대한 지식만을 묻는가 아니면 해당 사회의 주류 문화에 대한 이해도를 요구하는가, 그리고 무엇을 알고 있는지만을 묻는가 아니면 어떤 가치를 수용하는지를 묻는가 나라마다 다르며 철학적 바탕을 달리한다. 이철우, 「국적법의 세계적 동향과 한국의 현실」, 442−444면.

었는데(동법 제2항 제4호), 귀화허가에는 그러한 규정이 없다가 2018년에 귀화허가를 위한 적극적 요건의 형식으로 규정되었다. 거주 요건과 품행 등을 판단하는 데 넓은 재량이 허용되는 이상 불확정개념으로 구성된 이 요건을 추가로 부가하는 것은 불필요하다고 볼 여지가 많으나,[70] 개인적 차원에서 흠이 없는 사람이라도 그를 국민으로 받아들이는 것이 중요한 국가정책상 난점을 초래할 경우에 근거로 활용될 수 있을 것이다. 예를 들어, 귀화허가 신청자의 국적 변경이 심각한 외교상의 문제를 야기할 수 있는 경우를 생각해 볼 수 있다. 이처럼 이 요건은 최종적 판단의 근거로서 그것의 불충족을 이유로 하는 불허처분은 예외적으로만 발동되어야 한다.

(나) 간이귀화

국적법은 간이귀화의 요건을 다음과 같이 규정한다.

> **국적법 제6조(간이귀화 요건)** ① 다음 각 호의 어느 하나에 해당하는 외국인으로서 대한민국에 3년 이상 계속하여 주소가 있는 사람은 제5조 제1호의 요건을 갖추지 아니하여도 귀화허가를 받을 수 있다.
>
>   1. 부 또는 모가 대한민국의 국민이었던 사람
>   2. 대한민국에서 출생한 사람으로서 부 또는 모가 대한민국에서 출생한 사람
>   3. 대한민국 국민의 양자(養子)로서 입양 당시 대한민국의 민법상 성년이었던 사람
>   ② 배우자가 대한민국의 국민인 외국인으로서 다음 각 호의 어느 하나에 해당하는 사람은 제5조 제1호 및 제1호의2의 요건을 갖추지 아니하여도 귀화허가를 받을 수 있다.
>   1. 그 배우자와 혼인한 상태로 대한민국에 2년 이상 계속하여 주소가 있는 사람
>   2. 그 배우자와 혼인한 후 3년이 지나고 혼인한 상태로 대한민국에 1년 이상 계속하여 주소가 있는 사람
>   3. 제1호나 제2호의 기간을 채우지 못하였으나, 그 배우자와 혼인한 상태로 대한민국에 주소를 두고 있던 중 그 배우자의 사망이나 실종 또는 그 밖에 자신에게 책임이 없는 사유로 정상적인 혼인 생활을 할 수 없었던 사람으로서 제1호나 제2호의 잔여기간을 채웠고 법무부장관이 상당(相當)하다고 인정하는 사람
>   4. 제1호나 제2호의 요건을 충족하지 못하였으나, 그 배우자와의 혼인에 따라 출생한 미성년의 자(子)를 양육하고 있거나 양육하여야 할 사람으로서 제1호나 제2호의 기간을 채웠고 법무부장관이 상당하다고 인정하는 사람

---

70 이현수, 「귀화 허가」, 114면.

간이귀화의 유형으로는 상기 제6조 제1항의 제1호·제2호·제3호가 각각 규정하는 유형과 동조 제2항이 규정하는 혼인귀화의 4개가 있다.[71] 간이귀화는 물론 귀화허가를 받은 사례 전체에서 혼인귀화가 압도적 비중을 점한다.[72]

1998년의 국적법 개정이 있기 전에는 대한민국 국민의 외국인 여성 배우자는 6월 내 원국적을 상실할 수 있는 한 자동적으로 대한민국 국적을 취득하였다(개정 전 제3조 제1호). 반대로 국민인 여성의 외국인 남성 배우자는 3년 이상 거주한 후 귀화허가를 받아야 국적을 취득할 수 있었다. 이는 성평등의 원칙과 여성의 국적선택권을 침해하여 「시민적 및 정치적 권리에 관한 국제규약」 제3조 및 여성차별철폐협약 제9조와 제16조에 저촉되었다.[73] 아울러 외국인 여성 배우자의 자동적 국적취득은 위장결혼을 부추기는 요인으로 지목되었다. 따라서 여성과 남성을 불문하고 국민의 배우자는 별도로 귀화를 거쳐 국적을 취득할 수 있도록 법을 개정하였다.

간이귀화의 요건을 세분하여 살피면 다음과 같다.

1) 자격과 거주기간

① 과거국민의 자녀, 국내 출생자의 국내 출생 자녀, 국민의 양자

"부 또는 모가 대한민국의 국민이었던 사람," "대한민국에서 출생한 사람으로서 부 또는 모가 대한민국에서 출생한 사람" 또는 "대한민국 국민의 양자로서 입양 당시 대한민국의 민법상 성년이었던 사람"은 대한민국에 3년 이상 계속하여 주소를 보유하였을 경우 귀화허가를 받을 수 있는 자격을 가지게 된다.

"부 또는 모가 대한민국의 국민이었던 사람," 즉 과거국민의 자녀에게 허용되는 간이귀화는 중국동포의 귀환을 위한 경로로 활용되는데, 대한민국정부수립 이전에 중국으로 이주한 중국동포 1세는 국적회복을 통하여 국적을 취득하므로 간이귀화는 주로 동포 2·3세에 의해 활용된다. "대한민국에서 출생한 자로서 부 또는 모가 대한민국에서 출생한 자"로는 재한화교 및 선교사와 같이 오래 전에 정착한 외국인의 후손을 들 수 있다.

---

[71] 제1항의 유형들을 일반간이귀화, 제2항의 유형을 혼인에 의한 귀화로 명명하는 견해도 있다. 전광석, 『한국헌법론』 제13판 (집현재, 2018), 178면.

[72] 국적법 시행 후부터 2022년 말까지 한국에 귀화한 외국인 236,147명 중 혼인귀화자는 154,926명으로서 전체 귀화자의 66%에 달하였다. 『출입국·외국인정책 통계월보』 (2022. 12), 35, 39면.

[73] 「여성에 대한 모든 형태의 차별철폐에 관한 협약」 제9조 ① 당사국은 여성이 국적을 취득, 변경 또는 보유함에 있어 남성과 동등한 권리를 부여하여야 한다. 당사국은 특히 외국인과의 결혼 또는 혼인 중 부에 의한 국적의 변경으로 처의 국적이 자동적으로 변경되거나, 처가 무국적으로 되거나 또는 부의 국적이 처에게 강제되지 아니하도록 확보하여야 한다.

② 혼인귀화

혼인을 이유로 간이귀화를 신청하려면 i) 국민인 배우자와 혼인한 상태로 대한민국에 2년 이상 계속하여 주소가 있었거나, ii) 그 배우자와 혼인한 후 3년이 지났고 혼인한 상태로 대한민국에 1년 이상 계속하여 주소가 있어야 한다. 그런데 한국인 남성과 결혼한 결혼이민자 중에는 결혼 후 2년 또는 3년의 기간이 경과하기 전에 배우자를 잃거나 이혼으로 인해 위의 요건을 충족할 수 없는 경우가 적지 않았다. 이미 한국에 생활터전을 가지고 특히 자녀까지 가진 이민자가 귀화를 하지 못하면 큰 어려움이 초래될 수 있기에 2004년 법을 개정하여 제6조 제2항 제3호·제4호의 사유를 부가하였다. 즉 iii) 배우자의 사망이나 실종 또는 본인의 귀책사유 없이 정상적인 혼인 생활을 할 수 없었으나 위의 기간의 잔여기간을 채웠고 법무부장관이 상당하다고 인정하는 사람 또는 iv) 배우자와의 혼인에 따라 출생한 미성년의 자(子)를 양육하고 있거나 양육하여야 할 사람으로서 위의 기간을 채웠고 법무부장관이 상당하다고 인정하는 사람은 귀화허가를 받을 수 있다. 제11장에서와 같이 i)과 ii)를 혼인 존속 중의 간이귀화로, iii)과 iv)를 혼인이 단절된 경우의 간이귀화로 범주화하고, iii)과 iv)를 각각 책임 없는 사유에 의한 혼인단절의 간이귀화와 양육을 위한 간이귀화로 세분할 수 있다.

혼인귀화를 위해서는 국민인 배우자와 법률혼 관계에 있어야 한다. 어느 나라 법에 의한 혼인이라도 무방하나 국제사법에 의해 효력이 인정되는 혼인이어야 한다. 중혼은 허용되지 않으므로 이미 다른 배우자가 있는 자는 혼인귀화할 수 없다.[74] 오늘날 여러 형태의 결합이 인정되는 추세에서 사실혼은 물론 양성간의 혼인이 아닌 새로운 형태의 법률혼 관계에 있는 사람에게 혼인귀화를 확대할 것인지에 관한 입법론적 논의가 필요하다.

위의 i)과 ii)의 요건을 갖추기 위하여는 귀화허가신청시까지 혼인 상태가 지속되어야 한다는 것이 법무부의 실무이다.[75] 판례 중에는 신청시는 물론이고 "간이귀화

---

[74] 국민인 배우자와의 혼인이 대한민국 민법에 의하는 경우 또는 외국법에 의한 혼인이라도 그 규정의 적용이 대한민국의 선량한 풍속 그 밖의 사회질서에 반하여 대한민국 민법상의 혼인 요건을 충족하는지 문제되는 경우(국제사법 제10조)가 있다. 중혼은 대한민국 민법(제810조)이 인정하지 않으므로 간이귀화의 요건을 충족하지 못한다. 간이귀화 심사가 진행되는 동안 출신국의 배우자로부터 제보가 있었고 그에 따른 중혼의 의심을 해소하려는 노력을 하지 못하였다는 이유로 귀화불허처분을 한 것이 적법하다는 판결로서 서울행정법원 2016. 6. 17. 선고 2015구합66417 판결(서울고등법원 2017. 5. 19. 선고 2016누50473 판결).

[75] 법무부 출입국·외국인정책본부, 『국적법 해설 - 제10차 국적법 개정법률 포함』(2010), 22면.

허가시까지 혼인관계의 '존속'을 대한민국 국민으로서의 동화 내지 통합 판단의 한 척도로" 보아야 한다고 판시한 사례가 있는 반면 처분 당시까지 혼인한 상태를 요구하면 처분 시기에 따라 귀화 요건의 충족 여부가 달라지는 문제가 있어 그렇게 해석할 수 없다는 판례도 있다.[76] 학설 중에는 혼인한 상태로 필요적 거주기간을 채웠다면 귀화허가신청시에 배우자가 사망하였거나 배우자와 이혼 또는 별거 중이라도 요건은 갖추었다고 보아야 한다는 해석론이 있다.[77]

혼인귀화를 위한 거주 요건을 충족했는지를 판단하기 위해서는 "혼인한 상태," "배우자와의 혼인에 따라 출생한" 자의 양육, "본인의 귀책사유 없이 정상적인 혼인생활을 할 수" 없을 것 등이 무엇을 의미하는지 정의하여야 한다.[78] 이는 제11장에서 상술한다.

2) 연 령

대한민국 민법상 성년일 것을 요하는 일반귀화의 연령 요건은 간이귀화에도 적용된다.

3) 체류자격

일반귀화와는 달리 귀화허가 신청을 할 때 영주자격을 보유할 것을 요하지 않는다. 과거 법무부는 중국 및 구소련 동포를 위한 방문취업(H-2) 체류자격은 정주를 허용하지 않기 위하여 거주기간을 3년으로 제한하였음을 들어 그러한 체류자격으로 체류한 기간은 거주기간을 산정하는 데 포함되지 않는다고 하였으나, 법원은 그러한 체류자격에 기한 체류기간을 거주기간에서 제외하여 귀화신청을 거부할 수 없음을 분명히 했다. 그러나 동시에 체류자격의 내용이나 성격은 귀화허가 여부를 결정하는 행정부의 재량적 판단시 고려의 대상이 됨을 확인하였다.[79] 법원은 몇 개의 사건에서 외국국적동포가 방문동거(F-1-4), 비전문취업(E-9), 방문취업(H-2), 기타(G-1) 체류자격을 활용하여 간이귀화허가를 받게 되면 그러한 체류자격을 가진 수많은 외국국적동포들이 대거 간이귀화허가 신청을 함으로써 "현지 동포사회는 급속히 붕괴할 수밖에 없게 되어 동포정책의 기본근간이 무너지게 될 뿐만 아니라, 대한

---

76 서울행정법원 2008. 9. 2. 선고 2008구합22716 판결; 서울행정법원 2010. 7. 23. 선고 2009구합50442 판결; 서울행정법원 2017. 3. 2. 선고 2016구합74972 판결.
77 석동현,『국적법』, 149-150면.
78 귀책사유 없이 정상적인 혼인 생활을 할 수 없었음을 인정받기 위해서는 국적업무처리지침(제11조 제2항)이 열거하는 자료에 의해 정상적인 혼인생활을 할 수 없었음을 증명해야 한다.
79 대법원 2010. 7. 15. 선고 2009두19069 판결; 대법원 2010. 10. 28. 선고 2010두6496 판결.

민국에도 사회 전반적으로 큰 혼란이 야기될 우려가 있으므로, 대한민국 정부로서는
시혜적 차원에서 마련한 위 각 체류자격을 폐지하거나 부여요건을 보다 엄격하게 할
수밖에 없을 것이고, 이는 결국 동포포용정책의 적절성에 대한 근본적인 재검토 작
업을 초래하게 될 것이다"라는 정책적 판단을 제시했다.[80]

4) 품 행

일반귀화와 마찬가지로 "법령을 준수하는 등 법무부령으로 정하는 품행 단정의
요건"을 갖추어야 한다.[81] 간이귀화는 혼인을 비롯해 가족적 연고에 기초해 귀화하
는 것이므로 일반귀화에 비해 덜 엄격한 기준으로 품행을 판단한다는 점이 어느 정
도 인정되어 있다. "귀화신청자의 성별, 연령, 직업, 가족, 경력, 범죄경력 등 여러 사
정을 종합적으로 고려하여 판단"하는 가운데 "일반귀화의 경우보다 국적 취득을 쉽
게 허용하는 간이귀화제도의 입법취지"를 고려한다는 것이다.[82] 국적업무처리지침은
국적법 제6조 제2항 제3·4호에 해당하는 사람, 즉 배우자의 사망, 실종 또는 본인의
귀책사유 없이 정상적인 혼인 생활을 할 수 없었으나 법정 최소 거주기간을 경과한
자, 그리고 배우자와의 혼인에 따라 출생한 미성년의 자(子)를 양육하고 있거나 양육
하여야 할 자로서 최소 거주기간을 경과한 자는 불법체류 중이라도 인도적 고려가
필요하다고 인정되면 일정한 절차를 이행한 경우 귀화 여부를 심사·결정하도록 하

---

80 서울고등법원 2009. 12. 18. 선고 2009누14950 판결; 서울고등법원 2010. 4. 29. 선고 2009누
29402·2009누29419(병합) 판결; 서울고등법원 2010. 6. 9. 선고 2010누2144 판결.
81 국적법 제6조가 간이귀화에 품행 단정을 명시적으로 요구하지는 않지만 제5조 제1호 및 제1
호의2의 요건의 충족을 요하지 않는다는 규정의 반대해석에 의해 품행, 생계유지능력, 기본
소양, 국가안전보장·질서유지 또는 공공복리를 해치지 않을 것은 간이귀화에 적용된다. 이는
제5조에서 제6조나 제7조에 해당하는 경우 외에는 위의 요건을 갖추어야 한다고 규정한 것과
문언상 불합치하는 면이 있어 향후 손질을 요한다. 이현수, 「귀화 허가」, 96~97면 참조.
82 노래연습장에 근무하면서 「음악산업진흥에 관한 법률」 위반죄로 기소유예처분을 받은 후 또
다시 같은 죄목으로 벌금 50만원의 약식명령을 받아 벌금 납부 후 5년이 경과하지 않은 사람
에 대한 귀화불허처분을 취소한 서울행정법원 2019. 7. 4. 선고 2018구합19865 판결. 대금을
받고 성매매를 하여 기소유예처분을 받은 전력에 주목해 내린 귀화불허처분을 취소한 서울행
정법원 2018. 6. 22. 선고 2017구합85924 판결. 병원을 운영하면서 환자의 개인정보를 제공해
개인정보보호법과 의료법 위반죄로 벌금 500만원을 선고받은 타이완 국적자에 대해 그가 부
모양계혈통주의에 의하면 대한민국 국적을 취득했을 것이라는 점 등을 들어 귀화불허처분을
취소한 서울행정법원 2018. 10. 25. 선고 2017구합71533 판결. 불법체류 중 성년입양된 후 불
법취업으로 통고처분 100만원을 받고 오랜 시간 흘렀지만 체류지변경 미신고로 통고처분 10
만원 받은 후 간이귀화를 신청한 것에 대해 귀화불허처분이 내려졌지만 위반의 경미함, 양부
모 봉양 및 성실한 가정생활을 이유로 처분을 취소한 서울행정법원 2017. 12. 21. 선고 2017구
합4918 판결.

고 있다(제12조).

한편 혼인귀화에는 다른 귀화와 다른 판단 요소가 있다. 혼인의 진정성 여부이다. 혼인의 진정성이 의심되어 품행이 단정하지 못하다는 이유로 귀화허가를 거부한 사례들이 적지 않다. 위장결혼은 공정증서원본부실기재죄 또는 공전자기록부실기재죄에 해당하여 처벌을 받을 수 있다. 이러한 범죄경력 또는 출입국관리법상의 처분전력 때문에 품행 요건을 충족하지 못하여 귀화가 불허된 사례들은 「국적법 시행규칙」제5조의2 제1호 가－바목 중 하나에 해당하여 품행이 단정하지 못하다는 판단에 귀착한다(표 8－2의 Ⓐ 유형).[83] 그러나 혼인진정성 결여는 많은 경우 귀화 심사를 하는 과정에서 발견되며, 형벌 기타 형사처분 또는 출입국관리법상의 처분 없이 품행 단정 요건을 충족하지 못하였음을 이유로 불허처분을 받게 된다.[84] 그러한 사례들은 범죄경력 또는 출입국관리법상의 처분 전력에 준하는 품행 단정 불충족(Ⓑ 유형)에 해당한다.

한편 「국적법 시행규칙」제5조의2가 도입되기 전의 사례로서 공전자기록부실기재죄에 따른 형사처분에도 불구하고 실질적 부부관계를 형성하여 필요적 거주기간을 넘은 경우 품행이 단정하지 않다고 볼 수 없다는 판례가 있다.[85] 실질적 혼인관계를 범죄경력에 우선시하는 판단으로서, 시행규칙 제5조의2에 따라 풀이하면, 범죄경력에도 불구하고 법무부장관이 위반의 경위나 공익 침해 정도, 인도적인 사정 등을 고려해 품행이 단정하다고 인정하는 예외적 사유(동조 제2호, 표 8－2의 Ⓓ의 사유)에 해당한다. 그런데 법무부장관이 그러한 사정을 고려하여 귀화를 허가하는 것이 타당한 것과 달리, 그러한 사정을 인정하지 않고 귀화불허처분을 내렸다면 법원이 이를 재량권의 일탈·남용으로 판정해 처분을 취소하는 것은 시행규칙 제5조의2 도입 전에 비해 어려워졌다고 볼 수 있다.[86]

---

83 서울행정법원 2019. 5. 24. 선고 2018구합84867 판결. 시행규칙 제5조의2 도입 전의 사례로서 그에 해당하는 것으로는 서울행정법원 2009. 11. 13. 선고 2009구합19403 판결; 서울행정법원 2010. 2. 5. 선고 2009구합44850 판결; 서울행정법원 2010. 6. 24. 선고 2010구합14848 판결; 서울행정법원 2012. 5. 17. 선고 2011구합30465 판결.

84 서울행정법원 2018. 11. 2. 선고 2019구합51553 판결; 서울행정법원 2014. 6. 20. 선고 2014구합51289 판결; 서울행정법원 2012. 8. 23. 선고 2011구합30588 판결;

85 위장결혼에 따른 공전자기록부실기재죄로 벌금형의 선고유예를 받은 사람에 대한 서울행정법원 2013. 1. 31. 선고 2012구합16237 판결; 서울행정법원 2013. 5. 9. 선고 2012구합35641 판결.

86 출입국·외국인정책본부의 보고에 따르면 「국적법 시행규칙」제5조의2 도입 후 2021년까지 예외적 사정이 인정됨에도 불구하고 법무부장관이 예외를 인정하지 않은 데 재량권의 일탈·남용이 있었다고 인정한 사례는 존재하지 않았다. 『2021 국적 판례집』, 107면.

혼인의 진정성을 품행 단정의 견지에서 판단할 것인지에 대한 근본적 의문도 제기해 볼 수 있다. 진정성이 없는 혼인은 국적법 제6조 제2항의 혼인 요건 자체를 충족하지 못한 것이 아닌가 하는 의문이다.

5) 생계유지능력

간이귀화에도 일반귀화와 마찬가지로 생계유지능력이 요구되지만 일반귀화에 비해 그 기준이 낮다. 간이귀화허가신청자의 생계유지능력 증명서류로는 i) 3천만 원 이상의 금융재산 증명서류, ii) 공시지가, 실거래가 또는 시중은행 공표 시세 3천만원 이상에 해당하는 부동산등기사항증명서나 임대차보증금 등 부동산임대차계약서 사본, iii) 재직증명서 또는 취업예정사실증명서, iv) 그 밖에 i)부터 iii)까지에 상당하다고 법무부장관이 인정하는 서류가 있다(「국적법 시행규칙」 제3조 제2항 제2호 나목). 일정 유형에 속하는 간이귀화허가 신청자에 대해서는 위에서 정한 증명서류도 그에 준하는 열거된 서류로 달리 정할 수 있다(국적업무처리지침 제18조).

6) 국민으로서의 기본 소양

일반귀화와 마찬가지로 국민으로서의 기본 소양이 요구되며 이는 귀화용 종합평가와 면접심사로 평가된다. 종합평가와 면접심사가 면제되는 간이귀화허가 신청자에 대해서는 후술한다.

7) 국가안전보장·질서유지 또는 공공복리를 해치지 아니할 것

국적법 제5조 제6호가 규정하는 이 요건은 간이귀화에도 적용된다.

(다) 특별귀화

특별귀화를 할 수 있는 사람에는 세 유형이 있다.

> **국적법 제7조(특별귀화 요건)** ① 다음 각 호의 어느 하나에 해당하는 외국인으로서 대한민국에 주소가 있는 자는 제5조 제1호·제1호의2·제2호 또는 제4호의 요건을 갖추지 아니하여도 귀화허가를 받을 수 있다.
> 1. 부 또는 모가 대한민국의 국민인 사람. 다만, 양자로서 대한민국의 민법상 성년이 된 후에 입양된 사람은 제외한다.
> 2. 대한민국에 특별한 공로가 있는 사람
> 3. 과학·경제·문화·체육 등 특정 분야에서 매우 우수한 능력을 보유한 사람으로서 대한

민국의 국익에 기여할 것으로 인정되는 사람

② 제1항 제2호 및 제3호에 해당하는 사람을 정하는 기준 및 절차는 대통령령으로 정한다.

세 유형의 요건 및 공통적으로 적용되는 요건은 다음과 같다.

1) 자　격

① 부 또는 모가 대한민국의 국민인 사람

민법상 미성년일 때 대한민국 국민에게 입양된 사람도 특별귀화가 가능하다. 민법상 성년이 된 후에 입양된 사람은 간이귀화허가를 신청하여야 한다. 국민의 자녀특별귀화는 이민자가 일반귀화, 간이귀화 또는 국적회복을 통해 국적을 취득한 후 본국에서 자녀를 불러들여 특별귀화허가를 받게 하는 방식의 연쇄이주(chain migration) 또는 과거국민의 자녀를 위한 간이귀화와 함께 재외동포 가족의 귀환이주(return migration)의 루트로 활용된다. 실제로 그러한 유형이 특별귀화의 압도적 다수를 차지한다.[87] 부 또는 모가 귀화허가 신청시에 대한민국 국민이어야 함은 물론이지만, 귀화허가 신청시에는 국민이었으나 귀화허가를 결정하는 시점에 국민이 아니게 된 경우, 특히 사망한 경우에는 어떻게 되는가? 부 또는 모가 사망한 경우 "대한민국 국민의 자"에 해당하지 않아서 특별귀화의 요건을 갖추지 못한다고 본 판례가 있다.[88]

② 특별공로자

"대한민국에 특별한 공로가 있는 사람"은 다음과 같다.

> 「국적법 시행령」 제6조 ① 법 제7조 제1항 제2호에 해당하는 사람은 다음 각 호의 어느 하나에 해당하는 사람으로 한다.
> 1. 본인 또는 그 배우자나 직계존비속이 다음 각 목의 어느 하나에 해당하는 사람
> 가. 「독립유공자예우에 관한 법률」 제4조에 따른 독립유공자
> 나. 「국가유공자 등 예우 및 지원에 관한 법률」 제4조에 따른 국가유공자로서 국가유공으로 관계 법률에 따라 대한민국 정부로부터 훈장·포장 또는 표창을 받은 사람
> 2. 국가안보·사회·경제·교육 또는 문화 등 여러 분야에서 대한민국의 국익에 기여한 공로가 있는 사람

---

87 2011-2021년간 특별귀화한 27,168명 중 후술할 우수인재 유형은 68명에 불과했다. 특별귀화자는 한국계 중국인, 비한국계 중국인, 베트남인에 집중되었다. 2016-2021년의 『출입국·외국인정책통계연보』 및 법무부 내부자료.

88 서울행정법원 2013. 8. 30. 선고 2013구합4132 판결.

3. 그 밖에 제1호 및 제2호에 준하는 공로가 있다고 법무부장관이 인정하는 사람

　해마다 광복절이 되면 특별귀화한 독립유공자 후손에 대해 법무부에서 국적증서 수여식을 거행한다. 독립유공을 이유로 특별귀화할 수 있는 사람의 범위는 어디까지인가? 「독립유공자예우에 관한 법률」 제4조는 순국선열과 애국지사를 독립유공자로 규정하고 각각을 정의하고 있다. 그러한 독립유공자, 그 배우자나 직계존비속이 특별귀화허가의 대상자가 된다. 직계존비속에는 세대 제한이 없어서 실무상 현손(고손)도 특별귀화하는 사례가 있다. 「국가유공자 등 예우 및 지원에 관한 법률」 제4조는 18개 범주의 유공자를 규정하고 있다. 한편 「외국국적동포의 국적회복 등에 관한 업무처리 지침」은 "외국국적동포 중 독립유공자·국가유공자 및 그 친족에 해당하는 자"가 대한민국 국적의 취득을 원하는 때에는 국적법령에 반하지 않는 범위 내에서 국가보훈부와의 협의를 거쳐 국적회복 또는 귀화를 허가할 수 있다고 규정한다(동 지침 제7조 제1항). 「독립유공자예우에 관한 법률」이 규정하는 친족은 배우자, 자녀, 손자녀와 광복 전에 구호적에 기재된 며느리이다(동법 제5조 제1항).[89] 국가유공자의 친족에는 성년인 형제자매가 없는 미성년 제매(弟妹)가 포함된다(「국가유공자 등 예우 및 지원에 관한 법률」 제5조 제1항 제5호). "국적법령에 반하지 않는 범위 내에서"라는 제한 문언이 있기는 하지만 법규가 규정하는 특별공로자의 배우자와 직계존비속에 비해 범위가 넓어 실무상 혼란을 초래할 위험이 있다.

③ 우수인재

　2010년 국적법이 개정되어 "과학·경제·문화·체육 등 특정 분야에서 매우 우수한 능력을 보유한 자로서 대한민국의 국익에 기여할 것으로 인정되는 사람"을 특별귀화허가 대상자에 포함하게 되었다(본장 이하 우수인재로 약칭함). 법령은 그에 해당하는 사람을 다음과 같이 규정한다.

「국적법 시행령」 제6조 ② 법 제7조 제1항 제3호에 해당하는 사람은 다음 각 호의 어느 하나에 해당하는 사람 중에서 제22조에 따른 국적심의위원회의 심의를 거쳐 법무부장관이 정하는 사람으로 한다.

---

[89] 최초 등록 당시 자녀와 손자녀가 모두 사망한 경우에는 독립유공자의 가장 가까운 직계비속 중 1명을 손자녀로 본다. 배우자에는 사실혼 관계에 있는 사람이 포함되며, 배우자(사실혼 배우자 포함)가 독립유공자와 혼인 또는 사실혼 후 그가 아닌 다른 사람과 사실혼 관계에 있거나 있었던 경우는 제외한다(「독립유공자예우에 관한 법률」 제5조 제1항 제3호 및 제2항).

1. 국회사무총장, 법원행정처장, 헌법재판소사무처장 또는 중앙행정기관의 장 등이 추천한 사람
2. 재외공관의 장, 지방자치단체(특별시·광역시·특별자치시·도·특별자치도를 말한다)의 장, 4년제 대학의 총장, 그 밖에 법무부장관이 정하는 기관·단체의 장이 추천하는 사람으로서 법무부장관이 심의에 부친 사람
3. 과학·경제·문화·체육 등의 분야에서 수상, 연구실적, 경력 등으로 국제적 권위를 인정받고 있는 사람으로서 법무부장관이 심의에 부친 사람

이 조항에 해당하는 우수인재 추천 및 평가의 기준은 「국적법 시행령 제6조 제2항에 해당하는 우수인재 평가기준 및 추천 등에 관한 고시」가 안내한다.[90] 우수인재로 추천 또는 인정받은 사람은 국적심의위원회의 심의에 회부된다.

2) 거주기간, 연령, 생계유지능력 요건의 면제

특별귀화는 거주기간, 연령, 생계유지능력을 요건으로 하지 않는다(국적법 제7조 제1항).

3) 품 행

특별귀화에도 "법령을 준수하는 등 법무부령으로 정하는 품행 단정"이라는 요건은 갖추어야 한다. 특별귀화허가와 독립유공자 후손에 대한 예우를 받기 위해 신청의 근거가 되는 사실관계를 허위로 꾸며대는 등의 위법행위가 적발되는 사례가 적지 않은데, 그러한 행위가 품행 요건에 반하는 것으로 판단되어 불허처분의 근거가 됨은 물론이다.[91] 특별귀화는 신청인의 배경에 비추어 볼 때 국적취득의 이유가 보다 강하다는 점이 품행 요건 충족 여부를 판단하는 데 작용한다.[92]

---

90 「국적법 시행령 제6조 제2항에 해당하는 우수인재 추천 및 평가기준에 관한 고시」(법무부고시 제2023-198호, 2023. 4. 27. 전부개정). 2011년부터 2021년까지 우수인재로서 특별귀화한 사람은 68명, 국적회복한 사람은 155명으로서 이공계 학술분야가 127명으로 가장 많고 체육이 30명으로서 그 뒤를 이었다. 법무부 내부자료 참조

91 서울행정법원 2012. 12. 14. 선고 2012구합22423 판결.

92 서울행정법원 2013. 4. 4. 선고 2012구합25866 판결(서울고등법원 2013. 7. 18. 선고 2013누12241 판결; 대법원 2013. 10. 31. 선고 2013두16784 판결)에서는 모와 여동생이 이미 대한민국 국적을 취득한 중국동포로서 불법체류의 경력이 있으며 재입국하여 모텔을 경영하다가 청소년의 이성혼숙을 허용해 연속된 청소년보호법 위반과 화재로 인한 업무상과실치사로 각 100만 원과 500만 원 벌금의 약식명령을 받고 3개월 내지 2년 2개월이 되지 않아 특별귀화허가를 신청한 사람에 대해 국적취득한 가족의 생활터전이 한국에 있고 질병으로 인해 가족의 보살핌이 필요하다는 이유로 귀화불허처분을 취소했다. 「국적법 시행규칙」 제5조의2 도입 후의 판례로는 물리적 다툼 중의 상해로 기소유예처분을 받은 후 2년이 지나지 않아 신청한 특

4) 국민으로서의 기본 소양

국적법은 "국어능력과 대한민국의 풍습에 대한 이해 등 대한민국 국민으로서의 기본 소양을 갖추고 있을 것"이라는 요건을 특별귀화허가 신청자에게 면제하고 있지 않다(제7조 제1항). 그러나 후술하듯이 많은 특별귀화허가 신청자에 대해서는 종합평가를 면제하며, 면접심사를 면제하는 경우도 있다.

5) 국가안전보장·질서유지 또는 공공복리를 해치지 아니할 것

일반귀화 및 간이귀화와 같다.

(라) 귀화를 위한 절차

1) 귀화허가의 신청

귀화허가를 받으려면 법무부령으로 정하는 귀화허가신청서를 작성하고 귀화의 유형에 따라 귀화 요건을 갖추었음을 증명하는 서류, 즉 외국인임을 증명하는 가족관계를 증명하는 서류, 생계유지능력을 갖추고 있음을 증명하는 서류, 추천서 등을 첨부하여 출입국·외국인청장, 출입국·외국인사무소장, 출입국·외국인청 출장소장 또는 출입국·외국인사무소 출장소장(이하 "청장등"이라 한다)에게 제출하여야 한다(「국적법 시행령」 제3조 제1항, 「국적법 시행규칙」 제3조 제2항). 과거국민 자녀의 간이귀화, 국민의 자녀 및 특별공로자 후손의 특별귀화에 요구되는 가족관계 증명자료로는 민적부, 호적등본 및 제적등본, 관련국 공적 서류 또는 공증증서, 전자감식결과 등이 있다(「외국국적동포의 국적회복 등에 관한 업무처리 지침」 제5조).[93] 혼인귀화의 경우 생계유지능력 등 입증서류를 달리 정할 수 있다(국적업무처리지침 제18조). 귀화허가신청자가 15세 이상인 경우 본인이 직접 신청하여야 한다(「국적법 시행령」 제25조의2 제1항). 귀화허가 신청에는 횟수 제한이 없어 귀화불허처분을 받은 후 다시 신청하는 것이

별귀화허가를 거부한 처분이 재량권을 일탈·남용했다고 본 서울행정법원 2017. 9. 8. 선고 2017구합52092 판결(표 8-2 ⓓ 유형). 반면 중앙선 침해로 상해를 입혀 교통사고처리특례법위반죄로 벌금 200만원을 선고받은 지 5년이 지나지 않은 사람의 특별귀화허가를 거부한 것이 적법했다는 서울행정법원 2020. 6. 5. 선고 2019구합79916 판결. 화물차의 시트를 탈거하고 운행했다는 이유로 자동차관리법위반 기소유예처분을 받은 경우 시행규칙 제5조의2의 제2호의 예외적 단정 사유(ⓓ 유형)를 인정할 사정이 없다는 이유로 귀화불허처분이 적법했다고 본 서울행정법원 2020. 7. 23. 선고 2019구합87931 판결.

93 하이코리아 홈페이지에서도 제출 서류를 자세히 안내하고 있다. https://www.hikorea.go.kr/Main.pt

무방하다.⁹⁴

2) 귀화허가 신청에 대한 심사

① 형식적 요건의 심사: 귀화허가신청서의 접수 및 접수거부

법무부장관은 신청인이 대한민국 국적을 취득한 사실이 없는 외국인인지(국적법 제4조 제1항), 적법하게 작성된 신청서를 제출하였는지(동법 시행령 제3조 및 동법 시행규칙 제3조 제1항), 요구되는 서류를 첨부하였는지(동법 시행규칙 제3조 제2항)를 심사한다. 필요한 서류를 제출하지 않아 형식적 요건을 충족하지 못하였고 보정·보완이 불가능한 경우에는 접수를 거부하는 것이 허용된다. 그러나 형식적 요건을 갖추었음에도 불구하고 생계유지능력, 거주 요건 등 실질적 요건이 충족되지 않았다는 이유로 귀화신청서의 접수를 거부하는 것은 위법하다.[95] 반면 신청에 대한 심사에 이르기 전에 신청을 반려하는 것 역시 일종의 관문 심사로서 처분성이 인정되며, 접수거부와 동일한 성격을 가진다는 견지에서 위법성을 판단한 판례가 있지만,[96] 실질적 귀화 요건의 결여를 이유로 하는 반려는 귀화불허와 유사하며, 법원도 그러한 기준으로 심사한다.[97]

② 신원조회, 범죄경력조회, 체류동향조사 등

귀화허가신청자가 귀화 요건을 갖추고 있는지를 판단하기 위하여 신원조회, 범죄경력조회, 체류동향조사 등을 실시한다. 이를 위하여 증명서류를 심사하고 거주지를 현지조사하기도 한다. 신청자의 체류동향을 살피기 위한 현지조사는 출입국관리법에 규정되어 있는 외국인 동향조사의 한 예이다(출입국관리법 제81조).

신원조회, 범죄경력조회, 체류동향조사 등을 통하여 귀화 요건을 갖추고 있지 못한 것으로 인정되는 경우에는 종합평가와 면접심사 없이 바로 귀화불허처분을 할 수 있다(「국적법 시행령」 제4조 제5항).

---

94 이 점이 귀화불허처분에 따른 신청인의 불이익을 작게 하고, 귀화불허처분을 내리는 것을 쉽게 만드는 요인이 된다. 서울행정법원 2018. 4. 5. 선고 2017구합81854 판결.
95 대법원 2005. 2. 17. 선고 2004두13226 판결; 서울행정법원 2006. 12. 26. 선고 2006구합28482 판결(서울고등법원 2007. 10. 25. 선고 2007누4362 판결); 서울행정법원 2007. 5. 31. 선고 2006구합34630 판결(서울고등법원 2007. 11. 29. 선고 2007누15928 판결); 서울행정법원 2007. 7. 27. 선고 2007구합16301 판결(서울고등법원 2008. 4. 11. 선고 2007누22612 판결).
96 서울행정법원 2007. 10. 4. 선고 2007구합18529 판결.
97 서울행정법원 2004. 5. 6. 선고 2003구합35762 판결; 서울행정법원 2009. 6. 5. 선고 2009구합8069 판결.

③ 귀화적격심사(귀화용 종합평가와 면접심사)

국민으로서의 기본 소양과 품행 등을 평가하기 위한 목적으로 사회통합프로그램
상의 귀화용 종합평가와 면접심사를 실시한다. 이처럼 시험(면접 포함)에 의한 심사를
귀화적격심사라 부른다. 원래 귀화적격심사의 문리적 의미는 귀화에 적합한 요소와
자질을 갖추고 있는지를 심사한다는 것이므로 신원, 범죄경력, 체류동향에 대한 심
사를 포함한 모든 종류의 심사를 통칭하는 뜻으로 이해될 수도 있다. 이러한 점을
고려하여 시험에 의한 심사를 "협의의 귀화적격심사," 모든 사정을 종합적으로 평가
하는 것을 "본래의 의미의 귀화적격심사"라 부르기도 한다.[98]

사회통합프로그램의 종합평가에는 영주용 종합평가(Korea Immigration and Permanent
Residence Aptitude Test, KIPRAT)와 귀화용 종합평가(Korea Immigration and Naturali-
zation Aptitude Test, KINAT)가 있다. 귀화용 종합평가는 한국어와 한국문화(1 – 4단계),
한국사회이해 기본 및 심화과정을 주된 내용으로 한다. 귀화허가 신청자는 신청일로
부터 1년 이내에 귀화용 종합평가에 응시하여 그 결과를 제출하여야 한다.[99]

미성년자, 만 60세 이상인 사람, 특별귀화허가 신청을 한 특별공로자 및 우수인
재, 사회통합프로그램 이수자, 귀화허가 신청일을 기준으로 최근 3년 이내 종합평가
에서 100점을 만점으로 하여 60점 이상을 득점한 사람, 혼인 상태에 있는 혼인귀화
허가 신청자 및 일정 유형의 영주자격 보유자 등 법무부장관이 인정하는 특별한 사
유가 있는 사람은 종합평가를 면제할 수 있다(「국적법 시행규칙」제4조 제1항, 국적업무
처리지침 제7조).

면접심사에서는 국어능력 및 대한민국 국민으로서의 자세와 자유민주적 기본질
서에 대한 신념 등 대한민국 국민으로서 갖추어야 할 기본요건을 심사한다(「국적법
시행규칙」제4조 제4항). 국적을 회복한 사람의 배우자로서 만 60세 이상인 사람, 귀화
허가 신청 당시 만 15세 미만인 사람, 사회통합프로그램 이수자로서 종합평가에서
100점을 만점으로 하여 60점 이상을 득점한 사람, 특별귀화허가를 신청한 특별공로
자 등 법무부장관이 인정하는 특별한 사유가 있는 사람에 대해서는 면접심사를 면제
할 수 있다(「국적법 시행규칙」제4조 제3항, 국적업무처리지침 제8조).

사회통합프로그램을 운영하기 위한 「사회통합프로그램 운영지침」은 행정조직 내
부에서만 효력을 가지고 대외적 구속력이 없으므로 그에 반하는 처분이 곧바로 위법

---

98 차용호, 『한국 이민법』, 793면.
99 종합평가의 구성과 절차에 관해서는 「사회통합프로그램 운영지침」참조.

한 것은 아니며, 되풀이 시행되어 행정관행이 이루어지는 경우에만 그에 위반하는 처분이 재량권을 일탈·남용한 위법한 처분이 된다.[100]

④ 우수인재의 특별귀화를 위한 국적심의위원회의 심의

국적법 제22조 제1항 및 「국적법 시행령」 제6조 제2항은 우수인재의 특별귀화의 절차적 요건으로서 국적심의위원회의 심의를 거치도록 한다.[101] 다만 품행 단정 요건의 불충족을 비롯해 「국적법 시행령」 제28조 제1호가 요건 불충족으로 열거한 사유 중 하나에 해당하면 심의에 회부하지 않는다. 국적심의위원회의 심의는 면접심사에 선행하여 수행한다.

3) 귀화허가처분

법무부장관은 요건의 구비 여부에 대한 심사를 거친 후 귀화허가처분 또는 불허처분을 내린다. 귀화허가는 외국인을 국민으로 받아들이는 국가의 주권적 결정이다. 누가 자국민인지, 누가 국민이 될 수 있는지를 정하는 것은 각 주권국가의 고유한 권한이다. "국적을 가질 권리"가 인간의 보편적 인권이라고 해서 특정 국가를 상대로 국적을 부여할 것을 요구할 권리가 있는 것은 아니다. 국적부여에 대한 국제규범의 관여 정도가 낮은 것은 물론, 그에 대한 행정적 결정의 법적 기속성 또한 그 정도가 약하다. 즉 국적 부여에 관한 행정처분에는 폭넓은 재량이 허용된다. 세계적으로 일반귀화에서 법이 제시하는 귀화 요건을 충족하면 귀화를 허가해야 하는 법제(권리귀화)를 가진 나라는 소수이다.[102]

---

100 2015년도 「사회통합프로그램 운영지침」이 이수자의 혜택으로 국적필기시험과 면접심사를 면제한다고 기재한 것을 근거로 프로그램 이수자가 면접심사 불합격에 따라 귀화불허처분을 받자 이를 다투는 항고소송을 제기한 데 대해 법원은 청구를 기각하면서 그와 같이 판시했다. 서울행정법원 2020. 1. 16. 선고 2019구합61632 판결(서울고등법원 2020누3506, 대법원 2020두47823 판결에 의해 확정). 「국적법 시행규칙」이 종합평가와 면접심사를 "면제할 수 있는 사람"을 열거한 것은 면제 여부에 대해 법무부장관에게 재량권을 부여한 것이므로 면제하지 않았더라도 위법한 처분이라 할 수 없다는 점을 확인한 2017. 8. 29. 개정 전의 시행규칙 제4조 제1항 제5호에 따라 사회통합프로그램 이수자에 대해 면접심사를 면제할 수 있도록 한 것을 근거로 면접심사 3회 불합격자가 귀화불허처분을 다툰 사건에서 청구를 기각한 서울행정법원 2020. 2. 19. 선고 2019구합80497 판결 참조.
101 「국적심의위원회 운영지침」(법무부예규 제1319호) 제10조 제1호 가목도 특별귀화허가에 관한 사항을 심의 대상으로 규정한다.
102 "권리귀화"로 분류된 사례는 권리귀화의 제도를 두고 있다는 뜻이며 모든 경로의 귀화에서 재량이 배제된다는 뜻은 아니다. 예를 들어, 독일에서는 8년 거주를 요건으로 하는 일반귀화는 요건을 갖춘 경우 허가해야 하는 데 비해, 현 시점의 상주만을 근거로 귀화허가를 신청하거나 해외에 거주하면서 독일과의 유대를 근거로 귀화허가를 신청하는 경우 귀화허가의 행정처분은 재량행위이다(독일 국적법 제8조·제10조·제13조·제14조). 이철우, 「국적법의 세

국적법의 규정만으로는 귀화허가의 성격을 알 수 없지만, 전술한대로 학설은 특허에 해당한다고 본다. 앞에서 본대로, 판례는 귀화허가에 폭넓은 재량을 인정한다.

서울고등법원 2009. 10. 6. 선고 2009누11135 판결, 대법원 2010. 7. 15. 선고 2009두19069 판결

방문동거(F-1) 체류자격으로 입국, 체류기간 만료 후 불법체류 중 산업재해를 당하였고 그 후 기타(G-1) 체류자격으로 3년 이상 체류하면서 부모가 과거국민이었음을 근거로 간이귀화허가를 신청한 중국동포가 법무부의 거부처분을 다투는 사건에 대해 서울행정법원의 청구기각 판결(2009구합2016)을 취소하면서 "법이 정한 귀화의 요건은 반드시 명확하고 엄격하게 해석·적용되어야 할 것이고, 만약 법이 정한 요건을 모두 충족하는 외국인에 대하여는 국적법 제4조의 규정 취지상 법무부장관은 귀화를 허가하여야 하고, 달리 불허할 수 있는 재량의 여지가 없다고 보인다"고 언명하였다. 그러나 대법원은 원심을 파기하면서 다음과 같이 귀화허가의 성격을 규정하였다. "국적은 국민의 자격을 결정짓는 것이고, 이를 취득한 사람은 국가의 주권자가 되는 동시에 국가의 속인적 통치권의 대상이 되므로, 귀화허가는 외국인에게 대한민국 국적을 부여함으로써 국민으로서의 법적 지위를 포괄적으로 설정하는 행위에 해당한다. 한편 국적법 등 관계 법령 어디에도 외국인에게 대한민국의 국적을 취득할 권리를 부여하였다고 볼 만한 규정이 없다. 이와 같은 귀화허가의 근거 규정의 형식과 문언, 귀화허가의 내용과 특성 등을 고려하여 보면, 법무부장관은 귀화신청인이 법률이 정하는 귀화요건을 갖추었다고 하더라도 귀화를 허가할 것인지 여부에 관하여 재량권을 가진다고 봄이 상당하다."

그러나 법원은 "개념상 내용이 명확하지 아니한" 품행을 이유로 한 귀화불허처분을 심사하면서 "처분결과에 대한 예측가능성 침해, 자의적 판단 우려에 따른 귀화허가 심사행위의 투명성 훼손 등 여러 부작용이 있을 수 있는 현재의 법적 상황에서는" "재량권 행사를 기본적으로 존중하면서도 피고의 재량권이 합리적인 범위 내에서 이루어진 것인지 여부를 문제 되는 사안별로 개별적·구체적으로 심사할 필요가 있다"고 언명하였다.[103] 귀화허가 또는 불허처분이 재량행위라는 성격규정은 초보적

계적 동향과 한국의 현실」, 445-446면. 이현수, 「귀화 허가」, 123면에서는 요건을 갖추면 귀화허가를 해주어야 하는 상태를 귀화하고자 하는 사람에게 권리가 있다는 식으로 표현하는 것이 잘못임을 지적하고 있으나 국적법 비교연구에서는 권리귀화(naturalization as entitlement)라는 용어가 흔히 사용된다. 2022년 기준 조사대상 191개국 중 16개국이 일반귀화에서 권리귀화의 경로를 두고 있는 것으로 조사되었다. GLOBALCIT Citizenship Dataset, https://globalcit.eu/modes-acquisition-citizenship.
103 서울행정법원 2013. 4. 4. 선고 2012구합25866 판결(서울고등법원 2013. 7. 18. 선고 2013누

인 분류로서, 행정청의 처분이 법규에 기계적으로 기속되지 않음을 뜻할 뿐이다. 허용되는 재량의 범위는 구체적 사안과 판단의 사유별로 정해질 수밖에 없다.104

행정절차법은 행정청이 처분을 할 때 원칙적으로 문서로 하여야 하며 규정된 경우를 제외하면 당사자에게 그 근거와 이유를 제시하도록 하고 있지만(제23조 및 제24조), 동법은 외국인의 출입국·난민인정·귀화 등에는 적용되지 않는다(동법 제3조 제2항 제9호 및 동법 시행령 제2조 제2호). 따라서 귀화불허처분의 구체적 이유를 제시하지 않은 것만으로는 위법하다고 할 수 없다.105 그러나 국적법 제5조가 규정하는 거주, 성년, 품행 단정, 생계유지능력, 기본 소양 중 일부를 갖추지 못하였음을 이유로 하는 귀화불허처분에는 해당 사유를 기재하여 통지하고 있고, 위의 국적법 제5조 각호 중 해당 사유가 행정처분의 사유가 된다.106 그 경우 귀화불허의 근거로 삼은 사유와 다른 사유를 항고소송에서 추가할 수 있는가의 문제가 제기된다. 이 문제에 대해서는 원래의 처분 사유와 기본적 사실관계가 동일하다고 인정되는 한도 내에서만 다른 사유를 추가하거나 사유를 변경할 수 있다는 일반적인 법리가 적용된다.107 따라서 혼인단절의 귀책사유가 누구에게 있는지를 입증할 수 없어서 또는 위장결혼으로 판단해 품행 요건을 충족하지 못했음을 사유로 한 불허처분을 다투는 소송에서 생계유지능력 결여를 처분 사유로 추가하는 것은 허용되지 않는다.108 그러나 법령 위반에

12241 판결; 대법원 2013. 10. 31. 선고 2013두16784 판결). "관계법령의 내용, 형식, 체계 및 입법 취지 등을 종합하여 해당 외국인의 성별, 나이, 직업, 가족, 경력, 전과관계 등 여러 가지 사정을 종합적으로 고려하여 볼 때, 그가 '우리 국가공동체 구성원으로 인정하여 주권자의 한 사람으로 받아들임에 있어 지장이 없는 품성과 행동'을 보유하고 있는지를 따져 보아 이를 간과하였거나, 그를 우리 국민으로 받아들이지 못할 특별한 이유가 없음에도 귀화신청을 거부하였다면, 그 처분은 재량권을 일탈하거나 남용한 것으로서 위법하다고 하여야 할 것"임은 귀화허가 관련 판결에 자주 등장하는 표준적인 법리가 되었다. 서울행정법원 2013. 10. 24. 선고 2012구합33317 판결.

104 이희정, 「귀화허가의 법적 성질」, 『행정법연구』 제31호 (2011), 101 – 129면.

105 서울행정법원 2020. 1. 16. 선고 2019구합61632 판결(서울고등법원 2020누35068; 대법원 2020두47823 판결에 의해 확정). 한편 서울행정법원 2018. 11. 2. 선고 2018구합51553 판결에서는 행정절차법상 이유제시 의무가 적용된다는 전제 아래 "처분서에 기재된 내용과 관계 법령 및 당해 처분에 이르기까지의 전체적인 과정 등을 종합적으로 고려하여, 처분 당시 당사자가 어떠한 근거와 이유로 처분이 이루어진 것인지를 충분히 알 수 있어서 그에 불복하여 행정구제절차로 나아가는 데에 별다른 지장이 없었던 것으로 인정되는 경우에는 처분서에 처분의 근거와 이유가 구체적으로 명시되어 잇지 않았다 하더라도 그로 말미암아 그 처분이 위법한 것으로 된다고 할 수는 없다"고 설시했다.

106 대법원 2018. 12. 13. 선고 2016두31316 판결.

107 대법원 2003. 12. 11. 선고 2003두8395 판결.

108 서울행정법원 2018. 11. 2. 선고 2018구합51553 판결; 서울행정법원 2020. 4. 24. 선고 2018구합7389 판결.

따른 형사처분의 전력에 의해 품행 요건 불충족을 사유로 한 귀화불허처분을 다투는 소송에서 다른 법령 위반행위를 추가 근거로 제시한 경우 그것은 처분 사유 자체는 아니지만 처분의 근거가 되는 기초사실 내지 평가요소로 활용될 수 있다.[109]

4) 국민선서 및 귀화증서의 수여

한 나라의 국민이 된다는 것은 그 나라의 국법질서에 따르고 성원으로서 의무를 다하겠다는 뜻을 가지는 것을 의미한다. 그러한 자세와 국적의 소중함을 새기는 취지에서 국적취득의 의식을 거행하는 나라가 적지 않다. 과거 한국에서는 그러한 의식을 두고 있지 않았으나 현재는 국민선서 및 귀화증서 수여를 제도화하고 있다. 그리하여 "귀화허가를 받은 사람은 법무부장관 앞에서 국민선서를 하고 귀화증서를 수여받은 때에 대한민국 국적을 취득한다. 다만, 법무부장관은 연령, 신체적·정신적 장애 등으로 국민선서의 의미를 이해할 수 없거나 이해한 것을 표현할 수 없다고 인정되는 사람에게는 국민선서를 면제할 수 있다"(국적법 제4조 제3항). 국민선서 및 국적증서 수여에 관해 필요한 사항은 대통령령으로 정한다(동조 제4조 제5항). 국민선서는 "나는 자랑스러운 대한민국 국민으로서 대한민국의 헌법과 법률을 준수하고 국민의 책임과 의무를 다할 것을 엄숙히 선서합니다"라는 문언으로 이루어짐으로써 대한민국 국민의 정체성이 법공동체의 일원이라는 점에 있음을 시사한다(「국적법 시행령」 제4조의3 제1항).

5) 원국적의 포기

귀화허가에 의해 국적을 취득한 사람은 국적취득 후 1년 내에 가지고 있던 외국 국적을 포기하여야 한다(국적법 제10조 제1항). 다만 i) 일정한 요건을 갖춘 혼인귀화자(동법 제6조 제1항·제2항), ii) 특별귀화자 중 특별공로자와 우수인재(동법 제7조 제2항·제3항), iii) 본인의 뜻에도 불구하고 외국의 법률 및 제도로 인하여 국적을 포기하기 어려운 자로서 대통령령이 정하는 자는 대한민국에서 외국 국적을 행사하지 아니하겠다는 뜻을 법무부장관에게 서약(이하 외국국적불행사서약이라 함)함으로써 외국 국적의 포기를 갈음할 수 있다(동법 제10조 제2항 제1호·제5호). 원국적을 포기하거나 외국국적불행사서약을 이행하지 아니하면 그 기간이 지난 때에 대한민국 국적을 상실

---

109 자동차번호판 부정사용으로 기소유예처분을 받은 것에 근거해 품행 요건 불충족을 이유로 귀화불허처분을 한 후 피고 행정청이 원심에서 패소하자 항소심에서 불법체류 전력을 추가한 사건에서, 제1심 판결을 취소하고 청구를 기각한 항소심 판결이 위법하지 않다고 한 대법원 2018. 12. 13. 선고 2016두31616 판결.

한다(동법 제10조 제3항). 원국적의 포기의무에 대해서는 제3절과 제4절에서 재론한다.

(마) 귀화자의 법적 지위

귀화자는 선천적 국적취득자와 동등하게 국민으로서의 권리와 의무를 가진다. 제정 당시 국적법은 "귀화인, 귀화인의 처 또는 자," 대한민국의 국민의 처가 됨으로써 국적을 취득한 자, 국적을 수반취득하는 처 또는 자는 대통령, 부통령, 국무위원, 특명전권대사, 특명전권공사, 국군총사령관, 참모총장에 취임하지 못한다고 규정하였다(제정 국적법 제10조, 제3조 제1호, 제8조). 이 차등은 1963년의 개정에 의하여 제거되었다. 그러나 귀화자가 다르게 취급되는 특수한 경우가 존재한다. 병역법은 귀화에 의하여 국적을 취득한 사람을 전시근로역에 편입하도록 하고 있다(「병역법 시행령」 제136조 제1항 제2호 마목). 물론 본인의 희망에 따라 현역이나 사회복무요원으로 복무가 가능하다.

귀화허가를 받는 사람은 귀화선서를 하고 귀화증서를 수여받음으로써 대한민국 국민이 되지만, 그가 원국적을 포기하거나 포기에 갈음하여 외국국적불행사서약을 하기 전에는 출입국, 체류, 주민등록 또는 여권발급 등에서 국민으로서의 처우를 제한받을 수도 있다(「국적법 시행령」 제14조).[110]

4. 국적회복에 의한 국적의 취득

국적회복은 대한민국 국민이었던 외국인이 법무부장관의 허가를 얻어 대한민국 국적을 취득하는 절차이다.

(가) 국적회복의 요건

국적법은 국적회복을 다음과 같이 규정하고 있다.

> **국적법 제9조(국적회복에 의한 국적 취득)** ① 대한민국의 국민이었던 외국인은 법무부장관의 국적회복허가(國籍回復許可)를 받아 대한민국 국적을 취득할 수 있다.
> ② 법무부장관은 국적회복허가 신청을 받으면 심사한 후 다음 각 호의 어느 하나에 해당하는 자에게는 국적회복을 허가하지 아니한다.

---

110 석동현, 『국적법』, 200, 205면.

    1. 국가나 사회에 위해(危害)를 끼친 사실이 있는 사람

    2. 품행이 단정하지 못한 사람

    3. 병역을 기피할 목적으로 대한민국 국적을 상실하였거나 이탈하였던 사람

    4. 국가안전보장·질서유지 또는 공공복리를 위하여 법무부장관이 국적회복을 허가하는
       것이 적당하지 아니하다고 인정하는 사람

    ③ 제1항에 따라 국적회복허가를 받은 사람은 법무부장관 앞에서 국민선서를 하고 국적
회복증서를 수여받은 때에 대한민국 국적을 취득한다. 다만, 법무부장관은 연령, 신체적·정
신적 장애 등으로 국민선서의 의미를 이해할 수 없거나 이해한 것을 표현할 수 없다고 인정
되는 사람에게는 국민선서를 면제할 수 있다.

    [④∼⑥은 생략함]

1) 자 격

국적회복은 과거 대한민국 국민이었던 외국인에게만 허용된다. 중국동포는 "1949
년 10월 1일부로 중국 국적을 취득함과 동시에 대한민국 국적을 상실한 것으로" 간
주되므로(「외국국적동포의 국적회복 등에 관한 업무처리지침」 제3조), 1949년 10월 1일 전
에 출생한 중국동포는 국적회복허가를 신청할 수 있으며, 그 이후에 출생한 자는 귀
화허가를 신청할 수 있을 뿐이다.

2) 거주 요건은 없음

일반귀화 및 간이귀화와 달리 국적회복은 대한민국에 거주함이 없이도 신청할
수 있다. 처음에는 대한민국에 주소를 가진 자에 한하여 국적을 회복할 수 있도록
했고, 1962년 개정법으로 국내 주소를 가지지 않은 자에게는 국적회복심의위원회의
건의에 의한 법무부장관의 허가를 요건으로 하였다가 1976년 개정을 통해 그 제한
을 제거하였다.

3) 부정적 사유의 부존재

국적법 제9조 제2항이 열거하는 부정적 사유가 없어야 한다. 귀화심사에서처럼
모든 요소가 종합적으로 평가의 대상이 된다. 귀화허가에 관한 규정에서는 허가를
위한 적극적 요건의 형식으로 규정하는 것을 제9조 제2항에서는 국적회복을 불허하
기 위한 소극적 요건으로서 열거한다는 점에서 차이가 있는 한편 열거된 사유가 귀
화허가의 판단 기준과 동일하지 않다. 귀화와는 달리 품행 단정 여부를 판단하기 위
한 기준을 법무부령으로 명시하지 않는다. 그러나 귀화허가에서처럼 품행 단정 여부

는 "국적회복 신청자의 성별, 나이, 가족, 직업, 경력, 범죄경력 등 여러 사정을 종합
적으로 고려하여 판단"한다.111 "국가나 사회에 위해를 끼친 사실"이 불허처분의 별
도 사유로 규정되어 있는데 이는 대부분 품행이 단정하지 못하다는 것과 중첩된
다.112 "병역을 기피할 목적으로" 국적을 상실 또는 이탈한 사람인지의 여부는 국적
회복에 특유한 중요한 판단 사항이다. 병역 기피 목적은 "막연한 의심만으로는 부족
하고" 외국 체류의 목적과 국적 취득의 목적, 시기, 경위, 외국 국적 취득 후의 정황
등을 고려해 볼 때 "병역을 기피할 목적이 있었다고 강하게 의심할 만한 사정"이 있
어야 한다.113

　　상기 국적법 조항은 "국가안전보장·질서유지 또는 공공복리를 위하여 법무부장
관이 국적회복을 허가하는 것이 적당하지 아니하다고 인정"하는 경우를 별도의 항목
으로 규정하고 있다. 그러한 사유를 품행이 단정하지 못하고 국가와 사회에 위해를
끼친 사실이 있다는 점과 중첩하여 인정한 사례들이 있다.114 그러나 국가안전보장·
질서유지 또는 공공복리는 다른 부정적 사유가 없음에도 불구하고 긴요한 국가정책
상의 필요에 의해 국적회복을 불허한다는 결정의 근거로서 예외적으로만 원용하여
야 한다.

　　국적회복허가는 과거국민에게 국적을 부여하는 것이어서 국민이었던 적이 없는
외국인에게 국적을 부여하는 귀화에 비해 "실체적 요건을 완화"함을 법원도 명시적
으로 인정한다.115 국적회복을 동포정책의 일환으로 접근하여 요건 충족 여부를 관
대하게 판단한 예도 볼 수 있다.116

---

111 대법원 2017. 12. 22. 선고 2017두59420 판결에서는 친인척 사이에 무고죄와 위증죄로 처벌
　　받았고 상해죄로도 약식명령을 받았으며 오래 전 업무상과실치상죄로 벌금을 받은 이유로
　　국적회복을 불허한 사건에 대해 본인과 가족이 귀국하여 10년 이상 국내에 거주했고 학교법
　　인 사무국장을 거쳐 학교법인의 이사장과 재단법인의 이사로 재직하고 있음을 고려할 때
　　"대한민국의 구성원으로 받아들여질 수 없을 정도로 품성과 행실이 단정하지 못하다고 할
　　수는 없다"고 보았다.
112 두 차례 음주운전으로 인한 도로교통법 위반과 강제추행으로 벌금형 선고 및 퇴거불응죄로
　　인한 선고유예 판결 전력(서울행정법원 2020. 6. 4. 선고 2018구합79718 판결), 9년 1개월의
　　불법체류(서울고등법원 2005. 10. 12. 선고 2005누7930 판결), 3년 3개월의 불법체류(서울행
　　정법원 2007. 8. 22. 선고 2007구합2258 판결) 등을 품행이 단정하지 못한 자, 국가 또는 사회
　　에 위해를 끼친 자 또는 국가안전보장·질서유지 또는 공공복리를 위하여 국적회복을 허가하
　　는 것이 적당하지 아니하다는 자로 판단하는 근거로 삼았다.
113 서울고등법원 2020. 6. 19. 선고 2019누67946 판결.
114 불법체류 전력을 그렇게 취급한 위의 서울고등법원 2005. 10. 12. 선고 2005누7930 판결; 서
　　울행정법원 2007. 8. 22. 선고 2007구합2258 판결.
115 서울고등법원 2018. 10. 25. 선고 2018누59276 판결.

(나) 국적회복의 절차

1) 국적회복허가의 신청

국적회복허가를 신청하는 자는 신청서와 함께 외국인임을 증명하는 서류, 가족관계기록사항에 관한 증명서·제적등본 또는 그밖에 본인이 대한민국 국민이었던 사실을 증명하는 서류, 국적상실의 원인 및 연월일을 증명하는 서류 및 외국 국적을 취득한 원인 및 연월일을 증명하는 서류 등을 출입국·외국인청장 등에게 제출하여야 한다(「국적법 시행령」 제8조 제1항, 「국적법 시행규칙」 제6조 제2항). 본인이 대한민국 국민이었음을 증명하는 서류를 제출하여야 한다는 점에서 간이귀화와는 다르지만 증명방법은 대동소이하다. 제적등본, 관련국의 공적 서류 또는 공증증서, 혈족과의 가족관계를 증명하기 위한 자료 및 유전자감식결과 등 다양한 서류가 활용된다(「외국국적동포의 국적회복 등에 관한 업무처리지침」 제5조 제1항). 귀화와 마찬가지로 신청자가 15세 이상인 경우 본인이 직접 신청하여야 한다(「국적법 시행령」 제25조의2 제1항).

2) 국적회복허가의 신청에 대한 심사

귀화허가 신청에 대한 심사와 마찬가지로 신원조회, 범죄경력조회, 체류동향조사 등을 실시한다(「국적법 시행령」 제9조). 신청인이 대한민국 국민이었는지를 판단하는 것이 심사의 중요한 부분을 이루며, 중국동포의 국적회복에서는 국민인 친족과의 관계를 심사하는 과정에서 분쟁이 빈번히 발생한다.[117]

귀화와는 달리 병적조회가 추가되는 반면(「국적법 시행령」 제9조 제1항), 필기시험(사회통합프로그램의 종합평가)과 면접심사는 행하지 아니한다.

3) 우수인재의 국적회복을 위한 국적심의위원회의 심의

국적법은 우수인재의 특별귀화에 관한 제7조 제1항 제3호와 같은 규정을 국적회

---

116 15년 8개월 불법체류했고 부정한 방법으로 여권 및 사증을 발급받은 사람에 대해서 "중국동포들은 … 본인의 의지나 선택과 무관하게 중국 국민으로 편입되면서 대한민국 국적을 상실하게 된 사람들"로서 그러한 잘못을 빌미로 "원고의 비원(悲願)을 외면하는 것은 국민을 제대로 보호하지 못함으로써 … 외국국적동포들이 국적을 상실하는 데 원인제공을 한 것으로 볼 수 있는 국가가 이들을 제대로 대우하는 방식이라 할 수도 없다"고 갈파한 수원지방법원 2015. 9. 24. 선고 2014구합6228 판결(서울고등법원 2016. 3. 17. 선고 2015누64277 판결) 참조.

117 서울고등법원 2001. 6. 21. 선고 2000누12913 판결; 서울행정법원 2010. 8. 13. 선고 2009구합50350 판결; 서울행정법원 2013. 2. 5. 선고 2012구합23518 판결(서울고등법원 2013. 12. 18. 선고 2013누7973 판결).

복에 대해서는 두고 있지 않으나 국적취득자의 외국 국적 포기 의무를 규정한 제10조 제2항 제2호에서 국적회복허가를 받은 자 중 특별공로자(제7조 제1항 제2호) 또는 우수인재(동 제3호)로서 특별귀화하는 사람에 해당한다고 법무부장관이 인정하는 자에 대해 외국국적불행사서약으로 외국 국적의 포기를 갈음할 수 있도록 하는 한편, 「국적심의위원회 운영지침」에서 국적회복허가를 받거나 신청한 사람이 특별귀화하는 우수인재에 해당하는지 여부를 국적심의위원회의 심의 대상으로 삼고 있다(동 지침 제10조 제1호 나목).[118]

4) 국적회복허가처분

국적회복허가는 귀화허가와 마찬가지로 재량행위이며, 허용되는 재량의 범위는 구체적 사안과 판단의 사유별로 정해진다.[119] 국적회복을 허가하지 않는다는 결정은 국적회복불허처분의 형태를 띠어야 하며, 귀화에서와 마찬가지로, 형식적 요건을 구비하였음에도 불구하고 신청서의 접수를 거부하는 것은 위법하다.[120] 「외국국적동포의 국적회복 등에 관한 업무처리지침」에서는 국내에서 국적회복허가를 신청하고자 하는 자는 적법하게 입국 체류 중인 때에 한하여 신청할 수 있다고 명시하고 있는데(제4조), 이를 근거로 불법체류자에 대해 신청서의 접수를 거부할 수 있다고 해서는 안된다. 이 지침은 법무부예규에 불과하며 대외적 구속력을 가지지 않는다. 불법체류자의 신청자격 자체를 부정하려면 법률 또는 위임명령에 근거하여야 한다.

5) 국민선서 및 국적회복증서의 수여

귀화와 마찬가지로 국적회복허가를 받은 사람이 국민선서를 하고 국적회복증서를 수여받은 때에 대한민국 국적을 취득한다. 국민선서의 면제 사유, 국민선서 및 국적회복증서의 수여 또는 그 면제 업무의 대행, 필요한 사항 규정의 대통령령 위임을 내용으로 하는 조항도 귀화와 동일하다(국적법 제9조 제3-5항).

---

118 법문에서는 국적회복허가를 받거나 신청한 사람이 특별귀화하는 우수인재에 "해당"하는지의 여부를 판단한다고 하는데, 국적회복허가를 받으려는 사람이 귀화허가를 받으려는 사람에 "해당"하는지 아닌지를 말하는 것은 어법에 맞지 않으므로, 특별귀화허가를 받는 우수인재에 "준하는 기준에 부합"하는지의 여부를 판단한다고 문언을 수정할 필요가 있다.

119 대법원 2017. 12. 22. 선고 2017두59420 판결은 품행 요건 충족 여부를 행정청이 여러 사정을 종합적으로 고려하여 판단해야 한다고 설시하면서도, 품행이 단정하지 못한지는 재량이 인정되는 영역이라고 볼 수" 없다고 언급했는데 후자는 오해를 불러일으킬 수 있는 표현이다.

120 서울행정법원 2003. 6. 24. 선고 2002구합34786 판결.

6) 원국적의 포기

국적회복에 의해 국적을 취득한 자도 국적취득 후 1년 내에 원국적을 포기하여야 하며, 그렇게 하지 않을 경우 그 기간이 경과함과 동시에 대한민국 국적을 상실한다. 다만 i) 특별공로자와 우수인재, ii) 미성년시 해외에 입양되어 외국 국적을 취득 후 다시 국적을 회복한 사람, iii) 해외로 이주하였다가 만 65세 이후 영주귀국하여 국적을 회복한 사람, iv) 본인의 뜻에도 불구하고 외국의 법률 및 제도로 인하여 원국적의 포기의무를 이행하기 어려운 사람은 외국국적불행사서약으로 원국적의 포기를 갈음할 수 있다(국적법 제10조 제2항). 이에 대해서는 제3절과 제4절에서 재론한다.

5. 국적의 수반취득

수반취득은 배우자 또는 부모의 국적취득에 수반하여 국적을 취득하는 경우이다. 1998년 개정 전에는 "대한민국의 국적을 취득하는 자의 처"로서 본국법에 반대규정이 없는 경우, 그리고 "대한민국의 국적을 취득하는 자의 자로서 본국법에 의하여 미성년자"인 경우에는 부(夫) 또는 부(父)의 국적취득에 수반하여 국적을 자동취득하였다(1998년 개정 전 국적법 제8조). 1998년 개정에 의해 배우자의 수반취득이 없어져, 남성과 여성을 불문하고 국적취득자의 배우자는 별도로 귀화해야 한다. 동 개정으로 부 또는 모의 국적취득에 수반하는 미성년 자녀의 국적취득 또한 독립성이 강화되어 "외국인의 자(子)로서 대한민국의 민법상 미성년인 사람은 부 또는 모가 귀화허가를 신청할 때 함께 국적 취득을 신청"할 수 있는 한편(국적법 제8조 제1항), 그렇게 신청한 경우 부 또는 모가 국적을 취득할 때 함께 국적을 취득하게 되었다(동법 제8조 제2항). 이는 귀화와 국적회복에 공히 적용된다(동법 제9조 제6항). 국적을 수반취득한 자도 부 또는 모와 마찬가지로 원국적을 포기하거나 외국국적불행사서약을 하여야 한다(동법 제10조).

수반취득으로 국적을 얻는 사람은 대한민국 민법에 의해 미성년자이어야 한다. 수반취득의 신청은 부 또는 모가 귀화허가신청서 또는 국적회복허가신청서에 수반취득의 뜻을 표시함으로써 행한다(「국적법 시행령」 제7조 제1항, 제9조 제5항). 부모가 이혼한 경우 그 부 또는 모가 수반취득하려는 자에 대하여 친권 또는 양육권을 가지고 있음을 서면으로 증명하여야 한다(동법 시행령 제7조 제2항, 제9조 제5항).

6. 국적의 재취득

후천적으로 대한민국 국적을 취득한 사람이 1년 내에 원국적을 포기하거나 외국 국적불행사서약을 하지 않으면 대한민국 국적을 상실하게 되는데, 그로부터 1년 내에 그 외국 국적을 포기하면 신고만으로써 간단히 대한민국 국적을 다시 취득할 수 있게 하는 것이 재취득 제도이다(국적법 제11조). 이와 달리, 한시적으로 개설된 국적재취득의 경로가 있었다. 부분적으로 복수국적을 용인하는 2010년 국적법 개정에 따른 특례로서, 개정 전 국적선택 불이행으로 인해 국적을 상실한 사람은 개정 법률 공포 후 2년 이내 신고에 의해 국적을 재취득할 수 있었다(법률 제10275호 부칙 제1조 제1항).

7. 국적판정

국적판정은 "대한민국 국적의 취득이나 보유 여부가 분명하지 아니한 자"의 국적 보유 여부를 확인하는 조치이다(국적법 제20조). 판정을 통해 비로소 국적을 취득하는 것은 아니지만 국적의 보유 여부를 알 수 없다면 실효적 국적을 가졌다고 말할 수 없고 국적판정에 의해 비로소 실효적 국적을 가지게 된다는 점에서 이를 본절에서 다룬다.

(가) 국적판정의 대상

국적판정은 대한민국 국적의 취득이나 보유 여부가 분명하지 아니한 자, 특히 신원이 분명하지 않으나 대한민국 국적을 보유하고 있을 개연성이 있는 사람에게 필요한 조치이다. 현재 실무상 그러한 사람으로는 북한이탈주민임을 주장하는 사람과 사할린동포가 있다.

1) 북한이탈주민임을 주장하는 사람에 대한 국적판정

북한이탈주민임을 주장하는 사람은 「북한이탈주민의 보호 및 정착지원에 관한 법률」이 정하는 「보호」를 받음으로써 대한민국 국민으로 취급될 수 있다. 국적판정은 국민으로 인정받는 별개의 절차이다. 북한이탈주민으로서 보호를 받으려면 본인 스스로 "군사분계선 이북지역에서 벗어나"야 한다는 요건을 충족해야 하지만 국적판정에는 그러한 요건이 없다. 따라서 해외에서 출생한 북한인도 국적판정에 의해 대한민국 국적의 보유를 확인받을 수 있다. 「북한이탈주민의 보호 및 정착지원에 관한 법률」에 의해 임시보호를 받아 입국하더라도 입국 후 비보호 대상자로 결정되면 국적판정을 통해 국적보유 여부를 판단받을 수 있다.

2) 사할린동포에 대한 국적판정

사할린동포는 "1945년 8월 15일까지 사할린에서 출생하였거나 사할린으로 이주한 한인(韓人)"을 말한다(「사할린동포 지원에 관한 특별법」 제2조 제1호). 이들의 대다수는 일제 말기 강제동원되어 끌려가 돌아오지 못한 사람들이다. 제2차 세계대전 종전후 소련은 사할린동포를 무국적자로 취급하였고 일본도 샌프란시스코조약의 발효와 함께 그들의 일본 국적을 부정했다.[121] 그 후 사할린동포는 구소련 국적을 취득한 사람, 북한 국적을 취득한 사람, 아무 국적도 취득하지 않은 사람으로 나뉘었다. 대한민국은 사할린동포의 비자발적 이주 경위를 고려해 영주귀국의 길을 열어주었으며, 그들이 대한민국 국적을 여전히 보유하고 있는 것으로 간주하여 국적판정을 통해 영주귀국자의 국적을 확인하고 있다. 그 후 국적판정은 1945년 8월 15일 후에 출생한 동포 2세대에도 확대되었다. 한때 외국 국적을 취득한 사람 중에도 가족관계 증명이 있는 사람 그리고 동포 2세대에게는 국적회복을 할 수 있도록 했는데, 1954년에 출생한 동포 2세대의 대한민국 국적을 확인한 판결 후 그러한 구별이 무의미해졌고 2021년 제정된 「사할린동포 지원에 관한 특별법」이 직계비속 1인과 그 배우자에게도 영주귀국 및 정착지원을 확대하자 동포 2세대에게도 국적판정의 문호를 개방한 것이다.[122] 현재의 실무상 동포 1세대는 물론 대한민국 국적법이 발효한 후에 출생한 동포 2세대도 외국 국적의 보유 또는 취득이 자발적인 것이 아니라는 이유로 대한민국 국적의 보유에 영향을 주지 않는 것으로 취급한다.

3) 사실상 국민에 대한 국적판정

대한민국 국적을 취득할 요건을 갖추지 못했으나 행정청의 착오 또는 오해로 인해 대한민국 국민으로 취급되어 오랜 기간 대한민국과 생활상의 연고를 형성하고 국민으로서의 정체성을 가졌으며 국민의 의무도 이행한 사람에 대해 국적이 없음을 뒤늦게 파악하여 국민이 아닌 것으로 처우할 경우 큰 불이익이 초래된다면 그 사람을

---

121 노영돈, 「사할린한인에 관한 법적 제문제」, 『국제법학회논총』 제37권 제2호 (1992), 123-144면.

122 구소련 국적을 취득하지 않고 무국적자로 취급받은 사할린동포 부모로부터 1954년에 태어나 무국적자로 취급된 사람의 국적을 확인한 서울행정법원 2014. 6. 19. 선고 2012구합26159 판결.

국민으로 취급하는 것이 신뢰의 원칙에 비추어, 그리고 인도적 견지에서 합당할 수 있다. 실무상 이러한 예외적인 경우에 국적판정을 통해 국민으로 처우한 적도 있으나 법적 근거가 미비하여 일관된 행정이 이루어지고 있지 않다. 오스트리아, 독일, 프랑스 등 일부 유럽 국가에서처럼 그러한 사람을 국민으로 처우하기 위한 요건과 절차를 법령에 규정하는 것이 필요하다.[123]

(나) 국적판정의 절차

국적판정은 신청에 의해 절차를 개시하며(「국적법 시행령」 제23조), 국적판정의 심사를 할 때에는 신원조회, 범죄경력조회, 체류동향조사 등을 수행할 수 있고, 혈통관계, 국외이주 경위, 대한민국 국적의 취득 여부, 대한민국 국적을 취득한 후 스스로 외국 국적을 취득함으로써 대한민국 국적을 상실한 사실이 있는지 여부 등을 심사하여 현재에도 대한민국 국적을 보유하고 있는지를 판정한다(동법 시행령 제24조 제1항 및 제3항). 사할린동포의 국적판정과 사실상의 국민의 국적판정은 법무부장관의 요청에 의해 국적심의위원회의 심의를 거치게 하고 있다(국적법 제22조 제1항 제4호, 국적업무처리지침 제15조 제2항, 「국적심의위원회 운영지침」 제10조 제4호). 국적을 보유하고 있다고 판정되면 별도의 국적취득 절차를 거치지 않고 「가족관계의 등록 등에 관한 법률」에서 정하는 바에 따라 가족관계 등록을 할 수 있다(동 시행령 제24조 제5항).

(다) 국적판정의 법적 성질과 효과

국적판정의 결과 대한민국 국적을 보유하지 않는 것으로 판단되는 경우, 과거에는 「판정불가」의 통보를 하였으나 현재는 그 명칭을 바꾸어 「국적비보유판정」의 통보를 하고 있다. 판정불가의 통보는 국적을 취득한 사실이 없으므로 국적을 보유한다고 판정할 수 없음을 통지하는 것에 불과하여 권리·의무의 변동을 초래하는 처분이 아니어서 항고소송의 대상이 되지 않는다는 것이 실무 관행의 관점이었다. 그러나 북한국적자, 따라서 대한민국 국민이 아니라는 국적판정 결과에 대해 「국적판정불허처분」의 취소를 구하는 소송사건에서 법원은 국적 보유가 분명함에도 불구하고 "국적판정을 불허"한 것이 재량권의 남용임을 이유로 법무부의 조치를 취소하였다.[124] 그 후 처

---

123 GLOBALCIT Citizenship Law Dataset, https://globalcit.eu/modes−acquisition−citizenship 참조.
124 서울행정법원 2009. 10. 15. 선고 2009구합17865 판결.

분성을 부정하여 청구를 각하한 판결이 있었지만,125 국적판정이 국민의 권리의무에 개별적·구체적·직접적으로 영향을 미치는 처분에 해당하여 항고소송의 대상이 된다고 보는 판례가 후속함으로써 국적판정의 처분성과 항고소송 대상성을 인정하는 것이 대세가 되었다.126

국적을 보유한다는 판정으로 국적을 취득하는 것이 아니라 이미 존재하는 국적을 확인하는 것이므로 대한민국 국적을 취득한 원래의 경위에 따라 신청자를 처우하면 되며, 신청자가 다른 국적을 가지고 있다면 복수국적자로 취급하게 된다. 대부분은 출생과 더불어 대한민국 국민이 된 것으로 취급된다. 다른 국적을 가지지 않은 사람이 국적비보유판정을 받게 되면 무국적자로 취급된다.

(라) 대안적 방법: 국적확인소송

「북한이탈주민의 보호 및 정착지원에 관한 법률」이 규정하는 「보호」를 받지 못한 경우 또는 국적의 보유를 주장하였지만 국적보유의 판정을 받지 못한 경우 소송을 통해 국적을 확인받는 방법도 있다. 국민인지의 여부는 공법상의 지위 또는 신분에 관한 것으로서 단순한 사실관계에 그치는 것이 아니므로 행정소송법상 당사자소송으로 확인을 받을 수 있다.127 이 방법은 위의 「보호」 그리고 국적판정과 별개의 절차로서, 그것들을 구하는 절차를 거친 후에야 가동할 수 있는 것은 아니다. 다만 확인소송은 확인의 이익이 있어야 하고, 권리 보호를 위해 확인판결을 받는 것이 가장 유효적절한 수단일 것을 요한다. 해당 권리의 보호를 위해 마련된 다른 구제절차에 의거하는 것이 손쉬움에도 불구하고 그러한 절차를 거치지 않은 경우, 확인의 이익이 없어 각하될 수 있다.128 그러나 북한이탈주민이나 사할린동포가 현실적으로 국적판정절차를 거치기 어려운 사정이 있음이 확인의 이익을 판단하는 데 고려된다.129

125 서울행정법원 2012. 2. 17. 선고 2011구합22051 판결.
126 서울행정법원 2013. 8. 13. 선고 2012구합40261 판결; 서울고등법원 2020. 12. 17. 선고 2019 누60501 판결; 북한이탈주민으로부터 중국에서 출생했고 베트남에 출생신고된 사람에 대해 내린 국적비보유판정을 취소한 서울행정법원 2019. 8. 16. 선고 2019구합4182 판결(서울고등 법원 2019누55783 판결과 대법원 2020두37642 판결로 확정).
127 그렇게 설시한 서울행정법원 1998. 12. 2. 선고 98구17882 판결; 위의 사할린동포에 대한 서울행정법원 2014. 6. 19. 선고 2012구합26159 판결; 국적비보유판정이 처분성을 결여했다는 이유로 취소청구를 각하하는 한편 국적확인을 구하는 예비적 청구에 대해 판단한 서울행정법원 2012. 2. 17. 선고 2011구합22051 판결 참조.
128 과거국민의 자녀 간이귀화를 위한 선결적 쟁점을 해결하기 위한 목적으로 직계존속의 국적확인을 구하는 소를 제기한 데 대해 소를 각하한 서울중앙지방법원 2012. 8. 28. 선고 2012가합19937 판결; 서울중앙지방법원 2012. 11. 29. 선고 2012가합37699 판결.

제3절 국적의 상실

국적의 상실은 일정한 사유가 발생함으로써 국적이 자동적으로 상실되는 경우와 국가가 특정인의 국적을 상실시키는 결정 또는 처분을 하는 경우, 그리고 본인이 국적을 스스로 포기 또는 이탈하는 경우로 나눌 수 있다.

1. 국적의 자동상실

대한민국 국적법은 복수국적을 방지·억제하고 단일국적을 강제하고자 한다. 자진하여 외국 국적을 취득한 것을 이유로, 국적취득자가 원국적을 포기하지 않았다는 이유로, 그리고 복수국적자가 국적선택을 이행하지 않았음을 이유로 국적을 자동적으로 상실시키는 제도가 이를 보여준다.

(가) 외국 국적 취득에 의한 국적상실

외국 국적을 취득한 경우에도 자진(자발적) 취득과 비자진(비자발적) 취득은 다르게 취급된다.

1) 외국 국적의 자진 취득에 의한 국적상실

국적법은 "자진하여 외국 국적을 취득한 자는 그 외국 국적을 취득한 때에 대한민국 국적을 상실한다"고 규정한다(제15조 제1항). 자진하여 외국 국적을 취득하는 것은 귀화 또는 국적회복에 의해 국적을 취득하는 것을 의미한다. 외국 국적을 취득하였다는 이유로 자국적을 상실시키는 국적법을 가진 나라는 80개국 가까이 되며, 그중 대한민국처럼 어떤 외국 국적이든 불문하고 자동으로 국적을 상실하게 하는 나라가 일본을 포함 25개국에 달한다.[130] 헌법재판소는 외국 국적 취득에 의한 국적의 자동상실이 과잉금지원칙에 반하지 않는다고 보았다.[131]

---

129 무국적 사할린동포가 국내에서 이루어지는 국적판정절차를 이용할 수 있을지 의문이라는 점, 국내에 입국하더라도 상당한 시간과 비용이 소요될 것으로 예상되는 국적판정절차를 반드시 거치도록 하는 것이 유효·적절하지 않다는 점을 들어 원고의 국적확인청구를 인용한 서울행정법원 2014. 6. 19. 선고 2012구합26159 판결.

130 GLOBALCIT Citizenship Law Dataset, https://globalcit.eu/modes－loss－citizenship.

131 헌재 2014. 6. 26. 2011헌마502.

자진하여 외국 국적을 취득하였는지의 여부는 외국 국적을 취득하게 된 개인적 배경이나 동기와 무관하다. 외국에 정치적, 경제적, 사회적으로 귀화를 해야 할 불가 피한 이유가 있기 때문에 할 수 없이 귀화하였더라도 자진하여 외국 국적을 취득한 경우에 해당한다.[132]

2) 외국 국적의 비자진 취득

① 비자진 취득과 국적의 보유

국적법은 몇 가지 비자발적인 사유로 외국 국적을 취득한 경우 곧바로 대한민국 국적을 상실시키지 않고 대한민국 국적을 보유하겠다는 의사를 신고할 기회를 준 후 외국 국적을 취득한 때로부터 6개월 내 그러한 신고가 없는 경우에 한하여 국적을 상실시킨다. 그러한 사유로는 i) 외국인과의 혼인으로 그 배우자의 국적을 취득하게 된 경우, ii) 외국인에게 입양되어 그 양부 또는 양모의 국적을 취득하게 된 경우, iii) 외국인인 부 또는 모에게 인지되어 그 부 또는 모의 국적을 취득하게 된 경우, iv) 외국 국적을 취득하여 대한민국 국적을 상실하게 된 자의 배우자나 미성년의 자 (子)로서 그 외국의 법률에 따라 함께 그 외국 국적을 취득하게 된 경우가 있다(제15 조 제2항).

위에서 규정하는 혼인, 입양, 인지, 수반취득에 의한 국적취득은 그러한 사유로 인하여 자동적으로 국적을 취득하는 경우를 의미하며, 혼인이나 입양 후 귀화하거나 귀화하는 부모를 따라 신청에 의해 국적을 취득하는 경우와는 구별된다.[133] 그러나 귀화 기타 신청에 의해 국적을 취득하는 사람이 미성년자라면 그가 실질적 의미에서 자발적으로 외국 국적을 취득하였다고 할 수 있는지 의문이다. 미성년자는 귀화 등 에 의하여 외국 국적을 취득하더라도 비자진 취득에 준하여 국적보유신고의 기회를 주는 것으로 동 조항을 해석하거나 그러한 취지로 법률을 개정하는 것이 필요하다.

② 국적보유신고의 불이행에 의한 국적상실

국적보유신고는 국적보유신고서를 작성하여 출입국·외국인청장 등에게 제출함으 로써 행한다(「국적법 시행령」 제19조 제1항). 국적보유신고를 하는 사람이 외국에 주소 를 두고 있는 경우 주소지 관할 재외공관의 장을 통해 신고서를 제출할 수 있다(제25 조 제1항 제7호). 국적을 보유하고자 하는 자가 15세 이상인 경우 본인이 직접 신고하 여야 한다(제25조의2 제1항).

---

132 석동현, 『국적법』, 249면.
133 같은 책, 251 – 252면.

외국 국적을 취득한 때로부터 6개월 내 국적보유신고를 하면 복수국적자가 되어 국적선택의무를 가지게 된다. 국적보유신고를 하지 않은 경우 외국 국적을 취득한 때로 소급하여 대한민국 국적을 상실한 것으로 취급한다(국적법 제15조 제2항).

(나) 국적취득 후 외국 국적 포기의무 불이행에 의한 국적상실

귀화, 국적회복 또는 수반취득에 의해 대한민국 국적을 취득한 사람은 대한민국 국적을 취득한 날로부터 1년 내에 원래 보유하고 있던 외국 국적을 포기하여야 한다. 다만, 앞에서 보았듯이, 일정한 요건을 갖춘 혼인귀화자, 특별공로자 또는 우수인재로서 특별귀화허가 또는 국적회복허가를 받은 사람, 미성년시 해외에 입양되어 외국 국적을 취득하였다가 국적회복허가를 받은 사람, 해외로 이주했다가 만 65세 이후 영주귀국하여 국적회복허가를 받은 사람, 본인의 뜻에도 불구하고 외국의 법률 및 제도로 인하여 외국 국적 포기의 의무를 이행하기 어려운 사람으로서 대통령령으로 정하는 사람은 외국국적불행사서약으로 그 외국 국적의 포기를 갈음할 수 있다(국적법 제10조 제2항).

외국 국적의 포기 또는 이를 대신하는 외국국적불행사서약을 국적취득 후 1년 내에 이행하지 않을 경우 국적취득 후 1년이 경과한 시점에 대한민국 국적을 상실한다(국적법 제10조 제3항). 상실의 효과가 국적취득시에 소급하여 발생하지 않는다는 점에서 국적보유신고 불이행에 따른 국적상실과 차이가 있다. 국적취득자의 원국적 포기의무에 관해서는 제4절에서 재론한다.

(다) 국적선택의무 불이행으로 인한 국적선택명령 불이행에 따른 국적상실

국적선택은 복수국적을 해소하기 위한 제도이다. 국적법은 이를 다음과 같이 규정한다.

> 국적법 제12조(복수국적자의 국적선택의무) ① 만 20세가 되기 전에 복수국적자가 된 자는 만 22세가 되기 전까지, 만 20세가 된 후에 복수국적자가 된 자는 그 때부터 2년 내에 제13조와 제14조에 따라 하나의 국적을 선택하여야 한다. 다만, 제10조 제2항에 따라 법무부장관에게 대한민국에서 외국 국적을 행사하지 아니하겠다는 뜻을 서약한 복수국적자는 제외한다.

모든 복수국적자가 국적선택의무를 가지는 것은 아니다. 위 조항 단서에서 보듯이, 귀화 또는 국적회복으로 국적을 취득하는 사람 중 일부는 외국국적불행사서약으로 원국적의 포기를 갈음할 수 있다. 실질적으로 국적을 선택해야 하는 복수국적자에 대해서는 제4절에서 상술한다.

외국 국적과 대한민국 국적 중 전자를 선택하려는 사람은 대한민국 국적을 포기하면 된다. 이는 국적이탈의 문제로서 본절에서 후술한다. 대한민국 국적을 선택하기 위해서는 외국 국적을 포기해야 하는데, 국적선택을 해야 하는 위의 기간 내에 외국국적불행사서약으로 외국 국적의 포기를 갈음할 수 있다(국적법 제13조 제1·2항).

2010년 개정 전에는 정해진 기간 내 국적선택의무를 이행하지 않을 경우 기간의 경과로 국적을 자동상실하였으나 이제는 국적을 선택하라는 법무부장관의 명령을 받고 1년 내에 하나의 국적을 선택해야 한다(국적법 제14조의3 제1항). 이때 대한민국 국적을 계속 보유하려면 그 기간 내 외국 국적을 포기해야 하며, 그렇게 하지 않으면 대한민국 국적을 자동상실한다(동법 제14조의3 제3·4항).

(라) 외국국적불행사서약에 반하는 행위에 따른 국적선택명령 불이행에 의한 국적상실

대한민국 국적의 선택을 위한 외국 국적 포기를 대체하는 외국국적불행사서약 또는 후천적으로 국적을 취득한 자의 원국적 포기를 갈음하는 외국국적불행사서약을 한 후에 그 뜻에 현저히 반하는 행위를 한 경우에도 국적선택명령을 받을 수 있다(그러한 행위는 제4절에서 설명함). 그 경우에는 6개월 내에 하나의 국적을 선택할 것을 명할 수 있으며(국적법 제14조의3 제2항), 그 기간 내 대한민국 국적을 이탈하거나 외국 국적을 포기하지 않으면 대한민국 국적을 자동상실하게 된다(동법 제14조의3 제3·4항).

2. 처분에 의한 국적상실

국가의 처분에 의해 국적이 상실되는 경우를 흔히 국적의 박탈이라 한다. 한편 귀화나 국적회복과 같이 국적을 취득한 원인에 하자가 있어 국적취득이 취소됨으로써 국적을 상실하는 경우가 있다. 국적상실 자체가 행정행위의 목적이 아니고 국적취득의 원인이 되는 처분을 취소하는 결과 국적상실의 효과가 발생하는 것이지만 실질적으로는 국적을 상실시키는 처분과 유사하므로 여기에서 다룬다.

(가) 국적의 상실결정

국적법은 i) 국가안보, 외교관계 및 국민경제 등에 있어서 대한민국의 국익에 반하는 행위를 하는 경우 또는 ii) 대한민국의 사회질서 유지에 상당한 지장을 초래하는 행위로서 대통령령으로 정하는 경우, 대한민국의 국적을 보유함이 현저히 부적합하다고 인정하면 청문을 거쳐 대한민국 국적의 상실을 결정할 수 있도록 하고 있다(국적법 제14조의4).

1) 국적의 박탈은 허용되는가?

이처럼 국익과 사회질서 등을 이유로 국적을 박탈하는 것은 국제인권법에 반하지 않는가? 나치 독일이 유대인의 국적을 박탈하여 공법적 주체성을 상실케 한 후에 대량 학살한 것을 목도한 인류는 국적의 박탈에 대하여 신중한 태도를 가지게 되었다. 세계인권선언 제15조는 모든 사람은 국적을 가질 권리를 가지며 "어느 누구도 자의적으로 자신의 국적을 박탈당하거나 그의 국적을 바꿀 권리를 부인당하지 아니한다"고 선언한다. 그러나 이 조항은 모든 경우의 국적박탈을 금지하는 것이 아니라 "자의적으로" 국적을 박탈당하지 아니한다는 소극적 보호의 취지로 해석된다. 1961년 체결된「무국적 감소에 관한 협약」은 "체약국은 인종적, 민족적, 종교적 또는 정치적 이유로 어느 개인 또는 집단에 대하여 그들의 국적을 박탈할 수 없다"는 절대적 금지규정을 두고 있지만(제9조), 그 외에는 국적박탈의 여지를 비교적 넓게 인정하고 있다. 조약에 서명, 비준, 가입할 당시에 이미 국내법으로, 자국에 대한 충성의무와 모순된 타국의 역무 제공 또는 보수 수령, 국가의 중대한 이익에 심각한 피해를 끼치는 행동, 타국에 대한 충성 선서, 자국에 대한 충성 거부에 관한 명백한 증거 제공을 이유로 국적박탈을 규정한 경우 그러한 권한을 계속 보유할 것임을 선언할 수 있다(제8조 제3항). 물론 그러한 국적박탈은 법률에 근거하여야 하며 법원 기타 독립된 기관에 의해 공정한 심리를 받을 수 있어야 한다(제4항). 그러한 요건을 갖추었다면 무국적을 초래하더라도 국적을 박탈할 수 있다. 그 외에도 귀화자와 해외출생자가 본국과의 유대를 결여한 경우, 그리고 허위진술 또는 사기에 의하여 국적을 취득한 경우 무국적 상태가 되더라도 국적을 상실시킬 수 있다(제8조 제2항). 1997년에 체결된 유럽국적협약은 이에 비해 제한을 강화하고 있다. 즉 "당사국의 긴요한 이익에 심각하게 반하는 행동," "외국 군대에의 자발적 복무" 등을 이유로 한 국적박탈을 용인하지만 그로 인해 무국적이 초래된다면 이를 허용하지 않으며, 사기, 허위정보 또는 사실의 은폐에 의해 취득한 국적을 상실시키는 경우에 한해 무국적의 초래를 용인한다. 대체로 볼 때 국익 등을 이유로 한 국적박탈은 국제법상으로도 상당한 정도로 허용되며, 무국적을 초래하는 국적박탈을 제한하는 규범의 구속력이 아직은 충분치 않다.

여러 나라가 국제규범과 무관하게 국내법에 의하여 국적박탈을 제한한다. 미국은 국적박탈 사유를 널리 규정하고 있다가 위헌판결을 받자 내란 또는 국가변란을 목적으로 하는 행위를 범하거나 외국 정부에의 충성 선언, 적성국 군 복무, 외국에서의 공무담임 등의 사유가 있더라도 이를 국적포기의 의사로써 자발적으로 행한 경우에만 국적이 상실되도록 법을 개정하였고 국적포기 의사의 추정을 매우 엄격하게 함으로써 국적박탈을 사실상 불가능하게 하고 있다.[134]

2) 국적상실결정의 요건

i) 국가안보, 외교관계 및 국민경제 등에 있어서 대한민국의 국익에 반하는 행위를 하는 경우 또는 ii) 대한민국의 사회질서 유지에 상당한 지장을 초래하는 행위로서 대통령령으로 정하는 경우로서 대한민국 국적을 보유함이 현저히 부적합하다고 인정하면 국적을 상실시키는 결정을 허용하는바, 후자의 "대통령령으로 정하는 경우"는 살인죄, 강간죄 등 법무부령으로 정하는 죄명으로 7년 이상의 징역 또는 금고의 형을 선고받아 그 형이 확정된 경우를 말한다(동법 시행령 제18조의5 제2항).[135] 다만 국적상실결정은 후천적으로 대한민국 국적을 취득한 복수국적자에 대해서만 가능하다(국적법 제14조의4 제1항). 즉 출생과 더불어 국적을 취득한 국민 또는 단일국적자를 대상으로는 할 수 없다.

국적상실결정은 국적심의위원회의 심의를 거쳐 법무부장관이 행하며, 행정절차법 제2장 제2절의 청문에 관한 규정이 준용된다(동법 시행령 제18조의5 제1항·제3항, 「국적심의위원회 운영지침」 제10조 제3호).

---

134 8 U.S.C. § 1481. 이철우, 「이중국적의 논리와 유형」, 『법과 사회』 제25호 (2004), 125면; 석동현, 『국적법 연구』 (동강, 2004), 197 – 208면.

135 법무부령으로 정하는 죄명은 형법 제2편 제24장 살인의 죄, 제32장 강간과 추행의 죄 또는 제38장 절도와 강도의 죄 중 강도의 죄, 「성폭력범죄의 처벌 등에 관한 특례법」 위반의 죄, 「마약류관리에 관한 법률」 위반의 죄, 「특정범죄 가중처벌 등에 관한 법률」 제5조의2, 제5조의4, 제5조의5, 제5조의9 또는 제11조 위반의 죄, 「폭력행위 등 처벌에 관한 법률」 제4조 위반의 죄, 「보건범죄단속에 관한 특별조치법」 위반의 죄이다(「국적법 시행규칙」 제12조의3).

3) 국적상실결정에 의한 국적상실의 시점

국적상실의 결정이 있으면 그 결정을 받은 때에 대한민국 국적이 상실된다(국적법 제14조의4 제2항).

(나) 국적을 부여한 행정처분의 취소에 의한 국적상실

국적을 부여한 행정처분이 취소됨으로써 국적을 상실한다. 국적법은 국적을 부여하는 처분 또는 이탈을 허가하는 처분의 취소에 관하여 다음과 같이 규정한다.

> **국적법 제21조(허가 등의 취소)** ① 법무부장관은 거짓이나 그 밖의 부정한 방법으로 귀화허가나 국적회복허가, 국적의 이탈 허가 또는 국적보유판정을 받은 자에 대하여 그 허가 또는 판정을 취소할 수 있다.
> ② 제1항에 따른 심사 및 판정의 절차와 그 밖에 필요한 사항은 대통령령으로 정한다.

1) 취소할 수 있는 사유

2008년 이 규정이 신설되기 전에는 국적업무처리지침이 취소 사유를 규정하고 있었다. 2008년 삽입된 국적법 제21조에 근거하여 대통령령이 열거하는 취소의 사유는 i) 귀화허가, 국적회복허가, 국적이탈허가 또는 국적보유판정을 받을 목적으로 신분관계 증명서류를 위조·변조하거나 위조·변조된 증명서류를 제출하여 유죄 판결이 확정된 경우, ii) 혼인·입양 등에 의하여 대한민국 국적을 취득하였으나 그 국적취득의 원인이 된 신고 등의 행위로 유죄 판결이 확정된 경우, iii) 대한민국 국적 취득의 원인이 된 법률관계에 대하여 무효나 취소의 판결이 확정된 경우, iv) 그 밖에 귀화허가, 국적회복허가, 국적이탈허가 또는 국적보유판정에 중대한 하자가 있는 경우이다(「국적법 시행령」 제27조 제1항). 이 규정이 도입되기 전에 내려진 귀화허가처분을 본 규정을 근거로 취소하더라도 진정소급적용으로서 위법하게 되는 것은 아니다. 귀화허가는 수익적 행정행위이므로 그것을 취소하는 처분 당시의 법규를 적용할 수 있을 뿐만 아니라, 그렇게 하지 않더라도 하자 있는 재량판단에 기초한 처분을 취소하는 것이 가능한데다 귀화허가 당시의 국적업무처리지침을 근거로 삼을 수도 있기 때문이다.[136]

---

136 서울행정법원 2020. 7. 16. 선고 2019구합51222 판결.

　위에 열거된 취소 가능 사유들은 주로 국적취득 요건에 대한 처분청의 판단을 적극적으로 오도하는 행위들이다. 그러한 행위로 유죄 판결을 받는 경우의 대표적인 것으로 위장결혼에 이은 혼인신고가 있다. 앞에서 본대로, 이는 신분관계 증명서류를 위조·변조하거나 위조·변조된 증명서류를 제출하는 행위에 해당하여 공전자기록부실기재죄 또는 공정증서원본부실기재죄로 처벌될 수 있다. 거짓된 정보의 제공은 위계에 의한 공무집행방해죄로 처벌될 수도 있다.[137] 그러나 유죄 판결을 받았다고 해서 하자가 더 중대한 것은 아니다.[138] 유죄 판결을 받았는지와 무관하게 "귀화허가 등에 중대한 하자"가 있으면 취소할 수 있다(「국적법 시행령」 제27조 제1항 제4호).[139]

　이상과 같은 국적법 규정에 따른 취소와는 별개로, 하자 있는 법률행위의 취소라는 일반 법리에 따라 귀화허가 등을 취소할 수도 있다.[140] 그러한 경우 국적취득 요건에 대한 처분청의 판단을 적극적으로 오도하는, 국적법령 열거 행위보다 넓은 범위에서 취소가 용인됨으로써 국적법 제21조의 도입을 무의미하게 만들 우려가 있다.[141]

　한 가족이 귀화허가를 받은 경우 부(父) 또는 배우자와 같은 준거 성원에게 귀화허가 취소 사유가 있다면 그의 요건 충족에 터잡아 귀화허가를 받은 다른 가족성원, 특히 수반취득하는 자녀의 귀화허가도 취소할 수 있는가? 준거 성원의 귀화허가가 취소되는 이상 가족성원에 대한 귀화허가도 수반하여 취소될 수밖에 없다는 판례가 있는가 하면,[142] 국적법 제21조와 동 시행령 제27조 제1항 규정 사유에 해당되는지의 판단 근거로 해당 가족성원이 거짓이나 기타 부정한 방법으로 국적을 취득하였음을 알고 있었는지의 여부를 기준으로 제시한 판례도 있다. 그러나 같은 판례는 하자

137 무슬림법에서 허용하는 중혼 여부를 묻는 데 대해 부정 답변했고 중혼 사실이 누락된 서류를 제출하여 벌금형을 받은 사람의 귀화허가처분을 취소한 것이 적법했다고 본 서울행정법원 2019. 11. 21. 선고 2019구합53341 판결.
138 본국에서 경찰관을 살해한 후 위조여권으로 입국하여 앞서 귀화한 사람의 자녀로 특별귀화한 사람의 귀화허가를 취소한 사례를 다룬 서울행정법원 2020. 8. 21. 선고 2020구합57349 판결 참조.
139 유죄 판결 없이 중대한 하자를 인정한 예로서, 존재하지 않는 사람 명의의 위조여권을 사용해 받은 귀화허가의 취소(서울행정법원 2012. 6. 8. 선고 2011구합39318 판결); 타인의 인적사항 도용 및 위조서류로 받은 귀화허가의 취소(서울행정법원 2013. 8. 30. 선고 2013구합6336 판결); 위장결혼에 의한 간이귀화허가의 취소(서울행정법원 2016. 6. 16. 선고 2015구합74036 판결).
140 서울행정법원 2015. 4. 9. 선고 2014구합58112 판결.
141 이철우·이현수·권채리·강성식, 『국적법에 대한 사후적 입법평가』 중 강성식이 집필한 제4장 「국적의 상실」, 146–148면.
142 가공의 신원으로 만든 위명여권으로 입국해 귀화허가를 받은 사람의 딸이 받은 귀화허가의 취소를 적법하다고 본 서울행정법원 2013. 7. 19. 선고 2013구합4040 판결.

있는 행정처분에 대한 일반 법리에 기초하여 공익과 사익의 형량에 따라 취소할 수도 있음을 시사한다.143

귀화허가 등을 취소하려면 본인에게 소명할 기회를 주어야 한다(「국적법 시행령」제27조 제2항). 소명할 기회는 별도의 형식적 절차를 통해야 하는 것은 아니고 출입국사무소의 조사에 응하는 형식으로도 제공할 수 있다.144

2) 취소의 효과로서의 국적상실

귀화허가, 국적회복허가 또는 국적보유판정의 취소에 의해 대한민국 국적을 상실하게 되는데, 이는 국적취득의 원인 자체가 소멸하는 것이므로 상실의 효과는 국적을 취득한 시점에 소급한다.145

국적상실결정이 복수국적자만을 대상으로 함으로써 무국적을 초래하지 않는 것과 달리, 귀화허가 등의 취소에 의한 국적상실은 단일국적자에 대해서도 가능하다. 전술한대로, 「무국적 감소에 관한 협약」은 허위진술 또는 사기에 의하여 국적을 취득한 경우 무국적을 초래하더라도 국적을 상실시킬 수 있도록 허용한다(동 협약 제8조 제2항). 국익 침해 등을 이유로 한 국적박탈이 무국적을 초래하는 경우 이를 용인하지 않는 유럽국적협약도 사기 등의 결과로 얻은 귀화허가를 취소할 때에는 무국적이 야기되지 않을 것을 요건으로 삼지 않음을 앞에서 보았다(동 협약 제7조 제3항). 그렇게 볼 때, 대한민국 국적법의 태도는 국제규범에 반하지 않는다. 그러나 국적을 취득한 후 오랜 세월이 흐른 뒤에 귀화 또는 국적회복을 취소하여 국적을 상실시키는 것의 타당성에는 의문이 제기된다. 2015년 헌법재판소는 허가에 대한 취소의 행사기간을 정하고 있지 않은 국적법 제21조가 합헌이라 결정하였다.146 그러나 귀화허가를 받은 때로부터 10년이 넘은 시점에 귀화허가를 취소하여 당사자를 무국적자로 만드는 것이 비례성의 원칙에 부합하는지 의문이 제기되었다.147 그 후 법무부는 국적

143 강성식, 「국적의 상실」, 149−151면에서 다룬 원고승소의 서울행정법원 2017. 6. 29. 선고 2016구합84559 판결(서울고등법원 2017. 12. 8. 선고 2017누61228 판결). 결과가 다르지만 강성식이 법리적으로는 같은 취지로 설명한 서울행정법원 2017. 11. 3. 선고 2016구합85442 판결은 오히려 위의 2013구합4040 판결과 유사하다.
144 서울행정법원 2019. 11. 21. 선고 2019구합53341 판결.
145 석동현, 『국적법』, 280−281면.
146 헌재 2015. 9. 24. 2015헌바26; 헌재 2015. 11. 25. 2015헌바304.
147 차규근, 「국적법상 국적부여와 국적취소에 관한 소고 − 국적은 축복인가 굴레인가?」, 법무법인(유한) 태평양·재단법인 동천 엮음, 『이주민법연구』(경인문화사, 2017). 547−553면. 비판론은 취소의 시한을 5년으로 제한하는 독일 국적법 제35조 제3항을 인용했다.

업무처리지침을 개정하여 일정 조건의 혼인귀화자와 65세 이상의 외국국적동포로 인도적 사유가 있는 경우에는 국적을 취득한 지 5년이 경과했고, 품행 요건, 생계유지능력, 기본소양을 갖추었으며, 국가안전보장·질서유지 또는 공공복리를 해치지 않는다면 취소하지 않을 수 있도록 함으로써 비례성의 원칙을 구체화했다(2016년 개정지침 제22조, 현재는 제23조). 이와 같은 내용은 법규로 규정하는 것이 바람직하다.

3. 본인의 의사에 의한 국적상실: 국적의 이탈

본인에 의사에 의해 국적을 상실하는, 즉 국적을 버리는 것을 국적의 포기 또는 국적의 이탈이라 한다. 대한민국 국적법령에서는 외국 국적을 버리는 행위를 포기로, 대한민국 국적을 버리는 행위를 이탈로 표현하고 있다.[148]

사람은 자유롭게 국적을 버릴 수 있는가? 국적이탈에는 제한을 가할 수 있는가?

(가) 국적이탈의 자유에 대한 국제규범

1870년대까지만 해도 유럽의 많은 나라는 "영구충성(perpetual allegiance)"의 모토 아래 국적의 이탈을 허용하지 않았다. 영구충성의 원리는 점차 해소되었으나 국적이탈의 자유는 여전히 제한을 받고 있다. 세계인권선언 제15조 제2항은 "국적을 바꿀 권리"를 규정하고 있는데, 이것이 국적이탈의 자유를 규정한 것인지 그러한 자유를 "자의적으로" 부정해서는 안 된다는 뜻인지는 확실치 않다. 1930년 헤이그협약 이래 많은 조약이 무국적을 초래하는 국적이탈을 허용해서는 안 된다는 규정을 두고 있다. 1961년의 「무국적 감소에 관한 협약」은 거주이전의 자유나 출국의 자유, 타국으로 피난할 자유 등을 침해하지 않는 한 국적이탈 또는 포기가 국적상실을 결과하지 않도록 하고 있다(제7조 제1항). 유럽국적협약은 "당사자가 무국적이 되지 않는 한 자국적의 이탈을 허용하여야 한다"고 규정한다(제8조 제1항). 즉 무국적을 초래하는 국적이탈은 금지할 수 있다는 것이다.[149] 한편 동 협약은 무국적을 초래하는 경우 외에는 외국에

---

[148] 국적의 포기와 이탈은 공히 renunciation으로 번역될 것이다.

[149] 귀화의 요건으로 원국적을 선행적으로 포기하도록 하는 법제가 있으므로 그러한 나라에 귀화하기 위해 일시적으로 무국적이 될 수밖에 없다. 유럽국적협약 설명보고서에 따르면, 다른 국적을 취득하기 전에 국적을 이탈한 경우 국적을 회복할 수 있게 하거나 국적을 상실하지 않은 것으로 간주하도록 한다. European Convention on Nationality Explanatory Report, para. 79.

상주하는 국민에게까지 국적이탈을 불허해서는 안 된다고 규정한다(제8조 제1항·제2항). 즉 국내에 상주하는 국민의 국적이탈은 제한할 수 있다는 것이다.

(나) 헌법상 국적이탈의 자유

헌법재판소의 다수의견은 국적이탈의 자유를 헌법 제14조가 보장하는 거주·이전의 자유로부터 파생하는 권리로 보았다. 반면 거주·이전의 자유는 국내 거주지 선택 및 이동의 자유와 입국·출국의 자유를 뜻하는 것으로서 국적에 관한 자유와 성질이 다르다는 점을 지적하면서 국적이탈의 자유를 인간의 존엄과 가치 및 행복추구권을 규정하는 헌법 제10조에서 도출하는 의견도 있다.[150] 이러한 헌법상의 자유를 어느 정도까지 제한할 수 있는가의 문제가 여러 번에 걸쳐 헌법쟁송의 쟁점이 되었다.

(다) 국적법상 국적이탈의 제한

국적법은 다음과 같이 국적이탈을 제한하고 있다.

1) 단일국적자와 국내에 주소를 둔 자에 대한 제한

국적법은 "복수국적자로서 외국 국적을 선택하려는 자는 외국에 주소가 있는 경우에만 주소지 관할 재외공관의 장을 거쳐 법무부장관에게 대한민국 국적을 이탈한다는 뜻을 신고할 수 있다"고 규정하고 있다(제14조 제1항). 단일국적자는 국적을 이탈할 수 없다는 점에서 무국적 방지에 충실하다. 외국에 주소를 가지고 있지 않은 자의 국적이탈도 허용하지 않는데, "외국에 주소가 있는 경우"는 실질적인 생활의 근거가 외국에 있는 경우를 뜻하며, 헌법재판소는 그러한 요건을 갖춘 자에게만 국적이탈신고를 할 수 있도록 하는 규정을 합헌으로 선언했다.[151]

2) 병역의무에 따른 국적이탈의 제한

위의 제한에 더하여, 국내외 거주를 불문하고 병역의무를 가진 자의 국적이탈을

---

150 헌재 2006. 11. 30. 2005헌마739; 2015. 11. 26. 2013헌마805·2014헌마788(병합).

151 헌재 2023. 2. 23. 2020헌바603. "외국에 주소가 있는 경우"를 "외국에 실제 생활근거지를 두고 있을 것"으로 해석하는 것이 위법한 확장해석이라는 주장에 대해 문언의 통상적인 의미를 벗어나지 않는 한 입법 취지와 목적 등을 고려한 목적론적 해석이 배제되지 않는다는 점을 들면서, "민법 제18조는 '생활의 근거되는 곳을 주소로 한다'고 규정하고 있는 점 등을 고려할 때, '외국에 주소가 있는 경우를 판단함에 있어서는 … 대한민국 및 외국에서의 각 체류·거주 경험 및 그 목적을 비롯하여 외국 거주의 진정성을 판단할 수 있는 다양한 요소들이 종합적으로 고려되어야 한다"고 설시한 서울고등법원 2020. 11. 27. 선고 2020누40176 판결 참조.

다음과 같이 제한한다.

> **국적법 제12조(복수국적자의 국적선택의무)** ② … 병역법 제8조에 따라 병역준비역에 편입된 자는 편입된 때부터 3개월 이내에 하나의 국적을 선택하거나 제3항 각 호의 어느 하나에 해당하는 때부터 2년 이내에 하나의 국적을 선택하여야 한다. 다만, 제13조에 따라 대한민국 국적을 선택하려는 경우에는 제3항 각 호의 어느 하나에 해당하기 전에도 할 수 있다.
> ③ 직계존속이 외국에서 영주할 목적 없이 체류한 상태에서 출생한 자는 병역의무의 이행과 관련하여 다음 각 호의 어느 하나에 해당하는 경우에만 제14조에 따른 국적이탈신고를 할 수 있다.
> 　1. 현역·상근예비역 또는 보충역으로 복무를 마치거나 마친 것으로 보게 되는 경우[152]
> 　2. 전시근로역에 편입된 경우
> 　3. 병역면제처분을 받은 경우
> **제14조(대한민국 국적의 이탈 요건 및 절차)** ① … 다만, 제12조 제2항 본문 또는 같은 조 제3항에 해당하는 자는 그 기간 이내에 또는 해당 사유가 발생한 때부터만 신고할 수 있다.

이에 따라 직계존속이 외국에서 영주할 목적 없이 체류한 상태에서 출생한 자로서 병역의무를 부담하는 자는 병역의무가 해소된 후에만 국적이탈신고를 할 수 있다. "외국에서 영주할 목적 없이 체류한 상태에서 출생한 자"라 함은 "아버지 또는 어머니가 외국에 생활기반을 두고 있으면서 외국의 시민권이나 영주권을 취득한 상태 또는 법무부령으로 정하는 그에 준하는 체류 상태에서 출생한 자가 아닌 사람"을 뜻한다(「국적법 시행령」 제16조의2). 영주권에 준하는 체류 상태에서 출생한 자로는 i) 외국에서 출생한 남자로서 출생 이후 아버지 또는 어머니가 외국의 영주권 또는 시민권을 취득한 사람, ii) 아버지 또는 어머니가 외국에 체류하다가 외국의 영주권 또는 시민권을 신청한 상태에서 출생한 남자, iii) 외국에서 출생한 남자로서 출생 이후 아버지 또는 어머니가 외국의 영주권 또는 시민권을 신청한 사람, iv) 외국에서 출생한 남자로서 국적이탈신고 전까지 아버지 또는 어머니가 외국에서 17년 이상 계속하여 거주한 사람이 있다(「국적법 시행규칙」 제10조의2 제1항).[153] 국적이탈신고자의 출생

---

152 복무를 "마친 것으로 보게 되는 경우"의 판단 기준은 국적업무처리지침 제13조의2에 열거되어 있다.

153 영주권제도를 채택하지 않고 있는 나라의 경우 최장기 체류비자 또는 거주허가증으로 요건을 충족할 수 있으며, 시민권이라는 용어를 사용하지 않는 나라의 경우 국적으로 시민권을 갈음하는 것으로 본다(「국적법 시행규칙」 제10조의2 제2항).

이후 아버지 또는 어머니가 영주권 또는 시민권을 신청 또는 취득한 사람(동 제1호와 제3호)이 직계존속이 영주 목적으로 체류한 상태에서 출생한 사람으로 취급되려면 직계존속이 국적이탈신고자의 출생 이후 계속하여 외국에 거주하다가 영주권 또는 시민권을 신청 또는 취득하였어야 한다.154 헌법재판소는 직계존속이 외국에서 영주할 목적 없이 체류한 상태에서 출생한 사람의 국적이탈을 제한하는 국적법 조항을 합헌으로 결정했다.155

직계존속이 영주 목적으로 외국에서 체류한 상태에서 태어난 자로서 병역의무를 부담하는 자는 병역법(제8조)의 규정에 따라 병역준비역에 편입되는 18세가 되는 해의 1월 1일 전에 국적을 취득한 경우 18세가 되는 해의 3월 31일까지, 그 후에 국적을 취득한 경우에는 그로부터 3개월 이내에 국적이탈신고를 할 수 있다. 그러나 그 기간을 경과하면 병역의무를 부담하는 다른 모든 대한민국 국민과 마찬가지로 병역의무가 해소된 후에만 국적이탈을 할 수 있다.

이와 같은 제한 때문에 모국과의 실질적 유대가 거의 없는 해외 이민 2세대 또는 3세대의 해외 상주 재외국민도 위의 기간 내에 국적이탈을 하지 않으면 병역의무가 해소되기 전까지 국적을 이탈할 수 없게 되었다.156 이에 대해 국적이탈신고를 할 수 있는 기간을 경과하여 국적이탈을 할 수 없게 된 외국 상주 재외국민 복수국적자들이 몇 차례에 걸쳐 헌법소원심판을 청구했다.157 헌법재판소는 병역면탈을 방지하기 위하여 병역준비역(제1국민역)에 편입된 때부터 3개월이 지난 후에는 국적이탈을 할 수 없도록 하는 것이 국적이탈의 자유를 과도하게 제한하는 것이라고 보기 어렵다는 판단을 고수하다가 비한국계 외국인인 부(父)와 대한민국 국민인 모(母) 사이에 출생한 사람의 심판청구를 부분 인용하여 다음과 같이 판시했다.

---

154 미국에서 출생하여 3세에 귀국한 후 11년 이상 국내에 거주하다가 미국으로 이주하여 부모가 영주권을 취득한 사람의 국적이탈신고를 반려처분한 것이 적법했다는 서울행정법원 2019. 2. 14. 선고 2018구합76064 판결(서울고등법원 2019누36874 판결; 대법원 2019두56753 판결로 확정).

155 헌재 2023. 2. 23. 2019헌바462.

156 이는 외국 상주자의 경우 병역 미필 또는 민·형사소송이 계속 중임을 이유로 국적이탈을 불허해서는 안 된다고 규정한 유럽국적협약과 대조된다. European Convention on Nationality Explanatory Report, para. 81; 석동현, 『국적법 연구』, 389면.

157 헌재 2006. 11. 30. 2005헌마739; 헌재 2015. 11. 26. 2013헌마805·2014헌마788(병합). 당시 국적이탈의 제한을 완화하려는 입법론과 움직임에 대해서는 강성식, 「국적의 상실」, 175−182면 및 권채리가 집필한 같은 보고서 제5장 「복수국적」, 211−217면 참조.

헌재 2020. 9. 24. 2016헌마889

"병역준비역에 편입된 복수국적자의 국적선택 기간이 지났다고 하더라도, 그 기간 내에 국적이탈 신고를 하지 못한 데 대하여 사회통념상 그에게 책임을 묻기 어려운 사정 즉, 정당한 사유가 존재하고, 또한 병역의무 이행의 공평성 확보라는 입법목적을 훼손하지 않음이 객관적으로 인정되는 경우라면, 병역준비역에 편입된 복수국적자에게 국적선택 기간이 경과하였다고 하여 일률적으로 국적이탈을 할 수 없다고 할 것이 아니라, 예외적으로 국적이탈을 허가하는 방안을 마련할 여지가 있다. 이처럼 '병역의무의 공평성 확보'라는 입법목적을 훼손하지 않으면서도 기본권을 덜 침해하는 방법이 있는데도 심판대상 법률조항[국적법 제12조 제2항 본문, 국적법 제14조 제1항 단서 중 제2항 본문에 관한 부분]은 그러한 예외를 전혀 두지 않고 일률적으로 병역의무 해소 전에는 국적이탈을 할 수 없도록 하는바, 이는 피해의 최소성 원칙에 위배된다."

해외 상주 복수국적자들은 국적이탈이 제한됨으로써 복수국적자가 공직 또는 국가안보에 직결되는 업무에 종사하기 어려운 불이익이 있음을 호소하며, 그 점이 위의 심판청구에서도 개진되었다. 헌법재판소는 이에 대해 "심판대상 법률조항을 통하여 달성되는 공익에 비하여 침해되는 사익이 더 큰 경우가 있고, 이러한 경우 심판대상 법률조항은 법익의 균형성 원칙도 충족하지 못한다"고 판단하였다. 헌법재판소가 위의 심판대상 법률조항이 헌법에 불합치한다고 결정함에 따라 국적법이 개정되어 다음과 같은 특례가 만들어졌다.

국적법 제14조의2(대한민국 국적의 이탈에 관한 특례) ① 제12조 제2항 본문 및 제14조 제1항 단서에도 불구하고 다음 각 호의 요건을 모두 충족하는 복수국적자는 병역법 제8조에 따라 병역준비역에 편입된 때부터 3개월 이내에 대한민국 국적을 이탈한다는 뜻을 신고하지 못한 경우 법무부장관에게 대한민국 국적의 이탈 허가를 신청할 수 있다.
  1. 다음 각 목의 어느 하나에 해당하는 사람일 것
    가. 외국에서 출생한 사람(직계존속이 외국에서 영주할 목적 없이 체류한 상태에서 출생한 사람은 제외한다)으로서 출생 이후 계속하여 외국에 주된 생활의 근거를 두고 있는 사람
    나. 6세 미만의 아동일 때 외국으로 이주한 이후 계속하여 외국에 주된 생활의 근거를 두고 있는 사람
  2. 제12조 제2항 본문 및 제14조 제1항 단서에 따라 병역준비역에 편입된 때부터 3개월 이내에 국적 이탈을 신고하지 못한 정당한 사유가 있을 것

실무상 「예외적 국적이탈」로 불리는 위의 특례에 따라 국적이탈을 허가할 때 i) 복수국적자의 출생지 및 복수국적 취득경위, ii) 복수국적자의 주소지 및 주된 거주지가 외국인지 여부, iii) 대한민국 입국 횟수 및 체류 목적·기간, iv) 대한민국 국민만이 누릴 수 있는 권리를 행사하였는지 여부, v) 복수국적으로 인하여 외국에서의 직업 선택에 상당한 제한이 있거나 이에 준하는 불이익이 있는지 여부, vi) 병역의무 이행의 공평성과 조화되는지 여부를 고려하여야 한다(국적법 제14조의2 제2항).[158] 국적이탈허가의 여부는 국적심의위원회의 심의를 거쳐 결정된다(「국적심의위원회 운영지침」 제10조 제2호).

3) 국적이탈은 모든 복수국적자에게 허용되는가?

국적법은 국적이탈신고의 주체를 "복수국적자로서 외국 국적을 선택하려는 자"로 규정하고 있다(제14조 제1항). 한편 복수국적자는 "출생이나 그 밖에 이 법에 따라 대한민국 국적과 외국 국적을 함께 가지게 된 사람으로서 대통령령으로 정하는 사람"으로 정의된다(동 제11조의2 제1항)[제4절 1.에서 열거함]. 제4절에서 상술하듯이, 복수국적자 중 일정한 범주에 속한 사람만이 국적법 제12조가 규정하는 국적선택의무를 가지며, 그러한 의무의 이행으로서 외국 국적을 선택하고 대한민국 국적을 이탈할 수 있다. 복수의 국적을 가지고 있지만 대통령령(「국적법 시행령」 제16조)으로 정하는 복수국적자에 해당하지 않는 사람, 그리고 제12조가 규정하는 국적선택의무를 가지지 않는 사람은 국적이탈을 할 수 없는가? 대법원은 부모양계혈통주의로 전환한 개정법률(제5431호) 부칙 제7조에 따라 국적을 취득한 모계특례자가 "출생에 의하여 대한민국 국적과 외국 국적을 함께 가지게 된 자"에 준하는 지위를 가지며 제12조에 따라 국적을 선택하는 복수국적자로서 국적이탈신고를 할 수 있다고 보았다.[159] 그후 서울행정법원은 2010년 국적법 개정 전에 국적선택의무를 이행하지 않아 국적을 상실하였다가 2010년 개정법률(제10275호) 부칙 제2조에 의해 국적을 재취득하고 외국국적불행사서약을 한 사람의 국적이탈신고를 반려한 처분이 위법하다고 판결하면서, 국적법이 외국국적불행사서약을 한 복수국적자도 국적이탈신고를 할 수 있음을 예정하고 있으므로 국적법 제14조 제1항에 따른 국적이탈신고가 "반드시 제12조에 따

---

158 외국에 주된 생활의 근거를 두고 있음을 판단하는 기준을 포함한 국적이탈허가 신청의 세부 자격기준, 복수국적으로 인한 불이익 판단 기준을 포함한 허가시 구체적 고려사항의 세부 기준은 「국적법 시행령」 별표 1과 별표 2에 제시되어 있다.
159 대법원 2016. 9. 23. 선고 2014두40364 판결.

른 국적선택의무를 전제로 하고 있다고 볼 수는 없다"고 판시했다. 즉 국적법 제12조
와 제14조의 국적이탈 제한 사유에 해당하지 않는다면 복수의 국적을 가지는 누구라
도 국적이탈이 가능함을 확인하였다.[160]

(라) 국적이탈의 절차

국적을 이탈하기 위해서는 외국에 주소를 두고 주소지 관할 재외공관의 장을 거
쳐 법무부장관에게 대한민국 국적을 이탈한다는 뜻을 신고하여야 한다. 병역의무로
인한 제한을 받는 자는 허용되는 기간 이내 또는 해당 사유가 발생한 때부터 신고할
수 있다(국적법 제14조 제1항). 국적이탈은 복수국적자에게만 허용되므로 신고서와 함
께 외국 국적의 취득 또는 보유를 증명하는 서류를 제출하여야 한다(「국적법 시행규칙」
제12조 제2항).

법무부장관이 국적이탈의 신고를 수리한 때에 국적을 상실한다(국적법 제14조 제3
항).[161] 국적이탈의 허가를 요하는 경우에는 법무부장관이 허가한 때에 국적을 상실
한다(국적법 제14조의2 제4항). 법무부장관은 신고의 요건 또는 허가의 요건이 갖추어
져 있을 때에만 신고의 수리 또는 허가를 할 수 있으며, 신고 또는 허가신청의 반려
처분에 대해서는 항고소송으로 다툴 수 있다.

4. 국적상실자의 처리와 국적상실의 효과

외국에 귀화함으로써 국적이 자동상실된 경우 국가가 이를 알지 못하여 그에 상
응하는 조치를 취하지 않으면 현실적으로는 국적을 그대로 보유하는 것과 같은 상황
이 발생할 수 있다. 국적법은 국적상실자를 파악하여 지위의 변동을 확실히 하기 위
한 행정상의 처리를 규정하는 한편 질서 있는 권리의 변동을 도모한다.

(가) 국적상실자의 처리

자기의 의사에 의해 국적을 이탈하는 자는 국적이탈의 신고를 하는 것으로 족하
지만 그 외의 국적상실자는 법무부장관에게 국적상실신고를 하여야 한다(국적법 제16

---

[160] 서울행정법원 2017. 9. 22. 선고 2017구합55138 판결(서울고등법원 2018. 4. 27. 선고 2017누
76342 판결에 의해 확정).
[161] 1998년 개정 전의 국적법(제12조 제5호)은 이중국적자가 법무부장관의 허가에 의해 국적을
이탈할 수 있도록 하였다.

조 제1항). 국적상실신고는 국적상실의 효과를 발생시키는 국적이탈신고와 달리 국적을 상실하였다는 관념의 통지에 불과하여 그것을 반려하는 처분은 항고소송의 대상이 되지 않는다.[162]

국적상실의 시점은 상실의 사유와 절차에 따라 다르다. 자진하여 외국 국적을 취득하였거나 비자발적으로 외국 국적을 취득한 후 국적보유의사를 신고하지 않으면 외국 국적을 취득한 시점에 국적이 상실됨은 앞에서 보았다. 외국 국적의 취득일을 알 수 없으면 사용하는 외국 여권의 최초 발급일에 그 외국 국적을 취득한 것으로 추정한다(국적법 제15조 제3항). 후천적으로 대한민국 국적을 취득하여 원국적의 포기의무를 가지게 된 자가 포기의무를 이행하지 않은 경우와 국적선택명령을 받고도 국적선택을 하지 않은 경우에는 정해진 기간이 경과함으로써 국적이 상실되며, 국적상실결정이 있으면 결정을 받은 때, 국적취득을 가져온 허가 등이 취소되면 국적취득시에 소급하여, 그리고 국적이탈은 이탈의 신고가 수리될 때 국적을 상실함도 앞에서 보았다.

국적을 상실한 자가 대한민국 여권을 그대로 사용하는 경우 외국인 입국자에게 유효한 여권과 사증을 가질 것을 요구하는 출입국관리법 위반이 되어 3년 이하의 징역이나 금고 또는 3천만 원 이하의 벌금에 처해질 수 있다(출입국관리법 제7조 제1항, 제94조 제2호).

공무원이 그 직무상 국적상실자를 발견하면 지체 없이 법무부장관에게 그 사실을 통보하여야 한다. 법무부장관은 국적상실의 신고 또는 통보를 받으면 그 사실을 관보에 고시하고 등록기준지의 가족관계등록 관서와 주민등록 관서에 통보하여야 한다(국적법 제16조 제2항·제3항, 제17조 제1항, 「국적법 시행령」 제21조 제1항).

(나) 국적상실자의 권리 변동

대한민국 국적을 상실한 자는 국적을 상실한 때부터 대한민국의 국민만이 누릴 수 있는 권리를 누릴 수 없다. 그러한 권리 중 국민이었을 때 취득한 것으로서 양도할 수 있는 것은 그 권리와 관련된 법령에서 따로 정한 바가 없으면 3년 내에 대한민국 국민에게 양도하여야 한다(국적법 제18조). 토지를 보유하던 국민이 국적을 상실한 경우 토지를 계속 보유하기 위해서는 국적을 상실한 때로부터 6개월 이내에 신고하여야 한다. 신고를 하지 않는다 해서 권리를 잃는 것은 아니지만 과태료가 부과될 수 있다(「부동산 거래신고 등에 관한 법률」 제8조 제3항, 제28조 제5항 제2호).

---

162 수원지방법원 2018. 5. 30. 선고 2018구합60343 판결.

제4절 복수국적의 용인과 규제

과거 대한민국 국적법은 복수국적에 매우 적대적이었다. 국적법 제정 당시 국회에서는 국민의 배우자에게 국적을 부여하면 이중국적을 인정하는 폐단이 있고 그렇게 되면 "국제스파이"를 끌어들일 가능성이 있다는 주장도 있었다.163 그렇다고 해서 실제로 복수국적을 제한하는 장치를 엄격히 구비한 것은 아니었다. 외국 국적의 취득에 따른 국적상실은 일찍이 규정하고 있었으나, 국적을 취득하는 자의 원국적 포기의무는 1962년에, 원국적을 포기하지 않을 경우 대한민국 국적을 상실시키는 규정은 1963년에 도입되었고, 선천적 이중국적자의 국적선택의무는 1998년에 이르러서야 법제화되었다. 1998년 제4차 개정에 의해 영구적으로 복수국적을 누릴 수 있는 여지는 거의 없어졌다가 이주 현실이 크게 변하면서 복수국적에 대한 규제를 완화할 필요가 대두하였다. 2010년의 개정은 이를 반영한다.

1. 복수국적의 정의와 발생 양태

선천적 복수국적은 출생지주의 국가에서 이민자의 자녀로 출생하여 부모의 국적과 출생한 나라의 국적을 취득하거나 서로 다른 두 나라의 국적을 가진 부모로부터 출생하여 혈통주의에 의해 서로 다른 국적을 얻음으로써 발생한다. 후천적 복수국적은 외국인이 인지, 귀화, 국적회복 등에 의해 국적을 취득하거나 국민이 귀화 등에 의해 다른 나라의 국적을 취득함으로써 발생한다.164

대한민국 국적법 제11조의2 제1항은 복수국적자를 "출생이나 그 밖에 이 법에 따라 대한민국 국적과 외국 국적을 함께 가지게 된 사람으로서 대통령령으로 정하는 사람"으로 정의한다. 그리고 「국적법 시행령」 제16조 제1항이 "대통령령으로 정하는 사람"을 3개 근거 규정에 따라 유형화한다.165 이에 해당하는 사람을 풀어서 열거하

---

163 김수자, 「대한민국 정부수립 전후 국적법 제정 논의 과정에 나타난 '국민' 경계 설정」, 『한국근현대사연구』 제49집 (2009), 128, 133면.

164 국내 이민자의 귀화에 의한 복수국적과 재외동포의 복수국적을 구별하는 것도 실익이 있다. 전자는 이민통합정책, 후자는 재외동포정책의 대상이 된다. 복수국적의 여러 유형과 취급에 대해서는 다음을 참조. 정인섭 엮음, 『이중국적』 (사람생각, 2004); 이철우, 「이중국적의 규범적 평가」, 『법과 사회』 제27호 (2004), 249-279면; 「주권의 탈영토화와 재영토화: 이중국적의 논리」, 『한국사회학』 제42권 제1호 (2008), 27-61면.

면 다음과 같다.

> **국적법 제11조의2 제1항에서 "대통령령으로 정하는 사람"(동법 시행령 제16조 제1항)**
>
> 1. 법 제10조 제2항에 따라 대한민국 국적을 취득하고 외국국적불행사서약을 한 사람
>   - 배우자가 대한민국의 국민인 외국인으로서 그 배우자와 혼인한 상태로 대한민국에 2년 이상 계속하여 주소가 있는 자 또는 그 배우자와 혼인한 후 3년이 지나고 혼인한 상태로 대한민국에 1년 이상 계속하여 주소가 있는 자로서 간이귀화허가를 받은 자
>   - 대한민국에 특별한 공로가 있는 자 또는 과학·경제·문화·체육 등 특정 분야에서 매우 우수한 능력을 보유한 자로서 특별귀화허가를 받은 자
>   - 국적회복허가를 받은 자로서 대한민국에 특별한 공로가 있는 자 또는 과학·경제·문화·체육 등 특정 분야에서 매우 우수한 능력을 보유한 자에 해당한다고 법무부장관이 인정하는 자
>   - 대한민국의 민법상 성년이 되기 전에 외국인에게 입양된 후 외국 국적을 취득하고 외국에서 계속 거주하다가 국적회복허가를 받은 자
>   - 외국에서 거주하다가 영주할 목적으로 만 65세 이후에 입국하여 국적회복허가를 받은 자
>   - 외국의 법률 및 제도로 인하여 외국 국적의 포기가 불가능하거나 그에 준하는 사정이 인정되는 사람
>   - 대한민국 국적을 취득한 후 3개월 이내에 외국 국적의 포기절차를 개시하였으나 외국의 법률 및 제도로 인하여 국적취득일로부터 1년 내에 국적포기절차를 마치기 어려운 사정을 증명하는 서류를 법무부장관에게 제출한 사람
> 2. 법 제15조 제2항에 따라 외국 국적의 취득 후 6개월 내 국적보유 의사를 신고한 사람
>   - 외국인과의 혼인으로 배우자의 국적을 취득하게 된 자
>   - 외국인에게 입양되어 그 양부 또는 양모의 국적을 취득하게 된 자
>   - 외국인인 부 또는 모에게 인지되어 그 부 또는 모의 국적을 취득하게 된 자
>   - 외국 국적을 취득하여 대한민국 국적을 상실하게 된 자의 배우자나 미성년의 자로서 그 외국의 법률에 따라 함께 그 외국 국적을 취득하게 된 자
> 3. 국적선택의무 불이행으로 대한민국 국적을 상실하였다가 외국국적불행사서약을 하고 대한민국 국적을 재취득하거나(법률 제10275호 국적법 일부개정법률 부칙 제2조 제1항) 국

---

165 대법원 2016. 9. 23. 선고 2014두40364 판결에서는 1998년 국적법 개정법률 부칙상의 모계특례자가 2010년 개정된 시행령 제16조 제1항이 열거하는 복수국적자에 포함되지 않았지만 그 조항이 법률의 위임을 결여하였기 때문에 그 각호에 해당하지 않는다고 해서 복수국적자의 범위에서 제외된다고 볼 수 없다고 판시했다. 이 사건을 계기로 국적법을 개정하여 제11조의2 제1항에 "대통령령으로 정하는 사람"이라는 구문을 삽입하였다.

적선택의무를 이행하여 외국 국적을 포기하였다가 외국 국적을 재취득한 후 외국국적불행사서약을 한 사람(동 제2항)

2. 복수국적을 규제하는 방식

복수국적을 규제하는 방식으로 흔히 통용되는 것으로는 국적선택제도, 원국적 포기의무의 부과와 자국적의 자동상실이 있다.

(가) 국적선택제도

국적선택은 복수의 국적을 가진 자에게 하나의 국적을 선택할 것을 의무화하는 제도이다. 이는 선택을 요구하는 국가의 국적을 포기하거나 다른 국적국의 국적을 포기하는 방식으로 이루어지는데, 전자의 경우에는 국적이탈을 제한할 것인지가 문제되며 후자의 경우에는 다른 국적을 포기하지 않는 경우 어떤 조치를 취할 것인지의 문제가 된다.

1) 국적선택의 의무를 가지는 자

"만 20세가 되기 전에 복수국적자가 된 자는 만 22세가 되기 전까지, 만 20세가 된 후에 복수국적자가 된 자는 그 때부터 2년 내에 제13조와 제14조에 따라 하나의 국적을 선택하여야 한다"는 국적법 제12조 제1항은 마치 국적선택의 시기만을 달리할 뿐 모든 복수국적자가 국적선택의무를 가진다는 뜻으로 해독될 소지가 있다. 그러나 그렇지 않다. 이 조항에 따라 국적선택의 의무를 가지는 사람은 다음 두 유형에 국한된다.

첫째는 출생에 의하여 복수국적자가 된 사람이다. 이들이 국적선택의무를 가지는 자의 대부분을 점한다. 둘째는 제15조 제2항이 열거하는 사유, 즉 혼인, 입양, 인지, 수반취득에 의해 비자발적으로 외국 국적을 취득한 후 그로부터 6개월 내에 국적보유의사를 신고한 사람이다.

귀화 또는 국적회복에 의해 복수국적자가 된 사람도 국적을 선택해야 하는 경우가 있다. 혼인귀화자, 특별공로자, 우수인재, 해외입양인, 만 65세 이상의 영주귀국자, 원국적포기 불능자는 외국국적불행사서약을 함으로써 원국적을 보유할 수 있는데 이들이 그 서약의 뜻에 현저히 반하는 행위를 한 경우 국적선택명령을 받게 된다. 그러나 이는 제12조 제1항이 규정하는 국적선택의무와는 구별된다.

2) 국적선택의 시기

국적취득시의 연령에 따라 만 22세가 되기 전까지 또는 복수국적자가 된 후 2년 내에 국적선택을 하여야 하지만, 남성의 경우 외국 국적을 선택하여 대한민국 국적을 이탈하는 데에는 병역의무에 따른 제한이 있음을 제3절에서 살펴보았다. 즉 직계존속이 영주목적 없이 외국에 체류한 상태에서 출생한 자는 병역의무의 해제 전에는 국적이탈을 할 수 없고, 영주목적 하에 체류한 상태에서 출생한 자도 병역준비역에 편입되면 그때로부터 3개월 이내에만 국적을 이탈할 수 있다(국적법 제12조 제2항·제3항). 병역의무 때문에 위의 제한을 받았던 사람은 병역의무가 해제된 후 2년 내에 국적선택을 하여야 한다.

국적선택 없이 기간이 경과하면 국적선택명령을 받게 되며, 그로부터 주어진 1년 내 아무 선택을 하지 않으면 대한민국 국적이 상실됨은 앞에서 보았다.

3) 대한민국 국적의 선택 절차

2010년 법 개정은 대한민국 국적을 선택하는 절차에 큰 변화를 가져왔다.

> **국적법 제13조(대한민국 국적의 선택 절차)** ① 복수국적자로서 제12조 제1항 본문에 규정된 기간 내에 대한민국 국적을 선택하려는 자는 외국 국적을 포기하거나 법무부장관이 정하는 바에 따라 대한민국에서 외국 국적을 행사하지 아니하겠다는 뜻을 서약하고 법무부장관에게 대한민국 국적을 선택한다는 뜻을 신고할 수 있다.
> ② 복수국적자로서 제12조 제1항 본문에 규정된 기간 후에 대한민국 국적을 선택하려는 자는 외국 국적을 포기한 경우에만 법무부장관에게 대한민국 국적을 선택한다는 뜻을 신고할 수 있다. 다만, 제12조 제3항 제1호의 경우에 해당하는 자는 그 경우에 해당하는 때부터 2년 이내에는 제1항에서 정한 방식으로 대한민국 국적을 선택한다는 뜻을 신고할 수 있다.
> ③ 제1항 및 제2항 단서에도 불구하고 출생 당시에 모가 자녀에게 외국 국적을 취득하게 할 목적으로 외국에서 체류 중이었던 사실이 인정되는 자는 외국 국적을 포기한 경우에만 대한민국 국적을 선택한다는 뜻을 신고할 수 있다.

① 외국 국적의 포기 또는 상실

외국 국적을 포기하려는 사람은 해당 국가의 국적포기 또는 상실 절차를 마치고 그 나라의 영사 기타 공무원이 발급한 국적포기(상실)증명서 또는 이에 준하는 서류를 지체 없이 법무부장관에게 제출하여야 한다. 법무부장관은 그에 대해 외국국적포기확인서를 발급하여야 한다(「국적법 시행령」 제11조 제1항·제2항).

② **대한민국에서 외국 국적을 행사하지 아니하겠다는 뜻의 서약**(외국국적불행사서약)

국적선택의무를 가지는 자는 외국 국적을 실제로 포기하지 않더라도 "대한민국에서 외국 국적을 행사하지 아니하겠다는 뜻"을 법무부장관에게 서약함으로써 외국 국적을 포기한 경우와 동일하게 취급받을 수 있게 되었다. 이로써 선천적 복수국적자와 비자발적 복수국적자 중 국적보유의사 신고자에게는 영구히 복수국적 상태를 유지할 수 있는 길이 열리게 되었다. 그러나 이를 위해서는 다음의 요건을 충족해야 한다.

첫째, 국적선택을 하도록 정하여진 기간, 즉 일반적으로는 만 22세 전 또는 복수국적자가 된 후 2년 내에 서약을 하여야 한다. 다만 병역의무를 가진 사람이 현역·상근예비역 또는 보충역으로 복무를 마치거나 마친 것으로 보게 되는 경우에는 그로부터 2년 이내에 외국국적불행사서약을 할 수 있다(국적법 제13조 제2항). 이상의 정해진 기간을 경과하면 국적선택명령을 받게 된다.

둘째, 소위 원정출산에 의한 복수국적자, 즉 "출생 당시에 모가 자녀에게 외국 국적을 취득하게 할 목적으로 외국에서 체류 중이었던 사실이 인정되는 자"가 아니어야 한다. 원정출산에 의한 복수국적자는 외국 국적을 포기함으로써만 대한민국 국적을 유지할 수 있다. 그러한 자는 "국내에 생활기반을 두고 있는 어머니가 임신한 후 자녀의 외국 국적 취득을 목적으로 출국하여 외국에서 체류하는 동안 출생한 사람"을 뜻한다. 다만 아버지 또는 어머니가 i) 자녀의 출생 전후를 합산하여 2년 이상 계속하여 외국에서 체류한 경우, ii) 자녀의 출생 전후에 외국의 영주권 또는 국적을 취득한 경우, 또는 iii) 자녀의 출생 당시 유학, 공무파견, 국외주재, 취업 등 사회통념상 상당한 사유로 법무부장관이 정하는 기간 동안 외국에서 체류한 경우는 이에 해당하지 아니한다(「국적법 시행령」 제17조 제3항).[166] 국적업무처리지침은 원정출산 제외기준을 구체화하고 있다(제14조의2).

외국국적불행사서약을 하려는 자는 그 기간 내에 국내에 주소를 두고 있는 상태에서 서약서를 작성하여 출입국·외국인청장 등에게 제출하며, 법무부장관은 송부받은 서약서를 수리한 후 외국국적불행사 서약확인서를 발급한다(「국적법 시행령」 제11

---

[166] 국적업무처리지침(제14조의2)은 부 또는 모가 외국에서 체류한 기간과 체류 목적의 판단 기준 등 원정출산자의 여부를 가릴 상세한 기준을 제시하고 있다.

조 제3항·제4항).

③ 국적선택의 신고

대한민국 국적을 선택하기 위하여 외국 국적을 포기 또는 상실한 사람은 국적선택 신고서를 작성하여 법무부장관에게 제출하고, 외국국적불행사서약을 한 사람은 출입국·외국인청장 등에게 제출하여야 한다(「국적법 시행령」 제17조 제1항). 신고서에는 외국 국적을 포기한 사실 및 연월일을 증명하는 서류 또는 외국국적불행사 서약서, 만 22세가 넘어 외국국적불행사서약을 하는 사람은 현역·상근예비역 또는 보충역으로 복무를 마쳤거나 마친 것으로 간주됨을 증명하는 서류, 외국국적불행사서약을 하는 해외 출생자는 원정출산으로 인해 제외되는 자가 아님을 증명하는 서류를 첨부해야 한다(「국적법 시행규칙」 제11조 제2항).

④ 국적선택명령

국적선택명령에 의한 국적선택은 제2단계의 국적선택 절차라 할 수 있다. 앞에서 보았듯이, 이를 초래하는 사유는 둘로 나뉜다. 하나는 국적법 제12조가 규정하는 국적선택의무자가 정해진 기간 내에 국적선택을 하지 않은 경우이다. 법무부장관은 그러한 자에 대해 1년 내에 국적을 선택할 것을 명하여야 한다(국적법 제14조의3 제1항). 둘째는 외국국적불행사서약을 한 자가 그 서약의 뜻에 현저히 반하는 행위를 한 경우이다. 이에 대해 법무부장관은 6개월 내에 국적을 선택할 것을 명할 수 있다(동 제2항). 국적선택명령을 발할 것인지에 대해 법무부장관에 재량권을 주고 있다는 점에서 국적선택의무의 불이행에 대한 국적선택명령과 차이가 있다.[167] 외국국적불행사서약을 하는 사람에는 두 가지가 있다. 국적법 제12조 제1항 및 제2항에 의해 국적선택의무를 가지는 자로서 외국 국적 포기에 갈음하여 외국국적불행사서약을 하는 자와 후천적으로 대한민국 국적을 취득한 자 중 외국 국적 포기에 갈음하여 외국국적불행사서약을 하는 자이다. 외국국적불행사서약의 뜻에 반하는 행위는 i) 반복하여 외국 여권으로 대한민국에 출국·입국한 경우, ii) 외국 국적을 행사할 목적으로 외국인등록 또는 거소신고를 한 경우, 또는 iii) 정당한 사유 없이 대한민국에서 외국 여권 등을 이용하여 국가·지방자치단체, 공공기관, 공공단체 또는 교육기관 등에 대하여 외국인으로서의 권리를 행사하거나 행사하려고 한 경우를 뜻한다(「국적법 시행령」 제18

---

[167] 국적선택의무를 가지는 복수국적자를 정확히 파악하기 힘든 현실에서 법무부장관의 국적선택명령을 의무화하는 것은 실효성을 기대하기 힘들기 때문에 국적선택의무 불이행에 대해서도 "하나의 국적을 선택할 것을 명할 수 있다"고 규정하는 것이 바람직하다는 입법론이 있다. 권채리, 「복수국적」, 218–220면.

조의4 제4항).

국적선택명령은 법무부장관이 국적선택명령서를 본인에게 (또는 어려운 경우 가족이나 사실상 부양자에게) 교부하거나 등기우편으로 송부함으로써 이루어진다. 명령대상자가 소재불명인 경우에는 관보에 공고한다(「국적법 시행령」 제18조의4 제1항·제2항).

국적선택명령을 받고도 선택을 하지 않음으로써 그 기간이 경과하여 국적이 상실되면 법무부장관은 이를 관보에 고시하고 그 등록기준지 가족관계등록관서의 장과 주민등록관서의 장에게 통보하여야 한다(「국적법 시행령」 제18조의4 제6항).

4) 외국 국적의 선택

대한민국 국적을 선택하지 않고 외국 국적을 선택하는 것은 국적이탈의 문제로서 제3절에서 살펴보았다.

(나) 원국적 포기의무의 부과

많은 나라가 자국적을 취득하는 외국인에 대해 원국적을 포기할 것을 요구한다. 그 중에는 이미 원국적을 포기하였음을 요건으로 귀화를 허가하는 입법례도 있다. 이는 일시적으로나마 무국적 상태를 초래할 뿐만 아니라 귀화가 거부되는 경우 장기적 또는 영구적 무국적 상태를 야기할 위험이 있다. 단일국적자의 국적포기를 불허하는 나라가 많기 때문에 실효성도 의문시된다. 이에 비해, 대한민국은 후천적 국적취득자의 원국적 포기의무를 신설한 1962년 국적법 개정 이래 일관하여 사후적 국적포기를 원칙으로 삼아왔다. 아울러 1963년 개정 이후 원국적의 포기를 철저히 강제하던 법의 태도는 2010년 개정에 의해 상당히 완화되었다.

국적법 제10조는 대한민국 국적을 취득함으로써 복수국적자가 된 자로 하여금 국적을 취득한 때로부터 1년 내에 외국 국적을 포기하도록 하고(제1항), 이를 이행하지 아니하면 그 기간이 지난 때에 대한민국 국적을 상실토록 하면서도(제3항), 다음에 해당하는 복수국적자에게는 외국 국적의 포기를 외국국적불행사서약으로 갈음할 수 있게 하고 있다(제2항). 그러한 사람으로는 i) 혼인이 단절되지 않은 혼인귀화자(국적법 제6조 제2항 제1·2호)와 특별공로자 또는 우수인재로서 특별귀화허가를 받은 자(동 제7조 제1항 제2·3호), ii) 특별공로자 및 우수인재로서 국적회복허가를 받은 자(동 제9조, 제7조 제1항 제2·3호), iii) 미성년자로서 해외 입양된 후 외국 국적을 취득하고 외국에서 계속 거주하다가 국적회복허가를 받은 자, iv) 65세 이후 영주귀국하여 국적회복허가를 받은 자, v) 본인의 뜻에도 불구하고 외국의 법률 및 제도로 인하여 외국국적 포기의무를 이행하기 어려운 자로서 대통령령으로 정하는 자가 있다 [본절 1.의 복수국적자 정의 참조].

혼인귀화자로서 제6조 제2항 제3호와 제4호에 해당하는 자, 즉 책임 없는 사유에 의한 혼인단절의 간이귀화와 미성년 자녀 양육을 위한 간이귀화의 경우 외국 국적의 포기를 면할 수 없다는 점에 주의하여야 한다(국적법 제10조 제2항 제1호).[168] 외국의 법률 및 제도로 인하여 외국국적 포기의무를 이행하기 어려운 자로서 대통령령으로 정하는 자 중 대한민국 국적을 취득한 후 3개월 이내에 외국 국적의 포기절차를 개시하였으나 외국의 법률 및 제도로 인하여 국적취득 후 1년 내에 국적포기절차를 마치기 어려운 사정을 증명하는 서류를 법무부장관에게 제출한 사람은 잠정적으로 외국국적불행사서약을 통해 원국적을 보유할 수 있으나 외국 국적의 포기절차를 종료하면 즉시 국적포기증명서 등을 제출해야 한다(동법 제10조 제2항 제5호, 「국적법 시행령」 제13조 제1항 제2호 및 제2항).

(다) 국적의 자동상실

자진하여 외국 국적을 취득하면 대한민국 국적을 자동적으로 상실시키는 국적법의 태도는 국적상실에 의해 국민으로서의 의무, 특히 병역의무를 면하게 하고 범죄자가 국가의 대인관할권에서 벗어날 수 있게 하는 문제가 있으며, 재외동포로 하여금 거주국 국적 취득을 주저하게 만드는 단점도 있다. 그러나 복수국적을 방지하는 효능이 있다.

3. 복수국적자의 처우와 법적 지위

2010년 국적법 개정 전에는 선천적 복수국적자도 외국인등록을 하고 외국 여권을 사용할 수 있었다. 2010년 개정된 국적법은 일정 유형의 영구적 복수국적을 용인하되 복수국적자는 국민으로만 취급받도록 하였다. 즉 "출생이나 그 밖에 이 법에 따라 대한민국 국적과 외국 국적을 함께 가지게 된 자(이하 "복수국적자"라 한다)는 대

---

168 유럽국적협약은 원국적의 포기를 "요구하는 것이 합당하지 않을 경우"에는 원국적의 포기 또는 상실을 강제해서는 안 된다고 규정하며(제16조), 독일 국적법은 외국 국적의 포기가 "시민적 권리의 상실을 넘는 상당한 불이익, 특히 경제적 또는 재산적 불이익을 초래하는 경우"에는 원국적의 포기가 불가능하거나 특히 어려운 사정을 수반하는 것으로 추정하여 원국적 포기의무를 면제한다(제12조 제1항 제5호).

한민국의 법령 적용에서 대한민국 국민으로만 처우한다"(국적법 제11조의2 제1항). 관
계 법령에 따라 외국국적자에게 허용되지 않는 직무 분야에 종사하려는 복수국적자
는 외국 국적을 포기하여야 하며(동 제2항), 중앙행정기관의 장이 복수국적자를 외국
인과 동일하게 처우하는 내용으로 법령을 제정 또는 개정하려는 경우에는 미리 법무
부장관과 협의하여야 한다(동 제3항).

난민의 인정과 처우

차규근·강성식

제9장 난민의 인정과 처우

　제2차 세계대전으로 인하여 많은 난민이 발생하자 국제연합(UN)은 1947년 난민 구호를 위하여 국제난민기구(International Refugee Organization, 'IRO')를 설립하였으며, 1949. 12. 3. UN총회에서는 유엔난민기구(United Nations High Commissioner for Refugees, 'UNHCR')를 설립하였다.1 1951. 7.에는 「난민의 지위에 관한 협약」(Convention relating to the Status of Refugees, '난민협약')이 체결되어 난민의 개념, 권리와 의무 등을 정하였는데, 이미 1948년 세계인권선언(Universal Declaration of Human Rights) 제14조 제1항은 "모든 사람은 박해를 피하여 타국에서 피난처를 구하고 비호를 향유할 권리를 가진다"라고 선언한 바 있다.

　난민협약은 난민을 '1951. 1. 1. 이전에 유럽에서 발생한 사건으로 박해를 받는 사람'으로 정의함으로써 시간적·장소적 제한이 있었는데, 이는 난민협약이 당초 제2차 세계대전으로 인하여 발생한 유럽의 난민 보호를 주된 목적으로 성립되었기 때문이다. 그러나 1951. 1. 이후에도 유럽 외의 지역에서 난민이 지속적으로 발생하자 국제사회는 1967년 이러한 현실을 반영하여 위와 같은 난민협약의 시간적·장소적 제한을 폐지하는 내용의 「난민의 지위에 관한 의정서」(Protocol relating to the Status of Refugees, '난민의정서')를 채택하여 현재에 이르고 있다(난민의정서 제1조 제2항·제3항).

---

* 제1판은 차규근이 작성하였고, 제2판부터 강성식이 개정함.
1 원래 UNHCR는 1951년 1월부터 3년 동안 운영하는 것으로 되어 있으나 그 이후에도 지속적으로 난민이 발생하자 UN총회에서 3년마다 연장이 되었으며, 2003년에는 난민문제가 완전히 해결될 때까지 계속 업무를 수행하도록 승인을 받았다(UNHCR 한국사무소 홈페이지 www.unhcr.or.kr 참조).

UNHCR에 의하면 2022년도의 경우 전 세계적으로 260만 명이 난민신청을 하였고, 미국이 가장 많은 난민신청을 받은 나라로 730,400건이며, 독일이 217,800건, 코스타리카가 129,500건, 스페인과 멕시코가 118,800건을 받았다고 한다.[2]

우리나라는 1992. 12. 3. 난민협약과 난민의정서에 가입하였다. 1993. 12. 10. 난민 관련조항을 신설한 출입국관리법 개정안이 국회를 통과하였고, 1994. 7. 1.자로 개정 출입국관리법이 발효됨에 따라 난민신청 접수를 개시하였는데, 2013. 7. 1.부터는 아시아 최초로 독립된 난민법이 시행되고 있다.

제1절 난민의 개념과 연혁

난민의 일반적인 개념과 우리나라의 난민제도 및 난민법령의 연혁에 대하여 살펴보면 다음과 같다.

1. 난민의 개념

(가) 정   의

난민이란 인종, 종교, 국적, 특정 사회집단의 구성원인 신분 또는 정치적 견해를 이유로 박해를 받을 수 있다고 인정할 충분한 근거가 있는 공포로 인하여 국적국의 보호를 받을 수 없거나 보호받기를 원하지 아니하는 외국인 또는 그러한 공포로 인하여 대한민국에 입국하기 전에 거주한 국가('상주국')로 돌아갈 수 없거나 돌아가기를 원하지 아니하는 무국적자인 외국인을 말한다(난민법 제2조 제1호).[3] 이는 종래 난민협약상 난민의 정의에 대하여 일반적으로 받아들여지고 있던 개념을 규정화한 것이다.[4]

---

2 UNHCR Global Trends 2022, p.3. (https://www.unhcr.org/global-trends-report-2022).
3 난민에 대한 영어 용어로는 refugee와 asylum이 있는데, 우리나라에서는 난민을 일반적으로 refugee라고 하나, 외국에서는 재정착난민을 refugee라 하고 국내에서 신청하는 난민을 asylum으로 구별하여 지칭하기도 한다(http://www.uscis.gov/humanitarian/refugees-asylum 참조).
4 다만, UNHCR은 2003년도에 발간한 『난민관련 국제조약집』에서는 'well-founded fear'를 '충분한 근거가 있는 공포'로 번역하였으나, 2014년도에 발간한 「난민 지위의 인정기준 및 절차 편람과 지침」 한글판에는 '충분한 근거가 있는 두려움'으로 번역하고 있다.

(나) 구별개념

1) 위임난민(mandate refugee)

위임난민이란 1950년 12월 UN총회 결의로 채택된 UNHCR 규정에 따라 UNHCR이 난민협약 체약국 또는 비체약국에 체류하는 자에 대하여 난민으로 인정하는 자를 말한다.[5] 이들은 난민협약상 난민지위를 인정받지 못하였으나 국제인도법상 '사실상의 난민'으로 간주된다. 체약국이 난민으로 인정하였는지 여부에 관계없이 UNHCR이 자체기준에 따라 UN의 보호를 받을 필요가 있는 경우에 위임난민으로 인정하고 있다. 우리나라에서는 UNHCR 측이 위임난민 6명에 대해 강제퇴거 유보를 요청한 사례가 있지만 우리나라가 UNHCR에 위임난민의 심사를 의뢰한 사실은 없다.[6] 위임난민으로 결정된 자는 UNHCR로부터 일정기간(6개월-1년) 기본 생활비를 지원받으며, 동 위임난민이 체류하고 있는 국가의 정부에 위임난민을 강제퇴거시키지 않도록 권고할 뿐 구속력은 없다.

UNHCR은 위임난민으로 인정될 경우, 체약국 정부의 별도 난민인정결정 없이는 체약국 정부에서 난민인정을 받은 경우(협약상 난민)와 동일한 지위를 누리지는 못하지만, 강제송환금지원칙에 의한 보호를 받을 수 있고, 기본적인 인도적 원칙에 따른 처우를 받을 수 있다고 설명하고 있다.[7]

2) 경제적 이주민(economic migrant)

새로운 삶의 터전을 찾아 다른 국가에 거주하기 위해 자발적으로 본국을 떠나는 자로서 난민인정사유에 해당하지 않는다. 경제적 이주민과 난민의 구별은 신청인의 출신국에서의 경제적 조치와 정치적 조치의 구별이 항상 명료하지 않은 것과 마찬가

---

5 UNHCR의 2017년 『Global Trends』에 의하면, 통계자료가 제공된 총 173개국 및 영토 중에서 해당 정부가 난민인정심사를 진행하는 국가는 112개국(유럽연합, 미국, 캐나다, 뉴질랜드, 호주, 대한민국, 일본 등)이었고, UNHCR이 위임난민심사를 진행하고 있는 국가는 51개국(태국, 말레이시아, 인도, 인도네시아, 스리랑카, 캄보디아, 네팔, 방글라데시, 이집트, 예멘, 요르단, 카메룬, 리비아 등)이었으며, UNHCR이 정부와 함께 또는 병행적으로 난민인정심사를 수행하는 국가는 9개국/영토(중국, 케냐, 터키 등)였다고 한다. UNHCR Global Trends (2017), p.58 ANNEXES http://www.unhcr.org/5943e8a34.pdf.

6 2004. 12. 7.까지 위임 난민의 수는 6명으로 알려지고 있다. 2004. 12. 7.자 국정브리핑 기사 (http://news.naver.com/main/read.nhn?mode=LPOD&mid=etc&oid=078&aid=0000007570).

7 UNHCR, Training Module, RLD2(1989)-Determination of Refugee Status(http://www.refworld.org/pdfid/3ae6b35c0.pdf).

지로 때로는 분명하지 않다.[8] 우리나라의 경우 일부 난민신청자가 출신국 정부의 추천을 통하여 경제적 활동을 하기 위하여 입국한 이주노동자(E-9) 출신이며,[9] 이러한 사정은 난민요건 충족 여부를 판단함에 있어서 영향을 미칠 수 있다. 그러나 난민신청자라고 하더라도 기본적 생존을 위하여서는 경제활동을 할 수 밖에 없는 현실을 고려할 때 난민신청자가 경제적 목적과 관련한 진술을 하였다고 하더라도 경제적 이주민으로 쉽게 단정해서는 안 되며 그 난민신청자의 진술을 토대로 면접과 사실조사를 통해 종합적으로 검토하여 판단해야 할 것이다.

이와 관련, 캐나다연방법원은 "이민을 하려고 하는 욕망이나 국적국에서의 박해에 대한 우려는 서로 배타적인 것이 아니다. 어떤 사람이 박해의 우려가 있는 곳을 떠나기 위한 방법으로 합법적인 이민을 택하는 것은 매우 만족스러운 해결방법으로 보인다. 이민을 시도했던 사람이라는 것이 그 사람이 자기 나라에서 박해를 받을 우려에 대한 자신의 진술의 신빙성을 의심하기에는 약한 근거로 생각된다"고 판시한 사례가 있으며,[10] 우리 법원도 생계를 위한 경제적 활동이 불가피한 점을 들어 난민신청자가 경제적 이유로 난민인정신청을 한 것은 아니라고 판단한 사례가 있다.[11]

3) 보충적 보호(complementary protection)

보충적 보호는 난민협약상 난민에는 해당하지 않지만 자국으로 귀국할 때에는 고통을 받을 위험이 있기 때문에 자국에 돌아갈 수 없는 자를 보호하는 것을 말한다.[12] 난민법에서는 보충적 보호로서 인도적 체류의 허가를 인정하고 있다. 인도적 체류의 허가를 받은 자는 난민에는 해당하지 않지만 고문 등의 비인도적 처우나 처벌 또는 그 밖의 상황으로 인하여 생명이나 신체의 자유 등을 현저히 침해당할 수 있다고 인

---

8 UNHCR, 「난민지위의 인정기준 및 절차편람과 지침」(이하, '편람'이라 한다) 제62항, 제63항.

9 2015. 3. 말 현재 전체 신청자 10,418명 중 E-9 출신 난민신청자는 1,853명이다.

10 Orelien v. Canada(Minister of Employment and Immigration), Canada, 1 FC 592, Federal Court (1992); 김종철, 「난민정의에 대한 한국 판례의 비판적 고찰」, 『서울국제법연구』 제21권 2호 (2014), 64면.

11 서울고등법원 2009. 11. 26. 선고 2009누10583 판결; 서울행정법원 2010. 6. 25. 선고 2009구합40025 판결; 서울행정법원 2010. 10. 21. 선고 2010구합17250 판결; 서울행정법원, 『난민재판의 이해』 (2014), 122면.

12 난민협약은 동서냉전의 이념적 대립이라는 시대적 맥락과 유럽이라는 지역적 배경에서 서방국가들의 주도 아래 시민적·정치적 권리를 바탕으로, 개별적 난민보호를 염두에 두고 만들어졌기 때문에 협약에 의해 보호받는 난민의 범위는 통상적인 언어사용에 의한 난민의 범위에 비하여 매우 협소하다(김성수, 「난민의 요건과 출입국관리법상 난민인정에 관한 검토」, 정인섭·황필규 엮음, 『난민의 개념과 인정절차』 (경인문화사, 2011), 147면).

정할만한 합리적인 근거가 있는 자로서 「난민법 시행령」으로 정하는 바에 따라 법무부장관으로부터 체류허가를 받은 외국인을 말한다(난민법 제2조 제3호).

2. 난민제도의 국내 연혁

우리나라는 1992. 12. 3. 난민협약과 난민의정서에 가입하였다.[13] 그 후 1993. 12. 10. 난민 관련조항을 신설한 출입국관리법 개정안이 국회를 통과하였고 1994. 6. 30. 「출입국관리법 시행령」이 개정되었으며, 1994. 7. 1.자로 개정 출입국관리법이 발효됨에 따라 1994. 7.부터 난민신청 접수를 개시하게 되었다.[14]

난민업무는 법무부 출입국관리국 체류심사과, 출국관리과에서 담당을 하다가 2006. 2. 3.부터는 신설된 국적난민과가 난민업무를 맡게 되었으며, 독립된 난민법 시행 직전인 2013. 6. 12.부터는 법무부에 신설된 난민과에서 담당하였다. 2010. 11. 16. 이후 서울출입국·외국인청에서만 접수 및 심사가 진행되었고, 1차 심사 결정 권한이 법무부장관에서 서울출입국·외국인청장에게 위임되었다. 난민법이 시행된 2013. 7. 1.부터는 전국 지방 출입국·외국인 관서에서 접수를 받고, 서울출입국·외국인청을 포함한 몇 개의 거점기관에서 1차 심사를 하는 방식으로 변경되었다.[15]

1994. 7.부터 우리나라가 UNHCR집행이사회 이사국으로 선출된 2000년까지는 난민으로 인정받은 사람이 한 명도 없었으나, 2001년도에 에티오피아 난민신청자가 최초로 난민인정을 받았으며, 2010. 3.에는 난민으로서 최초의 귀화자도 나타났다.

난민신청자는 2004년부터 한해 100명을 넘기 시작한 이후 2005년에는 400명, 2007년에는 700명을 넘을 정도로 급증하였으며, 2011년부터는 한해 1,000명 넘게 신청하기 시작하여 독립된 난민법이 시행된 2013년도에는 1,574명이, 2014년에는 2,896명이, 2015년도에는 5,711명이, 2016년도에는 7,541명, 2017년도에는 9,942명,

---

13 가입 당시 난민협약 제7조(상호주의 면제)는 가입 유보를 하였으나, 2008. 12. 19. 출입국관리법이 개정되어 상호주의 적용은 배제되었다.

14 1975년 이래 베트남 보트피플이 국내에도 2,357명 들어와 있었으나 1993년초 마지막 150명이 뉴질랜드로 모두 출국하였으며, 1993. 1. 29.에는 부산 재송동에 있던 '월남난민구호소'도 폐쇄되었다(정인섭, 「한국의 난민수용실행과 문제점」, 정인섭·황필규 엮음, 『난민의 개념과 인정절차』, 31면.

15 2023년 현재 거점기관은 서울, 인천공항, 인천, 제주, 광주, 부산, 대구의 7개 지방출입국·외국인관서인데, 그 외의 지방출입국·외국인관서에서 신청하더라도 접수는 가능하나 1차 심사는 위 7개의 거점기관으로 이첩되어 이루어지고 있다. (https://www.hikorea.go.kr/info/InfoDatail.pt?CAT_SEQ=5086&PARENT_ID=162)

2018년도에는 16,173명이 난민신청을 하여 급증세가 계속되다가, 코로나 팬데믹이 시작된 2019년도에는 소폭 감소한 15,452명이 난민신청을 하였고, 코로나 팬데믹 기간인 2020년에는 6,684명, 2021년에는 2,341명으로 급감하였고, 코로나 팬데믹이 종결되기 시작한 2022년에는 다시 11,539명이 난민신청을 하여 크게 증가하였다.[16]

2022년 말 현재까지 누적 난민신청자는 84,922명인데, 그 중 난민신청자가 많은 나라는 카자흐스탄, 중국, 러시아, 파키스탄, 이집트 등의 순이고, 난민인정자가 많은 나라는 미얀마, 에티오피아, 방글라데시, 이집트, 파키스탄 등의 순이며, 인도적 체류허가자가 많은 나라는 시리아, 예멘, 미얀마, 중국, 파키스탄 등의 순이다.[17]

3. 난민법령 연혁

난민협약은 난민의 정의와 처우에 관한 규정들은 있지만 난민인정절차에 관하여는 직접적인 규정이 없으며, 따라서 협약가입 당사국들은 협약을 이행하기 위해서 난민인정절차를 마련하여야 한다. 우리나라는 난민협약에 가입하면서 1993. 12. 출입국관리법에 난민에 관한 규정을 신설하였는데 난민의 정의, 난민임시상륙허가, 강제송환의 금지, 난민의 인정, 난민인정의 취소, 이의신청, 난민여행증명서, 난민에 대한 체류허가의 특례, 관계기관의 협조와 사실조사, 허위 기타 부정한 방법으로 난민인정 받은 자에 대한 벌칙 등 10여개의 조항을 두었을 뿐 난민인정의 절차에 관한 상세한 규정이나 난민의 지위 및 처우에 관한 상세한 규정은 없었다. 2008년도에 출입국관리법이 개정될 때 난민의 처우와 지원에 대한 조항이 신설되기는 하였으나 난민인정의 절차에 관한 상세한 규정이 없는 것은 종전과 별 차이가 없었다.

그러던 중, 2009. 5. 25. 황우여 의원 등 24명의 국회의원이 난민인정의 절차와 처우 등에 대한 상세한 내용으로 구성된 난민법 제정안('난민 등의 지위와 처우에 관한

---

16 2005년에 난민신청자가 급증한 것은 2003. 8. 16.「외국인근로자의 고용 등에 관한 법률」제정으로 도입된 고용허가제가 2004. 8. 17.부터 시행되면서 고용허가제에 따른 합법적 고용을 정착시키기 위하여 불법체류외국인에 대한 단속이 강화되자 불법체류하던 외국인들이 난민신청을 많이 하였기 때문으로, 2007년에 난민신청자가 급증한 것은 고용허가제에 따라 입국한 네팔 출신 외국인근로자들이 3년의 고용기간이 만료될 무렵 네팔 내전을 이유로 대규모로 난민신청을 하였기 때문으로 분석되고 있으며, 그 이후 난민신청이 급증한 것은 독립된 난민법 시행에 따른 기대감, 시리아·예멘 등 일부 국가들의 내전 장기화로 인한 국제정세 악화, 고용허가제에 따른 체류 만기 도래 등과 관련이 있는 것으로 분석되고 있다.

17 「출입국외국인통계연보」(2022), 100－108면.

표 9-1	난민법 제정 이전 출입국관리법 주요 개정 연혁

개정일(시행일)	주요 내용
1993. 12. 10. (1994. 7. 1.)	- 난민 정의 - 난민임시상륙허가 - 강제송환금지 - 난민신청기간(60일) - 난민인정 취소 - 이의신청기간(7일) - 난민여행증명서
2001. 12. 29. (2002. 3. 30.)	- 난민신청기간 변경(60일 → 1년)
2008. 12. 19. (2009. 6. 20.)	- 이의신청기간 변경(7일 → 14일) - 난민 등의 처우 조항 신설 - 인도적 체류 허가 근거조항 신설 - 난민신청자 등의 취업활동허가 조항 신설 - 난민지원시설 근거조항 신설 - 난민에 대한 상호주의 적용 배제
2010. 5. 14. (2010. 11. 15.)	- 난민심사 중인 자에 대한 강제퇴거 정지조항 신설 - 난민인정 취소 사유 추가 - 난민여행증명서 유효기간 변경(1년 → 2년)
2012. 2. 10. (2013. 7. 1.)	- 난민법 제정에 따른 개정 - 난민여행증명서 등 일부 조항 존치

법률안')을 발의하였고, 동 법안은 공청회 등의 절차를 거쳐 2012. 2. 10. 제정·공포되었으며, 2013. 7. 1.부터 시행되기 시작하였다.

독립된 난민법에는 총 47개의 조문이 있는데, 제1장 총칙, 제2장 난민인정 신청과 심사 등, 제3장 난민위원회 등, 제4장 난민인정자등의 처우, 제5장 보칙, 제6장 벌칙으로 구성되어 있다. 전 세계적으로 독립된 난민법을 가지고 있는 국가는 독일, 아일랜드, 스페인, 스위스 등이 있으며, 아시아에서는 우리나라가 처음이다.

주요 내용을 살펴보면 난민, 난민신청자, 재정착 희망난민 등에 대한 개념 정의를 하였고, 난민신청자에 대한 생계, 주거지원 등이 가능하게 되었으며, 난민인정신청 시 출입국관리 공무원의 조력 의무, 출입국항에서 난민신청, 면접 시 녹음·녹화,

변호사의 조력을 받을 권리, 통역 지원 등 난민신청자의 절차적 권리를 보장하는 규정이 포함되어 있다.

또한 변호사·교수·공무원 등 난민 관련 전문지식과 경험이 있는 15명의 위원으로 구성된 난민이의신청 전문 심의기구인 '난민위원회' 설치 및 '난민조사관' 운영으로 난민심사의 전문성을 제고하게 되었다. 난민인정자에게는 사회보장·기초생활보장·사회적응교육 및 직업훈련지원 등 난민협약상의 처우를 받을 수 있게 하였으며, 난민신청자에게는 취업허가, 생계비, 주거시설, 교육, 의료 등을 지원할 수 있는 법적 근거가 마련되었다. 난민법 제정은 우리나라의 국격에 걸맞은 난민정책을 추진할 수 있는 기틀을 마련했다는 점에서 그 의의를 찾을 수 있으며, 난민협약 60주년을 기념하는 해에 아시아에서 처음으로 독립된 난민법이 제정되었다는 점에서 UN 등 국제사회의 환영을 받았다.

난민법은 그 부칙에서 시행일인 2013. 7. 1. 이후 최초로 난민인정신청을 하는 경우부터 적용하는 것으로 규정하고 있는데, 법무부는 법 시행 전에 신청한 사람에 대한 인도적 고려와 형평성 차원에서 지침을 개정하여 이들의 취업과 체류허가 등도 가능하도록 하였다.

난민법은 2016. 12. 20. 한 차례 작은 개정[18]이 있던 것 외에는, 아직까지 개정된 바는 없다. 2018년 제주 예멘 난민 사태가 발생한 이후, 난민신청 남용을 우려하는 여론이 커지자 남용적 난민신청을 제한하고자 하는 국회의원들과 정부 측의 다양한 입법시도가 있어왔지만, 첨예한 이해관계 대립으로 현재까지 어떠한 법안도 통과되지는 못하고 있다.[19]

제2절　난민의 요건

난민의 경우 다른 영역에 비해 국제조약인 난민협약의 법원성이 상당 부분 인정되고 있다고 볼 수 있다. 난민협약에 난민인정절차에 관한 구체적인 규정은 두고 있지

---

18 법률 제14408호, 난민위원회 위원의 지위와 관련된 개정이었다.
19 국회 의안정보시스템(http://likms.assembly.go.kr/bill/main.do)에서 '난민'으로 검색하면 나오는 결과들 참조.

않지만 난민에 대한 기본적 권리와 보호를 담고 있다. 난민법은 이러한 난민협약 등 국제법과 국내법의 조화를 기하고, 난민인정절차와 난민 등의 처우를 구체적으로 규정하기 위하여 만들어진 것이다. 난민협약과 난민법에 따른 난민의 요건은 다음과 같다.

1. 충분한 근거가 있는 공포

난민협약상 'well-founded fear'는 난민법에서 '충분한 근거가 있는 공포'로 규정되어 있으나,[20] 이 표현은 난민인정을 어렵게 할 수 있다는 관점에서 다른 표현으로 하여야 한다는 견해가 있다.[21] 당초 난민법 제정안도 난민의 요건을 '박해를 받을 수 있다는 합리적 우려로 인하여, 자신의 국적국 밖에 있는 자'로 규정하고 있었는데, 이 역시 '충분한 근거가 있는 공포'라는 표현이 난민인정을 어렵게 한다는 관점에서 제기된 것으로 보인다.

이러한 견해는 난민협약 기초과정에서 UNHCR의 전신인 국제난민기구(IRO) 헌장에 규정되어 있던 합리적 근거(reasonable grounds) 대신에 충분한 근거(well-founded)의 표현을 채택하였고, 그 최종보고서를 통해 그 의미를 '박해를 두려워하는 상당한 이유(good reason)'로 해석한 바 있는데, 충분한 근거(well-founded)는 박해의 현실적 가능성(real chance)이 있는 경우에 충족되며, 이 입증의 정도는 합리적 의심을 가질 수 없는 정도(beyond reasonable doubt)나 사실이 존재할 가능성이 사실이 존재하지 않을 가능성보다 높은 정도(more probable than not)보다 낮은 정도를 의미하며

---

20 영어 원문은 다음과 같이 되어 있다. "As a result of events occurring before 1 January 1951 and owing to well-founded fear of being persecuted for reason of race, religion, nationality, membership of a particular social group or political opinion, is outside the country of his nationality and is unable or, owing to such fear, is unwilling to avail himself of the protection of that country; or who, not having a nationality and being outside the country of his former habitual residence as a result of such events, is unable or, owing to such fear, is unwilling to return to it." 한편, 구 출입국관리법 제2조 제3호는 난민을 「난민의 지위에 관한 협약」 제1조 또는 「난민의 지위에 관한 의정서」 제1조의 규정에 의하여 난민협약의 적용을 받는 자'로 규정하였으나, 현행 출입국관리법 제2조 제3호는 난민을 '난민법 제2조 제1호에 따른 난민'으로 규정하고 있다.

21 김종철 변호사는 "난민협약 불어본에 의하면 craignant avec raison(직역하면, 합리성을 갖춘 공포)라고 규정하고 있다. 따라서 조약법에 관한 비엔나협약에 따라 난민협약을 해석할 경우, 이 표현은 '충분한 근거가 있는 공포'로 해석할 것이 아니라 '합리성을 갖춘 공포 내지 근거있는 공포'로 하는 것이 타당하다"고 주장한다(김종철, 「지정토론문」, 『서울행정법원 개원 15주년 기념 학술대회』(서울행정법원, 2013), 181-182면).

심지어는 단지 10%의 박해의 가능성만 인정되어도 난민인정이 가능하다는 것이 주요 국가의 판례라는 견해와 맥을 같이 한다.[22]

외국의 사례를 보면, 미국의 경우 종래 이민귀화국은 난민인정의 요건으로 "박해의 명백한 개연성(clear probability of persecution)"을 요구하고 그 구체적 의미로는 "적어도 박해를 받을 가능성이 박해를 받지 않을 가능성보다는 커야 한다(more likely than not)"는 기준을 적용하여 왔으나, 1987년 INS v. Cardoza-Fonseca 사건에서 이민귀화법(Immigration and Nationality Act, INA) 제101조 (a) (42)에서 말하는 'well-founded fear'의 기준은 종전에 적용해 온 명백한 개연성의 기준과는 다른, 그보다 완화된 기준으로서 '합리적 가능성(reasonable possibility)'만 있으면 충분하다고 판시하면서 '장래의 박해를 두려워 할 상당한 이유가 있는지(good reason to fear future persecution)'를 기준으로 삼은 항소심의 결론을 인용하였는데, 이 판결은 캐나다 등에서 종전의 '개연성 형량(balance of probability)'의 기준에서 벗어나 '합리적 가능성(reasonable chance)'의 기준을 채택하는데 영향을 주었다.[23] 한편 호주 법원은 Chan v. MIEA(1989) 사건에서 위 판결들에서 제시한 여러 기준을 인용하면서 '실재적 가능성(real chance)'이라는 표현을 추가하고 있고, 유럽인권재판소도 1991년 판결에서 '실재적 위험(real risk)'이라는 표현을 사용하고 있다.[24]

한편, 충분한 근거가 있는 공포는 '공포'라는 주관적인 요소와 '충분한 근거가 있는'이라는 객관적인 요소로 구성되어 있는데, 난민협약상의 보호가 장래의 일에 대한 걱정이라는 의미에서의 공포의 존재에 기초하고 있지 않다는 이유로 충분한 근거가 있는 공포는 본래 객관적인 개념이라는 주장도 있으나, 이를 판단함에 있어서는 주관적이고 객관적인 두 가지 요소를 모두 고려하여야 한다는 것이 전통적인 견해이다.[25] 우리 법원도 난민으로 인정되기 위해서는 신청인이 박해에 대한 공포를 느끼는 것만으로는 부족하고 이러한 주관적인 심리상태가 객관적 상황에 의하여 뒷받침되어야 한다고 보고 있다.[26]

---

22 황필규, 「난민지위협약상 공포의 의미」, 정인섭·황필규 엮음, 『난민의 개념과 인정절차』(경인문화사, 2011), 79면.

23 Adjei v. MEI, Canada FCA Decision A-676-88 (1989); Ponniah v. MEI, Canada FCA Decision A-345-89 (1991).

24 ECHR, Vilvarajah et al v. UK(1991. 10. 30.) Series A no. 215, RV 1991, 19; 김성수, 「난민의 요건과 출입국관리법상 난민인정에 관한 검토」, 166-167면.

25 편람 제37항, 제38항.

26 서울행정법원 2001. 8. 16. 선고 99구1990 판결; 서울행정법원 2006. 1. 26. 선고 2005구합 21859 판결.

2. 박　해

(가) 박해의 의미

난민협약과 난민법에서는 '박해'가 무엇인지 명시적으로 규정하고 있지 않다.[27] 이와 관련, 난민협약 제31조 제1항 본문에서는 "체약국은 그 생명 또는 자유가 제1조의 의미에 있어서 위협되고 있는 영역으로부터 직접 온 난민으로서 허가 없이 그 영역에 입국하거나 또는 그 영역 내에 있는 자에 대하여 불법으로 입국하고 또는 체류하고 있다는 이유로 처벌을 과하여서는 아니 된다"라고 규정하고, 제33조 제1항에서는 "체약국은 난민을 어떠한 방법으로도 인종, 종교, 국적, 특정 사회집단의 구성원 신분 또는 정치적 의견을 이유로 그 생명 또는 자유가 위협받을 우려가 있는 영역의 국경으로 추방하거나 송환하여서는 아니 된다"라고 규정하고 있으며, 난민법 제3조(강제송환의 금지)는 "난민협약 제33조 및 「고문 및 그 밖의 잔혹하거나 비인도적 또는 굴욕적인 대우나 처벌의 방지에 관한 협약」(이하 '고문방지협약'이라고 한다) 제3조[28]에 따라 본인의 의사에 반하여 강제로 송환되지 아니한다"라고 규정하고 있다. 이러한 규정을 종합적으로 고려하면, '생명 또는 자유에 대한 위협' 등 중대한 인권침해가 박해에 해당한다고 볼 수 있다.[29] 다만, 난민협약이 예정하고 있는 박해는 우발적, 일회적인 성격의 것이 아니라 피해자의 사회적, 정치적 지위 때문에 국적국의 보호로부터 배제된 상태에서 입게 되는 지속적·반복적 침해이다.

그리고 박해는 위와 같은 생명 또는 자유에 대한 중대한 인권침해에 국한되지는 않으며 정신적 고통 또는 경제적 박탈이 기본적 인권에 대한 심각한 침해로 여겨질 수 있을 때에도 박해에 해당된다고 인정하는 것이 국제적인 추세이다. 우리 법원도 박해의 개념을 설명함에 있어서 위와 같은 국제적 추세에 맞추어 "박해라 함은 생명, 신체 또는 자유에 대한 위협을 비롯하여 인간의 본질적 존엄성에 대한 중대한 침해나 차별을 야기하는 행위"까지 포함하는 넓은 의미로 파악하고 있다.[30]

---

27 보편적인 '박해'의 정의는 없으며 그러한 정의를 확립하고자 하는 다양한 시도는 결국 성공하지 못했다(편람 제51항).

28 ① 어떠한 당사국도 고문 받을 위험이 있다고 믿을 만한 상당한 근거가 있는 다른 나라로 개인을 추방·송환 또는 인도하여서는 아니 된다.

② 위와 같이 믿을만한 근거가 있는지 여부를 결정하기 위하여, 권한 있는 당국은 가능한 경우 관련국가에서 현저하며 극악한 또는 대규모 인권침해 사례가 꾸준하게 존재하여 왔는지 여부를 포함하여 모든 관련사항을 고려한다.

29 편람 제51항.

(나) 박해의 주체

박해는 통상적으로 국가기관에 의하여 이루어지나 비정부기관 등에 의해 발생할 수도 있다. 비정부기관 등에 의해 심히 차별적이거나 공격적인 행위가 이루어지는 경우, 이들 행위가 당국에 의해 고의로 용인되거나, 당국이 효과적인 보호의 제공을 거부하거나 또는 그 제공을 할 수 없음이 증명되면, 이들 행위는 박해로 인정될 수 있다.[31]

난민에 대한 위협이 비정부기관 등에 의한 경우에 어느 범위에서 협약에 따른 국제적 보호를 제공할 것인지에 관하여, 국가가 사인의 침해행위를 조장하거나 적어도 묵인하였다고 볼 수 있을 때만 국적국의 박해책임이 인정될 수 있다는 견해(국가책임론)와 국가가 사인의 침해행위에 가담하거나 이를 조장, 묵인하지 않았다고 하더라도 국적국이 보호를 제공할 현실적인 능력이 없어 침해행위가 방치되고 있는 경우에도 난민협약에 따른 국제적 보호가 발동되어야 한다는 견해(보호이론)의 대립이 있다.[32]

(다) 협약상 원인과의 관련성

난민협약과 난민법에 의하여 난민으로 인정을 받으려면 박해의 원인사실이 협약에서 규정하고 있는 5가지 사유 중 어느 하나에 해당하여야 한다. 어떠한 사람이 중대한 위험에 처해 있고 국적국이 이에 대해 필요한 보호를 제공하지 못하고 있

---

30 대법원 2008. 7. 24. 선고 2007두3930 판결. 한편, 위 판결과 관련하여 김성수 판사는 적어도 그 문언만으로는 국제인권법상 인정되는 자유권에 대한 침해는 그 자체로서 인간의 본질적 존엄성에 대한 중대한 침해 또는 차별행위에 해당한다는 취지로 읽힐 여지가 있으나 박해의 개념을 그렇게 넓게 이해하는 것은 비현실적이며, 현재 우리나라의 난민 관련 행정 및 재판실무에서는 신체적 자유에 대한 침해를 수반하지 않는 일반적 자유권의 침해만으로 박해를 인정하는 사례는 찾아볼 수 없을 뿐만 아니라, 심지어 신체적 자유에 대한 침해가 있는 경우에도 그 정도가 경미하다고 하여 박해에 해당하지 않는다고 보는 것이 일반적이므로, 난민에게 실효성 있는 보호를 부여하기 위하여는 박해의 개념을 넓히는 것보다 그 내포를 명확하게 하는 것이 훨씬 중요하다는 주장을 하고 있다(김성수, 「난민의 요건과 출입국 관리법상 난민인정에 관한 검토」, 174 – 175면).

31 편람 제65항, 서울행정법원 2007. 1. 9. 선고 2006구합28345 판결.

32 김성수, 「난민의 요건과 출입국 관리법상 난민인정에 관한 검토」, 191면. 과거에는 영국, 미국, 오스트레일리아 등 영미법계 국가에서는 보호이론을, 독일, 프랑스 등 대륙법계 국가에서는 책임이론을 따랐다. 그러나 2004년 유럽연합 차원에서 보호이론을 명시적으로 채택하였고 [현행 지침으로는 Asylum Qualificatopm Directive 2011/95/EU Article 6 (c)], 그에 따라 독일과 프랑스의 국내법도 개정되었다. 그러므로 현재 주요 난민수용국은 거의 대부분 보호이론에 따라 판단한다.

다고 하더라도 그러한 보호 결핍의 원인이 협약에서 규정하고 있는 5가지 사유와 무관한 것이라면 난민협약에 따른 보호의 대상이 될 수 없다. 경제적 이주민(economic migrant)이 폭발적으로 증가하는 현대 사회에서 이러한 사람들을 난민법상의 난민과 어떻게 구별할 것인가 하는 관점에서 중요한 의미가 있다.

이 5가지 사유를 살펴보기로 한다.

1) 인 종

일반적으로 인종은 생물학적 관점에서 신체적 차이에 기초한 것으로 국적과는 개념적으로 차이가 있다. 현재의 문맥에서 인종은 일반적으로 "인종"이라고 불리는 모든 종류의 민족 집단을 포함하는 가장 넓은 의미로 이해되어야 한다.[33]

주로 다수의 인구 중 소수 집단을 구성하고 있는 공통의 혈통을 가진 특정사회집단의 구성원 자격을 수반하기도 하지만, 과거 남아프리카공화국이나 르완다의 경우처럼 소수 인종이 다수 인종을 지배하는 경우도 있으므로, 단순히 상대적 소수인지 다수인지보다는 실효적인 정치적 힘의 부재로 심각한 피해의 우려가 있는지, 국가의 관련 보호를 받을 수 없는지가 중요하다.

실무상 인종을 이유로 한 박해가 자주 문제되는 경우로, 미얀마의 소수민족(친족, 카렌족, 로힝자족), 방글라데시의 줌마족 등이 있다.

2) 종 교

종교를 이유로 한 박해는 다양한 형태를 생각할 수 있는데, 종교단체의 구성원 신분, 개인적 또는 공적 숭배, 또는 종교교육의 금지, 또는 자신의 종교를 신봉하거나 특정의 종교집단에 속한다는 이유로 중대한 차별조치를 가하는 경우를 생각할 수 있다(편람 제72항). 실무상 종교를 이유로 한 난민신청은 인간의 내심에 대한 판단을 요한다는 측면에서 어려움이 많다.[34]

대법원은 이란 국적의 이슬람교도였던 난민신청자가 한국에서 교회를 다니고 세

---

[33] 편람 제68항.

[34] 파키스탄에서 박해를 받고 있는 것으로 알려져 있는 아흐마디야 교도의 난민신청에 대하여 호주 난민재심재판소와 캐나다 연방법원은 신청인이 ① 자신이 진실된 아흐마디야 교도로서, ② 아흐마디야 믿음이 삶의 일부일 만큼 진실된 신자라는 것과, ③ 신청인이 공개적으로 아흐마디야교를 수행했다는 것을 과거 행동에 대한 일관되고 설득력 있는 진술과 서증을 통해 증명해야 한다고 보았다(양동수·김슬기, 「국내 주요 난민신청 사유에 대한 영미사법권 5개국의 판례 연구」, 『한국이민학회 2013년 상반기 학술대회―이민과 난민: 현실, 정책, 법제의 상호작용과 변화』(미공간, 2013), 60면).

례를 받은 후 지속적으로 신앙훈련을 받았는데 이러한 사실이 이란에 있는 난민신청자의 가족과 지인들에게 알려진 경우, 이란의 기독교 개종 등에 대한 박해상황을 고려할 때 박해를 받을 충분한 근거 있는 공포가 인정된다고 판시한 원심 판단을 수긍한 바 있다(대법원 2012. 3. 29. 선고 2010두26476 판결).

여러 국가에서 진술의 신빙성을 판단하는 기준으로서 신앙의 진정성을 테스트하는 경향과 관련하여, UNHCR은 「국제적 보호지침: 종교적 사유에 기반한 난민신청(2004)」에서 다음과 같은 내용을 참고하도록 제안하였으며,35 우리 법원도 이 내용을 진술의 신빙성 판단기준으로 언급한 바 있다.36

- 지나친 조사 또는 종교에 대한 신청인의 지식이나 교리를 시험해 보는 것이 항상 필요하거나 유용하지 않을 수도 있다(제28호).
- 신청인 자신의 종교에 대한 세부적인 지식이 곧 믿음의 진실성과 관련된 것은 아니다 (제29호).
- 해당 종교의 교리나 종교행위에 대한 상당한 지식이 거의 또는 전혀 없을지라도 자신의 종교로 인해 박해받을 수 있고, 사회에서 종교조직에 대한 억압으로 인해 개인이 자신의 종교를 공부하거나 실천하는 능력이 심각하게 제한될 수 있다(제30호).

---

3) 국 적

난민협약에서 말하는 국적(nationality)은 반드시 시민권(citizenship)이라는 의미의 국적 개념만을 가리키는 것은 아니며 언어나 문화에 의하여 구분되는 민족으로서 의미도 갖는다고 할 수 있다. 난민협약은 제1조 A (2) 후문에서 하나 이상의 국적을 가진 사람의 경우 국적을 갖고 있는 모든 나라로부터 보호를 받지 못하는 때에만 협약상 난민에 해당한다고 규정하고 있으나, 사실상 복수국적 개념을 인정하는 데에는 신중해야 한다.

UNHCR 집행위원회는 "단지 다른 나라에서 비호를 구할 수 있었다는 이유만으로 비호가 거부되어서는 안 된다. 다만, 비호를 신청한 사람이 다른 나라와 긴밀한

---

35 UNHCR Guidelines on International Protection: Religion—Based Refugee Claims(2004. 4. 28.)(http://www.unhcr.org/40d8427a4.html). 양동수·김슬기, 「국내 주요 난민신청 사유에 대한 영미사법권 5개국의 판례 연구」, 60—61면.
36 서울행정법원 2011. 4. 29. 선고 2010구합37100 판결.

유대관계를 갖고 있는 것으로 보이는 경우로서 그 나라에서 비호를 구하도록 하는
것이 상당하고 합리적이라고 여겨지는 때에는 그렇게 요구할 수 있다"고 하고 있으
며,37 형식적으로 부여된 국적이 통상적으로 자국민에게 부여되는 보호를 수반하지
않는 경우에는 실효성이 없는 것으로 볼 수도 있다(편람 제107항).38

　　우리나라에서는 에리트리아 국적자라는 이유로 에티오피아로부터 박해를 받는
사례가 국적을 이유로 한 대표적인 박해 사례로 문제가 된 바 있다.

4) 정치적 견해

　　정치범을 난민으로 인정할 수 있는지 결정하는 데는 난민신청자의 인성, 그의 정
치적 견해, 행위의 동기, 저지른 행위의 성격, 기소의 성격과 그 동기, 기소의 근거가
되는 법의 성격 등을 고려하여야 한다. 이들 요소는 당사자가 자신이 저지른 행위에
대하여 단순히 법에 따른 기소와 형벌에 대한 공포가 아닌 박해의 공포를 가지고 있
음을 증명할 수 있는 것이 된다(편람 제86항).

　　개인이 정치적 범죄로 기소 또는 형벌의 대상이 되는 경우, 기소가 정치적 견해
때문인지 또는 정치적 동기로 말미암은 행위 때문인지 구별하여야 한다. 기소가 정
치적 동기로 인하여 저지른 가벌적 행위 때문에 이루어지고 예상 가능한 형벌이 관
련국의 일반법에 부합하는 것이라면, 그러한 기소에 대한 공포를 이유로는 난민신청
자에게 난민의 지위를 인정할 수 없다(편람 제84항).

　　대법원은 "단순히 강제징집을 거부한 사정만으로는 박해의 원인이 있었다고 할
수 없으나, 그 징집거부가 정치적 동기에 의하여 이루어지는 등 정치적 의견을 표명
한 것으로 평가될 수 있을 때에는 박해의 원인이 있었다고 할 수 있다"라고 판시하
고 있다(대법원 2008. 7. 24. 선고 2007두3930 판결).

　　한편, 신청인이 어떤 정치적 의견을 표현했거나 그러한 의견을 가지고 있다는 사
실이 공공연히 알려진 경우 이외에도, 박해 주체에 의해 그가 그러한 의견을 표현했
거나 가지고 있다고 전가된 경우도 박해로 인정될 수 있다(전가된 정치적 의견, im-

---

37 Excom Conclusion No.15 (XXX) para. h(iv)(1979)(http://www.unhcr.org/ 3ae68c960.html).
38 포르투갈 식민지였다가 인도네시아에 병합된 동티모르인이 인도네시아 국적 외에 포르투갈의
　　국적을 갖고 있는지 여부가 문제된 Lay Kon Tji v. MIEA(1998 Aust FedCt LEXIS 909;
　　BC9805798) 사건에서 호주 법원은 원고가 포르투갈 국내법에 의해 당연히 그 국적을 취득하
　　였는지 여부도 불분명할 뿐만 아니라 설령 형식적으로 포르투갈 국적이 인정된다 하더라도
　　국적국으로서 보호를 수반하는 실효적 국적은 아니라고 판단한 바 있다(김성수, 「난민의 요건
　　과 출입국관리법상 난민인정에 관한 검토」, 157면).

puted political opinion). 반군과 대립 중인 정부 물품을 운송하는 직무수행으로부터
정부를 지지한다는 정치적 의견을 추정할 수 있고, 이를 이유로 탈레반이 신청인을
박해할 우려가 있다면 협약상 정치적 의견을 사유로 하는 박해로 볼 수 있다는 외국
판례가 있다.[39]

5) 특정사회집단의 구성원

동 개념은 박해의 원인 가운데 가장 논란의 여지가 많다.[40] 개념 자체의 불확정
성이 오히려 난민협약 당시 예상치 못했던 새로운 박해원인이 대두될 때 난민보호의
확대 근거를 마련해주는 긍정적인 역할을 하기도 하는데, 다양한 사회에서 다양하게
변화하는 집단의 성격과 발전하는 국제인권규범을 반영하여 발전적인 관점에서 해
석하여야 할 필요가 있다.[41] 실무상 특정사회집단의 구성원으로 인정되는 대표적인
사례로는 성(gender), 동성애, 할례 등을 들 수 있다.[42]

영국 이민국 판례에 따르면, 여성 할례는 1951년 난민협약의 난민 정의 중 하나
인 특정 사회집단의 구성원에 해당될 수 있다.[43] 하지만 특별한 인종 그룹만이 할례
에 대한 충분한 공포와 위험이 있는 집단으로 정의된다. 또한 부모 혹은 다른 사람
으로부터 할례를 강요당했다고 여겨질 만한 충분한 근거가 있어야 한다. 여성 할례
를 이유로 난민 신청을 한 사람을 심사할 때는 본국의 다른 곳에서의 재정착 가능성
도 충분히 고려되어야 하나, 그 곳이 안전한 곳으로 인정되려면 여성 할례를 집행할

---

39 호주 난민재심재판소 [2010] RRTA 588, 양동수·김슬기, 「국내 주요 난민신청 사유에 대한 영
  미사법권 5개국의 판례 연구」, 64면.
40 난민협약 초안에는 포함되지 않았다가 스웨덴 대표의 제안에서 비롯되어 표결(찬성 14, 반대
  8)로 채택되었다.
41 미국 BIA는 일반개념이 특정한 단어들과 함께 열거되어 있을 때는 그 특정한 단어들의 속성
  을 따라 일반개념을 해석하여야 한다는 Ejusdem generis 원칙을 표명한 바 있다. 즉, 인종·종
  교·민족·정치적 의견은 모두 개인이 임의로 변경할 수 없는, 그 정체성과 불가분의 관계에
  있는 속성들이라는 점에 착안하여, '특정사회집단' 역시 특정한 속성을 공유하는 집단으로서
  이에 소속된 개인이 임의로 집단으로부터 이탈할 수 없거나 그렇게 요구하는 것이 개인의 정
  체성을 본질적으로 훼손하는 것이어서 이를 기대할 수 없는 사회적 집단을 가리킨다고 설명
  하는 것이다(김성수, 「난민의 요건과 출입국관리법상 난민인정에 관한 검토」, 204-205면).
42 서울행정법원 2013. 4. 25. 선고 2012구합32581 판결; 서울행정법원 2012. 2. 9. 선고 2011구합
  22952 판결; 서울행정법원 2010. 10. 21. 선고 2009구합51742 판결.
43 여성 할례는 라이베리아의 북쪽, 서쪽, 중앙 쪽의 특정 인종 그룹에서, 특히 지방에서 심각하
  게 행해지고 있고 Sinoe, Sarpo, Krahn이라고 불리는 인종 집단이 할례를 행하는 것으로 유명
  하다. 여성 할례는 라이베리아에서 일반적으로 행해지고 있고 85%의 인구가 여성 할례를 하
  는 것으로 집계된다. 하지만 내전때문에 비밀 집단의 활동이 줄어들면서 할례를 받는 여성의
  수는 감소했다.

만한 사람이 없는 등의 요건이 충족되어야 한다(SK(FGM, ethnic groups) v. S.S.H.D. [2007] UKAIT 1).

특정사회집단 구성원의 정의를 내린 대표적인 판례로서 Shah and Islam v. S.S.H.D [1999]이 있다. 난민신청자는 파키스탄 여성으로 남편의 심각한 폭력을 이기지 못하고 임신한 몸으로 영국에 입국, 출산하였으나 남편이 신청자가 출국하자마자 간통으로 고소하였고, 본국으로 돌아갈 경우 돌팔매 죽음을 당할지도 모르는 상황이었다. 또 다른 난민신청자도 파키스탄 여성으로 남편의 심각한 폭력으로 병원에 두 번이나 입원하였고 본국에서 다른 곳으로 이주하였으나 남편의 계속된 협박으로 영국에 입국하여 난민 신청을 한 사례였다. 영국 이민국은 파키스탄 여성이 특정사회집단 구성원으로 정의될 수 있는지 고려하였고, 먼저 파키스탄의 여성 인권에 대해 조사하였는데, 파키스탄에서는 여성이 가정폭력의 피해자이며 가정폭력이 만연하게 행해지고 있는 것이 확인되었다. 결론적으로 특정사회집단 구성원을 타고난 특징 또는 불변의 공통적인 특징과 배경 또는 근본적인 믿음이나 특징을 가진 자로 정의하였다. 결국, 파키스탄의 여성 집단은 특정사회집단으로 인정될 수 있었으며 파키스탄 여성 난민 신청자들은 난민인정 결정을 받았다.

3. 그러한 공포로 인하여 국적국이나 상주국의 보호를 받을 수 없거나 보호받기를 원하지 않을 것

난민협약과 난민법에 의하여 난민으로 인정받기 위해서는 국적국으로 돌아갈 때 앞서 본 5가지 사유로 박해를 받을 우려가 있다는 충분한 근거 있는 공포를 인정할 수 있어야 할 뿐만 아니라, '국적국이나 상주국의 보호를 받을 수 없거나 그러한 공포로 인하여 보호를 받는 것을 원하지 않을 것'이라는 요건도 충족하여야 한다. 이러한 요건은 난민법에 따라 제공하는 보호가 국적국의 자국민에 대한 보호실패를 전제로 하는 '보충적 보호'라는 점을 명백히 한 것이다. 따라서 국적국이 보호를 거부하거나 박해의 주체이기 때문에 사실상 국적국의 보호를 기대할 수 없는 경우에만 난민법에서 정한 보호의무가 발생한다.

4. 증명의 책임과 정도

입증책임은 원칙적으로 신청자에게 있는 반면, 관련 사실을 확인하고 평가하는 임무는 신청인과 심사관이 공유한다(편람 제196항).[44] 최초의 난민법안 제9조(증명책임 및 증명정도)는 "난민신청자는 본인이 난민임을 증명하여야 한다. 다만, 신청자의 진술이 거짓이라고 의심할 만한 상당한 이유가 없는 한 그 진술을 뒷받침할 증거가 없다는 이유로 난민인정을 거부하여서는 아니 된다"라고 규정하고 있었으나, 입법과정에서 위 조항은 법무부장관에게 난민신청자에 대한 유리한 자료의 수집·활용 의무를 부과하는 내용으로 대체하였고, 그 결과 현행 난민법에는 증명책임과 증명의 정도에 관한 규정을 두고 있지 않다.

난민이 주장 사실 모두를 '입증'하기란 거의 불가능하고, 만약 이를 요구하면 대다수 난민이 난민으로 인정받을 수 없을 것이기 때문에 종종 '의심스러운 경우에는 신청인에게 유리하게'의 원칙(the benefit of the doubt)으로 해석하여야 할 필요가 있다(편람 제203항).[45] 그러나 '의심스러운 경우에는 신청인에게 유리하게'의 원칙은 입수 가능한 증거를 모두 입수하여 검토한 후에 심사관이 신청인의 전반적인 신빙성을 인정한 경우에만 적용되며, 신청인의 진술은 일관성 있고 납득할 수 있는 것으로서, 일반적으로 알려진 사실과 상반되지는 않아야 한다(편람 제204항).[46]

대법원은 2008. 7. 24. 선고 2007두3930 판결에서 "난민의 특수한 사정을 고려하여 그 외국인에게 객관적인 증거에 의하여 주장사실 전체를 증명하도록 요구할 수는 없고, 그 진술에 일관성과 설득력이 있고 입국경로, 입국 후 난민신청까지의 기간, 난민신청 경위, 국적국의 상황, 주관적으로 느끼는 공포의 정도, 신청인이 거주하던 지역의 정치·사회·문화적 환경, 그 지역의 통상인이 같은 상황에서 느끼는 공포의 정도 등에 비추어 전체적인 진술의 신빙성에 의하여 그 주장사실을 인정하는 것이

---

44 이 점에서, 우리나라도 뉴질랜드에서 운영하는 Country Research Branch와 같이 본국정황정보의 검색과 활용을 전담하는 부서를 별도로 마련할 필요가 있다.

45 "난민신청자에 의해서 주장된 사실에 관해서는 판단하는 사람의 마음에 의심의 요소가 있는 것이 정상적이다. 판단자가 난민신청인의 이야기가 전체적으로 일관적이고 그럴듯하다고 여긴다면, 의심의 요소가 있다고 하더라도 그것이 신청인의 신청을 불리하게 해서는 안 된다. 즉 신청인은 '의심스러울 때는 신청인에 유리하게(benefit of the doubt)' 여겨져야 한다." UNHCR 「입증책임 및 입증정도에 관한 문서(Note on Burden and Standard of Proof in Refugee Claims)」 제12항(http://www.refworld.org/docid/3ae6b3338.html).

46 서울행정법원 2008. 2. 20. 선고 2007구합22115 판결도 같은 입장이다.

합리적인 경우에는 그 증명이 있다고 할 것이다"라고 판시함으로써 이른바 합리적 가능성의 원칙을 채용한 것으로 평가되고 있으며,[47] 나아가 "박해의 경험에 관한 난민신청자의 진술을 평가할 때 진술의 세부내용에서 다소간의 불일치가 발견되거나 일부 과장된 점이 엿보인다고 하여 곧바로 신청자 진술의 전체적 신빙성을 부정해서는 안 되고, 그러한 불일치·과장이 진정한 박해의 경험에 따른 정신적 충격이나 난민신청자의 궁박한 처지에 따른 불안정한 심리상태, 시간 경과에 따른 기억력의 한계, 우리나라와 서로 다른 문화적·역사적 배경에서 유래한 언어감각의 차이 등에서 비롯되었을 가능성도 충분히 염두에 두고 진술의 핵심내용을 중심으로 전체적인 일관성 및 신빙성을 평가하여야 한다"라고 판시하여(대법원 2012. 4. 26. 선고 2010두27448 판결) 난민신청자의 진술의 세부내용에 다소간의 불일치·과장이 있는 경우에도 곧바로 난민신청자 진술의 신빙성을 배척할 것이 아니라 진술의 핵심내용을 중심으로 전체적인 일관성 및 신빙성이 있는지 평가하여야 한다고 보았다.[48]

한편, 과거에 정부 등에 의한 박해사실이 있었다고 하더라도 최근 들어 민주화가 진전되는 등의 사정으로 상황개선이 있었다고 볼 만한 출신국가 정보가 제출되는 경우가 있는데, 이에 대해 대법원은 "난민신청인이 주장하는 과거의 박해사실이 합리적으로 수긍되는 경우라면 그 출신국의 상황이 현저히 변경되어 박해의 가능성이 명백히 소멸하였다고 볼 만한 특별한 사정이 인정되지 아니하는 한, 난민 인정의 요건인 박해에 관한 충분한 근거 있는 공포가 있다고 보아야 한다"라고 판시한 바 있다(대법원 2012. 4. 26. 선고 2010두27448 판결).

5. 난민인정 요건에 관한 몇 가지 쟁점들

(가) 체재 중 난민(refugee sur place)

체재 중 난민이란, 본국을 떠날 당시에는 난민이 아니었으나 이후 국내 체재 중 활동 등으로 인하여 난민 요건을 충족한 사람을 말한다. 국내에서는 미얀마 민족민주동맹 회원들, 국내 체재 중 개종한 사례 등이 대표적이다.[49]

---

47 서울행정법원, 『난민재판의 이해』, 73면.
48 "신청인이 자신의 주장을 일반적으로 알려진 사실과 상충되지 않고 일관되고 그럴 듯하게 진술하여 결국은 믿을 만할 때 신빙성은 인정된다." UNHCR 「입증책임 및 입증정도에 관한 문서」 제11항(http://www.refworld.org/docid/3ae6b3338.html).
49 대법원 2012. 3. 29. 선고 2010두26476 판결.

　　체재 중 난민과 관련하여서는 스스로 박해의 원인을 제공한 경우에도 난민으로 인정될 수 있는지가 문제된다. 이와 관련, 서울고등법원은 '체재 중 난민'의 경우 단지 난민으로 보호받기 위하여 스스로 박해의 원인을 제공하는 경우까지 보호의 범위를 확대하는 것은 난민협약의 취지에 부합하지 아니하므로 선의(good faith)를 가진 경우에 한하여 예외적으로 인정되어야 한다는 주장에 대하여 "난민협약에서 정한 요건을 모두 충족함에도 다른 사정을 들어 난민협약상 난민이 아니라고 하는 것은 난민의 요건을 정한 제1조에 어떠한 유보도 허용하지 않는 난민협약의 취지에 반하므로, 난민으로 보호받기 위해 스스로 박해의 원인을 제공한 사람이라 하더라도 박해의 가능성이 현실적으로 존재하는 한 난민에 해당한다"고 판시한 바 있으며,[50] 대법원 판결도 "난민은 국적국을 떠난 후 거주국에서 정치적 의견을 표명하는 것과 같은 행동의 결과로서 '박해를 받을 충분한 근거가 있는 공포'가 발생한 경우에도 인정될 수 있는 것이고, 난민으로 보호받기 위해 박해의 원인을 제공하였다고 하여 달리 볼 것은 아니다"라고 하여 이러한 입장을 재확인하였다.[51]

　　한편, 대법원은 체재 중 난민을 인정하는 취지의 원칙적 입장을 표명하면서도, 국내에 입국한 직후부터 회사에 취업하여 일하는 등 불법체류를 해 오던 미얀마인이 불법체류자에 대한 단속이 강화되자 불법체류자 자진신고를 한 후에 대한민국 내에서 정치적 활동 등으로 미얀마에 귀국할 경우 박해를 받을 우려가 있다는 이유로 난민인정 신청을 한 사안에 대하여, 국내에서 정치적 집회에 참여하고 국적국 대사관 앞에서 시위하거나 시위하는 모습이 사진에 찍혔다는 사정만으로는 국내 정치활동으로 귀국 시 박해를 받을 충분한 근거 있는 공포를 갖는 난민에 해당한다고 보기 부족하다고 판단한 사례가 있다(대법원 2011. 7. 14. 선고 2008두12559 판결).

　　체재 중 난민에 해당한다고 본 판례를 소개하면 다음과 같다. "원고는 대한민국에 입국하기 전까지 적극적으로 정치적 의견을 표명하여 미얀마 정부로부터 주목을 받은 것으로 보이지 아니한다. 다만, 대한민국에 입국한 이후로 미얀마에서 소수 민족에 대한 박해나 민주화 운동이 발생할 때마다 이를 지지하는 캠페인 등에 참여하였고, 때로는 미얀마 대사관 앞에서 미얀마의 민주화와 양심수 석방을 촉구하는 집회에 참가하거나 카렌족의 평화를 위한 기념식이나 세미나에 참가하였으며, KNU 산

---

50 서울고등법원 2006. 5. 10. 선고 2005누19643 판결; 대법원 2006. 8. 25. 선고 2006두9504 판결 (상고기각).
51 대법원 2008. 7. 24. 선고 2007두19539 판결.

하조직인 KYO 한국지부의 부의장으로 활동한 이후로는 KYO 한국지부의 활동을 적극적으로 펼치는 한편 여러 차례에 걸쳐 미얀마의 민주화와 양심수 석방을 촉구하는 집회를 주도하였는바, 원고의 이러한 활동에 비추어 원고는 미얀마 정부의 주목을 받아 박해를 받을 우려가 있다고 볼 만한 충분한 근거있는 공포를 가진 자, 즉 체재 중 난민에 해당한다고 보인다"(서울행정법원 2012. 7. 20. 선고 2011구합38742 판결).

(나) 내부적 보호대안(internal protection alternative)

박해의 범위가 일부 지역에 국한되어 난민신청인이 출신국의 다른 지역으로 이동하여 박해로부터 벗어날 수 있다면 난민으로 인정받을 수 없다는 것이 일반적인 견해이다. 이것이 내부적 보호대안의 문제이다. 그러나 출신국의 치안상태가 전반적으로 열악하여 다른 지역으로 이동하는 것이 박해로부터 완전히 벗어날 수 있는 수단이 될 수 있는지 여부가 불분명한 경우도 적지 않다.[52]

뉴질랜드에서는 난민신청인이 내부적 보호대안의 대안으로 제시되는 장소에서 뉴질랜드에서 난민으로 인정받을 경우 난민협약에 따라 보장되는 권리, 편익을 누리지 못한다면 이는 합리적인 내부적 보호대안으로 고려될 수 없다고까지 하였으나,[53] 영국의 항소법원은 내부적 보호대안에서 고려되는 비교의 대상은 박해를 받은 장소에서의 상황과 내부적 보호대안의 대안지로 제시되는 장소에서의 상황이 되어야 하고, 비호신청지에서 난민으로서 누릴 수 있는 상황은 비교의 대상으로 적절하지 않다고 하였다.[54] 1999년의 미시건가이드라인[55]에서도 인권보장의 최소 기준은 비호신청지가 아닌 내부적 보호대안으로서 제시되는 장소에서 보통의 사람들이 누리는 인

---

52 법원은 "특정 사회집단의 구성원 신분을 가진 자는 사회적인 적대를 당할 경우 국가 내의 다른 지역으로 이동하여 사회적인 적대를 피할 수 있으나 그 사회적 적대 태도가 국가 전반에 걸쳐 만연해 있다는 점을 고려하면 내부적인 이동을 통하여 안전을 찾는 것에는 어려움이 있으므로 새로운 지역에서 박해의 두려움으로 자신의 신분을 숨기는 것이 그 자에게 달려 있다면 내부적인 이동은 해답이 아니다"라고 판시한 사례가 있다(서울행정법원 2013. 4. 25. 선고 2012구합32581 판결).

53 [2000] INLR 165.

54 [2003] EWCA 1032; 김성수, 「난민의 요건과 출입국관리법상 난민인정에 관한 검토」, 195 – 196면.

55 「The Michigan Guidelines on the Internal Protection Alternative」 제22항(http://www.refworld. org/docid/3dca73274.html). 가이드라인은 내부적 보호대안이 가능하다는 이유로 난민보호를 거절하기 위한 요건으로 ① 본래 문제된 박해가능성으로부터 보호를 제공할 것, ② 피신장소에서 새로운 박해의 위험에 놓이지 않을 것, ③ 새로운 피신의 장소에서 최소한의 사회, 경제적 권리·편익을 보장받을 수 있을 것을 들고 있다(제13항 이하).

권수준과 비교되어야 한다고 하였다.[56]

(다) 안전한 제3국(safe third country)

난민보호의 부담은 경제적으로 발전되어 있거나 난민보호에 적극적인 국가들에게 집중되는 경향이 있어 많은 유럽 국가들은 '박해의 가능성이 없는 제3국'(주로 EU회원국)을 거쳐 입국한 난민에 대해서는 보호를 부여하지 않는다는 규정을 두고 있다.

국가마다 운영방식은 차이가 있다. 첫 번째, 핀란드, 스페인 등은 '안전한 제3국가' 이론만 도입하여 국가목록은 작성하지 않고 개별적인 케이스(case by case)로 판단한다. 이는 상황에 따라 유연하게 대처하는 장점은 있으나 안전한 국가여부 판단의 객관성 확보에 어려움이 있다.

두 번째, 주로 EU 회원국들은 안전한 제3국가 목록을 작성하여 운영하고 있다. 독일의 경우는 의회의 동의를 얻어 지정하고, 안전한 제3국가에서 입국한 자에 대하여는 비호를 부여하지 않는다. 비호절차법 제26a조 제2항에 따라 안전한 제3국가에는 유럽연합 회원국, 노르웨이, 스위스가 해당되며, 제18조 제2항의1호에 따라 안전한 제3국 출신자는 공항만 신청시 입국불허 사유에 해당된다. 제27조에 따라 안전한 제3국이 발급한 여행증명서 소지자는 해당국에서 안전하다고 판단한다. 덴마크는 안전한 제3국으로 더블린협약 가입국, 스위스, 미국, 캐나다를 지정하고 있고, 안전한 제3국을 통해 덴마크에 입국한 난민신청자는 심사 없이 해당국으로 출국 조치한다. 스위스는 EU회원국 중에서 의회에서 국가를 선정하여 지정하고, 안전한 제3국에 해당할 경우 난민 신청을 기각한다. 이는 신속한 판단을 통한 효율적 운영이 가능하지만, 개인적인 특수성이 반영되지 않는 위험이 있다.

세 번째, 협정을 통한 '안전한 제3국가 개념' 적용이다. 대표적으로 미국과 캐나다간 양자협약이 있다. 이 양자협약(안전한 제3국 협약<STCA>)의 원칙은 양국 중 신청자가 우선적으로 비호요청이 가능했던 국가의 책임을 인정하고, 해당국으로 신청자를 출국 조치한다. 예외적으로 미국이나 캐나다 시민권자, 유효비자 소지자나 무비자로 입국가능한 국가 출신자, 동반자 없는 미성년자, 18세 이상의 합법체류자 가족(비이민자나 비호신청자 제외), 공공이익 등을 고려한 자에 대해서는 협약 원칙에도 불구하고 출국조치하지 않는다.

우리의 경우, 출입국항에서의 난민신청자가 박해의 가능성이 없는 안전한 국가

---

56 양동수·김슬기, 「국내 주요 난민신청 사유에 대한 영미사법권 5개국의 판례 연구」, 87면.

출신이거나 안전한 국가로부터 온 경우에 법무부장관은 불회부결정을 할 수 있다(「난민법 시행령」 제5조 제1항 제4호). 난민신청자가 안전한 출신국 또는 안전한 제3국에서 난민인정을 신청하지 않은 합리적인 이유를 제시한 경우에는 신중하게 판단하여 회부여부를 결정해야 할 것이다.[57]

제3절   난민인정절차

난민협약은 난민지위의 인정을 위하여 체약국이 취해야 하는 절차를 구체적으로 규정하지 않는다. 따라서 체약국은 각국의 법체계에서 필요한 절차를 마련할 수 있다. 그러므로 국가마다 난민인정 여부를 심사하는 절차는 다양하다.

다만, 1977년 UNHCR 집행이사회는 난민인정 심사에 관하여 몇 가지 최소한의 요건을 제시한 바 있다.[58] 즉, 난민심사 공무원이 정확한 지침을 가지고 있어야 하며 강제송환금지원칙 등에 따를 것이 요구된다. 난민신청자는 절차에 관한 필요한 안내를 받아야 하며, 통역이 제공되어야 하고, UNHCR과 접촉할 수 있어야 한다. 난민지위불인정에 대하여는 불복절차가 마련되어야 하며 불복기간 동안 체류자격이 인정되어야 한다는 것 등이 그것이다.

1. 신　청

(가) 일반적인 경우

1) 시간적 한계

난민법에서는 구 출입국관리법에 있던 난민신청기간 제한 조항을 삭제하

---

57 캐나다연방항소법원은 1989년 Owusu-Ansah v. Canada 사건(98 NR 312)에서 난민신청자가 캐나다로 오기 전에 세 나라를 거쳐 왔는데 그곳에서 보호를 구하지 않았다는 이유로 신빙성이 없다고 판단한 것을 비판하면서 "난민신청자가 캐나다에 오기 전에 토고와 나이지리아와 브라질에서 왜 난민신청을 하지 않았는지에 대해 설명을 했고 그 설명은 납득할 만했음에도 불구하고" 신빙성을 부정한 것은 잘못되었다고 한 바 있다(김종철, 「난민정의에 대한 한국 판례의 비판적 고찰」, 78면).

58 Determination of Refugee Status No.8(1977)(http://www.unhcr.org/3ae68c6e4.html).

였다.[59]

2) 장소적 한계

대한민국 안에 있는 외국인은 난민인정신청을 할 수 있다(난민법 제5조 제1항). 이 때 '대한민국 안'을 대한민국의 관할권이 미치는 출입국항, 환승구역 등 모든 곳을 의미한다고 보는 견해도 있으나,[60] 난민법 제6조에서 '출입국항에서 하는 신청'을 별도로 규정하고 있는 점에서 볼 때 난민법 제5조 제1항에서 '대한민국 안'이라 함은 대한민국에 상륙하거나 입국한 자에 한정된다고 보는 것이 법무부의 입장이다.[61]

대법원 판례에 따르면, 외국인의 입국이란 외국인이 대한민국의 영해, 영공 안의 지역으로 들어오는 것을 말한다. 즉, 외국인이 대한민국 밖의 지역으로부터 대한민국 안의 지역으로 들어오는 것을 말한다(대법원 2005. 1. 28. 선고 2004도7401 판결 참조). 동 판례는 입국심사와 관계없이 영해·영공에만 들어오면 '입국행위'가 종료된다고 보고 있어 일견 위 법무부의 입장과 배치되는 것으로 볼 여지도 있으나, 동 판례는 출입국관리법상 외국인을 불법입국시키거나 이를 알선하는 죄(구 출입국관리법 제93조의2 제1호)의 기수시기에 대해 판단한 것이어서, 출입국항에서의 난민신청을 별도로 규정하고 있는 난민법의 해석에 그대로 적용되기는 어려운 것으로 보인다.

난민인정신청은 서면으로 하여야 한다(난민법 제5조 제3항 본문). 우편 또는 전자문서에 의한 신청은 인정되지 않는다. 다만, 난민신청자가 글을 쓸 줄 모르거나 장애 등의 사유로 신청서를 작성할 수 없는 경우에는 접수하는 공무원이 신청서를 작성하고 신청자와 함께 서명 또는 기명날인하여야 한다(난민법 제5조 제3항 단서).[62]

현재 전국 지방출입국·외국인관서에서 접수 가능하다. 다만 심사는 7개 거점기

---

59 2001년 12월 개정 이전에는 입국 후 60일 내 신청을, 그 이후에는 1년 이내에 난민신청을 하여야 한다는 규정이 있었다(출입국관리법 제76조의2 제2항). 그러나 법원은 난민신청기간을 넘겼다는 이유만으로 신청의 접수 자체를 거부할 수 없다고 하였기 때문에(서울행정법원 2000. 6. 21. 선고 2000구3893 판결), 신청기한 조항은 별다른 의미가 없었다.

60 황필규, 「난민법 제정의 의의와 경위」, 『한국이민학회 2013년 상반기 학술대회 ─ 이민과 난민: 현실, 정책, 법제의 상호작용과 변화』 (2013), 26면.

61 법무부, 『축조식 난민법해설』, 26면. 다만, 법무부가 발간한 동 책자 31면에 의하면 '환승구역 및 송환대기실'에서는 난민법 제6조에 따른 난민인정신청을 할 수 없는 것이 원칙이나, 예외적으로 인도적 차원에서 직권으로 입국심사를 개시하여 난민법 제6조의 절차를 진행할 수 있는 여지가 있는 것으로 설명하고 있다.

62 난민인정 신청의 대리는 원칙적으로 허용되지 않으나, 질병 등 당사자가 출석하기 어려운 불가피한 사정이 있는 경우, 미성년자인 경우에 한하여 법정대리인 및 변호사의 대리 신청을 허용하고 있다.

관에서만 한다. 다른 지방출입국·외국인관서에서 접수된 신청건은 거점기관으로 이첩된다.

3) 심사기간

난민심사는 6개월 안에 하여야 한다. 다만, 부득이한 경우에는 6개월의 범위에서 기간을 정하여 연장할 수 있다(난민법 제18조 제4항). 연장한 때에는 기간만료 7일 전까지 연장통지서를 난민신청자에게 통지하여야 한다.

4) 난민신청자에 대한 강제퇴거명령 집행보류

난민의 인정을 신청한 자는 원칙적으로 강제퇴거되지 않으며(출입국관리법 제62조 제4항 본문), 출입국관리법에 규정되지는 않았으나 난민법상 난민신청자의 개념에 포함되는 '난민불인정결정에 대한 행정심판 또는 행정소송이 진행 중인 사람(난민법 제2조 제4호 다목)'도 난민법 제3조에 의해 강제퇴거되지 않는다. 단, 난민신청자라 하더라도 대한민국의 공공의 안전을 해쳤거나 해칠 우려가 있다고 인정되면 강제퇴거명령의 집행이 보류되지 않는다(출입국관리법 제62조 제4항 단서, 난민협약 제33조 제2항). 다만, 그 경우에도 고문을 받을 위험이 있다고 믿을 만한 상당한 근거가 있는 다른 나라로 추방, 송환 또는 인도하여서는 아니 된다(난민법 제3조, 고문방지협약 제3조).

5) 통 역

난민법은 난민면접과정에서만 통역인을 제공하도록 규정하고 있고, 난민신청 단계에서 통역인을 제공하는 규정은 두고 있지 않다(난민법 제14조). 그러나 2017년에 접수된 난민신청 중 60% 이상을 심사하고 있는 서울출입국·외국인청의 경우, 신청 단계에서 아랍어 및 우르두어 등의 통역인을 제공하고 있다. 신청자의 요청이 있는 경우, 같은 성의 공무원이 면접을 하여야 한다(난민법 제8조 제2항).

6) 난민에 대한 형 면제

출입국관리법 제93조의3 제1호, 제94조 제2호·제5호·제6호 및 제15호부터 제17호까지 또는 제95조 제3호·제4호에 해당하는 사람이 그 위반행위를 한 후 지체 없이 지방출입국·외국인관서의 장에게 다음 각 호의 모두에 해당하는 사실을 직접 신고하는 경우에 그 사실이 증명되면 그 형을 면제한다(출입국관리법 제99조의2).

　1. 난민법 제2조 제1호에 규정된 이유로 그 생명·신체 또는 신체의 자유를 침해받을 공

　　　　포가 있는 영역으로부터 직접 입국하거나 상륙한 난민이라는 사실
　　　2. 제1호의 공포로 인하여 해당 위반행위를 한 사실

(나) 출입국항에서 하는 신청

1) 절차 및 내용

　구 출입국관리법에서는 출입국항에서의 난민인정 신청을 인정하지 아니하였으나, 난민법에서는 제6조에서 이를 신설하였다. 출입국항을 관할하는 지방출입국·외국인관서의 장이 그 신청에 대하여 난민인정 심사에 회부하는 결정을 하는 때에 난민인정 심사 절차가 진행되므로 그 시점에 그 외국인은 난민신청자로 되고, 난민신청자에 대한 처우가 개시된다. 체류지 내 난민신청은 신청 즉시 접수증을 교부하여야 하나, 출입국항 난민신청은 난민인정 심사에 회부하기로 결정된 사람에 대해 그 결정일에 난민인정 신청을 한 것으로 보아 난민인정 신청 접수증을 교부하고 난민인정 심사절차가 진행된다.

2) 불회부결정

　난민법 제21조에서는 출입국항에서의 난민인정 신청에 대하여 불회부결정을 받은 자를 이의신청의 대상자에서 제외하여, 출입국항에서의 난민신청자는 이의신청을 제기할 수 없도록 하였다. 그러나 난민인정 심사에 회부하지 아니한다는 불회부결정이 있는 경우 그 불회부결정은 행정처분에 해당하므로 난민신청자는 행정심판 또는 행정소송 등 불복절차를 제기할 수 있다고 판단한 판례가 있다.[63] 또한 "출입국항에서 난민인정 신청을 하였으나 난민인정 심사 불회부결정을 받고 이에 불복하여 취소소송을 제기한 청구인은 … (중략) … 난민법 제2조 제1호가 정한 난민으로 인정해줄 의사를 표시한 자로 '실질상'의 난민신청에 해당하는 것"으로 본 사례도 있다.[64] 다만 이와 관련하여, 법무부는 회부·불회부결정이 독립된 행정처분이 아닌 입국허가의 전제로서 이루어지는 일종의 '내부의사결정'이라는 입장이며, 난민법 제6조 제1항에 따라 출입국항에서의 난민인정 신청 절차가 개시된 경우 동법 제6조 제3항이 '회부결정이 7일 이내에 이루어지지 않는 경우에는 (회부결정을 하여야 하는 것이 아니라) 입국을 허가하여야 한다'고 규정한 것이 그 근거라고 보고 있다.[65]

---

63 인천지방법원 2014. 5. 16. 선고 2014구합30385 판결; 서울고등법원 2015. 1. 28. 선고 2014누52093 판결(항소심).
64 인천지방법원 2014. 4. 30. 선고 2014인라4 결정.

그림 9-1   난민인정 신청 및 처리 절차

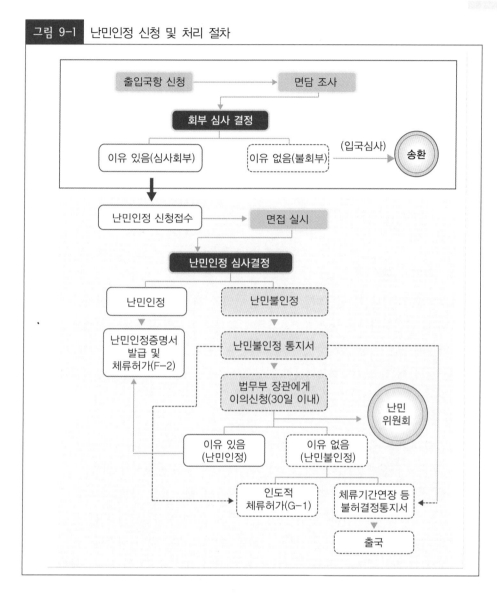

난민인정 심사에 회부하기로 결정된 자에 대하여는 출입국관리법 제12조의 입국허가 또는 출입국관리법 제13조의 조건부입국허가를 한다. 조건부 입국허가를 하는 경우에는 「출입국관리법 시행령」 제16조 제1항[66]에도 불구하고 90일의 범위에서 허가기간을 정할 수 있다(「난민법 시행령」 제5조 제4항).

---

65 법무부, 『축조식 난민법해설』, 31 – 33면.
66 지방출입국·외국인관서의 장은 출입국관리법 제13조 제1항에 따라 조건부 입국을 허가할 때에는 72시간의 범위에서 허가기간을 정할 수 있다.

난민인정 심사에 불회부하기로 결정된 자에 대해서는 출입국항에서의 난민인정 신청과 무관하게 별도의 입국심사를 하게 되고 그에 따라 입국여부가 결정된다.

(다) 불법체류 상태에서의 신청

불법체류 상태에서 난민신청을 하는 경우에도 접수를 받아 절차가 진행된다.[67] 다만, 단속에 적발된 후 난민신청하는 경우는 원칙적으로 보호 중에 절차가 진행된 다.[68] 난민심사가 진행되는 동안에는 강제송환되지 않는다.

2. 심 사

(가) 난민심사관

법무부장관은 지방출입국외국인관서에 면접과 사실조사 등을 전담하는 난민심사 관을 둔다. 난민심사관은 출입국관리업무에 종사하는 5급 이상의 공무원으로서 난민 관련 업무에 2년 이상 종사하였을 것, 법무부장관이 정하는 난민심사관 교육과정을 마쳤을 것의 어느 하나에 해당하는 자격을 갖추어야 한다(「난민법 시행령」 제6조).

(나) 신속절차

난민법 제8조 제5항은 일정한 경우 난민신청자에 대한 심사절차의 일부를 생략 할 수 있다고 규정하고 있다. 이는 남용적 난민신청자를 방지하기 위한 규정이다. 여 기서 생략할 수 있는 심사절차에는 동일한 사유로 재신청을 하는 경우에 예비 면접 질문서 또는 추가 질문서 등에서 작성, 조사되어 있는 국가정황에 변화가 없는 경우 의 국가정황조사, 난민신청자가 제출한 서류 등이 위조된 것이 명백한 경우 그 서류 등에 대한 진위여부 조사 등을 들 수 있다. 다만, 난민심사절차에서 당사자의 진술이 매우 중요하며 유일한 증거자료인 경우가 많으므로 난민면접 전부를 생략하는 것은 적절치 않으며 간이하게라도 면접은 이루어져야 할 것이다.

---

67 외국인보호소에 구금된 후 난민신청을 하여 판결로 난민으로 인정된 사례로는 서울행정법원 2009. 12. 24. 선고 2009구합30165 판결; 서울행정법원 2012. 2. 9. 선고 2011구합22952 판결 등이 있다.

68 보호 중 난민신청한 경우에는 실무상 신청 후 3개월 이내 난민심사가 이뤄지고 있다.

3. 난민인정행위의 성질

난민법 제2조 제1호는 난민협약상 난민의 요건에 따라 난민을 정하고 있는바, 난민법은 난민협약상 난민의 요건을 선언적으로 규정한 것이지 창설적으로 규정한 것은 아니다. 그런데 난민협약은 체약국으로 하여금 협약에서 정한 난민에 대하여 항상 이를 받아들여 비호를 부여하도록 의무를 지우고 있지는 아니하며, 난민에게 비호를 부여할 것인지, 부여한다면 그 법률상 지위를 어떻게 정할 것인지 여부는 일반적으로 체약국의 주권적 결정사항으로 이해된다.[69]

난민인정에 관한 규정을 살펴보면, 구 출입국관리법 제76조의2 제1항은 "법무부장관은 대한민국에 있는 외국인이 대통령령으로 정하는 바에 따라 난민의 인정에 관한 신청을 하면 심사절차를 거쳐 그 외국인을 난민으로 인정할 수 있다"라고 규정하고 있었으나, 난민법은 제18조 제1항에서 "법무부장관은 난민인정 신청이 이유있다고 인정할 때에는 난민임을 인정하는 결정을 하고, 난민인정증명서를 난민신청자에게 교부한다"라고 달리 규정하고 있다.

이러한 난민인정행위의 성질에 대하여는 재량행위설, 기속행위설, 기속재량행위설(2단계 재량행위설) 등이 있다.

재량행위설은 난민법이 제2조에서 제1호의 '난민'과 제2호의 '난민으로 인정된 사람'을 개별적으로 정의하여 난민협약상 난민의 요건을 충족한 '난민'과 난민법에 따라 난민으로 인정된 '난민인정자'를 구별하여 정의하고 있으며, 난민협약이 비호의 의무를 체약국의 의무로 명시적으로 강제하고 있지 않다는 점을 그 근거로 든다.[70]

기속행위설은 구 출입국관리법은 "… 심사절차를 거쳐 그 외국인을 난민으로 인정할 수 있다"라고 규정함으로써 난민신청자가 난민에 해당하는 경우에도 이를 난민으로 인정할 것인지는 체약국의 재량인 것으로 해석될 여지가 있었으나, 난민에 해당하는 경우에 체약국은 반드시 난민으로 인정해야 하므로 이러한 법규정은 문제가 있었던 것이고, 현행 난민법이 "난민임을 인정하는 결정을 하고"라고 규정을 하게 된 것은 이러한 비판을 수용한 것으로서 동 문구를 "난민으로 인정해야 한다"고 해석하는 것이 타당하다는 입장이다.[71] 동 설은, 법무부장관은 난민신청자가 난민협

---

69 서울행정법원 2006. 1. 26. 선고 2005구합21859 판결; 서울고등법원 2007. 6. 27. 선고 2006누 21643 판결; 서울행정법원 2009. 12. 24. 선고 2009구합30165 판결 등.
70 법무부, 『축조식 난민법해설』, 57면.
71 오승진, 「난민법 제정의 의의와 문제점」, 『국제법학회논총』 제57권 제2호 (2012), 94면.

약상의 난민에 해당하면 반드시 난민으로 인정해야 하며, 난민인정의 요건을 충족한 자를 난민으로 인정하지 않을 수 있는 재량을 행사할 수 있는 것이 아니라고 주장한다.[72]

기속재량행위설(2단계 재량행위설)은 난민인정행위는 난민으로서의 요건을 확인하는 확인행위 및 난민에게 체류자격을 창설·부여하는 설권행위라는 2단계 과정을 거치는 체약국의 주권적결정사항인 기속재량행위라는 입장이다. 종래 우리 법원은 구 출입국관리법 제76조의2에서 정한 난민인정의 신청은 상당한 기간의 체류자격 부여라는 의미에서의 비호에 대한 신청으로 보아야 하고 이에 대한 응답인 법무부장관의 난민인정은 단순한 협약상 난민요건의 확인을 넘어 난민에게 국내법에 정하여진 일정한 권리를 부여하는 설권행위가 되며 그 법적 성질은 난민협약의 최소 보호범위와 취지에 의해 본질적으로 제한받는 기속재량행위로 보고 있는 것으로 판단된다.[73]

비록 난민법 제18조 제1항의 문언상 난민인정행위가 기속행위에 해당한다고 해석될 여지가 있기는 하지만, 다른 한편 난민법 제19조는 난민신청자가 난민에 해당한다고 인정하는 경우에도 일정한 사유가 있으면 난민불인정결정을 할 수 있는 것으로 규정하고 있는 점, 난민협약도 난민요건을 충족하는 경우에도 일정한 경우에는 협약의 적용이 중지되거나(제1조 제C항) 적용되지 않는 것으로(제1조 제F항) 규정하고 있는 점 등을 감안할 때 난민인정결정행위를 기속행위라고 보는 것은 무리라고 생각된다.

그러나 실무상으로 법무부장관의 난민불인정사유는 난민요건의 부존재, 즉 '박해를 받을 우려가 있는 충분한 근거가 있는 공포의 부존재'이고, 따라서 법무부장관이 난민요건을 갖춘 난민신청자에 대하여 재량권행사에 의한 난민불인정처분을 하였다는 이유로 재량권 행사의 적법성이 사법심사의 대상이 되는 경우는 거의 없다. 즉,

---

[72] 같은 견해로는 이희정, 「영국 난민재판제도의 시사점」, 『서울행정법원 개원 15주면 기념 학술대회』, 139-140면; 차용호, 『한국 이민법』, 1150면. 다만, 이희정은 이러한 해석은 국제법상 조약에 부합하는 것일 수는 있으나, 난민제도가 가지고 있는 이민법적 측면, 난민의 국적국과의 관계라는 국제법적 측면에 대한 고려는 상대적으로 덜 반영되는 해석이라고 할 수 있다고 주장한다.

[73] 서울행정법원 2006. 1. 26. 선고 2005구합21859 판결; 서울고등법원 2007. 6. 27. 선고 2006누21643 판결; 서울행정법원 2009. 12. 24. 선고 2009구합30165 판결 등. 한편, 대법원이 2008. 7. 24. 선고 2007두3930 판결에서 "… (난민요건을 갖춘 외국인에 대하여) 신청이 있는 경우 난민협약이 정하는 난민으로 인정하여야 한다"라는 대목이 있음을 들어 대법원이 기속행위설을 취한 것으로 보는 견해도 있으나(차용호, 『한국 이민법』, 1151면), 서울행정법원에서 발간한 『난민재판의 이해』 책자는 위 사안은 원심에서 패소한 피고 법무부장관이 상고한 사건에 대한 것으로서 이 문제가 상고이유의 쟁점도 아니었던 점에 비추어 이 문제에 대한 선례라고 보기 어렵다고 하고 있다(서울행정법원, 『난민재판의 이해』, 22면).

현재의 실무상 난민불인정처분취소소송에 있어 사법심사의 초점은 난민요건의 충족 여부에 맞추어져 있다고 할 수 있다.[74]

4. 난민의 취소 등

구 출입국관리법 제76조의3은 거짓 진술 또는 사실의 은폐에 따른 난민인정 취소와 더 이상의 비호가 불필요한 것에 따른 난민인정 철회를 구별하지 않고 난민인정 취소로 규정하였으나, 난민법에서는 이를 구별하여 규정하였다.

(가) 난민인정 취소

법무부장관은 난민의 인정이 거짓서류의 제출, 거짓 진술 또는 사실의 은폐에 따른 경우에 난민인정을 취소할 수 있는데(난민법 제22조 제1항), 이는 난민협약에는 없는 규정이다.

(나) 난민인정 철회

법무부장관은 난민인정자가 자발적으로 국적국의 보호를 다시 받거나 난민인정 결정의 주된 근거가 된 사유가 소멸하여 더 이상 국적국의 보호를 받는 것을 거부할 수 없게 된 경우 등 일정한 사유가 있으면 난민인정결정을 철회할 수 있다(난민법 제22조 제2항).

5. 이의신청

(가) 행정심판과의 관계

난민법 제21조 제2항은 "제1항에 따른 이의신청을 한 경우에는 행정심판법에 따른 행정심판을 청구할 수 없다"고 규정하고 있다. 이는 행정심판법 제3조에서 '다른 법률에 특별한 규정이 있는 경우', 즉 각 행정처분 등의 근거법령 중 당해 행정처분에 대하여 별도의 불복절차가 있는 경우에는 행정심판청구권을 인정하지 않는다는 규정에 따른 것이다.

---

[74] 서울행정법원, 『난민재판의 이해』, 23면.

한편, 난민법 제21조 제2항의 규정형식을 보면 일응 이의신청을 하지 않은 경우에는 행정심판을 제기할 수 있는 것처럼 해석될 여지가 있으므로 행정심판이 가능하다는 견해[75]와, 그렇게 될 경우 신청절차에 난민심사에 대한 고도의 전문성과 신속성을 부여하고자 한 난민법의 취지가 형해화되는 것이라 할 것이므로 행정심판을 제기할 수 없다는 견해가 대립되고 있다.[76]

(나) 심사기관

이의신청 심사기관은 법무부에 설치된 난민위원회이다(난민법 제25조). 난민위원회는 법무부차관이 위원장이 되고, 위원장을 포함하여 15인 이하의 위원으로 구성한다. 위원은 관계기관 공무원, 변호사, 대학교수 및 난민전문가 등으로 구성되며, 난민불인정결정 및 난민인정 취소·철회에 관한 이의신청 등에 관한 사항 등을 심의한다.

6. 행정소송

(가) 행정소송의 형식, 제소기간 및 대상

난민신청자는 난민불인정결정에 대하여 이의신청을 거친 경우에는 이의신청기각결정 통지서를 받은 날로부터, 이의신청을 거치지 않은 경우에는 난민불인정결정통지서를 받은 날로부터 각 90일 이내에 취소소송을 제기할 수 있다.[77] 90일의 제소기간이 도과되면 무효 등 확인소송을 제기할 수 있을 뿐이다. 이의신청을 거친 경우에도 취소소송의 대상은 최초의 난민불인정결정이고 이의신청 기각결정이 그 대상이 되는 것은 아니다.

---

75 이희정, 「영국 난민재판제도의 시사점」, 138면.
76 이와 관련, 법무부가 발간한 『축조식 난민법해설』에 의하면, 본문에서는 위와 같이 설명하면서도 각주에서는 '이의신청 제기기간이 도과한 이후부터 행정심판 제기기간이 도과되기 이전까지의 기간조차 행정심판의 제기가 불가능하다고 해석하는 것은 난민신청자의 권리를 법령의 근거 없이 제한하는 것이므로 난민법상 이의신청 제기기간이 도과된 이후에는 난민신청자의 법적 권리를 두텁게 보호한다는 취지에서 행정심판 제기도 인정되어야 할 것'이라고 설명하고 있으며, 실제로 난민불인정결정에 대한 행정심판 청구도 많이 이루어지고 있다.
77 이러한 제소기간은 외국에 비하여 비교적 장기간이다. 뉴질랜드는 이민보호심판소 기각결정 통보를 받은 때로부터 28일 이내에 고등법원에, 미국은 이민항소위원회의 기각결정 통보를 받은 때로부터 30일 이내에 연방항소법원에, 캐나다는 이민난민위원회의 불인정 결정 통보일로부터 15일 안에 연방법원에, 호주는 난민재심재판소의 기각결정 통보일로부터 21일 이내에 연방행정법원에 소송제기가 가능하다. 재단법인 동천, 「국내 난민신청 이슈에 기초한 주요 수용국의 난민 판례 연구」(법무부, 2013), 13–27면.

(나) 피고적격 및 관할법원

법무부장관으로부터 난민인정권한을 위임받아 당해 난민불인정결정을 한 지방출입국·외국인관서의 장 등이 피고가 된다(행정소송법 제13조, 제38조, 난민법 제46조, 동법 시행령 제24조 제6호). 관할법원은 당해 지방출입국·외국인관서의 장 등의 소재지를 관할하는 법원이다.

(다) 확정판결의 효력

난민불인정결정에 대한 취소판결이 확정되면, 일반적인 취소소송의 확정판결과 마찬가지로 소급효 및 대세효가 생긴다. 난민불인정결정통지는 그 취소 판결의 확정에 의하여 처음부터 무효로 되며, 난민인정신청에 대하여 행정청이 아직 결정을 내리지 않은 상태로 돌아간다. 또한 판결의 기속력에 의하여 행정청은 판결의 취지에 따라 다시 난민인정신청에 대하여 처분을 해야 할 의무가 있다(행정소송법 제30조 제2항). 행정청으로서는 취소된 처분과 같은 사유를 들어서 다시 난민불인정결정을 할 수 없으나, 다른 사유를 이유로는 다시 난민불인정결정을 할 수가 있다.

제4절　난민에 대한 처우

종래 출입국관리법은 난민인정자의 처우에 관하여 정부는 "난민협약에서 규정하는 지위와 처우가 보장되도록 노력하여야 한다"고 규정하고 있었다. 이 조항은 2008년도 출입국관리법 개정 시에 들어간 내용인데, 국가에게 노력할 의무만을 부과하여 오히려 난민협약 등에서 보장하고 있는 난민의 지위와 처우를 훼손하는 것이라는 비판이 있었다. 그러므로 난민법은 "대한민국에 체류하는 난민인정자는 다른 법률에도 불구하고 난민협약에 따른 처우를 받는다"고 규정하였다.

1. 난민인정자의 처우

(가) 체   류

난민으로 인정되면 거주(F-2) 체류자격을 부여받는다.[78] 1회 부여할 수 있는 상한은 3년이다. 난민인정자에 대하여는 난민인정증명서와 유효기간 3년(부득이한 사유가 발생하는 경우 6개월 범위 내 연장가능)의 난민여행증명서를 교부한다(출입국관리법 제76조의5). 외국인보호실 또는 외국인 보호소에 보호된 외국인이 난민인정을 받은 때에는 그 보호를 해제하며, 강제퇴거명령을 받아 보호된 외국인에 대하여는 강제퇴거명령을 취소하고 그 보호를 해제하여야 한다. 법무부장관은 난민인정자가 출입국관리법 제60조 제1항에 따른 강제퇴거명령에 대한 이의신청을 한 경우 출입국관리법 제61조 제2항에 규정된 체류허가의 특례사유에 해당되지 아니하고 그 이의신청이 이유 없다고 인정되는 경우에도 그의 체류를 허가할 수 있다(출입국관리법 제76조의7).

(나) 난민법상 처우

사회보장기본법은 국내에 거주하는 외국인에게 사회보장제도를 적용할 때에는 상호주의의 원칙에 따르되, 관계 법령에서 정하는 바에 따르는 것으로 규정하고 있다(사회보장기본법 제8조). 그런데, 난민으로 인정되어 국내에 체류하는 외국인은 사회보장기본법 제8조 등에도 불구하고 대한민국 국민과 같은 수준의 사회보장을 받는다고 규정함으로써 상호주의 적용을 배제하고 있다(난민법 제31조). 의료급여법 제3조의2는 "… 난민의 지위를 인정받은 자로서 「국민기초생활 보장법」 제5조의 수급권자의 범위에 해당하는 자는 수급권자로 본다"는 규정을 두어 난민인정자를 수급권자로 명시하였다. 난민신청자와 인도적 체류 허가자는 국민연금의 가입자가 될 수 없으나(국민연금법 제126조 제1항 본문, 동법 시행령 제111조 제3호, 동법 시행규칙 제53조, 별표) 난민인정자의 경우에는 국민연금에 가입할 수 있고, 국민연금법 제126조 제1항 단서의 상호주의 제한은 2008. 12. 19. 개정 출입국관리법 제76조의10에 의하여 적용이 배제되었다.[79]

---

[78] 2002년 4월 「출입국관리법 시행령」이 개정되기 전까지는 난민이라는 독자적 체류자격이 없었다. 당시는 난민으로 인정된 자에게는 일단 방문동거(F-1) 자격을 부여하였다가 별다른 문제 없이 3년이 경과되면 거주(F-2) 자격을 부여하였다.

[79] 동 조항은 난민법 제정으로 삭제되었으며, 같은 내용이 난민법 제38조에 있다.

「국민기초생활 보장법」은 제5조의2에서 외국인에 대한 특례를 규정하고 있는데, 국내에 체류하고 있는 외국인 중 대한민국 국민과 혼인하여 본인 또는 배우자가 임신 중이거나 대한민국 국적의 미성년 자녀를 양육하고 있거나 배우자의 대한민국 국적인 직계존속(直系尊屬)과 생계나 주거를 같이하고 있는 사람으로서 대통령령으로 정하는 사람이 제5조에 해당하는 경우에는 수급권자가 되는 것으로 규정하고 있다. 그러나 난민으로 인정되어 국내에 체류하는 외국인은 이러한 「국민기초생활 보장법」 제5조의2에도 불구하고 본인의 신청에 따라 동법 제7조부터 제15조까지에 따른 보호를 받을 수 있다(난민법 제32조). 난민인정자나 그 자녀가 민법에 따라 미성년자인 경우에는 국민과 동일하게 초등교육과 중등교육을 받는다(난민법 제33조). 법무부장관은 난민인정자 및 그 자녀 가운데 초·중등교육법 제60조의4[80]에 따른 교육비 지원이 필요하다고 인정되는 사람을 교육부장관에게 추천할 수 있다(「난민법 시행규칙」 제13조).

법무부장관은 난민인정자에 대하여 한국어 교육 등 사회적응교육을 실시할 수 있다(난민법 제34조). 법무부장관은 난민인정자에 대한 사회적응 교육으로 출입국관리법 제39조에 따른 사회통합 프로그램을 실시할 수 있다. 법무부장관은 직업훈련을 원하는 난민인정자 가운데 「근로자직업능력 개발법」 제12조에 따른 직업능력개발훈련이 필요하다고 인정되는 사람을 고용노동부장관에게 추천할 수 있다(난민법 제34조, 「근로자직업능력 개발법」 제12조). 난민인정자는 외국에서 이수한 학교교육의 정도에 상응하는 학력을 인정받을 수 있다(난민법 제35조). 난민인정자가 외국에서 이수한 학력은 교육 관계 법령에서 정하는 기준에 따라 인정된다. 난민인정자는 관계 법령에서 정하는 바에 따라 외국에서 취득한 자격에 상응하는 자격 또는 그 자격의 일부를 인정받을 수 있다(난민법 제36조).

법무부장관은 난민인정자의 배우자 또는 미성년자인 자녀가 입국을 신청하는 경우 출입국관리법 제11조에 해당하는 경우가 아니면 입국을 허가하여야 한다. 배우자 및 미성년자의 범위는 민법에 따른다(난민법 제37조). 가족결합의 원칙에 기초하여 난민지위를 인정받은 부양가족은 난민가족의 결합이 이혼, 별거 또는 사망으로 해체되는 경우, 자신이 적용정지조항의 조건에 해당되지 않는 한 난민지위를 유지한다(편람

---

80 초·중등교육법 제60조의4(교육비 지원) ① 국가 및 지방자치단체는 다음 각 호의 어느 하나에 해당하는 학생에게 입학금, 수업료, 급식비 등 대통령령으로 정하는 비용(이하 "교육비"라 한다)의 전부 또는 일부를 예산의 범위에서 지원할 수 있다.
1. 본인 또는 그 보호자가 「국민기초생활 보장법」 제5조에 따른 수급권자인 학생

제187항).

(다) 귀 화

난민협약 체약국은 난민의 귀화절차를 신속히 행하기 위하여, 그리고 이러한 절차에 따른 수수료와 비용을 가능한 한 경감시키기 위하여 모든 노력을 다할 의무가 있다(난민협약 제34조). 국내에서는 2010. 3. 에티오피아 난민이 처음으로 귀화한 이래 2018. 5. 말 현재까지 60명의 난민이 귀화하였다.

2. 인도적체류자의 처우

인도적 체류 허가는 특별한 법적 근거 없이 종전부터 활용되던 제도이나, 2008년 말 출입국관리법 개정 시 법 제76조의 8 제1항에 근거하여 마련되었다. 현행 난민법 제2조 제3호에 따르면 난민의 요건에는 해당하지 않지만 '고문 등의 비인도적인 처우나 처벌 또는 그 밖의 상황으로 인하여 생명이나 신체의 자유 등을 현저히 침해당할 수 있다고 인정할 만한 합리적인 근거가 있는 사람으로서 대통령령으로 정하는 바에 따라 법무부장관으로부터 체류허가를 받은 외국인'을 '인도적체류자'라 한다.

인도적 체류 허가에 대한 신청권은 인정되지 않는다. 난민법에서는 법무부장관은 인도적 체류 허가를 할 수 있다고 규정하여 재량행위로 규정하고 있다(「난민법 시행령」 제2조 제1항). 법무부장관이 난민불인정 결정을 받은 자에 대하여 직권으로 인도적 체류 허가를 부여한다. 난민신청자는 인도적 체류의 허가가 부여되지 않는다고 하여 불복할 수는 없다.[81]

난민법에는 인도적체류자의 처우와 관련하여 "법무부장관은 인도적체류자에 대

---

81 그러나 서울행정법원 2018. 12. 7. 선고 2018구단15406 판결은, 난민불인정처분을 받은 시리아 국적의 외국인이 난민불인정처분 취소를 주위적 청구로, 인도적 체류불허처분 취소를 예비적 청구로 하여 소송을 제기한 사건에 대해, 외국인이 난민신청을 한 경우 그 신청에는 인도적 체류허가 신청 취지도 포함되어 있고, 한국에 체류 중인 외국인에게는 인도적 체류허가 신청권이 인정되며, 인도적 체류허가는 외국인의 출입국 관리 및 체류관리와 관련된 법 집행으로서 공권력의 행사에 해당되므로, 인도적 체류불허처분은 항고소송의 대상이 되는 처분에 해당한다고 판시한 후, 원고가 난민법 제2조 제3호의 '생명이나 신체의 자유 등을 현저히 침해당할 수 있다고 인정할 만한 합리적인 근거가 있는 사람'에 해당된다 하여 인도적 체류불허처분을 취소하는 판결을 하였다. 다만 서울고등법원 2021. 1. 20. 선고 2019누31350 판결과 대법원 2021. 6. 3. 선고 2021두34824 판결은 위와 같은 1심 판결을 뒤집고, 인도적 체류불허처분은 항고소송의 대상이 되는 처분이 아니라고 보았다.

하여 취업활동 허가를 할 수 있다"라는 한 개의 규정만을 두고 있다. 인도적체류자
는 난민신청자에 준하여 처리하는 것이 원칙이나, 생계비 등 지원대상에서는 제외된
다.[82] 인도적체류자에 대하여는 기타 체류자격(G-1)을 부여하며, 체류기간은 일반적
으로 1년 단위로 부여하고 있다.

3. 난민신청자의 처우

(가) 체 류

난민인정을 신청한 자는 난민인정 여부에 관한 결정이 확정될 때까지 대한민국
에 체류할 수 있다(난민법 제5조 제6항).[83] 난민신청자가 불법체류자나 단기방문(C-3)
등 단기비자로 입국하여 체류자격이 없는 경우에는 새로이 기타(G-1) 체류자격을
부여받거나, 기존의 체류자격이 있는 경우에는 기존의 체류자격을 유지하거나 기타
체류자격으로 변경을 허가받아야 한다. 기타 체류자격의 1회에 부여하는 체류기간의
상한은 1년이나, 실무상으로 난민신청을 하면 6개월을 부여한다. 체류자격변경에 관
하여는 난민신청자가 적법체류 중 난민신청한 경우는 기타(G-1) 체류자격으로 변경
하고, 난민인정절차가 계속되는 동안 매회 6개월의 범위 내에서 체류기간 연장을 허
가한다.

(나) 난민법상 처우

법무부장관은 난민인정신청서를 제출한 날부터 6개월을 넘지 아니하는 범위에서
난민신청자에게 생계비 등을 지원할 수 있다(난민법 제40조 제1항).[84] 다만, 중대한 질
병이 있는 등의 경우에는 연장이 가능하다. 취업허가가 가능한 체류자격을 소지한

---

82 인도적체류자의 경우 종전에는 고용주와(의) 고용계약이 체결된 경우에 체류자격외 활동허가
   가 이뤄졌으나, 현재는 근무처가 지정되지 않은 상태에서도 허가가 가능하며, 나중에 근무처
   를 구한 경우에 근무처 변경을 사후에 하면 된다.
83 난민을 인정한 예가 없던 1990년대에는 난민신청 불허자에게 인도적 견지에서 강제퇴거 대
   신 출국유예 조치가 내려진 경우가 많았다.
84 법무부에 의하면, 2014년도에는 총 317명의 난민신청자에게 343,664,000원의 생계비를, 2015
   년도에는 경우 총 373명의 난민신청자에게 517,000,000원의 생계비를 지원했다고 한다. 생계
   비 지원금액은 원칙적으로 긴급복지지원법 제9조(긴급지원의 종류 및 내용) 제1항 제1호 가
   목의 생계지원 상당액(2015년 기준, 418,400원)을 기준으로 하되, 출입국외국인지원센터 입주
   자의 경우는 비입주자의 70%(292,900원)를 기준으로 한다.

자는 제외된다. 다른 공공기관의 중복지원금이 있는 경우에는 해당 금액만큼 감액하여 지원한다.

법무부장관은 난민인정 신청일부터 6개월이 지난 경우에는 난민신청자에게 취업을 허가할 수 있다(난민법 제40조 제2항). 취업허가는 출입국관리법 제20조에 따른 체류자격 외 활동에 대한 허가의 방법으로 한다. 허가를 받더라도 출입국관리법 제18조 제1항에 따른 취업활동을 할 수 있는 체류자격이 부여되는 것은 아니고, 취업활동만 가능하게 되는 것이다.

법무부는 영종도에 난민신청자가 거주할 주거시설을 설치·운영하고 있는데, 6개월을 넘지 않는 범위 내에서 주거시설 이용이 가능하다(난민법 제41조). 다만, 이용자의 건강상태, 부양가족 등을 고려하여 부득이하게 난민지원시설을 계속 이용할 필요가 인정되는 경우에는 이용기간 연장이 가능하다. 그리고 주거시설의 안전과 질서를 해치거나 해칠 우려가 있는 경우에는 이용이 제한된다.

법무부장관은 난민신청자의 건강을 보호하기 위하여 필요하다고 인정되면 난민신청자에게 건강검진을 받게 하거나 예산의 범위에서 난민신청자가 받은 건강검진 등의 비용을 지원할 수 있다(난민법 제42조). 「응급의료에 관한 법률」 제3조에서는 "모든 국민은 성별, 나이, 민족, 종교, 사회적 신분 또는 경제적 사정 등을 이유로 차별받지 아니하고 응급의료를 받을 권리를 가진다. 국내에 체류하고 있는 외국인도 또한 같다"라고 규정하여, 난민신청자에도 국민과 마찬가지로 응급의료를 받을 권리가 보장된다.

국민건강보험법은 그 적용대상을 국내에 거주하는 국민으로 제한하고 있으나, 보건복지부 고시에 따라 외국인도 건강보험 가입이 가능하다. 이에 따라 난민인정자의 경우 건강보험 가입이 되어 내국인과 동등한 처우를 받고 있다. 국민건강보험법 제93조 제2항 및 동법 시행령 제64조 제1항 제1호에 따라 출입국관리법상 외국인등록을 한 외국인은 직장가입자로서 수급대상이 되는바, 난민인정자는 직장가입자가 될 수 있으나 난민신청자나 인도적체류자는 그동안 취업을 할 수 없어서 직장가입자가 될 수 없었다. 그러나 2008. 12. 19 출입국관리법 개정으로 인도적체류자나 난민신청자에 대하여도 취업이 허용되므로 이들의 직장 건강보험가입도 가능하게 되었다. 한편, 「국민건강보험법 시행령」 제76조 제2항 제3호 나목에 의해 외국인등록을 한 외국인 중 보건복지부령이 정하는 자는 신청에 의하여 지역가입자가 될 수 있지만, 「국민건강보험법 시행규칙」 제61조 제2항 별표 9에 의하여 F-2 자격을 갖고 있는 난민인정자는 지역 가입자가 될 수 있으나 G-1자격을 가지고 있는 난민신청자나 인도적체류자의 경우에는 지역가입자가 될 수 없도록 되어 있다. 난민신청자 및 그 가족 중 미성년자인 외국인은 국민과 같은 수준의 초등교육 및 중등교육을 받을 수 있다(난민법 제43조).

(다) 기 타

산업재해보상보험법 제6조는 근로자를 사용하는 모든 사업 또는 사업장에 적용하도록 규정되어 있고, 적용이 제한되는 외국인과 그 체류자격에 관하여 별도의 규정이 없으므로 난민인정자, 난민신청자, 인도적체류자 모두에 대하여 적용되며, 불법취업한 경우에도 보상이 가능하다.

고용보험법 제10조 제5호는 "대통령령으로 정하는 자"를 적용제외 근로자로 규정한 뒤, 동 시행령 제3조 제2항 제1호에 따라 일정한 체류자격을 가진 자를 제외한 모든 외국인근로자를 적용제외근로자로 하고 있다. 난민인정자는 동 시행령 제3조 제2항 제1호 다목과 「출입국관리법 시행령」 제23조 제2항 제1호에 따라 적용대상이 되나, 체류자격외 활동허가로서 취업활동을 허가 받은 인도적체류자나 난민신청자는 적용대상이 아니다.

긴급복지지원은 긴급복지지원법 제5조에 따라 "위기상황에 처한 자로서 이 법에 의한 지원이 긴급하게 필요한 자"에게 생계비, 의료 및 주거서비스 등을 신속하게 지원하는 공공부조제도로서, 체류자격에 의한 제한이 없으므로 난민에 대하여 적용 가능한 것으로 해석되나 보건복지부는 G-1 자격은 긴급복지지원대상자에 해당하지 않는다는 입장이어서 난민신청자와 인도적체류자는 실제적인 혜택을 받지 못하고 있다.

(라) 특정난민신청자의 처우제한

난민신청자에 대하여는 생계비 지원 등의 처우를 하지만, 일정한 난민신청자에 대하여는 이러한 처우가 일부 제한될 수 있다(난민법 제44조).

난민법에서는 이를 특정난민신청자라고 표현하고 있는데, '난민불인정결정에 대한 행정심판 또는 행정소송이 진행 중인 사람(제2조 제4호 다목)', '난민인정을 받지 못한 사람, 또는 난민인정결정이 거짓 서류의 제출이나 거짓 진술 또는 사실의 은폐에 따른 것으로 밝혀져 난민인정이 취소된 사람이 중대한 사정의 변경 없이 다시 난민인정을 신청한 사람(제8조 제5항 제2호)', '대한민국에서 1년 이상 체류하고 있는 외국인이 체류기간 만료일에 임박하여 난민인정 신청하거나 강제퇴거 대상 외국인이 그 집행을 지연시킬 목적으로 난민인정 신청을 한 사람(제8조 제5항 제3호)'이 이에 해당한다.

이들에 대하여는 난민법 제40조 제1항에 따른 생계비 등 지원, 난민법 제41조에 따른 주거시설의 지원, 동법 시행령 제20조 제1항에 따른 의료지원(건강검진 비용지원)을 하지 아니한다. 다만, 긴급하거나 인도적인 차원에서 특별히 지원이 필요하다고 인정하는 경우에는 그러하지 아니하다(「난민법 시행령」 제21조).

(마) 출입국외국인지원센터 운영

법무부는 「난민법」 제45조 및 「난민법 시행령」 제19조, 제23조에 근거하여 난민신청자 등에 대한 주거·급식·교육·의료 등 생활지원과 난민인정자의 한국어 교육 등 사회적응교육을 위해 2014. 2.부터 출입국·외국인지원센터를 운영하고 있다.

4. 기   타

(가) 강제송환금지

난민에게 있어서 가장 기본적인 권리는 강제송환을 당하지 않을 권리이고, 강제송환금지는 난민협약 제33조의 추방 및 송환의 금지 규정 뿐만 아니라 국제 관습법으로도 인정되는 권리이며 난민이 어느 국가의 법률상 또는 사실상 관할권 하에 들어오기만 하면 그 때부터 적용되는 원칙이다. 한편, 난민협약 제33조는 그 예외사유로서 "난민으로서 그 국가의 안보에 위험하다고 인정되기에 충분한 상당한 이유가 있는 자 또는 특히 중대한 범죄에 관하여 유죄의 판결이 확정되고 그 국가공동체에 대하여 위험한 존재가 된 자는 이 규정의 이익을 요구하지 못한다"고 규정하고 있음에 반하여, 구 출입국관리법 제64조 제3항 단서는 강제송환금지의 원칙에 대한 예외사유로서 "법무부장관이 대한민국의 이익이나 안전을 해한다고 인정하는 때에는 그러하지 아니하다"라고 하여, 단순히 법무부장관이 대한민국의 이익을 해한다고 판단하는 경우에도 송환할 수 있도록 예외범위를 확대하고 있었다. 그러나, 난민법은 제3조에서 "난민인정자와 인도적체류자 및 난민신청자는 난민협약 제33조 및 「고문 및 그 밖의 잔혹하거나 비인도적 또는 굴욕적인 대우나 처벌의 방지에 관한 협약」 제3조에 따라 본인의 의사에 반하여 강제로 송환되지 아니한다"라고만 규정하고 있다.

강제송환금지원칙의 이행과 관련하여 실무상 문제되는 경우는 구 출입국관리법상 강제송환금지의 예외사유문제와 난민인정을 받지 못한 난민신청자의 송환 문제이나 현재 난민법은 강제송환의 금지 대상에 난민인정자, 인도적체류자 및 난민신청자를 모두 포함하여 난민신청자의 경우에는 난민심사 절차가 모두 종료될 때까지는 본인의 의사에 반하여 본국으로의 송환을 금지하고 있다.

(나) 불법 입국·체재에 대한 처벌면제

난민협약 제31조는 피난국에 불법으로 입국하거나 체재하고 있는 난민에 대한 처벌과 자의적 구금을 금지하고 있다. 난민협약 제31조의 이행과 관련하여 문제될 수 있는 것들은 위조여권이나 밀입국을 통하여 입국한 난민에 대한 처벌이나 구금, 불법체류 중 난민신청한 신청자에게 부과되는 벌금(범칙금) 등이다.

우리나라는 원칙상 난민신청자를 구금하지 아니하므로 입국이나 체류와 관련한 구금 사례가 드물지만 위조여권이나 밀입국과 관련하여 구금된 사례가 있다. 한편 불법체류 상태에서 난민신청한 외국인에 대하여는 신청인은 구금하지 아니하고 난민신청을 접수하고 있으며, 출입국관리법 제102조(통고처분)의 규정에 따라 범칙금을 통고처분하고 범칙금을 납부하거나 면제받은 경우는 6개월 범위 내에서 G-1(기타) 자격을 부여하되, 범칙금을 납부하지 않은 경우는 제105조(통고처분의 불이행과 고발) 규정에 따른 고발과 함께 불법체류상태로 난민인정절차를 진행하고 있다.

우리 대법원은 "출입국관리법 제63조 제1항은, 강제퇴거명령을 받은 자를 즉시 대한민국 밖으로 송환할 수 없는 때에 송환이 가능할 때까지 그를 외국인 보호실·외국인 보호소 기타 법무부장관이 지정하는 장소에 보호할 수 있도록 규정하고 있는바, 이 규정의 취지에 비추어 볼 때, 출입국관리법 제63조 제1항의 보호명령은 강제퇴거명령의 집행확보 이외의 다른 목적을 위하여 이를 발할 수 없다는 목적상의 한계 및 일단 적법하게 보호명령이 발하여진 경우에도 송환에 필요한 준비와 절차를 신속히 마쳐 송환이 가능할 때까지 필요한 최소한의 기간 동안 잠정적으로만 보호할 수 있고 다른 목적을 위하여 보호기간을 연장할 수 없다는 시간적 한계를 가지는 일시적 강제조치라고 해석된다"고 판시하고 있으므로,[85] 보호 중에 난민신청한 경우는 최대한 신속하게 심사를 진행하여야 하며, 부득이하게 구금기간이 장기화되는 경우에는 보호일시해제 등 구금의 대안에 대하여도 검토할 필요가 있다.[86]

---

[85] 대법원 2001. 10. 26. 선고 99다68829 판결.
[86] 헌재 2023. 3. 23. 2020헌가1 결정은 '보호기간의 상한 설정이 없는 보호는 피보호자의 신체의

(다) 여행증명서

난민협약 제28조는 "합법적으로 그 영역 내에 체재하는(lawfully staying) 난민에게" 여행증명서를 발급하도록 하고 있다. 그리하여 우리나라에서는 난민인정자의 신청이 있으면 유효기간 3년의 난민여행증명서를 발급하여 주는데 여행증명서 유효기간 내 자유롭게 출입국할 수 있다(출입국관리법 제76조의5).

(라) 인적사항 등 공개금지

난민신청자의 인적사항 등을 공개하여서는 안 되는 주체에는 제한이 없다. 난민불인정자는 난민신청자가 아니므로 그 대상자에 해당하지 않는다. 본인의 동의가 있으면 공개금지의 예외로 되나, 그 경우에도 난민인정 신청에 대한 어떠한 정보도 출신국에 제공되어서는 아니 된다(난민법 제17조 제3항).

(마) 재정착난민

당해 국가에 직접 난민 지위를 신청한 난민이 아니라 해외 난민캠프 등에서 체재하는 난민 중에서 수용국에 정착을 희망하는 사람을 수용하는 제도가 재정착난민이다.[87] 2017년 현재 35개국 이상의 국가에서 타 비호국으로부터 난민을 받아들이는 재정착프로그램을 시행하고 있다.[88] 미국의 경우에는 대통령이 의회와 협의를 거쳐 매년 미국에 재정착하는 난민의 수를 정하며, 일본도 2010년부터 재정착난민을 받고 있다. 난민법은 이와 같은 예에 따라 대한민국 밖에 있는 난민 중 대한민국에서 정착을 희망하는 '재정착희망난민'을 수용할 수 있는 근거를 마련하였는데(난민법 제2조 제5호), 2015. 12. 23.에는 태국 난민캠프에 있던 미얀마 난민 4가족(22명)이 재정착

자유를 과도하게 제한하는 것'이라는 지적을 하며, 출입국관리법 제63조 제1항에 대한 헌법불합치 결정을 하였다. 위 헌법불합치 결정에 따라 위 법률조항은 2025. 5. 31.까지 국회가 개정해야만 한다.

87 뉴질랜드의 경우, 제2차 세계대전 이후로 지금까지 재정착난민제도를 시행하고 있고, 현재 UNHCR를 통해 동아프리카와 중동 등 난민발생국에서 매년 750명 내외의 난민을 수용하고 있는데, 이는 뉴질랜드에 입국하여 난민신청을 하는 숫자보다 더 많은 수치이다(양동수·김슬기, 「국내 주요 난민신청 사유에 대한 영미사법권 5개국의 판례 연구」, 52면).

88 미국, 캐나다, 스웨덴, 벨기에, 오스크리아, 독일, 스위스, 핀란드, 노르웨이, 덴마크, 네덜란드, 아이슬란드, 아일랜드, 포르투갈, 룩셈부르크, 호주, 뉴질랜드, 일본 등. UNHCR은 수용국에 재정착한 난민들이 성공적으로 지역사회에 통합될 수 있도록 필요한 지원을 제공하며, 현지 국가에서는 주로 재정착난민을 선정하고 추천하는 활동에 관여하고 있다.

난민으로서는 처음으로 우리나라에 입국하였으며, 2016. 11. 2.에도 미얀마 난민 7가족(34명)이 입국하였고, 2017. 7. 25. 미얀마 난민 5가족(30명)이 입국하였다. 재정착희망난민에 대한 법무부장관의 국내정착 허가는 난민인정으로 본다(난민법 제24조 제1항 후문).

외국인근로자와
전문외국인력

최 홍 엽

제10장 외국인근로자와 전문외국인력

이 장은 노동이민과 관련하여 외국인의 국내 취업을 다룬다. 외국인의 국내 취업 경로는 「외국인근로자의 고용 등에 관한 법률」의 절차를 통해 비전문취업(E-9)과 방문취업(H-2) 체류자격을 받는 것이 대표적이었다. 그러나 저출산 고령화사회가 눈앞에 성큼 다가선 오늘날에는 노동이민을 둘러싼 각종 법제는 변화의 소용돌이 안으로 들어가고 있다. 이전부터 추진되던 전문외국인력제도는 물론이며 농업분야의 노동력 부족을 메우기 위한 계절근로자제도가 더 확대되고 있고, 어려운 지역경제를 활성화하기 위한 체류제도까지 새로 등장하고 있다. 영주(F-5), 거주(F-2), 결혼이민(F-6), 유학(D-2) 등 다양한 목적으로 들어와 있는 외국인들도 산업현장에서 취업하고 있다. 단순기능인력 중심의 노동이민만이 아니라 다양하게 전개되는 노동이민의 전체상을 그려야할 때이다.

제1절 외국인의 국내취업 규율

제1절은 국내 취업의 여러 범주를 개괄한다. 외국인으로서 임금을 목적으로 근로를 제공한다는 본질을 중심으로 한 '외국인근로자'의 범주는 노동관계법의 적용범위를 결정하기 위한 것이다. 그리고 '전문외국인력'의 범주는 외국인근로자의 그것과 많은 부분에서 겹치면서도 아래와 같이 다른 성격이 있다.

1. 외국인력의 의의와 분류

(가) 외국인근로자 도입의 배경

한국에서 이민법 형성의 한 계기는, 1980년대 후반 이래의 외국인근로자의 유입이다. 1988년의 서울올림픽을 전후하여 외국인들이 국내노동시장에 유입되면서, 이들에 대한 법적 규율에 대한 논의도 시작되었다.

외국인은 입국과 체류가 제한되듯이, 취업도 원칙적으로 제한을 받아 왔다. 즉, 외국인은 대한민국에서 취업하고자 할 때에는 취업활동을 할 수 있는 체류자격을 받아야 한다(출입국관리법 제18조 제1항). 또한 체류자격을 지닌 외국인은 지정된 근무처에서 근무해야 하며, 누구든지 취업할 수 있는 체류자격이 없는 사람을 고용하거나 고용을 알선 또는 권유해서도 안 되는 것(동법 제18조 제2항·제3항·제4항)이 원칙이다.

유입 초기에는 단순기능 외국인력을 도입할 것인지에 대해서 노사단체와 전문가들은 물론이고 정부부처 내에 이견이 존재하기도 했다. 도입을 주장하는 견해는 당시의 중소기업들이 겪었던 심각한 구인난을 해결하기 위해서는 단순기능의 외국인이라도 들여와야 하며, 외국인은 내국인이 기피하는 업종으로 들어올 것이므로, 국내 근로자의 일자리를 잠식하지는 않을 것이라는 점을 강조했다. 이에 비해 반대하는 견해는 국내노동시장의 인력부족은 일시적인 것이므로 왜곡된 인력수급체계를 시정하면 해결할 수 있으며, 외국인근로자를 들여올 경우 국내근로자의 근로조건에 부정적인 영향이 있을 것을 우려했다. 이런 논쟁은 해결되지 못한 채 후술하는 것처럼 이른바 외국인 산업연수생이라는 변칙의 형태로 외국인근로자의 도입이 시작되었다.

오늘날 외국인고용허가제를 통해 단순기능 외국인을 들여오면서, 논쟁의 주제도 도입 여부보다는 어떤 업종에서 얼마만큼의 외국인근로자를 들여올 것인가와, 어떤 법적 지위를 부여할 것인가 등으로 바뀌고 있다.

2020년부터 시작되었던 코로나 팬데믹 이후에는 외국인근로자가 더욱 필요해졌다. 팬데믹이 본격화되면서 국내의 사업체들이 경기부진을 겪은 후에 외국인들이 떠나갔고, 외국으로부터의 근로자 입국이 어려워지면서 제조업, 농업 등 외국인에 대한 수요가 많은 업종을 중심으로 심한 인력부족 현상이 나타났다. 뒤의 [표 10-1]을 보면 체류자격별로 편차가 좀 있으나 전반적으로 취업자격 외국인의 숫자가 감소하였다. 우리나라의 출산율 저하경향이 맞물리면서 인력부족이 심각해지자, 그 대안으로서 외국인근로자를 어떻게 하면 안정적으로 도입할 수 있느냐가 점차 중요한 과제가 되고 있다.

(나) 외국인근로자의 의의

「외국인근로자의 고용 등에 관한 법률」(이하 '외국인고용법'이라 한다)에 의하면, 외국인근로자[1]는 대한민국의 국적을 가지지 아니한 사람으로서 국내에 소재하고 있는 사업(장)에서 임금을 목적으로 근로를 제공하고 있거나 제공하려는 사람을 말한다(제2조 본문).[2] 외국인근로자의 국적이 어디인지는 문제되지 않으며, 국적법에 의해 대한민국 국민의 자격을 갖지 않는 근로자이면 모두 외국인근로자이다. 무국적자나 이중국적자도 대한민국의 국적을 보유하고 있지 않는 한 외국인근로자가 될 수 있다.

쟁점이 될 수 있는 것은 근로자의 범위이다. 어떤 외국인이 근로자로서 한국의 노동관계법의 적용을 받는지가 문제이다. 과거에는 산업연수 외국인도 노동관계법이 적용되는지에 대해서 다툼이 많았으나, 법원은 산업기술연수사증을 발급받은 외국인도 사용자의 지시에 따라 근로를 제공하고 그 대가로 일정액의 금품을 지급받았다면 근로기준법 소정의 근로자에 해당한다[3]고 보았다. 「재한외국인 처우 기본법」은 재한외국인을 대한민국에 거주할 목적을 가지고 합법적으로 체류하고 있는 외국인(제2조 제1호)으로 정의하고 있으나, 외국인근로자라 할 때의 외국인은 위의 재한외국인에 한정하지 않는다. 노무를 제공하고 임금을 지급받는 종속관계 아래에 있다면 짧은 기간 근무하거나 불법체류 상태에서 근로를 했더라도 근로자로 보아야 한다. 또한 단순기능 외국인근로자에만 한정되지는 않으며, 전문외국인력이라 하더라도 종속관계에서 노무를 제공하는 경우에는 외국인근로자가 될 수 있다. 후술하는 것처럼 불법체류 근로자는 출입국관리법 위반으로 단속의 대상이 될 수 있지만, 종속관계 아

---

1 '외국인근로자'라는 용어 이외에도 '이주노동자'라는 용어를 쓰기도 한다. 영어표기로도 'foreign worker'보다는 'migrant worker'라는 표현이 많이 쓰이고 있다. 외국인근로자가 자국민이 아닌 근로자라는 배제의 뉘앙스도 지닌 점에 비추어보면, 이주노동자(migrant worker)가 보다 중립적일 수 있다. 그렇지만, 이주노동자가 현행법의 용어는 아니므로 법률상 용어인 '외국인'과 '근로자'에 기초하여 외국인근로자로 표현한다.
2 외국인고용법 제2조 단서는 전문외국인력등을 외국인근로자의 정의에서 제외함으로써, 외국인고용법은 단순기능 외국인근로자에게만 적용되고 있다. 그러나, 제10장에서의 외국인근로자는 단순기능의 외국인에 한정하지 않는다. 예를 들어, 회화지도(E-2)나 특정활동(E-7)의 체류자격자라 할지라도, 근로자성이 인정되는 외국인이면 그러한 범위에서 노동관계법의 보호를 받을 수 있기 때문이다.
3 대법원 1995. 12. 22. 선고 95누2030 판결.

래에 있는 한 노동관계법상 보호를 받는 근로자이다. 근로자로 될 수 있는 사람의 구체적인 범위는 기존의 판례와 학설에 따르면 된다.[4]

(다) 단순기능 외국인근로자와 전문외국인력

외국인근로자와 구별해야 할 개념으로서 '외국인력'이 있다. 외국인근로자는 근로자임을 전제로 한 개념이므로 "임금을 목적으로 종속적 관계에서 근로를 제공하는지 여부"를 중심으로 결정해야 함에 비해, 「재한외국인 처우 기본법」 제16조(전문외국인력의 처우개선) 등에 규정된 외국인력의 개념은 외국인근로자를 모두 포함하고 나아가 그렇지 않은 사람도 아우르는 개념이라 할 수 있다.[5]

외국인력은 다양한 범주가 있으므로, 일률적으로 논할 수 없으며, 법령상의 지위도 다양하다. 외국인력은 크게 보아, 단순기능 외국인근로자와 전문외국인력[6]으로 나누어볼 수 있다. 단순기능 외국인근로자는 비전문취업(E-9), 선원취업(E-10), 방문취업(H-2)으로 체류하는 외국인근로자로서, 이들은 한국인들이 취업을 기피하는 업종에 취업해 있으며 그 근로조건이 열악한 경우가 많다. 단순기능 외국인 위주의 도입정책을 지속하게 될 경우, 구인난을 겪는 중소기업에게 인력을 공급할 수 있지만 영세제조업의 산업구조조정을 지연시키는 등 중장기적으로 노동시장에 좋지 않은 영향을 끼칠 것이라는 지적도 있다.

반면에 전문외국인력은, 전문적인 지식·기술 또는 기능을 가진 외국인으로서, 교수(E-1), 회화지도(E-2), 연구(E-3), 기술지도(E-4), 전문직업(E-5), 예술흥행(E-6), 특정활동(E-7)의 체류자격을 가진 외국인을 말한다.[7] 이들은 전문적인 지식이나 기술이 있기 때문에, 근로조건 보호의 필요성이 상대적으로 낮다.[8] 그렇지만, 앞으로

---

4 대법원 2006. 12. 7. 선고 2004다29736 판결; 대법원 1996. 4. 26. 선고 95다20348 판결. 임종률, 『노동법』(박영사, 2015), 32-40면; 김형배, 『노동법』(박영사, 2012), 338-343면 등.

5 외국인력의 개념은, 노무제공이 '도급'계약이나 '위임'계약 등과 같이 당사자의 지위가 대등한 경우까지를 포함한다. 사업주와 대등한 지위에서 일정한 일(연구나 기술지도)의 완성이나 사무의 처리를 하는 외국인력은, 외국인근로자가 아닐 수 있다. 다만, 많은 경우에 외국인근로자와 외국인력은 일치하리라고 본다.

6 정확하게는 '전문기능 외국인력'으로 표현할 수 있으나, 「재한외국인 처우 기본법」의 표현처럼 전문외국인력으로 한다.

7 출입국관리법 제21조 제1항, 「출입국관리법 시행령」 제20조의2. 체류기간 90일 이하의 단기취업(C-4) 자격의 경우는 법령상으로 열거되어 있지 않으나, 전문기능 외국인근로자가 포함될 수 있다. 출입국통계상으로도 전문기능 외국인력으로 분류되고 있다. 법무부 출입국·외국인정책본부, 『2017 출입국·외국인정책 통계연보』(2018), 44면.

8 이 분류는 체류자격에 의한 개략적인 분류인 까닭에, 예를 들어, 예술흥행(E-6) 자격으로 오

표 10-1	취업자격 체류외국인 현황

(2022. 12. 31. 기준; 괄호안은 2015년 말 기준; 단위 명)

구 분		총체류자
총 계		449,402 (625,129)
전문 인력	소 계	50,781 (48,607)
	단기취업(C-4)	1,985 (685)
	교 수(E-1)	2,012 (2,612)
	회화지도(E-2)	14,251 (16,144)
	연 구(E-3)	4,009 (3,145)
	기술지도(E-4)	214 (192)
	전문직업(E-5)	238 (606)
	예술흥행(E-6)	3,989 (4,924)
	특정활동(E-7)	24,083 (20,299)
단순 기능인력	소 계	398,621 (576,522)
	비전문취업(E-9)	268,413 (276,042)
	계절근로(E-8)	4,767 (없었음)
	선원취업(E-10)	19,874 (15,138)
	방문취업(H-2)	105,567 (285,342)

출처: 법무부 출입국·외국인정책본부, 출입국·외국인정책 통계연보, 2023.

탁월한 능력을 지닌 외국인력을 도입하는 것이 산업의 경쟁력을 강화시키는 계기가 될 수 있으므로, 정부는 입국과 체류상의 혜택을 줌으로써 적극적으로 도입하려고 하고 있다. 그리하여 단순기능 외국인의 경우에는 내국인근로자를 고용하지 못한 경우에 한정하여 제한된 범위에서 도입하지만, 전문외국인력의 경우에는 보다 적극적으로 유치하려 하고 있다.

(라) 영주 자격자 등의 국내취업 허용

한편, 이상과 같은 논의에도 불구하고 국내에 장기간 체류하거나 이에 준하는 지위를 갖는 외국인은 국내취업에 제한을 받지 않는다.

영주(F-5)의 체류자격을 갖는 외국인은 물론이고, 영주의 전(前)단계라 할 수 있는 거주(F-2)의 체류자격을 갖는 사람들도 일정한 경우에는 국내취업이 허용된다(「출입국관리법 시행령」 제23조 제2항·제4항). 거주의 체류자격을 갖는 사람 가운데 국민의 미성년 외국인자녀, 영주자격자의 배우자와 미성년 자녀, 그리고 난민인정자 등은 취업활동에 제한을 받지 않는다. 그리고 고액투자자, 숙련생산기능 외국인근로

는 외국인이 단순기능 외국인의 대우밖에 받지 못하는 경우도 적지 않다.

자, 기타 장기체류자의 경우에도 그의 종전 체류자격에 해당하는 분야에서 활동을 계속하는 사람은 취업을 계속할 수 있다.

국민의 배우자에게 부여되는 결혼이민(F-6)의 체류자격을 갖는 사람도 취업활동의 제한을 받지 않으며(동법 시행령 제23조 제2항 제3호), 재외동포(F-4)의 체류자격을 갖는 외국인도 단순노무행위를 하는 등의 경우가 아니라면 국내취업이 허용되고 있다(동법 시행령 제23조 제3항).

2. 고용허가제와 노동허가제

외국인근로자가 국내에서 일하기 위해서는 취업할 수 있는 체류자격을 받아야 하는데, 그 전제로서 취업을 위한 별도의 허가가 있어야 한다. 이를 규율하는 제도유형으로 고용허가제와 노동허가제가 있다. 고용허가제와 노동허가제의 양자는 규율의 방향이 다르다는 점에서 차이가 있다. 고용허가제(employment permit system)는 사용자의 자격요건에 대한 규율을 하기 때문에, 사용자가 적절한 근로조건을 준수할 수 있는 능력이 있는 사업주인지를 심사할 수 있다. 사업주가 유령 사업체를 운영하는 것은 아닌지, 규모나 업종 등은 어떠한지를 확인할 수 있다. 그리고 사용자가 내국인 근로자를 고용하기 위한 구체적인 노력을 했는지 또는 현재 내국인의 고용숫자 등을 확인할 수도 있다. 반면에 노동허가제(work permit system)는 외국인근로자에 대한 규율을 하기 때문에, 외국인 개개인의 사정을 감안한 허가를 내릴 수 있다. 특히 다음과 같은 경우에는 노동허가제가 더욱 유용하다. 즉, 근로자의 체류연수, 가족, 연령, 출신국에 따라서 규율을 달리해야 하는 경우에는 노동허가제가 적절하다. 예를 들어, 외국인근로자의 장기체류 여부나 재외동포인지 여부에 따라 특별한 지위를 인정하여 취업장소와 시기의 제한을 두지 않는 경우라면, 외국인근로자 개개인에 대한 자격심사의 필요가 커지므로, 노동허가제가 더 유용하다. 두 제도 가운데 어느 하나만이 국제적으로 통용되는 것은 아니다. 독일에서는 고용허가가 아니라, 노동허가를 중심으로 노동시장에 대한 규율을 하고 있는 반면, 대만의 경우에는 사용자에 대한 고용허가제를 중심으로 노동시장정책을 펴고 있다.

또한 양 제도는 서로 결합되어 운영될 수도 있다. 한국의 경우에도 고용허가제를 중심으로 단순기능 외국인을 도입하고 있으나, 부분적으로 노동허가제의 요소를 가미하고 있다. 외국국적동포에 대해 고용허가제의 특례를 적용하여 신고만으로써 사업장을 변경할 수 있는 점도 그러한 예이다.

제2절 일반고용허가제 아래 외국인근로자

　고용허가제는 단순기능 외국인근로자를 도입하기 위한 제도인데, 그 가운데 외국
국적동포가 아닌 외국인근로자를 도입하는 것이 일반고용허가제이다. 일반고용허가
제는 국적차별금지의 원칙과 내국인 우선고용의 원칙 등을 기본원칙으로 하여 운용
된다. 그밖에도 제2절에서는 일반고용허가제의 정책결정기관, 채용절차를 정리하는
데, 사업장 변경이나 취업활동기간 등도 여기에서 다룬다.

1. 단순기능 외국인근로자와 고용허가제

(가) 외국인고용법의 적용범위

　외국인근로자가 출입국관리법상 비전문취업(E-9)이나 방문취업(H-2)의 체류자
격으로 취업하기 위해서는 사업주가 그 외국인에 대한 고용허가를 받아야 한다. 이
를 규율하는 외국인고용법은 단순기능 외국인근로자의 도입·관리와 그 보호를 위한
법률이지만, 모든 외국인력의 범주를 다 규율하지는 못한다(외국인고용법 제2조 단서).
외국인고용법은 단순기능 외국인근로자가 아닌 외국인력을 그 적용으로부터 제외한
다. 전문외국인력의 체류자격인 교수(E-1), 회화지도(E-2), 연구(E-3), 기술지도
(E-4), 전문직업(E-5), 예술흥행(E-6), 특정활동(E-7)의 체류자격에 해당하는 사람
을 제외한다. 그리고 90일 이하의 단기간 취업자격인 단기취업(C-4)의 자격자도 외
국인고용법의 적용대상이 아니다. 외국인이 취업활동을 할 수 없는 체류자격을 지닌
경우에도 역시 외국인고용법상의 외국인근로자가 될 수 없다. 예를 들어 취업활동을
할 수 있는 체류자격이 아닌 기술연수(D-3)이나 유학(D-2)의 체류자격의 외국인도
외국인고용법의 적용대상은 아니다.

　이렇게 제외되는 범주의 외국인을 제하면, 외국인고용법이 적용되는 체류자격은
비전문취업(E-9)과 방문취업(H-2)의 두 가지만 남는다. 그렇지만 외국인고용법의

적용범위와 국내 노동관계법 적용범위는 일치하지 않는다. 외국인고용법은 고용허가제를 통해 단순기능 외국인근로자를 도입관리하기 위한 법률이며, 국내 노동관계법은 외국인고용법의 적용범위와 관계없이 근로자성이 인정되면 누구에게나 적용되는 것이 원칙이기 때문이다.

(나) 고용허가제까지의 연혁

1990년대 초에 단순기능 외국인근로자는 이른바 '산업기술연수' 사증을 통해 입국하였다. 당시의 '산업기술연수'는 매우 제한된 범위에서 연수기간도 3개월 이내에서만 허용되었다. 이 체류자격은 '해외 현지법인이 있는 사업체'가 국내 사업체로 기술연수를 보내기 위한 자격이었다.

중소기업을 비롯한 산업계의 인력난이 계속되자 중소기업중앙회를 비롯한 '주무부처의 장이 지정하는 산업체 유관 공공단체의 장'이 추천할 수 있도록 하는 등 산업연수생의 도입이 본격화된다. 기존의 산업연수자격의 기간과 요건을 완화함으로써, 외국인력 도입의 수단으로 활용했다.

산업연수생제를 통해 중소기업의 인력난은 완화되었으나, 열악한 근로조건과 인력송출업체의 개입의 문제도 부각되었다. 인력송출업체들이 산업기술연수생을 모집하는 과정에서 근로조건을 과장해서 광고하거나 지나치게 많은 수수료를 받는 사례들이 알려졌다. 인권침해의 여론이 비등하자, 정부는 산업연수생에 대해 노동관계법을 부분적으로 적용하는 방향으로 제도를 수정하게 된다.

그렇지만 이후에도 인력송출업체의 문제들이 계속되고 외국인근로자에 대한 편법적인 활용이라는 지적이 계속되자, 2003년 8월 외국인고용법을 제정하여 2004년 8월부터 고용허가제를 시행하였다. 외국국적동포에게 방문동거 체류자격을 부여하고 국내에서 취업활동을 하도록 한 취업관리제는 고용허가제로 통합하였으며, 기존의 산업연수생제도는 2006년까지는 고용허가제와 병행하여 시행하고, 2007년 1월부터 단일한 고용허가제로 통합하였다. 헌법재판소도 산업연수생에 대해 노동관계법의 부분적인 적용을 정한 「외국인 산업기술연수생의 보호 및 관리에 관한 지침」이 헌법상 평등권과 법률유보의 원칙에 반한다고 결정하였다.[9]

---

9 헌재 2007. 8. 30. 2004헌마670. 관련된 글로는, 김지형, 「외국인근로자의 헌법상 기본권 보장」, 『저스티스』 제70호 (2002)가 대표적이다.

2. 고용허가제의 기본원칙

(가) 국적차별금지의 원칙

1) 의의와 법적 근거

외국인고용의 기본원칙으로는 먼저 '국적차별금지의 원칙'을 들 수 있다. 외국인고용법은 "사용자는 외국인근로자라는 이유로 부당하게 차별하여 처우하여서는 아니 된다"고 한다(제22조). '국적차별'이라고 명시하지 않았으나, 외국인근로자라는 이유가 곧 국적을 이유로 한 차별이라고 할 수 있다. 이미 근로기준법은 제6조 균등처우 조항에서 국적을 이유로 한 근로조건 차별을 명문으로 금지하고 그에 대해 벌칙조항을 두고 있으므로, 외국인고용법은 그러한 법리를 확인한 것이다. 이 원칙은 근로조건에 대한 차별을 금지하는 것이지만, '결과의 평등'을 의미하는 것은 아니므로, 근로자의 업무수행 능력, 직무의 내용, 근속연수 등에 따른 합리적인 차등은 정당하다.[10] 국적차별 금지는 내국인근로자를 보호하는 의미도 있다. 낮은 근로조건으로 외국인근로자를 손쉽게 사용하는 것을 억제하기 때문이다.

위와 같은 국적차별금지의 원칙은 헌법상 근로의 권리(제31조)나 평등권(제11조)으로부터도 도출할 수 있다. 근로의 권리는 "일할 자리에 관한 권리"만이 아니라 "일할 환경에 관한 권리"도 함께 내포하고 있는데, 이 "일할 환경에 관한 권리"로부터 국적차별금지의 원칙을 도출할 수 있다. 그것은 건강한 작업환경, 일에 대한 정당한 보수, 합리적인 근로조건의 보장 등을 요구할 수 있는 권리 등을 포함하므로 외국인근로자라고 하여 이 부분에까지 기본권 주체성을 부인할 수는 없기 때문이다.[11]

2) 국제법상의 근거

근로조건에 대한 국적차별금지의 원칙은 국제법상으로도 근거를 찾아볼 수 있다. 두 차례의 세계대전 이후에 외국인근로자의 지위에 관한 많은 국제조약들이 등장하였다. 국제조약들을 시간의 순서대로 배열하면, 세계인권선언(1948), ILO 이주노동자

---

10 대법원 1991. 4. 9. 선고 90다16245 판결 참고.
11 헌재 2007. 8. 30. 2004헌마670. 헌법재판소는 "근로의 권리의 구체적인 내용에 따라, 국가에 대하여 고용증진을 위한 사회적·경제적 정책을 요구할 수 있는 권리는 사회권적 기본권으로서 국민에 대하여만 인정해야 하지만, 자본주의 경제질서하에서 근로자가 기본적 생활수단을 확보하고 인간의 존엄성을 보장받기 위하여 최소한의 근로조건을 요구할 수 있는 권리는 자유권적 기본권의 성격도 아울러 가지므로 이러한 경우 외국인 근로자에게도 그 기본권 주체성을 인정함이 타당하다"고 한다.

협약(1949), 국제인권규약(1966), ILO 이주노동자 보충협약(1975), UN 외국인인권선언(1985), UN 이주노동자권리협약(1990)[12]의 순서이다. 임금, 근로시간 등 근로조건에 대해서는, 이미 제2차 세계대전 이전에 시작하여 ILO의 협약들도 동등한 대우를 인정하고 있으며, 다른 국제조약들도 이를 당연히 인정하고 있다.

국적차별 금지의 원칙은 사회통합과 보편적 인권을 강조하는 이민법 원리에도 맞는다. 개별 국가의 특수성을 전제로 외국인에 대한 차별대우를 용인한다면, 이민자들을 동등한 구성원으로 품어 안으려는 사회통합의 이상에도 반할 수 있기 때문이다.

(나) 내국인 우선고용의 원칙

1) 의의와 법적 근거

다음으로, '내국인 우선고용의 원칙' 또는 '노동시장 보완의 원칙'을 들 수 있다. 사용자가 내국인근로자를 채용하려 해도 할 수 없을 때 비로소 외국인근로자를 채용해야 한다. 국내노동시장에서 필요한 업종에 한하여 제한된 규모의 외국인근로자를 보충적으로 도입하는 것을 의미한다. 국민의 일자리를 잠식하면서까지 외국인을 고용할 수 없으며, 국내 노동시장에서 구할 수 없는 인력을 나라 밖에서 찾는 의미가 있다. 외국인의 고용은 궁극적으로 국민의 복지와 국가경제의 발전에 도움이 되어야 하기 때문이다.

「고용정책 기본법」과 출입국관리법은 이러한 원칙을 반영한 법규정을 두고 있다. 「고용정책 기본법」은 국가는 노동시장에서의 원활한 인력수급을 위하여 외국인근로자를 도입할 수 있지만, "이 경우 국가는 국민의 고용이 침해되지 아니하도록 노력하여야 한다"(제31조 제1항)고 규정한다. 또한 출입국관리법에 따라 외국인은 국내취업이 원칙적으로 제한을 받는다. 외국인은 대한민국에서 취업하고자 할 때에는 취업활동을 할 수 있는 체류자격을 받아야 하는 등의 제한이 따른다(출입국관리법 제18조 제1항, 동법 시행령 제7조 제5항).

헌법의 해석에서도 위와 같은 원칙을 설명할 수 있다. 헌법 제32조 제1항의 근로의 권리와 관련하여, 헌법재판소는 이 근로의 권리의 핵심내용의 하나인 "일할 자리에 관한 권리"는 국가에 대하여 고용증진을 위한 사회적·경제적 정책을 요구할 수

---

12 원래 명칭은 「모든 이주노동자와 그 가족의 권리보호에 관한 국제협약(International Convention on the Protection of the Rights of All Migrant Workers and Members of Their Families)」이다 (UN Doc. A/RES/45/158). 1990년 12월 18일 UN 총회에서 채택된 이 협약은 이주노동자와 그 가족의 인권을 포괄적으로 보장하고 있다.

있는 권리이며 사회권적 기본권으로서 국민에 대하여만 인정해야 한다고 한다.[13]

내국인 우선의 원칙과 관련하여, 장기간 체류하거나 국민과 특별한 혈연적 관계가 있는 사람 등에 대해서는 별도로 취급할 필요가 있다. 영주(F-5)나 결혼이민(F-6)의 체류자격을 갖는 외국인은 국내취업에 원칙적으로 제한이 없으며, 영주의 전단계라 할 수 있는 거주(F-2)의 체류자격을 갖는 사람들도 일정한 경우에는 취업이 허용된다.

2) 외국인고용법령의 내용

외국인고용법은 내국인 우선의 원칙을 보다 구체적으로 규정한다. 외국인근로자를 고용하고자 하는 자는 우선 직업안정기관에 내국인 구인신청을 하여야 하며, 직업안정기관은 직업소개를 적극적으로 해야 한다(제6조 제1항).[14] 내국인 구인 신청을 한 사용자가 위의 직업소개를 받고도 인력을 채용하지 못한 때에는 직업안정기관에 외국인근로자 고용허가를 신청할 수 있다(제8조 제1항).[15] 외국인고용법 시행령에 의하면, 일정한 기간 이상 내국인을 구인하기 위해 노력했음에도 직업안정기관에 구인을 신청한 내국인근로자의 전부 또는 일부를 채용하지 못해야 한다(제13조의4 제2호).[16] 그 구체적인 기간에 대해서는 노동부령으로 정하도록 하고 있다. 외국인고용법 제정 당시에는 구인신청일로부터 1개월 동안 노력했는데도 내국인을 채용하지 못했을 때라고 정하여졌으나, 시행과정에서 크게 단축되었다. 현재는 내국인을 14일 이상 구인노력을 했음에도 채용하지 못하는 때로 개정되었으며, 소재지 직업안정기관의 장이 사용자의 적극적인 내국인 채용노력의 사실을 인정하거나 일정한 신문이나 정기간행물 등의 매체에 3일 이상 광고하는 경우에는 7일 이상의 구인노력으로 단축되어 있다(외국인고용법 시행규칙 제5조의2). 이러한 법령체계는 외국국적동포에 대한 특례고용가능확인의 경우에도 준용됨으로써(동법 제12조 제3항, 동법 시행령 제20조 등), 특례고용허가에 대해서도 내국인 우선고용의 원칙이 적용될 근거규정이 마련되었다.

---

13 헌재 2007. 8. 30. 2004헌마670.

14 넓게 보면, 외국인력정책위원회가 외국인근로자를 도입하는 업종 및 규모를 심의, 의결하고, 그 밖에 외국인근로자를 고용할 수 있는 사업(장)에 관한 사항 등을 심의·의결할 수 있도록 하는 규정(외국인고용법 제4조 제2항 제2호·제4호, 동법 시행령 제3조)도 내국인 우선의 원칙을 근거지울 수 있는 규정들이다. 이들 근거에 기초하여 외국인력정책위원회는 내국인의 고용을 침해하지 않도록 심의·의결을 하고 있다.

15 이와 같이 외국인의 고용이 내국인근로자의 근로기회를 저해하는지 여부에 대한 평가를 가리켜 '노동시장테스트'라고도 한다. 하갑래·최태호, 『외국인 고용과 근로관계』 (중앙경제사, 2005), 100면.

16 다만, 직업안정기관의 장의 직업소개에도 불구하고 정당한 이유 없이 2회 이상 채용을 거부한 경우는 제외한다.

3) 사회경제적 의의와 고용부담금제

여기에서 내국인 우선고용원칙의 사회경제적 의의와 실행수단에 대해서 짚고 넘어갈 필요가 있다. 내국인 우선고용의 원칙은 국가구성원인 국민의 이익을 먼저 도모한다는 의미에서 미국과 독일을 비롯한 많은 국가들이 이 원칙을 채택하고 있다. 국민에게 먼저 일자리를 제공하고 구인(求人)을 못한 경우에 외국인을 고용하는 것은 국민의 고용기회를 보장하고 근로조건을 향상시키는 효과가 있다. 사용자들이 외국인근로자의 채용을 원한다 하여 외국인의 채용을 너무 손쉽게 허용한다면, 노동시장의 인력공급이 증가함으로써 임금은 떨어지고 근로조건은 더 악화될 수 있다. 1990년대 이래로 외국인 단순기능인력을 제조업과 건설업 등에 공급함으로써, 중소사업체의 인력난 해소에 기여했으나, 반면에 3D 업종을 중심으로 한 산업부문에서 근로조건 개선이 지체된 측면도 있다.

내국인의 우선고용의 원칙을 통해 국민의 고용기회를 보장하는 정책에는 여러 방안이 있다. 현재 시행되는 것처럼 인력부족 업종에 한해 외국인력을 적정한 범위 이내로 제한하려는 방식(수량통제의 방식) 이외에도 고용부담금(levy)을 부과하는 가격통제의 방식이 있다.[17] 고용부담금제는 외국인근로자를 고용하는 사용자가 외국인근로자를 고용할 때에 일정액의 세금 또는 고용부담금을 지불하도록 하는 방안이다. 외국인을 고용함으로써 시장의 임금보다 적은 임금을 지불하는 사용자가 그 편익을 집중 취득하는 반면에 내국인근로자는 임금이 저하되고 고용기회가 침해되며, 국가나 지방자치단체는 외국인 거주에 따르는 여러 비용을 부담하게 된다는 사실에 기초하여 내국인 사용자에게 고용부담금을 지불시키는 제도이다. 고용허가제를 실시하고 있는 대만과 싱가포르가 실시하는 이 방안은, 외국인고용법 제정 당시에도 도입이 검토되었다가 중소기업들에 부담을 준다 하여 배제되었다.

(다) 정주화 금지의 원칙과 투명성의 원칙

위의 두 가지 원칙 이외에도 정주화 금지의 원칙, 투명성의 원칙 등을 과거에 들었다.[18]

---

[17] 하갑래·최태호,『외국인 고용과 근로관계』, 416-418, 68면; 임현진·설동훈,『외국인근로자 고용허가제 도입방안』(노동부, 2000), 43-44면; 차용호,『한국 이민법』(법문사, 2015), 935-936면 등.
[18] 외국인력의 도입이 산업 및 기업구조 조정에 나쁜 영향을 끼치지 않도록 해야 한다는 '산업구조조정 저해 방지의 원칙'을 드는 경우도 있다. 유길상·이정혜·이규용,『외국인력제도의 국제비교』(한국노동연구원, 2004), 7면.

정주화 금지의 원칙은, 단순기능 외국인근로자들이 국내에 장기간 거주할 경우에는 사회적 비용이 커지므로 한국사회에 정주하지 않도록 하려는 것이었다. 고용허가제 도입 당시에도 교체순환(rotation)을 통해 기간이 만료된 외국인근로자들을 돌려보내고 새 외국인근로자를 새로 도입하려 했다. 그러나 근래에 들어서는 특정활동 체류자격으로의 전환처럼 장기간 취업이 가능한 예외들이 늘어가고 있다.

외국인근로자 도입의 초기에는 도입과정에서 브로커 등을 통한 비리들이 적지 않았다. 그러한 까닭에 투명하게 제도를 운용하는 것이 중요한 과제가 되었다. 정부 간 양해각서(MOU)를 체결하고, 한국산업인력공단과 직업안정기관 등 공공부문이 외국인근로자의 선발·도입·알선을 담당하도록 하고 있다.

3. 외국인근로자 고용정책의 결정기관

(가) 외국인력정책위원회의 의의와 심의·의결사항

외국인고용법에 의해 외국인근로자의 고용관리 및 보호에 관한 주요정책을 결정하는 단위는 국무총리 소속의 외국인력정책위원회(이하 '인력정책위원회'라 한다)이다(제4조). 외국인고용법이 단순기능 외국인근로자를 대상으로 하기 때문에, 이 위원회도 비전문취업(F-9), 방문취업(H-2)의 체류자격자를 주된 대상으로 한다. 인력정책위원회는 외국인근로자의 고용정책을 심의·의결하는 기구이며, 외국인정책 일반을 심의·조정하는 외국인정책위원회와는 구별된다. 인력정책위원회와 외국인정책위원회는 국무총리 소속하에 있다는 점에서 공통되지만, 전자는 위원장이 국무조정실장이며 위원들은 관련 중앙행정기관의 차관급으로 구성되나, 후자는 위원장이 국무총리이며, 위원들이 관련 중앙행정기관의 장(주로 관련 부처의 장관)과 전문가로 구성된다.

이 기관은 외국인근로자의 고용관리 및 보호에 관한 주요사항으로서, i) 외국인근로자 관련 기본계획의 수립에 관한 사항, ii) 외국인근로자 도입 업종 및 규모 등에 관한 사항, iii) 외국인근로자를 송출할 수 있는 국가의 지정 및 지정취소에 관한 사항, iv) 그 밖에 대통령령으로 정하는 사항을 심의·의결한다.

(나) 인력정책위원회 등의 구성

인력정책위원회는 위원장 1명을 포함한 20명 이내의 위원으로 구성한다. 정책위원회의 위원장은 국무조정실장이 되고, 위원은 기획재정부·외교부·법무부·산업통

상자원부·고용노동부의 차관, 중소기업청장 및 대통령령으로 정하는 관계 중앙행정
기관의 차관이 된다.[19] 외국인력정책의 심의·의결기관이 정부의 관련 부처로만 구성
되므로, 정부 밖의 목소리를 보다 적극적으로 수렴하는 노력이 필요하다.

인력정책위원회는 외국인근로자 고용제도의 운영 및 외국인근로자의 권익보호
등에 관한 사항을 사전에 심의하게 하기 위하여 정책위원회에 외국인력정책실무위
원회를 둔다(외국인고용법 제4조 제5항).[20]

(다) 외국인근로자 도입계획

인력정책위원회의 심의의결사항은 매년 '외국인근로자 도입계획'의 형태로 공표
된다. 고용노동부장관은 외국인근로자 도입계획을 인력정책위원회의 심의·의결을
거쳐 수립하여 매년 3월 31일까지 관보와 함께, 보급지역을 전국으로 하여 등록한
일간신문, 인터넷 매체를 통하여 공고하는 방법으로 공표해야 한다(외국인고용법 제5
조 제1항, 동법 시행령 제8조). 또한 고용노동부장관은 이러한 공표에도 불구하고 국내
의 실업증가 등 고용사정의 급격한 변동으로 인하여 외국인근로자 도입계획을 변경
할 필요가 있을 때에는 인력정책위원회의 심의·의결을 거쳐 변경할 수 있다(외국인
고용법 제5조 제2항).

4. 외국인근로자 채용절차

(가) 외국인 구직자명부의 작성과 고용허가의 발급

1) 외국인 구직자명부의 작성

고용노동부장관은 외국인근로자 선발에 앞서서 외국인 구직자명부를 먼저 작성
해야 하는데, 이때에 송출국가의 노동행정을 관장하는 정부기관의 장 등과 협의를
해야 한다(외국인고용법 제7조 1항). 현재 일반고용허가제 아래 한국과 MOU를 체결하
여 근로자를 보내는 국가는 15개국이며, 필리핀, 몽골, 스리랑카, 베트남, 태국, 인도

---

19 외국인고용법 시행령에 의해 "대통령령으로 정하는 관계 중앙행정기관"으로서 행정안전부, 문
화체육관광부, 농림축산식품부, 보건복지부, 국토교통부 및 해양수산부가 추가되었다(제4조).
20 외국인력정책실무위원회는 노사정 위원을 포함한 25명 이내의 위원으로 구성하며, 실무위원
회의 위원은 근로자를 대표하는 위원(근로자위원), 사용자를 대표하는 위원(사용자위원), 공
익을 대표하는 위원(공익위원) 및 정부를 대표하는 위원(정부위원)으로 구성하되, 근로자위원
과 사용자위원은 같은 수로 한다(외국인고용법 시행령 제7조 제1항·제2항).

네시아, 우즈베키스탄, 파키스탄, 캄보디아, 중국, 방글라데시, 네팔, 키르키즈스탄, 미얀마, 동티모르(MOU 체결순)이다.

외국인구직자 명부를 작성할 때에는 외국인구직자 선발기준 등으로 활용할 수 있도록 '한국어능력시험'을 실시하고 있다(외국인고용법 제7조 제2항).[21] 또한 고용노동부장관은 선발기준 등으로 활용하기 위해 필요한 경우에는 기능수준 등 인력수요에 부합되는 자격요건을 평가할 수 있다(동법 제7조 제4항).

2) 고용허가의 신청과 발급

개별 사업주는 내국인의 고용기회를 위해 내국인 구인노력을 다한 후에 고용허가신청을 하며, 직업안정기관(고용센터)의 장은 발급요건을 모두 갖춘 사업장에 외국인고용허가를 발급하며(외국인고용법 제8조 3항, 동법 시행령 제13조의4), 다음의 순서를 거치게 된다.

직업안정기관의 장은 고용허가신청을 받으면 요건을 갖춘 사용자에게 외국인구직자 명부에 등록된 사람 중에서 적격자를 추천하며,[22] 적격자를 선정한 사용자에게는 지체 없이 고용허가를 하고, 선정된 외국인근로자의 성명 등을 적은 외국인근로자 고용허가서를 발급하여야 한다(외국인고용법 제8조 3항, 4항).

사업주가 위의 고용허가를 발급받기 위해서는 여러 요건이 필요한데, 두가지만 들어보면(동법 시행령 제13조의4, 동법 시행규칙 제5조의2), i) 인력정책위원회가 정한 외국인근로자 허용업종 및 고용 가능한 사업·사업장이어야 하며,[23] ii) 14일 또는 7일간 내국인 구인노력을 하였음에도 구인 신청한 내국인근로자를 채용하지 못했어야 한다.

---

21 2008년부터는 한국산업인력공단으로 한국어능력시험의 실시기관이 일원화되었다. 현재의 한국어능력시험의 응시자격으로는 만 18세 이상 39세 이하이고, 금고형 이상의 범죄경력이 없을 것 등이 요구된다. 고용노동부, 『고용허가제 업무편람』(동명기획, 2015), 32면.
22 고용센터는 사업주의 외국인근로자 고용 적격여부를 확인한 후 구인요건(국적, 성별, 연령, 교육수준 등)을 충족하는 외국인근로자를 3배수 이상으로 알선한다.
23 현재는 제조업(상시근로자 300인 미만 또는 자본금 80억원 이하인 기업의 사업장. 단서조건 있음), 건설업(모든 건설공사에 적용되나 예외 있음), 서비스업(건설폐기물처리업, 재생용 재료수집 및 판매업), 냉장 냉동창고업(내륙에 위치), 서적 잡지 및 기타 인쇄물 출판업, 음악 및 기타 오디오물 출판업, 어업(연근해어업, 양식어업, 소금채취업), 농축산업(작물재배업, 축산업, 작물재배 및 축산관련 서비스업)이다. 사업장별 고용허용인원은 제조업과 서비스업의 기준이 다르며, 내국인 피보험자수를 기준으로 하여 정해진다.

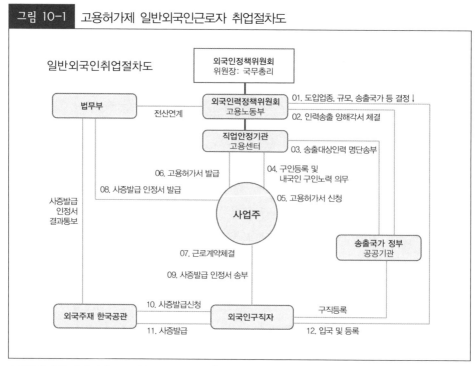

그림 10-1   고용허가제 일반외국인근로자 취업절차도

* 고용허가제 홈페이지(https://www.eps.go.kr) 참고
* 고용허가제정보 > 고용/취업절차 > 일반외국인근로자 취업절차도

(나) 근로계약의 체결과 입국

1) 표준근로계약서를 통한 근로계약의 체결

고용허가서가 발급되면 사용자는 표준근로계약서를 작성하여 직업안정기관에 제출하며, 산업인력공단을 통해 외국인근로자에게 전송하여 외국인근로자가 확인 후 서명하도록 한다. 근로기준법은 노사당사자의 자유롭고 대등한 근로계약을 위해 임금, 소정근로시간 등의 근로조건을 명시하도록 하는데(제17조 제1항), 외국인근로자의 경우에는 한국어에 익숙하지 않고 분명히 해야 할 사항이 많으므로, 외국인고용법은 근로계약 체결시에 표준근로계약을 사용하도록 하고 있다(제9조 제1항).

이렇게 근로계약을 체결한다고 하여 외국인근로자의 국내 취업이 보장되는 것은 아니다. 외국인근로자는 국내에 입국하여 취업활동을 할 수 있는 체류자격을 부여받아야 근로를 제공할 수 있다. 근로계약은 외국인근로자가 입국 또는 체류자격 취득을 전제로 하여 채용을 약정하는 채용내정의 성격을 지닌다.24 다만, 근로계약의 효력이 발생하는 시기는 외국인근로자가 입국한 날로부터 한다(외국인고용법 시행령 제17조 제1항).

체결된 근로계약서는 다시 산업인력공단을 통해 사용자에게 전달된다. 고용허가를 받은 사용자와 외국인근로자는 취업활동기간인 3년의 범위 내에서 당사자 간의 합의에 따라 근로계약을 체결하거나 갱신할 수 있다. 또한 후술하는 것처럼 재고용이나 재입국을 통해 근로계약의 기간을 연장할 수 있다.

2) 입국과 취업교육

외국인근로자와 근로계약을 체결한 사용자는 출입국관리법 제9조 제2항에 따라 그 외국인근로자를 대리하여 법무부장관에게 사증발급인정서를 신청할 수 있다(외국인고용법 제10조). 법무부가 사증발급인정서를 발급하면 산업인력공단에서 입국계획을 수립하여 국내로 입국하게 된다.

외국인근로자는 입국한 후 15일 이내에 대통령령으로 정하는 기관에서 국내 취업활동에 필요한 사항을 주지(周知)시키기 위하여 실시하는 외국인 취업교육을 받아야 한다(외국인고용법 제11조 제1항). "대통령령으로 정하는 기관"이란 한국산업인력공단과 '산업별 특성 등을 고려하여 고용노동부장관이 지정·고시하는 비영리법인 또는 비영리단체'를 의미한다(동법 시행령 제18조).25 현재 취업교육기관은 2박3일의 취업교육을 실시한다.

(다) 사업장 변경과 고용관리

1) 사업장 변경사유와 횟수 제한

외국인근로자의 근로계약관계에서도 국적에 의한 차별이 금지되는 것이 기본이지만, 그 특수한 성격으로 인해 사업장변경과 고용관리에서 별도의 규율을 받는다. 외국인고용법에 의하면 외국국적동포가 아닌 외국인근로자는 사용자와 합의한 사업장에서 노무를 제공해야 하며, 자유로이 사업장을 변경할 수 없다. 다만, 외국인고용법은 다른 사업 또는 사업장으로의 변경을 신청할 수 있는 경우를 다음과 같이 규정하고 있다.

---

24 하갑래·최태호, 『외국인 고용과 근로관계』, 336－337면.
25 현재는 중소기업중앙회, 농협중앙회, 수협중앙회, 대한건설협회가 담당하고 있다.

> **외국인고용법 제25조** ① 외국인근로자(제12조 제1항에 따른 외국인근로자는 제외한다)는 다음 각 호의 어느 하나에 해당하는 사유가 발생한 경우에는 고용노동부령으로 정하는 바에 따라 직업안정기관의 장에게 다른 사업 또는 사업장으로의 변경을 신청할 수 있다.
> 1. 사용자가 정당한 사유로 근로계약기간 중 근로계약을 해지하려고 하거나 근로계약이 만료된 후 갱신을 거절하려는 경우
> 2. 휴업, 폐업, 제19조 제1항에 따른 고용허가의 취소, 제20조 제1항에 따른 고용의 제한, 사용자의 근로조건 위반 또는 부당한 처우 등 외국인근로자의 책임이 아닌 사유로 인하여 사회통념상 그 사업 또는 사업장에서 근로를 계속할 수 없게 되었다고 인정하여 고용노동부장관이 고시한 경우[26]
> 3. 그 밖에 대통령령으로 정하는 사유가 발생한 경우
> ② 사용자가 제1항에 따라 사업 또는 사업장 변경 신청을 한 후 재취업하려는 외국인근로자를 고용할 경우 그 절차 및 방법에 관하여는 제6조·제8조 및 제9조를 준용한다.
> **외국인고용법 시행령 제30조**(사업 또는 사업장의 변경) ① 법 제25조 제1항 제3호에서 "대통령령으로 정하는 사유"란 상해 등으로 외국인근로자가 해당 사업 또는 사업장에서 계속 근무하기는 부적합하나 다른 사업 또는 사업장에서 근무하는 것은 가능하다고 인정되는 경우를 말한다.

위와 같은 사유제한과 함께 변경횟수에 대한 제한이 있다. 사업장 변경사유 발생시 외국인근로자는 최초 입국 후 허용된 취업활동 기간(3년) 내에는 3회까지 사업장을 변경할 수 있고 재고용 취업활동기간이 연장된 경우에는 연장기간(2년 미만) 중 2회까지 변경이 가능하다(외국인고용법 제25조 제4항). 다만, 위의 사유 가운데 ii)의 경우(제25조 제1항 제2호)는 외국인근로자에게 책임이 없는 사유이므로 횟수에 산입되지 않는다.

외국인근로자를 고용한 사업장의 근로조건이 열악한 경우가 많고, 근로자의 사정과 관계없는 사업장의 휴폐업도 적지않아 사업장변경의 사유와 횟수는 중요한 쟁점이 된다. 나아가 외국인근로자가 열악한 근로조건을 감수하면서, 원하는 대로 사업장 변경을 하는 것이 사실상 불가능할 경우에 헌법(제12조)과 근로기준법(제7조)이 금지하는 강제근로로 이어질 수 있다는 우려가 계속되었다.[27.28] 헌법재판소에서도 횟

---

26 상세한 내용은 고용노동부고시 제2012-52호 참조.
27 정정훈, 「외국인 인권」, 정기선 엮음, 『한국 이민정책의 이해』(백산서당, 2011), 337-338면; 권영국, 「제3주제 발표」, 『유엔이주노동자권리협약 비준을 위한 공청회 자료집』(대한변호사협회, 2006. 11. 29.), 73면 등.
28 사업장 이동의 자유를 전면적으로 또는 특정한 업종에 한하여 인정하자는 주장이 지금까지

수와 사유를 제한한 외국인고용법령의 합헌성 여부가 다투어졌으나, 헌법재판소는 헌법소원청구를 기각했다.

> **헌재 2011. 9. 29. 2007헌마1083, 2009헌마230·352(병합)**
>
> "직장 선택의 자유는 인간의 존엄과 가치 및 행복추구권과도 밀접한 관련을 가지는 만큼 인간의 권리로 보아야 할 것이므로 외국인도 제한적으로라도 직장 선택의 자유를 향유할 수 있다 …… 청구인들이 이미 적법하게 고용허가를 받아 적법하게 우리나라에 입국하여 우리나라에서 일정한 생활관계를 형성, 유지하는 등, 우리 사회에서 정당한 노동인력으로서의 지위를 부여받았으므로 직장 선택의 자유를 인정할 수 있다. …… 이 사건 법률조항 (구 외국인고용법 제25조 제4항)은 외국인근로자의 무분별한 사업장 이동을 제한함으로써 내국인근로자의 고용기회를 보호하고 외국인근로자에 대한 효율적인 고용관리로 중소기업의 인력수급을 원활히 하기 위하여 도입된 것이며, 나아가 이 사건 법률조항은 일정한 사유가 있는 경우에 외국인근로자에게 3년의 체류기간 동안 3회까지 사업장을 변경할 수 있도록 하는 등 외국인근로자의 사업장 변경을 일정한 범위 내에서 가능하도록 하고 있으므로 관련 법률조항이 입법자의 재량의 범위를 넘어 불합리하다고 할 수는 없다."

외국인고용법이 개정되면서 입국으로부터 3년이 지난 후에 2년의 범위 내에서 재고용이 가능하고, 후술하는 것처럼 성실근로자의 재입국도 가능하게 되었지만, 현재에도 외국인근로자는 위의 ii)의 경우(제25조 제1항 제2호)에 해당하지 않는 한 사용자의 의사에 반하여 사업장을 변경할 수 없으며, 갱신거절권이 없는 것이 원칙이다.[29] 외국인근로자의 법상 체류허용기간은 길어졌으나 고용실태를 보면 외국인근로자의 직장선택의 자유는 오히려 축소되었고,[30] 인권침해에 대한 국내외의 문제제기

계속되고 있으며(정정훈, 「외국인 인권」, 339–341면), 사업장 이동의 자유를 전면적으로 인정할 수는 없지만, 사업장변경 제한은 인권침해와 불법체류의 원인이 될 수 있으므로 변경횟수 제한을 폐지 또는 완화해야 한다는 제안이 있다(하갑래, 「외국인고용허가제의 변천과 과제」, 『노동법논총』 제22집 (한국비교노동법학회, 2011), 370면; 고준기·이병운, 「개정 고용허가제의 문제점과 개선방안」, 『노동법논총』 제18집 (한국비교노동법학회, 2010), 30면; 설동훈, 「외국인 고용허가제 시행 5주년의 성과와 향후 과제」, 『고용허가제 시행 5주년 기념 세미나 자료집』 (노동부, 2009), 9면 등).

29 외국인근로자에게도 갱신거절권 또는 근로계약 해지권을 부여하자는 의견도 있다. 고준기·이병운, 「개정 고용허가제의 문제점과 개선방안」, 13–14면; 김희성, 「이주근로자의 고용에 관한 법적 문제점과 개선방안」, 『경영법률』 제18권 제3호 (한국경영법률학회, 2008), 292면 등.

30 근로계약기간이 길어지고 직업안정기관의 취업정보제공방식이 변경되면서, 근로자 측의 권한이 사실상 축소되었다. 최홍엽, 「외국인근로자의 장기간 고용과 법적 쟁점」, 『노동법학』 제48호 (한국노동법학회, 2013), 436–439면.

는 계속되고 있다.

2) 엄격한 고용관리

사용자와 외국인근로자는 근로계약관계 중에 중요한 변경이 있는 경우에는 각각 고용변동신고를 하거나, 사업장변경신청을 하게 된다.

먼저 사용자는 외국인근로자와의 근로계약을 해지하거나 그 밖에 고용과 관련된 중요 사항을 변경하는 등 대통령령으로 정하는 사유가 발생하였을 때에는 직업안정기관의 장에게 신고하여야 한다(외국인고용법 제17조 제1항). 사용자는 근로계약 해지 이외에도 i) 외국인근로자가 사망한 경우, ii) 외국인근로자가 부상 등으로 해당 사업에서 계속 근무하는 것이 부적합한 경우, iii) 외국인근로자가 사용자의 승인을 받는 등 정당한 절차 없이 5일 이상 결근하거나 그 소재를 알 수 없는 경우에는 신고해야 한다. 또한 iv) '사용자 또는 근무처의 명칭이 변경'되거나 '근무 장소를 변경'한 경우에도 신고해야 한다(이상 외고령 제23조 제1항).[31]

반면에, 외국인근로자도 앞에서 본 것처럼 사용자가 근로계약을 해지하려고 하거나 근로자의 책임 없는 사유로 근로를 계속할 수 없는 경우 등에는 사업장변경신청을 할 수 있다(외국인고용법 제25조 제1항). 그렇지만 외국인근로자가 법령이 정한 사업장변경규정을 위반하면 그의 의사와 관계없이 출국해야 한다. 즉, 외국인근로자가 다른 사업 또는 사업장으로의 변경을 신청한 날부터 3개월 이내에 법무부로부터 출입국관리법 제21조에 따른 근무처 변경허가를 받지 못하거나, 사용자와 근로계약이 종료된 날부터 1개월 이내에 다른 사업 또는 사업장으로의 변경을 신청하지 아니한 외국인근로자는 출국해야 하기 때문이다.[32]

외국인근로자가 사용자의 승인을 받지 않고 5일 이상 결근하거나 그 소재를 알 수 없는 경우에는 사용자가 고용변동신고를 해야 하지만, 현재의 실무상으로는 고용변동신고가 바로 근로계약의 종료인 것으로 해석되는 문제가 있다. 이에 따라 고용변동신고 후 1개월 이내에 다른 사업장으로의 변경신청을 하지 않으면, 외국인근로

---

31 사용자가 외국인근로자의 고용변동 등 신고의무를 위반하여 신고하지 아니하거나 거짓으로 신고한 경우에는 500만 원 이하의 과태료를 부과한다(외국인고용법 제32조 제1항 제7호).

32 외국인고용법 제25조 제3항. 이에 따라 직업안정기관의 장은 법 제25조 제3항에 해당하는 출국 대상자의 명단을 출입국관리사무소장 또는 출장소장에게 통보하여야 한다(외국인고용법 시행령 제30조 제3항). 그렇지만, 외국인고용법령과 출입국관리법령상의 출국의무 발생시점은 다를 수 있다. 출입국관리상의 체류기간은 그 기간이 만료되거나 체류허가가 취소되어야 종료되기 때문이다.

자는 출국의무가 발생하게 된다. 사용자의 부당해고시에 구제할 수 있는 방안을 강구할 필요가 있다.[33]

(라) 취업활동기간

1) 근로계약기간과 재고용

외국인고용법을 처음 제정할 때에는 근로계약기간이 1년을 초과하지 못하도록 함으로써, 3년의 취업활동기간 동안에 1년마다 갱신하는 형식을 취하였다. 그러나 2009년 법개정을 통해 근로계약기간은 3년의 취업활동기간의 범위 내에서 당사자의 합의에 따라 정할 수 있도록 하였다(외국인고용법 제9조 제3항, 제18조). 현재에는 노사가 근로계약의 기간을 3년 또는 그 미만의 기간으로 자율적으로 합의할 수 있다.

입국시의 취업활동기간인 3년이 만료되어 출국하기 전에 사용자가 재고용허가를 요청한 외국인근로자는 2년 미만의 범위(통상은 1년 10개월)에서 취업기간을 연장받을 수 있다(외국인고용법 제18조의2). 이에 따라 취업활동 기간이 연장되는 외국인근로자와 사용자는 연장된 취업활동 기간의 범위에서 근로계약을 체결할 수 있다(동법 제9조 제4항). 이 재고용기간은 외국인근로자가 출국하지 않고도 계속취업이 가능한 기간이다.

2) 성실근로자 재입국 취업

외국인고용법은 2012년 법개정을 통해 취업활동기간이 만료될 때까지 한 사업장에 근무한 외국인근로자의 사용자가 출국 전에 재입국 후의 고용허가를 신청하면 재입국하여 다시 취업할 수 있도록 하는 이른바 '성실근로자 재입국 취업제'를 도입했다(외국인고용법 제18조의4, 동법 시행규칙 제14조의3). 이제까지 고용허가제 아래에서 5년 미만의 연속 취업이 가능했는데, 출국한 날로부터 3개월이 지나면 재입국하여 계속적인 취업이 가능해졌다.

외국인고용법 제18조의 3년의 취업기간과 제18조의2의 2년 미만의 연장이 다시 개시되는 것이다(동법 제18조의4 제3항). 이렇게 재입국한 외국인에 대해서는, 재입국 후의 고용허가 신청과 재입국 취업활동에 관련하여 '내국인 구인노력의무', '한국어능력시험 의무', '사전 취업교육 의무' 규정을 적용하지 아니한다. 이러한 혜택은 모든

---

33 이에 대해서는 최홍엽, 「외국인근로자에 대한 고용변동신고와 해고의 제한」, 『노동법학』 제55호 (2015), 312-320면 참고.

고용허가 사업장에 해당한 것은 아니다. 내국인을 고용하기 어려운 업종이나 규모의 사업(장)에서, 재입국 후 1년 이상의 근로계약을 해당 사용자와 미리 체결하고, 재입국 이전의 취업기간 중에 사업장 변경을 원칙적으로 하지 아니하였을 것의 요건을 충족해야 한다. 이상과 같은 요건을 충족한 외국인은 재입국취업의 제한기간이 6개월에서 3개월로 단축된다(외국인고용법 제18조의4). 위의 법률상의 근거 아래에서 외국인정책위원회는 농축산업, 어업 또는 50인 이하의 제조업일 것을 현재의 도입 업종으로 정하고 있다.[34]

단순기능 외국인근로자는 정주화 금지를 원칙으로 하고 있으나, 이 제도는 그에 대한 예외라 할 수 있다. ILO의 제143호 이주노동자 협약(1975년) 등 국제조약에 비추어 보아도 장기취업 근로자는 직장선택의 자유 등을 더욱 보장해야 한다는 주장이 나올 수 있으며, 성실근로자의 재입국으로 인해 단순기능 외국인도 정주화될 수 있으므로, 사회통합적 이민정책의 필요성도 제기된다.

(마) 외국인근로자의 보험관계

고용허가제 아래에서 외국인근로자 또는 그 사용자는 4가지 보험에 의무적으로 가입해야 한다. 출국만기보험, 귀국비용보험, 보증보험 및 상해보험이 바로 그것인데, 실무에서는 외국인근로자 전용보험이라 한다. 고용허가제로 입국한 근로자의 대부분이 상시 근로자 30인 미만의 중소사업장에 취업하고 있으므로, 자본과 영업환경이 열악한 사업주로부터 퇴직금, 임금 등의 금액을 적기에 보장받을 수 있도록 하는 것이다.[35] 아울러 외국인근로자들은 동남아시아나 중앙아시아의 오지로부터 국내로 유입해온 사람들도 많으므로, 그의 고향으로 귀국하는 데에는 많은 비용을 치러야 하며, 또한 업무상의 재해가 아닌 부상·질병에 대해서도 효과적인 구제수단이 필요하기 때문이다.[36]

외국인근로자 전용보험 가운데, 사용자가 가입해야 하는 것으로서 출국만기보험·신탁과 보증보험이 있으며, 외국인근로자가 스스로 가입해야 하는 것으로서 귀국비

---

34 2012년에는 30인 이하의 제조업과 함께 「뿌리산업진흥과 첨단화에 관한 법률」에 따른 뿌리산업의 경우에는 50인 이하까지 가능하도록 했었다. 2013년에 들어서는 제조업 일반의 50인 이하 사업장으로 확대되었다. 여기서 뿌리산업이라 함은, 주조, 금형, 소성가공, 용접, 표면처리, 열처리 등 공정기술을 활용하여 사업을 영위하는 업종을 말한다.

35 고용노동부, 『고용허가제 업무편람』, 403면.

36 업무상의 재해는 내국인근로자와 동일하게 후술하는 산업재해보상보험법에 의해 보호를 받는다.

용보험·신탁과 상해보험이 있다. 출국만기보험·신탁은, 외국인근로자를 고용하는 사용자가 퇴직금의 지급을 위하여 외국인근로자를 피보험자 또는 수익자로 하여 의무적으로 가입해야 하는 보험이나 신탁을 말하며(외국인고용법 제13조), 보증보험은 사용자가 임금체불에 대비하여 그가 고용하는 외국인근로자를 위해 가입해야 하는 보험을 의미한다(동법 제23조 제1항). 반면에 귀국비용보험·신탁은 외국인근로자가 항공권 구입 등 귀국시 필요한 비용에 충당하기 위해 직접 가입해야 하는 보험이며(동법 제15조), 상해보험은 외국인근로자가 업무상의 재해 외의 사망 또는 질병 등에 대비하여 가입해야 하는 보험이다(동법 제23조 제2항).

퇴직금의 지급을 위한 출국만기보험·신탁은 과거에는 별도의 규정이 없었으나, 2014년부터는 외국인근로자가 출국한 때부터 14일 이내로 하고, 체류자격의 변경, 사망 등에 따라 신청하거나 출국일 이후에 신청하는 경우에는 신청일부터 14일 이내로 지급하도록 했다(동법 제13조 제3항). 외국인근로자의 불법체류 취업을 억제하기 위한 목적으로 활용되는 이 규정에 대해서는, 외국인근로자에 대한 근로조건의 차별이라는 비판도 있다.

제3절   특례고용허가제 아래 외국국적동포

외국국적동포들은 다른 외국인과 달리 방문취업(H-2) 체류자격이 발급되며 출신국을 자유롭게 방문할 수 있고, 신고만 하면 「출입국관리법 시행령」이 정한 산업분야에서 취업도 가능하다. 외국인고용법도 다른 외국인과 달리 고용허가제의 특례를 정하고 있다.

1. 재외동포 국내취업의 단계적 확대

외국 국적의 재외동포는 외국인근로자 가운데 주요한 영역의 하나이다. 제1절의 <표 10-1>(취업자격 체류외국인 현황)을 보더라도 방문취업 자격의 외국인근로자의 숫자가 상당한 비중을 점하고 있다. 일정한 범위의 외국국적동포들은, 1999년 「재외동포의 출입국과 법적 지위에 관한 법률」의 제정과 함께 다른 외국인과 달리 대한민국 국민에 가까운 법적 지위가 보장되었다.[37] 취업과 출입국의 자유도 상당한 수준으로 허용되고 있다. 현재 재외동포의 체류자격은 단순노무행위를 하거나,[38] 선량한 풍속이나 그 밖의 사회질서에 반하는 행위를 하는 등의 경우를 제외하고는 체류자격의 구분에 따른 활동의 제한을 받지 않는다(출입국관리법 제18조 제1항, 동법 시행령 제23조 제3항).

그렇지만, 외국국적동포가 단순노무 업무에 취업하고자 하는 경우에는 국내노동시장에 끼칠 영향에 대한 우려 때문에 초기에는 부분적으로만 허용하다가 입국 및 취업의 문호를 점차 확대하고 있다. 주로 중국과 구소련 지역에 거주하던 외국국적동포들은 1992년에 실시된 '취업관리제'에 의해 40세 이상 국내 연고가 있는 때에 8개 분야의 서비스업종에서 취업이 허용되었다. 2004년 고용허가제가 실시되면서부터는 고용허가제에 대한 특례의 형태로 취업이 허용되었다. 25세 이상의 국내 연고가 있는 동포에 대해 취업가능업종이 20개 업종으로 확대되었으나, 출입국과 취업에는 일정한 제한이 남아 있었다.

2007년 3월부터 실시된 방문취업제는 중국과 구소련지역 동포들의 지위를 크게 개선하였다. 25세 이상의 중국 및 구소련지역 동포에 대해 고국을 자유롭게 방문할 수 있고 취업까지 가능한 방문취업(H-2) 사증이 발급되었다. 방문취업 사증은 유효기간 5년의 복수사증으로서 국내체류 중 일시출국시 재입국허가를 받지 않고 자유로운 출입국이 가능해졌다. 취업의 경우에도 다른 외국인과 달리 사업장변경의 횟수나

---

37 「재외동포의 출입국과 법적 지위에 관한 법률」을 제정함으로써 외국국적동포를 다른 외국인에 비해 우대하는 것에 대해서, 이민법과 이민정책을 연구하는 학자들 사이에 활발한 논쟁이 있었다. 동포우대정책을 긍정했던 견해는 민족적 혈통을 공유하는 외국인들을 우대하더라도 국제규범에 저촉되지 않으며, 외교적 마찰이 생긴다 해도 주권국가로서 적극 대처하는 것이 필요하다는 등의 근거를 제시했다. 반면에 우대정책을 부정했던 견해는, 민족적 혈통을 공유한다는 이유로 외국 국적자에게 특별한 지위를 부여하는 것은 국제규범에 저촉되며 중국 등 관련국과 외교적인 마찰을 야기한다는 것 등을 근거로 했다. 2001년에 관련규정을 헌법불합치라고 보았던 헌법재판소의 99헌마494 결정이 나온 뒤에는 「재외동포의 출입국과 법적 지위에 관한 법률」을 헌재의 결정에 맞게 개정해야 하는지 또는 폐지해야 하는지의 논쟁으로 이어졌다. 긍정론을 취한 학자로는 노영돈, 이종훈, 이진영, 이혜경 등을 들 수 있으며, 부정론을 취한 학자로는 정인섭, 임지현, 새뮤엘 김, 김희정 등을 들 수 있다. 관련한 내용은, 정인섭 편, 『재외동포법』(사람생각, 2002), 9-141면; 이철우, 「재외동포법을 둘러싼 논쟁의 비판적 검토」, 『헌법과 사회: 최대권 교수 정년기념논문집』(철학과 현실사, 2003), 899면 이하 등 참고.

38 재외동포(F-4) 체류자격은 단순노무행위가 허용되지 않는다. 단순노무행위에 해당하는 세부 직업은 「재외동포(F-4) 자격의 취업활동 제한범위 고시」(법무부고시 제2015-29호)에서 별도로 정하고 있다.

사유의 제한이 없이 신고만으로 사업장변경이 가능해졌다. 국내에 친족이나 호적이 있는 연고동포에게는 연간 비자발급의 쿼터 제한없이 사증이 발급되며, 무연고 동포는 국내 노동시장의 보호를 위해 매년 쿼터를 정한 범위 내에서 사증을 발급하였다.

방문취업제는 해당지역 동포들의 법적 지위를 획기적으로 개선한 것이었으나, 국내 근로자의 일자리를 잠식할 수 있다는 우려가 제기되었다. 이에 인력정책위원회는 국내 노동시장에의 영향 등을 고려하여 방문취업 입국인원을 조정하고 있다.

2. 차별금지 위반 여부

외국국적동포는 일반고용허가 아래 들어오는 외국인에 비하여 여러 가지 특권이 인정된다. 외국국적동포는 근무처를 변경하거나 추가하는 때에 법무부장관의 허가를 받을 필요가 없으며, 사업장 변경시에도 다른 외국인근로자와 달리 횟수나 사유에 제한도 없고, 근로를 시작하거나 계약기간을 변경하는 경우에는 직업안정기관의 장에게 신고만으로 충분하다. 이는 헌법상 평등권 위반의 소지가 있으며, 국제인권규약에 위반되는지도 문제될 수 있다.[39]

그런 까닭에 외국국적동포를 우대하는 방문취업제나 이전의 취업관리제는 인종이나 민족적 출신 등을 이유로 한 차별을 금지하는 국제인권규약 위반의 우려가 있으며, 인력난이 심하지 않은 서비스업에도 외국국적동포들을 도입하는 것은 내국인의 일자리를 잠식할 수 있다는 지적이 있었다.[40] 이에 대해서 외국국적동포를 우대하는 것은 합리적인 사유가 있는 구별이라는 반론이 있다. 외국인의 입국과 체류에 대한 정책은 여전히 한 국가가 재량적으로 판단할 수 있는 영역이며, 외국국적동포를 상대로 한 포용정책의 차원에서 혜택을 부여한 것이지 일반 외국인을 차별하는 것은 아니며, 국가가 국민정서를 고려하여 재외동포와의 유대관계를 강화하기 위해 노력하는 것은 바람직한 것이며, 국제인권법이 이를 금지하는 것은 아니라는 등의 논거이다.[41]

---

39 자유권규약(「시민적·정치적 권리에 관한 국제규약」) 제26조에서는 "모든 사람은 법 앞에 평등하고 어떠한 차별도 없이 법의 평등한 보호를 받을 권리를 가진다. 이를 위하여 법률은 모든 차별을 금지하고, 인종, 피부색, 성, 언어, 종교, 정치적 또는 기타의 의견, 민족적 또는 사회적 출신, 재산, 출생 또는 기타의 신분 등의 어떠한 이유에 의한 차별에 대하여도 평등하고 효과적인 보호를 모든 사람에게 보장한다"고 규정하고 있다.
40 전형배, 「외국인근로자 고용정책」, 『저스티스』 제109호 (2009), 307면.
41 차용호, 『한국 이민법』, 1047-1048면 참고.

3. 방문취업의 체류자격 해당자와 활동범위

「출입국관리법 시행령」 별표 1에서 정하고 있는 방문취업(H-2) 자격의 체류자격과 활동범위를 보면 다음과 같다.

(가) 체류자격에 해당하는 사람

「재외동포의 출입국과 법적 지위에 관한 법률」 제2조 제2호에 따른 외국국적동포에 해당하고, 다음의 어느 하나에 해당하는 만 25세 이상인 사람 중에서 나목의 활동범위 내에서 체류하려는 사람으로서 법무부장관이 인정하는 사람이며, 다만 재외동포(F-4) 체류자격에 해당하는 사람은 제외한다(이하 생략).[42]

(나) 활동범위

1) 방문, 친척과의 일시 동거, 관광, 요양, 견학, 친선경기, 비영리 문화예술활동, 회의 참석, 학술자료 수집, 시장조사·업무연락·계약 등 상업적 용무, 그 밖에 이와 유사한 목적의 활동

2) 한국표준산업분류표에 따른 산업 분야에서의 활동[43]

4. 외국국적동포의 취업절차

외국 국적의 동포에게는 고용허가제에 대한 특례가 인정된다. 사용자는 일반의 외국인에 대해서 고용허가를 받아야 하나, 외국국적동포에 대해서는 특례고용확인을 받도록 규정되어 있다. 특례고용확인을 받은 사용자는 방문취업사증(H-2)을 발급받고 입국한 외국국적동포를 고용할 수 있다(외국인고용법 제12조 제1항). 외국인고용법 제정 당시에는 외국국적동포가 방문동거(F-1)의 사증을 받아 입국한 후, 근로계약을 체결한 연후에 취업할 수 있는 사증(E-9)으로 변경허가를 받아야 했으나, 현재에는 방문취업 사증으로 입국한 후에 취업까지 가능하다.

외국국적동포는 입국 후 취업을 하고자 할 때에는 외국인 취업교육을 받은 후에

---

42 생략한 내용에 대해서는 제5장(외국인의 체류)의 방문취업(H-2) 자격을 참고.
43 구체적인 산업분야에 대해서는 제5장(외국인의 체류)의 방문취업(H-2) 자격을 참고.

직업안정기관의 장에게 구직신청을 해야 하고, 고용노동부장관은 이에 대해 외국인
구직자 명부를 작성 관리해야 한다. 외국국적동포를 채용하려는 사용자는 일반 외
국인근로자의 채용시와 마찬가지로 내국인구인노력을 해야 하며, 그럼에도 불구하
고 채용을 못한 경우에 직업안정기관의 장에게 특례고용가능확인을 신청할 수 있다
(외국인고용법 제12조 제3항). 특례고용가능확인을 받은 사용자는 외국인 구직자명부에
등록된 외국국적동포 중에서 채용해야한다. 발급된 특례고용가능확인서의 유효기간
은 3년이며, 사용자는 특례확인서의 유효기간의 범위 내에서 근로계약을 체결할 수
있다.

　　외국국적동포는 출입국관리법 제21조가 적용되지 않기 때문에, 근무처를 변경하
거나 추가하는 때에 법무부장관의 허가를 받을 필요가 없으며(외국인고용법 제12조 제
7항), 사업장 변경시에도 일반 외국인근로자와 달리 횟수나 사유에 제한도 없다(외국
인고용법 제25조 제1항). 다만, 근로를 시작하면 고용노동부령이 정하는 바에 따라 직
업안정기관의 장에게 신고하여야 한다(외국인고용법 제12조 제4항 후단). 근로계약기간
을 변경(연장)하는 경우에는 직업안정기관의 장에게 신고만으로 사업장변경을 할 수
있다(「출입국관리법 시행규칙」 제49조의2).

5. 외국국적동포의 근로관계

　　외국국적동포를 고용한 사용자는 직업안정기관의 장에게 근로를 시작한 날부터
14일 이내에 근로개시신고를 해야 하며, 미신고시 과태료가 부과될 수 있다(외국인고
용법 제12조 제4항, 동법 시행규칙 제12조의3). 사용자는 외국국적동포의 경우에도 근로
계약 해지, 사망 등 사유가 발생한 경우에는 고용변동신고를 해야 하며, 미신고시 과
태료가 부과될 수 있다(외국인고용법 제17조 제1항, 동법 시행령 제23조).

　　외국국적동포의 경우에 취업요건이 완화되어 사업장변경이 자유롭게 되자, 건설근
로자의 경우는 잦은 사업장이동으로 그 실태를 파악하기 어려운데다가 내국인근로자
의 일자리와 경합되는 문제도 일부 나타났다. 이 때문에 인력정책위원회는 2009년부
터 건설업에 취업하고자 하는 동포근로자는 취업교육을 이수하고, '건설업 취업인정
증'을 발급받은 후에 취업이 가능하도록 하였다. 건설업 취업인정증이 없이 건설업에
취업한 자는 체류기간 연장불허 또는 사증 체류허가 취소의 불이익을 받을 수 있다.

　　외국국적동포도 취업활동기간(3년)이 만료되면, 취업활동기간 연장신청을 통해

재고용이 가능하다(외국인고용법 제18조의2 제1항 제2호). 해당 외국인근로자의 취업기간 만료일 1개월 전부터 7일 전까지의 사이에 연장신청을 해야 한다(동법 시행규칙 제14조의2 제1항).

6. 방문취업 자격자 등에 대해 재외동포와 영주 자격의 부여 확대

한국과 외국국적동포 사이의 교류를 확대하고, 거주국에 따른 동포 사이의 차별을 해소하기 위해 재외동포(F-4) 자격의 부여대상을 확대하고 있다. 위의 방문취업(H-2) 체류자격과 연계하여, 제조업 등의 산업분야에 장기간 근속한 외국국적동포에 대해 재외동포 자격으로 변경할 수 있도록 했다.[44] 그리고, 방문취업자격과 관계없이, 중국 및 구 소련 지역 동포를 대상으로 단순노무직에 종사할 가능성이 적은 대학졸업자, 법인기업대표, 기능사 이상 자격증 소지자,[45] 만 60세 이상 동포 등에 대해서도 재외동포 자격을 부여하고 있다.

한편, 방문취업 동포가 제조업·농축산업·어업 분야에서 장기근속과 아울러 일정한 요건을 갖춘 경우에는 영주자격(F-5)을 부여할 수 있다. 즉, 제조업, 농축산업 또는 어업 분야에서 취업하고 있는 사람으로 동일업체에서 근무처를 변경하지 않고 4년 이상 계속 근무한 경우로서,[46] 본인과 국내에서 생계를 같이하는 가족이 3천만 원 이상의 자산을 보유하는 등 생계를 유지할 능력이 있을 것, 한국산업인력공단에서 실시하는 검정을 통해 일정한 기술기능자격을 취득하였거나 연간 소득이 전년도 일인당 국민총소득(GNI) 이상인 사람의 요건을 충족해야 대상이 된다.[47]

---

[44] 방문취업자격자로서 육아도우미, 농축산업, 어업, 지방 소재 제조업의 동일 사업장에서 계속하여 2년 이상 근무하고 있는 사람이 대상이 된다. 법무부 출입국·외국인정책본부, 『사증발급 안내메뉴얼(체류자격별 대상, 첨부서류 등)』(2015), 233면.

[45] 기능사 이상의 공인 국가기술자격증을 의미하는데, 건설분야를 제외하고 금속재창호 종목은 2013년 취득자까지만 인정한다.

[46] 재외동포 자격으로 변경한 사람도 포함하며, 소속업체의 임금체불, 휴폐업 등 불가피한 사유로 동일업종으로 근무처를 변경한 경우에는 계속취업으로 인정한다.

[47] 법무부 출입국·외국인정책본부, 『외국인체류 안내메뉴얼』(2015), 266면 이하.

제4절 전문외국인력

정부는 근래에 들어 전문외국인력의 도입에 많은 노력을 기울이고 있다. 「재한외국인 처우 기본법」과 출입국관리법 등에 근거규정을 두고, 입국과 체류의 절차를 간소화함으로써 전문외국인력의 유치를 촉진하는데, 국내근로자의 고용기회를 침해하지 않는 범위 내에서 정책을 시행해야 함은 단순기능 외국인근로자와 마찬가지이다.

1. 법적 근거

여러 법령들은 전문기능 외국인력을 적극 유치하기 위한 규정들을 두고 있다. 「재한외국인 처우 기본법」 제16조는 '전문외국인력의 처우 개선'이라는 제목 아래 "국가 및 지방자치단체는 전문적인 지식·기술 또는 기능을 가진 외국인력의 유치를 촉진할 수 있도록 그 법적 지위 및 처우의 개선에 필요한 제도와 시책을 마련하기 위하여 노력하여야 한다"고 한다. 중소기업인력지원을 위한 「중소기업 인력지원 특별법」도 이와 관련되는 조항을 두어, "중소기업청장은 중소기업이 필요한 외국 전문인력을 안정적으로 활용할 수 있도록 지원하여야 한다"고 정한다(제13조). 또한 출입국관리법도 외국인이 근무처를 변경하거나 추가하려면 미리 법무부장관의 허가를 받아야 하는 것에 특례를 두어 "전문적인 지식·기술 또는 기능을 가진 사람으로서 대통령령으로 정하는 사람은 근무처를 변경하거나 추가한 날부터 15일 이내에 법무부장관에게 신고"로 대신할 수 있다(제21조 제1항). 그렇다면, 전문외국인력의 구체적인 범위가 문제인데, 이에 대해서는 「출입국관리법 시행령」은, 별표 1 중 교수(E-1)부터 특정활동(E-7)까지의 체류자격 중 어느 하나의 체류자격을 가진 외국인으로서 법무부장관이 고시하는 요건을 갖춘 사람으로 정하고 있다(제26조의2).[48] 전문외국인력의 유치와 관련해서도 지침 등의 행정규칙이 중요한 역할을 하고 있다. 우수한 외

---

48 그렇지만, 정부의 실제적인 정책대상이 되는 전문외국인력의 범위는 더욱 넓다. 위의 7가지 체류자격 이외에도 단기취업(C-4), 거주(F-2)나 정주(F-5)의 체류자격은 물론이며, 언론인, 종교인, 투자자, 유학생, 국민의 배우자, 재외동포 등의 외국인도 전문외국인력의 역할을 할 수 있다.

국인력을 유치하기 위해서는 행정 내부에서의 재량도 필요하겠으나, 그러한 필요를 강조하다 보면 지침과 고시에 의한 행정현상이 나타날 수 있다. 전문외국인력 유치에 대한 법령상의 근거를 보다 구체적으로 둘 필요가 있다.

전문외국인력의 경우에도 내국인 우선의 원칙이 적용된다. 외국인력은 국내근로자가 가지지 못하는 지식·기술이나 기능을 가져야 하고, 동시에 유사한 조건에 있는 국내근로자의 고용기회를 침해하지 않아야 한다. 이것은 외국인의 전문성 정도에 따라 다르므로, 정부는 외국인을 전문인력, 준전문인력, 숙련기능인력으로 세분하여 달리 대응하고 있다.[49] 전문외국인력을 적극 유치하는 것도 중요하나, 그들이 국내근로자의 고용기회를 침해하는지 여부나 소정의 전문성을 갖추고 있는지 여부 등도 적절하게 따져야 한다.

2. 「출입국관리법 시행령」상 전문외국인력 체류자격[50]

(가) 교수(E-1)

교수(E-1) 체류자격은, 고등교육법에 따른 자격요건을 갖춘 외국인으로서 전문대 이상의 교육기관이나 이에 준하는 기관에서 교육 또는 연구지도에 종사하는 외국인이나, 고급과학 기술인력에게 발급되는 체류자격이다. 구체적으로는 전문대학 이상 교육기관에서 91일 이상 교육 또는 연구지도 활동을 하는 대학의 총장·학장, 교수·부교수·조교수, 겸임교원·명예교수·초빙교원, 교환교수 등과, 교육과학기술부장관의 추천을 받고 전문대학 이상의 교육기관에서 과학기술 분야의 교육·연구지도 활동에 종사하는 고급과학기술인력은 사증발급인정서 발급대상으로서 교수(E-1)의 체류자격을 발급받을 수 있다. 이 체류자격은 체류기간의 상한이 5년이다(「출입국관리법 시행규칙」 별표 1). 다만, 한국과학기술원에 고용되어 교수활동을 하고자 하는 사람에 대한 체류기간 1년 이하의 단수사증은 공관장 재량으로도 발급할 수 있다.

(나) 회화지도(E-2)

법무부장관이 정하는 자격요건을 갖춘 외국인으로서 외국어전문학원, 초등학교

---

49 아래의 특정활동(F-7)의 내용을 참고.
50 이하는 법무부 출입국·외국인정책본부, 『사증발급 안내메뉴얼(체류자격별 대상, 첨부서류 등)』과 법무부 출입국·외국인정책본부, 『외국인체류 안내메뉴얼』을 참고.

이상의 교육기관 및 부설어학연구소, 방송사 및 기업체부설 어학연수원 그 밖에 이에 준하는 기관 또는 단체에서 외국어 회화지도에 종사하려는 사람에게 발급된다. 이때 회화지도라 함은 위 기관이나 단체에서 수강생에게 외국어로 상호 의사소통하는 방법을 지도하는 활동을 말하며, 외국어로 어학이나 문학 또는 통·번역 기법 등을 지도하는 것은 이에 해당하지 않는 것으로 해석되고 있다.

이 체류자격에 해당하는 사람은 크게 '외국어 학원 등의 강사'와 '초·중·고교의 외국어보조교사'의 두 부류로 나눌 수 있다. 먼저, '외국어 학원 등의 강사'는 해당 외국어를 모국어로 하는 국가의 국민으로서 그 국가에서 대학 이상의 학교를 졸업하고, 학사 이상의 학위를 소지한 자 또는 이와 동등 이상의 학력이 있는 자를 말한다. 국내대학 졸업자에 대한 특례도 인정되는데, 해당 외국어를 모국어로 하는 국가에서 고등학교 또는 전문대학을 졸업하고 국내 대학에서 학사 이상의 학위를 취득한 경우에는 외국어 학원등의 강사에 해당할 수 있다.

'초·중·고교의 외국어보조교사'는 교육부 또는 시·도교육감 주관으로 모집·선발된 자로서 초·중·고등학교에서 근무하려는 자를 의미하며, 영어회화를 지도하는 원어민 영어보조교사(English Program In Korea: EPIK)[51]와 중국어회화를 지도하는 원어민 중국어보조교사(Chinese Program In Korea: CPIK)[52] 등이 이에 해당한다. 이 체류자격의 1회 체류기간의 상한은 2년이다.

(다) 연구(E-3)

연구의 체류자격은 '자연과학분야의 연구 또는 산업상 고도기술의 연구개발에 종사'하거나, '고급과학 기술인력'에 대해서 발급되는 체류자격이다. 위의 교수(E-1)의 체류자격에 해당하는 사람은 제외한다. 이 체류자격은 1회 체류기간의 상한이 5년이다.

'자연과학분야의 연구 또는 산업상 고도기술의 연구개발 종사'의 경우에는 「특정연구기관 육성법」, 「정부출연연구기관 등의 설립·운영 및 육성에 관한 법률」에 의한 연구기관'에서 종사하는 과학기술자 이외에도 방위사업법상의 연구기관에서 연구활동에 종사하는 과학기술자를 포함하며, 「산업기술혁신 촉진법」 등 관련법령에 따

---

51 영어를 모국어로 하는 국가의 국민으로서 출신국가에서 대학을 졸업하고 학사학위 이상의 학위를 취득한 사람을 의미하는데, 영어를 모국어로 하는 국가로서는 미국, 영국, 캐나다, 남아공, 뉴질랜드, 호주, 아일랜드의 7개국이 인정되고 있다.

52 중국 국적자로서 중국 내에서 대학 이상의 학교를 졸업하고, 학사 이상의 학위증과 중국 국가 한어판공실이 발급한 '외국어로서 중국어 교사 자격증서'를 소지한 사람을 의미한다.

라 다양한 종류의 '기관 또는 단체'와 계약을 맺어 그곳에서 연구하는 과학기술자도 포함한다. 이 '기관이나 단체'는 기업부설연구소, 「산업기술연구조합 육성법」에 의한 산업기술연구조합, 교육법에 의한 대학 또는 전문대학, 국·공립 연구기관, 「산업기술혁신 촉진법」에 의한 기술지원 공공기관, 민법 또는 다른 법률에 의하여 설립된 과학기술분야의 비영리법인인 연구기관, 기타 과학기술분야의 연구기관이나 단체와 영리를 목적으로 하는 법인을 망라한다.

'고급과학 기술인력'은 정부출연연구소, 국·공립연구소, 기업부설연구소 등 이공계 연구기관에서 자연과학분야의 연구 또는 산업상 고도기술의 연구개발에 종사하고자 하는 자가 해당하며, 교육과학기술부장관의 고용추천이 있어야 한다.

(라) 기술지도(E-4)

이 체류자격은 공·사 기관에서 자연과학분야의 전문지식 또는 산업상의 특수 분야에 속하는 기술을 제공하는 외국인에게 부여된다. 즉, 「외국인투자 촉진법」의 규정에 의한 기술도입 계약에 따라 대한민국 국민 또는 대한민국 법인에게 기술을 제공하는 사람이거나, 이 사람 이외에 국내에서 구할 수 없는 산업상의 고도기술 등을 국내 공·사 기관에 제공하는 사람을 의미하고, 후자는 외국의 용역발주업체에서 파견되어 산업상의 특수분야에 속하는 기술을 제공하는 사람과 국내 산업체에서 도입한 특수기술 등을 제공하는 사람을 포함한다. 이 체류자격의 1회 체류기간의 상한은 5년이다.

유학(D-2) 자격 또는 구직(D-10) 자격을 소지하고 합법체류 중인 사람이, 전문기능인력으로서의 일정한 자격요건을 구비하고 취업하려는 기관 등과 고용계약을 체결한 경우에는 기술지도의 자격으로 체류자격을 변경할 수 있다.

(마) 전문직업(E-5)

한국의 법률에 의하여 인정된 외국의 국가공인자격증을 소지한 사람으로서 한국의 법률에 의하여 할 수 있는 전문업무 종사자에게 부여되는 체류자격이다. 다음의 사람들이 전문직업의 체류자격이 가능한 외국인이다.

국토해양부장관의 추천을 받은 항공기 조종사, 최신 의학과 첨단 의술 보유자로서 보건복지부장관의 고용추천을 받아 국가나 지방자치단체의 의료기관, 의료법인, 비영리법인이나 정부투자기관에서 개설한 의료기관에 근무하고자 하는 의사, 국내의

의(치)과 대학을 졸업한 후 대학부속병원이나 보건복지부장관이 지정한 병원 등에서 인턴·레지던트 과정을 연수하는 사람, 「남북교류 협력에 관한 법률」 규정에 따라 남북 협력사업 승인을 받은 사람이 금강산 관광개발사업 등의 목적으로 초청하는 관광선 운항에 필요한 선박 등의 필수전문인력, 국내 운수회사 등에 고용되어 선장 등 선박 운항의 필수전문요원으로 근무하고자 하는 자가 이에 해당한다. 이 체류자격의 체류기간의 상한도 5년이다.

(바) 예술흥행(E-6)

예술흥행 자격은 '수익이 따르는 음악, 미술, 문학 등의 예술활동'과 '수익을 목적으로 하는 연예, 연주, 연극, 운동경기, 광고, 패션모델 등으로 출연하는 흥행활동'에 대해 부여되는 체류자격이다.

이 체류자격은 E-6-1(예술·연예), E-6-2(호텔·유흥), E-6-3(운동)으로 세분할 수 있다. E-6-1(예술·연예)은, 수익이 따르는 음악, 미술, 문학 등의 예술활동 및 전문 방송연기에 해당하는 자와 공연법의 규정에 의한 전문 연예활동에 종사하는 자로서, 예를 들면, 작곡가·화가·사진작가 등 예술가, 오케스트라 연주·지휘자, 광고·패션모델, 바둑기사, 방송인, 연예인, 연극인, 분장사 등에게 부여되는 자격이다. E-6-2(호텔·유흥)는, E-6-1에 해당하지 않고 관광진흥법에 의한 호텔업시설, 유흥업소 등에서 공연 또는 연예활동에 종사하는 자로서, 예를 들면, 가요·연주자, 곡예·마술사 등에게 부여되는 자격이다. 구체적으로는 관광진흥법 제3조 제1항 제6호의 규정에 의한 국제회의시설의 부대시설 종사자 및 관광진흥법에 의한 관광업소 중 공연법에 의해 등록된 공연장에서 활동하려는 자를 대상으로 한다. E-6-3(운동)은 축구·야구·농구 등 프로 운동선수 및 그 동행 매니저 등으로 운동 분야에 종사하는 자로서, 축구·야구·농구 등 프로선수, 프로팀 감독, 매니저 등을 대상으로 한다.

위 가운데 E-6-2(호텔·유흥)는, 호텔과 유흥업소 등에서 종사하는 외국인으로서 근로조건이 열악한 경우도 많은 까닭에 전문외국인력 분야로 취급되지 않는다. 예술흥행의 자격은 체류기간이 90일을 넘는 경우에 부여되며, 체류기간 90일 이하인 경우는 단기취업(C-4)의 체류자격에 해당된다. 이 체류자격은 체류기간의 상한이 2년이다.

(사) 특정활동(E-7)

1) 개 관

대한민국 내의 공·사기관 등과의 계약에 의하여 법무부장관이 특히 지정하는 활동에 종사하고자 하는 전문외국인력이 특정활동(E-7) 자격에 해당하며, 전문기능이 있는 외국인력을 도입하기 위한 체류자격중의 하나이다. 최근 들어서는 단순기능 외국인력의 장기간 체류가 더 늘어나고 전문외국인력의 배우자 등 인력의 활용 필요가 다양화되면서, 특정활동 체류자격을 활용하는 사례들이 빈번해지고 있다.

이 자격은 국가경쟁력 강화에 기여할 수 있는 다양한 분야의 전문적인 지식과 기능을 갖춘 인재를 적극 유치하지만, 국민의 고용을 침해하지 않도록 직종별로 도입 및 관리기준을 설정하는 것을 지향한다. 근거가 되는 법령의 내용이 충분하지 않으므로, 보다 구체적인 법령상의 기준이 마련될 필요가 있다.

2) 도입 인력의 유형과 직종

전문성을 가늠하는 기준은 통계청의 「한국표준직업분류」상의 대분류 항목과 이에 상응하는 직능수준이며, 이에 따라 전문인력, 준전문인력, 일반기능인력, 숙련기능인력으로 세분하는데 구체적인 직종은 법무부장관이 선정한다. 이 가운데 숙련기능인력은 농림축산어업, 제조업, 건설업 분야의 인력을 대상으로 하여 일반기능인력과 별도로 나중에 신설된 분류이다.

전문인력은 「한국표준직업분류」상 대분류 항목 1과 2에 해당하고 직능수준이 높은 제4직능수준과 제3직능수준이며, 국민고용 침해가능성이 낮고 국가경쟁력에 크게 기여한다고 간주되는 '관리자'와 '전문가 및 관련종사자' 직종들이 현재 대상인데, 구체적으로는 '경제이익단체 고위임원 등 15개 직종 관리자와 생명과학전문가 등 52개 직종 전문가 및 관련 종사자'이다. 준전문인력은 대분류 항목 중 3~5에 해당하는 '사무 종사자', '서비스 종사자', '판매 종사자'에 해당하는 9개 직종이며, 직능수준은 제2직능수준과 제3직능수준 정도이다. 구체적으로는 '항공운송사무원 등 5개 직종 사무종사자와 운송서비스 종사자 등 4개 직종 서비스 종사자'이다. 일반기능인력은 대분류상 6~8항목에 해당되는 '농림어업 숙련 종사자', '기능원 및 관련기능 종사자', '장치·기계 조작 및 조립종사자' 중 8개 직종이 대상이다. 일반기능인력의 직능수준은 제2직능수준 정도이며, 구체적으로는 '동물사육사, 양식기술자, 할랄도축원

등 기능원 및 관련 기능인력'이다. 숙련기능인력은 2017년 8월 1일에 신설된 분류로
서 대분류 6~8에 해당하는 '농림어업 숙련종사자', '기능원 및 관련 기능 종사자', '장
치기계조작 및 조립종사자'이며, 직능수준은 제2에 해당하고 농림축산어업, 제조업,
건설업 등 분야 숙련기능인력을 점수제를 통해 선정한다.[53]

이상의 내용은 다음의 표로서 정리할 수 있다.

표 10-2 특정활동 체류자격의 분류와 적용직종

신 약호	분류 기준	적 용
E-7-1	전문인력	관리자 및 전문가(67개 직종)
E-7-2	준전문인력	사무 및 서비스종사자(9개직종)
E-7-3	일반기능인력	기능원 및 관련기능종사자(8개직종)
E-7-4	숙련기능인력(점수제)	2017년 8월 1일 신설(3개 직종)

출처: 법무부 출입국·외국인정책본부, 체류매뉴얼(외국인 체류민원 자격별 안내매뉴얼) 2023.7.3.,
190면.

전문인력은 국가경쟁력에 기여하나 국민대체성이 낮기 때문에 유치와 정주를 지
원하는 대상인 반면, 일반기능인력과 숙련기능인력에 해당되는 외국인력은 고용업체
자격, 최저 임금요건, 업체별 고용인원 등 국민고용의 보호기준을 마련하는 전제 위
에 도입된다.[54] 구체적인 도입직종은, 중앙부처를 대상으로 정기 또는 수시로 전문외
국인력 도입이 필요한 직종의 수요조사 등을 실시하고, 외국인력 도입의 필요성 및
효과, 국민대체성 등을 종합 검토하여 법무부장관이 선정한다.[55]

---

53 출처: 법무부 출입국·외국인정책본부, 체류매뉴얼(외국인 체류민원 자격별 안내매뉴얼) 2023.
    7. 3., 189-190면. 과거 자료로는 법무부, 「특정활동(E-7) 자격 사증발급인정서 발급 및 체
    류관리지침」; 정기선 외, 『숙련기능 외국인력 도입 및 활용방안 연구』(이민정책연구원, 2013),
    49-56면이 있다.
54 「특정활동(E-7) 자격 사증발급인정서 발급 및 체류관리지침」.
55 2015년 2월 1일을 기준으로 법무부장관은, 전문인력으로서 경제이익단체 고위임원 등 15개
    직종 관리자와 생명과학전문가 등 52개 직종 전문가 및 관련 종사자 등 67개 직종을 선정하고
    있다. 준전문인력으로는 항공운송사무원 등 4개 직종 사무종사자와 운송서비스 종사자 등 4
    개 직종 서비스종사자의 8개 직종을 선정하고 있으며, 숙련기능인력으로는 해삼양식기술자
    등 3개 직종 농림어업 숙련종사자와 조선용접공 등 5개 직종 숙련 기능공을 법무부장관이 선
    정하고 있다. 합계 83개 직종의 465개 세부직업이 전문외국인력으로 선정되어 있다. 「특정활
    동(E-7) 자격 사증발급인정서 발급 및 체류관리지침」; 법무부 출입국·외국인정책본부, 『사
    증발급 안내메뉴얼』(2015), 136면 이하 참조.

3) 도입의 자격요건, 도입방법

여기에는 일반요건과 특별요건이 정해져 있다. 일반요건으로서 도입직종과 연관성이 있는 분야의 석사 이상의 학위를 소지하거나 이에 준하는 근무경력이 있어야한다. 특별요건으로서 우수인재 유치와 육성형 인재 활용 등의 차원에서 특례를 정한 우수인재와, 직종 특성을 감안하여 별도의 학력 또는 경력요건을 정한 직종에 종사하는 경우에는 해당 요건을 충족하여야 한다. 도입방법은 사업체 스스로 채용이 필요한 분야의 전문외국인력을 발굴하여 자격검증 등을 거쳐 채용한 후 사증발급을 신청하거나 체류자격 변경허가 등을 신청하면 법무부에서 결격 여부 등을 심사하여 허용 여부를 결정하는 것이 원칙이다.

4) 국민고용 보호를 위한 심사기준

심사의 기준은 전문인력과 준전문 및 숙련기능인력에 대해서 별도의 기준을 적용하고 있다. 준전문인력과 숙련기능인력에 대해서는 국민고용 침해 소지가 없도록 고용업체 자격요건 및 업체당 외국인고용 허용인원 상한, 최저 임금요건 등을 설정하여 적용하며, 국부창출 및 고용창출에 기여할 전문인력에 대해서는 원칙적으로 적용하지 않는다.[56]

위의 고용업체 요건으로서는, 국민고용자가 5명 미만이고 내수 위주인 업체는 원칙적으로 초청을 제한하고, 업종 특성을 감안하여 별도의 고용업체 요건을 정한 경우에는 해당 요건을 충족하여야 한다. 외국인 고용허용 비율은 원칙적으로 국민고용자의 20% 범위 내에서 E-7(특정활동) 자격의 외국인 고용을 허용한다. 임금요건은 저임금 편법인력 활용을 방지하기 위해 동종 직무를 수행하는 동일 경력 내국인의 평균임금과 연계하여 심사하는 것이다.[57]

5) 체류관리 기준

체류관리는 인력의 유형별로 달리하는데,[58] 전문인력은 체류기간 상한 부여, 체류자격 변경의 허용, 신고만으로 근무처 변경·추가 허용 등으로 체류를 적극적으로 지원하며, 준전문인력은 전문인력 기준을 준용하면서, 직종별 특성을 감안하여 별도

---

56 「특정활동(E-7) 자격 사증발급인정서 발급 및 체류관리지침」.
57 근로계약금액이 고용업체에 근무하는 동일 경력 내국인의 60% 미만(연간 급여 3천만 원 이상자에게 적용)이거나 월 150만 원 미만(연간 급여 3천만 원 미만자에게 적용)인 경우에는 원칙적으로 발급이 제한된다.
58 원래 특정활동(E-7) 체류자격의 체류기간의 상한은 5년이다.

의 조건을 설정한 경우에는 해당 기준에 따라 적절하게 관리한다. 숙련기능인력은 국민고용 보호 및 외국인 체류질서 확립을 위해 체류기간 연장, 체류자격 변경, 근무처 변경 등을 엄격하게 심사한다.

6) 숙련기능 외국인력의 특정활동 자격으로 전환

고용허가제로 들어온 단순기능 외국인근로자도 다른 체류자격으로의 변경을 통해서 국내취업이 가능하다. 대표적인 것이 단순기능인력을 숙련생산기능 외국인력으로 체류자격을 변경하는 방법이다. 2017년부터 최근 10년 이내에 5년 이상 제조업, 건설업, 농축어업에 비전문취업(E-9)·선원취업(E-10)·방문취업(H-2) 자격으로 취업활동을 하는 사람에 대해 특정활동(E-9) 자격으로의 변경을 허용하고 있다. 숙련기능인력에 해당하는 점수를 가져야 하고 업체별 허용기준에 부합해야 하는 등 요건이 필요하지만, 비숙련 일반외국인에 대해 장기체류 자격으로의 전환을 부인하던 과거에 비해서 의미있는 전환이라고 평가한다.[59]

(아) 단기취업(C-4)

90일 이하의 단기체류에 대한 비자로서, 일시흥행, 광고·패션 모델, 강의·강연, 연구, 기술지도 등 수익을 목적으로 하려는 사람에게 발급된다. 90일 이하의 단기취업을 목적으로 하는, 국내기업의 정부기술(IT), 전자상거래 등 기업정보화(e-business), 생물산업(BT), 나노기술(NT), 신소재분야(금속, 세라믹, 화학), 수송기계, 디지털전자 및 환경 에너지, 기술경영분야에 종사하는 자로서 소관부처 장관의 고용추천이 있는 사람에게도 단기취업의 체류자격이 발급될 수 있다.

3. 전문인력 유치를 위한 사증과 체류 우대정책

정부는 해외의 우수인재의 확보가 국가와 기업의 경쟁력을 좌우하는 요소로 보아 우수한 전문외국인력에게 입국과 체류상의 편의를 제공하고 있다. 이미 앞의 체류자격에서 일부 소개했지만, 몇 가지 정책을 더 소개한다. 관련 정책에 대한 법령상의 근거를 보다 구체적으로 둘 필요가 있다.

---

[59] 다만, 형사범·조세체납자·출입국관리법 4회 이상 위반자의 경우는 대상에서 제외된다. 출입국외국인정책본부, 『체류매뉴얼』(2023. 7. 3), 202-203면.

(가) 사증발급과 체류절차 간소화

1) 골드카드와 사이언스카드

입국과 체류상의 편의를 제공하는 대표적인 것으로서, 우선 골드카드와 사이언스카드 등의 고용추천서와 전자사증제도를 들 수 있다.

골드카드는 산업통상자원부장관(구 '지식경제부장관')의 위임을 받은 대한무역진흥공사 또는 중소기업청장의 위임을 받은 중소기업진흥공단이 외국인의 사증발급 및 체류에 관한 편의제공을 위해 대한민국 내의 공사기관에서 근무하고자 하는 해외 우수기술인재에게 발급하는 고용추천서를 말한다.[60] 이 골드카드는 첨단 과학기술분야인 IT, 기술경영, 나노, 디지털전자, 바이오, 수송·기계, 신소재, 환경·에너지의 8개 분야를 중심으로 운영되고 있다. 사이언스카드는 교육부장관이 외국인의 사증발급 및 체류에 관한 편의제공을 위해 대한민국 내의 전문대학 이상의 교육기관이나 정부출연 연구기간, 국·공립 연구기관, 기업부설 연구기관 등에서 근무하고자 하는 해외 고급과학기술인재에게 발급하는 고용추천서를 말한다.[61]

2) 골드카드의 혜택

골드카드에 의한 체류자격에는 많은 혜택이 부여된다. 체류자격의 기간은 법령상의 상한과 관계없이 근로계약기간이 연장됨에 따라 체류자격도 제한없이 연장되며, 이 체류자격은 복수비자이므로 비자기간 내에서는 새 입국허가가 필요하지 않다. 또한 일반비자의 경우에는 영주권발급을 위해 5년의 기간이 필요하나, 골드카드 발급자의 경우에는 국내거주 3년 후에 영주비자의 신청이 가능하다.

배우자나 가사보조원의 지위도 두텁게 보호된다. 배우자의 취업도 허용되는데, 국내거주의 외국인 배우자는 국내취업을 위해 원칙적으로 해외로 출국해야 하나, 위 체류자격의 배우자는 국내에서 동반(F-3)비자로부터 취업비자로 변경이 가능하다. 가사보조원에게도 동반비자의 발급이 허용된다. 또한 원고용주의 동의가 있으면, 국내에서 이직하여 근무처의 변경이 가능하며, 비자발급기간 내에 유학, 회화지도와 같은 체류자격 외의 활동허가도 가능하다.

---

60 법무부, 「온라인 사증발급 및 사증추천인에 관한 업무처리지침」(법무부훈령 제940호) 제2조 제4호.
61 「온라인 사증발급 및 사증추천인에 관한 업무처리지침」 제2조 제5호.

3) 전자사증제도

이밖에도 전자사증제도가 전문외국인력에 대하여 도입되고 있다. 사증은 법무부장관의 권한을 위임받은 재외공관의 장이 발급하도록 하는 것이 원칙이나, 전문외국인력 등에 대하여 재외공관을 거치지 않고 법무부장관이 직접 정보통신망을 통해 온라인으로 발급하는 사증을 말한다.[62]

즉, 교수(E-1), 연구(E-3), 기술지도(E-4) 및 전문직업(E-5) 자격 해당자 등이 재외공관을 방문하여 영사의 인터뷰를 받지 않고 온라인으로 사증을 신청하여 발급받을 수 있는 제도이다. 외국인 본인이나 초청하는 주체가 대한민국 비자포털(https://www.visa.go.kr)에 접속하여 신청할 수 있다.

(나) 구직비자의 도입과 절차 간소화

전문외국인력을 적극적으로 유치하기 위해 구직(D-10) 체류자격을 도입하고, 구직 자격자에 대해 구직활동이나 기술창업활동의 절차를 간소하게 했다. 구직 자격은 "교수(E-1)부터 특정활동(E-7)까지의 체류자격에 해당하는 분야에 취업하기 위하여 연수나 구직활동 등을 하려는 사람으로서 법무부장관이 인정하는 사람"과 "기업투자(D-8) 다목에 해당하는 창업 준비 등을 하려는 사람으로서 법무부장관이 인정하는 사람"에게 부여되는 체류자격이다.

세계 주요 기업의 근무경력자, 세계 주요 대학(원)의 졸업자, 국내 전문대학 이상의 졸업자 등에게 구직자격을 부여한다. 구직 체류자도 신고만으로 근무처의 변경과 추가가 허용되며, 체류기간의 연장은 최대 2년까지 가능하다. 구직 자격자는 해당 자격요건을 충족하여 관련 기관·단체 등의 대표자와 고용계약을 체결하는 경우에는 전문외국인력의 자격(E-1~E-7)으로 변경할 수 있다.

국내 대학에서 학사 이상의 학위를 취득(예정)하거나, 국내 전문대학에서 전문학사 학위를 취득(예정)한 유학생, 또는 학술연구기관 등에서 수료(예정)한 유학생도 구직 체류자격으로 변경할 수 있다. 외국인 유학생을 전문인력으로 적극 육성하려는 이민정책을 채택한 것이다.[63]

---

62 「출입국관리법 시행령」 제7조의2는 사증과 사증발급인정서의 온라인에 의한 발급신청 등을 정하고 있다. 관련되는 행정규칙으로는 위의 「온라인 사증발급 및 사증추천인에 관한 업무처리지침」이 있다.

63 법무부 출입국·외국인정책본부, 『외국인체류 안내메뉴얼』 (2015), 85면 이하.

(다) 국내 정주의 유도

전문외국인력 자격자는 거주 및 영주요건을 완화하여 국내 정주를 유도하는 정책도 다각도로 채택하고 있다. 이른바 '점수이민제'를 도입하여 학력·연령·한국어능력 등의 평가점수가 일정점수 이상이면 취업에 제한이 없는 거주(F-2) 자격으로 변경하고, 3년 체류 후에는 영주(F-5) 자격으로 신청을 허용하고 있다. 거주(F-2) 자격으로의 변경을 위해서는 호텔·유흥업소 등에서의 공연활동자(E-6-2)를 제외한 전문외국인력(E-1~E-7), 또는 유학(D-2), 취재(D-5), 종교(D-6), 주재(D-7), 기업투자(D-8), 무역경영(D-9), 구직(D-10) 체류자격의 자격으로 1년 이상 합법체류 중인 전문인력이 결격사유에 해당하지 않고 120점의 평가점수 중 80점 이상이면 최대 3년의 체류허가를 부여할 수 있다.[64]

영주 자격 신청에 필요한 국내체류기간을 12년에서 5년으로 완화하고, 첨단분야 학위자, 과학·경영·교육·문화예술·체육 등 특정한 분야에 탁월한 능력자, 국내 박사학위 취득자는 영주 자격의 부여절차를 간소하게 하였다.

제5절   그 밖의 외국인근로자

제5절에서는 앞에서 다루지 못했거나 미흡한 영역으로서 인권침해의 위험이 높은 범주의 외국인근로자를 다룬다. 농축산업과 어업에 종사하는 외국인은 자연조건에 민감한 환경에서 일한다는 특징이 있으며 외국인선원은 육지를 떠나 선박에서 오랫동안 근무한다는 특징이 있다. 불법체류 근로자는 취업활동을 할 수 있는 체류자격이 없이 국내에서 취업하는 외국인근로자를 말한다.

---

64 법무부, 「출입국관리법 시행령 별표 1의 제27호 거주(F-2)의 체류자격 자목에 해당하는 자의 연령, 학력, 소득 등에 관한 기준 등」(법무부고시 제2013-151호).

1. 농축산어업 근로자와 선원

(가) 농축산어업의 외국인근로자

현재 고용허가제를 통해 외국인을 고용하는 산업은 제조업, 건설업 이외에도 농축산업, 어업과 같은 제1차 산업이 있다. 고령화와 농가인구 감소가 진행되면서 농업분야 등에서도 인력난이 심하다. 낮은 임금을 비롯한 열악한 근로조건으로 인해 내국인이 농업분야의 취업을 기피하면서 국내농업은 외국인근로자들에 대한 수요가 점차 증가하고 있다. 기계화가 진행된 벼농사보다는, 과일과 채소 재배, 축산업 등을 중심으로 외국인근로자에 대한 수요가 크다.

농업 등은 자연의 기후변화에 민감하여 그 업무량을 미리 예측하기 어렵고, 계절별로 인력수요의 차이가 크다는 특성이 있다. 이런 이유로 노동관계법은 근로시간등에 대한 법규정을 농업 등에 제대로 적용하지 않았다. 근로기준법 제63조는 농림업, 축산업, 수산업 등에 대해 근로시간, 휴게와 휴일에 관한 규정의 적용을 아예 제외해 버리고 있다.[65] 그렇지만, 이것이 농업 등을 근로감독으로부터 배제한다는 의미는 아니며, 최저임금법, 연월차휴가, 야간근로시 가산임금 등의 노동관계법은 적용된다. 개별 농가가 영세한데다가 농민에 따라서는 전근대적 주종관계의 의식을 갖는 경우도 적지 않으므로, 특히 이 분야에서 인권을 보호할 수 있는 방안이 마련되어야 한다.

(나) 계절근로자제도

농축산업 분야의 외국인 고용과 관련하여 단기 계절근로자의 활용이 확대되고 있는 점도 주목할 만하다. 농업 부문의 인력난이 심각해지자, 2015년부터 단기 계절근로자제도가 시범적으로 운영되고, 2017년부터는 전국적으로 확대되었다. 이 계절근로자제도를 통한 외국인근로자 고용은 2019년 11월 기준으로 3,211명으로 증가하였으나, 코로나 팬데믹으로 인해 외국인근로자의 입국과 출국이 막히자 2020년에는 계절근로자를 아예 도입하지 못하기도 했지만,[66] 코로나 감염이 잦아들면서 다시 계절근로자의 수요가 크게 증가하고 있다. 상시근로계약을 전제로 하는 고용허가제와

---

65 농축산업에서의 외국인근로자에 대한 근로조건의 악화를 불러오는 불충분한 법규정이 입법부 작위로서 외국인근로자의 헌법상 기본권을 침해할 수 있다는 견해도 있다. 전윤구, 「외국인고 용 농축산업에서 근로시간규정 적용제외의 위헌성」, 『노동법논총』 제33집 (2015), 358-363면.

66 이혜경·정기선·최홍엽·엄진영·김선웅, 「농축산업 분야 등 다양한 외국인력 공급방식 마련 을 위한 연구」, 2020. 10, 고용노동부·농림식품부제출 보고서(한국인구학회), 4면.

는 다르게 계절근로자는 단기적이고 계절적인 수요에 부응하기 위한 것이다. 농가에서 씨를 뿌리거나 수확을 하는 계절에 특히 일손이 부족한 것에 대응하여 3개월의 계절근로자를 도입한 것이다. 그렇지만, 현재 농축산업 분야의 인력부족은 3개월의 계절근로만으로는 충족시키기 어려운 현실에 있다. 그리하여 2019년 12월부터는 기존의 3개월 체류가 가능한 단기(C-4) 체류자격 외에도 계절근로(E-8) 자격을 신설하여 체류기간이 5개월까지 가능하게 되었다.[67] 축산을 하는 농가나 영농규모가 큰 농가의 경우에는 3개월 이상 체류하는 외국인을 희망하지만, 1주일 이내의 짧은 기간 동안만 고용을 희망하는 농가도 적지 않았으므로, 공공형 파견근로 형태의 계절근로도 2023년부터 본격적으로 시행되고 있다. 민간 직업소개업자를 통한 외국인의 고용과 파견형태는 현행 '파견근로자 보호등에 관한 법률'을 준수하기가 어려우므로, 지역의 농협 등 공공기관이 농업근로자를 고용 관리하면서 외국인을 일시적으로 필요하는 농가에 1일 단위로 파견하는 형태이다.

농어업분야 고용의 가장 큰 어려움은 농어업에 종사하려는 인력이 매우 부족하다는 점이다. 그래서 외국인근로자에 의존하는 비율이 계속 높아지고 있으며, 채용 중인 외국인근로자도 체류기간을 도과하거나 고임금의 사업장으로 이동하여 불법체류상태에 빠져드는 문제가 발생하고 있다.

(다) 외국인선원

외국인근로자의 특수한 범주로서 외국인선원을 들 수 있다. 외국인선원은 외국인으로서 선박소유자의 선박에서 근로를 제공하고 있거나 제공하고자 하는 자를 의미하는데, 육지를 떠나 선박에서 오랫동안 근로를 제공할 수 있게 된다는 점에 특수성이 있다. 외국인선원은 적용되는 법규에 따라 다시 세 범주로 나눌 수 있다.

먼저 외국인고용법의 적용을 받는 외국인선원인데, 이 선원은 다른 외국인근로자와 마찬가지로 비전문취업(F-9)의 체류자격을 받아야 한다. 외국인고용법은 제조업 이외에도 어업, 농축산업 등에도 취업을 시킬 수 있도록 하며, 그 중 어업분야는 연근해어업이나 양식어업, 소금채취업에 종사하는 것에 한정하며, 연근해어업은 선원법의 적용을 받지 않는 20톤 미만의 어선에 종사하는 것을 의미한다.

다음으로 선원법의 적용을 받는 외국인선원이 있다(외국인고용법 제3조 제1항 참고).[68] 이들은 선원취업(F-10)의 체류자격을 받게 되는데, 내항에서 여객과 화물 운송

---

67 출입국관리법시행규칙 [별표1] 체류자격별 체류기간의 상한.

에 종사하는 내항선원(E-10-1)과 2천톤 이상의 크루즈선에 승선하는 순항여객선원 (E-10-3)과, 그리고 어업에 종사하는 어선원(E-10-2)이 있다. 어선원은 20톤 이상의 어선에 종사하는 사람을 말한다.[69]

마지막으로 외국에서 한국 선적(船籍)의 원양어선에 승선하는 외국인선원은, 외국 인고용법이나 선원법 등과 같은 국내법의 적용을 받지 않는 것으로 운용되고 있다.

2. 불법체류 근로자

(가) 불법체류 근로자의 개념

외국인근로자의 법적 지위 가운데 남는 쟁점은 불법체류 근로자의 지위이다. '불 법체류 근로자'라 함은 취업활동을 할 수 있는 체류자격이 없이 국내에서 취업하고 있는 외국인근로자를 말한다. 출입국관리법에 의하면, 외국인은 체류자격과 체류기 간의 범위 내에서 대한민국에 체류할 수 있으며(제17조 제1항), 또한 대한민국에서 취업하고자 할 때에는 취업활동을 할 수 있는 체류자격을 받아야 한다(제18조 제1 항).[70] 불법체류 근로자는 이상과 같은 출입국관리법을 위반하여 취업하고 있는 것이 다. 불법체류 근로자를 가리키는 용어로서 '불법취업자'가 있으나, 취업 자체가 불법 무효라기보다는 체류가 출입국관리법에 의해서 금지되는 것에 그치기 때문에 '불법 체류 근로자'라는 용어가 많이 사용된다.[71]

불법체류 근로자는 세가지 부류, 즉 '자격외 취업자', '체류기간 초과 취업자' 그리 고 '밀입국취업자'로 나누어 볼 수 있다. '자격외 취업자'는 한국에 체류할 수 있으나, 취업할 수 없는 외국인이 취업을 하는 경우이다. 예를 들어, 관광목적의 사증을 받아 국내에서 취업해버린 외국인이나, 외국인 유학생이 체류조건을 위반하여 취업하는 경

---

68 이에 대해서는 조상균, 「선원 이주노동자의 법적 지위와 과제」, 『법학논총』 제33집 제1호 (전 남대학교, 2013), 7면 이하.

69 구체적인 내용은, 법무부 출입국·외국인정책본부, 『사증발급 안내메뉴얼(체류자격별 대상, 첨 부서류 등)』 참고.

70 위 규정들을 위반한 외국인은 강제퇴거의 대상이 되며(출입국관리법 제46조 제1항), 벌칙규정 이 적용된다(동법 제94조 제7호·제8호). 이러한 외국인을 고용하거나, 업으로 알선·권유한 사람도 처벌된다(동법 제94조 제9호·제10호).

71 최근 판결에서 법원은 '불법체류' 외국인이라는 용어가 아닌 '취업활동을 할 수 있는 체류자격 (줄여서 '취업자격') 없는' 외국인이라는 표현을 썼다(대법원 2015. 6. 25. 선고 2007두4995 판 결). 영어문헌에서는 'undocumented worker'도 많이 쓰인다. 우리말로 옮기면 '미등록노동자' 또는 '서류미비 노동자' 등으로 번역된다.

우가 '자격외 취업자'이다. '체류기간 초과 취업자'는 사증에서 규정된 체류기간을 초과하여 국내에서 취업하고 있는 외국인이며, '밀입국 취업자'는 정식으로 입국절차를 밟지 않고 입국하여 국내에서 취업중인 외국인을 말한다. 그렇지만, 위 세 부류의 불법체류 근로자는 출입국관리법을 위반하여 취업하고 있다는 점에서는 공통된다.

(나) 개별적 근로관계법상의 지위

불법체류 근로자의 법적 지위가 논란이 되어왔다. 예를 들면 다음과 같은 문제들이 있었다. 불법체류 근로자가 임금을 지급받지 못했을 때 그는 근로기준법의 보호를 받을 수 있는가, 산업재해를 입었을 때 그는 산업재해 보상청구를 할 수 있는 근로자인가, 또한 그가 출입국관리법을 위반하여 체류하고 취업하고 있다는 사실은 근로계약에 어떠한 영향을 미치는가 등이 쟁점이 되었다.

고용노동부는 한동안 불법체류 근로자가 맺은 근로계약은 불법계약이므로 산재보험법을 비롯한 노동관계법의 보호를 받을 수 없다고 보았다. 그러다가 법원의 판결(서울고등법원 1993. 11. 26. 선고 93구16774 판결) 등을 계기로 하여 고용노동부의 내부지침도 변경되었고, 대법원의 판결(대법원 1995. 9. 15. 선고 94누12067 판결)을 통해 근로자로 인정하는 법리가 정착되었다.[72]

(다) 집단적 노사관계법상의 지위

불법체류 근로자의 개별법상의 쟁점은 위의 판결들에 의해 대체로 정리되었다. 그렇지만, 최근까지 집단법상의 지위는 미해결의 상태로 남아있었다. 불법체류 외국인이 중심이 되어 설립한 지역별 노동조합에 대한 노동조합설립신고의 반려가 쟁점이 된 사건에서, 1심과 2심의 의견이 갈렸다. 서울행정법원은 불법체류 근로자가 "장차 적법한 근로관계가 계속될 것임을 전제로 근로조건의 유지 개선과 지위향상을 도모할 법률상의 지위"에 있지 않아서 노동조합법상의 근로자라고 볼 수 없다(서울행정법원 2006. 2. 7. 선고 2005구합18266 판결)고 했지만, 서울고등법원은 "불법체류 외국인

---

[72] "(구 출입국관리법 제15조 제1항과 제2항의 입법목적은) 취업자격 없는 외국인의 고용이라는 사실적 행위 자체를 금지하고자 하는 것뿐이지 나아가 취업자격 없는 외국인이 사실상 제공한 근로에 따른 권리나 이미 형성된 근로관계에 있어서의 근로자로서의 신분에 따른 노동관계법상의 제반 권리 등의 법률효과까지 금지하려는 규정으로는 보기 어렵다 할 것이다. 따라서 취업자격 없는 외국인이 위 출입국관리법상의 고용제한 규정을 위반하여 근로계약을 체결하였다 하더라도 그것만으로 그 근로계약이 당연히 무효라고는 할 수 없다"(대법원 1995. 9. 15. 선고 94누12067 판결).

이라 하더라도 현실적으로 근로를 제공하면서 임금·급료 기타 이에 준하는 수입에 의하여 생활하는 이상 노동조합을 설립할 수 있는 근로자에 해당"한다고 하였다(서울고등법원 2007. 2. 1. 선고 2006누6774 판결). 학자들도 의견이 갈렸다.[73]

대법원은 시간이 너무 지나기는 했으나, 원심인 서울고등법원의 판결을 수용했다. "타인과의 사용종속관계 하에서 근로를 제공하고 그 대가로 임금 등을 받아 생활하는 사람은 노동조합법상 근로자에 해당하고, 노동조합법상의 근로자성이 인정되는 한, 그러한 근로자가 외국인인지 여부나 취업자격의 유무에 따라 노동조합법상 근로자의 범위에 포함되지 아니한다고 볼 수는 없다"는 것이다.[74]

(라) 불법체류 근로자에 대한 몇 가지 판결들

이밖에도 불법체류자를 비롯한 외국인근로자의 노동관계법 적용과 관련되는 의미 있는 판결들이 몇 개 더 있다. 먼저, 불법체류 근로자도 퇴직금 지급대상이 되는지에 대해서는, 출입국관리법 규정들이 단속법규에 불과하므로, 그에 따라 강제퇴거나 형사처벌을 받는 것은 별론으로 하고 그 외국인은 근로기준법상의 근로자에 해당하므로, 퇴직금 규정 역시 불법체류 근로자에게도 적용된다(대법원 1997. 8. 26. 선고 97다18875 판결). 불법체류 근로자가 출입국관리사무소의 단속반을 피하려다가 부상을 입은 사건에 대해서, 법원은 사업주가 관리부장을 통하여 도주하도록 지시하였고 단속과 피신행위가 회사에서 작업하는 도중에 이루어진 것이라는 등의 이유로, 사업주의 지배관리 아래에 있는 경우로 보아 업무상 재해에 해당한다(부산고법 2008. 6. 20. 선고 2008누792 판결; 대법원 2008. 11. 13. 선고 2008두12344 판결)고 했다.

(마) 출입국관리법상 통보의무와의 관계

실무상으로는 출입국관리법상의 통보의무가 불법체류 근로자에 대해 적용되는 범위가 문제가 된다. 출입국관리법에 의하면 국가나 지방자치단체의 공무원은 그 직무를 수행할 때에 강제퇴거의 사유에 해당하는 범위반이 있다고 인정되는 사람을 발

---

73 단체교섭이 장래를 향해서 근로자의 계속적인 지위를 설정하려는 제도라 보아 1심의 결론을 지지한 견해가 있었으며(전윤구, 「외국인근로자의 노동법상 지위—단결활동에서의 제한과 차별금지를 중심으로」, 『노동법학』 제42호 (2012), 269–274면), 반면에 모든 근로자가 단결권의 주체가 되어야 한다는 단결권 보장의 의의의 측면에서 보아 서울고법의 견해를 지지한 견해도 있었다. 최근의 글로서는, 이승욱, 「불법체류 외국인근로자의 노동조합설립과 활동—미국에서의 논의를 소재로 하여—」, 『노동법연구』 제37호 (2014), 148–150면.

74 대법원 2015. 6. 25. 선고 2007두4995 전원합의체 판결.

견하면 그 사실을 지체 없이 지방출입국·외국인관서의 장에게 통보해야 한다(제84조 제1항 본문).

이 통보의무를 엄격히 적용하면, 공공보건의료 활동이나 범죄피해자 구조 등의 목적을 달성하기 어려운 경우가 있다. 그래서 2012년에 출입국관리법령을 개정하여 인권침해 구제, 범죄피해자 구조 등의 업무를 수행하는 과정에서 필요한 경우에는 통보의무를 면제하도록 정하고 있다(법 제84조 제1항 단서, 동법 시행령 제92조의2).[75] 불법체류 근로자가 임금체불이나 산업재해를 당하여 법적 구제를 요청한 때에도 위의 통보의무의 면제규정이 적용되는지에 대해서, 관련 법령에 명시되어 있지는 않으나 통보의무가 면제되는 경우에 준하여 적극적으로 해석할 필요가 있다. 임금체불이나 산업재해가 발생해도 범죄행위 등에 준하는 인권침해가 발생할 수 있기 때문이다.

---

75 「출입국관리법 시행령」에 의하면, 초·중등학교에서 외국인 학생의 학교생활과 관련하여 신상 정보를 알게 된 경우와, 공공보건의료기관에서 담당 공무원이 보건의료 활동과 관련하여 환자의 신상정보를 알게 된 경우, 그 밖에 공무원이 범죄피해자 구조, 인권침해 구제 등 업무를 수행하는 과정에서 외국인의 피해구제가 우선적으로 필요하다고 법무부장관이 인정하는 경우에 통보의무를 면제한다(동법 시행령 제92조의2).

결혼이민자와
다문화가족의 법률관계

곽 민 희

제11장 결혼이민자와 다문화가족의 법률관계

지금까지 이민법은 주로 외국인이 국내에 유입되는 과정에서 출입국 및 체류관리, 국적의 취득이나 상실과 같은 공법적인 관점에서 필요한 내용을 다루어 왔다. 그러나 국가 간 사람의 이동에 수반하여 발생하는 문제는 위와 같은 측면에 한정되지 않는다. 최근 이민자와 우리 국민의 국제결혼이 증가하고 결혼이민자와 국민으로 구성된 다문화가족이 등장하게 되었다. 특히, 우리나라의 이민현상의 중요한 특성 중의 하나가 결혼이민이라는 점을 고려할 때, 다문화가족의 형성과 해체에 수반하는 사법상의 문제는 이민법의 새로운 영역으로서 받아들여지고 있다. 이러한 의미에서 본장에서는 결혼이민자의 법적 지위 및 다문화가족의 사법적 법률관계에 대해서 검토한다.

 ## 제1절 결혼이민의 의미

결혼이민은 현재 우리 사회에서 가장 중요한 의미를 지닌 이민 형태라고 할 수 있다. 본 절에서는 결혼이민의 의미와 유입 과정에서의 혼인중개행위의 규율에 관해서 살펴보기로 한다.

1. 결혼이민의 의미와 특성

인구의 이동과 유입을 통한 이민의 목적은 크게 노동과 혼인이라고 할 수 있는데 특히, 우리 한국사회는 2000년대를 계기로 혼인을 매개로 하는 이민의 특성을 보인다. 그 가운데, 혼인을 통해 유입되는 이민자의 대부분이 여성이라는 점에서 한국사회에서의 이민 내지 다문화 현상은 민족적 현상일 뿐 아니라 강력한 성별적 현상이기도 하다.[1] 결혼이민자의 유입 경로는 대개 소위 혼인중개업체의 수익사업을 통해 이루어져 왔다는 것도 한국적 이민현상의 특성이라고 할 수 있다. 이처럼 최근 우리나라의 이민은 혼인중개업을 통한 '국제결혼'을 매개로 가족구성원 안으로의 침투현상이 두드러지게 나타나고 있다.[2] 따라서 이러한 결혼이민의 특성을 반영하는 새로운 정책을 수립·추진해야 할 필요성이 증대하였다. 최근 각종의 제도와 법률은 우리나라로 이주하는 외국인과의 진정한 사회통합과 다문화공생을 목표로 다양하게 변화하고 있다. 우리나라에서는 국제결혼이라고 하는 사회적 현상에 상응하는 각종의 제도와 정책을 수립하고 추진하는 과정에서 의식적으로 '다문화'라는 용어가 보편화되었다. 이에 따라 결혼이민자 등을 중심으로 하는 새로운 가족 단위에 대응하여 '다문화가족'이라고 하는 용어가 법적 개념으로 등장한 것이다. 이민법제는 자국 고유의 이민정책과 밀접한 연관을 가지기 때문에 일정한 방향성을 가지고 발전하는 경향이 있다. 예컨대, 출입국관리법이나 국적법에는 외국인이 국내에 체류하거나 귀화 등의 국적을 취득하는 절차 등을 통해 국가의 혼인이주정책의 목표를 실현하고자 하는 고도의 정치적 특성을 가진 규정들이 존재한다.[3] 이러한 이민법제의 특성을 염두에 두

---

1 양현아, 「가족 안으로 들어온 한국의 다문화주의(Multiculturalism)실험」, 『저스티스』 제134-2호 (2013), 298면.

2 '국제결혼' 혹은 '섭외적 혼인'의 의미에 대해 현재 법적으로 정립된 개념이 존재하는 것은 아니고 관련 법제의 취지에 상응하여 개별적으로 규율되고 있다. 예컨대, 국제사법에서는 '섭외적 혼인'이라는 용어가 주로 사용되고 있는데, 이는 당사자, 행위지 등에 섭외적(외국적) 요소가 있는 혼인을 의미하는 것으로서, 혼인 당사자의 국적이 다른 경우뿐만 아니라 당사자의 국적이 동일하더라도 혼인 행위지가 그와 다른 외국인 경우와 같이 혼인에 외국적 요소가 있는 경우를 포함하는 넓은 개념으로 이해된다. 한편, 이민법이나 정책의 분야와 같은 사회적인 영역에서는 '국제결혼'이라고 하는 용어가 더 선호되는데 그 의미는 복수의 국가에서 형성되는 국적이 상이한 이성 간의 인적결합체로 보는 것이 일반적이지만, 외국에서 이루어지는 우리 국민 간의 혼인도 이에 포함된다고 보는 견해도 있다(임영수, 「혼인이주자의 보호법제에 관한 고찰」, 『동아법학』 제58호 (2013), 605면). 결국 '섭외적 혼인' 또는 '국제결혼'은 당사자 뿐만 혼인과 관련된 다양한 요소에 '외국적 요소'가 포함된 성적 결합을 의미하는 것으로 볼 수 있다.

3 같은 글, 604면.

고 우리 현행법상 결혼이민자의 개념에 대해서 살펴본다.

결혼이민자와 관련된 현행 법제로는 한국에 체류하는 외국인의 기본법이라고 할 수 있는 「재한외국인 처우 기본법」과 이를 기초로 제정된 「다문화가족지원법」이 있다. 이 외에도 「출입국관리법」에서도 결혼이민자와 관련된 규율이 존재한다. '결혼이민자'의 정의는 원칙적으로 「재한외국인 처우 기본법」에 규정되어 있다. 이 법에서의 '결혼이민자'란 대한민국 국민과 혼인한 적이 있거나 혼인관계에 있는 재한외국인을 말하고(동법 제2조 제3호), 여기에서 재한외국인이란 대한민국에 거주할 목적을 가지고 합법적으로 체류하는 외국인을 의미한다(동법 제2조 제1호). 「다문화가족지원법」은 다문화가족 구성원의 안정적인 가족생활의 영위를 통한 삶의 질 향상과 사회통합에 이바지하기 위해서 재한외국인 처우 기본법의 집행법으로서의 성격을 가지고 제정되었다. 그러므로 이 법에서의 '결혼이민자'는 재한외국인 처우 기본법상의 정의에 따른다. 이 법의 적용 대상은 그 명칭에서도 잘 드러나는 것처럼 소위 '다문화가족' 구성원이다. 「재한외국인 처우 기본법」상 합법적 체류자인 결혼이민자는 다문화가족 구성원으로서의 지위에서 다문화가족지원법의 적용을 받는다. 이 법에서는 결혼이민자와 별도로 '결혼이민자 등'에 대해서도 규정하고 있는데, 이는 다문화가족의 구성원으로서 「재한외국인 처우 기본법」상의 결혼이민자와 국적법 제4조에 따라 귀화허가를 받은 자를 포함한다. 따라서 다문화가족지원법상 '결혼이민자 등'에는 반드시 외국인만 해당하는 것이 아니라, 귀화를 통해 우리 국민이 된 자도 포함된다. 한편, 「출입국관리법」에서는 결혼이민자에 대한 명시적인 정의 규정을 두고 있지 않지만, '혼인동거를 목적으로 입국하는 자'라고 하여 입국과 체류의 단계에서 실질상 결혼이민자의 지위를 규율하고 있다.

2. 국제결혼 중개행위의 규율

최근 우리나라의 결혼이민은 개인적인 만남과 사적인 주선보다는 주로 혼인을 목적으로 하는 국제결혼 중개행위에 의해서 이루어져 왔다는 특성이 있다. 종래 이러한 국제결혼 중개행위를 통한 결혼이민은 그 순기능보다는 자본주의 논리의 폐단으로서 매매혼, 인신혼 등의 심각한 인권침해의 문제를 발생시켰다. 이에 따라 지난 2007년 국제결혼 중개업체의 왜곡된 중개 관행을 규율하기 위해서 「결혼중개업의 관리에 관한 법률」(이하, '결혼중개업법'이라 한다)이 제정되었다. 이 법은 국제결혼의 폐해로 지적되고 있는 신상정보 제공의 문제를 개선하고, 현지 업체와의 협력을 통해 이루어지고 있는 중개관행을 올바르게 정립하는 것을 목적으로 한다. 최근의 개정에서는 국제결혼중개업체의 실태 파악에 관한 조항을 신설하는 등 실태조사와 관리를 강조하고 있다. 이 법의 주요한 내용은 다음과 같다.

(가) 국제결혼중개업의 등록과 관리

결혼중개업법상 '결혼중개업'이란 수수료, 회비, 그 밖의 금품을 받고 결혼을 위한 상담 및 알선 등의 결혼중개를 업으로 행하는 것을 말한다(결혼중개업법 제2조 제1호 및 제2호). 결혼중개업은 대한민국 국적을 가진 사람을 대상으로 하는 국내결혼중개업과 대한민국의 국적을 가진 사람과 외국인을 대상으로 하는 국제결혼중개업을 모두 포함한다. 국내결혼중개업과 국제결혼중개업의 가장 큰 차이는 전자의 경우에는 신고제이지만, 후자인 국제결혼중개업은 등록제로 특별자치시장·시장·군수·구청장(이하, '관할지자체'라고 한다)의 엄격한 지도·관리를 받는다는 것이다(결혼중개업법 제4조). 그 등록요건도 국내결혼중개업과 비교하여 결혼중개업을 등록하고자 하는 자는 일정한 교육을 필수적으로 받아야 하고(동법 제24조 제2항), 보증보험금 이외에 중개사무소별로 1억 원 이상의 자본금을 보유·유지하여야 한다(동법 제24조의3). 국제결혼중개업체가 이와 같은 자본금이나 보증보험가입과 같은 등록요건을 갖추지 못하거나 거짓이나 그 밖의 부정한 방법으로 결혼중개업을 등록한 경우에는 그 등록은 취소된다(동법 제18조 제1항 단서). 이를 위해 관할지자체는 국제결혼중개업체의 자본금 요건 등 등록사항과 신상정보 제공 등 업무에 관한 사항에 대하여 매년 1회 이상 지도·점검을 실시하여야 한다(동법 제4조의3). 등록된 국제결혼중개업자는 여성가족부령으로 정하는 바에 따라 매년 정기적으로 관할지자체에게 결혼중개 실적 등을 보고하여야 하고(동법 제15조 제2항), 관할지자체는 등록된 국제결혼중개업체의 현황 등을 홈페이지를 통하여 정기적으로 공시하여야 한다(동법 제4조의2). 결혼중개업자가 휴업 또는 폐업하거나 휴업 후 영업을 재개하고자 할 때에는 이를 신고하도록 하고 있으며, 휴업한 결혼중개업자가 휴업기간 종료 후 1년이 지나도 재개 신고를 하지 아니한 경우에는 폐업한 것으로 보는 점(동법 제5조)은 국내결혼중개업과 동일하다.

나아가 여성가족부장관은 결혼중개업의 운영실태 및 이용자의 피해사례 등 국제결혼 실태조사를 3년마다 실시하고 그 결과를 공표해야 한다(동법 제2조의2). 특히 국제결혼의 경우 여성가족부장관은 국제결혼의 신중한 결정 및 국제결혼중개업자로부터의 피해예방 등에 관한 홍보영상을 제작하여 방송법 제2조 제3호의 방송사업자에게 배포하여야 한다(동법 제11조의2).

(나) 중개계약서의 서면작성과 신상정보 제공의무

결혼중개업자가 결혼중개를 목적으로 수수료·회비, 그 밖의 금품을 이용자에게 받고자 할 때에는 서면 또는 전자문서에 의하도록 하고 있는데, 국제결혼중개업자의 경우에는 반드시 서면으로 계약을 체결하여야 한다(동법 제10조 제1항 제2호). 이때 계약서에는 수수료, 해약, 배상책임 등의 법률이 정하는 일정한 사항이 포함된 사항을 기재하여야 하고(동조 제2항 각호), 이용자가 계약서의 내용을 이해할 수 있도록 충분히 설명한 후에 이를 이용자에게 교부하여야 한다. 결혼중개업의 공정한 거래질서를 구축하기 위해 여성가족부장관은 결혼중개업에 관한 표준계약서를 마련하고 결혼중개업자에게 이를 사용하도록 권장하여야 한다(동조 제5항).

결혼중개업법의 가장 중요한 내용으로서, 국제결혼중개업자는 위와 같이 계약을 체결한 이용자와 결혼중개의 상대방으로부터 일정한 신상정보를 받아 각각 해당 국가 공증인의 인증[4]을 받은 다음 그 신상정보를 상대방과 이용자에게 서면으로 제공하여야 한다(동법 제10조의2). 이는 그동안 국제결혼중개업의 가장 큰 폐단으로 지적되어 오던 혼인 생활에 직접적인 영향을 미칠 수 있는 당사자의 중요한 신상정보가 제대로 전달되지 않거나 허위로 고지됨으로써, 정상적인 혼인 생활을 영위하지 못하고 가정이 파탄되거나 가정폭력과 같은 심각한 인권 문제를 양산하였다는 점을 고려하여 만들어진 규정이다. 이때 제공되는 신상정보는 혼인경력, 건강상태(후천성면역결핍증, 성병 감염 및 정신질환 여부를 포함), 직업, 성폭력, 가정폭력, 아동학대, 성매매 알선 및 강요 관련 범죄경력과 최근 10년 이내의 금고 이상의 형에 해당하는 범죄경력, 그 밖에 상대국의 법령에서 정하고 있는 사항이다(동조 제1항 각호). 통상 국제결혼중개업자는 이용자와 상대방 간의 원활한 의사소통을 지원하기 위해서 통역·번역 서비스를 제공해야 할 의무를 지고 있으므로(동법 제10조의3), 위 신상정보는 그 정보를 제공받는 이용자와 상대방이 이해할 수 있는 언어로 작성하여야 한다(동법 제10조의2 제3항).

---

4 다만, 이용자 또는 상대방이 외국에서 공증인의 인증을 받은 경우 「재외공관 공증법」 제30조 제1항에 따라 공증담당영사로부터 확인을 받거나 「외국공문서에 대한 인증의 요구를 폐지하는 협약」에서 정하는 바에 따른 확인을 받아야 한다(동법 제10조의2 제1항 단서).

(다) 허위·부정한 모집행위 등의 금지

결혼중개대상자를 모집하는 행위를 함에 있어서도 국제결혼중개업자는 엄격한 제한을 받는다. 즉, 속임수나 부정한 방법으로 국제결혼 대상자를 모집하거나 알선하는 행위나 부당한 수수료·회비, 그 밖의 금품을 징수하는 행위는 금지된다(동법 제10조의5). 국제결혼중개의 경우 대부분 모집행위는 주로 현지의 중개업체를 매개로 하거나 업무제휴를 하는 경우가 많은데, 이 경우 결혼중개업법은 일정한 준수의무사항을 담은 서면으로 업무제휴계약을 체결할 것을 요구하고 있다(동법 제14조의2). 또한, 외국 현지에서 국제결혼중개를 하는 경우에는 외국 현지 형사법령 및 행정법령을 준수해야 한다(동법 제11조 제1항). 만약 외국 현지법령을 위반한 경우에는 외교부장관은 관련 내용을 여성가족부장관에게 통보하여야 하고, 여성가족부장관은 이를 시·도지사에게 통보해야 한다(동법 제11조 제2항). 이러한 통보를 받은 관할지자체는 해당 국제결혼중개업체에 대하여 등록을 취소하거나 영업소 폐쇄 또는 1년 이내의 기간을 정하여 영업정지를 명할 수 있다(동법 제18조 제1항 제15호).

모집행위뿐만 아니라 결혼중개행위에 대해서도 일정한 제한이 있는데, 국제결혼중개업자는 18세 미만의 사람을 소개하거나 이용자에게 같은 시간에 2명 이상의 상대방을 소개하는 행위, 같은 날, 같은 장소에서 2명 이상의 이용자에게 2명 이상의 상대방을 동시 또는 순차적으로 소개하는 행위, 결혼중개를 목적으로 2명 이상의 외국인을 같은 장소에 기숙시키는 행위는 금지된다(동법 제12조의2). 국제결혼중개업자가 이처럼 금지되는 결혼중개행위를 한 경우, 관할지자체는 그 등록을 취소하거나 영업소 폐쇄 또는 1년 이내의 기간을 정한 영업의 정지를 명할 수 있다(동법 제18조 제1항 제18호).

제2절   결혼이민자의 법적 지위

결혼이민자는 우리 국적을 취득하기 전에는 통상의 재한 외국인으로서의 기본적 지위를 갖지만, 결혼이민이라고 하는 이민형태의 특수성에 기하여 통상의 외국인과는 다른 보호와 지원의 대상이 된다. 결혼이민자가 귀화 등을 통해 국적을 취득한 이후에는 후천적 국적취득자로서 대한민국 국민의 지위를 가진다.

1. 외국인으로서의 기본적 지위

(가) 「재한외국인 처우 기본법」의 적용

결혼이민자의 현행법상 개념에 따르면 우선, 국적을 취득하기 이전에는 원칙적으로 통상의 외국인으로서 지위를 가진다. 종래 우리 국적법은 혼인에 의해서 자동으로 국적을 취득하는 제도를 두고 있었으나, 이를 간이귀화제도로 대치하면서 결혼이민자에 대해서도 일정한 요건의 충족을 전제로 국적취득을 인정하고 있기 때문이다. 따라서 외국인이 입국일로부터 90일 초과하여 대한민국에 체류하고자 하는 경우에는 입국한 날로부터 90일 이내에 외국인등록을 하여야 하므로 결혼이민자 역시, 외국인등록을 하여야 한다(출입국관리법 제31조 제1항).

한국에 합법적으로 체류하는 외국인은 원칙적으로 재한외국인 처우 기본법의 적용 대상이 되므로 결혼이민자도 이 법의 적용을 받는다. 다만, 재한외국인 처우 기본법에서 말하는 '결혼이민자'란 대한민국 국민과 혼인한 적이 있거나 혼인관계에 있는 재한외국인으로서 대한민국에 거주할 목적을 가지고 합법적으로 체류하고 있는 외국 국적자를 의미하므로, 한국인과 혼인 후 국적취득 전에 이혼하여 불법체류자가 된 결혼이민자나 불법체류자로서 한국인과 사실혼 관계에 있는 자, 불법체류자로서 한국인과의 사이에 자녀를 두고 있는 자 등은 이 법 적용상 '재한외국인'에 해당하지 않는다.

국가는 재한외국인이 불합리한 차별이나 인권침해를 받지 않도록 인권옹호노력을 기울이거나 사회적응지원, 영주권자 또는 난민 등의 각종 외국인 유형에 따른 지원을 행한다(재한외국인 처우 기본법 제10조 내지 제17조). 그중 결혼이민자의 경우에는 결혼이민자 자신뿐만 아니라 그 자녀의 처우에 관해서 특별한 규정이 마련되어 있다. 즉, 국가 및 지방자치단체는 결혼이민자에게 국어교육, 대한민국의 제도·문화에 대한 교육을 할 수 있다. 또한 결혼이민자의 자녀에 대해서는 보육 및 교육지원, 의료지원 등을 통해 결혼이민자 및 그 자녀가 대한민국사회에 빨리 적응할 수 있도록 지원할 수 있다(동법 제12조 제1항). 여기에서 결혼이민자의 자녀는 대한민국 국민과 사실혼 관계에서 출생한 자녀도 포함되고 이러한 자녀를 양육하고 있는 외국인도 일정한 한도에서 이 법의 적용을 받는다. 다만, 동법 제12조의 결혼이민자 및 그 자녀의 처우에 관한 특례규정에 의한 지원은 이 법의 대부분 규정과 마찬가지로 임의 규정의 형식을 취하고 있으므로 국가 또는 지방자치단체의 의무사항은 아니다. 그리고 결혼이민자는 기본적으로 외국인이기 때문에 원칙적으로 우리 국민에게 부여되는 사회보장의 대상은 아니지만 법률이 정하는 일정한 경우 사회복지의 수혜자가 될 수 있다.[5]

결혼이민자가 간이귀화 또는 일반귀화의 요건을 갖추어 귀화허가를 받고 국적을 취득하여 대한민국 국민이 된 경우라도 일정 기간 동안에는 이 법이 규정한 지원을 받을 수 있다. 즉, 결혼이민자가 국적을 취득한 날로부터 3년이 경과하는 날까지는 국적취득 후의 사회적응을 돕기 위해 위 결혼이민자 및 그 자녀의 처우에 관한 재한외국인 특례조항에 의한 혜택을 계속 받을 수 있다(동법 제15조).

(나) 사회통합프로그램이수자에 대한 우대

사회통합프로그램이란 대한민국 국적이나 영주자격 등을 취득하고자 하는 외국인의 사회적응을 지원하기 위하여 마련된 프로그램이다(출입국관리법 제39조 제1항). 외국인이 사회통합프로그램을 이수하는 경우, 법무부장관은 사증발급, 체류 관련 각종 허가 등을 할 때에 그 이수자를 우대할 수 있다(동법 제40조). 사회통합프로그램의 구체적인 내용은 대통령령으로 정하게 되어 있고, 주로 한국어 교육, 한국사회 이해 교육, 그 밖에 외국인의 사회적응 지원에 필요하다고 법무부장관이 인정하는 교육, 정보, 제공, 상담 등으로 구성된다(동법 시행령 제48조). 특히, 결혼이민자 등의 경우에는 우리 사회에 조기에 적응할 수 있도록 '결혼이민자 등의 조기적응을 위한 프로그램'에 관한 특칙을 두고 있다(동법 제53조의5). 이 프로그램은 체류허가·영주자격·국적신청 및 기초생활법질서 등의 교육, 정보제공 및 상담 등에 유용한 내용으로 구성된다.

2. 국민의 배우자로서의 지위

결혼이민자는 통상의 이민자와 달리 국민의 배우자로서 보호와 지원의 대상이 된다.

---

5 국민건강보험법 제93조 제2항 및 동법 시행령 제64조, 「국민기초생활 보장법」 제5조의2, 한부모가족지원법 제5조의2 제3항 및 동법 시행령 제10조, 이외에도 긴급복지지원법상의 지원이 가능하다. 이에 관한 상세한 설명은 제12장을 참조.

(가) 결혼이민자의 입국과 국내체류를 위한 사증발급신청

결혼이민자인 외국인 배우자가 한국에 입국하여 국내에서 혼인생활을 영위하기 위해서는 우선, 대한민국에 입국 및 체류할 수 있는 적법한 체류자격이 있어야 한다. 결혼이민자의 경우에는 결혼동거 목적의 사증을 발급받아 체류하게 되는데, 결혼동거 목적의 사증을 신청하기 위해서는 우선 국민인 배우자의 초청이 있어야 한다. 이때 초청인인 국민인 배우자는 피초청인의 신원보증인이 된다(출입국관리법 제90조, 출입국관리법 시행규칙 제9조의4 제1항). 피초청인인 외국인 배우자가 법무부장관이 고시하는 "특정국가"6의 국민인 경우에는 국민인 배우자는 '국제결혼 안내 프로그램'을 이수해야만 외국인 배우자를 초청할 수 있다(동법 시행규칙 제9조의4 제2항).7

초청이 이루어진 다음에는 국내 체류를 위한 사증발급신청을 할 수 있다. 결혼동거 목적의 사증발급 신청의 전제인 배우자 초청에는 초청인인 국민인 배우자가 피초청인의 신원보증인이 되므로 사증발급에도 여전히 신원보증 요건이 필요하다.8 전술한 특정국가에 해당하는 외국인 배우자는 사증신청 시에 그의 배우자인 초청인이 법무부장관이 시행하는 국제결혼에 관한 안내프로그램(이하 "국제결혼 안내프로그램"이라 한다)을 이수하였다는 증명서를 첨부하거나 초청장에 국제결혼 안내프로그램 이수번호를 기재하여 사증 발급을 신청하여야 한다(동법 시행규칙 제9조의4 제2항). 결혼동거

---

6 국제결혼 안내 프로그램 이수대상은 국민과 외국인의 혼인·이혼 현황, 혼인을 바탕으로 한국 국적을 취득한 현황, 불법체류 외국인 현황 등을 종합적으로 고려하여 법무부장관이 고시한 국가(특정국가)의 국민을 결혼동거 목적으로 초청하려는 사람이다. 현재 법무부장관이 고시한 특정국가는 중국, 베트남, 필리핀, 캄보디아, 몽골, 우즈베키스탄, 태국의 7개 국가이다. 단, 외국인 배우자의 국가에서 6월 이상 또는 제3국에서 유학, 파견근무 등을 위해 장기 사증으로 계속 체류하면서 교제한 경우, 외국인 배우자가 「출입국관리법 시행령」[별표 1의 2] 장기체류 자격으로 국내에 입국하여 91일 이상 합법 체류하면서 초청인과 교제한 경우, 배우자 임신, 출산, 그 밖에 인도적인 고려가 필요하다고 인정하는 경우에는 본 프로그램의 이수를 면제하고 있다[「국제결혼 안내 프로그램 이수 대상 및 운영사항 고시」(법무부고시 제2020-527호)].
7 국제결혼 안내 프로그램은 ① 국제결혼 관련 현지 국가의 제도·문화·예절 등 소개, ②결혼사증 발급절차 및 심사기준 등 정부정책 소개(중도입국 자녀 공교육 안내 포함), ③ 시민단체의 결혼이민자 상담·피해사례 및 국제결혼 이민자나 한국인 배우자의 경험담 소개 ④ 국제결혼 관련 인권교육(부부간 인권존중 및 갈등해소 노력, 가정폭력 방지 등)의 총 4개 과정으로 운영된다. 이 프로그램의 이수를 위한 신청은 외국인 배우자 초청(사증신청) 전까지 하여야 한다[「국제결혼 안내 프로그램 이수 대상 및 운영사항 고시」(법무부고시 제2020-527호)].
8 이에 대해서는 결혼이민자의 지위를 현저히 불안하게 한다는 등의 이유로 비판의 목소리가 높다. 종전에는 영주(F-5)자격 및 귀화허가 신청 시에도 배우자의 신원보증을 필요로 하였으나 지금은 폐지되었고, 체류자격의 연장 시에도 신원보증요건이 삭제되었지만, 체류자격의 변경에는 여전히 신원보증요건이 존재한다.

목적의 사증 발급 신청을 받은 재외공관의 장은 혼인의 진정성 및 정상적인 결혼생활의 가능성 여부를 판단하기 위해 사증발급을 신청한 외국인과 그 초청인에 대하여 법령이 정하는 일정한 요건을 심사·확인할 수 있다(동법 시행규칙 제9조의5 제1항 각호). 예컨대, 섭외적 요소가 있는 혼인에 관하여 우리 국제사법이 정하는 준거법에 따라 혼인이 성립하였는지의 여부(동항 제2호)나 초청인의 소득요건(동항 제4호) 등이 심사된다. 다만, 초청인과 피초청인 사이에 출생한 자녀가 있는 경우 등 법무부장관이 정하여 고시하는 경우9에 해당하면 일부에 대한 심사를 면제할 수 있다(동법 시행규칙 제9조의5 제1항 단서).

결혼이민의 사증발급요건을 심사·확인한 결과, 사증발급이 허가되면 결혼이민의 사증(F-6)을 발급받을 수 있다. 사증발급이 허가되지 않은 경우에는 해당 신청인은 그 배우자와 혼인의 진정성 등을 재고하여 허가되지 않은 날로부터 6개월이 경과한 후에 다시 사증발급을 신청할 수 있다. 다만, 출산이나 그 밖에 국내에 입국하여야 할 급박한 사정이 있는 경우에는 6개월이 경과하지 아니한 경우에도 재신청할 수 있다(동법 시행규칙 제9조의5 제3항). 한편, 결혼이민 목적의 사증발급신청에 대하여 거부처분이 있는 경우 우리 대법원은 외국인에게 사증발급 거부처분의 취소를 구할 법률상 이익을 인정하지 않는다.10

(나) 결혼이민자의 체류자격과 취업활동

1) 체류자격과 체류기간

외국인은 그 체류자격과 체류기간의 범위 내에서 우리나라에서 체류가 가능하다

---

9 자세한 내용은 법무부고시 제2023-156호(시행 2023. 4. 13.) 참조.
10 대법원 2018. 5. 15. 선고 2014두42506. 본 사안은 대한민국 국민(소외인)과 혼인한 중국 국적 여성이 결혼이민(F-6) 사증발급을 신청하였다가 '소외인의 가족부양능력 결여' 등을 이유로 사증발급 신청을 거부당하자 거부처분 취소소송을 제기하여 취소소송의 대상적격 및 원고적격이 다투어졌던 사건이다. 이 사건에서 대법원은 우리 출입국관리법의 입법 목적은 대한민국의 출입국 질서와 국경관리라는 공익을 보호하려는 취지일 뿐, 외국인에게 대한민국에 입국할 권리를 보장하거나 대한민국에 입국하고자 하는 외국인의 사익까지 보호하려는 취지로 해석하기 어렵고, 아직 대한민국에 입국하지 않은 상태의 외국인은 대한민국과의 실질적 관련성 내지 대한민국에서 법적으로 보호가 있는 이해관계를 형성한 경우가 아니므로 거부처분의 취소를 구할 법률상 이익을 인정해야 할 법정책성 필요성도 크지 않다고 하였다. 요컨대 대법원은 사증발급의 법적 성질, 출입국관리법의 입법 목적, 사증발급 신청인의 대한민국과의 실질적 관련성, 상호주의 원칙 등을 고려하여 우리 출입국관리법의 해석상 결혼이민자를 포함하여 외국인에게는 사증발급 거부처분의 취소를 구할 법률상 이익이 인정되지 않는다고 판단하였다.

(출입국관리법 제17조 제1항). 현행법상 결혼이민의 체류(F-6)자격은 세 가지로 나뉜다.[11] 첫째, 국민의 배우자인 자에게 주어지는 체류(F-6-1)자격이다. 여기서 배우자란 법률상 배우자를 의미하므로 사실혼 관계에 있는 외국인 배우자는 국민의 배우자로서의 체류(F-6-1)자격 신청은 할 수 없다. 이를 확인하기 위해서 재외공관의 장은 당사국의 법령에 따른 혼인의 성립 여부를 심사할 것을 규정하고 있고(동법 시행규칙 제9조의5 제1항 제2호), 행정실무상 일정한 서류의 제출에 의해서 이를 인정한다. 이 경우 결혼이민의 체류자격 부여를 위해서는 가족관계등록부 등록이 선행되어야 한다. 둘째, 국민과 혼인관계에서 출생한 자녀를 양육하고 있는 자로서 법무부장관의 인정이 있으면 양육을 위한 체류(F-6-2)자격이 인정된다. 이 경우에는 사실혼 관계에서 출생한 자를 양육하는 경우도 포함된다. 양육권이 없고 면접교섭권만을 가진 결혼이민자의 경우에는 일정한 조건 하에서 체류자격의 변경이 인정된다. 마지막으로 국민인 배우자와 혼인한 상태로 국내에 체류하던 중 그 배우자의 사망 또는 실종 기타 자신에게 책임 없는 사유로 정상적인 혼인관계를 유지할 수 없었던 경우로서 법무부장관의 인정이 있으면 결혼이민의 체류(F-6-3)자격을 인정받을 수 있다. 여기에서 국민인 배우자의 실종이란 민법 제27조에 의한 실종선고를 받은 경우를 말한다.

체류기간은 체류자격에 따라 결정되는데 결혼이민자의 경우에는 출입국관리법에 따라 대한민국에 체류할 수 있는 기간이 제한되는 일반체류자격, 특히, 대한민국에 90일을 초과하여 체류기간의 상한 범위에서 거주할 수 있는 장기체류자격이 부여된다(동법 제10조 제1호, 제10조의2 제1항 제2호). 현재, 결혼이민 체류자격(F-6)의 체류기간 상한은 3년이다(동법 시행규칙 [별표1]).

2) 혼인단절에 의한 불법체류상태의 결혼이민자에 대한 체류자격 특례

불법체류 중인 외국인, 특히, 혼인단절에 의한 불법체류상태의 결혼이민자에 대해서는 인도적 고려에 기한 특례에 의해서 체류허가가 주어지는 경우가 있다(국적업무처리지침 제12조 제1항 제1호). 즉, 혼인단절에 의한 불법체류상태의 결혼이민자가 귀화 또는 국적회복허가 신청을 하는 경우, 법무부장관이 인도적 고려가 필요하다고 인정하면 일정한 절차에 따라 체류자격이 부여될 수 있다. 그 절차는 다음과 같다. 불법체류 중인 혼인단절의 결혼이민자가 간이귀화신청을 하는 경우, 사무소장 등은

---

11 출입국관리법 시행령 별표1의2.

먼저 국적취득에 필요한 서류를 구비하였는지 여부를 확인하고 그 결과를 출입국관리정보시스템의 국적업무 참고사항 란에 '신청서류 구비자'로 입력한 후 그 신청을 접수한다. 이 경우, 접수일로부터 7일 이내에 출입국사범 심사결정을 위한 조사에 응하여야 함을 신청자에게 안내한다. 위 절차에 따라 신청서류 구비자로 입력된 자에 한하여 출입국관리법 제102조(통고처분)에 따른 출입국사범 심사결정을 한다. 이에 따른 통고처분을 출입국관리법 제105조 제1항에 규정된 기간 내에 이행한 자에 한해서「출입국관리법 시행령」이 정하는 체류자격 중 다음과 같은 체류허가를 한다.[12] 간이귀화를 신청한 불법체류 중인 결혼이민자 가운데 그에게 책임 없는 사유로 혼인이 단절된 결혼이민자에게는 혼인단절의 예외적 거주(F-6-3)자격이나, 양육을 위해 체류를 희망하는 결혼이민자에게는 양육거주(F-6-2)자격의 체류허가를 한다(국적업무처리 지침 제12조 제2항). 이는 본인에게 책임 없는 사유로 혼인이 단절되거나 자녀의 양육을 위한 경우와 같이 인도적인 고려의 필요성이 있는 경우, 체류자격을 이유로 결혼이민자의 귀화가 불허되는 것을 방지하기 위해 일정한 조건 하에서 체류자격을 부여하는 것이다.

3) 체류기간의 연장 및 체류자격의 변경

결혼이민 체류자격은 체류기간 상한의 제한이 있으므로 계속 체류를 위해서는 위 기간이 끝나기 전에 체류기간 연장의 신청을 해야 한다(출입국관리법 제24조, 제25조). 체류자격 연장신청을 하면 청장·사무소장·출장소장은 사증발급 기준 중 일정한 요건을 갖추었는지 심사하여 그 연장 여부를 결정한다(동법 제31조2, 제9조의2). 결혼이민의 체류자격을 가진 자의 체류기간 연장신청에 대해서는 특례법상 권리구제를 위한 특칙이 적용된다. 즉,「가정폭력범죄의 처벌 등에 관한 특례법」,「성폭력범죄의 처벌 등에 관한 특례법」,「아동학대범죄의 처벌 등에 관한 특례법」,「인신매매등방지 및 피해자보호 등에 관한 법률」등에서 정하는 일정한 사유를 이유로 법원의 재판, 수사기관의 수사 또는 그 밖의 법률에 따른 권리구제절차가 진행 중인 외국인은 법무부장관은 그 권리구제 절차가 종료할 때까지 체류기간 연장을 허가할 수 있다(동법 제25조의2 제1항 각호). 나아가 이에 따른 체류 연장기간 만료 이후에도 법무부

---

12 신청자가 신청일로부터 7일 이내에 출입국사범심사 결정을 위한 조사에 응하지 아니하거나 제2호에 따른 통고처분을 출입국관리법 제105조 제1항에 규정된 기간 내에 이행하지 아니한 경우에는 사무소장 등은 그 사실은 심사결정서에 기재한 후 즉시 법무부장관에게 보고해야 하고, 법무부장관은 이러한 보고를 받은 경우에는 그 신청자의 귀화 또는 국적회복 허가 신청에 대해서 불허가 처분한다[국적업무처리지침(법무부예규 제1180호) 제12조 제2항 제4호 및 제5항].

장관이 피해 회복 등을 위하여 필요하다고 인정하는 경우에는 다시 체류기간 연장허가를 할 수 있다(동법 제25조의2 제2항).

현행 국적법상 결혼이민의 체류자격을 부여 받은 자가 일정 기간 경과 이전에 이혼한 경우에는 원칙적으로 체류자격(F-6)에 변경이 발생한 것이 된다. 즉, 당초 국민의 배우자로서 부여받았던 체류자격이 실효되므로 적법한 절차에 따라 다른 체류자격으로 변경해야 하고 그렇지 않은 경우에는 불법체류자로 강제추방을 당할 수도 있다. 결혼이민(F-6)자격을 가지고 있던 외국인은 혼인 후 2년이 지나면 귀화절차를 밟아 대한민국의 국적을 취득할 수 있는데, 대한민국 국적을 취득하지 않고 본인의 국적을 유지하려는 경우에는 대한민국 국민의 지위에 가장 가까운 체류자격인 영주(F-5)자격으로 체류자격을 변경할 수 있다.

4) 체류자격 외의 활동

외국인이 본래의 체류자격과 다른 체류자격에 해당하는 활동을 하려면 미리 법무부장관으로부터 체류자격 변경허가를 받거나(출입국관리법 제24조) 체류자격 외 활동허가를 받아야 한다(동법 제20조). 그러나 결혼이민(F-6)의 체류자격을 가지고 있는 경우에는 체류자격 구분에 따른 활동의 제한을 받지 않고 자유롭게 취업활동을 할 수 있다(동법 시행령 제23조 제2항 제3호). 한편, 결혼이민의 체류자격을 가진 자는 전술한 바와 같이 일정한 요건을 갖추면 영주(F-5) 체류자격을 신청할 수 있는데, 영주자격을 취득하면 활동범위 및 체류기간의 제한을 받지 않으므로 체류기간의 연장허가가 없어도 국내에 계속해서 체류가 가능하고 자유롭게 취업활동을 할 수 있다(동법 제10조의3).

(다) 다문화가족 구성원으로서의 지위

결혼이민자의 유입이 늘어나면서 '결혼이민자' 및 '귀화자' 등을 구성 요소로 하는 가족 형태가 하나의 중요한 사회적 단위를 이루게 되면서, 「다문화가족지원법」에서는 이를 소위, '다문화가족'이라고 하여 본법의 직접적 규율 대상으로 삼고 있다. 「재한외국인 처우 기본법」상 합법적 체류자인 결혼이민자는 다문화가족지원법상 소위 '다문화가족' 구성원의 지위를 가지므로 동법의 적용을 받는다. 다문화가족법상 '결혼이민자 등'에는 결혼이민자뿐만 아니라 국적법상 귀화허가자도 포함되므로(동법 제2조 제2호) 이 법은 다문화가족과 그 구성원 전체에게 적용된다. 이 법의 적용을 받는 다문화가족의 구성원으로서 결혼이민자의 지위에 대해서는 제3절 '다문화가족의 형성과 지원'에서 자세히 설명한다.

3. 국민의 지위 취득

결혼이민자는 원칙적으로 '혼인'을 매개로 국적취득에 있어서 간이귀화 특례의
적용을 받아 대한민국 국민으로서의 지위를 취득할 수 있다.

(가) 혼인을 이유로 한 간이귀화 특례의 요건

결혼이민자의 국적취득에 대해서는 우리 국적법 제6조 제2항 제1호 내지 제4호
가 간이귀화의 특례를 규정하고 있다. 이에 대해서는 앞서 국적의 취득 부분에서 자
세히 다루고 있으므로, 이하에서는 사법상 다문화가족의 법률관계 및 가족관계등록
등의 실무와 관련되는 한도에서 살펴보기로 한다.

1) 혼인 존속 중의 간이귀화

대한민국 국민의 배우자인 외국인은 일반귀화보다 거주요건이 완화된 간이귀화
를 신청할 수 있다. 종래 우리 국적법은 혼인으로 인한 자동국적취득을 인정하였지
만, 이를 폐지하는 대신 결혼이민자의 국적취득방법으로서 혼인간이귀화의 특례를
인정하고 있다. 결혼이민자에게 간이귀화의 특례를 인정하는 취지는 우리 국민인 배
우자와 혼인하고 그 혼인생활의 영위를 위해서 우리나라에서 계속 체류하고 영주할
필요성이 있는 외국인에게 일반귀화보다 기간적인 요건이 완화된 특례를 부여하는
데 있다. 따라서 혼인 간이귀화 특례는 원칙적으로 '혼인'과 '혼인의 존속'이 국민의
자격을 부여하기 위한 필수요건으로 되어 있다. 즉, 우리 국적법상 간이귀화를 신청
할 수 있는 자 및 그 취득요건은 원칙적으로 일정한 혼인존속 요건을 갖춘 경우에
인정되는데, 배우자와 혼인한 상태로 대한민국에 2년 이상 계속하여 주소가 있거나,
배우자와 혼인한 후 3년이 지나고 혼인한 상태로 1년 이상 계속하여 주소가 있는 자
인 경우에 간이귀화를 신청할 수 있다(국적법 제6조 제2항 제1호, 제2호). 본조에 의한
간이귀화를 신청하는 경우에는 귀화심사 시 필기시험이 면제되지만, 면접심사는 면
제되지 않는다(국적업무처리지침 제7조 제1항 제3호, 제8조).

2) 혼인이 단절된 경우의 간이귀화

결혼이민자가 이혼이나 별거 등으로 혼인상태가 단절된 경우에는 혼인존속의 거

주요건을 채우지 못하게 되고 이러한 경우에는 일반귀화의 요건을 갖추지 않는 한, 원칙적으로 우리나라의 국적을 취득하는 것이 불가능하다. 다만, 우리 국적법은 결혼이민자의 혼인이 단절된 경우에도 일정한 사항의 입증을 조건으로 위 혼인존속의 거주요건을 완화함으로써 다음과 같은 두 가지 간이귀화의 예외를 인정하고 있다. 즉, 혼인관계의 존속에 당사자가 최선을 다하였음에도 정상적인 혼인생활을 유지할 수 없게 된 것이 결혼이민자의 귀책사유에 기하지 않은 경우이거나, 혼인(사실혼을 포함)으로 인해서 출생한 미성년 자녀의 양육에 특히 필요한 경우에는 인도적 차원에서 혼인 간이귀화의 특례가 적용된다.

가. 책임 없는 사유에 의한 혼인단절의 간이귀화

혼인존속기간을 채우지는 못하였지만, 배우자와 혼인한 상태로 대한민국에 주소를 두고 있던 중 그 배우자의 사망이나 실종 또는 그 밖에 자신에게 책임이 없는 사유로 정상적인 혼인생활을 할 수 없었던 경우, 전술한 혼인존속기간의 잔여기간을 채우고 법무부장관이 상당하다고 인정하는 자에 대해서는 간이귀화허가가 인정된다(국적법 제6조 제2항 제3호). 이때 그 배우자의 실종이란 우리 민법 제27조에 의한 실종선고를 받은 경우를 의미한다.[13] 실무상 '자신에게 책임이 없는 사유로 혼인생활을 유지할 수 없었던 경우'를 증명할 수 있는 일정한 자료의 제출이 요구된다. 예컨대, 상대 한국인 배우자의 귀책사유 등이 기재된 판결문, 한국인 배우자의 폭행 등을 고소하여 받은 검찰의 불기소 결정서 또는 경찰의 불송치 결정서나 진단서, 한국인 배우자의 파산결정문 등, 한국인 배우자의 가출신고서나 출국사실 증명원, 한국인 배우자의 4촌 이내의 친족이나 혼인관계 단절 당시의 주거지 통(반)장이 작성한 확인서, 공인된 여성 관련 단체가 작성한 일정 서식의 확인서, 그 밖에 자신의 귀책사유 없이 정상적인 혼인생활을 할 수 없었음을 증명하는 자료를 제출하도록 하고 있다.[14]

나. 양육을 위한 간이귀화

양육을 위한 간이귀화는 혼인존속기간을 채우지는 못하였지만, 배우자와 혼인에

---

13 국적업무처리지침(법무부예규 제1311호) 제11조 제1항.
14 국적업무처리지침(법무부예규 제1311호) 제11조 제2항 각호. 그런데 비교적 이러한 자료의 입수가 용이한 재판상 이혼과 달리, 협의이혼의 경우에는 그 판단이 어려운 경우가 있다. 따라서 이러한 경우, 결혼이민자의 이혼의 자유 침해나 인권보호의 측면에서 협의이혼의 경우 간이귀화의 특례를 적용해야 한다는 견해가 있다. 문흥안, 「결혼이주여성의 보호를 위한 현행 법제의 비판적 검토」, 『가족법연구』 제27권 제1호 (2013), 306면. 그러나 협의이혼의 경우, 당사자의 귀책사유를 묻는 등의 입증이 곤란한 경우가 많기 때문에 우리 국적법상 혼인귀화의 특례를 인정함에 있어서는 신중해야 할 필요가 있다.

따라 출생한 미성년의 자녀를 양육하고 있거나 양육하여야 할 자에 대해서 인정되는 예외이다. 이 예외에 해당하기 위해서는 배우자와의 혼인으로 출생한 미성년의 자녀를 양육하고 있거나 양육하여야 할 자가 전술한 혼인존속기간의 잔여기간을 채웠고, 법무부장관이 상당하다고 인정하는 자이어야 한다(국적법 제6조 제2항 제4호). 이 혼인에는 사실혼관계도 포함되는 것으로 보기 때문에, 이에 따라 출생한 미성년의 자(子)의 양육을 이유로 하는 경우에도 본 규정에 의한 간이귀화를 신청할 수 있다. 실무상으로는 판결문, 이혼신고서 및 확인서등본, 한국인 배우자의 4촌 이내의 친족 또는 주거지 통(반)장이 작성한 확인서 등을 통해서 그 사실을 증명하도록 하고 있다.[15] 본조의 '양육'의 의미와 관련하여 결혼이민자가 자녀에 대한 양육권자가 아니고 면접교섭권만 가진 경우에도 양육을 위한 간이귀화를 신청할 수 있는지가 문제된다. 생각건대, 혼인으로 출생한 미성년 자녀의 양육을 위해 인도적 차원에서 혼인간이귀화의 특례를 인정하는 국적법 제6조 제2항의 취지에 비추어, 그 자녀를 양육하지 않는 면접교섭권자인 결혼이민자에 대한 특례 적용은 어렵다고 해야 할 것이다.

(나) 국적취득의 효과

외국 국적을 가지고 있는 외국인이 대한민국의 국적을 취득하게 되면 국적법에 따라 그 외국 국적을 포기하여야 한다(국적법 제10조). 따라서 결혼이민자도 원칙적으로 대한민국 국적을 취득하게 되면 대한민국 국적을 취득한 날로부터 1년 이내에 그 외국 국적을 포기해야 한다. 그러나 결혼이민자의 경우, 국민인 배우자로서 혼인존속기간을 충족하여 귀화한 경우(동법 제6조 제2항 제1호, 제2호)에는 법무부장관이 정하는 바에 따라 대한민국에서 외국 국적을 행사하지 아니하겠다는 뜻을 법무부장관에게 서약하면 복수국적을 유지할 수 있다(동법 제10조 제2항 제1호). 결혼이민자가 국적을 취득하는 경우에는 당연히 우리나라 국민으로서 국내법의 적용 대상이 된다. 결혼이민자가 국적법에서 정하는 복수국적자인 경우 대한민국의 법령 적용에 있어서는 대한민국 국민으로서만 처우한다(동법 제11조의2, 동법 시행령 제16조).

---

15 국적업무처리지침(법무부예규 제1311호) 제11조 제3항.

제3절 다문화가족의 형성과 지원

본 절에서는 다문화가족법에서 창출된 다문화가족이라고 하는 법적 개념에 따라 가족단위를 사회통합의 한 주체이자 결합체로서 이해하고, 이에 적용되는 다문화가족지원법상의 보호와 지원에 대해서 검토하기로 한다.

1. 다문화가족지원법의 의의

다문화가족지원법은 다문화가족구성원이 안정적인 가족생활을 영위할 수 있도록 함으로써 이들의 삶과 질 향상과 사회통합에 이바지함을 목적으로 제정되었다(동법 제1조). 이 법에서 다문화가족이란 전술한 결혼이민자(재한외국인 처우 기본법 제2조 제1호)와 국적법상 출생, 인지, 귀화에 의해서 대한민국 국적을 취득한 자(국적법 제2조부터 제4조)로 이루어진 가족이거나, 국적법상 인지 및 귀화에 의해 대한민국 국적을 취득한 자(동법 제3조 및 제4조)와 출생, 인지, 귀화에 의해 대한민국 국적을 취득한 자(동법 제2조부터 제4조)로 이루어진 가족을 의미한다(다문화가족지원법제2조 제1호).[16] 따라서 '다문화가족'의 구성원은 국적이 외국인일 것을 필수적 요소로 하지 않는다. 다문화가족지원법상 다문화가족의 구성원은 결혼이민자를 제외하고는 '국적을 취득한 자'로 규정되어 있는 것에 비추어, 한국인인 배우자와 우리 국적을 취득한 자녀도 동법의 적용 대상이다. 따라서 섭외적 요소가 있는 혼인에 의해서 출생한 자녀의 국적은 이 법의 적용상 중요한 의미가 있는데, 그 자녀의 우리 국적취득 여부는 친자관계의 성립에 관한 국제사법 규정 및 출생, 인지, 귀화에 관한 국적법의 규정에 따라서 결정된다. 즉, 이 법의 적용 대상인 자녀는 우리 국제사법에 의해 지정되는 친자관계 성립에 관한 준거법을 적용한 결과 우리 국민의 자녀로서 인정되고, 나아가 국적법 제2조 내지 제4조에 따라 우리 국적을 취득한 자녀로 해석되는 자이어야 한다. 섭외적 혼인으로 출생한 자녀와 우리 국민인 부모와의 친자관계 성립에 관해서는 후술한다.

다문화가족지원법은 국가와 지방자치단체가 제공하는 다양한 지원이나 필요한

---

16 '다문화가족'은 다문화가족지원법의 적용을 위해 의도적으로 생성된 법적 개념이라고 할 수 있다.

여러 가지 조치 중에서 일정한 정책적 지원과 관련하여 다문화가족 자녀의 보호를 위해 다문화가족의 범위에 대한 특례를 두고 있다. 예컨대, 다문화 이해교육, 결혼이민자 등에 대한 생활정보 제공 및 교육지원, 평등한 가족관계의 유지를 위한 조치, 가정폭력 피해자에 대한 지원, 의료 및 건강관리, 아동보육·교육 등의 지원 및 다문화가족지원센터에 관해서는 대한민국 국민과 사실혼 관계에서 출생한 자녀를 양육하고 있는 다문화가족 구성원에게도 적용된다고 하여 사실혼 배우자 및 그 자녀의 처우를 특별히 고려하고 있다(동법 제14조). 또한, 다문화가족의 자녀에 대한 적용 특례로서 다문화가족이 이혼 등의 사유로 해체된 경우에도 그 구성원이었던 자녀에 대해서는 이 법을 적용한다(동법 제14조의2).

2. 다문화가족지원법의 구체적 내용

다문화가족지원법은 다문화가족 지원을 위한 다양한 정책을 수행하고 필요한 제도를 마련하기 위한 근거를 규정함으로써, 우리 사회에서 다문화가족의 안정적인 정착과 사회통합에 기여하고자 한다.

(가) 다문화가족 지원을 위한 계획의 수립과 정책의 시행

다문화가족지원법은 우선, 동법 제3조에서 국가 또는 지방자치단체의 다문화가족 지원을 위한 일반적 책무를 규정하고 있다. 이에 따르면 국가와 지방자치단체는 다문화가족 구성원이 안정적인 가족생활을 영위할 수 있도록 필요한 제도와 여건을 조성하고, 이를 위한 시책을 수립·시행해야 한다(동법 제3조). 나아가 여성가족부장관은 5년마다 다문화가족 지원을 위하여 법이 정하는 일정한 사항을 포함하는 다문화가족정책에 관한 '기본계획'을 수립하여야 하고(동법 제3조의2), 여성가족부장관, 관계 중앙행정기관의 장과 시·도지사는 매년 기본계획에 따른 '시행계획'을 수립·시행해야 한다(동법 제3조의3, 동법 시행령 제2조). 위 기본계획이나 시행계획의 심의와 확정을 포함하여 다문화가족의 삶의 질 향상과 사회통합에 관한 중요사항을 심의·조정하기 위해서 국무총리 소속으로 '다문화가족정책위원회'를 둔다(동법 제3조의4). 다문화가족정책위원회의 구성과 운영에 관해서는 이 법 시행령에 구체적인 내용이 규정되어 있다(동법 시행령 제5조 내지 제10조). 또한, 여성가족부장관은 다문화가족의 현황 및 실태를 파악하고 다문화가족 지원을 위한 정책수립에 활용하기 위하여 3년마다 다문화가족에 대한 실태조사를 실시하고 그 결과를 공표하여야 한다(동법 제4조).

(나) 다문화가족 지원정책의 내용과 지원센터의 설치 · 운영

국가와 지방자치단체는 다문화가족 지원을 위한 계획의 수립 · 시행 외에 다문화가족지원법이 규정한 바에 따라 다문화 이해교육을 실시하거나 홍보 등의 필요한 조치, 결혼이민자 등에 대한 생활정보 제공 및 교육지원, 평등한 가족관계의 유지를 위한 조치, 가정폭력피해자에 대한 보호 · 지원, 의료 및 건강관리를 위한 지원, 아동보육 · 교육 등의 지원정책을 실시할 수 있다. 이러한 지원정책을 추진함에 있어서 국가와 지방자치단체는 결혼이민자 등의 의사소통의 어려움을 해소하고 서비스 접근성을 제고하기 위하여 다국어에 의한 서비스 제공이 이루어지도록 노력해야 한다(동법 제11조).

이와 같은 다문화가족지원정책의 효율적인 운용을 위해서 여성가족부장관은 다문화가족 종합정보 전화센터를 설치 · 운영할 수 있다(동법 제11조의2, 동법 시행령 제11조의2). 이 경우 「가정폭력방지 및 피해자보호 등에 관한 법률」 제4조의6 제1항 후단에 따른 외국어 서비스를 제공하는 긴급전화센터와 통합하여 운영할 수 있다. 한편, 국가와 지방자치단체는 다문화가족지원센터를 설치 · 운영하거나 위탁할 수 있다(다문화가족법 제12조, 동법 시행령 제12조 내지 제12조의3). 이 법에 따른 지원센터가 아닌 경우에는 다문화가족지원센터 또는 이와 유사한 명칭을 사용하지 못하고(동법 제12조의3), 이를 위반할 시에는 과태료가 부과된다(동법 제17조). 이때 다문화가족지원에 종사하는 자의 전문성을 담보하기 위하여 다문화가족지원법은 여러 가지 규정을 두고 있는데, 우선 여성가족부장관 또는 시 · 도지사는 지원센터에 두는 전문인력의 자질과 능력을 향상시키기 위해 보수교육을 실시할 의무를 진다(동법 제12조의2). 그리고 국가와 지방자치단체는 다문화가족 지원 관련 업무에 종사하는 공무원의 다문화가족에 대한 이해 증진과 전문성 향상을 위해서 교육을 실시할 수 있고(동법 제13조), 다문화가족지원 및 다문화 이해교육 등의 사업 추진에 필요한 전문인력을 양성하는 데 노력하여야 한다(동법 제13조의2 제1항). 한편, 다문화가족센터의 지정권한은 국가 또는 지방자치단체에 있지만, 다문화전문인력을 양성하기 위한 전문인력 양성기관의 지정 및 관리권한은 여성가족부장관이 가진다(동법 제13조의2 제2항, 동법 시행령 제12조의4).

(다) 기타 권한위임, 업무위탁 및 정보제공요청

다문화가족지원법은 크게 국가와 지방자치단체의 지원정책과 여성가족부장관의 권한 및 지원내용으로 나누어 규율하고 있다. 여성가족부장관은 이 법에 따른 권한 일부를 대통령령으로 정하는 바에 따라 시·도지사 또는 시장·군수·구청장에게 위임할 수 있고, 또한 국가와 지방자치단체는 이 법에 따른 업무 일부를 대통령령이 정하는 바에 따라 비영리법인이나 단체에 위탁할 수 있다(동법 제15조, 동법 시행령 제13조). 그리고 국가와 지방자치단체는 다문화가족 지원사업을 수행하는 단체나 개인에 대하여 필요한 비용의 전부 또는 일부를 보조하거나 그 업무수행에 필요한 행정적 지원을 할 수 있다(동법 제16조). 나아가 이 법의 시행을 위하여 필요한 경우에는 여성가족부장관 또는 지방자치단체의 장은 결혼이민자 등의 현황파악을 위한 일정한 한정된 정보를 법무부장관에게 요청할 수 있고, 제공받은 정보를 지원센터에 제공할 수도 있다(동법 제15조의2, 동법 시행령 제14조).

제4절   다문화가족의 구체적 법률관계

이른바 다문화가족의 등장은 기존의 가족질서에 외국적 요소가 혼입되면서, 가족법을 비롯한 다양한 사법관계에 영향을 미치고 있다. 본 절에서는 다문화가족을 기초로 하는 법률관계의 특징과 그 형성과 해체과정에서 발생하는 구체적인 법률관계에 대해서 살펴보기로 한다.

1. 의 의

(가) 다문화가족 법률관계의 특징

외국인 근로자가 한국 내에 들어와 한국인 배우자와 혼인하거나, 처음부터 한국인과의 혼인을 목적으로 국내에 유입되는 결혼이민자가 꾸준히 증가함에 따라 외국적 요소가 있는 가족관계를 둘러싸고 다양한 법률문제가 발생하고 있다. 다문화가족관계는 본질적으로 개인과 개인 간의 관계이므로 사법적인 법률관계에 해당하지만, 이민정책과 관련된 한도에서는 국가도 일정한 범위에서 공적 이해관계를 가진다. 따라서 국제적 요소를 포함한 법률관계의 특성을 이해하는 행정실무자의 역할과 전문성이 강조되고 있다. 예컨대, 국제적 신분관계의 중요한 변동사항에 대한 신청이 있는 경우, 가족관계등록 업무의 담당자는 우리 국제사법에 따른 준거법 적용을 통해 심리와 수리 여부를 결정하게 되므로 국제사법 및 관련 지식을 미리 갖추고 있어야 한다.[17] 또한, 신분관계의 등록과 관련한 행정업무처리지침이나 예규 등은 대외적으로 국민이나 법원을 기속하는 법규적 효력은 없지만,[18] 외국인의 사법상 생활관계에 영향을 미치므로 다른 법률 실무에서보다 상대적으로 중요한 의미를 가진다. 우리나라의 경우 주민등록이나 가족관계등록제도 등을 통해서 비교적 국민의 신분사항이 국가적으로 잘 관리되고 있지만, 특히 국제가족관계 관련 행정사무는 신속하게 처리되어야 하면서도 전국이 획일적으로 처리되어야 한다는 점에서 업무처리의 어려움이 있다.[19] 따라서 다문화가족의 법률관계는 이러한 행정실무상의 기준을 고려하여 검토할 필요성이 있다.

나아가 가족관계에 관한 국제분쟁은 국가의 후견적 임무가 강하게 작용하기 때

---

17 우리 국적을 가지지 않은 외국인의 경우에는 원칙적으로 국내 가족관계등록부가 창설되지는 않는다. 그러나 우리 국민과 혼인하거나 그 자녀의 출생으로 인해서 다문화가족을 형성하게 되는 때에는 그로 인한 신분관계가 다양한 이유로 우리 가족관계등록업무에 영향을 미친다. 예컨대, 외국적 요소가 있는 가족관계등록업무의 흐름상 관련 신고가 접수되면 담당 공무원은 먼저, 첨부된 서류를 통하여 신고인 또는 사건본인의 국적, 신분관계 등 신고사항을 확정한다. 이 경우, 해당 신분관계 및 신분행위에 적용하여야 할 법, 즉 국제사법상 준거법 규정을 참작하여 그 요건을 갖추었는지를 심사하고 그 신고를 수리한다(안구환, 「국제호적의 몇 가지 문제점—주요 신분행위의 쟁점사항을 중심으로—」, 115면 참조).
18 서울행정법원 1998. 9. 4. 선고 98구8178 판결은 "국적업무처리지침은 그 형식이 행정규칙의 한 형식인 예규로 되어 있고, 공포나 고시 등으로 일반인에게 알려지는 것이 아닐 뿐만 아니라, 그 내용이 국적의 취득·상실의 요건과 기준 및 그 절차 등에 관하여 포괄적으로 규정함으로써 국민의 기본권의 하나로 보장되고 있는 국민의 국적이탈의 자유를 제한하는 내용을 포함하고 있음에도 헌법 등 상위법령에 아무런 위임근거를 찾아볼 수 없는 점에 비추어 국적업무처리지침은 법무부장관이 반복적으로 행하는 국적업무에 관한 행정사무의 통일을 기하고 그 직무집행에 있어서의 지침을 정하여 주기 위한 사무처리준칙에 불과할 뿐 대외적으로 국민이나 법원을 기속하는 법규적 효력은 없는 것"이라고 하였다. 그러나 대법원은 국적 업무나 가족관계등록사무를 처리함에 있어서 법이 불명확하거나 법률해석에 대한 기준이 모호한 경우에는 예규나 선례를 통해 호적사무 처리의 신속성이나 통일성을 기하고 있다. 따라서 지침이나 예규는 법적 구속력은 없지만, 당해 업무를 처리하는 공무원을 실질적으로 기속한다고 할 수 있다.
19 안구환, 「국제호적의 몇 가지 문제점—주요 신분행위의 쟁점사항을 중심으로—」, 『국제사법연구』 제12호 (2006), 112면.

문에, 실제로 문제가 제기된 국가의 법정책의 영향을 강하게 받는다.[20] 그러므로 실제 소송을 하는 법원뿐만 아니라, 국적이나 가족관계등록 등의 행정실무를 담당하는 자는 통상의 국내 가족관계 사건과는 달리 결혼이민자에 대한 여러 가지 정책적 배려가 필요하다. 특히, 결혼이민자는 외국인일 뿐만 아니라, 우리나라 결혼이민자의 대부분이 여성이라고 하는 점에서 지위가 열악한 경우가 많기 때문에 상대적 약자의 보호라고 하는 관점이 중시된다.

(나) 구체적 법률관계의 판단

다문화가족의 법률관계에 관한 분쟁은 사건의 특성상 외국적 요소가 포함되어 있는 경우가 많은데, 이러한 국제가사분쟁이 발생하는 경우에는 우리 가족법이나 가사소송법만으로는 해결이 어렵고, 그 외국적 요소가 있는 법률관계에 관한 국제재판관할 원칙과 준거법을 정하는 국제사법을 참고할 필요가 있다.[21] 즉, 법원에 소송이 제기되면 먼저 우리나라의 법원에서 해당 사안을 판단할 수 있는 관할권을 가지고 있는지를 확인하고, 우리 법원에 관할권이 인정되면 우리 국제사법에 따라 당사자에게 적용되어야 할 준거법 등을 결정하고 이를 적용하여 문제 된 법률관계를 판단한다. 국제가사분쟁에서는 소송에 적용되는 절차규범뿐만 아니라 분쟁의 실체(substance)에 적용되는 실질규범이 달라질 수 있기 때문에 통상의 국제소송에서는 법정지(forum)가 어디인가에 따라 지리적 거리와 언어의 차이 등으로 인하여 당사자들이 소송을 수행하는데 실제적 난이도에 현저한 차이가 있다.[22] 이로 인해 종종 소위 '법정지 쇼핑'(forum shopping)의 문제가 발생한다. 결혼이민자의 유입으로 인한 가족관계를 둘러싼 국제분쟁에서도 이러한 재판관할과 준거법의 문제는 당사자의 구체적 법률관계에 결정적인 영향을 미친다. 다만, 이하에서는 국제재판관할에 대해서는 별도로

---

20 한숙희, 「국제가사사건의 국제재판관할과 외국판결의 승인 및 집행—이혼을 중심으로—」, 『국제사법연구』 제12호 (2006), 7면.

21 참고로 법원에서는 국제가사소송으로 분류된 사건이 접수되면 먼저 사건의 접수를 받은 법원이 직권으로 출입국관리사무소에 피고의 출입국내역을 조회하여 피고가 국내에 있는지 해외에 있는지의 여부를 파악한다. 피고가 외국인인 경우에는 출입국관리사무소에 출입국내역 조회를 할 때 피고의 외국인 등록 여부도 조회한다. 만일 외국인 등록이 되어 있다면 법원에 외국인등록부 등본을 송부해 줄 것을 요청하는 등의 행정적인 절차가 진행된다. 국제가사소송의 행정적 절차에 관해서는 정창근, 「가사사건의 해외송달에 관한 실무상 제문제」, 『실무연구 X』 (서울가정법원, 2005), 343면 이하 참조.

22 석광현, 「이혼 기타 혼인관계사건의 국제재판관할에 관한 입법론」, 『국제사법연구』 제20호 (2013), 102면.

다루지 않고 원칙적으로 우리 법원이 재판관할을 가지는 것을 전제로 당사자의 구체적인 법률관계에 관해 살펴본다.

2. 국제혼인의 법률관계

혼인이나 이혼의 성립과 관련하여서는 가급적 세계적으로 동일한 효과를 부여할 필요가 있다. 예컨대, 어떤 국가에서는 혼인이 성립한 것으로 되는데 다른 나라에서는 혼인이 인정되지 않는다거나, 혼인관계 해소의 효력을 국가별로 달리 판단하게 되면 소위, 파행혼이 발생할 우려가 있기 때문이다.[23] 따라서 결혼이민과 관련된 법률관계를 판단함에 있어서는 파행적 신분관계의 방지라는 취지를 고려할 필요가 있다.

(가) 국제혼인의 성립

우리나라 이민현상의 특성상 결혼이민이 증대하고 있는 현재, 결혼이민이 유효하기 위해서는 그 전제인 혼인이 성립하여야 한다. 현행 국적법상 결혼이민자에게 당연히 국적취득이 인정되는 것은 아니므로 외국인과 우리 국민 간의 혼인이 유효하게 성립했는지 여부가 문제 될 수 있다. 이 경우 각 나라의 혼인법은 혼인이 성립하는 요건을 달리 규정하고 있기 때문에 당해 혼인에 적용되어야 하는 준거법에 따라 그 혼인의 성립 여부를 판단하여야 한다.

우리 국제사법에 따르면 우선 혼인의 성립요건은 각 당사자에 관하여 그 본국법[24]에 따른다고 규정하고 있다(국제사법 제63조 제1항). 여기서 혼인의 성립요건이란 실질적 요건을 의미한다. 우리 민법상 혼인의 실질적 요건은 혼인의사가 있고, 혼인적령 위반, 중혼, 근친혼 등과 같은 혼인장애사유가 없어야 할 것을 의미한다. 당사자는 각자의 본국법에서 정하는 혼인 요건을 갖추어야 한다. 예컨대, 베트남 국적의 여자와 대한민국 국적의 남자가 혼인하는 경우, 베트남 국적의 여자는 베트남법이 정하는 요건을, 대한민국 국적의 남자는 대한민국법이 정하는 요건을 갖추어야 한

---

23 김희동, 「외국이혼재판의 승인」, 『강원법학』 제44권 (2005), 93면.
24 당사자의 본국법과 관련해서는 원칙적으로 국적국을 의미하는데, 대만, 홍콩, 마카오나 북한과 같이 미승인 국가의 법을 국제사법상 본국법으로 인정할 수 있는지에 대해서는 학설상 논의가 있다. 이에 대해서는 한국 정부가 외교상 승인하고 있는 국가인지의 여부와 국제사법상 적용되는 본국법의 문제는 차원을 달리한다고 하는 견해가 있다(안구환, 「국제호적의 몇 가지 문제점―주요 신분행위의 쟁점사항을 중심으로―」, 115 – 116면).

다. 따라서 외국인 배우자인 결혼이민자가 자신의 본국법에 따르면 혼인이 성립하지 않거나 혼인성립의 증명을 하지 못하는 경우에는 우리 국민인 배우자가 우리 민법에 의해서 혼인성립요건을 갖추더라도 원칙적으로 이 국제혼인은 사법상 무효이다.

한편, 국제혼인이 성립하기 위해서는 위와 같은 혼인의 실질적 요건뿐만 아니라, 혼인신고와 같은 혼인의 방식과 관련된 형식적 요건도 함께 갖추어야 한다. 혼인의 방식은 원칙적으로 혼인을 한 곳의 법 또는 당사자 일방의 본국법에서 정한 요건을 갖추어야 한다(국제사법 제63조 제2항).[25] 다만, 배우자 일방이 대한민국 국민이고 우리나라에서 혼인하는 경우 혼인의 방식은 우리나라의 법에 따르면 족하다(동조 제2항 단서). 따라서 결혼이민자가 우리나라 국민과 우리나라에서 혼인을 거행하는 경우에는 우리나라 법에 따라 혼인신고를 하면 그것으로 유효한 혼인이 성립한다. 반대로 외국에서 혼인한 경우에는 혼인이 거행된 곳인 외국법을 따르거나 일방의 본국법 중 어느 하나를 따르면 된다. 따라서 외국법이 정하는 방식을 잘 따른 경우에는 반드시 우리나라 법에 의한 혼인신고를 하지 않더라도 그 혼인의 성립에는 영향이 없다. 이 경우 우리나라에 혼인신고를 하더라도 이는 보고적 신고에 불과하다는 것이 판례의 태도이다.[26]

실무상 혼인신고가 제출되면 가족관계등록 공무원은 위와 같은 혼인의 요건을 갖추었는지를 심사하여 가족관계등록부에 혼인기재의 처리를 한다.[27] 가족관계등록에 관한 행정실무에서는 국제혼인을 하고자 하는 외국인 배우자는 자기의 본국법에 의한 혼인이 유효하게 성립하였다는 것을 우리 가족관계등록관서에 증명해야 할 필요가 있다. 이를 증명하기 위해 통상 실무에서는 권한 있는 기관이 발급한 일정한 서류, 즉 '신분행위성립요건구비증명서'를 제출하도록 하고 있다.[28] 판례상으로는 당

---

25 무엇이 혼인의 실질적 요건인지 형식적 요건인지는 성질결정의 문제로서 견해가 나뉘지만, 원칙적으로 법정지법, 즉 우리 법의 해석에 따르면 된다고 한다. 석광현, 『국제사법해설』(박영사, 2013), 446면.

26 대법원 1994. 6. 28. 선고 94므413 판결.

27 최근 법원에서는 외국인에 대해서 가족관계등록상 각종 신고에 관한 안내를 하고 있다. 예컨대, 법원에서 이혼, 혼인취소, 혼인무효, 인지·입양·파양·친권에 관한 사건 등의 재판을 받은 당사자는 법원에서 확정증명을 발급받아 신고하여야 하는데 법원은 외국인을 대상으로 일정한 양식을 통해 그 절차의 개요를 고지하고 있다. 전연숙, 「국제가사소송사건의 실태분석 및 개선방안」, 『국제사법연구』 제12호 (2006), 105면에 첨부된 양식 참조.

28 「신분관계를 형성하는 국제신분행위를 함에 있어 신분행위의 성립요건구비 여부의 증명절차에 관한 사무처리지침」(가족관계등록예규 제427호)에 따르면 신분관계를 형성하는 국제신분행위를 함에 있어 신분행위의 성립요건구비 여부의 증명절차에 관하여는 따로 다른 예규에서 정하고 있는 사항을 제외하고는 동 지침에 따르도록 하고 있다. 참고로 베트남 주재 한국대사

사자의 본국법에 의한 혼인증명서의 발급이 거부되는 경우도 있고, 결혼이민의 경우에는 각 당사자의 본국법이 정하는 요건을 갖추지 못하여 비자발급이 거부되거나 혼인신고 후 입국거부가 자주 문제 된다. 다만, 판례는 진정한 혼인생활의 실질이 있는지의 여부에 따라서 혼인이 사법상 무효가 되는 경우와 혼인의 유효를 전제로 외국인 배우자의 체류자격연장허가 등의 출입국관리법상의 행정처분의 위법성을 다투는 경우를 나누어 사안별로 유연하게 대처하고 있다.[29]

(나) 가장혼인

결혼이민의 경우, 오직 대한민국에 입국하거나 대한민국의 국적을 취득할 목적으로 혼인의 진정한 의사가 없이 혼인한 경우가 종종 문제 된다. 통상 이러한 혼인을 가장혼인 또는 위장혼인이라고 하는데, 이는 혼인의 가장 중요한 요건인 혼인의 의사, 즉 '혼인의 진정성'이 결여된 경우를 말한다. 이러한 가장혼인의 효력은 사법상 무효이다.[30] 그런데 혼인의사란 당사자의 심리적 상태에 관한 것으로서 직접적인 입증이 어려운 경우가 많기 때문에, 대부분 다수의 하급심 실무에서는 혼인의사를 간접사실에 의해서 추정할 수밖에 없다고 한다.[31]

실무상으로는 가족관계등록부에 혼인신고가 이루어진 후에 법원에서 위장결혼

관에서는 우리나라뿐만 아니라 베트남에서도 혼인이 성립되어야 비로소 베트남 배우자에게 혼인비자를 발급하고 있고, 베트남에서는 외국에서 혼인신고가 되어 있다고 하여도 자국민과 외국인과의 혼인에 관하여 당사자 쌍방을 출석시켜 인터뷰를 실시한 뒤 불법적인 중매를 통한 혼인, 가장혼인, 민족의 미풍양속과 어울리지 않는 혼인 등 일정사유에 해당하지 않는 경우에 혼인증명서를 발급하고 있다고 한다. 이에 관해서는 한숙희, 「국제혼인의 파탄사유에 관한 실증적 고찰」, 『가족법연구』 제24권 1호 (2010), 122면.

29 지방법원 판결 중에, 출입국관리국사무소장이 대한민국 국민 갑(甲)과 혼인한 파키스탄 국적자 을(乙)에게 파키스탄 본국법에 따른 유효한 결혼증명서를 제출하지 않아 형식적 요건을 구비하지 못하였을 뿐만 아니라 진정한 혼인생활을 하고 있지 않다는 이유로 체류자격변경신청을 불허한 처분의 취소를 구하는 사건에서, 출입국관리법상 체류자격(출입국관리법 제10조 제1항, 동법 시행령 제12조 별표 1)과 관련한 우리 국민과 혼인한 외국인 '배우자'의 의미와 관련해서는 "우리나라 법률에 의하여 우리나라 국민과의 혼인이 성립된 것으로 인정되는 외국인을 의미하고 자신의 본국법에 의하여 우리나라 국민과의 혼인이 성립된 것으로 인정되는 외국인을 의미하는 것이 아니다"라고 판시(대구지방법원 2012. 4. 18. 선고 2011구합2394 판결)하고 있어 주의를 요한다.

30 대법원 1996. 11. 22. 선고 96도2049 판결에서, "당사자 사이에 비록 혼인의 계출 자체에 관하여 의사합치가 있어 일응 법률상의 부부라는 신분관계를 설정할 의사는 있었다고 인정되는 경우라도 그것이 단지 다른 목적을 달성하기 위한 방편에 불과한 것으로서 그들 간에 참다운 부부관계의 설정을 바라는 효과의사가 없을 때에는 그 혼인은 민법 제815조 제1호의 규정에 따라 그 효력이 없다고 해석하여 한다"고 판시하였다.

31 전연숙, 「국제가사소송사건의 실태분석 및 개선방안」, 79면.

등 혼인의사가 없음을 이유로 혼인이 무효가 된 경우, 이미 가족관계등록부에 기재된 혼인사실을 어떻게 정정해야 하는지가 문제 된다. 원칙적으로 혼인과 같이 가족관계등록부의 정정사항이 친족법상 또는 상속법상 중대한 영향을 미치는 사항인 경우에는 확정판결을 통해 등록부를 정정하여야 한다(가족관계등록법 제107조). 따라서 가장혼인의 당사자는 혼인무효의 판결확정일로부터 1개월 이내에 판결의 등본 및 그 확정증명서를 첨부하여 등록부의 정정을 할 수 있다. 그러나 예외적으로 등록부상 혼인의 기재가 가장혼인을 이유로 형사상 공정증서원본불실기재죄에 해당하여 무효임이 명백하게 밝혀진 경우에는 등록부 정정을 위해 민법상 혼인무효의 확정판결을 받을 필요는 없고, 가정법원의 허가를 받아 가족관계등록을 정정할 수 있다(가족관계등록법 제105조).[32]

문제는 당사자가 혼인무효의 확정판결을 받았음에도 가족관계등록부의 혼인기재사실을 자발적으로 정정하지 않고 있는 경우에는 정정을 강제할 수 있는 방법이 없다는 것이다.[33] 즉, 가족관계등록부의 혼인기재사실의 정정은 당사자의 법률관계에 변동을 가져오는 것이므로 혼인무효의 확정판결을 받았다고 하더라도 당사자의 신청이 없으면 가족관계등록공무원이 직권으로 정정할 권한은 없기 때문이다. 게다가 외국인 배우자가 이러한 가장혼인을 기초로 이미 귀화허가를 받고 호적 및 주민등록 절차까지 마친 경우에는 사실상 그 기재사실의 말소가 더욱 어렵다. 가령 우리 정부가 귀화허가를 취소한다고 하더라도 결혼이민자가 귀화허가를 계기로 종전 국적의 포기절차까지 마친 상태라면 종전 국적국의 협조가 없는 한 당사자를 추방하거나 강제 송환할 수 없고, 혼인사실이 등재된 가족관계등록부나 주민등록을 말소하는 것도 실무상 곤란하다.[34]

(다) 국제혼인의 효력

혼인이 유효하게 성립하면 당사자 사이에서는 부부가 되었다는 신분상의 효력뿐만 아니라, 부부의 성(姓), 정조·동거·부양과 같은 부부 간의 의무, 부부재산제 또는

32 대법원 2009. 10. 8.자 2009스64 결정. 이 사건은 중국 국적의 조선족 여성과 혼인한 우리 국민이 혼인할 의사가 전혀 없음에도 그 여성을 한국에 입국시킬 목적으로 혼인신고를 하여 공전자기록에 불실의 사실을 기재하였다는 범죄사실로 유죄판결을 받아 확정된 사안으로서, 위 혼인은 혼인의사의 합치가 결여되어 무효임이 명백하므로 혼인무효판결을 받지 않더라도 가족관계등록부의 정정이 가능하다고 판시한 사안이다.
33 석동현, 「가족법과 국적의 문제」, 『국제가족법』 제12호 (2006), 223–224면.
34 같은 글, 224면.

부부재산계약에 관한 사항들과 같은 재산과 관련한 효력 등 다양한 법률관계가 발생
한다. 이러한 문제는 대부분 가족법에 규율된 내용에 따라서 해결되는데, 배우자가
외국인인 경우에는 어느 나라의 법에 따라서 이와 같은 문제를 해결해야 하는지가
문제 될 수 있다. 예컨대, 일부다처제를 허용하는 국가의 남자와 우리 국민인 여자가
혼인한 경우, 우리 민법에 따르면 혼인 중 당사자 간에는 정조의무가 있고 혼인 중
다른 이성과 혼인을 하는 것은 중혼으로 허용되지 않는다. 그러나 상대방 배우자의
법률에 따르면 이러한 혼인이 허용되고 또한 정조의무 위반도 문제 되지 않는다. 이
에 관해 우리 국제사법은 혼인의 일반적인 효과는 우선 '부부의 동일한 본국법'이 있
는 경우에는 그에 따르고, 부부의 국적이 다른 경우에는 '부부의 동일한 일상거소지
법', 그것도 없으면 부부와 가장 '밀접한 관련이 있는 곳의 법'을 단계적으로 따르도
록 하고 있다(국제사법 제64조). 따라서 결혼이민자가 외국인인 경우에는 부부의 일상
거소지인 우리나라 법을 적용하여 당사자의 분쟁을 해결하게 될 것이다. 다만, 부부
재산제에 적용될 법과 관련해서는 부부재산제의 성격상 혼인의 신분적 성질과 재산
적인 성질을 함께 갖고 있으므로, 혼인의 일반적 효력에 관한 준거법을 적용하면서
도 부부의 합의에 의해 부부재산제에 적용될 준거법을 선택할 수 있다(동법 제65조).

혼인의 효력에 관하여 우리 법이 준거법인 경우, 우리 민법에 따르면 배우자 간
에는 동거하며 서로 부양하고 협조하여야 할 의무가 발생한다(민법 제826조). 당사자
가 이러한 의무를 이행하지 않는 경우에는 의무의 성질에 따라 다소 차이는 있지만
의무를 불이행한 배우자에 대하여 강제이행이나 손해배상청구가 가능하다.[35] 또한,
위와 같은 의무의 불이행은 재판상 이혼사유가 될 수도 있다(동법 제840조). 한편, 부
부 사이의 재산관계는 부부재산계약에 의하거나 그와 같은 약정이 없으면 민법이 규
정하는 법정재산제에 따라 규율된다(동법 제830조, 제831조). 나아가 부부는 일상의 가
사에 관하여 서로 대리권이 있고(동법 제827조), 특히 부부 일방이 일상의 가사에 관
하여 제3자와 법률행위를 한 때에는 다른 일방은 이로 인한 채무에 대하여 연대책임
이 있다(동법 제832조).

---

35 대법원 2009. 7. 23. 선고 2009다32454 판결. 이에 따르면 동거의무 불이행의 경우에는 인격
   존중의 이념이나 부부관계의 본질에 비추어 일반적으로 그 실현에 관하여 간접강제를 포함하
   여 강제집행을 할 수 없다고 하고, 다만, 동거의무 또는 협력의무의 불이행 등으로 말미암아
   상대방에게 손해가 발생하였다면 그에 대한 손해배상이 가능하고 특히 그로 인하여 통상 발
   생하는 비재산적 손해의 배상을 청구할 수 있다고 한다.

3. 외국인 배우자와의 사이에서 출생한 자녀의 법률관계

국제혼인으로 인해서 또는 사실혼 등으로 외국인 배우자와의 사이에 자녀가 출생하는 경우, 자녀의 국적 문제를 포함하여 다양한 가족법상의 문제가 발생한다. 예컨대, 자녀와의 친자관계의 성립에 따른 성(姓)과 본의 결정, 친권, 부양의무, 상속 등과 같은 여러 가지 법률문제가 생긴다. 친자관계 성립의 문제는 출생한 자녀의 가족법상 지위뿐만 아니라, 이를 전제로 국적법상 국적취득 여부가 결정되므로 국적취득과도 밀접한 관련을 가진다. 이 경우, 친자관계는 자연적인 친자관계가 아니라 법률상 친자관계를 의미한다. 오늘날에는 과학의 발달로 인해 DNA감정 등을 통해 비교적 용이하고 정확하게 부 또는 모자관계를 증명할 수는 있지만, 법률적으로 발생한 문제의 해결을 위해서는 반드시 친자관계의 확정이라고 하는 법률사실의 확정이 필요하다. 외국인 배우자와의 관계에서 출생한 자녀와의 친자관계를 결정하는 기준은 국제적으로 통일된 기준이 있는 것이 아니므로, 이 경우에도 법정지의 국제사법과 그 국제사법이 정하는 준거법의 적용에 의해서 판단할 수밖에 없다.

(가) 친자관계의 성립

1) 혼인 중에 출생한 자녀의 친자관계 성립

우리 국제사법에 따르면 혼인 중의 출생한 자녀와의 친자관계의 성립 여부는 자녀의 출생 당시의 부부 중 한쪽의 본국법에 따라서 결정된다(국제사법 제67조 제1항). 예컨대, 자녀의 출생 당시 부모 중 일방이 우리나라 국민인 경우에는 우리 민법에 따라 그 자녀와 부모와의 사이의 친자관계 성립 여부가 결정된다. 상술하면 우리 민법상 모자관계는 원칙적으로 임신와 분만이라는 자연적 사실에 의해서 당연히 친자관계가 성립한다고 해석된다. 이에 대해 우리 민법상 혼인 중 출생한 자녀라도 아버지와의 관계에서 있어서는 친생추정을 통해 부자관계를 추정한다. 즉, 아내가 혼인 중에 임신한 자녀는 남편의 자녀로 추정되는데, 부모의 혼인성립일로부터 200일 후에 출생하거나 혼인종료일로부터 300일 이내에 출생한 자녀는 혼인 중에 임신한 것으로 추정한다(동법 제844조).36 출생자의 국적은 출생 당시에 부 또는 모가 대한민국

---

36 주의할 점은 민법의 친생추정 규정은 '혼인 중 포태한 경우'(또는 일정한 기한 내의 출생사실로부터 '혼인 중 포태로 추정'되는 경우 포함)에 관한 것으로서, 단순히 '혼인 중 출생한 경우'와는 구별된다. 따라서 민법의 해석상으로는 혼인 중 출생하였지만 혼인 중 포태한 것으로 추

국민인 경우에는 출생과 동시에 대한민국 국적을 취득한다(국적법 제2조 제1항 제1호). 따라서 출생자가 아버지 또는 어머니와의 관계에서 준거법에 따라 법률상 친자관계가 있다고 인정되면 우리 국적을 취득한다. 다만, 아버지와의 관계에서 민법상 친생추정을 받지 않거나 어머니의 경우라도 예외적으로 모자관계를 인정할 수 없는 경우에는 인지를 통해 친자관계 성립이 인정될 수 있고(민법 제855조 제1항), 이 경우에는 인지에 의한 국적 취득이 가능하다(국적법 제3조).

2) 혼외자의 친자관계 성립

부모의 혼인 중에 출생하지 않거나 배우자가 아닌 자와의 사이에서 출생한 자녀, 즉 혼외자의 경우, 부 또는 모와의 친자관계 성립 여부는 자녀의 출생 당시 어머니의 본국법에 따라 결정되고, 특히, 부자관계의 성립은 자녀의 출생 당시 아버지의 본국법 또는 자녀의 현재 일상거소지법에 의해서도 결정될 수 있다(국제사법 제68조 제1항). 먼저, 혼외자와 어머니와의 친자관계의 성립 여부는 어머니의 본국법에 따라 결정될 것이지만, 전술한 바와 같이 모자관계는 대부분 그 임신과 분만 사실에 의해 성립한다고 본다. 혼외자와 아버지와의 친자관계 성립 여부는 아버지의 본국법이나 자녀의 현재 일상거소지법에 따라 결정된다(동항 단서). 이때, 아버지가 자녀의 출생 전에 사망하였더라도 사망 당시 아버지의 본국법에 따라서 친자관계의 성립 여부를 판단할 수 있다(동법 제68조 제3항). 친자관계의 성립이 인정되는 부모 중 한쪽이 한국인인 경우 혼외자는 국적법상 출생에 의해 대한민국 국적을 취득한다(국적법 제2조 제1항 제1호).

우리 국민이 외국인 혼외자를 인지하고자 하는 경우에는 인지의 절차, 요건, 효과 등에 관해서는 어머니의 본국법에 의하거나 특히, 부자관계에 관해서는 아버지의 본국법이나 자녀의 현재 일상거소지법에 따를 수 있는 외에, 인지자의 인지 당시 본국법에 따를 수 있다(동법 제68조 제2항). 이와 같은 법에 준거하여 친자관계가 성립하면 피인지자는 법무부장관에게 신고한 때에 부 또는 모의 국적에 따라 한국 국적을 취득할 수 있다(국적법 제3조). 행정실무상으로 한국인과 외국인 사이에서 출생한 자녀에 대한 출생신고의 처리방법과 관련하여, 가족관계등록예규에 따르면 혼외자인 경우, 아버지의 출생신고만으로는 가족관계등록부를 작성할 수 없으므로 따로 외국

정되지 않는 경우, 즉 혼인 후 200일 이전에 출생한 자의 경우에는 강학상 혼인 중의 출생자이기는 하지만, 민법상 부자관계에 있어서는 친생추정을 받지는 않는 자가 되므로 이러한 자와 부자관계는 인정되지 않는다. 이 경우에는 혼외자와 마찬가지로 해석된다.

인에 대한 인지절차에 따라 아버지가 인지신고를 해야 한다. 이 경우 자녀가 미성년인 경우에는 국적법 제3조에 따라 법무부장관에게 신고함으로써 국적을 취득하거나, 성년인 경우에는 법무부장관으로부터 귀화허가를 받은 후 국적취득 또는 귀화허가 통보가 된 때 가족관계등록부를 작성할 수 있다고 한다.[37] 인지의 효과로서 친자관계 성립의 효과는 우리 민법상 자녀의 출생시로 소급하여 인정되지만, 국적취득은 우리 국적법상 법무부장관에게 신고한 때에 국적을 취득한다. 양자의 시기를 달리 정한 것은 국적사무는 법무부가 담당하지만, 가족관계등록 사무는 시·군·구·읍·면의 관서, 즉 이를 감독하는 대법원이 담당하므로 국적취득을 처리하는 측면에서는 가족관계의 신분변동을 알기가 어렵기 때문이라고 한다.[38] 따라서 법무부장관에 대한 신고가 국적취득의 절차적 요건으로 규정되어 있지만, 이 경우 법무부장관이 그 인지의 사법적 유효성에 대해서 심사하겠다는 취지는 아니다.[39]

3) 입양으로 인한 다문화가족의 구성

국제입양을 하고자 하는 경우에 입양의 절차나 효과에 관해서 양친과 양자의 국적이 다르기 때문에 어느 나라의 법에 따라야 하는가가 문제 된다.[40] 우선 입양 및 파양에 관해서는 양부모의 본국법에 따르는데(국제사법 제70조), 위와 같은 사안에서 우리 국민이 양부모가 되는 경우에는 우리 민법의 입양에 관한 요건이나 절차에 따라서 입양하면 된다. 다만, 자녀의 본국법상 그 자녀 또는 제3자의 승낙이나 동의 등을 요건으로 하는 경우에는 입양 시에 자녀의 본국법이 요구하는 요건도 갖추어야 한다(동법 제71조). 한편, 국제혼인이 증가하면서 우리 국민이 외국인 배우자의 전혼 자녀를 입양하는 사례가 늘고 있다. 이와 같은 소위, '가족 내 입양'의 경우에는 비교법적으로 별도의 규정을 두어 특별히 입양 요건을 완화하거나 국적취득 요건을 간소화하는 경우도 있지만, 우리 국제사법이나 민법 및 국적법 등에서는 이에 관한 특별한 규정을 두고 있지는 않다.

---

37 「한국인과 외국인 사이에서 출생한 자녀에 대한 출생신고 처리방법」(가족관계등록예규 제429호) 제1호 나. 혼인 외의 자의 경우.

38 석동현, 「가족법과 국적의 문제」, 229, 230면의 각주 15 참조.

39 같은 글, 229면.

40 참고로 우리나라는 국제입양과 관련하여 「아동의 보호 및 협력에 관한 협약(Convention on Protection of Children and Cooperation in Respect of Inter-country Adoption)」(이하, '아동보호협약'이라 한다)을 이행하기 위해서 2023년 7월 18일에 「국제입양에 관한 법률」(법률 제19553호(시행 2025. 7. 19.))을 제정하였다. 아동보호협약이 적용되는 국제입양사건에 관하여서는 이 법이 우선 적용된다.

(나) 다문화가족 구성원 간의 부양의무와 기타 법률효과

부양은 친자관계로부터 발생하는 부양뿐만 아니라 부부나 그 밖의 친족관계로부터 발생하는 부양이 있을 수 있다. 우리 국제사법은 부양에 대해서는 부양권리자의 보호라고 하는 실질법적 가치를 국제사법적 차원에서 고려하여 별도로 특칙을 두어 규율하고 있다. 이에 따르면, 부양의 의무는 부양권리자의 일상거소지법에 의하고, 다만 그 법에 의하면 부양권리자가 부양의무자로부터 부양을 받을 수 없는 때에는 당사자의 공통 본국법에 따르도록 하고 있다(국제사법 제73조 제1항). 이외 방계혈족 간 또는 인척 간 부양의무에 대해서는 부양권리자의 이익과 부양의무자의 이익을 적절하게 고려하여, 부양의무자는 부양권리자의 부양청구에 대해 당사자의 공통 본국법에 의하여 부양의무가 없다는 주장을 할 수 있고 그러한 법이 없는 때에는 부양의무자의 일상거소지법에 의하여 부양의무가 없다는 주장을 할 수 있다(동조 제3항). 다만, 위 모든 경우에도 불구하고, 부양권리자와 부양의무자가 모두 대한민국 국민이고 부양의무자가 대한민국에 상거소가 있는 경우에는 대한민국법에 따라 부양에 관한 법률관계가 규율된다(동조 제4항).

다문화가족 구성원 간 부양에 우리 법이 적용되는 경우, 우리 민법에 따르면 우선, 배우자 사이에는 혼인의 효력으로서 부양의무가 생긴다(민법 제826조 제1항). 이 경우 배우자는 상대방 배우자에 대하여 그 사회적 지위나 재산 상태를 고려하여 자기 생활과 동등한 수준으로 부양해야 할 의무를 부담한다. 부양의무 있는 배우자가 그 의무를 이행하지 않으면 당사자는 부양심판을 청구할 수 있고, 부양의무 불이행에 대한 손해배상청구도 할 수 있다. 가정법원은 당사자의 신청으로 그 의무의 이행을 명령할 수 있고(가사소송법 제64조), 이 명령에 위반하면 가정법원은 직권 또는 당사자의 신청으로 1천만 원 이하의 과태료를 부과할 수 있다(동법 제67조). 배우자가 상대방 배우자에 대하여 부양의무의 이행을 청구하였으나 상대방이 이를 이행하지 않은 경우, 배우자는 이행청구 후 이행지체에 빠진 부양료의 지급을 구할 수 있다. 그러나 이행청구 이전의 과거의 부양료는 청구할 수 없다.[41] 나아가 배우자의 부양의무 불이행은 악의의 유기에 해당하여 재판상 이혼사유가 될 수 있다(민법 제840조 제2호). 한편, 친자관계가 성립한 자녀와 부모와의 사이에도 부양의무가 발생한다. 부모가 미성년의 자녀를 부양하는 경우에는 제1차적 부양에 해당하지만, 그 외의 경우

---

41 대법원 2008. 6. 12.자 2005스50 결정.

에는 생활에 여유가 있음을 전제로 부양의무를 부담하는 제2차적 부양에 해당한다.[42] 자녀에 대한 부양료에 대해서는 그 부양의무를 이행한 일방 배우자가 부양의무를 이행하지 않은 상대방 배우자에 대하여 과거의 부양료에 대한 구상을 청구한 경우에는 이미 지출한 과거의 부양료에 대해서도 상대방이 분담함이 상당하다고 인정되는 범위에서는 그 비용의 상환을 청구할 수 있다.[43]

4. 국제혼인의 파탄과 다문화가족의 해체

국제혼인의 파탄에 수반하여 다문화가족이 해체됨으로써 다양한 법률문제가 발생하고 있다. 이하에서는 국제이혼, 자녀에 관한 부양 및 친권 또는 양육권에 관한 분쟁, 부모에 의한 국제적 아동탈취의 문제 등이 발생한 경우 구체적 법률관계에 대하여 살펴보고자 한다.

(가) 국제이혼의 과정과 절차

1) 국제이혼의 허용 여부

우리 국민 간의 혼인 파탄과 마찬가지로, 국제혼인 또는 다문화가족관계가 해체되는 경우에도 신분관계의 해소로 인한 복잡하고 다양한 법률문제가 발생한다. 게다가 국제혼인 당사자 사이에 자녀가 출생한 경우에는 그 친자관계의 성립을 전제로 부양과 친권의 행사 등이 문제 된다. 국제이혼과 같은 다문화가족 해체의 경우 당사자의 국적에 따른 국가의 법은 각각 내용이 다르기 때문에 어느 나라의 법이 적용되는가에 따라서 법률효과에 큰 차이가 난다. 예컨대, 필리핀과 같이 상대방 배우자의 본국법이 이혼을 인정하지 않는 법체계인 경우, 우리나라의 민법상 이혼은 당연히 인정되지만, 당해 필리핀법이 준거법으로 지정된다면 이혼 자체가 허용되지 않을 수도 있다. 우리 국제사법에 따르면 이혼은 혼인의 또 다른 일면이므로 이혼에 적용될 준거법은 혼인의 효과에 적용되는 법을 따른다(국제사법 제66조, 제64조).[44] 따라서 국제혼인의 경우와 동일하게 단계적으로 부부 동일국적법, 부부 동일의 일상거소지법,

---

42 대법원 2017. 8. 25.자 2017스5 결정.
43 대법원 1994. 6. 2.자 93스11 결정.
44 이혼에 관한 모든 문제, 즉 이혼의 허용 여부, 이혼의 방법, 이혼의 효력 등에 관하여는 원칙적으로 이혼의 준거법인 '혼인의 일반적 효력'에 관한 준거법이 적용된다. 다만, 구체적으로 무엇이 이혼에 관한 문제인가는 법률관계의 성질결정 문제이다.

가장 밀접한 법의 순으로 준거법을 결정한다. 준거법이 결정되면 그 내용에 따라 이혼의 허용 여부가 결정된다(국제사법 제37조). 따라서 위 사안에서, 우리 국제사법 규정에 따라 필리핀법이 준거법으로 결정되는 경우에는 필리핀법이 정하는 바에 따라 이혼이 허용되지 않을 수도 있다. 그러나 어떤 경우에도 이혼을 전혀 인정하지 않는다면 이는 우리나라 배우자에 대한 심각한 인격권 침해가 발생할 수 있다. 따라서 준거법 적용에 따른 이혼의 불허가 대한민국의 선량한 풍속 그 밖의 사회질서에 명백히 위반된다고 인정되는 경우에는 우리 국제사법상 사회질서에 반하는 외국법 적용으로서 필리핀법의 적용을 배척할 수 있는지가 문제 될 수 있다(국제사법 제23조). 이에 대해서는 한국에 거주하고 있던 필리핀인과 한국인 배우자 사이에서 필리핀인 남편이 한국인 배우자를 유기하고 본국으로 돌아가 소재불명이 된 사안의 경우, 필리핀법이 준거법으로 되어 그 이혼청구를 허용하지 않는다면, 한국인 배우자의 재혼의 길을 막는 심히 가혹한 결과를 초래하기 때문에 이러한 결과는 공서에 반한다는 판결이 있다.[45] 한편, 부부 중 일방이 대한민국에 상거소가 있는 대한민국 국민인 경우에는 대한민국법에 의한다고 하는 내국인조항(동법 제66조 단서)을 두고 있는데, 결혼이민자가 이혼하는 사안에서는 이러한 내국인조항을 근거로 우리 법이 준거법으로 지정되는 경우가 많을 것이다.

2) 국제이혼의 방법과 절차

국제이혼을 하는 과정에서 당사자가 어떤 절차로 어떻게 이혼을 할 것인가의 문제도 중요하다. 우리나라의 경우에는 재판상 이혼과 함께 협의이혼도 허용되고 있다. 각국 입법례에 따라서는 영국과 같이 협의이혼을 허용하지 않는 경우도 있다. 협의이혼의 방식과 관련해서도 우리나라에서는 협의이혼을 하는 경우 그 의사의 확인을 위해 가정법원의 허가를 받아야 하지만, 일본의 경우에는 당사자가 호적관서에 이혼신고를 하는 것으로 족하다. 종래 우리나라 국민과 일본 국민이 일본에서 협의이혼 신고만으로 이혼한 경우, 그 협의이혼이 우리 법상 인정되는지의 여부가 문제된 적이 있었다.[46] 학설은 협의이혼과 같은 행위는 법률행위 방식(국제사법 제31조)[47]

---

45 서울가정법원 1984. 2. 10. 선고 83드209 판결.

46 국내이혼과 달리 국제이혼을 하는 경우, 협의이혼의 가부 나아가 그 이혼 절차를 어느 나라의 법에 따라야 할 것인지에 대해 우리 법에는 규정이 없고 학설상 견해의 대립이 있다. 즉, 협의이혼의 가부, 즉 협의이혼 의사의 확인이라고 하는 것을 이혼의 방식의 문제로 볼 것인지, 이혼의 실질적 성립요건의 문제로 볼 것인지에 따라 견해가 나뉜다. 이와 같은 협의이혼의 성질 결정 논의에 대해서는 안구환, 「국제호적의 몇 가지 문제점—주요 신분행위의 쟁점사항을 중

또는 혼인의 방식(동법 제63조 제2항)의 문제로 파악하여 이혼을 하는 행위지의 법에
따르는 것으로 해석하거나 협의이혼 의사의 확인은 이혼의 실질적인 성립요건의 문
제로서 이혼의 준거법이 적용된다는 견해48도 있다. 이혼의 준거법에 따르지만 부부
일방이 대한민국에 일상거소가 있는 대한민국 국민인 경우에는 이혼은 대한민국 법
에 의한다(동법 제66조)는 후자의 학설이 우세하다.49 호적 실무는 전자의 입장에 따
른 적도 있었지만, 현재는 가족관계등록실무상 외국법에 의한 협의이혼의 효력은 우
리나라 법에 의해서 적절한 절차를 밟아 이혼신고를 하도록 하고 있고 재외국민의 이
혼의사 확인신청에 관해서는 특례를 두고 있다(가족관계의 등록 등에 관한 규칙 제75조).

3) 이혼의 책임

혼인한 당사자가 이혼에 이르기까지의 원인은 매우 복합적이고 다양한 감정적
이해가 얽혀있으므로 혼인파탄의 원인이 실제로 누구에게 있는가를 판단하는 것은
쉽지 않은 일이다. 따라서 세계 각국은 이혼에 관해 대부분 파탄주의로 이행하는 추
세에 있지만, 우리나라는 종래부터 유책주의의 입장을 취해 왔다.50 결혼이민자의 경
우에는 이혼파탄의 책임, 즉 귀책사유51가 누구에게 있는지의 문제는 체류자격과 관
련하여 매우 중요한 의미가 있다. 결혼이민자가 이혼하는 경우, 체류연장이나 변경
이 되지 않는 경우에는 체류자격을 상실하여 불법체류자가 되는 경우가 있기 때문이
다. 이 경우에는 원칙적으로 혼인을 이유로 하는 간이귀화 신청을 할 수 없고, 이혼
한 결혼이민자의 귀화신청이 있는 경우에는 법무부장관은 귀화불허처분을 해야 한

심으로—」, 121면 참조.

47 최봉경, 「국제이주여성의 법적 문제에 관한 소고」, 『서울대학교 법학』 제51권 제2호 (2010), 142면.
48 신창선, 『국제사법』 (학우, 2002), 396면.
49 반면, 일본의 대체적인 학설과 판례는 전자와 같이 협의이혼의 의사확인은 이혼의 방식에 관한 문제로서 실제로 이혼을 하는 행위지법에 따르면 족하다고 하여, 우리나라 국민과 일본인 배우자가 일본에서 일본법이 정하는 방식대로 호적관서에 협의이혼 신고만을 한 경우 협의이혼의 효력을 인정하고 있다(昭和 53. 12. 15. 民6678民事局課長通知).
50 대법원 1999. 10. 8. 선고 99므1213 판결, 대법원 2004. 2. 27. 선고 2003므1890 판결 등에서는 일정한 예외사유가 있는 경우에는 유책배우자의 이혼청구를 허용하고 있다. 최근의 판결 중에는 "부부공동생활 관계의 해소 상태가 장기화되면서, 원고의 유책성도 세월의 경과에 따라 상당 정도 약화되고, 원고가 처한 상황에 비추어 그에 대한 사회적 인식이 파탄에 이르게 된 데 대한 책임의 경중을 엄밀히 따지는 것의 법적·사회적 의의는 현저히 감쇄되고 쌍방의 책임의 경중에 관하여 단정적인 판단을 내리는 것 역시 곤란한 상황에 이르렀다고 보인다"고 판시(대법원 2009. 12. 24. 선고 2009므2130 판결)하는 등 파탄주의에 관한 긍정적인 입장도 있다.
51 한숙희, 「국제혼인의 파탄사유에 관한 실증적 고찰」, 125면 이하.

다. 그러나 일정한 경우 인도적 차원에서의 간이귀화신청을 할 수 있다는 점은 전술하였다. 별거나 이혼소송 중인 경우에도 체류자격 연장 신청을 할 수 있고, 이혼 후의 결혼이민자의 경우에는 '가사정리'를 이유로 한 거주자격으로 체류자격 변경을 신청할 수 있다.

(나) 국제이혼에 수반하는 다양한 법률효과

당사자가 이혼하게 되면 혼인의 해소와 관련해 당사자의 재산적·신분적인 법적 지위에 여러 가지 변동이 생긴다. 이혼의 효력은 당사자의 신분관계의 해소에 따른 여러 가지 법률효과를 수반하고, 특히 재산관계와 관련해서는 재산분할청구나 위자료청구, 이혼 후의 부양의무 등이 문제 된다. 결혼이민자의 경우에는 아직 국적을 취득하기 전에는 외국인의 지위를 갖기 때문에 부부가 공동의 협력으로 이룩한 재산이라고 하더라도 대부분 우리 국민의 명의로 재산이 형성되어 있는 경우가 많다. 그러나 혼인이 해소되는 경우에는 외국 국적의 배우자라고 하더라도 자신이 협력하여 이룩한 재산에 대한 분할을 청구할 수 있어야 할 것이다. 또한, 혼인파탄의 원인이 있는 상대방 배우자에 대해서 일정한 경우에는 손해배상으로서 위자료를 청구하거나, 이혼 후의 부양을 청구하는 경우도 있다. 이에 관해 국제사법상 개별규정이 있는 경우에는 개별규정에 따르고, 그 외의 경우에는 이혼은 혼인 해소의 일면이므로 혼인에 관한 준거법에 따른다. 상술하면 다음과 같다. 먼저, 국제이혼 시 당사자가 공동 협력으로 이룩한 재산에 대해서 재산분할을 청구하고자 하는 경우에는 부부재산제에 관해서 적용되는 법이 단계적으로 적용되거나, 당사자의 합의로 적용되어야 할 준거법을 선택할 수도 있다(국제사법 제65조, 제64조). 혼인생활의 파탄이 주요한 원인이 상대방에게 있어 그 손해배상으로서 위자료를 청구하고자 하는 경우에는 우선, 위자료청구권의 성격이 무엇인지가 문제 된다. 대체로 판례는 위자료청구권의 법적 성격을 불법행위로 인한 손해배상청구권으로 보아[52] 불법행위에 관한 준거법 규정에 따라 적용될 준거법이 결정된다(동법 제52조 제1항). 결혼이민자의 경우, 우리나라에서 생활하고 있고 부정행위가 일어난 곳이 우리나라인 경우에는 우리 민법 규정에 따라 유책배우자에게 위자료 청구를 할 수 있다.[53] 이혼 후의 부양의무와 관련하여서는

---

52 이혼시 위자료청구권은 그 법적 성질이 불법행위로 인한 손해배상청구권이기 때문에 협의이혼의 경우에도 당연히 손해배상청구권이 인정되고 상속도 가능하다고 한다(대법원 1993. 5. 27. 선고 92므143 판결).

53 대법원 1994. 11. 4. 선고 94므1133 판결에 따르면 "외국의 국적을 가진 자와 사실혼 관계에

대한민국에서 이혼이 이루어지거나 승인된 경우에 이혼한 당사자 간의 부양의무는 이혼에 관하여 적용된 법에 따라서 규율된다(동법 제73조 제2항). 이혼에 수반하는 부양을 이혼의 효과로 파악하는 취지로 이해된다.

한편, 최근 외국인근로자 등이 우리나라에 불법체류하는 중에 우리나라 국민과 사실혼 관계에 있게 되는 경우가 많은데, 이러한 사실혼 해소의 경우에도 이혼의 준거법을 적용할 수 있는지가 종종 문제 된다. 이에 관해 명문의 규정은 없지만, 이혼시 적용되는 준거법을 광범위하게 적용해야 한다고 하는 견해가 있다.[54] 판례는 사실혼의 경우에도 이혼과 구체적인 효력에 관한 국제사법의 규정을 적용하여 준거법을 결정하고 이에 따라 판시한 사례가 있다.[55] 참고로 우리 민법상 학설 및 실무는 대체로 사실혼 배우자의 위자료청구 등을 인정하고 있다. 이처럼 우리 민법이 준거법으로 결정되는 경우에는 관련 법률관계의 처리는 우리 민법상 형성된 사법상의 법리에 좇아 해결된다.

(다) 이혼 시 자녀에 대한 친권의 행사와 양육의 결정

부모의 이혼으로 인해 다문화가족이 해체되는 경우, 그들 사이에서 출생한 자녀가 있는 경우에는 배우자 사이의 혼인으로 인한 신분관계가 해소되는 것에 그치지 않고, 이혼 후 미성년자에 대한 친권 및 양육권자의 지정 등도 함께 문제 된다. 사실

있다가 그 사실혼이 상대방의 귀책사유로 인하여 파탄에 이르게 되었다 하여 그 부당파기로 말미암아 입게 된 정신적 손해의 배상을 구하는 위자료 청구는 불법행위로 인한 손해의 배상을 구하는 것으로서 섭외사법 제13조 제1항의 규정에 따라 그 불법행위의 발생지인 우리나라의 민법이 적용된다"고 하였다. 즉, 위자료청구권에 관해서는 그 성격을 불법행위청구권으로 보아 이혼의 준거법에 관한 규정이 아니라, 불법행위에 관한 구 섭외사법 제13조 제1항(현행 국제사법 제52조 제1항에 해당)이 적용된다고 판시한 바 있다.

[54] 최봉경, 「국제이주여성의 법적 문제에 관한 소고」, 154면; 신창선, 『국제사법』(피데스, 2007), 345면.

[55] 앞서 위자료청구권에 관해서 인용한 대법원 1994. 11. 4. 선고 94므1133 판결의 판시내용 참조; 대법원 1998. 12. 8. 선고 98므961 판결; 최봉경, 「국제이주여성의 법적 문제에 관한 소고」, 154면 각주 54의 설명에 따르면, 춘천지방법원 2002드단636 판결은 판결 선고 당시 만 30세의 중화인민공화국 국적의 여성(당시 중국교포로서 불법체류 중이었다)이 한국 국적의 사실혼 관계에 있던 남성을 상대로 제기한 위자료청구, 재산분할청구, 친권자 및 양육자지정청구 내지 양육비청구 사건에서, 원·피고가 사실혼 관계에 있지만 피고가 대한민국 국민으로서 대한민국에 상거소를 두고 있음을 이유로 국제사법 제39조 단서의 유추적용에 의해 대한민국 민법을 준거법으로 적용하였다고 한다. 동 판결의 결론에 대해서는 원고의 청구 중 위자료청구는 인용하고 나머지 청구, 즉 친권행사자 및 양육자지정청구 내지 양육비청구는 모두 기각하였는데 이는 원고가 국내 불법체류자임을 고려하였기 때문이라고 설명하고 있다.

부모가 이혼하여 배우자 사이에서 신분관계가 해소되더라도 출생한 자녀와의 사이에 이미 성립한 친자관계, 즉 모자관계나 부자관계에는 아무런 영향이 없다. 그러나 사법상 친권자를 결정하거나 양육에 관한 비용부담의 문제와 관련해서는 원칙적으로 부모와 자녀 사이의 법률관계에 적용될 법, 즉, 부모와 자녀의 동일한 본국법에 따르거나 그렇지 않으면 자녀의 일상거소지법이 정하는 바에 따라서 규율된다(국제사법 제72조). 다문화가족의 해체 시 결혼이민자가 국적을 취득하지 못한 대부분의 사안에서는 자녀의 상거소지법인 우리나라 민법이 준거법으로 지정되는 경우가 많을 것이다. 이혼 시에 결혼이민자가 자녀와 함께 생활하는 경우, 자녀의 양육비 지급과 이행에 관한 분쟁이 적지 않다. 이 경우 우리 민법의 적용을 받는 경우에는 과거의 양육비 청구도 가능하고,[56] 가사소송법상 양육비 직접지급명령제도(가사소송법 제63조의2)[57] 등의 이용을 기대할 수도 있다.

(라) 혼인의 파탄과 국제아동탈취

최근 결혼이민자가 혼인 후 자녀를 출산하였으나 혼인관계가 파탄에 이른 경우, 부부 중 일방이 상대방의 동의 없이 자녀를 국외로 데리고 출국하는 일이 자주 문제되고 있다. 실제로 우리나라 다문화가족의 실태조사에 따르면 결혼이민자인 외국인 배우자가 우리 국민인 상대방 배우자의 동의나 허락이 없이, 그들 사이에 출생한 자녀를 데리고 자신의 모국으로 입국해버리거나 경제적인 지원의 강요 수단으로 자녀를 데리고 가출하는 경우가 증가하고 있다.[58] 국제적으로도 일방 부모의 동의 없이 일단 아동이 외국으로 이동 또는 유치되면 그 아동의 소재를 파악하기가 매우 곤란하고 남겨진 부모와의 관계가 단절된다는 점에서 매우 심각한 문제로 인식되고 있다. 이에 따라, 헤이그 국제사법회의(Hague Conference on Private International Law)는 국경을 초월한 아동탈취의 문제가 발생한 경우, 그 반환절차와 이행에 관한 국제적 협력을 위해 1980년에 「국제적 아동탈취의 민사적 측면에 관한 협약」(Convention on the Civil Aspects of International Child Abduction)을 제정하였다. 국제협약으로서는 비

---

56 대법원 1994. 5. 13.자 92스21 전원합의체 결정.
57 양육비지급명령이란 정기금 양육비채무자가 정당한 이유 없이 2회 이상 양육비를 지급하지 않은 경우에는 양육비채권자의 신청에 따라 아직 이행기일이 도래하지 않은 양육비채권을 집행채권으로 하여 양육비채무자의 고용자(소득세원천징수의무자)로 하여금 양육비채권자에게 직접 지급하도록 하는 제도이다.
58 대법원 2013. 6. 20. 선고 2010도14328 전원합의체 판결 참조.

교적 많은 체약국을 확보한 성공한 협약으로 평가되고 있다.[59] 협약은 소위 '부모에 의한 국제적 아동탈취(International Parental Child Abduction)'[60]의 불법성을 전제로 아동의 불법한 이동이나 유치가 있는 경우, 아동을 본래 상거소로 신속하게 반환할 것을 원칙으로 한다.[61] 따라서 협약은 아동의 신속한 반환을 위한 각 체약국의 중앙당국 간 협력과 지원, 아동의 반환 및 면접교섭 신청의 구체적 절차에 관해 규율하고 있다.

우리나라도 최근 2012년에 이 협약에 가입하였고, 협약 이행을 위해 「헤이그 국제아동탈취협약 이행에 관한 법률」을 제정하여 시행 중이다.[62] 우리 이행법률은 각 체약국 간의 연락과 중개 업무를 담당할 중앙당국으로 법무부를 지정하고, 아동반환에 관한 사법심사는 서울가정법원에 관할을 집중하였다. 이 법의 주된 내용은 아동반환 및 면접교섭 지원과 우리 법원에서의 아동반환 심리절차에 관해 규정하고 있다. 이행법률에 규정된 내용을 도식화하면 다음과 같다.[63]

---

59 이 글 집필 당시인 2018년 6월 당시 이 협약에는 98개국이 가입한 상태이고, 아시아에서는 우리나라를 포함하여 일본, 중국(홍콩, 마카오만 해당), 싱가포르, 스리랑카, 파키스탄, 태국, 필리핀이 가입하였다. 본 협약의 상세에 관해서는 헤이그 국제사법회의 홈페이지(http://www.hcch.net/index_en.php?act=conventions.status&cid=24)(최종방문일 2018. 6. 22.)와 헤이그 국제사법회의 보고서[Enforcement of orders made under the 1980 convention－Towards Principle of Good Practice, Enforcement of orders made under the 1980 convention－A Comparative Legal Study－(2006)(http://www.hcch.net/index_en.php?act=publications.details&pid=3891&dtid=2)] 참조.

60 이 협약에 따르면 일방 부모가 자신의 자녀에 대한 양육권을 가지고 있는 자라고 할지라도 상대방 부모가 공동양육권자인 경우에는 그의 동의 없이 양육권을 침해하여 아동을 국외로 이동 또는 유치하는 행위는 원칙적으로 불법한 것으로 간주된다.

61 협약의 구체적 내용에 관해서는 Lynda R. Herring, "Taking away the pawns; International parental abduction & The Hague Convention," 20 NCJILCR 137 (1994), p.146; 이병화, 『국제아동탈취의 민사적 측면에 관한 헤이그협약 연구』(법무부, 2009). 참고로 협약은 아동의 불법한 국외이동으로부터 아동을 신속하게 그 이전 상거소지로 반환하는 것을 원칙으로 하면서 몇 가지 예외를 규정하고 있다. 협약이 규정하는 예외사유는 ① 아동반환의 신청이 아동의 이동 또는 유치로부터 1년이 경과한 후에 개시되고 아동이 새로운 환경에 정주한 경우(협약 제12조), ② 아동을 보호하는 자가 이동 또는 유치 당시에 실제로 양육권을 행사하고 있지 않았거나, 그 이동 또는 유치에 동의하거나 추인한 경우(협약 제13조 제1항 a호), ③ 아동의 반환이 아동에게 신체적 혹은 정신적 위해를 가하거나 기타 아동이 견디기 힘든 상황에 처하게 될 중대한 위험이 존재하는 경우(협약 제13조 제1항 b호), ④ 아동이 반환에 이의를 제기하는 경우(협약 제13조 제2항), ⑤ 아동의 반환이 요청을 받은 국가에서의 인권 및 기본적 자유의 보호에 관한 기본원칙에 의해 인정되지 않는 경우(협약 제20조)이다. 이 중 각 체약국에서는 아동이 반환되는 경우의 '중대한 위험'이 가장 많이 문제 되고 있다. 상세한 것은 곽민희, 「헤이그아동탈취협약의 해석상 「중대한 위험」과 子의 利益」, 『민사법학』 제67호 (2014), 25면 이하 참조.

62 이 법은 2012년 12월 11일에 법률 제11529호로 제정되었고 2013년 3월 1일부터 시행되고 있다. 이행법률의 상세한 내용에 대해서는 곽민희, 「헤이그아동탈취협약의 국내이행입법에 관한 검토―일본의 헤이그아동탈취협약 실시법으로부터의 시사―」, 『가족법연구』 제28권 제2호 (2014), 29면 이하 참조.

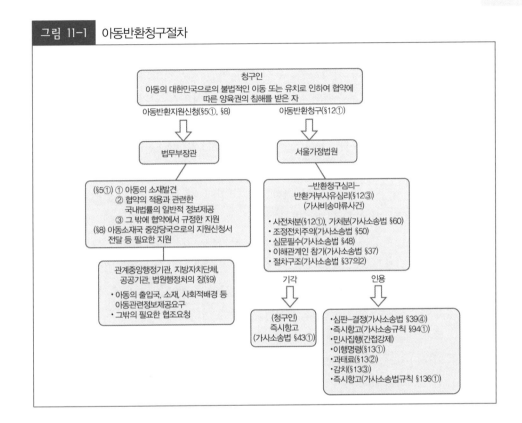

그림 11-1 아동반환청구절차

협약은 체약국 사이에서만 적용되므로 협약에 가입하지 않은 국가로 아동이 탈취되거나 소재가 불명이 되는 경우, 아동의 반환을 위해서는 해당 국가의 자발적인 협력에 의존할 수밖에 없다. 문제는 우리나라의 경우 결혼이민자의 출신국[64]이 주로 이 협약에 가입하지 않은 경우가 많아서 국제혼인의 파탄 등을 이유로 아동이 결혼이민자의 출신국으로 탈취되는 경우에 대응하기 어렵다는 점이다. 향후 이들 국가의 협약 가입과 국제적인 공조 시스템의 구축이 긴요하다.

---

63 이 도식은 같은 글, 50면에서 인용.
64 참고로 우리나라 결혼이민자의 출신국을 보면, 중국 및 한국계 중국인, 베트남, 일본, 필리핀 등의 순서이다. 법무부 출입국·외국인정책본부, 『출입국·외국인정책 통계월보』(2018. 6)에 따르면, 2018년 말 현재 결혼이주자의 국적별·성별현황은 여성이 83.5%, 남성이 16.5%이고, 그 출신지(국적)는 한국계 중국을 포함하여 중국이 37%, 베트남 26.9%, 일본 8.6%, 필리핀 7.5%, 캄보디아(2.9%), 태국(2.6%) 순으로 나타났다.

5. 다문화가족 구성원의 사망으로 인한 법률관계

다문화가족의 구성원이 사망하면, 우선 결혼이민 배우자와의 관계에서 사망으로
인한 혼인의 해소라는 신분관계의 변동이 발생한다. 따라서 남겨진 배우자는 재혼을
할 수 있고 혼인으로 인한 친족관계도 소멸한다. 또한, 통상의 가족구성원이 사망한
경우와 같이 상속이나 재산분할, 유언 등의 법률문제가 발생한다. 피상속인이 사망
한 경우에는 우선 사망 당시 피상속인의 본국법이 상속에 관해서 적용되므로(국제사
법 제77조 제1항), 사망한 피상속인이 대한민국 국민인 경우에는 상속에 관한 우리 민
법의 규정이 적용될 것이다. 다만, 피상속인이 유언에 적용되는 방식에 의해서 명시
적으로 지정 당시 피상속인의 상거소가 있는 국가의 법을 지정하거나, 부동산에 관
한 상속에서는 그 부동산의 소재지법을 지정한 경우에는 그 지정한 법에 따를 수도
있다(동조 제2항). 다만, 전자의 경우에는 피상속인이 사망 당시 그 국가에 상거소를
유지한 경우에 한하여 효력이 있다. 피상속인이 우리나라 국민인 경우에 상속과 관
련해서는 우리나라의 현행법에는 외국인의 재산상속을 부인하는 규정이 없으므로
상속인이 외국인이라고 하더라도 재산상속을 받을 수도 있고, 나아가 외국인도 대습
상속인이 될 수 있다.[65]

한편, 유언의 경우에도 역시 상속과 마찬가지로 원칙적으로 유언자의 본국법에
따라서 규율된다(동법 제78조). 유언의 변경이나 철회는 그 당시 유언자의 본국법에
의하고, 유언의 방식에 대해서는 별도의 규정을 두고 있다. 즉, 유언의 방식에 관해
서는 유언자가 유언 당시 또는 사망 당시 국적을 가지는 법이나 상거소지법, 또는
유언 당시 행위지법, 부동산에 관한 유언의 방식에 대해서 그 부동산의 소재지법이
선택적으로 준거법으로 결정될 수 있다. 가족관계등록의 행정실무에서는 다문화가족

---

[65] 예컨대 한국인 여자(甲)와 외국인 남자(乙)가 혼인한 후, 甲의 실종 중에 그 父가 사망하였고
그 후에 甲에 대한 실종선고심판이 확정되어 실종선고효력에 따라 소급하여 甲이 그 父보다
먼저 사망한 것으로 간주된 경우, 그 남편인 외국인 乙은 외국인이라고 하더라도 대습상속인
이 될 수 있다고 하는 최근의 등기선례가 있다[「외국인도 대습상속인이 될 수 있는지의 여부
와 그에 대한 등기절차」(등기선례 제201410－2호)]. 이 경우 상속등기는 대습상속인 乙의 행
방불명으로 주소를 증명하는 서면을 첨부할 수 없는 경우에는 甲의 폐쇄된 가족관계증명서
(제적등본)상의 등록기준지(본적지)를 주소지로 기재하고 그 폐쇄된 가족관계증명서(제적등
본)를 주소를 증명하는 서면으로 첨부하여 상속등기를 할 수 있고, 부동산등기용등록번호를
부여받을 수 없는 경우에는 이를 소명하여 부동산등기용등록번호를 병기하지 아니하고 상속
등기를 신청할 수 있다. 외국인의 상속등기 시 신청서에 첨부할 서면은 부동산등기규칙 제46
조에 규정된 첨부 정보를 제공하여야 한다.

구성원의 사망사실에 대한 가족관계등록에 관해서는 특별한 행정지침을 마련하여 처리하고 있다.[66]

　　이상으로 결혼이민과 다문화가족의 법률관계에 대해서 살펴보았다. 이민법은 이민과 이민자에 관한 총체적 규율 법제로서 서로 다른 가치와 문화에 대한 평등한 이해와 존중을 바탕으로 이민자와 국민의 결합을 지원해야 한다. 나아가 그로 인해 구성된 다문화가족의 삶에 긍정적인 미래를 선사하는 보편적인 사법 질서의 원리를 수용할 필요가 있다. 이에 기초하여 앞으로 이민법이 결혼이민자와 그 다문화가족에게 알맞은 사법적 지원을 제공하는 역할을 한다면 외국인과 다문화가족의 각 구성원이 우리 사회 안에서 올바르게 정착하고 공생하며 자연스럽게 통합될 수 있을 것이다.

---

66 「기록 대상자가 외국인인 경우의 기록방법에 관한 예규」(가족관계등록예규 제397호) 제10조는 가족관계등록부에 기록된 외국인인 가족이 한국에서 사망한 경우와 외국에서 사망한 경우로 나누어, 전자의 경우에는 「가족관계의 등록 등에 관한 법률」 제85조에 기재된 자, 즉 동거하는 친족이 사망신고를 하여야 하고, 친족·동거자 또는 사망장소를 관리하는 사람, 사망장소의 동장 또는 통·이장도 사망신고를 할 수 있다고 규정한다. 이러한 사망신고가 있는 경우에는 가족관계등록부에 사망사실을 기록하고 그 신고서류는 특종신고서류편철장에 편철한다. 후자의 경우, 이해관계인은 해당 등록부의 등록기준지와 무관하게 전국 시(구)·읍·면의 장에게 사망사실을 증명하는 서면을 제출하여 직권기록을 신청할 수 있고, 시(구)·읍·면의 장은 간이직권절차에 의하여 사망사실을 기록한다.

제12장

외국인의 사회보장

노 호 창

제12장 외국인의 사회보장

본장에서는 국내에 체류하고 있는 외국인의 사회보장에 대해서 다루고 있다. 사회보장의 3대 체계(사회보험, 공공부조, 사회서비스)와 주요 내용을 중심으로 외국인에게 어느 정도 적용되는지 살펴본다.[1]

 ## 제1절 서 론

본절에서는 사회보장에 있어서 외국인에게 권리 주체성을 인정할 것인가라는 원론적인 논의를 필두로「재한외국인 처우 기본법」의 한계, 사회보장의 규범적 기초와 기본 체계, 상호주의에 대한 검토의 순서로 살펴본다.

1. 사회보장의 전제로서 외국인의 사회적 기본권 주체성 여부

외국인의 기본권 주체성과 관련해서는 다양한 논의가 있다. 자유권을 비롯한 일부 기본권을 인정하는 견해, 상호주의에 따라 인정하는 견해, 기본권의 성질에 따라

---

* 본장의 내용은 노호창,「현행 사회보장제도에서 외국인의 처우에 대한 현황과 문제점」,『사회보장법연구』제4권 제1호 (2015), 55-97면을 기초로 하여 노호창,「이주민의 사회보장권 기타 사회권에 관한 연구」,『이주민법연구』(경인문화사, 2017), 271-335면 및 노호창,「이주여성과 사회보장법제」,『이화젠더법학』제9권 제2호 (2017), 159-214면을 반영하여 수정·보완한 것이다.

** 본 장에서 인용된 법령은 2023년 8월 31일을 기준으로 시행 중인 것이다.

일정한 범위 내에서 인정하는 견해 등이 제시되어 있다.[1] 헌법재판소의 경우 "외국인의 기본권 주체성이 당연히 인정되는 인간의 권리에 해당하는 기본권은 해당 외국인의 대한민국 내에서의 체류자격과 관계없이 인정되는 것으로 불법체류자라 하더라도 인정되는 것"으로 보고 있다.[2]

한편, 헌법 제6조 제2항은 "외국인은 국제법과 조약이 정하는 바에 의하여 그 지위가 보장된다"고 하고 있고 동조 제1항에서 "헌법에 의하여 체결·공포된 조약과 일반적으로 승인된 국제법규는 국내법과 같은 효력을 가진다"고 규정하고 있다.[3] 이를 통해 분명히 알 수 있는 것은 헌법 제6조 제2항은 적어도 한국에 입국하여 체류하고 있는 외국인에게 한국 영토 내에서 자신들의 권리를 주장하고 실현할 수 있는 헌법적인 근거로 제시될 수는 있을 것이라는 점이다.

다만 외국인의 기본권 주체성 여부가 외국인의 지위 보장에 관하여 규정한 헌법 제6조 제2항과의 관계에서 정합적으로 해석되어 논의되고 있는지는 분명하지 않은 것 같다.

이제 범위를 좁혀서, 사회보장의 전제가 되는 사회적 기본권의 주체가 누구인가라는 질문을 살펴보자. 사회적 기본권에는 교육을 받을 권리(헌법 제31조), 근로의 권리(헌법 제32조), 노동3권(헌법 제33조), 인간다운 생활을 할 권리(헌법 제34조), 환경권(헌법 제35조), 보건권(헌법 제36조 제3항)이 속한다. 이와 같은 사회적 기본권의 주체에 관해서는 다양한 견해가 제시되고 있다. 사회적 기본권의 주체는 원칙적으로 국민이라는 견해가 있다.[4] 그리고 사회적 기본권이 가지는 몇 가지 특성, 예컨대 사회적 기본권은 국가의 적극적인 행위를 통해서만 실현될 수 있다는 점, 헌법 자체는 사회적 기본권의 목표와 기본방향만을 정할 뿐 구체적인 실현은 입법자에게 유보되어 있다는 점, 사회적 기본권의 실현은 공동체의 다른 구성원의 일정 정도 희생과 부담을 전제로 한다는 점 등으로 인해[5] 기존의 공동체에 새로이 유입된 외국인이 당연히 사회적 기본권의 주체가 될 수 있는지에 대해 소극적인 입장을 보이는 견해도

---

1 성낙인,『헌법학』(법문사, 2015), 919면; 정종섭,『헌법학원론』(박영사, 2014), 327면; 한수웅,
  『헌법학』(법문사, 2015), 388면 등. 보다 상세한 논의는 본서의 제3장 참조.
2 헌재 2012. 8. 23. 2008헌마430.
3 물론 여기서 규정된 외국인이 일반적이고 추상적인 의미에서의 외국인인지, 아니면 한국에 입
  국하여 체류하고 있는 외국인인지 법문상 구별되어 있지는 않다.
4 한수웅,『헌법학』, 391면.
5 전광석,「다문화사회와 사회적 기본권」,『다문화사회와 헌법』(한국헌법학회·국가인권위원회
  공동학술대회 자료집, 2010), 126면.

있다.[6] 한편, 사회적 기본권의 추상적 성격으로 인하여 사회적 기본권을 외국인에게 인정한다고 하여도 헌법의 관련 규정으로부터 곧바로 개인에게 사회적 기본권의 구체적인 실현을 주장하는 권리가 도출되는 것은 아니라는 비판도 있다.[7]

그러나 사회적 기본권이 입법자의 입법형성을 통해서 구체적으로 실현된다는 특징을 가지고 있다고 해서 이를 사회적 기본권의 주체성을 부정하는 논거로 사용해서는 안 된다고 본다. 왜냐하면, 어떤 법적 현장에서 구체적인 권리의 실현을 주장할 수 있냐는 것과 일반적·추상적 의미에서 사회적 기본권의 주체가 된다는 것은 구별되는 것이기 때문이다.

따라서 사회적 기본권이 인간의 존엄성, 자유권의 실질적인 조건 형성, 인간다운 생활의 실현 등과 직접적이고 밀접한 관련을 맺는 경우에는 외국인도 그 주체가 된다고 보는 것이 타당해 보이고[8] 외국인이라도 공동체의 일원으로서 국민과 동일한 사회적 부담 등을 짊어지고 또한 입법자가 입법을 통해서 외국인에게 사회적 기본권의 적용범위를 인정한다면 외국인도 사회적 기본권의 주체가 된다고 보는 것이 타당할 것이다.

2. 「재한외국인 처우 기본법」 제정과 의미

외국인에 관한 사회보장이라는 주제와 관련하여, 외국인이라는 주체에 특히 초점을 맞추면 우선 떠오르는 법률은 「재한외국인 처우 기본법」(이하 '외국인처우법'이라 한다)이다. 이 법률은 한국에서 체류하고 있는 외국인의 처우 전반에 관한 기본법으로서 2007년 5월 17일 법률 제8442호로 제정되었고 현재까지 여러 차례에 걸쳐 개정된 바 있다. 법률 명칭만 보면 재한외국인의 사회보장에 관한 내용도 담고 있을 것으로 일응 추정된다.

외국인처우법은 "재한외국인에 대한 처우 등에 관한 기본적인 사항을 정함으로써 재한외국인이 대한민국 사회에 적응하여 개인의 능력을 충분히 발휘할 수 있도록 하고, 대한민국 국민과 재한외국인이 서로를 이해하고 존중하는 사회 환경을 만들어 대한민국의 발전과 사회통합에 이바지함을 목적"으로 하고 있다(법 제1조 참조). 외국

---

6 성낙인, 『헌법학』, 916면.
7 전광석, 「다문화사회와 사회적 기본권」, 127면; 헌재 1995. 7. 21. 93헌가14; 헌재 2002. 12. 18. 2002헌마52; 헌재 2003. 7. 24. 2002헌바51 등.
8 한수웅, 『헌법학』, 391면.

인처우법은 법 제2장에서 외국인정책의 수립 및 추진 체계를 규정한 외에 법 제3장 (재한외국인 등의 처우)에서 재한외국인 등의 인권옹호(법 제10조), 재한외국인의 사회 적응 지원(법 제11조), 결혼이민자 및 그 자녀의 처우(법 제12조), 영주권자의 처우(법 제13조), 난민의 처우(법 제14조), 특별기여자의 처우(법 제14조의2), 국적취득 후 사회 적응(법 제15조), 전문외국인력의 처우 개선(법 제16조), 과거 한국 국적을 보유하였던 자 등의 처우(법 제17조)에 관한 노력·지원·배려 의무를 규정하고 있다.

우선 외국인처우법은 그 적용대상에 있어서는 합법적으로 체류하고 있는 자일 것을 전제하고 있어서(법 제2조 제1호) 소위 불법체류자로 지칭되는 미등록 외국인에 대해서는 언급조차 없어서 보호대상에서 제외하고 있다고 판단된다. 그러므로 국민 과 사실혼 관계에 있는 자, 국민과 사이에 태어난 자녀를 양육 중인 자라도 미등록 인 경우 보호대상에서 제외되고 이주아동·청소년도 그 부모가 미등록인 경우 및 이 주아동·청소년 본인이 만 17세 이상이어도 외국인등록을 하지 못하는 경우[9] 외국인 처우법의 적용 대상에서 배제된다. 이렇게 보호대상 측면에서 합법체류와 불법체류 로 이분하고 있는 것에 대해서는 합법체류 여부를 기준으로 이민을 두 부류로 구별 하여 관리통제의 묘를 살리겠다는 의지가 반영된 것이라는 비판이 있기도 하다.[10]

그럼에도 불구하고 외국인정책의 모법이라는 관점에서 보자면, 외국인의 법적 지 위를 보장하고 외국인의 사회적응과 국민의 이민사회에 대한 이해를 지원하기 위한 목적에서 출발한 본격적인 최초의 입법적 시도라는 점과 합법체류 외국인에 한정될 지언정 기본법이라는 취지에 맞게 외국인의 사회적 처우에 관한 나름의 방향을 제시 하고 있다는 점에서 입법적 의의를 찾을 수 있겠다.

그런데 외국인처우법은 그 법률 명칭이 주는 어감과는 달리 외국인의 사회보장 에 대해서는 사회서비스 분야와 관련된 지원에 대한 국가·지자체의 약간의 권한 규 정 외에 추상적인 내용과 노력의무 정도까지만 규정하고 있어서 권고적·선언적 수 준에 머물러 있고 그밖에 국민 또는 외국인의 권리·의무를 직접적·구체적으로 규정 하고 있지는 않다. 이는 기본법이라는 성격상 한계일 수밖에 없을 것으로 본다. 그러 므로 이러한 측면을 부정적으로만 바라볼 것은 아니고 오히려 구체적인 사회보장제 도의 각 영역에 속하는 개별 제도의 향유권에 대해서는 개별법에서 외국인에 대한 특칙으로 규정하는 것이 입법체계나 사회보장제도의 다양성 측면에서 더 바람직할

---

9 「출입국관리법」 제33조(외국인등록증의 발급) 참조.
10 윤인진, 「한국적 다문화주의의 전개와 특성」, 『한국사회학』 제42집 제2호(2008.4), 85면.

수 있는 만큼 굳이 외국인처우법에서 국가나 지자체의 구체적인 책임이나 외국인의 개별적인 권리·의무를 직접 규정할 필요는 없을 것으로도 보인다.

따라서 외국인처우법이 외국인의 처우에 대한 국가의 법제도·정책의 기본 방향만을 규정하고 있다고 할지라도, 기본법은 본래 정책의 목적 내지 기본방향을 제시하고 이를 추진하기 위한 행정조직과 정책수단을 형성하며 개별법률이나 하위법령을 정책의 취지에 맞도록 유도하는 기능을 하는 것이기에[11] 오히려 '기본법'이라는 명칭에 부합하는 것이라고 판단된다. 다만 법률에서 '처우'라는 용어를 사용하고 있고 법률의 목적에서 '상호이해와 존중' 및 '사회통합'을 제시하고 있으므로 향후 사회보장에 관한 약간의 언급이라도 추가할 필요는 있을 것으로 보며 적용 대상 측면에서 합법체류 외국인에 한정되고 있는 현 단계에서 전향적 확대의 입법 방향으로 나아갈 것인지에 대해서는 보다 심도있는 논의가 요구될 것이다.[12]

3. 재한외국인에 대한 처우의 기본내용으로서 사회보장

외국인에 대한 처우의 기본법으로서 외국인처우법이 마련되어 있다고는 하나 이 법은 기본법이라는 성격에 맞게 그 방향을 제시하고 있을 뿐이어서 구체적인 처우에 해당하는 개별적인 권리나 지원에 대해서 규정하고 있지는 않다. 따라서 그러한 권리라든가 지원 내용은 산재되어 있는 여러 개별 법령 및 판례 등을 통해 확인해야 한다.

특히 외국인처우법의 목적 중 하나에 해당하는 사회통합이라는 관점에서 볼 때, 외국인의 처우에 있어서 가장 중요하고 실질적인 내용 중에는 사회보장 내지 사회복지도 포함될 것인데, 이에 대한 구체적인 내용들은 해당 개별 법령에서 규정하고 있다. 해당 개별 법령들은 본래 고유한 독자적인 목적에 따라 구체적인 권리, 지원 내용 등을 규정하고 있으나 외국인에 대한 처우에 있어서는 이제 외국인처우법이 제정되어 시행되고 있는 만큼 향후 각각의 개별 법령에 있어서 법제도의 개선이나 변경이 있을 때 적어도 외국인에 대한 부분은 외국인처우법에 규정된 기본 방향도 고려하게 될 것으로 기대한다.[13]

---

11 오준근, 「기본법의 행정법학상 위치에 관한 실증법적 고찰」, 615면 이하; 박정훈, 「입법체계상 기본법의 본질에 관한 연구」, 272면 이하.
12 노호창, 「이주여성과 사회보장법제」, 『이화젠더법학』 제9권 제2호 (2017), 191면.
13 외국인처우법 제4조(다른 법률과의 관계) 국가는 재한외국인에 대한 처우 등과 관련되는 다른

4. 사회보장의 규범적 기초와 체계

헌법은 제10조에서 모든 국민의 '인간으로서의 존엄과 가치 및 행복추구권'을 규정하고 있다. 그리고 헌법은 제34조에서 '인간다운 생활을 할 권리'와 '사회보장·사회복지의 증진에 노력할 국가의 의무'를 규정하고 있다.

이러한 헌법적 요청을 규범적 기초로 하여 사회보장 전반에 걸친 지도원리, 지침, 방향 등을 제시한 기본법으로서 사회보장기본법이 제정되어 시행되고 있다. 동법에서는 '사회보장'의 의미를 정의하고 있는바, '사회보장'이란 "출산·양육·실업·노령·장애·질병·빈곤 및 사망 등의 사회적 위험으로부터 모든 국민을 보호하고 국민 삶의 질을 향상시키는 데 필요한 소득·서비스를 보장하는 사회보험, 공공부조, 사회서비스"를 말한다(동법 제3조 제1호).[14] 여기서 출산과 양육이 왜 사회적 위험인가와 관련하여서는 의문의 여지가 있을 수 있으나, 출산과 양육으로 인해 소득상실의 위험이 있다는 점에서 사회적 위험으로 규정된 것으로 선해할 수 있다. 사회보장기본법에서는 사회보장이 사회적 위험으로부터 '국민'을 보호하는 것이라고 규정하고 있으나 사회적 위험은 사실 재한'외국인'에게도 마찬가지로 존재하는 것이다.

사회보장기본법은 사회보장의 세 가지 방법에 대해 설명하고 있는데, 이는 '사회보험', '공공부조', '사회서비스'이다.

첫째, '사회보험'이란 국민에게 발생하는 사회적 위험을 보험의 방식으로 대처함으로써 국민의 건강과 소득을 보장하는 제도를 말한다(사회보장기본법 제3조 제2호). 관련 법률로는 산업재해보상보험법, 고용보험법, 국민건강보험법, 국민연금법 등이 있다.

법률을 제정 또는 개정하는 경우에는 이 법의 목적에 맞도록 하여야 한다.

14 한편 사회보장 이외에 일상적으로는 사회복지라는 용어가 보편적으로 사용되고 있다. 다만 '사회복지'라는 용어는 법적으로 정의되어 있지는 않다. 예컨대, 실정법에서 '사회복지'라는 용어가 사용되는 대표적인 법은 사회복지사업법이지만 '사회복지'의 정의규정은 없다. 일반적으로 '사회복지'는 사회정책과 마찬가지로 사회문제를 해결하기 위한 총체적인 영역을 의미하기도 하고, 사회보장의 한 방법으로 이해되기도 한다. '사회복지'가 사회보장의 한 방법으로 이해되는 경우 신체적, 정신적, 사회적인 불리한 여건 때문에 정상적인 일상생활을 영위하기 힘든 집단을 보호하기 위하여 필요한 급여, 그 중에서도 특히 서비스급여를 제공하는 영역으로 이해된다. 이는 기존에 사회사업(social work)으로 지칭되어 왔던 영역과 동일성이 인정된다. 요컨대, '사회복지'라는 용어는 실정법적 용어이지만 정의규정이 없기 때문에 그 개념에 대한 이해방법은 주관적일 수 있는데, 사회정책과 같은 범주로 넓게 이해할 수도 있고, 사회보장과 동일하게 볼 수도 있으며, 좁게 보면 대인적인 서비스를 필요로 하는 자에 대한 보호체계로 이해할 수도 있다. 전광석,『한국사회보장법론』(법문사, 2010), 77면.

둘째, '공공부조'(公共扶助)란 국가와 지방자치단체의 책임 하에 생활 유지 능력이 없거나 생활이 어려운 국민의 최저생활을 보장하고 자립을 지원하는 제도를 말한다 (사회보장기본법 제3조 제3호). 관련 법률로는 「국민기초생활 보장법」, 의료급여법, 주거급여법, 긴급복지지원법 등이 있다.

셋째, '사회서비스'란 국가·지방자치단체 및 민간부문의 도움이 필요한 모든 국민에게 복지·보건의료·교육·고용·주거·문화·환경 등의 분야에서 인간다운 생활을 보장하고 상담·재활·돌봄·정보의 제공·관련 시설의 이용·역량 개발·사회참여 지원 등을 통하여 국민의 삶의 질이 향상되도록 지원하는 제도를 말한다(사회보장기본법 제3조 제4호). 사회보험과 공공부조로 분류되지 않는 나머지 사회보장제도들이 사회서비스 분야로 분류될 수 있다. 관련 법률로는 장애인복지법, 아동복지법, 노인복지법, 「응급의료에 관한 법률」, 한부모가족지원법, 다문화가족지원법, 사회복지사업법 등이 있다.

5. 사회보장에 있어서의 상호주의에 관한 검토

사회보장기본법에서 가장 주목할 부분은 '모든 국민'에 대해 '사회보장수급권'의 보장을 규정한 것이라고 할 수 있다.[15] 이와 관련해서는 권리의 주체 측면에서 논란이 있다.

사회보장기본법에서 사회보장수급권의 주체를 국민이라고 하고 있으므로 국민 이외의 자에 대해서는 사회보장수급권이 부정되는가? 일단 헌법은 인간다운 생활을 할 권리의 주체를 "모든 국민"이라고 규정하고 있다. 이에 따라 사회보장기본법도 사회보장수급권의 주체를 "모든 국민"이라고 규정하고 있는 외에, 외국인의 사회보장에 관하여는 "국내에 거주하는 외국인에게 사회보장제도를 적용할 때에는 상호주의의 원칙에 따르되, 관계 법령에서 정하는 바에 따른다."라고 제한을 두고 있다(동법 제8조).

'상호주의'란 한국 국민에게 사회보장제도를 실시하는 국가의 국민으로서 한국에 거주하는 외국인에게 그와 같거나 유사한 수준으로 사회보장제도를 적용한다는 의미를 가진다. 반대로 말하자면, '인간다운 생활을 할 권리'가 원칙적으로 국민에게만

---

15 사회보장기본법 제9조(사회보장을 받을 권리) 모든 국민은 사회보장에 관한 관계법령이 정하는 바에 의하여 사회보장의 급여를 받을 권리(이하 '사회보장수급권'이라 한다)를 가진다.

인정되고, 외국인에게는 인정되지 않거나 상호주의에 따른 제약이 가해진다는 의미이다.

상호주의를 옹호하는 논거는 세 가지 정도로 파악된다. 첫째, 외국인은 체류국의 경제질서에 부분적으로 편입되어 있을 뿐이므로 체류국의 사회보장 관련법이 해당 외국인에게 전면적으로 적용될 수는 없다는 점, 둘째, 외국인이 체류국의 국가재정에 자국민과 동등한 기여를 하는 것은 아니므로 상호주의를 통해 외국인을 사회보장 대상에서 제외하여 재정손실을 방지할 필요가 있다는 점, 셋째, 상호주의를 채택하여 외국으로 하여금 자국민을 보호하도록 외교적 압력을 가하고 궁극적으로는 사회보장청구권의 보호를 위한 국제협약의 체결을 유도하겠다는 점 등이 제시된다.16

상호주의가 지금까지 외국인 보호에서 상당한 역할을 해왔다는 점을 부인하기는 어렵다. 외국인에 대한 아무런 보호가 없는 상태에서 상호주의를 통해 비로소 외국인의 보호가 시작되고 향상될 수 있었기 때문이다. 외국인의 보호가 당사국간 또는 다국간 조약을 통해 정비될 수 있다면 관련국의 국민들은 상대방 국가에서 예측가능한 보호를 받을 수도 있다. 이처럼 상호주의는 현실적인 법원리로 볼 수는 있다. 그러나 사회보장에 있어서의 상호주의가 헌법적으로나 정책적으로나 더 이상 타당하지 않은 것으로 보이고 미래지향적인 태도로 보이지도 않는다는 점은 문제이다. 상호주의가 각종 국제조약들이 체결되기 시작한 초기에 각국의 가입을 유도하기 위하여 비롯되었고, 외국인에 대한 법적 보호가 전혀 없었던 과거에는 상호주의를 통해 비로소 보호가 시작되었던 것은 맞다.17 그런데 현실적으로 문제되는 대부분의 외국인은 개발도상국으로부터 선진국으로 유입되는 외국인들이며, 한국에 들어오는 외국인들 역시 사회보장제도가 제대로 갖춰지지 않은 국가들로부터 들어온다는 사실을 고려할 때, 사회보장에서의 상호주의는 결과적으로 한국에 온 외국인에 대한 차별대우로 이어진다는 부작용이 초래된다는 점을 간과해서는 안 된다.

보다 더 구체적으로, 상호주의는 다음과 같은 이유로 사회정책적 및 헌법적 타당성이 의문시된다. 첫째, 사회보험수급권은 재산권의 성격도 갖기 때문에18 상호주의는 헌법상 재산권과 조화될 수 없으며, 상호주의가 외국에 대해 국제협약 체결을 유

---

16 이흥재·전광석·박지순, 『사회보장법』(제2판) (신조사, 2013), 336면; 전광석, 『국제사회보장법론』(법문사, 2002), 280 – 281면.

17 최홍엽, 「외국인근로자의 사회보장」, 『민주법학』 제22호 (2002), 156 – 157면.

18 헌재 2000. 6. 29. 99헌마289; 헌재 2009. 9. 24. 2007헌마1092 등. 관련 논의로는 노호창, 「사회보험수급권의 재산권적 성격에 관한 소고」, 『노동법연구』 제31호 (2011), 299 – 330면 참조.

도하는 기능을 수행한다는 점도 검증된 바 없다. 오히려 정책적 고려를 통해 압박을 받아야 하는 객체는 국가 자체인데, 이러한 압력의 결과 실제로는 개인이 희생될 위험이 존재한다. 둘째, 해당 외국에서 사회보장제도가 발달하고 있지 않아서 상호주의가 적용되는 제도가 없다면 해당 국가의 국민이 외국에서 사회보장제도를 통해 보호받는 것이 원천적으로 불가능하다. 셋째, 실제 상호주의의 적용 여부는 구체적인 상황에서 법원의 최종판단에 유보되어 있으므로 어떤 동일한 수준의 보호를 예정해야 하느냐라는 질문에 대한 명확한 해답이 제시되기 곤란하다. 넷째, 무국적자를 보호할 수 없다는 점은 인류애라는 가치와 조화되지 못한다.[19]

또한 외국인의 지위가 관계국의 외교관계나 입법정책에 따라 유동적일 수 있다는 사실은 상호주의가 우리가 지향해야 할 법원리는 아니라는 의미를 나타낸다. 그에 반해 세계인권선언, 「경제적·사회적 및 문화적 권리에 관한 국제규약」 등 국제규범이나 국제법규는 사회보장을 받을 권리를 "모든 사람"이 가진다고 규정함으로써 상호주의보다 전향적인 원리로서 '내외국인 평등의 원칙'을 제시하고 있다. 또한 사회보장제도는 혜택을 주는 제도이므로 국제노동기구(ILO)도 제118호 '동등대우협약'을 채택하여 각국의 사회보장제도와 관련하여 외국인도 자국인과 동등하게 사회보장제도에 가입을 허용하도록 요구하고 있다. 이와 같이 국제규범이나 국내법규는 상호주의로부터 내외국인 평등의 원칙을 지향해왔다는 점을 유념할 필요가 있다. 특히 기본권 영역 가운데 정치적 기본권과 사회적 기본권의 분야가 대표적으로 내외국인을 달리 대우하지만 근래에 이르러 양 영역에서도 내외국인의 차이는 상당히 줄어들고 있다는 점은 특기할 만하다. 심지어 소위 불법체류자라 하더라도 국내에서 장기간에 걸쳐 생활을 영위해온 경우에는 무수한 인적·물적 관계가 형성되고 자리 잡게 된다는 점에 주목해야 한다.[20]

상호주의가 가진 이러한 문제점들로 인해 한국 사회보장법은 국적과 거주지를 연결점으로 채택하고 있고 사회보장청구권의 국제적 보장에 있어서는 폐쇄적이라는 평가를 받기도 하고 또 외국인에게 가입자격을 개방한 경우에도 급여에 있어서는 상호주의를 적용하고 있다는 비판도 있다.[21] 다만 사회보장영역에서 내외국인 평등이 지향해야 할 이념임은 분명하나, 현실에서 곧바로 적용하기에는 어려움이 따르는 것

19 이흥재·전광석·박지순, 『사회보장법』, 340면; 전광석, 『한국사회보장법론』, 238-239면; 전광석, 『국제사회보장법론』, 280-281면.
20 헌재 2012. 8. 23. 2008헌마430의 반대의견.
21 이흥재·전광석·박지순, 『사회보장법』, 341면.

도 또한 부정하기 힘든 점이 있다.[22]

요컨대, 사회보장기본법에서 외국인의 사회보장에 대해 상호주의를 규정하고 있지만 이는 어디까지나 외국인의 사회보장에 대하여 과거에 선언되었던 입장이 흔적으로 남아있는 것에 불과하다고 선해하는 것이 타당할 것이다. 그래서 사회보장기본법도 상호주의를 규정함과 동시에, '관계 법령에서 얼마든지 별도로 규정하는 것이 가능하다는 점'을 분명히 함으로써, 개별 법령에서 외국인에 대한 사회보장에 관한 개별적·구체적 권리나 지원을 상호주의에 입각하여서만 인정하는 것이 아니라는 점을 밝히고 있는 것이다. 이러한 예시로 난민의 경우를 들 수 있는바, 난민으로 인정되어 국내에 체류하는 외국인은 사회보장기본법 제8조(상호주의) 등에도 불구하고 대한민국 국민과 '같은' 수준의 사회보장을 받는다는 점을 난민법은 명시하고 있다(난민법 제31조).

제2절 외국인에 대한 사회보험

한국에서는 산업재해보상보험, 고용보험, 국민건강보험, 국민연금이라는 4대 사회보험이 사회보험 체계의 근간을 이룬다. 사회보험은 공식고용이라는 전제 하에 임금노동과 그에 따른 소득에서 갹출되는 사회보험료의 연결을 필연적인 것으로 내재하고 있다. 사회보험은 국가가 관리 및 운영하는 것이기 때문에 피보험자, 보험자(국가), 보험료 납부 등을 요구하는데 이는 자신의 노동이 보험 가입 사업장에서 임금노동으로 공식적인 가치 평가를 받는다는 것을 의미한다. 사회보험은 임금노동과 소득의 연결이라는 경제적 합리성을 강력한 논리로 하여 바탕에 두고 있고 이 점이 바로 사회보험에 있어서 본질적인 기준이 된다. 즉, 사회보험의 핵심적인 본질은 자신의 노동이 국가에 의해 확인된다는 공식고용을 통한 자기기여가 존재하는지 여부이다.[23]

따라서 만약 임금노동을 통한 자기기여 여부를 기준으로 하지 않고 국적이나 거주지를 기준으로 사회보험에 있어서 외국인을 차별하게 된다면 이는 비본질적인 기준을 적용한 것이 되어 사회보험의 체계나 본질과 맞지 않게 된다.[24] 외국인에 대한

---

22 최홍엽, 「외국인근로자의 사회보장」, 156 – 157면.
23 노호창, 「기본소득에 관한 개관과 입법 사례의 검토」, 『노동법연구』 제36호 (2014), 409면.

사회보험의 적용에 있어서는, 각각의 사회보험마다 그 제도의 목적이나 설계 기타 세부적인 내용이 다를 수 있기 때문에 일률적이지는 않고 사회보험의 종류에 따라 서로 다른 모습을 보이고 있다.

한편, 공식고용 영역으로 포섭되지 못하는 비공식고용의 영역에 남아있는 노동자의 경우(예컨대, 무허가 사업장에서 근로한다든가, 사업주가 근로자를 피보험자로 신고하지 않는 경우) 자신의 노동을 공식적으로 평가받지 못하기 때문에 사회보험의 사각지대에 놓이게 되는 난점이 있다. 외국인의 경우 특히 불법체류의 문제에서 자유롭지 못할 때 이와 같은 사회보험의 사각지대에 빠지게 될 위험성이 있다.

1. 산업재해보상보험법

(가) 개 요

근로자가 업무상 재해를 당했을 때, 근로계약상의 부수적 주의의무인 안전배려의무라든가 민법상 신의칙상의 의무에 기초하여 채무불이행책임이나 불법행위책임을 통해 손해배상을 다투어야 한다면, 사용자의 채무 존재나 채무불이행 사실의 주장·입증이나 고의·과실의 증명이 쉽지 않고 또한 사용자의 손해배상책임이 인정되더라도 과실상계가 가능하다는 점 등으로 인해 근로자는 실제로 구제를 받기 어렵다. 그래서 근로기준법(이하 '근기법'이라 한다)에서는 재해보상책임을 도입하여 사용자의 고의·과실을 묻지 않고 업무상 재해에 대해서는 사용자의 무과실 책임을 인정하게 되었다. 즉 사용자의 이익을 위해 근로자가 위험에 노출되었다가 재해를 당한 것이므로 사용자의 고의·과실을 따지지 말자는 취지이다. 그런데 재해보상책임은 개별 사용자의 무과실책임을 규정한 것이어서 만약 그 개별 사용자가 피해 근로자에 대한 재해보상을 이행하지 않기 위해 재산을 은닉한다든가 무자력인 경우 피해 근로자는 결국 구제를 받지 못하는 결과가 된다. 이러한 개별 사용자의 자본의 위험을 사회보험 방식으로 총자본의 관점에서 분산시켜 놓은 것이 산업재해보상보험법(이하 '산재보험법')이다. 산재보험법에서는 모든 사용자를 강제로 사회보험에 가입시켜서 소속 근로자에 대한 임금 총액을 기준으로 사업의 규모나 위험률을 고려하여 보험료를 부담시켜 재원을 조성하고, 어떤 근로자라도 업무상 재해를 당하게 되면 그가 누구의 근

---

24 전광석, 『한국사회보장법론』, 237면.

로자이든 관계없이 법령에 따라 정해진 보상을 받을 수 있도록 함으로써 근로자의 구제를 도모하고 사용자에 대해서는 근기법상 재해보상책임을 면책시켜준다. 이렇듯, 업무상 재해에 대한 구제는 과실책임을 기반으로 하는 손해배상에서 출발하였지만 이후 무과실책임을 기초로 하는 재해보상으로 변천하였고 오늘날에는 사회보험을 통해 보상받는 방식으로 진화하였다. 불법행위책임에서 사회보험에 이르기까지 그 보호방식이 진화한 거의 유일한 분야가 바로 업무상 재해이다.[25]

근기법상 재해보상책임은 재해를 당한 근로자의 보호에 매우 유용한 제도이지만, 산재보험이 도입되면서 그 활용도는 높지 않은 편이다. 그러나 근기법상 재해보상책임은 산재보험의 근거로 작용하고 있기 때문에 그 의미는 여전히 크다고 할 수 있다. 또한 3일 이내에 치유될 수 있는 업무상 재해의 경우 산재보험법상 요양급여를 지급하지 않으므로(동법 제40조 제3항) 이러한 부분에 대해서는 근기법상 재해보상책임이 적용된다.

(나) 외국인에 대한 적용 여부

인적 적용범위와 관련하여 산재보험법은 다른 사회보험 법률들(예컨대, 국민건강보험법, 국민연금법)과는 달리, 적용대상을 '국민'으로 한정하고 있지는 않다. 산재보험법은 적용대상을 '근로자'로 하고 있으며 근로자의 정의는 근기법상 정의를 따르도록 하고 있다(동법 제1조, 제5조 참조). 즉, 산재보험법에서는 근로자를 보호대상으로 하고 있기 때문에 노동평등의 원칙상 외국인을 배제하고 있지 않다. 특히 판례는 일찍부터 소위 불법체류 외국인근로자에게까지 산재보험법의 적용대상이 된다고 확립한 바 있다.[26] 즉, 산재보험은 합법적인 체류자격을 요구하지 않고 모든 외국인근로자에게 적용된다.

그런데 외국인근로자는 주로 유해·위험 요인이 많고 작업환경이 열악한 50인 미만 소규모 사업장에서 근무하고 있고 낯선 환경과 언어소통의 장애 등으로 재해예방

---

25 노호창,「업무상 재해에 대한 근로자의 민사상 손배청구에서의 과실상계」,『노동법학』제52호(2014), 400−401면.
26 대법원 1995. 9. 15. 선고 94누12067 판결. "외국인이 취업자격이 아닌 산업연수생으로 입국하여 구 산업재해보상보험법(1994. 12. 22. 법률 제4826호로 전문개정되기 전의 것)의 적용대상이 되는 사업장인 회사와 고용계약을 체결하고 근로를 제공하다가 작업 도중 부상을 입었을 경우, 비록 그 외국인이 구 출입국관리법상의 취업자격을 갖고 있지 않았다 하더라도 그 고용계약이 당연히 무효라고 할 수 없고, 위 부상 당시 그 외국인은 사용종속관계에서 근로를 제공하고 임금을 받아 온 자로서 근기법 소정의 근로자였다 할 것이므로 구 산재보험법상의 요양급여를 받을 수 있는 대상에 해당한다."

| 표 12-1 | 외국인근로자 산업재해 피해 현황 |

(단위: 명)

구 분	재해자 수(명)		
	총계	부상자 및 질병이환자	사망자*
2012년	6,404	6,289	106
2013년	5,586	5,489	88
2014년	6,044	5,956	85
2015년	6,449	6,339	103
2016년	6,728	6,634	88
2017년	6,302	6,186	107
2018년	7,239	7,096	136
2019년	7,538	7,401	129
2020년	7,583	7,457	118
2021년	8,030	7,892	129
2022년	8,286	8,171	108

* 사망자 수에는 사업장 외 교통사고, 체육행사, 폭력행위, 사고발생일로부터 1년 경과 사고사망자, 통상 출퇴근 사망자 제외(다만, 운수업, 음식·숙박업의 사업장 외 교통사고는 포함). 재해자 총계에는 제외되는 사고사망자가 모두 포함되어 있어 부상자 및 질병이환자, 사망자와 합한 수치와 총계는 일치하지 않음을 주의.

지식·정보의 습득에 한계를 가지고 있어 산재 위험이 많은 실정이라고 한다(위 통계자료 참조).[27] 외국인을 사용하는 다수의 사업장들이 3D업종, 안전시설을 갖추지 못한 영세사업장, 의사소통의 한계, 장시간 근로로 인한 피로감, 위험한 작업, 안전교육 부족 등 여러 가지 악조건에 복합적으로 노출되어 있는 것이 주된 원인이다.[28]

산재보험법은 기본적으로 상시 1인 이상 근로자를 사용하는 모든 사업 또는 사업장에 대해 사업주 의사와는 무관하게 적용되지만, 위험률이나 규모 등에 따라 대통령령으로 정하는 사업에 한하여 적용이 제외되므로 해당 외국인이 만약 적용 제외 사업장 소속이라면 산재보험의 적용을 받지 못하는 경우가 생길 여지는 있다. 또한 판례의 입장에 따를 때, 관계 법령에 의하여 사업이 금지되어 있고 그 금지규정을 위반한 때 형사처벌이 따르는 경우에는 산재보험법이 적용될 수 있는 사업이 아니라고 밝히고 있는바,[29] 만약 해당 외국인이 이러한 불법 혹은 무허가 사업장 소속이라

---

27 고용노동부, 「2023년판 고용노동백서」, 2023. 7, 388면.
28 최홍엽, 「외국인근로자의 사회보장」, 158면.
29 대법원 2010. 8. 19. 선고 2010두8393 판결. "산업재해보상보험법 제1조, 제6조, 「산업재해보상보험법 시행령」 제2조 등에서 규정하고 있는 산업재해보상보험법의 목적, 입법 취지 및 기본이념, 산업재해보상보험법에 따른 산업재해보상보험 사업의 관장자, 산업재해보상보험 사업

면 산재보험의 적용을 받지 못하는 경우가 생길 수 있다.

외국인근로자에 대한 산재보험급여와 관련하여 산재보험법이 명시적으로 규정하고 있는 내용은, 예컨대, 장해급여에 대해 장해보상일시금으로 받을 수 있다고 규정한 동법 제57조 제3항이라든가[30] 업무상 재해로 요양 중인 외국인근로자가 치유되기 전에 출국하기 위해 보험급여의 일시지급을 신청하는 경우에 대해 규정한 동법 제76조[31] 등이 있다. 그렇지만 이러한 규정들은 한국에서 산업재해를 입고 장해등급을 부여받은 후 외국에서 거주하게 된 외국인근로자에게 연금 형태가 아니라 일시금 형태로 장해급여를 받을 수 있다는 것을 특별히 규정한 것 및 외국인근로자가 업무상 재해로 요양 중 치유되기 전에 출국하기 위하여 보험급여의 일시지급을 신청하는 경우 이를 인정하는 규정에 해당하는 것이어서, 다른 급여를 지급받지 못한다는 의미가 아니다. 외국인근로자도 법령상 요건에 해당하는 경우 요양급여 등 다른 급여도 당연히 지급받을 수 있다.

한편, 산재보험의 경우 체류자격과 무관하게 유일하게 보장받을 수 있는 제도이기는 하나, 요양급여 등 신청을 하는 과정에서 체류자격이 드러날 것에 대한 우려 때문에 강제송환을 두려워하는 외국인근로자 본인 및 산재보상에 따른 보험료 부담과 불법체류자 고용으로 인한 처벌을 회피하기 위한 사업주 양자 간의 이해관계가 일치하여 산업재해를 신청하지 않고 합의로 은폐되는 경우가 많다. 이러한 문제점을 해결하기 위해 자진신고 및 산업재해 신청·조사에 협조하는 사업주에게는 처벌을 감면하는 식의 인센티브를 제공하자는 견해가 제시되고 있다.[32]

에 드는 일부 비용의 국가 지원, '고용보험 및 산업재해보상보험의 보험료징수 등에 관한 법률'에 정해진 보험관계의 성립 및 소멸사유, 보험료의 부담 주체 및 산정방식 등에 관한 여러 규정의 내용과 형식 등을 종합하면, 관계 법령에 의하여 당해 사업이 금지되어 있고 그 금지 규정을 위반한 때 형사처벌이 따르게 되는 경우까지 산업재해보상보험 사업의 적용 대상이 되는 산업재해보상보험법 제6조에 규정된 사업이라고 볼 수는 없다."

30 산재보험법 제57조(장해급여) ③ 제2항에 따른 장해보상연금 또는 장해보상일시금은 수급권자의 선택에 따라 지급한다. 다만, 대통령령으로 정하는 노동력을 완전히 상실한 장해등급의 근로자에게는 장해보상연금을 지급하고, 장해급여 청구사유 발생 당시 대한민국 국민이 아닌 사람으로서 외국에서 거주하고 있는 근로자에게는 장해보상일시금을 지급한다.

31 산재보험법 제76조(보험급여의 일시지급) ① 대한민국 국민이 아닌 근로자가 업무상의 재해에 따른 부상 또는 질병으로 요양 중 치유되기 전에 출국하기 위하여 보험급여의 일시지급을 신청하는 경우에는 출국하기 위하여 요양을 중단하는 날 이후에 청구 사유가 발생할 것으로 예상되는 보험급여를 한꺼번에 지급할 수 있다.
    — 이하 생략 —

32 노재철, 「미등록 외국인근로자의 문제점과 해결방안」, 『노동법논총』 제18호 (2010), 68면 이하; 이다혜, 「시민권과 이주노동」, 서울대학교 법학박사학위논문 (2015), 180면.

2. 고용보험법

(가) 개 요

고용보험법은 실업의 예방, 고용의 촉진 및 근로자 등의 직업능력의 개발과 향상을 꾀하고, 국가의 직업지도와 직업소개 기능을 강화하며, 근로자 등이 실업한 경우에 생활에 필요한 급여를 실시하여 근로자 등의 생활안정과 구직 활동을 촉진함으로써 경제·사회 발전에 이바지하는 것을 목적으로 고용보험 제도를 마련한 법이다(동법 제1조 참조).[33] 고용보험은 전통적 의미의 실업보험(실업급여) 외에 고용안정사업과 근로자 등의 직업능력개발사업을 연계하여 실시하는 예방적이고 적극적인 성격의 사회보험제도의 성격을 가진다.

고용보험법상 사업은 크게 고용안정·직업능력개발사업, 실업급여 및 육아휴직급여 등으로 구분된다. 먼저 고용안정·직업능력개발사업은 실업의 예방, 취업의 촉진, 고용기회의 확대, 직업능력개발·향상의 기회 제공 및 지원, 그 밖에 고용안정과 사업주에 대한 인력 확보를 지원하기 위하여 실시된다(동법 제19조 제1항 이하). 실업급여는 실직자의 생계유지는 물론 실직자의 조기재취업, 직업능력개발 등을 유도하기 위한 것이다(동법 제37조 이하).[34] 육아휴직급여는 남녀 근로자가 육아에 공동으로 참여하고 책임을 나누도록 하며 육아로 인하여 직업을 상실하지 않고 육아와 직업을 조화롭게 하기 위하여 실시된다(동법 제70조 이하). 출산전후휴가급여는 모성보호를 위한 급여로서 여성근로자의 고용안정을 위하여 실시된다(동법 제75조 이하).

고용보험법상 여러 제도 가운데 개별 근로자 등에게 가장 중요한 것은 단연코 실업급여라고 할 수 있다. 실업급여는 실직자들의 생계유지를 도모하고 구직활동을 용이하게 하기 위해서 실직자에게 지급하는 급여를 말한다. 실업급여는 ① 실업이 발생하고, ② 실업자가 직업수행의 의사와 능력을 가지고 구직활동을 하고, ③ 실업

---

33 고용보험은 그 적용대상을 지속적으로 넓혀와서 현재는 예술인(근로자가 아니면서 「예술인 복지법」 제2조제2호에 따른 예술인 등 대통령령으로 정하는 사람 중 「예술인 복지법」 제4조의4에 따른 문화예술용역 관련 계약을 체결하고 다른 사람을 사용하지 아니하고 자신이 직접 노무를 제공하는 사람)과 노무제공자(근로자가 아니면서 자신이 아닌 다른 사람의 사업을 위하여 자신이 직접 노무를 제공하고 해당 사업주 또는 노무수령자로부터 일정한 대가를 지급받기로 하는 계약을 체결한 사람 중 대통령령으로 정하는 직종에 종사하는 사람)에게도 적용되고 있다.
34 참고로 2011년 7월 고용보험법 개정으로 피보험자인 자영업자도 실업급여를 지급받을 수 있게 되었다(동법 제69조의2-69조의9 참조).

이전에 일정한 피보험단위기간이 충족되는 경우 지급된다. 여기서 '실업'이란 취업하지 못한 모든 상태를 의미하는 것은 아니고 근로의 의사와 능력이 있음에도 불구하고 취업하지 못한 상태를 의미한다.

(나) 외국인에 대한 적용 여부

고용보험의 적용 대상과 관련하여, 우선 「외국인근로자의 고용 등에 관한 법률」(이하 '외국인고용법'이라 한다)의 적용을 받는 외국인근로자에게는 고용보험을 적용하되, 다만, 고용보험법 제4장(실업급여) 및 제5장(육아휴직 급여 등)은 고용노동부령으로 정하는 바에 따른 신청이 있는 경우에만 적용한다(고용보험법 제10조의2 제1항). 그리고 외국인고용법의 적용을 받는 외국인근로자를 제외한 외국인이 근로계약, 고용보험법상의 문화예술용역 관련 계약 또는 고용보험법상 노무제공계약을 체결한 경우에는 「출입국관리법」 제10조에 따른 체류자격의 활동범위 및 체류기간 등을 고려하여 대통령령으로 정하는 바에 따라 고용보험법의 전부 또는 일부를 적용하도록 하고 있다(고용보험법 제10조의2 제2항). 동 조항에 따른 외국인에 대한 고용보험법의 적용 범위는 다음과 같이 구분된다(고용보험법 시행령 제3조의3).

1. 외국인고용법의 적용을 받는 외국인근로자를 제외한 외국인 중 근로계약을 체결한 사람으로서 다음 각 목의 어느 하나에 해당하는 사람: 고용보험법의 전부를 적용
   가. 「출입국관리법 시행령」 제12조에 따른 외국인의 체류자격 중 주재(D-7), 기업투자(D-8) 및 무역경영(D-9)의 체류자격을 가진 사람(법에 따른 고용보험에 상응하는 보험료와 급여에 관하여 그 외국인의 본국법이 대한민국 국민에게 적용되지 않는 경우는 제외한다)
   나. 「출입국관리법 시행령」 제12조의2에 따른 외국인의 체류자격 중 영주(F-5)의 체류자격을 가진 사람
   다. 「출입국관리법 시행령」 제23조제2항 각 호의 어느 하나에 해당하는 사람
2. 외국인고용법의 적용을 받는 외국인근로자를 제외한 외국인 중 근로계약을 체결한 사람으로서 다음 각 목의 어느 하나에 해당하는 사람: 고용노동부령으로 정하는 바에 따라 보험 가입을 신청한 경우에 고용보험법의 전부를 적용
   가. 「출입국관리법 시행령」 제12조에 따른 외국인의 체류자격 중 재외동포(F-4)의 체류자격을 가진 사람
   나. 「출입국관리법 시행령」 제23조제1항에 따른 취업활동을 할 수 있는 체류자격을 가진 사람

3. 외국인고용법의 적용을 받는 외국인근로자를 제외한 외국인 중 문화예술용역 관련 계약을 체결한 외국인(이하 "외국인예술인"이라 한다) 또는 노무제공계약을 체결한 외국인(이하 "외국인노무제공자"라 한다)으로서 다음 각 목의 어느 하나에 해당하는 사람: 고용보험법 제1장, 제2장, 제4장, 제5장의2, 제5장의3, 제6장, 제8장 또는 제9장의 예술인 또는 노무제공자에 관한 규정을 적용

    가. 「출입국관리법 시행령」 제12조의2에 따른 외국인의 체류자격 중 영주(F-5)의 체류자격을 가진 사람

    나. 「출입국관리법 시행령」 제23조제2항 각 호의 어느 하나에 해당하는 사람

4. 외국인고용법의 적용을 받는 외국인근로자를 제외한 외국인 중 외국인예술인 또는 외국인노무제공자로서 다음 각 목의 어느 하나에 해당하는 사람: 고용노동부령으로 정하는 바에 따라 보험 가입을 신청한 경우 고용보험법 제1장, 제2장, 제4장, 제5장의2, 제5장의3, 제6장, 제8장 또는 제9장의 예술인 또는 노무제공자에 관한 규정을 적용

    가. 「출입국관리법 시행령」 제12조에 따른 외국인의 체류자격 중 재외동포(F-4)의 체류자격을 가진 사람

    나. 「출입국관리법 시행령」 제23조제1항에 따른 취업활동을 할 수 있는 체류자격을 가진 사람

종래 고용보험의 적용 범위는 근로자에 한정되는 것이었지만 실업으로부터 보호 필요성 등으로 그 적용범위가 자영업자, 예술인, 노무제공자에게까지 확대되어 왔다. 그리고 자신의 노동을 통해서 생계를 유지한다는 사정은 우리나라에서 살아가는 외국인에게도 마찬가지인 것이어서 외국인에게도 고용보험의 적용 확대가 인정되어 왔다.

다만, 불법체류자의 경우 원칙적으로 출국의무가 부여되는 것이어서 우리나라에서 노동활동을 하고 있더라도 고용보험에 가입될 여지가 없고, 합법적인 체류자격을 가진 일정한 경우에 한해서만 고용보험에 가입될 수 있다. 이러한 입법의 태도에는 고용보험이 국가가 관장하는 사회보험이라는 점이 고려된 것으로 보인다.

요컨대, 일정한 체류자격이나 취업활동을 할 수 있는 자격을 갖춘 외국인에게 고용보험의 적용을 받을 수 있도록 길을 열어두었고 그 범위가 확대되어 온 점은 외국인이라 하더라도 실업의 위험이 존재할 수 있음을 배려한 것이라고 볼 수 있다.

3. 국민건강보험법

(가) 개 요

질병 등에 대한 치료는 고가의 전문적인 서비스를 필요로 하기 때문에 일반 국민이 오로지 민법상의 계약에만 의지하여 의료기관과 양자 간의 법률관계에서 그 비용을 모두 부담해야 한다면 이는 경제적으로 대단히 부담스러운 일이 될 수밖에 없다. 그래서 국민의 건강권을 보호하기 위하여 국가는 의료서비스를 국민에게 제공하기 위한 공적인 보장 방법을 고안하게 되었다. 이러한 방법에는 사회보험에 해당하는 국민건강보험(NHI, National Health Insurance) 방식과 무상의료를 지향하는 국민보건서비스(NHS, National Health Service) 방식이 있다. 국민건강보험 방식은 국민으로 하여금 소득 수준에 따라 보험료를 납부하게 하여 이 재원으로 의료서비스를 제공받는 해당 국민의 의료비를 책임지는 방식이고, 국민보건서비스 방식은 국민이 납부한 세금을 재원으로 하여 국민의 의료서비스 비용을 전적으로 국가가 책임지는 방식이다.[35] 한국의 경우 현재 전체 국민의 약 97%가 국민건강보험법(이하 '건강보험법'이라한다)에 따라 국민건강보험(이하 '건강보험'이라 한다)의 적용을 받고 있으며, 그 외에 기초생활보장수급자 등에 속하는 국민은 공공부조에 해당하는 의료급여법에 의하여 의료서비스를 제공받고 있다.

건강보험의 구조는 '정부 – 국민 – 요양기관(의료기관 등)'의 3면관계로 이루어져 있다. 건강보험제도의 전체적인 책임은 보건복지부에서 관장하고 있지만, 구체적으로는 국민건강보험공단(이하 '건보공단'이라 한다)에서 보험관리업무를, 건강보험심사평가원(이하 '심평원'이라 한다)에서 보험급여에 대한 심사평가업무를 맡고 있다. 건강보험에 가입된 국민은 직장가입자 또는 지역가입자 둘 중 하나에 속하며, 매월 소득에

---

35 예컨대, 한국과 일본은 국민건강보험 방식이고 영국의 경우 국민보건서비스 방식을 채택하고 있다. 미국의 경우 한국의 국민건강보험제도와 같은 보편적인 공적 의료보장제도는 존재하지 않고 있으며 medicare(65세 이상 고령자에게 요건에 따라 적용), medicaid(극빈층과 장애인에게 요건에 따라 적용)와 같은 일부 대상에 국한된 공적 의료보장제도가 공공부조의 방식으로 존재할 뿐이다. 따라서 미국의 경우 대부분의 의료보장은 아직은 민간 영역의 과제로 남겨져 있는 상태이다. 다만 오바마 정부에서 medicaid의 적용대상을 확대하고 민간보험회사로 하여금 보험 가입거부를 불허하며 국민은 누구나 어느 하나 이상의 민간건강보험에 의무적으로 가입하도록 강제하고 경제적 취약계층에 대해서는 국가 재원으로 보험료를 지원하는 내용을 골자로 하는 법이 제정된 바 있었다. 이에 대해서는 상당한 반발이 있었으나, 연방대법원의 합헌 판단을 받았고 오바마도 재선에 성공함에 따라 미국의 의료보장체제는 지속적으로 개혁 방향으로 나아갈 것으로 보였다. 그런데 트럼프 정부 하에서는 논란이 제기된 바 있다.

비례하여(직장가입자) 또는 보험료부과점수에 따라(지역가입자) 부과되는 건강보험료를 건보공단에 납부한다. 가입자의 가족은 피부양자(직장가입자의 경우) 또는 세대원(지역가입자의 경우)으로서 건강보험의 적용을 함께 받게 된다.

그런데 여기서 중요한 점은 건강보험법에 따라 전국민은 원칙적으로 강제가입되고 보험료도 강제적으로 납부하여야 하지만, 질병 등으로 의료서비스가 필요하여 요양기관에 가서 의료서비스를 제공받더라도 그 비용에 대해 건강보험이 전적으로 책임을 지는 것은 아니라는 점이다. 즉, 건강보험제도 하에서 어떤 의료서비스를 제공받을 때 그 비용에 대해 건강보험이 전적으로 책임지는 것이 아니라 상당 부분을 책임지는 것이 있고 전혀 책임지지 않는 것이 있다는 것이다. 이처럼 요양기관을 통해서 제공되는 의료서비스 중에서 건강보험을 통해 그 비용의 상당 부분을 혜택 받을 수 있는 것을 '요양급여'라고 한다(건강보험법 제41조). 요양급여는 건강보험이 제공하는 현물급여(즉 진찰, 검사, 약제·치료재료의 지급, 처치·수술 및 그 밖의 치료 등 의료서비스)가 주된 것이지만 드물게 보험급여로서 현금급여도 인정하고 있다(건강보험법 제49조 참조). 요양급여의 경우 건강보험에서 본인이 일부 본인부담금을 의료기관에 납부하면36 나머지 비용은 건보공단이 심평원의 심사·평가를 거친 후 요양기관에 지급한다. 이런 점에서 건강보험은 전부보험이 아니고 일부보험에 해당하지만, 건강보험은 국민의 의료서비스 비용을 대폭 줄여주는 방식으로 국민으로 하여금 의료서비스에 접근할 수 있도록 하고 있고 국민의 건강권을 보장하려고 한다.37 그리고 건강보험제도 하에서 요양기관은 건강보험체제에 당연편입되며 정당한 이유 없이 국민의 의료서비스 제공 요청을 거부할 수 없다(건강보험법 제42조 참조). 의료서비스 제공이 종료한 후 해당 국민은 요양기관에 전체 의료비 중 일정한 액수의 본인부담금만 납

36 본인에게 일부 본인부담금을 납부하게 하는 것은 의료서비스 남용으로 인한 건강보험 재정 파탄을 방지하여 적정한 의료를 보편적으로 제공하기 위한 것이다.
37 한편, 건강보험제도 하에서 의료서비스를 제공받더라도 그 비용을 건강보험으로부터 전혀 혜택을 볼 수 없는 경우도 있는데, 이를 '법정비급여'라고 한다. 즉 이 경우는 본인이 의료비용을 전적으로 책임져야 한다. 법정비급여에 해당하는 경우로는 업무 또는 일상생활에 지장이 없는 경우(단순한 피로 또는 권태, 사마귀, 여드름, 노화현상으로 인한 탈모, 단순 코골음 등), 신체의 필수 기능개선 목적이 아닌 경우(미용목적의 성형수술과 그로 인한 후유증 치료, 외모개선목적의 악안면 교정술 및 교정치료 등), 예방진료로서 질병·부상의 진료를 직접 목적으로 하지 아니하는 경우(본인의 희망에 의한 건강검진, 예방접종, 구취제거, 치아 착색물질 제거, 치아 교정 및 보철을 위한 치석제거, 구강보건증진 차원에서 정기적으로 실시하는 치석제거 등), 보험급여 시책상 요양급여로 인정하기 어려운 경우(보조생식술 비용, 친자확인을 위한 진단 등) 등이 있다.

부하고(건강보험법 제44조) 나머지 의료비는 요양기관이 건보공단에 청구하여 지급받게 된다. 이 과정에서 요양기관이 해당 국민에게 제공한 의료서비스가 법령에 맞게 제대로 제공된 것인지 그밖에 청구하는 의료비가 적정한지 등을 심평원이 심사·평가한다.

(나) 외국인에 대한 적용 여부

건강보험의 인적 적용과 관련하여 '국내에 거주하는 국민'은 당연가입되고(건강보험법 제5조 참조), 외국인의 경우 특례에 따라 가입이 인정된다. 그동안 법령이 개정되는 추이를 보건대, 정책적 고려가 가미되는 것으로 보인다. 현행 건강보험법은 제109조에서 외국인에 대한 특례를 규정하고 있다.

건강보험법 제109조 제1항은 "정부는 외국 정부가 사용자인 사업장의 근로자의 건강보험에 관하여는 외국 정부와 한 합의에 따라 이를 따로 정할 수 있다."라고 규정하고 있다. 이 경우 근로자에는 국민뿐만 아니라 외국인도 포함되므로 외국인 근로자의 건강보험에 관해서는 외국정부와 한국정부가 합의한 바에 따라 정해진다.

건강보험법 제109조 제2항에 따르면, 국내에 체류하는 외국인이 적용대상사업장의 근로자, 공무원 또는 교직원이고 "1. 고용 기간이 1개월 미만인 일용근로자, 2. 「병역법」에 따른 현역병(지원에 의하지 아니하고 임용된 하사를 포함한다), 전환복무된 사람 및 군간부후보생, 3. 선거에 당선되어 취임하는 공무원으로서 매월 보수 또는 보수에 준하는 급료를 받지 아니하는 사람, 4. 그밖에 사업장의 특성, 고용 형태 및 사업의 종류 등을 고려하여 대통령령으로 정하는 사업장의 근로자 및 사용자와 공무원 및 교직원"이 아니면서 "「재외동포의 출입국과 법적 지위에 관한 법률」 제6조에 따라 국내거소신고를 한 사람, 「출입국관리법」 제31조에 따라 외국인등록을 한 사람"의 경우 직장가입자가 된다.

건강보험법 제109조 제3항에 따르면, 동조 제2항에 따른 직장가입자에 해당되지 아니하는 외국인이 '보건복지부령으로 정하는 기간[38] 동안 국내에 거주하였거나 해당 기간 동안 국내에 지속적으로 거주할 것으로 예상할 수 있는 사유로서 보건복지부령으로 정하는 사유에[39] 해당'되고 다음으로 '「재외동포의 출입국과 법적 지위에 관한

---

[38] 6개월 이상의 기간을 말한다(건강보험법 시행규칙 제61조의2 제1항).
[39] 1. 「출입국관리법」 제10조 제2호에 따른 영주자격을 받은 경우, 2. 「출입국관리법 시행령」 별표 1의2 제21호에 따른 비전문취업(E-9)의 체류자격을 받은 경우, 3. 「출입국관리법 시행령」 별표 1의2 제27호에 따른 결혼이민의 체류자격을 받은 경우, 4. 보건복지부장관이 정하여 고

관한 법률」 제6조에 따라 국내거소신고를 한 사람' 또는 '「출입국관리법」 제31조에
따라 외국인등록을 한 사람으로서 보건복지부령으로 정하는 체류자격이[40] 있는 사
람'에 해당하는 경우 지역가입자가 된다. 이와 관련하여 「재외동포의 출입국과 법적
지위에 관한 법률」 제14조에서도 "주민등록을 한 재외국민과 국내거소신고를 한 외
국국적동포가 90일 이상 대한민국 안에 체류하는 경우에는 건강보험 관계 법령으로
정하는 바에 따라 건강보험을 적용받을 수 있다."고 규정하고 있다.

　　건강보험법 제109조 제4항에 따르면, 외국인이 직장가입자와의 관계가 배우자,
직계존속, 직계비속과 그 배우자, 형제·자매인 동시에 보건복지부령이 정하는 피부
양자 자격의 인정기준에[41] 해당하는 경우 공단에 피부양자 신청을 할 수 있다.

　　다만, 건강보험법 제109조 제5항에 따르면, 국내체류가 법률에 위반되는 경우로
서 대통령령으로 정하는 사유가 있는 경우와[42] 외국인인 직장가입자(동조 제2항 해당
자)로서 국내에 근무하는 기간 동안 외국의 법령, 외국의 보험 또는 사용자와의 계약
등에 따라 요양급여에 상당하는 의료보장을 받을 수 있어 사용자 또는 가입자가 보
건복지부령으로 정하는 바에 따라 가입 제외를 신청한 경우에는 가입자 및 피부양자
가 될 수 없다.

시하는 유학 또는 일반연수의 체류자격을 받은 경우 중 어느 하나에 해당하는 경우를 말한다
(건강보험법 시행규칙 제61조의2 제1항).
40 건강보험법 시행규칙 별표9에 따른 체류자격을 말한다.
　[별표 9] <개정 2021. 2. 26.>

체류자격(제61조의2 제2항 관련)

외국인의 체류자격(기호)
1. 문화예술(D−1), 유학(D−2), 산업연수(D−3), 일반연수(D−4), 취재(D−5), 종교(D−6), 주재(D−7), 기업투자(D−8), 무역경영(D−9), 구직(D−10)
2. 교수(E−1), 회화지도(E−2), 연구(E−3), 기술지도(E−4), 전문직업(E−5), 예술흥행(E−6), 특정활동(E−7), 비전문취업(E−9), 선원취업(E−10)
3. 방문동거(F−1), 거주(F−2), 동반(F−3), 재외동포(F−4), 영주(F−5), 결혼이민(F−6)
4. 기타(G−1)(「난민법」에 따라 인도적 체류 허가를 받은 사람과 공단이 정하는 사람으로 한정한다)
5. 관광취업(H−1), 방문취업(H−2)

41 건강보험법 시행규칙 제2조(피부양자 자격의 인정기준 등) 참조.
42 건강보험법 시행령 제76조(외국인 등의 가입자 및 피부양자 자격취득 제한) 법 제109조 제5항
　제1호에서 "대통령령으로 정하는 사유"란 다음 각 호의 어느 하나에 해당하는 경우를 말한다.
　1.「출입국관리법」 제25조 및 「재외동포의 출입국과 법적 지위에 관한 법률」 제10조 제2항에
　　따라 체류기간 연장허가를 받지 아니하고 체류하는 경우
　2.「출입국관리법」 제59조 제3항에 따라 강제퇴거명령서를 발급받은 경우

기타 외국인의 가입자 등 자격취득 및 상실시기, 절차, 보험료 징수, 보험료 체납 시 보험급여 제한 등에 대해서는 건강보험법 제109조 제6항부터 제10항, 동법 시행령 제76조의2 이하에서 상세히 규정하고 있다.

한편 건강보험가입자는 동시에 노인장기요양보험에 가입된다. 따라서 건강보험가입자는 건강보험료에 더하여 일정한 액수의 노인장기요양보험료를 함께 납부하게 된다.43 이는 건강보험법 제109조에 따라 건강보험에 가입되는 외국인에게도 마찬가지로 해당하는 내용이다(노인장기요양보험법 제7조 제3항 참조). 다만 건보공단은 외국인고용법에 따른 외국인근로자 등 대통령령으로 정하는 외국인이 신청하는 경우 보건복지부령으로 정하는 바에 따라 장기요양보험가입자에서 제외할 수 있다(노인장기요양보험법 제7조 제4항 참조). 외국인근로자는 체류기간 종료 후 귀국이 요구되므로 노인장기요양 보험료 납부의 부담을 지우는 것이 적절치 않을 수 있기 때문이다.

4. 국민연금법

(가) 개 요

한국 사회의 인구구성에 나타난 가장 큰 변화는 고령화라고 할 수 있고 고령화는 곧 노인인구의 소득보장을 어떻게 할 것인가라는 과제를 낳게 된다. 서구 유럽의 경우 사회보험 초창기부터 노동능력이 감소되는 고령자에 대한 소득보장을 어떻게 할 것인가 고민했고 기여 혹은 무기여 형태의 노령연금을 설계해서 운영해왔다.

한국의 경우, 1953년 제정된 근기법에서 퇴직금을 규정한 이래로, 연공서열형 임금형태, 종신고용, 경제성장, 퇴직금 누진제, 개별적 노동보호의 강화 등 분위기에서 일시금의 퇴직금제도가 기업복지 차원에서 사실상 노후소득보장 수단으로 기능하였다. 그런 이유로 한국에서는 노후소득보장수단으로서의 국민연금의 필요성은 상대적으로 덜 한 편이었다.

물론 국민의 생활과 복지증진을 목표로 1973년 국민복지연금법이 제정된 바 있었다. 그러나 그 제정 이면에 있었던 정부의 불순한 의도, 노동계의 반대, 중동전쟁을 원인으로 한 오일쇼크의 영향 등으로 이 법의 시행은 무기한 연기되어 왔다. 그

---

43 노인장기요양보험은 '65세 이상 노인'과 '65세 미만의 자 중에서 노인성 질환(치매·뇌혈관성 질환 등)을 가진 자'에게 사회보험재원을 바탕으로 신체활동·가사활동의 지원 또는 간병 등의 서비스나 이에 갈음하여 지급하는 현금 등을 제공하는 사회보험제도로서 2008년 8월부터 시행되고 있다.

러다가 국민경제가 호황에 접어든 1986년 국민연금법으로 전면수정되어 1988년 1월 1일부터 사회보험으로서의 국민연금이 본격적으로 시행되기 시작하였다.

2018년 현재 시점에서는 종신고용이 깨어졌고 비정규직과 비공식 고용이 난립하며 퇴직금제도마저 전반적으로 퇴직연금제도로 바뀌었다. 게다가 평균수명의 확대로 소득활동을 하지 못하고 노후를 보내야 하는 기간이 증대되었다. 따라서 이제는 국민연금의 중요성이 커졌다고 볼 수 있다. 국민연금은 초기에 10인 이상 사업장의 근로자를 가입대상으로 하였지만 그 후 지속적으로 가입범위를 확대하여, 현재는 특수직역 연금가입자(공무원, 교직원, 군인, 별정우체국직원 등)를 제외한 18세 이상 60세 미만의 국내에 거주하는 국민을 가입대상으로 한다(국민연금법 제6조 참조).

국민연금법에 따라 국민연금은 가입요건에 해당하는 국민이 강제가입되며 소득에 비례하여 매월 일정한 액수의 보험료를 납부하게 되고 추후 수급자격을 취득하게 되면 매월 일정한 액수의 연금을 받게 된다. 국민연금법에 따른 급여의 종류는 그 요건에 따라 노령연금, 유족연금, 장애연금, 반환일시금으로 나누어지고, 이중 노령연금도 그 요건에 따라 완전노령연금, 조기노령연금, 재직자노령연금, 감액노령연금, 분할연금으로 구분된다.

(나) 외국인에 대한 적용 여부

외국인에 대한 국민연금의 적용에 대해서는 국민연금법 제126조(외국인에 대한 적용)와 제127조(외국과의 사회보장협정)에서 규정하고 있다. 국민연금법 제126조에서는 이 법의 적용을 받는 사업장에 사용되고 있거나 국내에 거주하는 외국인으로서 대통령령으로 정하는 자 외의 외국인은 국민연금법 제6조(가입대상)에도 불구하고 당연히 사업장가입자 또는 지역가입자가 된다는 점을 명시하고 있다(국민연금법 제126조 제1항 본문 참조). 다만, 이 법에 따른 국민연금에 상응하는 연금에 관하여 그 외국인의 본국 법이 대한민국 국민에게 적용되지 아니하면 그러하지 아니하다고 하여 상호주의의 입장을 고수하고 있다(국민연금법 제126조 제1항 단서 참조). 그리고 대통령령으로 정하는 바에 따라 국민연금의 당연 적용에서 제외되는 외국인은 '출입국관리법 제25조(체류기간 연장허가)에 따라 체류기간연장허가를 받지 아니하고 체류하는 자', '출입국관리법 제31조(외국인등록)에 따른 외국인등록을 하지 아니하거나 같은 법 제59조(심사 후의 절차) 제2항에 따라 강제퇴거명령서가 발급된 자', 「출입국관리법 시행령」 별표 1에 따른 외국인의 체류자격이 있는 자로서 보건복지부령으로 정하는 자'를 말한다(「국민연금법 시행령」 제111조 참조). 한편 2016년 「국민연금법」 개정(법률 제14214호, 2016.5.29., 일부개정)으로 국민연금에 가입 중이거나 가입한 적이 있는 외국인(이하 '외국인 가입자')에 대한 장애연금 지급요건을 신설하였고(동법 제126조 제2항), 외국인 가입자가 국내 거주 중 사망한 경우에 있어서의 유족연금 지급에 관한 사항도 신설하였다(동조 제3항).

그런데 외국인의 입장에서 한국의 국민연금에 사업장가입자 자격이든 지역가입자 자격이든 강제가입되어 보험료를 납부하여야 하는 경우 상당히 부담감을 가지게 될 것으로 보인다. 왜냐하면, 국민연금으로 보호하고자 하는 세 가지 사회적 위험인 장애, 사망, 노령 중 장애와 사망에 대해서는 산재보험의 적용을 받는 경우가 더 많을 것이고, 노령과 관련해서는 출입국관리법이나 외국인고용법에 따라 체류자격이나 취업기간 등의 제한을 지속적으로 받을 수밖에 없는 상황에서 굳이 한국에서의 노후 생활에 대비하여 최소 가입기간 10년, 수급연령 60세를 충족할 수 있는 가능성이나 유인이 있다고 보이지는 않기 때문이다. 따라서 설사 한국에서 국민연금에 강제가입되어 보험료를 납부하였 할지라도 가입기간과 수급연령을 충족하지 못하고 본국으로 귀환할 것이 예정되어 있는 외국인의 경우에는 자신이 그동안 납부했던 보험료를 돌려받고 싶어 할 것이다. 이러한 경우 '반환일시금'으로 반환받는 것이 가능하다.

반환일시금의 지급과 관련하여 국민연금법 제126조 제4항에서는 원칙적으로 사업장가입자 또는 지역가입자가 된 외국인에 대하여 반환일시금의 지급 등에 관하여 적용하지 않는다는 입장을 취하고 있으나(동법 제126조 제4항 본문 참조) 예외적으로 '외국인의 본국 법에 따라 대한민국 국민이 급여(노령연금, 장애연금, 유족연금)의 수급권을 취득하지 못하고 반환일시금 지급의 요건에 해당하게 된 때에 그 대한민국 국민에게 일정 금액(가입기간 중 낸 연금보험료에 기초하여 산정한 금액을 말한다)을 일시금으로 지급하도록 그 나라 법에서 규정하고 있는 경우의 외국인', '외국인고용법에 따른 외국인근로자로서 국민연금법을 적용받는 사업장에 사용된 자', '출입국관리법 제10조에 따라 산업연수활동을 할 수 있는 체류자격을 가지고 필요한 연수기간 동안 지정된 연수장소를 이탈하지 아니한 자로서 국민연금법을 적용받는 사업장에 사용된 자'에 대하여는 반환일시금의 지급을 인정한다(국민연금법 제126조 제4항 단서 참조). 요컨대 반환일시금과 관련하여서는 상호주의의 태도와 연금수급권의 재산권적 성격에 대한 고려가 적절히 절충되어 있다고 평가할 수 있겠다.[44]

44 연금수급권과 관련하여 헌법재판소는 다음과 같은 논리로 그 재산권성을 인정하고 있다. "공

한편, 국민연금법에서는 외국인의 국민연금 적용에 대하여 이러한 내용들을 규정하고 있는 외에, 대한민국이 외국과 사회보장협정을 맺은 경우에는 국민연금법에도 불구하고 국민연금의 가입, 연금보험료의 납부, 급여의 수급요건, 급여액의 산정, 급여의 지급 등에 관하여는 그 사회보장협정에서 정하는 바에 따르도록 하고 있다(국민연금법 제127조 참조). 이러한 사회보장협정의 유형에는 '보험료면제협정'(exemption agreement)과 '가입기간합산협정'(totalization agreement)의 두 가지 유형이 존재한다.

보험료면제협정은 양국 가입기간 합산규정은 제외하고 사회보험료 이중적용 방지만을 규정한 사회보장협정이다. 예컨대, 보험료면제협정이 체결된 국가 간에 일정기간 상대국에 건너가서 근로 또는 자영하는 사람의 경우라면, 상대국에서 근로 또는 자영하는 동안 한 국가의 연금제도에만 가입할 수 있다. 즉 외국으로 파견된 근로자를 예로 들면, 그는 본국과 파견국(근로지국)에서 보험료를 이중으로 부담하는 것이 일반적이지만, 협정 체결국으로 파견된 근로자는 일정 기간 파견국에서의 보험료 부담이 면제된다. 2022년 3월을 기준으로 이란, 영국, 네덜란드, 일본, 이태리, 우즈베키스탄, 몽골, 중국, 스위스, 칠레 등과의 협정이 이에 해당한다.[45]

가입기간합산협정은 연금 수급을 위한 최소가입기간을 충족시키기 위해 양국 가입기간을 합산하는 내용을 규정한 사회보장협정이다. 예컨대, 양국에 가입기간이 분산되어 있는 장기 해외체류자는 가입기간을 합산하여 양국 중 어느 쪽에서든 연금을 수급할 수 있다. 즉 근로자가 가입기간합산협정을 체결한 국가로 파견되어 파견국에서도 연금보험료를 납부한 경우에는 양국 연금가입기간을 합산하여 연금수급권을 결정하므로 연금 수급의 가능성이 커지는 장점이 있다. 2022년 3월을 기준으로 캐나다, 미국, 독일, 프랑스, 헝가리, 호주, 체코, 아일랜드, 벨기에, 폴란드, 불가리아, 슬

법상의 권리가 헌법상의 재산권 보장의 보호를 받기 위해서는 다음과 같은 요건을 갖추어야 한다. 첫째, 공법상의 권리가 권리주체에게 귀속되어 개인의 이익을 위하여 이용가능해야 하며(사적 유용성), 둘째, 국가의 일방적인 급부에 의한 것이 아니라 권리주체의 노동이나 투자, 특별한 희생에 의하여 획득되어 자신이 행한 급부의 등가물에 해당하는 것이어야 하며(수급자의 상당한 자기기여), 셋째, 수급자의 생존의 확보에 기여해야 한다. 이러한 요건을 통하여 사회부조와 같이 국가의 일방적인 급부에 대한 권리는 재산권의 보호대상에서 제외되고, 단지 사회법상의 지위가 자신의 급부에 대한 등가물에 해당하는 경우에 한하여 사법상의 재산권과 유사한 정도로 보호받아야 할 공법상의 권리가 인정된다. 즉 공법상의 법적 지위가 사법상의 재산권과 비교될 정도로 강력하여 그에 대한 박탈이 법치국가원리에 반하는 경우에 한하여, 그러한 성격의 공법상의 권리가 재산권의 보호대상에 포함되는 것이다." 헌재 2000. 6. 29. 99헌마289; 헌재 2009. 5. 28. 2005헌바20 등.

45 국민연금공단 홈페이지 사회보장협정 현황 (https://www.nps.or.kr/jsppage/info/social_security/agreement/agreement_01_01.jsp) 참조.

로바키아, 루마니아, 오스트리아, 덴마크, 인도, 스페인, 스웨덴, 브라질, 핀란드, 퀘벡, 페루, 룩셈부르크, 슬로베니아, 크로아티아, 우루과이, 뉴질랜드 등과의 협정이 해당한다.[46]

이처럼 사회보장협정이 체결된 경우에는, 상대국 국민에 대하여 연금액 산정과 급여지급(해외송금 포함)에 있어 자국민과 동등한 대우를 하도록 하여 해외송금에 따른 연금액 삭감문제 등의 문제도 해소할 수 있고, 협정 상대국에 파견된 근로자에 대해서는 상대국 보험료가 면제되거나 할 수 있으므로 한국 기업의 해외진출은 물론, 외국 기업의 국내 투자환경도 개선되는 긍정적인 효과를 기대할 수 있다.[47]

그런데 사회보장협정과 관련해서는 현재 그 명칭과 실질이 부합하지 않고 있다. 명칭은 사회보장협정(social security agreement)이라고 하고 있지만, 연금에 대해서만 인정되고 있기 때문이다. 물론 명칭과 관련하여, 외국의 경우 특히 영미권에서는 social security라고 하면 소득보장에 치중된 의미를 가지고 있지만[48] 한국의 경우 건강보장까지 포함하는 의미로 사용하고 있기에(사회보장기본법 제3조) 향후 협정 당사국 상호간에 건강보장까지 포함하여 확대 개편하는 것이 필요하다고 본다. 특히 건강보장의 문제는 국민이든 외국인이든, 외국인이라도 그가 합법체류이든 불법체류이든 관계없이 누구나 보장받아야 할 인권 중의 인권이기 때문이다. 그러므로 심지어 불법체류 외국인에 대해서도 보다 확실하고 제대로 된 의료서비스를 제공해주고 그 비용을 해당 불법체류 외국인의 본국에 청구할 수 있는 방식으로 사회보장협정을 확대해 나가는 것이 필요하다.[49]

제3절   외국인에 대한 공공부조

국민건강보험, 국민연금, 고용보험, 산재보험 등 사회보험은 질병·부상, 장애, 사

---

46 국민연금공단 홈페이지 사회보장협정 현황 (https://www.nps.or.kr/jsppage/info/social_security/agreement/agreement_01_01.jsp) 참조.

47 국민연금공단, 『사회보장협정안내』 (국민연금공단, 2013), 1 – 14면.

48 Paul Spicker, *How Social Security Works* (The Policy Press, 2011), pp. 3~4 참조. 미국의 경우에는 사회보험으로서의 건강보험은 존재하지 않으며 대공황 때 등장했던 Social Security Act는 경제 활성화를 위한 보조금 지급의 근거법률이었다.

49 노호창, 「이주여성과 사회보장법제」, 177 – 178면.

망, 노령, 업무상 재해, 실업 등과 같이 일반적 생활위험에 대하여 정형적·표준적인 급여를 행함으로써 수급자와 그 가족의 생활을 유지할 수 있게 하고 그들이 빈곤화되는 것을 방지하는 데 중요한 목적을 두고 있다. 그렇지만 사회보험에 따른 급여의 대상으로 미처 예상하지 못했던 사태가 발생하기도 하고, 급여의 대상이라 하더라도 지급요건을 충족하지 못하여 급여가 행해지지 못하는 경우도 적지 않게 발생한다. 공공부조는 이러한 사태로 인하여 최저한도의 생활유지도 곤란하게 된 경우에 대응하는 제도이며 사회보험에 이은 제2의 안전망(safety net)으로서의 역할을 담당한다. 공공부조의 중요한 특징은 보충성 원리와 자산심사이다. 즉, 공공부조는 일정한 빈곤선 하에 있는 국민에 대해 국가 재정으로 최저한의 생활을 보장한다는 취지를 가지고 있기 때문에 엄격한 자산심사를 통해 그 빈곤선에 미치지 못하는 액수만큼 현금 또는 현물로 보조한다. 다만 정당한 수급권자를 밝혀내기 위한 자산조사와 부양의무자 존부 및 부양능력에 대한 조사가 부작용을 보이고 있다는 점은 문제이다. 보호가 필요한 자를 배제하는 방향으로 기능한다든가 심각한 낙인효과를 가져온다든가 프라이버시에 대한 심각한 침해를 한다든가 행정비용이 높다는 것 등이 그러하다.[50]

한편, 공공부조에 대해서는 인간다운 최저생활을 할 권리가 인간으로서의 권리이기 때문에 상호주의를 적용하기보다는 모든 외국인에게도 인정하는 것이 보다 발전된 입법태도라는 견해가 있다.[51] 이 경우 모든 외국인을 대상으로 한다고 하더라도 구체적인 지원 여부나 정도에 있어서는, 인적 요건으로서 해당 외국인이 그 사회나 국가에 어느 정도로 편입되어 있는가라는 정주(定住) 내지 공동체 편입의 정도가 중요한 기준으로 제시될 수 있겠다.

1. 국민기초생활 보장법

(가) 개 요

현재 공공부조에 관한 법령으로는 「국민기초생활 보장법」, 의료급여법, 주거급여법 등이 있고 이 중 「국민기초생활 보장법」이 공공부조의 기본법적인 역할을 한다. 물론 「국민기초생활 보장법」의 제정 이전에도 1961년 제정된 생활보호법이 있었다. 그러나 생활보호법은 보호대상자가 엄격히 제한되었고(65세 이상 노쇠자, 18세 미만의

---

50 노호창, 「기본소득에 관한 개관과 입법사례의 검토」, 409면.
51 전광석, 『한국사회보장법론』, 238면.

아동, 임산부, 폐질 또는 심신장애로 인하여 노동능력이 없는 자), 생활보호대상자의 선정기준도 입법되지 않았으며, 급여내용도 최저생활보장과는 거리가 멀었다. 즉, 생활보호법은 국민생활의 궁핍에 대응하는 공공부조제도로서는 매우 불충분한 것이었다. 그렇지만 1997년 이후 외환위기를 계기로 빈곤이 개인적 문제가 아니라 사회적 문제라는 공감대가 확산되고 사회안전망 정비에 대한 요구가 높아지면서 기존의 생활보호법의 문제점을 대폭 개선한 「국민기초생활 보장법」이 1999년 제정되어 2000년 10월 1일부터 시행되기에 이르렀다. 특히 생활보호법이 시혜적·잔여적 관점의 입법이었다면 「국민기초생활 보장법」은 권리적·보편적 관점의 입법이라는 점에서 근본적인 전환이 이루어졌다는 평가가 대체적이다.

「국민기초생활 보장법」은 공공부조 제도의 기본법으로서 생활이 어려운 자에게 필요한 급여를 행하여 이들의 최저생활을 보장하고 자활을 조성하는 것을 목적으로 (동법 제1조 참조) 생계급여, 주거급여, 의료급여, 교육급여, 해산급여, 장제급여, 자활급여의 7가지 급여를 두고 있다(동법 제7조 참조).

수급권자로는 종래 '부양의무자가 없거나, 부양의무자가 있어도 부양능력이 없거나 부양을 받을 수 없는 자로서 소득인정액이 최저생계비 이하인 자'와 '이에 해당하지 아니하여도 생활이 어려운 자로서 일정 기간 동안 이 법에서 정하는 급여의 전부 또는 일부가 필요하다고 보건복지부장관이 정하는 자'의 두 가지가 있었고(2014. 12. 30. 법률 제12933호로 개정되기 전 「국민기초생활 보장법」 제5조 참조), 수급권자에 해당하면 원칙적으로 이러한 급여들을 종합적으로 받을 수 있었다(2014. 12. 30. 법률 제12933호로 개정되기 전 「국민기초생활 보장법」 제7조 제2항 참조). 그런데 수급권자 요건에 관한 내용 중 '최저생계비' 부분이 2014. 12. 30. 법 개정으로 삭제되고, 각 급여가 종류별로 수급요건이 달라지는 소위 '개별급여화'되면서 현재는 급여의 종류별로 수급자 선정기준 및 최저보장수준이 결정되는 방식으로 개정되었다. 그래서 예컨대, 생계급여의 경우 현재 "생계급여 수급권자는 부양의무자가 없거나, 부양의무자가 있어도 부양능력이 없거나 부양을 받을 수 없는 사람으로서 그 소득인정액이 제20조 제2항에 따른 중앙생활보장위원회의 심의·의결을 거쳐 결정하는 금액(이하 "생계급여 선정기준"이라 한다) 이하인 사람으로 한다. 이 경우 생계급여 선정기준은 기준 중위소득의 100분의 30 이상으로 한다"와 같이 개정된 상태다(「국민기초생활 보장법」 제8조 제2항 참조).

(나) 외국인에 대한 적용 여부

「국민기초생활 보장법」은 법률의 명칭에서 짐작되듯이 이 법은 본래 '국민'을 그 적용대상으로 설정하고 있었다. 그렇지만 2005년 법 개정 때 외국인에 대한 특례조항이 신설되었고 현재는 "국내에 체류하고 있는 외국인 중 대한민국 국민과 혼인하여 본인 또는 배우자가 임신 중이거나 대한민국 국적의 미성년 자녀를 양육하고 있거나 배우자의 대한민국 국적인 직계존속(直系尊屬)과 생계나 주거를 같이하고 있는 사람으로서 대통령령으로 정하는 사람이 이 법에 따른 급여를 받을 수 있는 자격을 가진 경우에는 수급권자가 된다"고 규정되어 있다(동법 제5조의2 참조).

이에 따라 동법 시행령에서는 수급권자에 해당하는 외국인의 범위를 다음과 같이 규정하고 있다(동법 시행령 제4조 참조).

> 「국민기초생활 보장법 시행령」 제4조(수급권자에 해당하는 외국인의 범위) 법 제5조의2에 따라 수급권자가 될 수 있는 외국인은 출입국관리법 제31조에 따라 외국인 등록을 한 사람으로서 다음 각 호의 어느 하나에 해당하는 사람으로 한다.
>   1. 대한민국 국민과 혼인 중인 사람으로서 다음 각 목의 어느 하나에 해당하는 사람
>   가. 본인 또는 대한민국 국적의 배우자가 임신 중인 사람
>   나. 대한민국 국적의 미성년 자녀(계부자·계모자 관계와 양친자관계를 포함한다. 이하 이 조에서 같다)를 양육하고 있는 사람
>   다. 배우자의 대한민국 국적인 직계존속과 생계나 주거를 같이 하는 사람
>   2. 대한민국 국민인 배우자와 이혼하거나 그 배우자가 사망한 사람으로서 대한민국 국적의 미성년 자녀를 양육하고 있는 사람 또는 사망한 배우자의 태아를 임신하고 있는 사람

외국인에 대한 이러한 입법 태도에 대해서는 비판적인 견해가 있다. 최저생활보장의 헌법과제가 국민의 사회통합과 보편적인 인권 중 어디에 이념적 출발점을 두는가에 따라서 국가의 선택의 가능성은 제한적이다. 후자의 관점에서는 외국인을 포함하여 인간은 누구나 적어도 최저생활보장에 관한 한 자신의 체류 혹은 거주하는 공동체와 자연적 관계에 있다고 볼 수 있다. 「국민기초생활 보장법」은 한국 국적의 미성년자 양육 혹은 임신 기타 배우자의 한국 국적 직계족손과의 생계 내지 주거 공통이라는 조건을 제시하고 있다. 그러나 이러한 입법이 헌법에 충실한 기준인지는 의

문이 있다. 우선 최저생활보장은 인권적 성격을 갖는 권리라는 점에서 보면, 이러한 입법은 이른바 거주지원칙에 의하여 해당 영토에 체류 혹은 거주하는 모든 자가 보호되어야 한다는 취지에 맞지 않는다. 또 설사 인권적 성격을 부인하고 편입 여부를 보호의 기준으로 하더라도, 이들은 국민과 혼인하여 가족을 구성하였다는 사실 자체로 자연적 관계에 근접하여 국민에 유사한 지위에 있다고 보아야 한다. 그런데 본법은 미성년 자녀를 양육하거나 임신하거나 배우자의 한국 국적 직계존속과 생계 내지 주거를 공동으로 할 것을 일종의 기여 요건과 유사하게 추가로 요구하므로 최저생활보장의 이념에 비추어 보면 이질적이다.[52]

2. 의료급여법

(가) 개   요

「국민기초생활 보장법」상 급여의 종류는 생계급여·주거급여·의료급여·교육급여·해산급여·장제급여·자활급여의 7가지가 있는데, 맞춤형 복지라는 정책기조에 맞추어 현재 개별급여화가 상당히 진행되고 있는 상황이다. 그런데 의료급여의 경우 의료라는 특수성으로 인해 일찍부터 의료급여법이라는 별도의 법률로 규율되어 왔다.

의료급여법도 공공부조법인 만큼 그 대상은 기본적으로 「국민기초생활 보장법」상 수급권자이고 그밖에 필요에 따라 수급권자를 추가로 인정하고 있다(의료급여법 제3조 참조). 2014년 12월 30일 「국민기초생활 보장법」 개정 이후 현재 의료급여의 내용과 수급권자의 요건에 대해 「국민기초생활 보장법」에서 간략히 규정하고 있는 것 이외의 상세한 내용은 의료급여법에 규정되어 있다. 의료급여는 수급자에게 건강한 생활을 유지하는 데 필요한 각종 검사 및 치료 등을 지급하는 것으로 한다(「국민기초생활 보장법」 제12조의3 제1항 참조). 의료급여 수급권자는 부양의무자가 없거나, 부양의무자가 있어도 부양능력이 없거나 부양을 받을 수 없는 사람으로서 그 소득인정액이 중앙생활보장위원회의 심의·의결을 거쳐 결정하는 금액 이하인 사람으로 하고 이 경우 의료급여 선정기준은 기준 중위소득의 100분의 40 이상으로 한다(「국민기초생활 보장법」 제12조의3 제2항 참조).

---

52 전광석, 「다문화사회와 사회적 기본권」, 146-148면.

(나) 외국인에 대한 적용 여부

　외국인의 경우에도「국민기초생활 보장법」상 수급권자에 해당하면 의료급여법도 적용될 수 있다. 그밖에 난민에 대한 특례도 인정되는데, 난민법에 따른 난민인정자로서「국민기초생활 보장법」제12조의3 제2항에 따른 의료급여 수급권자의 범위에 해당할 것을 요구하고 있다(의료급여법 제3조의2 참조).

3. 주거급여법

(가) 개　요

　주거는 인간다운 생활의 중요한 물질적 기초 중의 하나이며 주거복지 관점에서 주거의 권리에 대한 헌법적 기초는 헌법 제35조 제3항의 "국가는 주택개발정책 등을 통하여 모든 국민이 쾌적한 주거생활을 할 수 있도록 노력하여야 한다"에서 찾을 수 있다. 이러한 규범적 토대를 근거로 하여「국민기초생활 보장법」에서는 주거급여를 급여의 한 종류로서 인정해왔고 현재 주거급여에 대한 별도의 입법이 마련되어 있는 상태다. 주거급여가 주거에 대한 권리 내지 쾌적한 주거생활을 위하여 충분한 것인지에 대해서는 향후 사회보장 영역에서 보다 깊이 있게 다루어져야 할 것이다.

　국민기초생활보장급여의 개별급여화의 일환으로 2015년 1월 1일부터 주거급여법이 시행되고 있다. 주거급여법상 주거급여란「국민기초생활 보장법」제7조 제1항 제2호의 주거급여로서 주거안정에 필요한 임차료, 수선유지비, 그 밖의 수급품을 지급하는 것을 말한다(주거급여법 제2조 제1호 참조).

　주거급여의 수급권자는 종래 부양의무자가 없거나 부양의무자가 있어도 부양능력이 없거나 부양을 받을 수 없고 소득인정액이「국민기초생활 보장법」제20조 제2항에 따른 중앙생활보장위원회의 심의·의결을 거쳐 결정하는 금액 이하인 자일 것이 요구되었는데, 현재는 법 개정으로 부양의무자 요건은 폐지되었다. 소득인정액 기준은 기준 중위소득의 100분의 43 이상으로 한다(주거급여법 제5조 참조).

(나) 외국인에 대한 적용 여부

　주거급여법에서는 외국인에 대해서는 별도로 규정한 바가 없으나, 주거급여에 관하여 별도로 정하지 않은 사항에 대하여는「국민기초생활 보장법」에 따른다고 하고 있어(주거급여법 제4조 참조) 외국인의 경우에도 주거급여법상 소득인정액 요건을 갖추고 그밖에 「국민기초생활 보장법」상 외국인에 대한 요건을 갖추면 주거급여를 받을 가능성이 있다.

4. 긴급복지지원법

(가) 개   요

긴급복지지원법은 생계곤란 등의 위기상황에 처하여 도움이 필요한 사람을 신속하게 지원함으로써 이들이 위기상황에서 벗어나 건강하고 인간다운 생활을 하게 함을 목적으로 한다(동법 제1조 참조). 법의 취지와 내용으로 보건대, 긴급지원의 종류와 내용 중 일부는 사회서비스에 속할 만한 것도 보이기는 하지만 긴급지원의 요건, 긴급지원의 적정성 기준, 긴급지원의 적정성 심사 등 관련 내용을 보면, 이 법은 공공부조에 속하거나 그에 가까운 것으로 분류하는 것이 타당하다.

동법에서 '위기상황'이란 본인 또는 본인과 생계 및 주거를 같이 하고 있는 가구구성원이 '주소득자(主所得者)가 사망, 가출, 행방불명, 구금시설에 수용되는 등의 사유로 소득을 상실한 경우', '중한 질병 또는 부상을 당한 경우', '가구구성원으로부터 방임(放任) 또는 유기(遺棄)되거나 학대 등을 당한 경우', '가정폭력을 당하여 가구구성원과 함께 원만한 가정생활을 하기 곤란하거나 가구구성원으로부터 성폭력을 당한 경우', '화재 등으로 인하여 거주하는 주택 또는 건물에서 생활하기 곤란하게 된 경우', '보건복지부령으로 정하는 기준에 따라 지방자치단체의 조례로 정한 사유가 발생한 경우', '그 밖에 보건복지부장관이 정하여 고시하는 사유가 발생한 경우' 중 어느 하나에 해당하는 사유로 인하여 생계유지 등이 어렵게 된 것을 말한다(동법 제2조 참조). 위기상황에 처한 자로서 이 법에 따른 지원이 긴급하게 필요한 자를 '긴급지원대상자'라 한다(동법 제5조 참조). 다만 재해구호법, 「국민기초생활 보장법」, 의료급여법, 사회복지사업법, 「가정폭력방지 및 피해자보호 등에 관한 법률」, 「성폭력방지 및 피해자보호 등에 관한 법률」 등 다른 법률에 따라 이 법에 따른 지원 내용과 동일한 내용의 구호·보호 또는 지원을 받고 있는 경우에는 이 법에 따른 지원을 하지 아니한다(긴급복지지원법 제3조).

긴급지원의 종류로는 금전 또는 현물 등의 직접지원(생계지원, 의료지원, 주거지원, 사회복지시설 이용지원, 교육지원, 그 밖의 지원), 민간기관·단체와의 연계 등을 통한 지원이 있다(동법 제9조 참조).

(나) 외국인에 대한 적용 여부

국민은 당연히 이 법에 따른 긴급지원대상자가 될 수 있고, 국내에 체류하고 있는 외국인 중 대통령령으로 정하는 자가 긴급지원이 필요한 경우에도 긴급지원대상자가 될 수 있다(동법 제5조의2 참조). 긴급지원대상자에 해당하는 외국인의 범위는 '대한민국 국민과 혼인 중인 사람', '대한민국 국민인 배우자와 이혼하거나 그 배우자가 사망한 사람으로서 대한민국 국적을 가진 직계존비속(直系尊卑屬)을 돌보고 있는 사람', '난민법 제2조 제2호에 따른 난민(難民)으로 인정된 사람', '본인의 귀책사유 없이 화재, 범죄, 천재지변으로 피해를 입은 사람', '그밖에 보건복지부장관이 긴급한 지원이 필요하다고 인정하는 사람'의 다섯 가지로 한다(동법 시행령 제1조의2 참조).

제4절   외국인에 대한 사회서비스 지원

사회보장제도에 있어서 고유한 특징을 가지고 있는 사회보험과 공공부조를 제외한 나머지 제도들은 사회서비스 지원 영역으로 분류된다. 사회보험과 공공부조에서와 마찬가지로 사회서비스 지원 영역에 속하는 각종 제도에 있어서도 외국인에 대한 적용 여부, 적용 정도는 차이를 보인다. 다만 상호주의를 적용하는 것보다는 모든 외국인을 대상으로 하는 것이 보다 발전된 입법태도일 것이다.[53]

사회서비스 지원에 있어서는 보호대상 중심으로 입법된 것도 있고 서비스 중심으로 입법된 것도 있어서 분류의 체계를 일반화시키는 것이 어려운 특징이 있다. 이하에서는 분류의 편의성에 기초하여 몇 가지만 정리해 보았다.

1. 교육서비스 지원의 외국인에 대한 적용 여부

사회보장제도로서 사회서비스 지원의 중요한 내용 중의 한 가지는 교육서비스라

---

53 전광석, 『한국사회보장법론』, 238면.

고 할 수 있다. 외국인에 대한 교육서비스 관련 내용은 특정한 개별 법령에만 존재하는 것은 아니다. 우선 외국인처우법에서는 재한외국인의 사회적응 지원을 위한 교육의 근거를 마련하고 있고(동법 제11조) 결혼이민자를 위하여 국어교육, 제도나 문화에 대한 교육 및 그 자녀에 대한 교육지원 등을 위한 근거를 마련하고 있다(동법 제12조). 개별 법령상 교육서비스 지원은 크게 세 가지로 분류할 수 있다.

첫째, 90일 이상 한국에 체류할 것을 목적으로 한국에 입국해 있는 외국인에 대한 교육서비스 지원이다. 이는 일종의 사회통합의 관점에서 실시되는 내용이라고 할 수 있다. 이에 대해서는 출입국관리법 제39조 제1항에서 대한민국 국적, 영주자격 등을 취득하려는 외국인의 사회적응을 지원하기 위하여 교육, 정보 제공, 상담 등의 사회통합 프로그램을 시행할 수 있도록 규정하여 그 근거를 마련하고 있다. 이에 따라 한국에서 90일 이상 합법적으로 체류하려는 외국인(외국인근로자 포함)에게 가. 한국어 교육, 나. 한국사회 이해교육, 다. 그밖에 외국인의 사회적응 지원에 필요하다고 법무부장관이 인정하는 교육, 정보제공, 상담 등을 제공한다(「출입국관리법 시행령」 제48조 제1항). '법무부장관이 인정하는 교육, 정보제공, 상담'으로는 「출입국관리법 시행규칙」 제53조의5에 근거한 결혼이민자 등의 조기 적응 지원을 위한 프로그램이 있다.

둘째, 외국인의 자녀에 대해 국민의 자녀에 대해서와 마찬가지로 제공할 수 있는 학교교육 지원이다. 그런데 교육기본법은 교육 및 교육제도에 관한 기본적 사항을 정한 법률이고, 이 법률의 제4조 제1항에서는 "모든 국민은 성별, 종교, 신념, 인종, 사회적 신분, 경제적 지위 또는 신체적 조건 등을 이유로 교육에서 차별을 받지 아니한다."고 규정하여 인종, 사회적 신분 등에 따른 교육적 차별을 금지하고 있긴 하지만, 교육권의 적용 대상이 '모든 국민'으로 설정되어 있기 때문에 등록 외국인의 자녀가 국민이 아닌 경우와 불법체류 외국인의 자녀는 국민이 아니므로 교육권을 보장받을 수 있는 것인지 아닌지 불분명하게 남아있다. 다만 「초·중등교육법」 및 동시행령에 의하면, 교육서비스의 경우 외국인 자녀도 기본적으로는 유치원부터 고교 교육까지 받을 수 있는 것으로 해석되고(「초·중등교육법」 제2조, 제47조, 제60조의2, 동시행령 제19조, 제75조 참조), 초중고에 재학 중인 불법체류 외국인의 자녀에 대해서는 관계 공무원의 통보의무도 면제되므로(출입국관리법 제84조 제1항 단서, 동 시행령 제92조의2 제1호) 불법체류 외국인의 자녀라고 해서 학교교육 자체를 배제하는 것은 아닌 것으로 볼 수 있다. 그러나 불법체류 외국인의 자녀라면 현실적으로 어려움은 매우 클 것으로 본다.[54] 그밖에 난민법에 따르면 난민인정자나 그 자녀가 민법에 따라 미성년자인 경우 국민과 동일하게 초등교육과 중등교육을 받는다(난민법 제33조 제1항). 난민인정자나 그 자녀는 교육관계법령에서 정하는 기준과 절차에 따라 「초·중등교육법」에 따른 학교에 입학하거나 편입할 수 있다(「난민법 시행령」 제13조 제1항). 법무부장관은 난민인정자 및 그 자녀 가운데 「초·중등교육법」에 따른 교육비 지원이 필요하다고 인정되는 사람을 법무부령으로 정하는 바에 따라 교육부장관에게 추천할 수 있다(「난민법 시행령」 제13조 제2항).

셋째, 난민인정자에 대한 사회적응교육과 직업훈련을 들 수 있다. 난민인정자는 한국어 교육 등 사회적응교육을 받을 수 있고 관련 교육서비스로서 출입국관리법 제39조에 따른 사회통합프로그램을 교육받을 수 있다(난민법 제34조 제1항, 「난민법 시행령」 제14조). 또한 난민인정자는 본인이 원하는 경우 「난민법 시행령」이 정하는 바에 따라 직업훈련을 받을 수 있도록 지원을 받을 수 있다(난민법 제34조 제2항).

2. 의료서비스 지원의 외국인에 대한 적용 여부

외국인의 경우 합법적인 체류가 건강보험 가입의 기본전제가 되므로 불법체류 외국인은 건강보험에 가입될 수 없다. 즉 사회보험에 해당하는 건강보험의 적용을 받을 여지는 없다는 의미가 된다. 그렇지만 외국인 자신이 의료비 전액을 부담하여 의료를 받는 것이 명시적으로 금지되고 있는 것은 아니고[55] 또한 건강보험에 의하지 않은 의료서비스를 받을 수 없다는 의미도 아니다. 그밖에 불법체류 외국인의 경우처럼 건강보험에 가입이 불가능한 자라도 보건복지부의 '외국인근로자 등 소외계층 의료 서비스 지원 사업'의 대상이 되기 때문에 응급상황에 대해 지원을 받을 수 있다.[56]

---

54 현재 법령상으로는 불법체류 외국인의 자녀가 교육이나 의료서비스를 제공받을 수 있고 관계 공무원의 통보의무도 면제되는 것으로 되어 있으나, 관계 기관의 선처나 호의에 의존할 수밖에 없는 상황이 존재하고 부모의 법적 지위를 자녀도 따라간다는 전제에서는, 불법체류 아동이나 불법체류 외국인이 한국에서 출산한 자녀에 대한 법적 규율이 전혀 마련되어 있지 않아서, 일관되고 장기적인 정책이 불가능한 상황으로 보인다. 특히 「출입국관리법」 제33조와 관련하여 그들이 17세 이후에 외국인등록을 할 수 있는지 불분명하고, 외국인등록을 할 수 있다는 근거가 없어서 결국 추방으로 이어질 것 같은데 사회통합 관점에서나 그들 개인의 인생 관점에서나 부작용이 크므로 법적 고민과 대안 마련이 시급하다고 본다. 노호창, 「이주여성과 사회보장법제」, 182면.
55 불법에 해당하는지 여부에 대해서는 별도로 법적 판단이 요구된다.

또한 국민들이 응급상황에서 신속하고 적절한 응급의료를 받을 수 있도록 응급의료에 관한 국민의 권리와 의무, 국가·지방자치단체의 책임, 응급의료제공자의 책임과 권리를 정하고 응급의료자원의 효율적 관리에 필요한 사항을 규정함으로써 응급환자의 생명과 건강을 보호하고 국민의료를 적정하게 함을 목적으로 「응급의료에 관한 법률」이 제정되어 있는데(동법 제1조 참조) 동법은 외국인에 대해 명시적으로 언급하고 있지는 않으나, 규정의 해석상 불법체류자까지도 보호가 가능하다고 볼 수 있다. 동법 제1조가 적용대상을 '국민'이라 하고 있고, 동법 제3조도 모든 '국민'은 성별, 연령, 민족, 종교, 사회적 신분 또는 경제적 사정 등을 이유로 차별받지 아니하고 응급의료를 받을 권리가 있다고 하여, 명목상 '국민'만이 그 보호 대상인 것처럼 보일 수 있으나, 동법 제3조 단서에서 "국내에 체류하고 있는 외국인도 또한 같다"고 명시하고 있고 동법 제2조에서 '응급환자'를 '질병, 분만, 각종 사고 및 재해로 인한 부상이나 기타 위급한 상태로 인하여 즉시 필요한 응급처치를 받지 않으면 생명을 보존할 수 없거나 심신상의 중대한 위해가 초래될 가능성이 있는 환자'라고 정의하고 있어서, 외국인이라는 이유로 그 보호범위에서 배제되지 않는다. 또한 이 경우 체류자격은 묻지 않는 것이 법의 취지에 부합할 것으로 본다. 그런데 불법체류자의 경우 신분이 노출되어 강제출국 당할 가능성을 우려할 것이기 때문에 이 제도를 적극적으로 활용하기는 쉽지 않을 것으로 짐작된다. 다만 비공무원인 의사 등의 경우 불법체류자 발견사실에 대한 통보의무가 없고, 공무원의 경우에도 출입국관리법 제84조(통보의무) 제1항 및 동법 시행령 제92조의2(통보의무의 면제) 제2호에 의해 의료서비스를 이용하는 불법체류자에 대한 통보의무를 면제받고 있으므로 응급상황에서 진료를 받을 권리 자체는 보장되고 있다고 판단된다.

3. 장애인복지법의 외국인에 대한 적용 여부

장애인복지법은 장애인의 인간다운 삶과 권리보장을 위한 국가와 지방자치단체 등의 책임을 명백히 하고, 장애발생 예방과 장애인의 의료·교육·직업재활·생활환경

---

56 "외국인 근로자 등 소외계층 의료 서비스 지원 사업 안내", 정부24 홈페이지 (https://www.gov.kr/portal/service/serviceInfo/SD0000006941). 이 사업은 보건복지부 보건의료정책실 공공보건정책관 공공의료과 소관이며, 외국인 근로자 및 그 자녀(18세 미만), 국적 취득 전 결혼이민자 및 그 자녀, 난민 및 그 자녀 등으로서 건강보험, 의료급여 등 각종 의료보장제도에 의해서 의료혜택을 받을 수 없는 자가 그 대상이다.

개선 등에 관한 사업을 정하여 장애인복지대책을 종합적으로 추진하며, 장애인의 자립생활·보호 및 수당지급 등에 관하여 필요한 사항을 정하여 장애인의 생활안정에 기여하는 등 장애인의 복지와 사회활동 참여증진을 통하여 사회통합에 이바지함을 목적으로 한다(동법 제1조 참조).

장애인복지법에서 정의하는 '장애인'이란 '신체적·정신적 장애로 오랫동안 일상생활이나 사회생활에서 상당한 제약을 받는 자'를 말하는데(동법 제2조 제1항 참조), 동법의 적용을 받기 위해서는 신체적 장애 또는 정신적 장애가 있는 자 중에서 대통령령으로 정하는 장애의 종류 및 기준에 해당하여야 한다(동법 제2조 제2항 참조). 여기서 '신체적 장애'란 주요 외부 신체 기능의 장애, 내부기관의 장애 등을 말하고 '정신적 장애'란 발달장애 또는 정신질환으로 발생하는 장애를 말한다(동법 제2조 제2항 참조).

국가는 장애인에 대해 각종 사회서비스를 지원하는데, 그 전제요건으로서 장애인복지법상 '장애인등록'이 필요하다. 장애인, 그 법정대리인 또는 대통령령이 정하는 보호자는 장애 상태와 그밖에 보건복지부령이 정하는 사항을 특별자치시장·특별자치도지사·시장·군수 또는 구청장에게 등록하여야 하며, 특별자치시장·특별자치도지사·시장·군수·구청장은 등록을 신청한 장애인이 법정기준에 맞으면 장애인등록증을 내주어야 한다(동법 제32조 참조).

외국인의 경우에는, 출입국관리법에 따라 외국인등록을 한 자 중 대한민국에 영주할 수 있는 체류자격을 가진 자, 외국인처우법에 따른 결혼이민자, 난민법에 따른 난민인정자 등에 한해서 장애인등록이 가능하다(장애인복지법 제32조의2 참조). 따라서 합법적인 체류자격을 가지지 못한 외국인 장애인의 경우 장애인등록을 할 수 없기 때문에 장애인복지법을 근거로 하여 행해지는 장애인에 대한 사회서비스 지원은 어려울 것이다.

4. 한부모가족지원법의 외국인에 대한 적용 여부

한부모가족지원법은 한부모가족이 건강하고 문화적인 생활을 영위할 수 있도록 함으로써 한부모가족의 생활 안정과 복지 증진에 이바지함을 목적으로 한다(동법 제1조 참조).

한부모가족지원법상 지원대상자의 범위는 '모 또는 부 중 다음 어느 하나에 해당하는 자로서 아동인 자녀를 양육하는 자(가. 배우자와 사별 또는 이혼하거나 배우자로부터 유기(遺棄)된 자, 나. 정신이나 신체의 장애로 장기간 노동능력을 상실한 배우자를 가진 자, 다. 교정시설·치료감호시설에 입소한 배우자 또는 병역복무 중인 배우자를 가진 사람, 라. 미혼자{사실혼(事實婚) 관계에 있는 자는 제외한다}, 마. 가목부터 라목까지에 규정된 자에 준하는 자로서 여성가족부령으로 정하는 자)', '청소년 한부모(24세 이하의 모 또는 부)', '한부모가족(모자가족 또는 부자가족)', '모자가족(모가 세대주{세대주가 아니더라도 세대원(世代員)을 사실상 부양하는 자를 포함한다}인 가족)', '부자가족(부가 세대주{세대주가 아니더라도 세대원을 사실상 부양하는 자를 포함한다}인 가족)', '아동(18세 미만{취학 중인 경우에는 22세 미만을 말하되, 병역법에 따른 병역의무를 이행하고 취학 중인 경우에는 병역의무를 이행한 기간을 가산한 연령 미만을 말한다}의 자)' 중 어느 하나로서 여성가족부령으로 정하는 자를 말하며(한부모가족지원법 제5조 참조) 그 범위는 여성가족부장관이 매년 지원대상자의 「국민기초생활 보장법」 제2조 제11호에 따른 기준 중위소득, 소득수준 및 재산의 정도 등을 고려하여 지원의 종류별로 정하여 고시한다(동법 시행규칙 제3조 참조).

한부모가족지원법상 지원의 내용으로는 복지급여(동법 제12조 참조), 복지자금 대여(동법 제13조 참조), 고용지원(동법 제14조, 제14조의2 참조), 공공시설 매점 등 우선적 설치 허가(동법 제15조 참조), 시설 우선이용(동법 제16조 참조), 가족지원서비스(동법 제17조 참조), 청소년 한부모 교육 지원(동법 제17조의2 참조), 자녀양육비 이행지원(동법 제17조의3), 청소년 한부모 자립지원(동법 제17조의4) 등이 있다.

국내에 체류하고 있는 외국인 중 대한민국 국민과 혼인하여 대한민국 국적의 아동을 양육하고 있는 모 또는 부로서 출입국관리법 제31조에 따른 외국인 등록을 마친 자의 경우에도 요건에 해당하면 지원을 받을 수 있다(한부모가족지원법 제5조의2 제3항, 동법 시행령 제10조 참조).

5. 다문화가족지원법에 관한 검토

2008년 3월 21일 제정되어 시행 중인 다문화가족지원법은 그 법률의 명칭에서 드러나듯이 다문화가족 구성원이 안정적인 가족생활을 영위하고 사회구성원으로서의 역할과 책임을 다할 수 있도록 함으로써 이들의 삶의 질 향상과 사회통합에 이바지함을 목적으로 한다(동법 제1조 참조). '다문화'라는 용어의 적절성에 대한 논란은 차치하고 다문화라는 용어가 법률용어로 사용되었다.

법률의 명칭만으로 봐도 다문화가족지원법은 외국인에 대해 적용이 될 것으로 예상된다. 그런데 다문화사회에 진입하면서 입법자가 우선적으로 주목한 유형은 결혼 혹은 귀화 등의 방법으로 이미 현재 한국 국적을 취득하였거나 취득하는 과정에 있는 '과거의' 외국인들이었다. 그런 의미에서 동법은 외국인에 대한 내용만을 담고 있다고 보기는 어렵고 오히려 일반적인 내용을 담고 있다고 볼 수도 있다.

다문화가족지원법은 그 보호대상으로 '다문화가족'과 '결혼이민자 등'을 규정하고 있다(동법 제2조 참조). 여기서 '다문화가족'이란 '외국인처우법 제2조 제3호의 결혼이민자와 국적법 제2조부터 제4조까지의 규정에 따라 대한민국 국적을 취득한 자로 이루어진 가족', '국적법 제3조 및 제4조에 따라 대한민국 국적을 취득한 자와 같은 법 제2조부터 제4조까지의 규정에 따라 대한민국 국적을 취득한 자로 이루어진 가족'을 말하며, '결혼이민자 등'이란 다문화가족의 구성원으로서 '외국인처우법 제2조 제3호의 결혼이민자', '국적법 제4조에 따라 귀화허가를 받은 자'를 말한다. 이들이 한국 영토 및 가치에 동질성을 갖는 자연적인 관계에 이미 편입되어 있다는 판단은 다문화가족지원법 제정에 있어 그 정당성의 기초가 되었다.[57]

다문화가족지원법상 지원내용으로는 생활정보 제공 및 교육지원(동법 제6조 참조), 가정폭력 피해자에 대한 보호·지원(동법 제8조 참조), 의료 및 건강관리를 위한 지원(동법 제9조 참조), 아동·청소년 보육·교육(동법 제10조 참조), 다국어에 의한 서비스 제공(동법 제11조 참조), 다문화가족지원센터의 설치·운영 등(동법 제12조 참조), 보수교육의 실시(동법 제12조의2 참조), 다문화가족지원사업 전문인력 양성(동법 제13조의2) 등이 있다. 그리고 다문화가족지원법에서는 국가의 실태조사의무를 규정하고 있는바(동법 제4조 참조), 이는 다문화가족에 대한 규범적 배려의 방법론을 개선해나가는데 있어 그 기초가 되는 다문화가족의 사회적 상황에 대한 충실한 이해에 기여할 것으로 전망한다. 사회보장과 관련해서는 다문화가족지원법은 그 일부 내용이 사회서비스에 해당한다.

6. 다문화가족지원법, 건강가정기본법, 외국인처우법 간의 관계

다문화가족지원법은 그 목적과 적용범위라는 측면에서 건강가정기본법과 외국인처우법과의 관계가 어떠한지 의문이 제기될 수 있다. 건강가정기본법은 2004년에 제

57 전광석, 「다문화사회와 사회적 기본권」, 143면.

정되었는데 건강한 가정생활의 영위와 가족의 유지 및 발전을 위해 가정문제의 적절한 해결방안을 강구하고 가족구성원의 복지증진에 이바지할 수 있는 지원정책을 강화하여 건강가정 구현에 기여하는 것을 목적으로 하고 있다. 다문화가족은 가족의 다양한 형태 중 하나라는 점과 두 법은 그 지향성이 동일하다는 점에서 다문화가족지원법은 건강가정기본법의 개별법으로 보아도 무방할 것 같다.[58] 그리고 다문화가족지원법은 결혼이민자 또는 귀화허가를 받은 자로 이루어진 가족에 대한 지원이라는 측면에서 외국인처우법과의 관계가 어떠한지 문제된다. 다문화가족지원법의 규정형식이 노력규정 내지 임의규정이 다수라는 측면에서 외국인처우법의 노력규정 내지 프로그램규정을 구체적으로 실행하기 위한 집행법적 성격이 있는지 의문의 여지가 있다. 그러나 두 법률의 제정·시행 시점,[59] 제정취지, 적용 대상자, 법체계, 내용 등을 종합적으로 보면, 외국인처우법은 법체계와 적용 대상자 측면에서 기본법적 성격을 지니고 있고 다문화가족지원법은 그 개별법적 성격을 지니는 것으로 보아도 좋을 것이다.[60]

그밖에 외국인처우법과 건강가정기본법 간의 관계와 관련해서는, 하나의 단행법이 반드시 하나의 기본법체계에 포함되어야 하는 것은 아니기 때문에 외국인처우법이 제15조에서 재한외국인(결혼이민자 및 그 자녀)이 국적을 취득한 후 3년까지 사회적응을 위한 지원을 받을 수 있다고 규정하고 있는 점을 고려한다면, 이를 경계로 외국인처우법과 건강가정기본법 간의 적용범위가 결정된다고 할 수 있으므로 이 범위 내에서는 일정한 중첩 적용 영역이 있다고 판단된다.[61]

그렇다면, 세 가지 법률의 관계에 대해서는 사회보장제도 전체의 체계 속에서 다음과 같이 정리할 수 있을 것이다. 세 가지 법률은 입법목적이 다르고 소관부처도 다르지만 법적용의 현실적 모습에서 중첩되는 현상이 나타나므로 사회보장제도라는 한 가지 기준을 토대로 전체적인 관계를 살펴보는 것은 향후 법제 정비를 위해서라도 필요하다고 본다. 각각의 법률은 고유의 목적과 내용을 가지고 있는 동시에 일부 내용은 사회보장제도 중에서 사회서비스 분야에 속할 수 있고 건강가정지원법과 외국인처우법이 일정 부분 교집합을 형성하는 가운데 다문화가족지원법상 사회서비스

---

58 차용호, 『한국 이민법』(법문사, 2015), 633－634면.
59 외국인처우법은 2007. 5. 17. 제정되어 2007. 7. 18. 시행되었고, 다문화가족지원법은 2008. 3. 21. 제정되어 2008. 9. 22. 시행되었다.
60 차용호, 『한국 이민법』, 634－635면.
61 노호창, 「이주여성과 사회보장법제」, 194면.

의 내용이 그 교집합 속에 포함되는 구도로 그려볼 수 있겠다.

다만 다문화가족지원법상 지원내용이 외국인처우법과 중복될 수 있고 정책추진 체계상 혼란이 생길 수 있으므로, 이를 해소하기 위해서 다문화가족지원법의 추진체계와 지원내용을 건강가정기본법에 흡수하여 건강가정기본법의 적용 대상자와 지원 내용을 확대개편하여 장기적으로는 다문화가족지원법은 폐지하는 방향으로 가는 것이 규범 간의 통일성과 체계성에 보다 적합할 것으로 보인다는 지적이 있다.[62] 그리고 입법정책적으로는 이미 국적을 취득하였으나 이민배경을 가진 집단을 다문화가족이라 구분하여 특혜를 줄 것이 아니라 저소득인 경우와 같이 특정 사회보장의 수요에 따라 보편적 복지제도로 흡수하는 것이 외국인이라는 낙인을 찍지 않고 역차별 시비에서 벗어나는 방법이라는 지적도[63] 설득력 있다고 본다.

제5절 결 론

우리 사회가 외국인의 유입을 거부할 수 없고 또한 외국인이 사회의 구성원으로서 점점 자리매김하고 있는 상황에서 우리 사회가 나아갈 바람직한 방향을 고려할 때 사회통합을 배제할 수 없을 것이다.

외국인과의 사회통합을 위한 한 가지 방편으로서 중요하게 제시될 수 있는 것은 사회보장을 받을 권리의 확보일 것이다. 사회보장제도는 사회구성원이 우리 사회에서 안정적으로 삶을 영위할 수 있도록 조력하는 제도적 장치이기 때문이다.

외국인에 대해서 사회보장을 받을 권리의 주체성이 인정되는가의 문제와 관련해서는 기본권을 국민의 권리와 인간의 권리로 이분화시켜 사회적 기본권은 국민의 권리이므로 외국인에게는 인정될 수 없다는 식의 견해가 여전히 존재하고 있다. 그러나 사회적 기본권의 속성상 적어도 현재의 해석론 하에서는 아직도 헌법 규정 자체에서 구체적인 청구권을 도출할 수 없고 입법적 형성이 필요하다. 반면 각종 사회보장관련 구체적 입법에서 외국인에 대한 다양한 적용 국면을 인정하고 있는 것이 현실인데, 굳이 외국인에 대해 사회적 기본권의 주체성을 부정한다고 하는 것이 어떤

---

62 차용호, 『한국 이민법』, 636면.
63 김환학, 「이민법의 구조와 법원」, 『이민법』(초판)(박영사, 2016), 37면.

실천적 의미를 가지는지는 의문이 있다.

현행 사회보장제도를 보면, 사회보험, 공공부조, 사회서비스라는 세 가지 큰 틀에서 건강과 소득을 보장하고 복지, 보건의료, 교육, 고용, 주거, 문화, 환경 등 다양한 분야에서 서비스를 제공함으로써 인간다운 삶의 질을 높이고자 하고 있고 외국인에 대한 적용 여부나 적용 정도에 있어서는 각 제도의 핵심적인 특징과 요건에 따라 약간씩의 차이를 보이고 있다. 산재보험의 경우 체류자격과 관계없이 오로지 근로자냐 아니냐라는 그 본질적 기준에 따라 적용여부가 결정되고 고용보험의 경우에도 체류자격이 중요하긴 하지만 근로자라는 기준이 본질적이다. 반면 건강보험이나 국민연금의 경우 체류자격도 중요하지만 정주와의 관련성도 높게 고려되고 있는 것으로 보인다. 공공부조의 경우 국민에 대하여 기본적으로 요구되는 자산심사 요건과 부양의무자 요건 외에 외국인에게는 자녀양육 등이라는 요건까지 추가적으로 요구하고 있어서 제도의 본질이나 취지와 맞지 않는 모습이 보이기도 한다. 사회서비스 영역의 경우, 예컨대, 합법적인 체류자격을 가진 외국인에게만 적용될 수 있는 건강보험이 포괄하지 못하는 불법체류 외국인에 대한 긴급의료의 경우처럼 사회보험이 포괄하지 못하는 영역을 보충하거나, 외국인의 개별적 사정과 요건에 따라 다양하게 급부가 제공될 수 있는 입법적 장치들이 마련되어 있다고 보인다. 그러나 사회서비스 영역에서도 현실적으로는 체류자격의 구비 여부가 실제로 서비스를 적절히 제공받을 수 있는지 없는지를 좌우할 가능성이 크다.

한편, 상호주의와 관련해서는, 이를 점점 폐지하는 국제규범의 추세를 보거나 상호주의의 문제점이 비판되고 있는 상황이라든가 사회적 기본권과 관련된 입법의 구체적인 상황들을 토대로 평가해볼 때, 이제는 법문에서 규정될 필요성이 점점 줄어들고 있다고 본다.

그밖에 외국인이 국민과 가족을 이루어 살아가게 되는 경우에 있어서 구성원으로서 편입될 때의 형식적 신분의 문제, 불법체류 외국인의 자녀에 대한 교육과 건강보호의 문제, 어떤 사유로든 장기간 체류하여 정주화된 경우의 정주권으로의 고양의 문제, 자신의 고유한 문화나 정체성을 누릴 수 있도록 하는 것과 관련된 문제, 법률복지 차원에서의 사법접근권 보장의 문제 등도 향후 외국인의 사회통합과 관련하여 사회보장을 받을 권리의 차원에서 논의될 필요가 있다고 본다.[64]

---

64 노호창, 「이주민의 사회보장권 기타 사회권에 관한 연구」, 『이주민법연구』 (경인문화사, 2017), 333면.

이민법 문헌 목록

(본문 인용 여부와 관계없이 국내에서 출간된 대표적 연구물의
목록으로서 출간도서와 학술지 수록물만을 열거함)

【단행본】

고용노동부, 『2023년판 고용노동백서』 (2023)

김형배, 『노동법』 (박영사, 2012)

남부현 외 6인, 『이민정책론』 (법문사, 2023)

노동법실무연구회, 『근로기준법주해 제1권-제3권』 (박영사, 2010)

명순구·이철우·김기창, 『국적과 법, 그 기원과 미래』 (고려대학교 법학연구원, 2010)

법무법인 태평양(유한)·재단법인 동천 공동편집, 『이주민법연구』 (경인문화사, 2017)

석광현, 『국제민사소송법: 국제사법(절차편)』 (박영사, 2012)

석광현, 『국제사법해설』 (박영사, 2013)

석동현, 『국적법 연구』 (동강, 2004)

석동현, 『국적법』 (법문사, 2011)

성낙인, 『헌법학』 (법문사, 2015)

손희두, 『북한의 국적법』 (한국법제연구원, 1997)

스티븐 카슬·마크 J. 밀러, 『이주의 시대』, 한국이민학회(역) (일조각, 2013)

신창선, 『국제사법』 (피데스, 2012)

유길상·이정혜·이규용, 『외국인력제도의 국제비교』 (한국노동연구원, 2004)

유엔난민기구(UNHCR), 『난민 지위의 인정기준 및 절차 편람과 지침』 (2014)

이장희, 『통일시대를 대비한 국적법의 개정방향』 (아시아사회과학연구원, 1998)

이혜경 외 7인, 『이민정책론』 (박영사, 2016)

임종률, 『노동법』 (박영사, 2015)

전광석, 『국제사회보장법론』 (법문사, 2002)

정기선 엮음, 『한국이민정책의 이해』 (백산서당, 2011)

정인섭, 『신국제법강의』 제13판 (박영사, 2023).

정인섭, 『재일교포의 법적 지위』 (서울대학교출판부, 1996)

정인섭 엮음, 『재외동포법』 (사람생각, 2002)

정인섭 엮음,『사회적 차별과 법의 지배』(박영사, 2004)

정인섭 엮음,『이중국적』(사람생각, 2004)

정인섭 엮음,『국제인권조약집』증보판 (경인문화사, 2008)

정인섭·황필규,『난민의 개념과 인정절차』(경인문화사, 2011)

정일영·박춘호 엮음,『한중수교 10년 중국국적 조선족과 탈북난민 문제』(백상재단, 2003)

정종섭,『헌법학원론』(박영사, 2014)

조국현,『이민법제론』(진원북스, 2024)

차용호,『한국 이민법』(법문사, 2015)

최계영 엮음,『난민법의 현황과 과제』(경인문화사, 2019)

하갑래·최태호,『외국인 고용과 근로관계』(중앙경제사, 2005)

한수웅,『헌법학』(법문사, 2015)

【논문】

ㄱ

강지은,「난민지위 인정절차의 제문제 ─ 프랑스의 2015년 개정 외국인법제를 중심으로」, 『행정법연구』제45호 (2016)

고계현,「이중국적 어떻게 봐야 하는가: 시민단체의 입장에서」,『시민과 변호사』통권 제104호 (2002)

고문현,「한국에서의 난민의 현황과 난민인정절차의 개선방안」,『세계헌법연구』제14권 제3호 (2008)

고준기·이병운,「개정 고용허가제의 문제점과 개선방안」,『노동법논총』제18집 (2010)

공진성,「출입국관리법상 '보호' 및 '강제퇴거'와 외국인의 기본권 보호」,『공법학연구』 제14권 제1호 (2013)

공진성,「출입국관리법상 '보호'와 외국인의 신체의 자유」,『법과 정책연구』제20집 제4 호 (2020)

곽민희,「헤이그아동탈취협약의 국내이행입법에 관한 검토─일본의 헤이그아동탈취협 약 실시법으로부터의 시사─」,『가족법연구』제28권 제2호 (2014)

곽민희,「헤이그아동탈취협약의 해석상 중대한 위험과 子의 利益」,『민사법학』제67호 (2014)

곽민희, 「이민법제에 있어서 "아동의 최선의 이익" 기준의 수용」, 『청파법학』 제12호 (2016)

곽민희, 「헤이그 국제아동탈취협약 제13조(1)(b) '중대한 위험'의 해석 지침 ― 헤이그 국제아동탈취협약 제13조(1)(b)에 관한 모범실무지침(2020)으로부터의 시사 ― , 『가족법연구』 제36권 제1호 (2022)

곽민희, 「헤이그 국제아동탈취협약상 청구요건 검토 ― 아동의 상거소 및 양육권 침해의 불법성을 중심으로 ― 」, 『가족법연구』 제37권 제1호 (2023)

곽민희, 「헤이그 국제아동탈취협약에 근거한 아동반환재판 집행 법제의 비교법적 검토」, 『민사법학』 제103호 (2023)

권영설, 「이주와 국적의 법과 다문화주의」, 『미국헌법연구』 제20권 제2호 (2009)

권영호, 「다문화 가족지원법제의 개선에 관한 연구」, 『법과 정책』 제20집 제1호 (2014)

권형진, 「통일 전 독일연방공화국의 외국인 정책」, 『중앙사론』 제36집 (2012)

권형진·오혜진, 「남북한 국적법에서 복수국적자의 지위 연구: 통일한국의 복수국적제도 마련을 위한 통일독일과의 비교 연구」, 『통일인문학』 제70집 (2017)

권혜령, 「귀화선서제도의 헌법적 문제 ― 국적법상 '국민선서'를 중심으로」, 『세계헌법연구』 제28권 제1호 (2022)

김경득, 「국적법 개정과 재일한국인」, 『서울국제법연구』 제4권 제2호 (1997)

김경득, 「재일조선인이 본 재외동포법」, 『한일민족문제연구』 제5호 (2003)

김기하, 「사회통합을 위한 법의 역할 : 국내 체류외국인 정책」, 『저스티스』 제106호 (2008)

김남국, 「심의다문화주의: 문화적 권리와 문화적 생존」, 『한국정치학회보』 제39집 제1호 (2005)

김남진, 「영주자격전치주의 도입방안 모색」, 『국가법연구』 제10집 제2호 (2014)

김두년, 「결혼이민자의 체류권 보장을 위한 입법과제」, 『법학연구』 제49집 (2013)

김두년, 「외국인 근로인력 법제의 문제점과 개선방안: 농어업 분야 활용방안을 중심으로」, 『법학연구』 제54집 (2014)

김명기, 「북한주민을 대한민국국민으로 본 대법원 판결의 법이론」, 『저스티스』 제30권 제2호 (1997)

김명기·지봉도·유하영, 「국제법상 재중국 탈북자의 법적 지위에 관한 연구」, 『국제법학회논총』 제42권 제2호 (1997)

김범수, 「"국민"의 경계 설정―전후 일본의 사례를 중심으로」, 『한국정치학회보』 제43집 제1호 (2009)

김병록, 「불법체류 외국인 강제퇴거의 인권 문제」, 『법학논총』 제17권 제3호 (2010)

김병록, 「출입국관리행정과 인권문제」, 『조선대 법학논총』 제17집 (2010)

김병천, 「김영삼 정부의 재외동포정책에 관한 연구―이중국적허용 논의를 중심으로」, 『재외한인연구』 제8호 (1999)

김비환, 「한국사회의 문화적 다양화와 사회 통합: 다문화주의의 한국적 변용과 시민권 문제」, 『법철학연구』 제10권 제2호 (2007)

김석재, 「이중국적제도 개관」, 『법조』 제52권 제3호 (2003)

김선택, 「다문화사회와 헌법」, 『헌법학연구』 제16권 제2호 (2010)

김선화, 「난민심사절차에서 '대안적 국내보호' 요건의 체계적 지위와 의미」, 『사법』 제53호 (2020)

김성호·최명호, 「1948년 건국헌법 전문에 나타난 '우리들 대한국민'의 정체성과 정당성」, 『한국정치학회보』 제42집 제4호 (2008)

김수자, 「대한민국 정부수립 전후 국적법 제정 논의 과정에 나타난 '국민' 경계 설정」, 『한국근현대사연구』 제49집 (2009)

김수진, 「지방자치와 외국인 : 독일의 외국인자문위원회(Auslanderbeirat)가 주는 시사점」, 『지방자치법연구』 제7권 제2호 (2007)

김슬기, 「난민임의 의사소통적 구성: 국내 난민 면담에 대한 민족지적 연구」, 『법과 사회』 제45호 (2013)

김영란, 「다문화사회 한국의 사회통합과 다문화주의 정책」, 『한국사회』 제14집 제1호 (2013)

김영선, 「결혼 이민자를 위한 관련법의 비판적 고찰」, 『동아법학』 제52집 (2011)

김영환, 「문화적 다양성의 합헌성」, 『세계헌법연구』 제16권 제3호 (2010)

김원태, 「섭외가사소송에서의 국제재판관할에 관한 연구」, 『경성법학』 제5호 (1996)

김이천, 「덴마크, 독일 그리고 한국의 사회통합프로그램 비교 연구」, 『독일언어문학』 제57집 (2012)

김재선, 「외국인에 관한 출입국행정의 재량행위성과 입법적 통제」, 『공법연구』 제45집 제2호 (2016)

김정중, 「귀화의 국내거주요건의 판단과 귀화허가행위의 재량성」, 『대법원판례해설』 제85호 (2011)

김종세, 「다문화사회의 헌법적 가치와 규범인식」, 『법학연구』 제45집 (2012)

김종철, 「난민정의에 대한 한국 판례의 비판적 고찰」, 『서울국제법연구』 제21권 제2호 (2014)

김종철·김재원, 「난민법 제정의 의미와 향후 과제」, 『공익과 인권』 12권 (2012)

김준호, 「세계화: 이론적 재조망」, 『인문학연구』 제20집 (2012)

김지형, 「외국인근로자의 헌법상 기본권 보장」, 『저스티스』 제70호 (2002)

김진 외 4인, 「한국 이주구금제도의 문제점에 관한 국제인권법적 검토」, 『공익과 인권』 제20호 (2020)

김진혜·조정현, 「인도적 체류지위의 정의규정에 관한 연구」, 『저스티스』 제180호 (2020)

김철효·설동훈·홍승권, 「인권으로서의 이주노동자 건강권에 관한 연구」, 『지역사회학』 제7권 제2호 (2006)

김택수, 「불심검문과 불법체류자 단속절차의 연계방안」, 『법학연구』 제21권 제2호 (2011)

김하열, 「출입국관리와 외국인의 신체의 자유」, 『저스티스』 제174호 (2019)

김형진, 「출입국관리법상의 외국인고용제한규정을 위반하여 체결한 근로계약의 효력과 그에 따른 근로관계의 성질」, 『대법원판례해설』 제24호 (1996)

김현미, 「이주자와 다문화주의」, 『현대사회와 문화』 제26호 (2008)

김환학, 「이민행정법의 구축을 위한 시론」, 『행정법연구』 제32호 (2012)

김환학, 「불법체류자의 고용관계에 대한 통제」, 『행정법연구』 제35호 (2013)

김환학, 「이주민의 지역사회 정착을 위한 정책추진체계」, 『법과 사회』 제44권 (2013)

김환학, 「이민법체계의 형성과 문제점」, 『행정법연구』 제44호 (2016)

김현정·최윤철, 「귀화자의 대한민국 국적상실 가능성에 대한 소고」, 『법학논고』 제73집 (2021)

김혜순, 「결혼이주여성과 한국의 다문화사회 실험」, 『한국사회학』 제42집 제2호 (2008)

김혜순, 「결혼이민여성의 이혼과 ‘다문화정책’—관료적 확장에 따른 가족정책과 여성정책의 몰이민적·몰성적 결합」, 『한국사회학』 제48집 제1호 (2014)

김효권, 「국적변경권의 개념, 해석 및 그 행사에 관한 연구」, 『국제법학회논총』 제65권 제3호 (2020)

김후신, 「난민협약 외의 난민에 대한 강제송환금지: 자유권규약과 인도적 체류허가」, 『저스티스』 제183호 (2021)

김희강·류지혜, 「다문화시대의 이민정책: 영주권제도의 개선 방안 연구」, 『한국행정학보』 제49권 제1호 (2015)

김희동, 「외국이혼재판의 승인」, 『강원법학』 제44권 (2005)

김희성, 「이주근로자의 고용에 관한 법적 문제점과 개선방안」, 『경영법률』 제18권 제3호 (2008)

ㄴ

나인균, 「한국헌법의 영토조항과 국적문제」, 『헌법논총』 제5집 (1994)

남복현, 「개정된 국적법상 국적취득제한 경과 규정의 헌법불합치 결정」, 『공법연구』 제 30권 제3호 (2002)

노영돈, 「재소한인의 국적에 관한 연구」, 『국제법학회논총』 제35권 제1호 (1990)

노영돈, 「사할린한인에 관한 법적 제문제」, 『국제법학회논총』 제37권 제2호 (1992)

노영돈, 「1997년 국적법 개정안의 검토」, 『서울국제법연구』 제4권 제2호 (1997)

노영돈, 「우리나라 국적법의 몇 가지 문제에 관한 고찰」, 『국제법학회논총』 제41권 제2 호 (1997)

노영돈, 「CIS 한인의 국적」, 『재외한인연구』 제7호 (1998)

노영돈, 「소위 '재외동포법'에 관한 연구」, 『인천법학논총』 제2권 (1999)

노영돈, 「재중한인의 국적에 관한 연구」, 『국제법학회논총』 제44권 제2호 (1999)

노영돈, 「외국인노동자의 국적과 영주권」, 『시민과 변호사』 제107호 (2002)

노영돈, 「재외동포법의 개정방향에 관한 연구」, 『국제법학회논총』 제47권 제3호 (2002)

노영돈, 「재중동포의 한국 국적 회복 운동과 관련하여」, 『시민과 변호사』 제120호 (2004)

노영돈, 「외국인 강제퇴거제도와 인권문제」, 『재외한인연구』 제30호 (2013)

노재철, 「미등록 외국인근로자의 문제점과 해결방안」, 『노동법논총』 제18호 (2010)

노호창·김영진, 「긴급재난지원금과 기본소득을 둘러싼 법적 쟁점」, 『사회보장법학』 제 10권 제1호 (2021)

노호창, 「외국인근로자 고용에 있어서의 법적·정책적 쟁점」, 『노동법학』 제70호 (2019)

노호창, 「이주여성과 사회보장법제」, 『이화젠더법학』 제9권 제2호 (2017)

노호창, 「체류자격의 규정방식에 관한 검토」, 『행정법연구』 제54호 (2018)

노호창, 「현행 사회보장제도에서 외국인의 처우에 대한 현황과 문제점」, 『사회보장법연 구』 제4권 제1호 (2015)

ㄷ

도회근, 「북한주민의 헌법상 지위에 관한 연구」, 『헌법학연구』 제4집 제2호 (1998)

ㄹ

라휘문, 「한국사회에 적합한 보충적 출생지주의 도입방안 연구」, 『국가정책연구』 제34
　　권 제3호 (2020)

류시조, 「다문화사회와 자유권적 기본권」, 『헌법학연구』 제16권 제2호 (2010)

ㅁ

문영화, 「난민소송의 특수성과 '박해를 받을 충분한 근거가 있는 공포'에 관한 증명책임」,
　　『성균관법학』 제30권 제1호 (2018)

문홍안, 「결혼이주여성의 보호를 위한 현행 법제의 비판적 검토」, 『가족법연구』 제27권
　　제1호 (2013)

ㅂ

박기갑, 「국가승계가 자연인의 국적에 미치는 영향」, 『국제법학회논총』 제46권 제3호
　　(2001)

박병도, 「개정 국적법에 대한 비판적 고찰」, 『일감법학』 제19권 (2011)

박명선, 「독일 이민법과 통합정책의 외국인 차별에 관한 연구」, 『한국사회학』 제41권 제
　　2호 (2007)

박병섭, 「다문화주의에 관한 철학적 연구―이주노동자, 여성결혼이민자」, 『사회와 철
　　학』 제18호 (2009)

박상순, 「재외동포법상의 문제점 고찰과 개선방안」, 『법조』 제49권 제2호 (2000)

박영아, 「우리나라 난민인정체계의 현황과 쟁점」, 『월간 복지동향』 제204호 (2015)

방승주, 「재외국민 선거권제한의 위헌여부―2004헌마644 공직선거및선거부정방지법 제
　　15조 제2항 등 위헌확인사건을 중심으로」, 『헌법학연구』 제13권 제2호 (2007)

박정원, 「국적에 대한 권리와 소수자보호: 국제법의 차원에서」, 『중앙법학』 제9집 제4호
　　(2007)

박종대 · 박지애, 「한국의 다문화정책의 분석과 발전방향 연구」, 『문화정책논총』 제28집
　　제1호 (2014)

박진근, 「다문화구성원에 있어 국적취득의 법적 개선방향」, 『한양법학』 제43집 (2013)

박진완, 「세계화, 국민주권 그리고 헌법」, 『헌법학연구』 제14권 제3호 (2007)

박찬운, 「한국의 난민정책: 문제점과 그 개선방안」, 『인권과 정의』 제286호 (2000)

박찬운, 「현대의 난민문제와 한국: 한국의 난민보호정책 분석」, 『민족연구』 제23호 (2005)

변해철, 「세계화와 선거제도」, 『외법논집』 제33집 제4호 (2009)

ㅅ

서보건, 「국적관련 헌법 판례 연구」, 『헌법학연구』 제8권 제2호 (2002)

서보건, 「다문화가족통합을 위한 법제 연구」, 『공법학연구』 제11권 제1호 (2010)

서원상, 「다문화사회의 법적 기반에 관한 소고—국제인권법을 중심으로」, 『법학연구』 제21권 제1호 (2011)

서윤호, 「다문화주의와 문화적 다양성」, 『일감법학』 제23호 (2012)

서윤호, 「이주사회에서 이주노동자의 권리보호」, 『일감법학』 제26호 (2013)

서철원, 「이중국적자의 법적 문제」, 『서울국제법연구』 제11권 제1호 (2004)

서호철, 「국민/민족 상상과 시민권의 차질, 차질로서의 자기정체성」, 『한국문화』 제41호 (2008)

석광현, 「국제근로계약과 근로자보호 —개정 국제사법을 중심으로—」, 『노동법학』 제13호 (2001)

석광현, 「국제아동탈취의 민사적 측면에 관한 헤이그협약과 한국의 가입」, 『서울대학교 법학』 제54권 제2호 (2013)

석광현, 「이혼 기타 혼인관계사건의 국제재판관할에 관한 입법론」, 『국제사법연구』 제20호 (2013)

석광현, 「국제재판관할과 외국판결의 승인 및 집행」, 『국제사법연구』 제21호 (2014)

석동현, 「국적의 개념과 그 득상에 관한 고찰」, 『법조』 제45권 제12호 (1996)

석동현, 「국적법의 개정방향—입법예고(안)의 해설」, 『서울국제법연구』 제4권 제2호 (1997)

석동현, 「현행 국적법의 문제점과 개정방향 연구」, 『법조』 제46권 제11호 (1997)

석동현, 「이중국적에 관한 미국의 법제 및 정책과 미 대법원 판례의 동향」, 『법조』 제48권 제7호 (1999)

석동현, 「1997년 유럽국적조약의 해설」, 『법조』 제53권 제6호 (2004)

석동현, 「가족법과 국적의 문제」, 『국제사법연구』 제12호 (2006)

설동훈, 「외국인노동자와 인권」, 『민주주의와 인권』 제5권 제2호 (2005)

설동훈, 「국내 이주 외국인을 어떻게 대우할 것인가」, 『국제평화』 제3권 제1호 (2006)

설동훈, 「국제노동력이동과 외국인노동자의 시민권에 대한 연구—한국·독일·일본의 사

례를 중심으로」, 『민주주의와 인권』 제7권 제2호 (2007)

설동훈, 「다문화주의에서 사회통합으로」, 『한국정치외교사논총』 제35집 제1호 (2013)

설　한, 「킴리카(Kymlicka)의 자유주의적 다문화주의에 대한 비판적 고찰」, 『한국정치
　　학회보』 제44집 제1호 (2010)

성동기, 「중앙아시아 5개국의 자국 해외동포 관련 법조문 분석—재외동포법 개정과 관
　　련하여」, 『재외한인연구』 제12호 (2002)

성중탁, 「출입국관리법상 외국인 보호명령 및 강제퇴거 규정의 문제점과 개선방안」, 『행
　　정판례연구』 제22권 제2호 (2017)

소라미, 「국제결혼 이주여성의 안정적 신분 보장을 위한 법·제도 검토」, 『저스티스』 제
　　96호 (2007)

소라미, 「결혼 이주여성의 인권 실태와 한국 법제도 현황에 대한 검토」, 『법학논총』(조
　　선대학교) 제16권 제2호 (2009)

송오식, 「사회통합 내지 공존을 위한 다문화가족법제 모색」, 『법학논총』 제33집 제1호
　　(2013)

신권철, 「현행 인신보호법의 문제점과 개선방안」, 『사법논집』 제50집 (2011)

신옥주, 「복수국적자에 대한 대한민국 국적박탈규정의 위헌성 연구」, 『헌법학연구』 제
　　18권 제2호 (2012)

신은주, 「외국인의 강제적인 가족분리와 가족결합권의 보호」, 『법조』 제63권 제6호
　　(2014)

ㅇ

안광현, 「외국인체류와 다문화가족의 문제점과 관련 법률에 대한 고찰」, 『사법행정』 제
　　58권 제2호 (2017)

안구환, 「국제호적의 몇 가지 문제점 —주요 신분행위의 쟁점사항을 중심으로—」, 『국
　　제사법연구』 제12호 (2006)

안　진, 「결혼이주관련 법제의 문제점과 개선방안에 대한 일고찰결혼이주여성의 인권의
　　관점에서」, 『법학논총』 제30집 제1호 (2013)

양현아, 「가족 안으로 들어온 한국의 '다문화주의(Multiculturalism)' 실험」, 『저스티스』
　　통권 제134-2호 (2013)

오동석, 「한국에서 외국인 참정권 문제의 헌법적 검토」, 『공익과 인권』 제2권 제1호
　　(2005)

오미영, 「무국적자에 관한 국제법의 입장과 국내적 이행의 문제―한국의 최근 사례를
    중심으로」, 『서울국제법연구』 제20권 제2호 (2013)

오승진, 「냉전종식 이후의 난민법의 과제」, 『국제법학회논총』 제54권 제2호 (2009)

오승진, 「난민법 제정의 의의와 문제점」, 『국제법학회논총』 제57권 제2호 (2012)

우기봉, 「외국인의 기본권 보장에 관한 법률 연구」, 『노동법논총』 제19집 (2010)

위인백, 「인권과 사회통합관점에서 본 여성결혼이민자 관련법」, 『한국콘텐츠학회논문
    지』 제11권 제5호 (2011)

윤인진, 「한국적 다문화주의의 전개와 특성」, 『한국사회학』 제42집 제2호 (2008)

윤지영, 「현행 이주노동정책의 문제점과 대안」, 『법학논총』 (조선대학교) 제22권 제1호
    (2015)

이경숙, 「이주노동자 권리 보호를 위한 국제인권규범 수용에 관한 연구―유엔 국제인권
    조약 및 이주노동자권리협약을 중심으로」, 『법학연구』 제11집 제2호 (2008)

이경희, 「다문화가족지원법의 문제점과 개선방향―다문화가족의 정의 및 범위를 중심으
    로」, 『법학논고』 제32집 (2010)

이규창, 「외국인의 추방과 가족결합권의 보호―불법체류 외국인 노동자의 경우를 중심
    으로」, 『성균관법학』 제17권 제3호 (2005)

이규창, 「무국적 탈북자 보호를 위한 법제도적 대응 방안 모색」, 『통일정책연구』 제21권
    제1호 (2012)

이금로, 「복수국적 허용의 국적법 개정과 의의」, 『홍익법학』 제11권 제2호 (2010)

이다혜, 「시민권과 이주노동」, 『사회보장법연구』 제3권 제1호 (2014)

이병하, 「한국 이민관련 정책의 입법과정에 관한 연구」, 『외정연구』 제17권 제1호
    (2011)

이병훈, 「한국인은 누구인가?: 북한과 재외동포의 국적문제」, 『헌법학연구』 제10권 제
    2호 (1997)

이상훈, 「개편된 이중국적제도에 대한 법리적 고찰」 『공법학연구』 제12권 제3호 (2011)

이성순, 「이주민 사회통합정책에 관한 연구: 에이거(A. Ager)와 스트랭(A. Strang)의 사
    회통합 분석을 적용」, 『사회과학연구』 제34권 제3호 (2013)

이성환, 「대한민국 국민의 범위」, 『법학논총』 (국민대학교) 제9집 (1997)

이승우, 「다문화 가족의 보호와 지원에 관한 법제 소고」, 『가족법연구』 제23권 제3호
    (2009)

이승욱, 「불법체류 외국인근로자의 노동조합설립과 활동 ―미국에서의 논의를 소재로
    하여―」, 『노동법연구』 제37호 (2014)

이승욱, 「불법체류 외국인 근로자에 대한 노동법 적용의 원칙과 예외」, 『노동법학』 제58
　　호 (2016)

이연우, 「국외이주 병역의무자 관리 제도에 대한 법리적 검토」, 『법학연구』 제24권 제1
　　호 (2013)

이영주, 「다문화가족지원법에 관한 고찰」, 『법학연구』 제31집 (2008)

이용승·김용찬, 「한국과 서유럽의 이민자 시민통합정책 비교연구」, 『국제정치연구』 제
　　16집 제1호 (2013)

이윤환, 「헌법상 정주외국인의 지방참정권」, 『국제인권법』 제4호 (2001)

이장희, 「한국 국적법의 국제법적 검토와 개정방향」, 『외법논집』 제5집 (1998)

이준일, 「강제퇴거 대상자에 대한 보호제도의 위헌성 ― 헌법재판소 2018. 2. 22. 2017헌
　　가29 결정에 대한 평석 ―」, 『세계헌법연구』 제25권 제2호 (2019)

이재민, 「이민법을 통한 외국 서비스 공급자 진출 규제와 GATS―미국의 Employ
　　American Workers Act를 중심으로」, 『서울국제법연구』 제17권 제1호 (2010)

이재삼, 「출입국관리법상의 외국인에 대한 강제퇴거와 보호에 관한 연구」, 『토지공법연
　　구』 제59집 (2012)

이재승, 「분단체제 아래서 재일 코리언의 이동권」, 『민주법학』 제52호 (2013)

이정수, 「실무연구: 국적법상 여러 논점들에 관한 소고」, 『법조』 제54권 제6호 (2005)

이종수, 「최근의 제한적 이중국적 허용 논의에 관한 비교법적 시론―독일의 경험을 중
　　심으로」, 『토지공법연구』 제43집 제1호 (2009)

이종수, 「다문화사회와 국적」, 『헌법학연구』 제16권 제2호 (2010)

이종혁, 「외국인의 법적 지위에 관한 헌법조항의 연원과 의의―제헌국회의 논의와 비교
　　헌법적 검토를 중심으로」, 『서울대학교 법학』 제55권 제1호 (2014)

이종훈, 「재외동포정책의 과제와 재외동포기본법의 제정문제」, 『입법조사연구』 제249호
　　(1998)

이종훈, 「'재외동포법'의 개정 문제」, 『한일민족문제연구』 제5호 (2003)

이종훈, 「"재중동포 정책의 방향", 정일영·박춘호 편」, 『한중수교 10년 중국국적 조선족
　　과 탈북난민 문제』 (2003)

이주윤, 「국제법적 시각에서 본 대한민국의 국적문제」, 『법학연구』 제29집 (2008)

이진규, 「복수국적자의 외교적 보호에 관한 소고: 개정 국적법에 대한 국제법적 관점에
　　서의 해석을 중심으로」, 『한양법학』 제35집 (2011)

이진영, 「재중동포 관련 쟁점에 대한 대중국 적극적 외교방안」, 정인섭 엮음, 『재외동포
　　법』 (사람생각, 2002)

이찬진, 「탈북자들의 국내법상 법적 지위」, 『시민과 변호사』 제37호 (1997)

이채문, 「재외한인의 무국적과 정책과제: 독립국가연합의 무국적 고려인에 대한 연구」, 『디아스포라연구』 제6권 제2호 (2012)

이철우, 「이중국적의 규범적 평가」, 『법과 사회』 제27호 (2004)

이철우, 「이중국적의 논리와 유형」, 『법과 사회』 제25호 (2004)

이철우, 「주권의 탈영토화와 재영토화 : 이중국적의 논리」, 『한국사회학』 제42권 제1호 (2008)

이철우, 「무국적의 세계적 실태와 대응」, 『한국이민학』 제1권 제1호 (2010)

이철우, 「국적법 평가를 위한 지수·지표 개발의 성과와 전망」, 『법학연구』(연세대) 제32권 제2호 (2022)

이철우, 「해외출생자의 국적취득 및 보유를 제한하는 법제와 법리」, 『한국이민학』 제10권 제2호 (2024)

이학춘·고준기, 「고용허가제를 둘러싼 주요 갈등과 쟁점 및 향후 법적 과제」, 『노동법논총』 제27집 (2013)

이현아, 「다문화시대 이민자 사회통합 정책방향에 대한 일고찰」, 『인간·환경·미래』 제10호 (2013)

이현수, 「불법체류통제와 사인의 역할」, 『고려법학』 제72호 (2014)

이현수, 「외국인 입국규제의 법적 쟁점」, 『공법연구』 제44집 제1호 (2015)

이현수, 「개정 국적법상 귀화허가의 주요 쟁점」, 『토지공법연구』 제87집 (2019)

이혜경, 「한국 이민정책의 수렴현상—확대와 포섭의 방향으로」, 『한국사회학』 제42집 제2호 (2008)

이혜경, 「국제이주·다문화연구의 동향과 전망」, 『한국사회』 제15집 제1호 (2014)

이호택·이철우, 「추상적 국민, 구체적 국민, 무국적자: 북한이탈주민의 지위와 신원」, 『한국이민학』 제2권 제1호 (2011)

이희정, 「귀화허가의 법적 성질」, 『행정법연구』 제31호 (2011)

이희정, 「행정법의 관점에서 본 이민법의 쟁점」, 『고려법학』 제72호 (2014)

이희훈, 「중국 내 탈북자의 법적 지위와 인권보호에 대한 연구」, 『공법연구』 제35집 제2호 (2006)

임경택, 「근대 일본의 국적제도와 '일본인'의 설정—'혈통주의'와 '단일민족론'에 근거한 변용 과정」, 『한국문화인류학』 제45권 제2호 (2012)

임영수, 「혼인이주자의 보호법제에 관한 고찰」, 『동아법학』 제58호 (2013)

임지봉, 「이중국적 허용의 법적 문제」, 『세계헌법연구』 제14권 제3호 (2008)

ㅈ

장명봉, 「영토조항을 근거로 북한주민도 한국국민으로 본 대법원판결(96누1221, 이영순 사건)에 대한 평가」, 『헌법학연구』 제3집 (1997)

장복희, 「국제법상 난민보호와 그 문제해결」, 『국제법학회논총』 제42권 제2호 (1997)

장복희, 「국제법상 소수자의 보호—한국 화교 문제를 중심으로」, 『국제인권법』 제4호 (2001)

장복희, 「무국적 탈북자의 인권 보호」, 『홍익법학』 제11권 제1호 (2010)

전경근, 「다문화가족지원법제의 현황과 개선방안」, 『저스티스』 통권 제146-2호 (2015)

전경일, 「싱가포르의 외국인 체류제도와 외국인의 법적 지위 : 영주권자의 권리와 의무를 중심으로」, 『아시아법제연구』 제6호 (2006)

전광석, 「다문화사회의 사회적 기본권—헌법적 접근을 위한 시론」, 『헌법학연구』 제16권 제2호 (2010)

전연숙, 「국제가사소송사건의 실태분석 및 개선방안」, 『국제사법연구』 제12호 (2006)

전영준, 「한국의 다문화연구 현황」, 『다문화콘텐츠연구』 제1호 (2009)

전윤구, 「외국인근로자의 노동법상 지위—단결활동에서의 제한과 차별금지를 중심으로」, 『노동법학』 제42호 (2012)

전윤구, 「차별금지에서 외국인 근로자의 법적 지위」, 『노동법논총』 제28집 (2013)

전윤구, 「외국인고용 농축산업에서 근로시간규정 적용제외의 위헌성」, 『노동법논총』 제33집 (2015)

전형권, 「다문화주의의 정치사상적 쟁점」, 『21세기 정치학회보』 제24집 제1호 (2014)

전형배, 「외국인근로자 고용정책」, 『저스티스』 제109호 (2009)

전형배, 「외국인의 노동인권」, 『노동법논총』 제18집 (2010)

정경석, 「국적과 병역의무에 관한 소고」, 『법조』 제51권 제7호 (2002)

정상기, 「국내체류외국인의 참정권과 법적 보호」, 『과학기술법연구』 제24집 제1호 (2018)

정상우, 「'이주아동'의 기본권 보장에 관한 연구」, 『법제연구』 제34호 (2008)

정상우, 「다문화가족 지원에 관한 법체계 개선 방안 연구」, 『법학논총』 제26권 제1호 (2009)

정승규, 「외국인근로자에 대한 강제퇴거처분과 절차적 구제수단의 모색」, 『노동법논총』 제17집 (2009)

정인섭, 「법적 기준에서 본 한국인의 범위」, 임원택교수 정년기념 『사회과학의 제문제』

(1988)

정인섭, 「무국적자 지위에 관한 협정'의 연구」, 『국제법학회논총』 제35권 제2호 (1990)

정인섭, 「재한외국인의 법적 지위」, 『국제법학회논총』 제35권 제1호 (1990)

정인섭, 「국적유보제도 도입의 득실」, 『서울국제법연구』 제4권 제2호 (1997)

정인섭, 「우리 국적법상 최초 국민 확정기준에 관한 검토」, 『국제법학회논총』 제43권 제2호 (1998)

정인섭, 「재외동포의 출입국과 법적 지위에 관한 법률'의 내용과 문제점」, 『서울국제법연구』 제6권 제2호 (1999)

정인섭, 「유럽의 재외동포 지원입법의 검토—한국의 재외동포법 개정논의와 관련하여」, 『국제법학회논총』 제48권 제2호 (2004)

정인섭, 「한국에서의 난민 수용 실행」, 『서울국제법연구』 제16권 제1호 (2009)

정인섭, 「조선적 재일동포에 대한 여행증명서 발급의 법적 문제」, 『서울국제법연구』 제21권 제1호 (2014)

정재각, 「독일의 이주정책과 사회통합간의 갈등에 관한 연구」, 『한독사회과학논총』 제21권 제3호 (2011)

정창근, 「가사사건의 해외송달에 관한 실무상 제문제」, 『실무연구 X』 (2005)

정호경, 「국가인권위원회 진정제도에 관한 고찰 —행정소송, 행정심판, 심사청구 제도와의 비교를 중심으로—」, 『법학논총』 제28권 제3호 (2011)

정혜진, 「미국 불법체류자 단속권을 둘러싼 연방과 주의 법적 분쟁—애리조나 이민단속법(S.B. 1070)에 관한 연방법우선원칙의 적용을 중심으로」, 『경희법학』 제47권 제1호 (2012)

제성호, 「한국 국적법의 문제점 및 개선방안」, 『국제인권법』 제4호 (2001)

조상균, 「선원 이주노동자의 법적 지위와 과제」, 『법학논총』 제33집 제1호 (전남대학교, 2013)

ㅊ

차용호·나현웅, 「결혼이민(F-6) 사증 발급기준 개선 방안」, 『다문화사회연구』 제6권 제2호 (2013)

채형복, 「국제이주노동자권리협약에 대한 고찰」, 『법학논고』 제29집 (2008)

최경옥, 「한국 헌법상 탈북자의 법적 지위」, 『헌법학연구』 제5집 제1호 (1999)

최경옥, 「한국 헌법상 이주근로자의 근로권」, 『공법학연구』 제12권 제4호 (2011)

최경옥, 「한국에서의 다문화가정 아동의 교육권」, 『공법학연구』 제13권 제1호 (2012)

최계영, 「난민법상 인도적 체류허가 거부의 처분성」, 『행정법연구』 제63호 (2020)

최계영, 「난민사건 최근 하급심 판례 분석」, 『행정판례연구』 제27권 제2호 (2022)

최계영, 「무국적자의 보호와 감소를 위한 국제규범의 동향과 한국의 과제」, 『인권법평론』 제29호 (2022)

최계영, 「비국가행위자에 의한 박해와 난민 개념」, 『사법』 제47호 (2019)

최계영, 「성소수자의 난민인정요건」, 『행정판례연구』 제22-2호 제2권 (2017)

최계영, 「출입국관리행정, 주권, 그리고 법치」, 『행정법연구』 제48호 (2017)

최계영, 「출입국항 난민신청절차와 적법절차」, 『행정법연구』 제55호 (2018)

최계영, 「헌법불합치결정에 따른 출입국관리법상 보호(이민구금) 제도 개선방안」, 『행정법연구』 제71호 (2023)

최봉경, 「국제이주여성의 법적 문제에 관한 소고」, 『서울대학교 법학』 제51권 제2호 (2010)

최유경, 「미국 난민법 체계와 시사점 — 전문 비호심사관 제도의 확충을 위한 제언」, 『공법학연구』 제18권 제4호 (2017)

최윤철, 「다문화 가족 자녀들의 교육을 받을 권리—다문화 가족 관련 법률을 중심으로」, 『공법연구』 제38집 제1호 (2009)

최윤철, 「대한민국 국적법의 현황과 문제점」, 『일감법학』 제17호 (2010)

최윤철, 「다문화주의의 헌법적 수용에 관한 연구」, 『공법연구』 제41집 제2호 (2012)

최윤철, 「다문화사회로의 변화에 따른 입법적 대응 — 입법원칙을 바탕으로」, 『저스티스』 통권 제134-2호 (2013)

최윤철, 「이주법제 정립을 위한 입법 이론적 고찰」, 『일감법학』 제26호 (2013)

최윤철, 「세계화시대에서의 이주법제의 방향에 관한 연구」, 『법학논총』(한양대학교) 제31집 제1호 (2014)

최윤철, 「세계화와 한국의 다문화주의」, 『공법연구』 제43집 3호 (2015)

최윤철, 「헌법적 관점에서 본 한국의 이주법제」, 『법학연구』 제52권 (2017)

최윤철, 「고용허가제에 대한 비판적 연구」, 『공법학연구』 제19권 제1호 (2018)

최 현, 「대한민국과 중화인민공화국의 국민 정체성과 시민권 제도」, 『한국사회학』 제37권 제4호 (2003)

최 현, 「한국 시티즌쉽(citizenship)—1987년 이후 시민권 제도의 변화와 시민의식」, 『민주주의와 인권』 제6권 제1호 (2006)

최홍엽, 「외국인근로자의 사회보장」, 『민주법학』 제22호 (2002)

최홍엽, 「무국적자의 법적 지위와 한국의 최근 사례」, 『법학논총』 (조선대학교) 제15집 제2호 (2008)

최홍엽, 「무국적관련 국제협약과 한국법의 비교」, 『민주법학』 제41권 (2009)

최홍엽, 「외국인고용허가제 아래의 근로계약관계」, 『노동법논총』 제18집 (2010)

최홍엽, 「외국인근로자의 장기간 고용과 법적쟁점」, 『노동법학』 제48호 (2013)

최홍엽, 「외국인근로자에 대한 고용변동신고와 해고의 제한」, 『노동법학』 제55호 (2015)

최홍엽, 「신정부에서의 외국인 인권 증진을 위한 과제」, 『법학논총』 제24권 제2호 (2017)

ㅎ

하갑래, 「외국인고용허가제의 변천과 과제」, 『노동법논총』 제22집 (한국비교노동법학회, 2011)

하명호, 「외국인 보호 및 강제퇴거절차와 구제절차에 대한 공법적 고찰」, 『고려법학』 제29권 (2009)

하정훈, 「강제송환금지의 원칙에 비추어 본 출입국항에서의 난민인정절차」, 『공법연구』 제46집 제2호 (2017)

한도현, 「민족주의와 이중국적의 불안한 동거」, 『정신문화연구』 제26권 제4호 (2003)

한숙희, 「국제가사사건의 국제재판관할과 외국판결의 승인 및 집행 ―이혼을 중심으로―」, 『국제사법연구』 제12호 (2006)

한숙희, 「국제혼인의 파탄사유에 관한 실증적 고찰」, 『가족법연구』 제24권 제1호 (2010)

함인선, 「주민투표법의 제정의의, 문제점과 바람직한 운영방안」, 『저스티스』 제80호 (2004)

함인선, 「일본에서의 체류 외국인의 법적 지위」, 『현대 행정법의 이해. 고 청강 류지태 선생 10주기 기념』, 박영사 (2018)

현택수, 「국적변경은 기본적 인권이다」, 『국제평화』 제2권 제2호 (2005)

홍기원, 「출입국관리 관련 통합법전 모델의 모색―UK와 프랑스의 이민법을 참고하여」, 『법과 정책 연구』 제12집 제1호 (2012)

홍성수, 「한국사회에서 인권의 변동'―세계화, 제도화, 지역화―」, 『안암법학』 제43집 (2014)

홍예연, 「강제퇴거처분 취소소송의 위법성 판단기준」, 『사법논집』 제51집 (2011)

황필규, 「한국의 이주민 법제의 시각과 관련 쟁점」, 『법학논총』(조선대학교) 제16권 제2
     호 (2009)

판례색인

[하급심]

[헌법재판소]

사항색인

집필진 약력

이철우

저자 이철우는 연세대학교 법학전문대학원 교수로서 법사회학과 국적·이민법을 강의한다. 영국 런던정경대(LSE)에서 박사학위를 취득했고, 한국외국어대와 성균관대에 재직했으며 미국 워싱턴주립대(UW) 로스쿨 객원교수(Garvey Schubert Barer Visiting Professor)를 지냈다. 글로벌시대의 시민권, 민족소속과 국민 자격의 관계 등을 주된 연구 주제로 삼고 있다. 법무부 이민정책자문위원회 위원장을 역임했고, 현재 국적심의위원회 분과위원장과 이민정책위원회 위원을 맡고 있다.

E−mail: chulwoo.lee@yonsei.ac.kr

이희정

저자 이희정은 고려대학교 법학전문대학원 교수이다. 행정법 일반이론과 함께 규제법, 정보통신법, 이민법, 환경법 등 다양한 개별행정법 분야를 연구하고 있다. 공법학이 국가공동체의 조직 및 의사결정구조와 구성원들의 법적 지위를 연구대상으로 한다면, 공동체의 구성원이 되는 과정 역시 공법학의 주요 연구대상이 되어야 한다는 생각으로 이민법 연구를 시작했다. 관련 논문으로는 "귀화허가의 법적 성질", "행정법의 관점에서 본 이민법의 쟁점" 등이 있다.

E−mail: huenym@korea.ac.kr

최계영

저자 최계영은 서울대학교 법학전문대학원 교수이다. 주요 연구분야는 행정절차법과 행정소송법이다. 이민법 영역에서는 난민의 개념과 인정절차, 이민행정작용에 대한 절차적·사법적 통제에 주로 관심을 갖고 있다. 주요 논문으로는 "헌법불합치결정에 따른 출입국관리법상 보호(이민구금) 제도 개선방안", "난민사건 최근 하급심 판례 분석", "무국적자의 보호와 감소를 위한 국제규범의 동향과 한국의 과제", "난민법상 인도적 체류허가 거부의 처분성", "비국가행위자에 의한 박해와 난민 개념", "출입국항 난민신청절차와 적법절차", "성소수자의 난민인정요건", "출입국관리행정, 주권 그리고 법치—미국의 전권 법리의 소개와 함께" 등이 있다.

E−mail: skycky76@snu.ac.kr

강성식

저자 강성식은 법무법인(유) 케이앤씨 변호사이다. 2013. 4.부터 2년간 서울출입국관리사무소(現 서울출입국외국인청) 공익법무관과 법무부 난민과 공익법무관으로 근무하였고, 2015. 7.부터 2023. 4.까지 법무법인 공존에서, 그리고 2023. 5.부터는 법무법인(유) 케이앤씨에서 외국인 및 국적과 관련된 각종 사건들을 담당하고 있다. 주요 연구로는 "2016 법무부 용역보고서—난민법 시행 3년에 대한 평가 및 향후 법 개정 방향", "2018 법제연구원 연구보고서—「국적법」에 대한 사후적 입법평가" 등이 있으며, 현재 대한변호사협회 난민이주외국인특별위원회 위원, 서울출입국외국인청 사회통합 자원봉사위원, 주한 중국총영사관 자문변호사 등을 맡아 활동하고 있다.

E−mail: kss@knclaw.co.kr

곽민희

저자 곽민희는 숙명여자대학교 법과대학 교수이다. 이민사회의 다문화가족을 중심으로 발생하는 국제가족법상의 문제, 즉 결혼이민자의 법적 지위, 국제결혼·이혼, 다문화 아동, 국경을 넘은 부부 간 아동탈취의 문제를 주로 연구하고 있다. 법무부 이민정책위원회, 한국가족법학회 등에서 이와 관련한 연구 및 정책 자문활동을 하고 있다. 주요 논문으로 "헤이그아동탈취협약의 해석상 「중대한 위험」과 子의 利益", "헤이그 국제아동탈취협약상 청구요건 검토", "헤이그 국제아동탈취협약에 근거한 아동반환 집행 법제의 비교법적 검토" 등이 있다. 2023년에 국제법무 분야 발전에 기여한 공로를 인정받아 법무부장관 표창을 받았다.

E−mail: kitposi@sookmyung.ac.kr

김환학

저자 김환학은 헌법재판연구원 책임연구관을 역임하였다. 독일 슈파이어대학에서 「보장행정의 절차적 통제」로 박사학위를 받았고, 국가학의 틀에서 공법을 연구한다. 이민법의 규범적 측면과 정책적 측면의 관계에 주목하여 정책연구과제 "주요국가의 이민정책 추진체계 및 이민법", "외국인력도입 합리화 방안" 등을 수행하였다. 주요 논문으로 "이민행정법의 구축을 위한 시론", "법률유보―중요성설은 보장행정에서도 타당한가" 등이 있다.

E―mail: hanark@daum.net

노호창

저자 노호창은 호서대학교 법경찰행정학부 교수이다. 노동법과 사회보장법을 중심으로 연구하고 있고 다양한 인접분야도 함께 공부하고 있다. 경기도 남양주시 외국인복지센터에서 법률자문위원으로 활동하면서 이주와 사회통합의 문제에 관심을 가지게 되었다. 이민법과 관련해서는 "결혼이민[F―6] 체류관리 개선연구"(공동연구)를 정책연구과제로 수행한 바 있고, 이민법 관련 논문으로는 "현행 사회보장제도에서 외국인의 처우에 대한 현황과 문제점", "외국인 고용에 있어서의 몇 가지 쟁점에 관한 규범적 검토"가 있다.

E―mail: bboyslife@naver.com

이현수

저자 이현수는 건국대학교 법학전문대학원 교수이다. 이민법, 일반행정법, 부동산공법, 지방자치법을 연구하고 있다. 주요 저서 및 논문으로는 "행정소송상 예방적 구제", "국가의 법적 개념―프랑스 공법이론상 국가법인설의 수용과 전개―", "공법상 당사자소송의 연원과 발전방향", "외국인 입국규제의 공법적 쟁점" 등이 있다.

E―mail: leeiina@hanmail.net

차규근

저자 차규근은 2006. 6.부터 법무부 출입국외국인정책본부 초대 국적난민과장을 5년간 역임하였으며, 2010. 5. 4.에 공포된 제10차 국적법 개정작업에 실무 책임자로서 관여하였다. 그 외 대한변협 법률구조재단 이사, 한센인 인권소위원회 위원 등을 역임하였다.

E―mail: cgg@coexlaw.com

최윤철

저자 최윤철은 건국대학교 법학전문대학원 교수이다. 이주자 및 사회통합과 관련한 법과 제도의 체계 연구, 이주관련 법제의 국제적 연구 네트워크 구축과 관련한 연구 및 활동을 하고 있다. 법무부 이민정책자문위원회 및 한국입법정책학회 등의 활동을 통하여 이주법제에 대한 자문과 관련 학술활동을 하고 있다. 한국연구재단의 지원을 받아 "이주·2세 사회통합법제 연구"(연구책임자)를 이끌고 있다. 주요 논문으로는 "세계화시대에서의 이주법제의 방향에 관한 연구", "세계화와 한국의 다문화주의" 등이 있다.

E―mail: felixcyc@konkuk.ac.kr

최홍엽

저자 최홍엽은 조선대학교 법사회대학 교수이다. 1997년 「외국인근로자의 노동법상 지위에 관한 연구」로 박사학위를 받은 이래로 외국인근로자의 법적 쟁점에 대해 꾸준히 연구해왔다. 근래에 들어서는 국제노동인권기준, 장기간 고용의 법적 쟁점, 고용변동신고 등의 주제를 연구하고 있다. 노동법과 사회보장법을 전공으로 하고 있으며, 현재에는 전남지방노동위원회 심판담당 공익위원으로서 활동하고 있다. 주요논문으로서는 "외국인근로자의 장기간 고용과 법적 쟁점", "판례수정 이후의 근로자 판단" 등이 있다.

E―mail: yop21@chosun.ac.kr

한국이민재단총서 ②
제3판
이민법

초판발행	2016년 5월 25일
제 2 판발행	2019년 4월 30일
제 3 판발행	2024년 3월 15일
지은이	한국이민재단
발행인	장세근
펴낸이	안종만·안상준
펴낸곳	(주) **박영사**
	서울특별시 금천구 가산디지털2로 53, 210호(가산동, 한라시그마밸리)
	등록 1959. 3. 11. 제300-1959-1호(倫)
전 화	02)733-6771
f a x	02)736-4818
e-mail	pys@pybook.co.kr
homepage	www.pybook.co.kr
ISBN	979-11-303-4605-2 93360

정 가   33,000원